KB070608

임상 실무에서의
정신화하기 핸드북

Anthony W. Bateman, MA, FRCPsych ·
Peter Fonagy, PhD, FBA, FMedSci, FAcSS 편저
이성직 · 김미례 · 김은영 · 김종수 · 박승민 · 신선임 · 안윤경
이자명 · 정대겸 · 조난숙 · 조화진 · 최바올 · 홍상희 공역

HANDBOOK OF MENTALIZING IN
MENTAL HEALTH PRACTICE (Second Edition)

학지사

　한 개인의 정신건강과 이후 대인관계에서 보일 긍정 혹은 부정적인 패턴(사고, 감정, 기대, 신체 반응)이 유아기 시절 주 양육자와의 관계에서 기원한다는 치료 방식이 정신역동 치료다. 최근에 애착 외상과 신경과학 연구물이 쏟아지면서 초기의 주 양육자와 유아의 관계가 다시 한번 중요하다는 사실을 깨닫게 된다. 초기 안정된 애착관계 형성의 중요성에 대한 강조는 영국의 소아정신과 의사 존 볼비가 주장하였다. 애착의 중요성이 인류 역사에서 불과 80년도 되지 않았다. 유전적인 기질도 성격 형성과 발달에 이바지하지만, 후천적으로 건강한 환경에서 주 양육자와의 관계가 개인의 정신건강과 차후 인생에 지대한 영향을 끼친다고 본다. 개인 중심의 주관적인 현상에 대한 공감과 수용 그리고 도전을 통한 인지와 정서 그리고 행동의 레퍼토리 확장도 중요하지만, 인간 본성인 관계와 연결에 대한 심리적 욕구 충족을 위해 타자의 내면을 이해하고 공감하는 능력의 개발은 절대적인 덕목이다. 정서적 지능, 혹은 사회적 지능의 핵심 내용이다.

　한국의 근대사는 외상 사건으로 점철되어 있다. 일제 강점기에서 한국인들은 언어와 이름을 빼앗기는 구성원 전체가 잊지 못할 수치와 굴욕을 당했다. 해방 후에는 이념 전쟁으로 인해 한반도가 나뉘고 많은 사람이 희생되었다, 한국 전쟁을 통해 수많은 우리의 가족들이 남북으로 헤어지거나 희생을 당했다. 제주도 양민 학살, 월남전에서 전사한 군인 가족들, 광주 항쟁의 희생자 가족들, 국가부도 사태(IMF), 북한의 지속적인 침략과 협박, 성수대교 붕괴, 삼풍 사고, 대구 지하철 사건, 세월호 참사, 코로나19 팬데믹, 용산 참사 등 수 많은 외상 사건들로 인해 우리는 각자 고통이 더 커서 타인의 마음을 헤아리는 것이 어려울 수 있다. 작금의 한국 사회는 고립감과 외로움이 불신과 부패 못지않게 심각하다. 이를 극복하기 위해서는 구성원 간의 소통과 역지사지하는 태도나 행동이 필요하다.

한국인들의 대다수가 주 양육자와의 불안정한 애착을 형성하여 신뢰와 친밀감을 회복하기 위해서 우리는 정신화 기반의 심리치료 접근 방식이 더욱 필요한 시점이다. 가정, 학교, 직장, 군대 그리고 특히 교정 시설에도 우리는 타자에 대한 마음 헤아리기 능력을 길러야 한다. 이 책은 건강한 애착 형성의 원리와 불안정한 애착으로 인한 심리적 양식에 대한 개념적 정의와 설명이 신선하다. 그리고 지금까지 반사회적 성격장애, 품행장애, 자기애성 성격장애에 관한 사례개념화와 치료 접근에 대한 개입 방식의 부재에 대해 희망을 주고 있다.

정신화 기반 심리치료는 저자의 다른 서적의 인터뷰에서 언급한 것처럼 습득하기에 어려운 치료 방식이 아니고, 이미 상담사들이 내담자의 정신화를 돕는 개입 기술을 사용하고 있다고 한다. 원서의 저자들이 언급한 것처럼 정신화 기반 심리치료는 초심 상담사가 아니면 사흘만 배워서 적용할 수 있다고 한다. 무엇보다도 치료의 원리가 아주 실용적이고 상담 장면의 내담자뿐만 아니라, 정신화하기는 우리 국민이 모두 노력해야 하는 자세이다.

이 책의 목차를 살펴보면 제1장 서론에서는 정신화하기의 발달 기원과 역기능적인 환경에서 정신화하기에 대한 부정적인 영향에 대해 논의한다. 이어서 정신화하기의 다차원적인 특성과 정신화하기의 불균형에 관해 설명하고 있다. 이어서 제2장, 제3장에서는 정신화에 대한 신경심리학적 관점에서 정신화의 구성 요소를 소개한다. 제2부 임상 실제에서는 개인 상담 기술, 성인과 청소년 집단치료, 가족, 부부 대상 정신화 기반 심리치료 기술에 대해 자세히 논의하고 있다. 제11장에서는 정신화 기반의 예술치료법을 제시하면서 보다 다양한 방식으로 치료 방식의 확장을 보여 주고 있다. 제3부에서는 보다 구체적인 정신병리를 대상으로 청소년의 경계선 성격장애, 품행장애, 반사회적 성격장애, 회피 및 자기애적 성격장애, 섭식장애, 물질장애가 있는 내담자나 환자를 대상으로 임상 실제에 관해 소개하고 있다.

이 역서의 출간은 한국상담학회 산하 한국심리치료상담학회 운영위원님들과 공동 출판하는 점에서 의미가 크다. 한국심리치료상담학회는 자타 국내 최고의 심리치료 전문가로 구성되어 있고, 회원 수가 8천 명으로 전체 분과학회 가운데서 최첨단 심리치료 이론에 대한 소개와 교육을 담당해 왔다. 그런 의미에서 이 역서의 소개는 회원들에게 또 하나의 치료 도구를 갖게 된다는 점에 의의가 크다. 이 역서가 나올 수 있도록 도와주신 학지사의 김진환 사장님, 늘 지지적으로 도와주시는 임원분들 그리고 교정 작업을 맡아 주신

이세희 선생님께 감사드린다. 마지막으로, 공동 역서 작업에 참여해 주신 한국심리치료
상담학회 운영진 선생님들에게 깊이 감사드린다.

부천 연구소에서

이성직 박사

　이 책의 초판은 정신화하기 개념과 그 임상적 적용이 정신건강 치료 작업에 어떤 영향을 미치고 변화를 주고 있는지를 요약하는 데 목적이 있었다. 정신화하기에 대한 우리의 이해와 임상 작업의 적용적인 관점에서 볼 때 초판이 출판된 이후 7년 동안 많은 일이 일어났다. 이는 필연적으로 이 책이 정신건강 치료 개입에서의 정신화 기반 접근법에 대한 임상 및 연구 작업에 대한 현재 상태를 요약하는 것이 목적임에도 불구하고, 이전 판과 제한적인 유사성을 가지고 있다는 것을 의미한다. 모든 장들이 다시 쓰였고, 초판 책은 재정비되었고, 많은 새로운 저자들이 개정에 기여했다. 편집자들에게, 이것은 물론 매우 만족스러운 일이다. 이러한 변화는 정신건강에 중요한 여러 차원을 따라 상당한 발전이 진행되고 있는 활기찬 분야를 반영한다. 첫째, 정신화 기반 치료(Mentalization Based Treatment: MBT) 접근법이 도움이 되는 것으로 밝혀진 정신장애의 범위가 상당히 증가하였으며, 현재는 정신증(psychosis)을 포함하고 있다. 하지만 예를 들어, 학습장애와 자폐스펙트럼장애에 대한 제한된 연구만 있을 뿐, 더 나아가야 할 필요가 있다. 이러한 확장과 함께, 접근 방식이 가치가 있는 것으로 나타난 맥락의 범위가 증가했다. 부분 입원(즉, 유럽의 낮 병원)의 기원을 넘어, 안내 지침적인 틀로서 MBT는 외래 환자 및 지역사회 환경, 그리고 아동, 청소년, 부부 및 가족의 더 넓은 맥락에서 유용하며, 학교와 심지어 감옥과 같은 사회적 맥락에서도 유용한 것으로 밝혀졌다.

　아마도 임상적 범위와 중재 영역의 확장보다 더 중요한 것은 정신건강의 사회적 맥락을 이해하기 위한 이론적 토대의 일반화 가능성이다. 이 책에서 발전된 모델은 정신화의 발전과 그 변천에 대한 이해를 넘어 다양한 사회적 과정에서 정신화하기의 역할에 대한 이해를 제공하는 것을 목표로 한다. 여기에는 부모와 자녀 간의 관계, 어린 시절 역경의 경험, 대인관계 소통에 내포된 학습의 본질, 그리고 가장 야심 차게 정신장애의 발병과 유지에 대한 이해가 포함된다. 이것이 오만함으로 오인될 경우를 대비해서, 편집자나 이 장의 저자들 중 어느 누구도 정신화하기가 그러한 광범위한 문제에 대한 적절한 설명을 제공한다고 제안하지 않는다. 그러나 우리는 정신화하기가 인간 상태에 매우 중심적이라고 느끼기 때문에 그러한 중요한 사회적 과정에서 정신화가 아무런 역할도 하지 않는다는 것이 불가능하다고 느낀다.

그러므로 이 책의 야망은 세 가지다. 첫째, 그들이 사용하는 치료 모델에 관계없이 치료사에게 유용하며, 업무와 관련하여 자신의 목표가 무엇이든 간에 정신화 관점을 취할 수 있도록 한다. 둘째, MBT가 진정한 효과적인 대안을 제공할 수 있는 흔하고 일반적으로 치료하기 어려운 조건의 치료에 대한 일관되고 검증된 접근 방식을 개략적으로 설명한다. 셋째, 그리고 예외 없이 모든 장에 나와 있으며, 우리 고유의 인간 존재의 이 모든 중요한 측면, 즉 우리 자신과 다른 사람들이 신념과 감정, 그리고 그들이 만들어 내는 생각과 희망에 따라 행동하는 것을 상상하는 측면에 우리의 마음을 집중시키는 데 도움이 될 수 있는 개념적 틀을 개략적으로 설명한다. 다른 사람들이 우리처럼 생각하고, 느끼고, 고통받는 것을 상상할 수 있는 능력에 기반을 둔 서로에 대한 입장을 유지하는 데 중요할 수 있는 것이 바로 이 측면이다.

정신화하기의 광범위한 적용과 임상 서비스에서의 영향력은 주목할 만하고 어느 정도 설명이 가능하다. 첫째, 정신화하기는 범진단적 개념으로 다양한 정신건강 상태에 적용할 수 있다. 이는 정신화하기와 외상(제5장), 성격장애(제19장~제21장), 섭식장애(제22장), 우울(제23장), 동반 물질사용장애와 성격장애(제24장), 정신증(제25장) 등 다양한 상태에 대한 일련의 장으로 설명된다. 둘째, 정신화하기에 초점을 맞추는 것은 사람들이 어떻게 팀, 시스템 및 서비스가 개입과 서비스 전달을 촉진하거나 약화하는지를 고려하는 데 도움이 된다. 왜냐하면 정신화되지 않은 팀과 시스템은 치료에 대한 신뢰할 수 있고 대응적인 경로의 구현과 숙련된 치료의 실현을 방해하는 환경을 만들어 임상치료에 부정적인 영향을 미치기 때문이다. 그래서 이 책에서는 정신화하기와 팀(제13장)과 정신화하기와 더 넓은 시스템(제14장)을 고려한다. 셋째, 정신화하기의 발달 기원과 정신화하기에 초점을 맞추는 것이 환자의 결과를 어떻게 개선할 수 있는지에 대한 경험적 연구가 증가하고 있다. 이 책의 모든 장은 논의 중인 주제와 관련된 연구의 일부를 요약한다. 이는 정신화하기를 강화하기 위해 기술된 많은 기술을 사용하여 치료사가 정신화를 임상 실제에 통합하도록 설득하는 것을 목표로 한다(예: 제6장~제8장 참고). 정신화하기에 초점을 맞추는 것이 역경에 대한 회복탄력성을 증가시키고, 아마도 개인들을 재발로부터 보호하고, 치료 결과를 어떻게 개선하는지에 대한 것은 각각 제4장과 제10장에서 논의한다. 마지막으로, 신경생물학과 고차 인지에 관한 문헌의 잘 개발된 구성 요소로서의 위치(제2장 참고)와 아동 및 청소년 발달에 관한 연구의 중심 위치(제15장~제18장 참고)는 신경생물학에서 아동 발달 과정을 거쳐 성인기 정신병리학에 이르는 다양한 연구로부터 정신화하기가 유익함을 준다는 것을 의미한다. 우리는 이『임상 실무에서의 정신화하기 핸드북(Handbook of Mentalizing in Mental Health Practice)』제2판이 이 모든 가닥들을 포착하여 일관성 있는 방식으로 결합하기를 바란다. 우리는 챕터 간의 반복을 줄이려고 노력했지만, 몇 가지 예를 놓쳤을 가능성이 높으며, 이에 대해 사과드린다. 적어도 우리의 걱정은 반복이 배움의 원동력이라는 인식에 의해 완화될 수 있다.

정신화하기와 같은 고차 인지(higher-order cognition)와 관련된 모든 개념은 정적이고 고정된 일련의 전문 뇌 영역과 고정된 신경 해부학적 연결에 의존하지 않는 정보처리 메커니즘을 말한다. 고차 인지는 신경 자원을 최적화하고 처리 시스템 간의 경로를 생성함으로써 작동한다고 생각된다. 일반적으로 신경망은 집단적 행동을 나타내는 것으로 여겨지며, 이는 맥락적 정보처리를 제어하기 위해 오는 2차 이상의 매개변수에서 명백해진다. 이러한 가상 구조의 핵심적으로 구별되는 특징은 추상화 계층의 위계적 구조로서 뇌 구조와 관련이 있고 이 신경 피라미드의 하위 차수에 하향식 영향을 미친다는 것이다.

앞의 모든 개념은 자기 지각과 같은 처리가 특정 처리 장치에 대한 접근을 용이하게 하기 위해서 지역 생물물리학적이고 생화학적 매개변수를 동적으로 제어할 수 있고, 특정 처리 장치는 물리적 위치를 가지고 정보처리 시스템으로 기능하는 두뇌의 복잡한 장치의 제어를 단순화할 수 있다고 가정한다. 이러한 개념화 유형에서, 우리는 뇌가 일종의 코드 해석기로 기능하고 정신화하기는 일종의 가상 작업 공간에서 발생한다고 가정한다. Debbané와 Nolte는 정신화하기의 신경생물학에 관한 장(제2장)에서 신경과학에 대한 계산적 접근에 기초한 흥미로운 새로운 발견뿐만 아니라 정신화하기의 신경과학에 대한 이러한 정교함을 넘어 인지적·발달적·정서적 발견을 검토한다. 새로운 신경과학적 경로가 그들의 장에 도표화되어 있는데, 그것은 자기의 개념화를 풍부하게 하고, 자기의 물리적 설명에 더 가까이 다가가게 하며, 정신화하기의 구현된 측면을 탐구할 수 있게 해 준다.

진화론적 관점에서, 정신화하기는 실제로 뇌 내의 프로세스를 재정렬하면서 불리한 조건에도 불구하고 '평소와 다를 바 없는 상태'를 보장함으로써 신경 구조에 잠재적인 구조적 손상에도 불구하고 어느 정도의 회복탄력성을 제공할 수 있다. 생각과 감정의 관점에서 행동에 대해 생각하고, 이러한 정신 상태에 대한 지식을 사용하여 심리학적 지식에 기초하여 효과적으로 심리학적 도전에 대응함으로써 삶의 도전에 숙달하거나, 행동할 필요가 없는 '단지 생각일 뿐'으로 지정하거나, 반대로 진지하고 성숙하게 고려되어야 한다(성찰을 위한 목적에서, 돌아보는 기능에서처럼)—모두 인지 이상의 고차 과정을 만드는 목적(감정에 대한 인지 포함)을 제공한다. 이 고차적인 정신화하기 과정을 측정할 수 있다는 것은 이 책의 이전 판부터 논란과 일부 연구의 주제가 되어 왔다. 평가(assessments)를 논하는 제3장에서, Luyten과 동료들은 정신화하기가 서로 다른 개인에 걸쳐 그리고 개인 내의 다른 환경과 시간 모두에서 중요한 임상 구성 요소라고 제안한다. 그들은 이 다양성을 평가하기 위해 현재 이용 가능한 측정 접근법과 기법을 제시한다.

회복탄력성의 경로로서 정신화하기의 중요성은 제4장에서 논의된다. Fonagy와 동료들은 어떻게 정신화하기가 스트레스를 주는 사회적 맥락에 대한 이해를 강화함으로써 정신장애로부터 보호할 수 있는지에 대한 설명에서 상상적 이해를 정신화 과정의 핵심 요소로 사용한다. 동시에 상상력이 자제가 되지 않을 때 만들어 내는 취약성에 주목한다.

아동기와 생의 후반기에 개인적 트라우마의 장기적 영향을 완화하는 열쇠는 역경에 직면한 개인과 가족의 회복탄력성이다. 일시적인 정신화하기 상실은 특히 감정 조절이 잘 안 되고 초기 역경을 경험한 사람에게서 발생할 가능성이 높다. 제5장에서 Luyten과 Fonagy는 트라우마, 정신화하기, 초기 역경의 흔히 일어나는 결과, 즉 정신장애 사이의 복잡한 관계를 논한다. 어린 시절의 트라우마에 대한 바로 그 정의는 정신화하기와 다른 마음으로부터의 아이의 고립에 대한 이해를 낳는다. 사회적 참조의 이점 없이 역경을 겪을 때, 장기적인 후유증이 쉽게 발생할 수 있다. 다른 사람의 마음의 가용성은(자신과 타인의 정신 상태를 상상하는 개인의 능력을 보장하는 데 도움이 된다) 중재자의 역할을 한다(제4장에서 약술된 바와 같이). 이 능력은 회복탄력성을 낳는다. 부분적으로 애착 체계의 붕괴에 의해 매개되는 트라우마의 영향은 정신화하기를 덜 견고하게 만드는 역할을 한다. 특히, 우리가 심리적 동일시(psychic equivalence)(제1장 참고)로 묘사하는 사고방식에 의존하는, 효과적인 정신화의 실패는 때때로 트라우마에 대한 기억을 현재의 현실과 구별할 수 없게 만든다. 극단적으로, 정신화에서 비효과적인 정신화하기로 이어지는 이러한 폭우와 같은 경험은 외상 후 스트레스 장애(PTSD)를 발생시킬 수 있다. 보다 온건한 수준에서, 우리가 대인관계를 통해 우리 자신의 마음 상태에 대한 이해를 조정하고 참조하려면, 그것은 사회적 관계에 대한 불신과 모든 인간이 의존하는 사회적 · 인지적 과정에서의 철회를 야기한다. 이러한 인식의 흐름과 개인 교정의 붕괴는 아마도 모든 정신질환이 공유하는 취약성과 '경직성'을 생성한다. 따라서 사회적 연결 개선을 통한 정신화하기 개선은 트라우마 중심 치료의 중요한 요소가 되어야 한다. 이와 같이 제5장에서는 정신화하기에 뿌리를 둔 사회적 소통의 흐름을 재정립한다는 측면에서 모든 심리치료의 유익을 이해하는 구체적인 모델을 지적하고 있다. 정신적 외상은 주관적 경험을 표현하는 능력을 방해한다. 정신화하기의 실패는 내적 경험이 물리적 현실과 동일한 지위를 부여받는 결과를 초래한다. 이것은 PTSD에서 흔히 마주치는 문제들, 즉 재경험, 인지 회피, 감정 조절 이상(각성)을 생성한다. 이 공식은 PTSD에서 정신화하기 문제를 보다 구체적으로 다루는 것이 결과를 개선할 수 있음을 암시한다.

임상적 접근으로서 MBT는 개인치료에서 비롯되었지만, 이 책이 보여 주듯이 경계선 성격장애(BPD) 진단을 받은 개인을 지원하는 원래 초점을 훨씬 초과하여 성장했다. 제6장에서, Bateman과 동료들은 일부 기술이 치료사에 의해 능숙하게 수행되지 않았거나, 심지어 전혀 수행되지 않았음을 시사하는 충실도 측정의 결과를 바탕으로, 성격장애를 가진 사람들의 정신화하기를 촉진하는 개인치료 또는 기타 적응에 사용될 수 있는 기술에 대한 자세한 그림을 제공한다.

MBT의 이론적 초점이 이자간(dyadic)을 넘어 사회적 영역으로 이동함에 따라 집단치료의 맥락에서 정신화하기의 중요성이 대두되었다. Bateman과 동료들은 집단상담에 대한 MBT 접근 방식을 업데이트했으며, 제7장에서는 집단 접근 방식이 개인치료의 보조로써의 원래 역할에서 청소년과 다른 특수 집단에 사용되는 핵심적이고 종종 분리된 치료 접근 방식으로 어떻게 진화했는지 논의한다.

가족치료는 특히 어린이들에게 치료를 제공하고, 갈등을 겪는 커플들이 직면하는 문제를 다루는 것에 대해 MBT 모델의 논리적 정교함을 나타낸다. Asen과 Midgley 제8장에서 잘 확립된 체계적 접근과 그것이 수반하는 시도되고 검증된 기술들을 이 책이 정리된 정신화하기 모델과 조화시키려 한다. 저자들은 MBT의 명시적인 가족 모델을 선택한 체계적인 기법을 MBT에 공동 채택하여 예비 정신화하기(pre-mentalizing) 모드가 지배하는 가족 상호작용을 처리하는 데 도움을 주는 응용 프로그램과 결합한다.

Bleiberg와 Safier가 담당한 제9장은 갈등 중인 부부의 개입을 용이하게 하기 위해 신구(新舊)를 나란히 사용한다. 그들의 임상 발표는 단순히 정신화 강화에 초점을 맞춘 기술을 사용하여 만성적으로 서로의 정신 상태를 잘못 상상하는 파트너의 문제를 어떻게 효율적으로 해결할 수 있는지를 아름답게 보여 준다.

제10장에서, Fonagy와 동료들은 MBT뿐만 아니라 아마도 많은 다른 대화 치료 방식을 뒷받침하는 심리학적 메커니즘의 야심찬 재공식화를 제시하며, 인식론적 신뢰(epistemic trust)의 틀에서 그들의 추측을 잠재운다. 그들은 개인의 경우, 그 복잡성의 일부에서 자신의 개인적인 이야기를 다른 사람이 이해하는 것을 느끼는 경험은 학습을 통해 변화의 가능성에 대한 개인의 마음을 열어 주는 인식론적 신뢰를 강화한다고 제안한다. 이 과정에서 개인이 어떻게 인식되는지에 대한 정확한 인식은 필수적인 요소이며, 이는 정신화하기 능력의 강화를 통해 강력하게 강화된다.

제11장은 MBT의 새로운 출발을 설명한다. 이 책의 이전 판에는 음악이나 미술치료와 같은 표현치료에 대한 내용이 거의 또는 전혀 없었다. 미술치료사인 Havsteen-Franklin은 의심할 여지없이 분야를 풍부하게 한 작업을 설명하는데, 여기서 다양한 예술적 양식을 통해 표현에 뿌리를 둔 개입을 사용하는 사람들은 은유를 사용하여 정신 상태의 경험을 심화시키는 데 내담자의 초점을 맞추는 것을 볼 수 있다. 상호 주관적 공유의 맥락에서 정서적 경험의 뉘앙스를 탐색하고 내적·사적인 것을 위한 언어의 출현은 정신화하기의 핵심이다. 아마도 이 예술 기반 정신화하기 개입 형태의 초기 요약의 가장 중요한 기여는 정신화하기가 전통적으로 단편적이었던 분야에 대한 공유 언어(shared language)일 것이다.

MBT가 부분 입원이나 낮 병원의 맥락에서 개발된 것은 역사적 사고가 아닐 것으로 보인다. 이 '전환기' 단계는 이 책의 편집자인 우리들에게 정신화와 같은 공통의 기준점이 없다면, 일관성이 너무 부족한 다면적인 치료 과정에 적용 가능한 핵심 원칙의 단일 세트를 구성할 수 있는 기회를 제공했다. 제12장에서 Bales는 MBT 원리를 이용하여 중증 성격장애인에 대한 부분 입원 제공의 요소들을 어떻게 하나의 틀로 가져올 수 있는지를 설명한다. 이 장에서는 인지행동치료, 글쓰기 집단, 미술치료, 가족치료 및 기타 접근법이 어떻게 정신화하기 환경을 조성하는 공통의 목표를 사용하여 일관성 있는 프로그램에 결합될 수 있는지 설명한다. 그리고 이것은 인터비전(intervision)을 통해 그 자체가 내재화가 되어 있다. 즉, 치료사 강조하는 것을 실천하는지 치료사와 정신화하기 팀 환경을 조성하는 것에 대한 것이다.

정신화하기가 대인 간 상호작용과 사회적 협동의 언어인 것처럼, 정신화 기반 치료는 원칙적으로 협력적으로 일하는 전문가들에게 공통의 틀을 제공할 수 있는 능력을 가지고 있지만, 실제로는 종종 전문적인 서비스 저장고(silos)에서 작동한다. 정신화 기반 접근 방식은 여러 가지 면에서 치료 팀의 구성원들 간의, 그리고 팀들 간의 협업이 가장 적은 자원을 가지고 가장 큰 욕구를 가진 사람들과 협력하는 데 있어 진정한 보금자리를 찾았다.

제13장에서 Bevington과 Fuggle은 비정상적으로 많은 양의 자원을 사용하는 경향이 있는 '접근하기 어려운' 젊은이들과 가족들과 함께 일하는 팀을 돕기 위한 혁명적인 접근법을 제시한다. 기술한 작업은 내담자와의 접점을 넘어, 직업적 수치심과 감정적 소진이라는 항상 존재하는 위험을 포함하여, 팀과 그들의 신념, 감정, 소망, 욕망과 함께 일하는 것에 초점을 맞추고 있다. 이 밖에도 MBT 원칙은 이러한 도전적인 임상 인구를 다룰 때 기관 간에 발생하는 불가피한 '해체(dis-integration)'를 해결할 수 있으며, 개인과 팀이 폐쇄하고, 익숙한 작업 방식을 고집하며, 새로운 접근 방식을 배우는 데 닫히는 경향을 상쇄할 수 있다.

사회 집단과 개인의 정신화하기 능력 사이의 접점은 제14장에서 Asen과 동료들에 의해 직접적으로 다루어진다. 제14장은 제10장에서 상세히 기술한 정신화하기의 사회적 모델을 바탕으로 사회와 정신화하기 과정의 관계를 정반대로 돌려 보면서, 사회적 증상이 사회 시스템의 기능을 특징짓는 다양한 정신화하기의 산물로 볼 수 있는 정도를 탐색한다. 그 장은 학교와 사법 제도를 포함한 인간 문화의 핵심에 있는 사회 시스템과 문화 그 자체를 다룬다.

최근까지 MBT와 같이 발달적으로 뿌리를 둔 모델이 아동의 정신건강 문제를 다루는 것에 대해 거의 언급하지 않았다는 것은 역설적이다. 이 격차는 이제 제15장의 Midgley와 동료들에 의해 다루어지고, 이들은 정신화하기 문제가 정서 및 행동적 문제로 나타나는 아동의 욕구를 해결하는 혁신적인 정신화하기 모델을 제공한다. 저자들은 정신역동적 원리에 뿌리를 두고 있는 동시에 여러 증거 기반 접근법의 특징을 활용하고, MBT가 채택한 범진단적인 접근법을 정신건강 문제가 질병 부담의 가장 큰 부분을 차지할 수 있는 발달 그룹(연령 5~12세)에 적용하여 범위를 확장하고 있다.

정신화하기 모델의 지적 뿌리는 발달 과정에 있다. 정신화하기는 가족과 다른 초기 사회적 상호작용의 맥락에서 나타난다. 정신화하기는 가변성이 적어도 부분적으로 유년기 경험의 질의 변동성에 의해 설명된다는 우리의 가정을 고려할 때, 우리의 접근 방식이 육아에 대한 매우 영향력 있는 임상 문헌에 기여할 수 있을 거라는 것은 자명하다. 양육 개입은 예방과 치료의 일부이며, 소아 심신 건강에 대한 대부분의 지침의 일부를 형성한다. 부모들은 다음 세대의 복지와 관련하여 서구 문화에서 엄청난 사회적 책임을 지고 있다. 정신화하기 접근법이 이 부담을 덜어 주는 데 진정한 기여를 할 수 있을까? Redfern의 성찰적 양육(Reflective Parenting) 모델(제16장)은 양육자와의 직접적 개입을 포함하는 정신화하기와 관련하여 조율-지향적 개입이 채택할 수 있는 구체적인 초점을 개략적으로 설명한다. 아동의 내부 상태와 관련하여 인지적 · 직관적 인식을 발달시키고 아동과의 상호작용과 관련하여 자신의 정신화하기에 대한 부모의 인식을 향상시키면 정신화하기를 학습하는 데 유리한 맥락을 만들어 낸다. 이 장은 그 초점에 있어 실용적이며 정신화하기에 대한 도전이 첨예한 양육자, 위탁 보호자 및 입양 부모의 맥락에서 양육자-자녀 관계에 중요한 특정 기여를 한다.

성격장애가 나타나는 젊은이들은 임상 실제에 대한 이 접근법의 초기 개발 이후 정신화 기반 치료법의 초점이 되었다. 제17장에서 Sharp와 Rossouw는 청소년기의 BPD의 임상적 뿌리에 대한 포괄적이고 최신 정보를 제공하고, 이를 청소년기의 발달과제인 일관되고 통합된 자기감 확립의 맥락에 놓는다. Sharp는 관련 증거가 없을 때 내부 상태의 모델을 정교하게 만드는 경향인 과잉정신화하기(hypermentalizing)의 개념의 창시자이며, 청소년기에 출현하는 BPD와 과잉정신화하기의 특별한 연관성을 강조했다. BPD의 진단과 일치하는 청소년기의 새로운 어려움이 정신화하기의 실패에 뿌리를 둔다는 개념을 뒷받침하기 위해 수집된 경험적 증거는 설득력이 있다. 저자가 설명한 치료적 접근은 저자의 실무에서 도출된 자료로 명확하게 제시되고 포괄적으로 설명된다.

청소년을 위한 주요하고 자주 도전적인 발달과제는 그들 자신의 경험을 이해하고, 이것이 다른 사람들, 특히 또래들의 생각과 감정과 상호작용하는 방식을 이해하는 것이다. Taubner와 동료들의 포괄적인 장(제18장)은 이 과정이 잘못되었을 때, 즉 정신화하기가 손상되거나 존재하지 않을 때 나타날 수 있는 행동 문제에 초점을 맞추고 있다. 저자들은 품행장애의 원인에 대한 현재 이해를 검토하고, 복잡한 다요인 모델의 맥락에서 정신화하기를 배치한다. 그들은 현재 치료 시험을 진행 중인 품행장애에 대한 정신화하기 접근 방식을 개략적으로 설명하는데, 이는 고전적인 MBT 접근 방식과 겹치는 많은 특징을 가지고 있다. 그들이 설명하는 정신화하기 접근법은 또한 이러한 젊은이들을 치료적 관계에 참여시키는 문제와 대인관계 과민성과 관련된 분노 폭발과 같은 치료 과정에서 발생하는 특정 문제를 해결하기 위해 특별히 설계된 혁신적인 특징을 제공한다.

MBT의 첫 임상 응용은 BPD와 관련된 것이었다. 사실, 이 책을 관통하는 공통의 결을 나타내는 많은 개념화와 기술들은 이러한 초기 개발에서 비롯된다. Bateman과 동료들이 MBT 치료사의 눈을 통해 본 현재 합리적으로 잘 알려진 BPD 모델을 넘어, 제19장에서는 BPD 진단을 받은 개인이 제시하는 어려움에 대한 개요를 제시하고, 이 진단에 수반하는 정신화 결함의 본질을 적절히 이해하여 이러한 문제를 더 잘 해결할 수 있는 방법을 제시한다. MBT 모델에서 패러다임으로서 이 진단의 근본적인 역할 때문에 제4장, 제10장, 제17장에 이 모델과 관련하여 훨씬 더 많은 것이 있다.

제20장과 제21장은 MBT 모델의 최근 확장을 개략적으로 설명한다. 제20장은 Bateman과 동료들에 의해 두 번의 시범 연구에서 유망한 결과를 얻은 후 시작된 반사회적 성격장애(ASPD)에 대한 MBT의 무작위 통제 실험이 진행 중인 가운데 작성되었다. 개념적 틀은 제18장에서 간략하게 설명된 폭력 개념을 확장하지만(품행장애에 초점을 맞춘) 임상 모델을 사회적 맥락이 점점 더 두드러지는 새로운 정신병리 모델과 통합한다. 개입은 그룹 기반이며, 아마도 이 장은 제7장과 함께 읽어야 할 것이다.

이 책에 대한 흥미롭고 새로운 기여는 Simonsen과 Euler가 제21장에서 설명한 회피 및 자기애적 성격장애에 대한 MBT 모델의 확장이다. 이러한 진단을 받은 개인의 핵심 병리에 적용된 모델은 물론 BPD 및 ASPD의 표현 측면과 매우 관련이 있으며, 여기서 과대함과 회피는 일반적으로 임상 양상의 일부일 수 있다. 이 장은 제1장과 제3장과 책 전반에 걸쳐 정신화의 차원에서 제시된 개념적 모델을 기반으로 하고, 회피성 및 자기애적 성격장애가 있는 환자를 치료할 때 수정되어야 하는 정신화하기 임상 도구(다른 임상 장에서 더 자세히 설명됨)를 식별하는 데 도움이 된다.

섭식에 대한 병리학적 초점의 현저한 지표가 정신화하기의 결핍이라는 제안에 반대하는 치료사는 거의 없다. 제22장에서 Robinson과 Skårderud는 섭식장애를 뒷받침할 수 있는 악순환을 탐색한다. 이 악순환에 따라 물리적 세계(이 경우에는 외모에 대한 과도한 관심)가 비정상적인 섭식 패턴을 촉발하여 특징적인 비정신적 정신 기능을 유발할 수 있다(신념과 현실을 혼동하고 주관적 상태를 거의 무의미하게 경험함). 결과로, 이러한 패턴은 특징적인 비정신화하기 정신 기능(즉, 신념을 현실과 혼동하고 주관적 상태를 거의 의미 없는 것으로 경험함)을 생성할 수 있으며, 이는 비정상적인 섭식 패턴을 악화시키고, 고차원 인지 능력을 손상시키는 뇌 기능의 변화를 생성한다. 이 과정의 근원이 초기 애착 문제에 있는지 여부는 의심스럽지만, 현재 애착관계의 붕괴는 분명하다. 애착과 애착관계에 의해 매개되는 소셜 네트워크가 정신화하기를 유지하는 데 중요하다고 보았기 때문에 정신화하기 및 가족 구성원, 친구 및 더 넓은 커뮤니티와의 참여를 향상시키는 것을 목표로 하는 관계적 접근 방식은 이러한 개인에게 도움이 될 것 같다. 이 장에서는 경험적 및 임상적 작업에 도움이 되는 것으로 밝혀진 다양한 치료 기술을 제안한다.

흥미롭게도, 정신화 기반 치료 기법이 등장한 진단적 조건의 정동적 배경에도 불구하고, 우울증은 최근에 와서야 MBT의 특정 초점이 되었다. 제23장에서, Luyten과 동료들은 정신화하기 틀 내에서 가장 흔한 정신장애를 이해하기 위한 모델을 제공한다. 그들은 감정과 정신화하기 사이의 관계에 대한 증거를 검토하고, 애착 이론을 들여와서 관찰된 강한 연관성을 명확히 하는 데 도움을 주고 있다. 그들은 가벼운 우울증에서 중간 정도의 우울증에 대한 짧은 치료적 개입의 맥락에서도 정신화하기의 장애가 흔하며, 이러한 장애를 해결하면 환자들이 역동적 대인관계 치료의 혜택을 받을 수 있는 범위가 강화된다고 제안한다. 이러한 방식으로, 이 장은 정신화하기와 심리치료의 관련성에 대해 완전히 새롭고 매우 관련성이 높은 장(context)을 개척한다. 대부분의 심리적 개입에서 감정에 대한 집중적인 집중과 각성과 정신화하기의 관계를 특징짓는 '반전된 U'를 고려할 때, 어떤 치료 과정에서도 환자가 더 이상 치료사의 개입으로부터 처리하고 이익을 얻을 수 있는 위치에 있지 않을 때 정신화하기의 실패가 있을 것이라는 것은 자명하다. 따라서 정신화하기가 상실되었을 때 회복하는 것을 돕는 기술은 잠재적으로 모든 진단과 모든 치료 모델과 관련이 있다.

풍부한 문헌은 성격장애(특히, ASPD와 BPD)를 물질사용장애와 연관 짓는다. 제24장에서, Arefjord와 동료들은 물질사용장애가 정신화하기가 강하지 않은 개인들이 감정 조절, 자기 응집, 대인관계의 연속성에서 어느 정도의 안정감을 얻을 수 있는 방법으로 보일 수 있다고 제안한다. 여기서 불균형적 정신화하기는 취약 요인으로 보이는데, 인지에 의해 부적절하게 균형을 이룬 감정적 경험이 더 강렬하고 즉시 다루어질 것을 요구하는 거의 파국적인 주관적 경험으로 이어진다고 생각되기 때문이다. 정신화의 '일시 정지 버튼'은 단순히 존재하지 않는다. 물질사용장애에 대한 정신화 기반 접근법에 대한 이러한 근거는 강력하지만, MBT가 중독과 관련된 감정적 경험의 긴급성과 현실적으로 싸울 수 있는 충분한 능력을 가지고 있는지 여부는 두고 보아야 한다.

MBT의 현재 연구가 필요한 분야는 아마도 정신증 상태의 관리 영역일 것이다. 제25장에서 Debbané와 Bateman은 정신화하기 실패가 어떻게 정신병적 상태를 일으킬 수 있는지에 대한 모델을 제공한다. 정신증의 사회적 결정 요인에 대한 증거는 최근에야 통합되기 시작했지만, 애착이 정신증의 초기 징후부터 완전한 발현, 그리고 그 과정과 결과에 이르기까지 정신증의 발현과 관련이 있다는 사실은 정신화하기 설명의 문을 열어 준다. 이 장은 정신화를 수반할 수 있는 잠재적인 신경생물학적 경로를 설명함으로써 사례를 강화한다. 이 증거로부터, 저자들은 정신화하기 정보 접근 방식을 발달 연속선상에 따라 정신증 관리에 채택하는 강력한 임상 모델을 발전시킨다.

Anthony Bateman, MA, FRCPsych

Peter Fonagy, Ph.D., FBA, FMedSci, FAcSS

·· 차례

제1부 | 정신화하기의 원리

제1장 서론 • 27

제2장 현대 신경과학 연구 • 51

제2부 | 정신화하기의 임상 실제

제3부 | 특정 영역에서의 응용

제15장　아동 • 337

제16장　부모역할과 위탁양육 • 359

제17장　청소년기 경계선 성격병리 • 379

정신화하기의 원리

제1장

서론

Peter Fonagy, Ph.D., FBA, FMedSci, FAcSS
Anthony Bateman, M.A., FRCPsych

정신화하기는 인간 상상력의 특정한 측면을 설명한다. 즉, 자신과 다른 사람들의 정신 상태에 대한 개인의 자각, 특히 그들의 행동을 설명하는 것이다. 여기에는 사람들이 하는 일을 설명하는 감정, 생각, 신념 및 소망을 인식하고 해석하는 것이 포함된다. 이것은 다른 사람의 상황, 그의 혹은 그녀의 이전 행동 패턴 및 개인이 노출된 경험에 대한 자각을 수반한다.

정신화하기가 상상의 행위라는 생각은 정신화하기의 어떤 행위도 본질적으로 불확실하다는 것을 의미한다. 왜냐하면 내부 상태는 불투명하고, 변화 가능하며, 심지어 개인의 마음속에서조차 파악하기 어려운 경우가 많다. 이것은 정신 상태를 이해하려는 모든 시도가 오류나 부정확성에 취약하다는 것을 의미한다. 정신화하기는 사람들이 대개 의식적으로 생각하지 않고 대부분의 시간 동안 하는 일이며, 모든 노력에도 불구하고 사람들이 꽤 자주 실수하는 일이기도 하다. 일반적으로 여기에는 개인이 자신을 수정하거나 자신이 받는 피드백에 대한 응답으로 진행 중인 상황에 대한 이해를 업데이트할 때 사소한 불일치 및 조정이 포함된다.

상상력에 대한 강조와 정신 상태와 관련하여 내재된 확실성의 결여는 정신화하기 임상 접근을 뒷받침하는 아이디어 중 하나인 탐구적 자세(inquisitive stance)를 가리킨다. 탐구적 자세는 개인의 마음이 다른 사람의 마음에 대해 학습함으로써 영향을 받고, 놀라고, 변화하고, 깨우칠 수 있다는 기대를 특징으로 하는 상호작용 양식이다. 그러나 상상력에 대한 강조, 그리고 이것이 수반하는 대인관계 및 대인관계 불확실성에 대한 강조는 또한 정신장애와 사회적 마음에 대한 우리의 생각에서 새로운 역할을 담당했다. 제4장과 제10장에서 더 자세히 탐구된 바와 같이, 우리는 인간의 상상력이 인간의 사회적 복잡성과 문화적 창의성을 발생시키는 동시에, 개인을 심리적 장애와 정신적 고통에 취약하게 만드는 것이라고 제안한다. 정신화하기는 사회적 상상력의 대인관계 '일꾼(workhorse)'으로 여기에 위치한다. 즉, 개인이 자신과 타인의 행동을 이해하고, 협력적이고 적응적인 상호작용을 가능하게 하는 것은 사회적 인지의 측면이다.

개인의 보다 추상적인 인지 과정과 일상적인 대인관계 사이에 있는 상상의 핵심으로서 정신화하기의 역할은 길을 잃거나 다른 마음과 크게 어긋난 마음에 접근하는 첫 번째 장소로서 치료적으로 매우 중요한 것이다. 정신화 기반 치료(MBT)가 미술치료(제11장 참고)에 가깝다는 것은 정신화하기의 본질적으로 창의적인 특성을 강조한다. 위대한 예술가들이 수백만 가지의 독특한 개인 경험과의 연결을 생성함으로써 자명하게 입증하듯이, 다른 마음과 연결을 구축하는 것은 창의적인 과정이다.

정신화하기의 발달 기원과 역경의 영향

정신화할 수 있는 잠재력은 부분적으로는 특성과 유사한 능력이다. 모든 사람은 정신화할 수 있는 능력과 강점 및 타고난 능력의 차이를 가지고 태어나지만, 이러한 타고난 능력의 발달은 초기 사회 환경에 의해 발판이 되고 조절된다. 우리는 언어 발달을 이 과정을 이해하는 것과 유사하게 사용했다. 언어 능력에는 유전적 요소가 있지만, 개인의 언어 구사력의 특성은 초기 환경에 있는 개인 주변의 사람들에 의해서 말로 이루어지는 특정 언어와 구어 방식에서 기인한다(Neuman et al., 2011). 강인하고 균형 잡힌 정신화하기의 발달은 어린아이의 정신 상태가 세심하게 돌보는 위협적이지 않은 성인에 의해 적절하게 이해되었는지 여부에 달려 있다(Fonagy & Luyten, 2016). 특히, 중요한 것은 아이의 감정적 반응에 대해 어른이 보이는 '두드러진 거울 반영하기(marked mirroring)'에 대한 아이의 경험이다. 이것은 성인이 아동의 정동을 단순히 반영하는 것이 아니라, 대처하는 느낌을 전달함과 동시에 아동의 상태에 대한 인식과 이해를 전달하는 방식으로 아동의 정동을 표현하는 과정이다(Fonagy et al., 2002; Gergely & Watson, 1996). 적절한 거울 반영하기 상호작용의 경험은 아동이 자신의 주관적 경험에 대한 2차적 표상을 발달시키는 데 도움이 된다. 이는 정신 상태에 대한 성찰 능력의 발달이 이러한 조절 과정을 위한 도구를 제공하기 때문에 정동 조절 및 자기 조절(주의력 기제 및 노력적인 통제 포함)의 출현에 긍정적인 영향을 미친다. 정신화하기의 발달과 유지에 있어 가족의 중요성에 대한 인식의 치료적 적용은 제8장에서 논의된다. 나중에 인생의 후반부에 내적 정신 상태에 초점을 맞추는 더 넓은 환경(예: 동료, 교사, 친구)에 노출되면 제14장에서 탐색을 하듯이 정신화하기의 발달을 넓히고 강하게 할 것이라 여겨진다.

　발달 연구를 통해 유아기와 아동기에 걸쳐 정신화 기술의 출현을 추적할 수 있다. 주요한 발달 이정표는 잘못된 신념 과제(false-belief-task)를 사용하여 측정된다. 전형적인 예는 'Smarties 테스트'다. 이 테스트에서는 어린이에게 Smarties(영국에서 인기 있는 설탕 코팅 초콜릿 과자의 일종) 튜브(관)를 보여 주고, 그런 다음 튜브(관)에는 Smarties가 아니라 연필이 들어 있음을 보여 준다. Smarties 튜브(관)의 실제 내용물을 본 적이 없는 제3자가 방에 들어올 때, 아이는 제3자가 튜브(관)에 있는 것을 생각할 것인지 묻는 질문을 받는다. 4세 또는 5세가 되면 어린이 대부분은 제3자가 그것이 Smarties를 포함한다고 가정할 것이라고 대답할 것이다(이와 유사한 테스트는 Wellman et al., 2001의 메타 분석에 요약되어 있다). '마음 이론'을 발전시킨 이 아이들은 상대방이 자신과 상황에 대한 이해가 다르다는 것을 이해한다. 이것은 명시적 정신화하기의 예이지만, 대다수의 더 어린아이들은 할 수 없는 것이다. 그러나 훨씬 더 어린아이들이 암묵적인 정신화하기 능력을 보일 수 있다는 증거가 있다. 이것은 7개월 미만의 아기를 대상으로 한 연구에서 유래되었다. 이 연구에서는 상자에 공이 들어가는 것을 보기 위해 화면에 나오는 만화 캐릭터의 간단한 비디오 애니메이션을 아기에게 보여 준다. 캐릭터가 화면을 벗어나 걸어갈 때(따라서 무슨 일이 일어나고 있는지 볼 수 없음) 아기에게 공이 상자 밖으로 나와 시야에서 사라지는 것을 보여 주므로 캐릭터가 돌아올 때 캐릭터는 공이 상자 안에 있다는 잘못된 신념을 갖게 된다. 지켜보는 아기는 공이 다른 곳으로 갔다는 옳은 신념을 가지고 있다. 아기가 공의 위치에 대해 캐릭터가 (다르게) 무엇을 믿는지 고려하는 이 조건이 아기의 관심을 가장 오래 유지한다(Kovács et al., 2010). 그러한 발달 초기 단계에서 타인의 신념에 대한 암묵적이고 자동적인 계산을 위한 메커니즘의 존재는 그것이 정교한 사회적 기능을 위한 핵심적이고 인간 특유의 '사회적 감각'과 인지적 전제 조건을 구성한다는 것을 암시할 수 있다(Kovács et al., 2010).

　자기감과 감정적 주체는 처음에는 주 양육자와의 두드러진 거울 반영하기 교환을 통해, 정신화하기를 통해 나타난다(Gergely & Watson, 1996). 나중에 상호작용을 정신화하기할 때, 양육자는 아이의(그리고 양육자의 자신의) 정서를 말로 표현한다. 이러한 정신화하기 내러티브를 통해, 아동의 정서적 세계를 둘러싸고 발판을 형성하는 관계가 아동에게 보여진다(Fonagy & Target, 1996). 이러한 방식으로 거울 반영하기를 할 수 있을 만큼 충분히 유아를 잘 정신화하는 양육자의 능력은 민감한 양육에 노출되는 이점 중 하나다. 양육자는 아동의 심리적 복잡성과 정서적 주체성을 인식할 수 있다. 아동의 신호를 해석하고 적절하게 반응할 수 있으며, 아동의 광범위한 정서의 표현을 용인하고, 균형 잡히고 눈에 거슬리지 않는 방식으로 정서 표현에 적응하게 된다(적어도 아이가 이것을 지속적으로 느낄 수 있는 충분한 시간을 가짐)(Target & Fonagy, 1996). 따라서 안정 애착 영아는 육체적인 것뿐만 아니라, 심리적인 근접성 및 돌보는 사람(들)의 가용성으로부터 혜택을 받는다. 정상적인 상황에서 안정적인 애착과 정신화하기는 함께 발달한다(Fonagy et al., 2008). 보다 더 안정된 애착을 갖는 영아는 어린 시절에 더 나은 정신화하기 능력을 발달시키는 경향이 있다. 예를 들어, 그들은 신념을 추론하는 데 더 능숙하고 또래와 관련하여 더 공감적이다(de Rosnay & Harris, 2002). 다시 말하지만, 이것은 상식적으로 보인다. 아이들은 정신화 받는 경험을 통해서, 더 나은 정신화를 할 수 있는 사람이 되고, 선순환을 통해 정신화되는 경험에 더 민감해지고 더 잘 이해할 수 있게 된다. 이것은 차례로 그들이 더 나은 정신화를 하는 사람이 되는 것을 가능하게 한다(Fonagy & Target, 2007a).

반대로, 초기 애착 대상에 의한 두드러진 거울 반영하기 과정에서 일관되게 혹은 심각한 실패는 자기와 타인을 성찰하는 능력의 손상으로 이어지며, 이는 '이질적 자기(alien-self)' 경험이라고도 하는 정신화되지 않은 자기 경험으로 이어지기 때문이고, 이는 개인의 경험을 타탕화하지 않게 되어 자기에게 이질적인 것으로 느껴진다(Fonagy & Target, 2000). 그러한 실패는 어느 정도 일상생활의 구조의 일부다. 이 장의 시작 부분에서 언급했듯이, 아무도 다른 사람의 마음에 대한 자신의 생각이 정확하고 두드러진 거울 반영하기에서 약간의 불일치에 대해 확신할 수 없다. 어느 정도 피할 수 없는 경험이며, 따라서 모든 사람은 정신화되지 않은 정신 상태를 가지고 있다. 그러나 다양한 형태의 정신병리[가장 패러다임적으로 경계선 성격장애(BPD)의 경우, 그리고 가장 흔히 생물학적 취약성과 환경적 상황의 조합의 결과로]에서 이러한 이질적 자기 경험은 매우 뚜렷하여 개인의 주관성을 지배한다. 이것은 예를 들어 다른 사람의 마음을 지배하려는 경향 및 또는 다양한 유형의 자해 행동으로 표현될지도 모른다(Fonagy & Luyten, 2016).

연구에 따르면 초기 청소년기에 완전한 인지 발달이 달성되었다는 이전의 견해와 달리 뇌는 특히 사회적 인지와 관련하여 청소년기 전반에 걸쳐 상당한 신경생물학적 변화를 계속 겪는다(Blakemore, 2012; Blakemore & Mills, 2014; Crone & Dahl, 2012; Dumontheil et al., 2010; Váša et al., 2018). 정신화의 발달 신경생물학에 대해서는 더 많은 연구가 필요하지만 '사회적 지각과 관련된 뇌 영역이 생애 초기에 발달하는 동안 사회적 뇌 네트워크의 다른 영역에 대한 미세 조정 또는 기능적 전문화는 청소년기에도 계속될 수 있다'(Moor et al., 2012, p. 50). 이것은 성인에 비해 14세에서 16세 사이의 눈으로 마음 읽기 테스트(Reading the Mind in the Eyes Test)에서 약간 더 낮은 수행을 보인다는 Moor 등(2012)의 발견에서 반영된다. 청소년기를 가로질러 사회적 뇌의 지속적인 발달에 대한 문헌의 증가는 이 시기를 사회적 인지와 관련하여 발달 민감도가 높은 시기로 간주해야 한다는 제안으로 이어졌다(Blakemore & Mills, 2014). 임상적 의미의 측면에서, 이 연구는 정신화하기 능력이 약한 경향이 있는 청소년(유전적 이유든 환경적 이유든, 또는 둘 사이의 상호작용이든)이 삶의 이 단계에서 상당한 발달 문제에 직면할 때 특히 취약할 수 있음을 시사한다. Sharp와 동료들(Kalpakci et al., 2016; Sharp et al., 2016)은 청소년기에 BPD가 출현하는 것과 관련해서 특정한 정신화하기 프로파일을 포착하기 위해 과잉정신화하기(hypermentalizing)의 개념을 개발했다. 과잉정신화하기는 제17장에서 더 자세히 논의된 바와 같이 내적 상태의 비근거 기반의 그리고 보다 정교한 전제를 개발하기 위한 성향이다. 우리는 정신병리학에서 사회적 상상의 역할에 대한 최근 사조의 맥락에서 특히 불러일으키는 새로운 BPD의 구별되는 특징으로서 과잉정신화하기의 개념을 고려한다. 우리는 청소년기의 과잉정신화하기의 상태의 특징인 과잉상상적 민감성이 이 시기의 환경적 및 신경생물학적 흐름의 맥락에서 개인의 사회적 상상력을 적응적으로 조율하는 데 있어 발달적 도전의 지표라고 추측한다. 특히, 대인관계 스트레스나 고통의 순간에 자해의 형태로 타인이나 자신에 대한 폭력적인 행동과 관련된 압도적인 이질적 자기에 대한 개인의 경험은 청소년기에 나타나는 장애와 관련된 정신화하기의 어려움에 대한 특징이다.

초기 역경의 환경에서 정신화하기의 발달

역경(특히, 애착관계의 맥락에서 트라우마)과 정신장애 사이의 관계는 제5장에서 논의된다. 거기에 명시된 입장을 요약하자면, 우리는 일부 개인에게 트라우마가 정신병으로 악화될 수 있는 과정이 종종 유전적인 경향과 상호작용하는 사회적 환경에 대한 적응적 반응의 메커니즘을 통해 작동한다고 제안한다. 우리는 애착관계의 맥락에서 부정적인 경험이 잠재적으로 매우 중요하다고 제안한다. 왜냐하면 이러한 관계를 통해 아동의 첫 번째 정신화 받는 경험이 우선 먼저 유아기에 종종 체화된 정신화하기의 경험을 통해 발생하기 때문이다(Fonagy & Target, 2007b; Fotopoulou & Tsakiris, 2017; 제2장 참고). 실제로, 영아를 정신화하고 수반되는 적절한 정서적 조절 터치를 제공할 수 있는 양육자의 능력은 서로 직접적인 관계가 있는 것으로 나타났다(Crucianelli et al., 2018; Shai & Belsky, 2017 참고). 학대, 방치 또는 학대의 경우, 아동의 욕구와 아동이 경험하고 있는 현실의 불일치가 미치는 영향은 아동에게 사회적 환경이 다른 사람의 마음이 충분히 신뢰할 수 있거나, 아동의 안녕을 위해 투자를 하는 환경이 아니라는 강력한 신호를 구성한다. 정신화하기는 언어의 발달보다 먼저 일어나며, 아이의 정신 상태에 대한 어머니의 이해는 첫 단어가 나타나기 훨씬 전에 몸으로, 또는 적어도 유사 언어적으로 경험되고 전달된다.

정신화하기의 다차원적 특성

지금까지 우리는 정신화하기를 단일 개념 또는 실체로서 이야기하는 경향이 있었지만, 신경과학자들은 정신화하기에 대한 네 가지 다른 구성 요소 또는 차원을 확인했으며(Lieberman, 2007), 이는 서로 다른 사회적 인지 과정을 반영한다.

1. 자동 대 조절된 정신화하기
2. 자기 대 타인 정신화하기
3. 내부 대 외부 정신화하기
4. 인지 대 정동 정신화하기

정신화하기 차원의 신경과학은 제2장에서 설명하고, 그 평가와 측정은 제3장에서 설명된다. 정신화하기의 임상적 평가 동안 차원을 구별하는 것도 도움이 되며(제3장 참고), 의미 있는 임상 적용이 있다(예: 제19장 참고).

효과적으로 정신화하려면 개인이 이러한 사회적 인지 차원에서 균형을 유지할 수 있을 뿐만 아니라, 상황에 따라 적절하게 적용할 수 있어야 한다(Fonagy & Luyten, 2009). 예를 들어, 성격격장애가 있는 성인의 경우 이 네 가지 차원 중 적어도 하나에 대해 지속적으로 불균형한 정신화 현상이 나타날 것이다. 이러한 관점에서 정신병리학의 다른 유형은 네 가지 차원(우리는 이를 다른 정신화하기 프로파일이라고 함)에 따른 손상의 다양한 조합을 기반으로 구분할 수 있다.

자동 대 조절된 정신화하기

정신화하기의 가장 기본적인 차원은 자동(또는 암묵적) 정신화하기(automatic or implicit mentalizing)와 조절된(또는 명시적) 정신화하기(controlled or explicit mentalizing) 사이의 스펙트럼이다. 조절된 정신화하기는 연속적이고 비교적 느린 과정을 반영한다. 왜냐하면 전형적으로 언어적이며 성찰, 주의, 자각, 의도 및 노력을 요구하기 때문이다. 이러한 차원의 정반대 축인, 자동적인 정신화하기는 훨씬 더 빠른 처리에 관여하고 반사적인 경향이 있으며, 주의, 의도, 자각 또는 노력이 거의 또는 전혀 필요하지 않다. 여러 신경과학 연구자(Carver et al., 2017; Crespi et al., 2016; Jung, 2014)는 실용주의적 연역적 사고방식(pragmatic deductive)(극단적으로 자폐증으로 대표되는)을 흔한 정신장애를 보일 가능성이 더 높은 개인의 확산적 사고 스타일(divergent thinking style)과 병치하는 모델을 제안했다. Freud(1923/1961)는 인지와 경험적인 기능의 모드 사이의 이분법을 처음으로 지적한 사람 중 하나다(Epstein, 1994). 실제로, 우리는 반사적이고 기본적이며 정서 반응적인 모드와 성찰적이고 숙고적인 정신 기능 사이의 이분법을 설명할 수 있다(Carver et al., 2017). 신경과학에 기반한 많은 이론들(예: Evans & Stanovich, 2013; Kahneman, 2011; Rothbart et al., 2003; Toates, 2006)은 이러한 종류의 이분법을 암묵적 또는 명시적으로 마음속에 그리고 있다. 이러한 이론에서 숙고적이고 성찰적인 시스템은 상대적 단순성과 정동(affect)에 대한 반응성을 특징으로 하는 반사적 모드와 상반이 된다(Metcalfe & Mischel, 1999; Strack & Deutsch, 2004).

일상생활과 일상적인 사회적 상호작용에서, 매우 직접적인 상호작용은 보다 많은 주의를 필요로 하지 않기 때문에 정신화하기는 자동적인 경향이 있다. 특히, 안정된 애착 환경에서 일이 대인관계 수준에서 원활하게 진행될 때, 더 신중하거나 조절된 정신화하기는 요구되지 않는다. 왜냐하면 실제로, 그러한 정신화 스타일의 사용은 그러한 상호작용을 방해하여 과도하게 무겁거나 불편할 정도로 과도하게 느껴지게 만들기 때문이다(과잉 정신화하기하기). 상식적인 경험과 신경과학은 안정된 애착 환경에서 개인은 조절된 정신화하기를 이완시키고 사회적 의도에 덜 주의를 기울인다는 사실을 알려 준다. 왜냐하면 아이와 노는 부모나 추억을 떠올리는 친한 친구는 자동적이고 직관적인 과정을 따라 상호작용을 하기 때문이다. 하지만 필요한 경우, 보편적 정신화하기 능력을 가진 개인은 상황이 요구하는 경우 조절된 정신화하기로 전환할 수 있다. 예를 들어, 아이가 놀이 중에 울기 시작하면, 부모는 아이가 무엇 때문에 화가 났는지에 대해 명시적으로 질문하면서 반응하거나 혹은 대화하던 사람이 친구의 어조와 기분의 변화를 감지하고 대화가 우연히 힘든 기억이나 관련된 기억을 건드렸는지 궁금해할 수 있다. 다시 말해, 잘 기능하는 정신화하기는 자동에서 조절된 정신화하기로 유연하고 반응적으로 전환하는 능력을 포함한다.

정신화하기의 어려움은 개인이 지나치게 자기 또는 타인의 정신 상태에 대한 자동적인 가정에만 전적으로 의존할 때 발생한다. 왜냐하면 그것이 지나치게 단순한 경향이 있기 때문이거나, 상황이 개인이 자동 가정을 적절하게 적용하기 어렵게 만드는 경우 또한 발생한다. 사실상 본질적으로 모든 심리치료 개입은 그러한 자동적이고 왜곡된 가정에 도전하는 것을 포함하고, 환자가 치료사와 협력하여 이러한 가정에 의식적이 되게 하고 그것에 대한 성찰을 시도할 것을 요구한다. 다시 말해, 모든 효과적인 치료는 그 수준에서 환자가 정신화하기를 하도록 하는 것이다. 그리고 우리는 이 장의 뒷부분에서 이 지점으로 돌아올 것이다.

대부분의 전문가는 정신화하기를 위한 두 가지 시스템이 서로 다른 신경인지 메커니즘에서 발생한다는 데 동의한다. 둘 다 정신 상태에 대해 생각하고 해석하는 데 특화되어 있다(Apperly, 2011). 자동 시스템은 초기에 발달하고 정신 상태를 빠르고 효율적인 방식으로 추적하는 반면, 명시적 시스템은 나중에 발달하고 더 느리게 작동하며 실행 기능(작업 기억 및 억제 제어)에 대한 요구가 더 크다. 명시적 정신화하기는 개인이 행동을 설명하고 예측할 수 있도록 하며 사회적 규제의 역할을 한다(McGeer, 2007). 일반적으로 우리의 느낌은 '느리고-성찰적-의식적-명시적(slow-reflective-conscious-explicit)' 시스템의 주요 기능은 개인의 행동을 유도하거나 동기를 부여하기보다는, 사회적 상호작용을 촉진하는 것이다. 암묵적인 가정을 명시하는 것(또는 '철자를 말하는 것')은 사회적 협력이 요구하는 공유된 인식을 필요로 하는 사회적 상호작용의 조정에 도움이 된다(Fonagy & Allison, 2016). 그러나 효과적인 기능에 중요한 것은 자동 및 조절된 정신화하기의 균형이다. 명시적 성찰은 그것이 성찰되고 있는 정신 상태에 대한 직관적인 자각에 의해 맥락화되지 않는 한 실제라고 느낄 수 없다.

스트레스와 각성은 특히 애착 상황에서 자동적인 정신화하기를 전면에 내세우고 조절된 정신화하기와 관련된 신경 시스템을 억제한다(Nolte et al., 2013). 이것은 임상 작업에 중요한 함의가 있다. 어떤 생각에 대한 해명이나 상세한 설명을 요구함으로써 성찰을 요구하는 모든 개입은 본질적으로 환자에게 조절된 정신화하기에 참여하도록 요청하는 것이다. 많은 환자는 낮은 스트레스 조건에서 비교적 잘 수행될 수 있다. 그러나 더 높은 수준의 스트레스하에서, 자동적인 정신화하기가 자연스럽게 시작될 때, 환자는 조절된 정신화하기를 뒷받침하는 과정을 활성화하는 것이 훨씬 더 어렵다는 것을 알게 될 수 있고, 그래서 무슨 일이 일어나고 있는지 이해하고 성찰하는 것이 더 어려워질 것이다.

자기 대 타인 정신화하기

이 정신화하기 차원은 자신의 상태, 즉 자기(the self)(개인 자신의 신체적 경험 포함) 또는 다른 사람의 상태를 정신화하는 개인의 능력을 포함한다. 이 둘은 밀접하게 연결되어 있으며 불균형은 타인과 자신을 모두 정신화하는 데 취약함을 나타낸다. 양쪽 모두에서 손상될 수 있지만, 정신화하기에 어려움이 있는 개인은 스펙트럼의 한쪽 끝에 우선적으로 초점을 맞추는 경향이 있다.

애착관계의 맥락에서 자기감과 정신화 능력이 발달한다는 것이 애착-기반 접근 방식의 핵심적인 원리다. 아이는 자신의 애착 대상의 정신 상태를 표현하고 반영하는 능력을 관찰하고, 거울 반영하고, 내면화한다. 따라서 자기와 타인, 그리고 자기와 타인을 성찰하는 능력은 필연적으로 밀접하게 얽혀 있다. 이러한 가정과 일치하는 신경 영상 연구는 두 가지 능력이 공통 신경 기질(common neural substrates)에 의존하기 때문에, 다른 사람에 대해 정신화하는 개인의 능력이 자신을 성찰하는 능력과 밀접하게 관련되어 있음을 시사한다(Lieberman, 2007). 따라서 자기 정체성의 심각한 손상을 특징으로 하는 장애(특히, 정신증 및 BPD)가 다른 사람의 정신 상태에 대해 성찰하는 능력의 심각한 결함도 특징으로 하는 것은 놀라운 일이 아니다.

그러나 이것이 자신을 정신화하는 능력이 손상된 개인이 다른 사람을 정신화하는 능력에서 항상 유사한 손상을 보인다는 것을 의미해서는 안 된다. 일부 개인은 자신과 다른 사람과 관련하여 정신화하는 데 보편적인 손상이 적고, 이 차원의 한쪽 또는 다른 쪽 끝에서 더 강한 기술을 가질 수 있다. 예를 들어, 반사회적 성격장애가 있는 개인은 종종 다른 사람의 '마음 읽기'에 놀라울 정도로 능숙할 수 있지만, 일반적으로 자신의 내면세계에 대한 진정한 이해가 부족하다(제20장 참고).

그런데도, 신경 영상 문헌에 따르면 자기를 알고 다른 사람을 아는 데 사용되는 두 가지 별개의 신경망을 확인할 수 있다(Lieberman, 2007; Northoff & Huang, 2017; Northoff et al., 2011).

• 이것의 첫 번째는 공유하는 표상 시스템(shared representation system)이다. 공감적인

처리는 다른 사람의 정신 상태에 대해 공유되는 표상에 의존한다. 이것은 거울-뉴런 운동 시뮬레이션 메커니즘을 통해 작동하는 마음의 상태를 경험하고 다른 사람을 경험하고 관찰하는 동안 발생하는 일종의 '내장 인식(visceral recognition)'을 나타낸다 (Lombardo et al., 2010).

• 두 번째는 정신 상태 귀인 시스템(mental state attribution)인데, 이것은 기호 및 추상 처리에 더 의존한다(Ripoll et al., 2013).

정신화하기 기능의 차원에 대한 우리의 예상과 일치하면서, 모방 행동을 억제하는 데 매우 자주 사용되는 신경 영역이 명시적 정신 상태 속성에 관련된 영역이라는 점에서 이 두 시스템은 상호 억제될 수 있다(Bardi et al., 2017; Brass et al., 2009).

내부 대 외부 정신화하기

정신화하기는 한 사람의 정신 상태(예: 표정)의 외부 지표에 기초하여 추론하거나, 한 개인이 어떤 사람에 대해 그리고 그 사람이 처한 상황에 대해 알고 있는 것으로부터 그 사람의 내부 경험을 파악하는 것을 포함할 수 있다. 이 차원은 단지 외부적으로 보이는 징후와 다른 사람들의 내부 정신 상태에 초점을 맞추는 과정을 말하는 것이 아니다. 왜냐하면 그것은 또한 자신과 자신의 내부 및 외부 상태에 대해 생각하는 개인을 포함하기 때문이다. 임상 평가의 관점에서 보면, 내부-외부 구분은 치료사가 왜 일부 환자가 다른 사람의 '마음을 읽는(read the mind)' 능력에 심각하게 손상된 것처럼 보이지만, 얼굴 표정이나 신체 자세에 과민하여 다른 사람의 마음 상태에 대해 기민한 인상을 주는지를 이해하는 데 특히 중요하다. 주관적 경험에 대한 접근성이 낮고 불확실성을 크게 경험하는 개인은 다른 사람의 반응뿐만 아니라 자신의 행동을 관찰하여 느끼는 것에 대해 결론을 내릴지도 모른다. 예를 들어, 그들의 다리가 안절부절못하는 감정을 느껴서 자신이 불안감을 느끼는 게 분명하다고 생각한다. 외부 초점은 개인을 다른 사람의 관찰 가능한 행동에 극도로 취약하게 만들 수 있다. 내부 세계에 대한 확신에 찬 인식의 부재는 개인을 겨냥하지 않은 경우에도, 다른 사람들의 반응에서 단서를 찾고자 하는 갈증을 유발한다. 다른 사람이 초조하게 안절부절못하는 것을 보는 것은 정신화하기가 외부에 유리하게 불균형적이지 않다면, 보통 때보다 훨씬 더 큰 정도로 불안과 걱정의 내부 상태를 자극할 수 있다.

정신화하기의 어려움은 다른 사람의 정신 상태를 확립하는 데 사용되는 내부 및 외부 신호의 균형을 고려할 때만 명백해질 수 있다. 예를 들어, BPD 환자는 종종 자신을 치료하는 치료사를 포함하여, 다른 사람의 정서를 과도하게 정신화하는 경향이 있다. 이것은 그들이 정신 상태의 외부 지표에 더 많은 주의를 기울이고, 그들의 초기 생각이 조절된/성찰적 정신화하기(생각과 감정의 귀속 가능성을 제한할 수 있음)에 의해 확인되지 않은 채로 남아 있기 때문이다. 예를 들어, 치료사가 등을 기대고 입을 살짝 벌린다면 환자는 이것이 치료사가 자신에게 지루함을 나타내는 하품이라고 믿을 수 있다. 치료사가 인상을 찌푸리고, 아마도 생각에 잠긴다면, 환자는 이것을 자신에게 화가 나거나 혐오스러워 보이는 것으로 해석할 수 있다. BPD 환자의 안면 신호에 대한 과민성에 대한 상당한 연구가 있었다. 눈으로 마음 읽기 테스트에서 그들의 수행은 일반인보다 더 나을 수 있으며, 치료사에게 그들의 환자가 '평균 이상의 마음 읽기 능력이 있다'라는 인상을 준다(때때로 경계선 공감 역설이라고 불림; Dinsdale & Crespi, 2013). 성찰적 정신화하기가 없는 상태에서, 외적 특징에 초점을 맞추면 Gunderson과 Lyons-Ruth(2008)가 잘 설명한 대인관계 과민증을 생성하기 때문에 개인을 사회적 맥락에서 매우 취약하게 만든다. MBT에서, 정신화하기 개입은 종종 외부 신호를 기반으로 한 사람에 대한 환자의 해석을 검사하는 것으로 시작하여, 환자가 사람의 내부 세계의 미묘함과 복잡성을 고려하도록 격려하면서, 그 사람의 마음의 내적 상태가 어떠할지에 대한 그럴듯한 시나리오를 고려할 필요가 있다(Flasbeck et al., 2017).

인지 대 정동 정신화하기

강렬한 감정은 정신 상태에 대한 진지한 성찰과 양립할 수 없는 것으로 보인다. 이 점은 거의 언급할 필요가 없지만, 많은 분명한 사실들과 마찬가지로, 신경 영상 연구가 생물학적 확인을 제공했다. 예를 들어, 정서적 활성화는 스트레스 상황에서 사람들의 '확장하고 구축(broaden and build)'하는 능력을 제한하는 것으로 나타났다. 즉, 새로운 가능성에 대해 마음을 열고 회복탄력성과 웰빙을 촉진하는 개인적 자원을 기반으로 하는 것이다(Fredrickson, 2001). 30명의 건강한 여성을 대상으로 한 기능성 자기공명 영상 연구에서, 도발적인 직면 상황 동안에, 위협에 대한 높은 정서적 반응성이 정신화 네트워크의 소집을 억제하는 것으로 밝혀졌다(Beyer et al., 2014).

인지적 정신화하기는(자신 또는 타인의) 정신 상태에 대해 이름을 붙이고, 인식하고, 추론하는 능력을 포함하는 반면, 정동적 정신화하기는 그러한 상태의 감정을 이해하는 능력을 포함한다. 왜냐하면 이는 모든 진정한 공감의 경험이나 자기감에 필수적이기 때문이다. 일부 개인은 인지적 또는 정동적 정신화하기에 과도한 비중을 둔다. 연구에 따르면 BPD 환자는 인지적 공감의 결핍이 있으며(Harari et al., 2010; Ritter et al., 2011), 이는 모든 종류의 정서적 신호에 대한 민감도가 높아진다(Lynch et al., 2006). 이것은 이 환자들이 아마도 편도체 과활성화와 안와전두피질 및 전전두엽피질 조절 결손의 조합과 관련하여 정서적 처리 이점을 가질 수 있음을 시사한다(Domes et al., 2009).

정신화하기의 맥락 및 관계 구체적 성격

정신화하기는 다양한 차원으로 구성된다. 모든 사람은 이러한 차원에 다소 숙련되거나 차원의 한 극에 치우치는 경향이 있지만, 성격병리학이 있는 개인은 일부 차원에 따라 명백한 장애가 있는 경향이 있으며, 이는 정신화하기의 불균형과 때로는 노골적인 정신화하기 실패를 초래한다. 이번 단락에서는 정신화하기 실패나 어려움을 촉발할 가능성이 높은 상황에 대해 논의한다. 다차원적일 뿐만 아니라, 정신화하기는 시간이 지남에 따라 변화하고, 특정 상황 및 자극은 정신화하기의 어려움으로 이어질 가능성이 더 크다. 예를 들어, BPD 환자는 실험 환경에서 정신화하기 작업을 비교적 잘 수행할 수 있지만, 정서적으로 각성될 때(예: 어려운 대인관계 상황에서), 다른 사람들의 내부 상태에 대한 자동적인 가정에 의해 지배되기 때문에 상당한 혼란을 보일 수 있고, 이러한 가정을 성찰하고 조정하는 것이 어렵다고 생각한다. 다시 말해, 정서적 각성 상태에 있을 때 일반적으로 조절된 정신화하기 능력을 상실하고 다른 사람의 마음 상태를 설명할 수 있는 합리적인 시나리오를 상상하는 데 어려움을 겪을 가능성이 높다. 이것은 애착 이력과 관련하여 개인차가 어떻게 각성에 대한 반응으로서 정신화하기 능력에서 관찰 가능한 차이를 초래할 수 있는지에 대한 개요를 제공하는 제3장에서 더 논의된다.

고양된 심리적 각성은 조절된 정신화하기 능력을 점점 더 접근하기 어렵게 만드는 경향이 있으며, 자동적이고 비성찰적인 정신화하기가 지배하기 시작한다. 여기까지는 스트레스에 대한 정상적인 투쟁/도피 반응으로 위험에 대한 즉각적인 대응이 가능하다는 장점이 있다. 그러나 사회적 대인관계 스트레스 상황에서는 더 복잡하고 인지적이며 성찰적인 기능이 더 도움이 될 수 있으며, 이러한 더 조절되고 의식적인 기술을 사용할 수 없으면 다른 사람들을 대하는 데 실제로 어려움을 겪을 수 있다. 일정량의 정서적 각성이 주어지면 다른 사람의 관점에 집중하기가 어려워진다. 사람들이 정서적일 때, 다른 사람의 관점에 관심을 갖는 것이 훨씬 더 어려워지거나 심지어 불가능해진다. 그들은 또한 어설픈 관찰에 근거하여 빠르게 가정을 할 수 있다. 개인은 자신의 관점이 유일하게 타당한 것이라고 확신할 수 있으며, 자신의 관점을 뒷받침하는 데 관련이 있는 것을 제외하고는 상대방에 대해 아는 모든 것을 무시할 수 있다. 따라서 개인이 대인관계 스트레스에 의해 영향을 받는 자신을 발견하는 정도는 삶의 경험 전반에 걸쳐 개인의 정신화 기술에 결정적인 차이를 만들 수 있다. 자동(투쟁/도피)적 유형의 정신화하기로 전환되는 역치는 어린 시절에 스트레스나 외상에 노출된 사람들에게서 더 낮을 것 같다. 또한 사람들이 이 자동적이고 조절되지 않는 정신화하기 모드로 쉽게 전환할 수 있는지 여부에 유전적 영향이 있을 수 있다.

애착 시스템의 활성화가 정신화하기의 비활성화와 관련이 있다는 증거도 있다. 영상 연구(예: Nolte et al., 2013)에 따르면 일반적으로 모성 및 낭만적 애착과 관련된 뇌 영역은 사회적 판단 및 정신화하기와 관련된 영역을 포함하여 인지 제어의 다양한 측면과 관련된 뇌 영역의 활동을 억제하는 것으로 보인다. 따라서 (스트레스 유발 각성을 넘어) 애착 시스템을 자극하는 모든 것은 정신화하기 능력의 일반적인 손실을 가져오는 것 같다. 외상적 경험은 애착 체계를 불러일으키고 애착 외상은 만성적으로 그렇게 할 수 있다. 외상의 병력이 있는 사람들의 애착 시스템의 과활성화는 애착 추구 본능을 유발하는 정서적 상황에서 일부 개인이 경험하는 정신화하기 능력의 극단적인 손실을 설명할 수 있다. 애착 트라우마는 아마도 애착 체계를 과도하게 활성화시킬 것이다. 왜냐하면 불안 상태에 있는 아이가 의지할 수 있는 사람(애착의 인물, 일반적으로 부모)이 처음에 두려움을 일으키는 바로 장본인이기 때문이다(제5장 참고). BPD에서 애착 시스템의 빠른 촉발은 과거 외상의 결과일 수 있으며, BPD 환자들이 지나치게 서두르면서 친밀감을 느끼는 위치로 이동하는 경향과 대인관계적으로 강렬한 상황에서 일시적으로 정신화하기의 상실에 취약한 경향을 보여 준다.

이러한 정신화하기 실패의 순간은 애착관계의 맥락에서 누군가가 다른 사람과 관계를 맺는 것을 어렵게 만들기 때문에 의미심장하다. 이러한 방식으로 정신화하기가 실패하면 비정신화하기 행동 모드가 다시 나타나는 경향이 있으며, 이는 관계에서 강력한 합병증과 심각한 정신병리로 이어질 수 있다. 우리는 다음에서 이러한 비정신화하기 모드에 대해 논의할 것이다.

정신화하기의 불균형: 예비 정신화하기 모드

정신화하기가 방해를 받으면(특히, 높은 각성의 맥락에서 BPD가 있는 개인에서 일반적으로 발생함), 개인은 종종 정신화 능력을 온전하게 발달시키기 전에 어린아이들이 행동하는 방식과 유사한 예비 정신화하기 사고방식에 의존한다.

정신화하기의 차원은 기제의 관점에서 비정상을 반영할 수 있지만, 전반적으로 이것은 치료사가 보는 게 아니다. 치료사가 취해야 하는 전인적 관점은 환자의 현상학 또는 주관성을 다루어야 한다. 왜냐하면 그들의 경험은 나머지와 동떨어진 단일 두뇌 메커니즘의 경험이 아니라, 차선책으로 작동하는 전체 시스템의 경험이기 때문이다. 환자와 정신화하는 치료사가 보는 것은 정신화하기 차원의 불균형으로 인한 오작동하는 정신화하기 시스템의 산물이다. 우리는 임상 경험의 목적을 위해 비정신화하기 주관성의 세 가지 전형적인 모드로 이러한 오작동의 결과를 그룹화했다. 양식은 **심리적 동일시, 목적론적 모드** 및 **가장 모드**라고 한다. 이러한 비정신화하기 모드는 상담실에서 나타나고 환자 경험의 측면을 가리키는 경향이 있어서, 치료사가 인식하고 이해하는 게 중요하다. 대인관계에 상당한 어려움을 일으키고, 파괴적인 행동을 유발할 수 있으므로 이러한 문제를 해결하는 것이 중요하다.

심리적 동일시 모드에서 생각과 감정은 개인이 가능한 대안적 관점을 받아들이기가 극히 어려운 정도까지 일어나 '너무 현실적'이 된다. 정신화하기 과정이 심리적 동일시로 바뀌었을 때, 생각되는 것이 실제적이고 사실인 것으로 경험되어 치료사가 환자에게 '생각의 구체성(concreteness of thought)'이라고 묘사하는 것으로 이어진다. 의심의 여지가 있고 개인은 점점 더 자신의 관점만이 가능한 유일한 관점이라고 믿게 된다. 심리적 동일시는 아직 완전한 정신화하기 기술을 개발하지 않은 약 20개월의 어린이에게 정상이다. 이 모드에 있는 어린아이들과 BPD 환자들은 "침대 밑에 괴물이 있다" 또는 "이 약이 나를 해친다"와 같은 주관적 경험에 대해 압도적인 확신을 가지고 있다고 설명한다. 그러한 마음 상태는 극도로 두려울 수 있으며 삶의 경험에 강력한 드라마와 위험을 더한다. 때때로 환자의 과장된 반응은 자신과 다른 사람의 생각과 감정을 경험할 수 있는 심각성과 '현실감'으로 정당화된다. 주관적 경험의 생생함과 기이함은 유사 정신증으로 나타날 수 있으며, 외상 후 스트레스 장애와 관련된 육체적으로 강력한 기억에서 또한 분명하다.

목적론적 모드에서 마음의 상태는 그 결과가 물리적으로 관찰 가능한 경우에만 인식되고 믿어진다. 따라서 개인은 마음 상태에 대한 존재와 잠재적 중요성을 인식할 수 있지만, 이러한 인식은 매우 구체적인 상황에 국한된다. 예를 들어, 애정은 만지거나 애무하는 것과 같은 신체적 접촉이 동반될 때에만 진실한 것으로 인식된다. 정신화하기 실패를 경험하고 목적론적 모드에 빠진 환자는 주관적 상태(예: 환자에 대해 염려한다는 주장)의 주장이 환자에게 신뢰할수 없는 다른 사람들로부터 결과를 생성하기 위해 행동화(acting out)를 하거나, 극적이거나 부적절한 조치나 행동을 수행함으로써 이를 표현할지도 모른다. 목적론적 모드는 내부-외부 정신화하기 차원의 외적인 극단에 대해 불균형한 환자에게 나타난다. 그들은 사람들(그리고 그들 자신)이 어떻게 행동하고 그들이 물리적으로 하는 측면에서 그들의 의도가 무엇인지 이해하는 데 크게 편향되어 있다.

　가장 모드(pretend mode)에서는 생각과 감정이 현실과 단절된다. 보다 극단적인 경우, 이것은 비현실감과 해리의 감정으로 이어질 수 있다. 예비 정신화하기 하는 어린아이는 정신 모델과 가상 세계를 만들어 내는데, 이것들이 현실 세계와 완전히 분리되어 있는 한(예를 들어, 어른이 게임을 방해하거나 '게임을 망치지 않는 한') 아이는 유지할 수 있다. 유사하게, 가장 모드에 있는 환자는 마치 가상 세계를 만드는 것처럼 모든 종류의 물리적 또는 물질적 현실에서 경험을 맥락화하지 않고 경험에 대해 논의할 수 있다. 환자는 정신 상태에 대해 많은 말을 할 수 있지만, 진정한 의미나 현실과의 연관성이 거의 없는 상태를 과도하게 정신화하거나(제17장 참고) 유사 정신화하기할 수 있다. 이 모드에 있는 환자와 심리치료를 시도하는 것은 진정한 경험과 관련이 없는 내적 경험에 대한 긴 토론으로 이어질 수 있다. 정신화하기 상태에 대한 상당한 인지적 이해를 보여 주지만, 정동적 이해가 거의 없는 환자는 종종 과잉정신화하기일 수 있다. 이 상태는 종종 진정한 정신화하기와 구별하기 어려울 수 있지만, 실제 정동적 핵심이나 현실과의 연결이 결여된 지나치게 긴 내러티브를 포함하는 경향이 있다. 첫인상에서 과잉정신화하기는 치료사로 하여금 그들이 비범한 정신화하기 능력을 가진 개인과 작업하고 있다고 믿게 만들 수 있지만, 잠시 후 그들은 환자의 정신화 노력의 기저에 깔린 감정에 공명할 수 없다는 것을 발견한다. 또한, 가장 모드에서는 개인에게 제약을 제공하는 실제 감정이나 감정적 경험이 없기 때문에 개인은 이기적인 방식으로 자신의 인지 능력을 남용할 수 있다(예: 다른 사람이 자신을 돌보거나 동정심을 느끼도록 하거나 또는 다른 사람들을 통제하거나 강요하는 행동).

　비정신화하기 모드는 정신화 차원 내의 불균형에 의해 발생한다. 감정(정동)이 인지를 지배한다면, 심리적 동일시는 불가피하다. 목적론적 모드는 외부적 특징에 대한 배타적 초점에서 내적 방임으로 이어진다. 만일 성찰적이고 명시적이며 조절된 정신화하기가 잘 확립되지 않는다면, 가장 모드와 과잉정신화하기는 피할 수 없다. 인생의 초기에 비정신화하기의 정상적인 우세는 정신화하기 능력의 발달적 전개에 대해 알려진 것으로부터 예측할 수 있다. 예를 들어, 정동 초점의 정신 상태 사고가 인지적 정신화하기보다 앞서기 때문에(Harris et al., 2016), 심리적 동일시(및 이에 수반되는 불안)는 거의 필연적으로 3~5세 아동의 삶의 일부가 될 것이다.

세 가지 예비 정신화하기 모드를 환자에게서 식별하는 게 특히 중요하다. 종종 정신화되지 않은 자기 측면(이 장의 앞부분에서 논의한 이질적 자기 부분)을 외부화하라는 압력을 동반하기 때문이다. 이것은 목적론적 모드에서 BPD의 전형적인 특징인 긴장과 각성을 완화할 것으로 기대되는 다른 사람의 마음, 자해 또는 다른 유형의 행동을 지배하기 위한 시도에서 드러날지도 모른다.

표면적 단서와 인식론적 신뢰

우리는 애착 그 자체를 넘어 종종 생물학적 소인과 상호작용하는 외상적이거나 비정형적인 돌봄 경험에 대한 추가적인 함의로서 균형 잡힌 정신화 능력의 발달에서 왜곡을 확립하려고 노력했다. 우리는 애착과 함께 정신화하기를 위한 자리를 마련하자마자 정신장애와 관련될 수 있는 또 다른 사회적 인지 과정을 위한 공간을 마련하려고 한다. 우리는 '왜 우리가 정신화하는가?'라는 질문을 고려함으로써 이 위치에 도달한다.

정신화하기는 모든 면에서 도움이 될 수 있지만, 우리는 그 주된 기능이 모든 사람이 자신의 사회적 환경을 탐색할 수 있도록 하고(Fonagy & Allison, 2016) 공동체 생활을 더 쉽게 만드는 것이라고 주장한다. 인간의 의식은 보다 일반적으로 사회적 경험에 의존하고 형성되며, 의식적인 것은 사회적 맥락에 의해 확인된다. 생각과 감정은 다른 사람들의 반응, 생각, 감정을 통해 인식된다. 인간 진화의 특정 시점에서 사회적 상호작용 능력은 지식의 의사소통을 위해 활용되었다. 일단 개인이 추상적 개념 도구를 생산할 수 있게 되자마자 잠재적으로 엄청난 이점이 있는 물리적 가치에 독립적인 신념을 창조할 수 있다. 왜냐하면 그것은 훨씬 더 큰 기술 발전과 사회적 복잡성을 가능하게 하기 때문이다. 고차원적 사회적 인지는 인간이 추론, 법 및 도덕의 형태를 취할 수 있는 합의된 사회적 현실을 확립하도록 허용한다. 왜냐하면 사회적 현실의 이러한 동의는 명시적 정신화하기에 달려 있기 때문이다(Heyes & Frith, 2014). 그러나 물리적 현실이 없는 무언가를 만드는 데 내재된 위험도 있다. 그것은 개인이 다른 사람의 마음과 정확하게 접촉함으로써 발생하는 편안함, 관점, 협력 및 공유 지식에 접근을 제공할 수 있는 방식으로 자신의 사회적 상상력을 보다 넓은 환경과 일치시킬 수 없기 때문에 자신의 사회적 상상력이 불안정해지는 위험이 있다. 따라서 정신병리학의 위험은 사회적 상상력 사고의 진화에 대한 피할 수 없는 반전이며, 정신건강 장애가 인구에서 선택되지 않은 이유(사실, 삶의 어느 시점에서 최대 5분의 4까지 영향을 미치는 것으로 보인다; Schaefer et al., 2017 참고)는 정신장애의 역량을 주도하는 사회적 상상력 역량도 매우 유리하기 때문이다.

우리는 정신화하기를 방해함으로써, 외상적 혹은 비정형적 애착이 또 다른 근본적인 사회적 인지 발달 성취를 향한 진전을 저해하고, 사회적 상상력의 조율을 지원하는 방식으로 다른 사람의 마음에 접근하는 능력, 즉 인식론적 신뢰(epistemic trust)를 자극하는 단서를 읽는 능력을 약화한다고 제안한다. 인식론적 신뢰는 "개인적으로 관련이 있고 일반화할 수 있는 중요성으로 간주되는 사회적 지식의 수용에 대한 개방성"으로 정의된다. 인식론적 신뢰를 통해 모든 사람은 사회적 환경을 탐색할 수 있는 사회적 지식을 얻을 수 있고, 다른 사람과 협력하여 얻을 수 있는 이점을 극대화하고, 다른 사람의 마음에 접근하여 긍정적이고 건설적인 방식으로 사회적 상상력을 사용할 수 있다. 이러한 사회적 인지 과정(애착, 정신화하기, 인식론적 신뢰)은 모두 다른 기능에 대해 동일한 관계 파이프라인(애착 관계)을 사용한다. 그것들은 동일한 것이 아니다. 애착은 진화론적 관점에서 훨씬 더 오래되었고 많은 종에 걸쳐 존재한다. 그러나 인간이 영유아를 돌보도록 진화한 방식 때문에 경험적으로 연결되어 있다.

인식론적 신뢰(epistemic trust)의 역할에 대한 이러한 생각은 헝가리의 심리학자 Gergely와 Csibra의 획기적인 연구를 바탕으로 인간 유아가 주 양육자로부터 배울 수 있는 능력의 진화적 중요성에 대한 것이다. 그들의 이론에 따르면, 인간은 새롭고 적절한 문화 정보를 가르치고 배우도록 진화했으며, 이를 위해 이러한 종류의 학습 기회를 나타내는 의사소통 형식에 대해 특히 민감하게 진화했다. 이러한 의사소통 과정의 일부로, 양육자는 자신이 전달하는 내용이 관련성이 있으며 유용하고 유효한 문화적 지식으로 간주될 수 있다는 신호를 아동에게 표시한다. 이러한 신호를 표면적 단서(ostensive cues)라고 한다. 인간의 유아는 이러한 신호에 특별한 주의를 기울이는 것으로 나타났다(Csibra & Gergely, 2011). 돌보는 사람의 외면적인 신호에는 눈맞춤, 차례를 바꾸는 수반성 반응, 특별한 목소리 톤(소위 '어머니')의 사용이 포함되며, 이 모두는 영아에게 특별한 학습 양식을 촉발시키는 것으로 보인다. 우리는 이러한 현상이 표면적 단서가 영아에게 돌보는 사람이 아기를 개인으로, 그리고 생각하고 느끼는(즉, 정신화하는) '행위자'로 인식한다는 것을 나타내기 때문에 발생한다고 믿는다. 간단히 말해서, 아이의 요구에 민감하게 반응하는 것은 단지 그 혹은 그녀가 사람으로서 중요하다는 일반적인 자신감을 키워 줄 뿐만 아니라, 아이의 마음을 보다 일반적으로 열어 관련성이 있는 새로운 정보를 받고, 자신의 신념을 바꾸고, 그에 따라 미래의 행동을 수정하는 역할을 한다.

따라서 표면적 단서는 인식론적 신뢰를 유발한다. 즉, 양육자가 전달하려는 내용이 의미 있고 중요하며 기억해야 함을 보여 준다. 안정된 애착의 아이는 자신을 돌보는 사람을 신뢰할 수 있는 지식 출처로 대할 가능성이 더 크며, 이러한 신뢰 성향은 그들을 가르칠 수 있는 위치에 있는 다른 사람들에게 일반화될 가능성이 높다. 대조적으로, 사회적 경험으로 인해 만성적 인식론적 불신의 상태에 이르게 된 개인은 (아마도 그들이 과잉정신화하기 때문에) 의사소통자의 동기가 악의적이라고 상상하며 새로운 정보에 저항하는 것처럼 보일 것이다. 그들은 의사소통자의 새로운 지식을 의심스럽거나, 가짜이거나, 관련이 없는 것으로 취급하고 그것을 내면화하지 않을 것이기 때문에(즉, 그것을 수용하기 위해 내부 정신 구조를 수정하지 않을 것이기 때문에) 경직되고 완고하거나 심지어 고의적으로 비협조적인 것처럼 보일 수 있다. 그들의 인식론적 신뢰는 그들의 이전 경험으로 인해 훼손되었으며, 그 결과 개인과 관련된 정보를 획득하기 위해 진화적으로 준비된 채널이 부분적으로 차단되었다. 우리는 그것이 인식론적 신뢰를 훼손하는 신체적 학대의 잔혹함만으로 그럴 거라 보지 않고, 방치, 정서적 학대, 애착 외상과 결합하여 유전적 소인이 개인이 타인의 정보를 불신하도록 지나치게 취약하게 만드는 데 보다 큰 역할을 할 거라 본다.

다른 사람들로부터 나오는 사회적 지식에 접근하는 것은 대인관계 환경을 관리하는 방법을 찾는 데 필수다. 때때로 모든 사람은 자신의 신념이나 직관에 관련해서 약간의 불확실성을 경험하고 다른 사람들의 의견과 확인을 구한다. 이것은 혼란스러운 정신화하기로 인해 사회적 이해 감각이 취약한 개인의 경우 그럴 가능성이 크다. 그러나 그러한 개인의 확인에 대한 욕구가 정상보다 더 강렬하고 불안하게 추구될 수 있지만, 안심시키는 소통의 내용은 거부될 수 있으며, 그 의미가 적대적인 의도를 가진 것으로 혼동되거나 심지어 잘못 해석되어 개인을 만족스럽거나 의미 있는 해결책에 접근할 수 없는 만성 불확실성 상태에 빠뜨릴 수 있다. 예를 들어, 어린 시절 양육자와의 사회적 경험으로 인해 인식론적 신뢰가 무너진 사람, 사회적 세계에 대해 학습할 수 있는 채널이 차단된 사람은 일반적으로 불확실성과 인식론적 경계 상태에 빠지게 된다. 외상의 병력이 있는 개인은 다른 사람을 믿을 이유가 거의 없으며 자신의 기존 신념과 일치하지 않는 정보를 거부한다. 이런 식으로 사회적 정보를 거부하면 명백한 경직성이나 변화에 대한 거부감이 생긴다. 이러한 경직성은 인식론적 불신과 '듣기는 하지만 듣지 않는 것'으로 특징지을 수 있는 상태에 의해 뒷받침된다.

　치료사는 이러한 개인을 '접근하기 어려운' 사람으로 설명할 수 있지만, 이러한 개인은 대부분의 애착 대상의 정보가 오해의 소지가 있는 것으로 '태그(tagged)'되는 사회적 환경에 대한 합리적인 적응이 무엇인지 보여 주고 있을 뿐이다. 부모나 파트너가 흠잡을 데 없이 지지하고 변함없이 환자의 이익을 위해 행동하는 행동에도 불구하고, 또는 가치 있고 정확한 조언을 일관되게 제공하는 치료사에도 불구하고, 환자는 분명히 주의를 기울이지 않고 협력과 지원의 증거를 무시한다. 계속해서 버림받고, 배신당하고, 지지받지 못한다고 느낀다. 그것은 마치 이 환자들이 자신들의 믿음에 반하기 때문에 그들에게 제시된 증거에 대해 보지 못하는 것 같다. 이 관점에 따르면, 사회적 지식에 대한 신뢰의 파괴는 병리적 성격 발달의 핵심 기제이다.

정신화하기의 사회적 · 문화적 맥락

　이 책의 서문에서 논의한 바와 같이 정신건강에 대한 정신화하기 접근법은 먼 길을 왔다. 정신화 접근의 적용이 정신증(제25장), 우울(제23장), 섭식장애(제22장), 성격장애(제19장, 제20장, 제21장)와 같은 여러 다른 정신장애 치료를 위한 정보 제공을 위해 확대되었다. 이 모델은 양육(제15장과 제16장), 부부 및 가족치료(제8장과 제9장), 미술치료(제11장)와 같은 다양한 환경과 장면에서 사용하기 위해 그리고 가장 취약하고 전통적으로 '접근하기 어려운' 개인으로 여겨지는 사람들을 돕기 위한 서비스로 개발되었다(제13장). 정신화하기와 관련된 작업의 임상 범위의 확장은 우리의 이론적 개념이 발전되어 가족 체계와 정신화하기의 더 넓은 문화적 맥락에 더욱 강조하기 때문에 우리에게 특히 가치가 있다 (제14장 참고).

　보다 최근에는 개인이 정신건강의 핵심으로 상호 공유되고 합의된 사회적 현실과 조화되는 방식으로 주변 사회 환경 및 문화와 관련하여 자신을 상상할 수 있는 인간의 능력이 제시되었다(제4장 참고). 개인의 상상과 이야기가 자신이 누구인지에 대한 다른 사람들의 상상과 이야기와 합리적 일치성에 기초하여, 개인이 견딜 수 있고 실행 가능한 자기감을 개발하고 협력적이고 의미 있는 방식으로 다른 사람들과 의사소통할 수 있다. 이것의 한 가지 함의는 개인이 정신화하기하는 방식이 일관된 자기감과 적응적인 관계의 생성을 뒷받침하는 사회적 의사소통 작업을 수행할 수 있는 데 중요하다는 것이다. 정신화하기가 한 구성 요소인 개인의 사회적 상상이 사회적 현실과 충분히 일치하지 않으면, 부정확하거나 부적응적으로 산만한 방식으로 자신이나 다른 사람의 마음에 대해 생각하는 데 취약하다. 문화적 맥락에 대한 강조에는 개인의 사회적 상상이 잘못되고 있다는 초점을 넘어서는 함의가 더 있다. 몇 가지 질문이 뒤따른다. 치료사가 균형 잡힌 정신화의 유지에 합리적으로 기여하지 않는 사회적 환경에서 개인의 정신화를 어떻게 지원하기를 바랄 수 있는가? 다른 마음에 대한 접근 부족(적대적이거나 고도로 고립되고 파편화된 사회 세계에서)이든, 또는 문화적 기능을 뒷받침할 수 있는 인지적 왜곡(사회적 환경에서 가장 모드가 우세한 환경)이든, 사회 환경이 개인의 사회적 상상력의 조율을 지원하지 않는다면, 어떤 일이 일어날까? 우리는 미래 정신화하기 노력의 핵심이 되는 것은 바로 정신화하기의 더 넓은 사회적 맥락과 이를 지원하는 인간의 집단적 책임이라는 사실을 희망하고 믿는다.

참고문헌

Apperly IA: Mindreaders: The Cognitive Basis of "Theory of Mind." Hove, UK, Psychology Press, 2011

Bardi L, Six P, Brass M: Repetitive TMS of the temporo-parietal junction disrupts participant's expectations in a spontaneous Theory of Mind task. Soc Cogn Affect Neurosci 12(11):1775-1782, 2017 28981914

Beyer F, Münte TF, Erdmann C, et al: Emotional reactivity to threat modulates activity in mentalizing network during aggression. Soc Cogn Affect Neurosci 9(10):1552-1560, 2014 23986265

Blakemore SJ: Development of the social brain in adolescence. J R Soc Med 105(3):111-116, 2012 22434810

Blakemore SJ, Mills KL: Is adolescence a sensitive period for sociocultural processing? Annu Rev Psychol 65:187-207, 2014 24016274

Brass M, Ruby P, Spengler S: Inhibition of imitative behaviour and social cognition. Philos Trans R Soc Lond B Biol Sci 364(1528):2359-2367, 2009 19620107

Carver CS, Johnson SL, Timpano KR: Toward a functional view of the p factor in psychopathology. Clin Psychol Sci 5(5):880-889, 2017 29057170

Crespi B, Leach E, Dinsdale N, et al: Imagination in human social cognition, autism, and psychotic-affective conditions. Cognition 150:181-199, 2016 26896903

Crone EA, Dahl RE: Understanding adolescence as a period of social-affective engagement and goal flexibility. Nat Rev Neurosci 13(9):636-650, 2012 22903221

Crucianelli L, Wheatley L, Filippetti ML, et al: The mindedness of maternal touch: An investigation of maternal mind-mindedness and mother-infant touch interactions. Dev Cogn Neurosci pii:S1878-9293(17)30084-1, 2018 29402735 [Epub ahead of print]

Csibra G, Gergely G: Natural pedagogy as evolutionary adaptation. Philos Trans R Soc Lond B Biol Sci 366(1567):1149-1157, 2011 21357237

de Rosnay M, Harris PL: Individual differences in children's understanding of emotion: the roles of attachment and language. Attach Hum Dev 4(1):39-54, 2002 12065029

Dinsdale N, Crespi BJ: The borderline empathy paradox: evidence and conceptual models for empathic enhancements in borderline personality disorder. J Pers Disord 27(2):172-195, 2013 23514182

Domes G, Schulze L, Herpertz SC: Emotion recognition in borderline personality disorder-a review of the literature. J Pers Disord 23(1):6-19, 2009 19267658

Dumontheil I, Apperly IA, Blakemore SJ: Online usage of theory of mind continues to develop in late adolescence. Dev Sci 13(2):331-338, 2010 20136929

Epstein S: Integration of the cognitive and the psychodynamic unconscious. Am Psychol 49(8):709-724, 1994 8092614

Evans JS, Stanovich KE: Dual-process theories of higher cognition: advancing the debate. Perspect Psychol Sci 8(3):223-241, 2013 26172965

Flasbeck V, Enzi B, Brüne M: Altered empathy for psychological and physical pain in borderline personality disorder. J Pers Disord 31(5):689-708, 2017 28072040

Fonagy P, Allison E: Psychic reality and the nature of consciousness. Int J Psychoanal 97(1):5-24, 2016 26602060

Fonagy P, Luyten P: A developmental, mentalization-based approach to the understanding and treatment of borderline personality disorder. Dev Psychopathol 21(4):1355-1381, 2009 19825272

Fonagy P, Luyten P: A multilevel perspective on the development of borderline personality disorder, in Developmental Psychopathology Vol 3: Maladaptation and Psychopathology, 3rd Edition. Edited by Cicchetti D. New York, Wiley, 2016, pp 726-792

Fonagy P, Target M: Playing with reality: I. Theory of mind and the normal development of psychic reality. Int J Psychoanal 77(Pt 2):217-233, 1996 8771375

Fonagy P, Target M: Playing with reality: III. The persistence of dual psychic reality in borderline patients. Int J Psychoanal 81(Pt 5):853-873, 2000 11109573

Fonagy P, Target M: Playing with reality: IV. A theory of external reality rooted in intersubjectivity. Int J Psychoanal 88(Pt 4):917-937, 2007a 17681900

Fonagy P, Target M: The rooting of the mind in the body: new links between attachment theory and psychoanalytic thought. J Am Psychoanal Assoc 55(2):411-456, 2007b 17601099

Fonagy P, Gergely G, Jurist E, et al: Affect Regulation, Mentalization, and the Development of the Self. New York, Other Press, 2002

Fonagy P, Gergely G, Target M: Psychoanalytic constructs and attachment theory and research, in Handbook of Attachment: Theory, Research, and Clinical Applications, 2nd Edition. Edited by Cassidy J, Shaver PR. New York, Guilford, 2008, pp 783-810

Fotopoulou A, Tsakiris M: Mentalizing homeostasis: The social origins of interoceptive inference. Neuro-psychoanalysis 19:3-28, 2017

Fredrickson BL: The role of positive emotions in positive psychology. The broaden-and-build theory of positive emotions. Am Psychol 56(3):218-226, 2001 11315248

Freud S: The ego and the id (1923), in The Standard Edition of the Complete Psychological Works of Sigmund Freud. Edited by Strachey J. London, Hogarth Press, 1961, pp 1-59

Gergely G, Watson JS: The social biofeedback theory of parental affect-mirroring: the development of emotional self-awareness and self-control in infancy. Int J Psychoanal 77(Pt 6):1181-1212, 1996 9119582

Gunderson JG, Lyons-Ruth K: BPD's interpersonal hypersensitivity phenotype: a gene-environmentdevelopmental model. J Pers Disord 22(1):22-41, 2008 18312121

Harari H, Shamay-Tsoory SG, Ravid M, et al: Double dissociation between cognitive and affective empathy in borderline personality disorder. Psychiatry Res 175(3):277-279, 2010 20045198

Harris PL, de Rosnay M, Pons F: Language and children's understanding of mental states. Curr Dir Psychol Sci 14:69-73, 2016

Heyes CM, Frith CD: The cultural evolution of mind reading. Science 344(6190):1243091, 2014 24948740

Jung RE: Evolution, creativity, intelligence, and madness: "Here Be Dragons." Front Psychol 5:784, 2014 25101040

Kahneman D: Thinking, Fast and Slow. New York, Farrar, Straus, & Giroux, 2011

Kalpakci A, Vanwoerden S, Elhai JD, et al: The independent contributions of emotion dysregulation and hypermentalization to the "double dissociation" of affective and cognitive empathy in female adolescent inpatients with BPD. J Pers Disord 30(2):242-260, 2016 25905730

Kovács AM, Téglás E, Endress AD: The social sense: susceptibility to others' beliefs in human infants and adults. Science 330(6012):1830-1834, 2010 21205671

Lieberman MD: Social cognitive neuroscience: a review of core processes. Annu Rev Psychol 58:259-289, 2007 17002553

Lombardo MV, Chakrabarti B, Bullmore ET, et al; MRC AIMS Consortium: Shared neural circuits for mentalizing about the self and others. J Cogn Neurosci 22(7):1623-1635, 2010 19580380

Lynch TR, Rosenthal MZ, Kosson DS, et al: Heightened sensitivity to facial expressions of emotion in borderline personality disorder. Emotion 6(4):647-655, 2006 17144755

McGeer V: The regulative dimension of folk psychology, in Folk Psychology Re-Assessed. Edited by Hutto D, Ratcliffe MM. Dordrecht, Netherlands, Springer, 2007, pp 137-156

Metcalfe J, Mischel W: A hot/cool-system analysis of delay of gratification: dynamics of willpower. Psychol Rev 106(1):3-19, 1999 10197361

Moor BG, Macks ZA, Guroglu B, et al: Neurodevelopmental changes of reading the mind in the eyes. Soc Cogn Affect Neurosci 7(1):44-52, 2012 21515640

Neuman SB, Newman EH, Dwyer J: Educational effects of a vocabulary intervention on preschoolers' word knowledge and conceptual development: a cluster-randomized trial. Read Res Q 46:249-272, 2011

Nolte T, Bolling DZ, Hudac CM, et al: Brain mechanisms underlying the impact of attachmentrelated stress on social cognition. Front Hum Neurosci 7:816, 2013 24348364

Northoff G, Huang Z: How do the brain's time and space mediate consciousness and its different dimensions? Temporo-spatial theory of consciousness (TTC). Neurosci Biobehav Rev 80:630-645, 2017 28760626

Northoff G, Qin P, Feinberg TE: Brain imaging of the self-conceptual, anatomical and methodological issues. Conscious Cogn 20(1):52-63, 2011 20932778

Ripoll LH, Snyder R, Steele H, et al: The neurobiology of empathy in borderline personality disorder. Curr Psychiatry Rep 15(3):344, 2013 23389774

Ritter K, Dziobek I, Preissler S, et al: Lack of empathy in patients with narcissistic personality disorder. Psychiatry Res 187(1-2):241-247, 2011 21055831

Rothbart MK, Ellis LK, Rueda MR, et al: Developing mechanisms of temperamental effortful control. J Pers 71(6):1113-1143, 2003 14633060

Schaefer JD, Caspi A, Belsky DW, et al: Enduring mental health: prevalence and prediction. J Abnorm Psychol 126(2):212-224, 2017 27929304

Shai D, Belsky J: Parental embodied mentalizing: how the nonverbal dance between parents and infants predicts children's socio-emotional functioning. Attach Hum Dev 19(2):191-219,

2017 27852170

Sharp C, Venta A, Vanwoerden S, et al: First empirical evaluation of the link between attachment, social cognition and borderline features in adolescents. Compr Psychiatry 64:4-11, 2016 26298843

Strack F, Deutsch R: Reflective and impulsive determinants of social behavior. Pers Soc Psychol Rev 8(3):220-247, 2004 15454347

Target M, Fonagy P: Playing with reality: II. The development of psychic reality from a theoretical perspective. Int J Psychoanal 77(Pt 3):459-479, 1996 8818764

Toates F: A model of the hierarchy of behaviour, cognition, and consciousness. Conscious Cogn 15(1):75-118, 2006 15996485

Váša F, Seidlitz J, Romero-Garcia R, et al; NSPN consortium: Adolescent tuning of association cortex in human structural brain networks. Cereb Cortex 28(1):281-294, 2018 29088339

Wellman HM, Cross D, Watson J: Meta-analysis of theory-of-mind development: the truth about false belief. Child Dev 72(3):655-684, 2001 11405571

제2장

현대 신경과학 연구

Martin Debbané, Ph.D.
Tobias Nolte, M.D., M.Sc.

치료사로서 우리는 종종 신경과학이 얼마나 많이 임상 개입 및 심리치료 기술에 의미 있는 발전에 도움이 될지 묻는다. 그러나 신경과학적 연구가 정신화 기반 접근 방식의 심리치료, 즉 정신화 기반 치료(MBT)에 어떻게 영향을 미쳤는지를 고려할 때, 몇 가지 필수적인 기여를 무시하기 어려워진다. 예를 들어, 사회적 인지의 발달에서 초기 애착관계의 중요성은 MBT의 개념적 체계의 핵심 구성 요소를 나타낸다. 애착의 신경생물학(Carter & Porges, 2013)과 애착 외상의 후성유전학적 효과(Meaney, 2010)에 대한 연구는 초기 애착 역동에 대한 연구를 보다 광범위하게 정당화하고 애착 표상과 친밀한 관계의 사회적 학습을 표적으로 하는 치료적 방법을 추구하는 데 필요한 기제에 대한 증거를 제공한다. 애착 이론과 정동적 신경과학의 작업을 기반으로 하는 MBT 접근 방식은 생물 행동 스위치 모델(biobehavioral switch model)(Arnsten et al., 1999; Mayes, 2000)을 채택하여 임상 작업과 훈련(Bateman & Fonagy, 2016)에 통합했다(제6장 참고). 실제로 현장에서 조절된 정신화하기와 자동적인 정신화하기 사이의 각성 매개 전환은 치료 회기의 프레임별 모니터링에서 핵심 지표를 구성한다. 스위치 모델(switch model)은 치료 과정을 파악하는 데 있어 치료사들이 가장 좋아하는 임상 도구가 되었고, 이를 통해 정신화하기의 일시적인 고장을 감지하고 지지적인 타당화에서 관계를 정신화하기에 이르기까지 각성에 민감한 개입 스펙트럼을 따라 가장 적절한 치료 조치를 선택할 수 있다(Bateman & Fonagy, 2004, 2006).

2009년에 개념 정의 및 경계 문제에 대한 외부 비판에 대응하여, Fonagy와 Luyten(2009)은 8개의 상호 관련된 시스템(즉, 자동, 조절, 내부, 외부, 인지, 정동적, 자기 및 타인), 구체적으로 밝히면서 정신화하기의 통합적인 조작적 개념을 제시했다. 이러한 시스템의 선택은 신경 기능을 조사하기 위해 자기공명 영상을 사용하는 인지 신경과학 연구, 보다 구체적으로 사회 인지 신경과학 분야에서 직접 파생된다(Lieberman 2007). 오늘날, 상담실에서의 임상적 결정은 종종 MBT 치료사의 임상 중재 선택을 안내하는 소위 정신화 차원(제1장 참고)을 기반으로 내려진다(제6장 참고). 이러한 차원이 그 자체로 새로운 치료 기술을 산출하지는 않았지만, 치료사가 복잡한 임상 사례를 통해 치료사의 마음에서 일어나는 사고의 일부를 유용하게 구성한다.

이 장에서 우리는 다른 곳에서 제안된 것처럼 신경과학이 애착과 정신화하기 차원의 이해에 어떻게 기여하는지 간략하게 요약할 것이다(Fonagy & Luyten, 2009; Luyten & Fonagy, 2015). 이 요약에 따라 인지, 발달 및 정동 신경과학 분야에서, 그리고 보다 최근에 신경과학에 대한 계산적 접근에서 비롯된 정신화하기 신경과학의 최신 발전 중 일부를 제시할 것이다. 이러한 최근의 발전은 신경과학 연구가 인식론적 신뢰의 조건에서 자기, 체화된 정신화하기, 의사소통과 같은 핵심 개념에 대한 이해를 어떻게 풍부하게 하는지를 고려하도록 이끌 것이다. 마지막으로, 우리는 MBT 프레임워크 내에서 일반적인 정신병리학의 기본 메커니즘을 고려할 것이다.

MBT의 신경과학적 구성 요소

지난 30년 동안 정서는 신경과학에서 합법적인 연구 대상이 되었으며(Sander & Scherer, 2009), 이는 신경생물학 및 신경 영상 연구 결과를 임상 개념 및 치료 접근법에 통합하는 것을 크게 촉진했다. MBT는 경험의 상호 주관적 영역뿐만 아니라, 개인 내적 영역에서 살아가는 정동에 초점을 맞춘 치료법이다. 이와 같이 초기 애착관계 내 및 발달 중 정동과 그것의 조절과 관련된 현대 신경과학은 상담실에서 정신화 현상에 대한 이해와 관련이 있다.

애착과 양육하기

인류학에서 기초 신경과학에 이르는 연구에서 알 수 있듯이, 우리는 미성숙한 포유동물 뇌의 특정한 생존 요구로 인해 유아가 보살핌과 정동의 공동 조절을 제공하는 애착 대상에 근접하도록 유도한다는 것을 알고 있다. 새로운 애착 유대 내에서 유아의 애착 동기와 부모의 보살핌은 뇌의 도파민 및 옥시토신 시스템 간의 상호작용에 의해 신경생물학적 수준에서 유지된다(Ebert & Brüne, 2018). 수반적인 상호작용의 과정(즉, 생물학적 행동 동시성, Feldman, 2017 참고)을 통해, 초기 경험은 사회적 뇌를 '상황에 맞는(situated)' 변증법적 기관으로 형성한다. 즉, 개인의 발달적 위치의 사회적 환경에 의해 영향을 받고 지향된다. 선조체 영역, 피질하 영역(편도체와 시상하부) 및 신피질 영역(전두엽, 내측 전두엽 및 전두엽 피질 안와) 간의 상호작용에서 연결감과 재호혜성은 행동 수준에서 신경생물학적 수준의 조사까지 연구될 수 있다. 엄마-유아 애착의 민감한 시기에 발달하는 기본 신경 기계(Feldman, 2017)는 뇌의 가소성에 대한 잠재성 때문에 나중에 관계를 통해 용도가 변경되고 수정되며 때로는 상당히 많이 수정된다. 충분한 양육 경험은 규칙성, 신뢰, 의사소통 수단으로 스며들어 있어, 유아가 인식론적 신뢰의 조건에서 더 넓은 사회 집단으로부터 배울 수 있다(제4장 참고).

또한 아동의 초기 필요에 대한 이러한 제공과 애착 유대 형성이 부모의 뇌에서 잘 정의된 과정에 의해 촉진된다는 증거가 증가하고 있다(예: Kim et al., 2016; Rutherford et al., 2015 참고). 다시 말해, 신경 조절제는 유아에 대한 부모의 뇌 반응을 지원하기 위해 상호작용하는 피질 변연계 네트워크를 제어하고 조정하는 데 중요한 역할을 한다. 여기에는 부모의 보상에 동기를 부여하고 도구적 및 성찰적 능력을 안내하는 각성 및 현저성을 위한 회로가 포함된다. 이것들은 함께, 부모의 두뇌와 마음에 유아 신호를 감지하고 반응하는 데 필요한 지속적인 민감성을 제공한다. 따라서 애착관계 내에서 생물학, 행동 및 표상 사이의 복잡한 상호작용은 부모가 자신의 아기를 정신화하는 양육자의 마음에서 자신의 마음(또는 자기)을 찾는 경향을 가진 본질적으로 의도적인 존재로 생각하게 한다(제15장 참고).

스트레스와 각성

MBT의 핵심적인 원리는 정동적 각성이 정신화하기에 미치는 영향에 관한 것이다. 즉, MBT는 활성화된 애착 시스템의 결과로 일시적으로 손상된 경우, 어떻게 균형 잡힌 정신화하기가 유지되고 회복할 수 있는지에 대한 질문에 초점을 둔다(Nolte et al., 2013). Arnsten 등(1999) 및 Mayes(2000)의 스위치 모델을 통합하였으며, 이는 자신과 타인의 정신 상태에 대한 정보가 처리되고 감정이 조절되는 방식의 중추적 도구다. 간단히 말해서, 최적의 각성은 좋은 정신화하기에 유리하게 작용하는 반면, 차선의 각성(개인의 역치에 비해 너무 낮거나 너무 높음)은 정신화하기를 교란시킨다. 이 원칙은 표면적으로는 간단한다. 왜냐하면 치료적 상호작용에서 정동적 각성의 변화는 미묘할 수 있지만, 때로는 매우 격렬하고 신속하며 일반적으로 예측하기 어려울 수 있다. 조절되지 않은 각성의 임상적 표현은 환자의 지배적인 정신병리에 따라 다를 수 있다(예: 경계선, 반사회적, 분열형 성격장애에서 정서적 조절장애 패턴의 다른 표현). 왜냐하면 비슷한 맥락에서 각성 변화를 수정하고 차단하는 방아쇠가 각 환자마다 고유하기 때문이다. MBT 틀이 사용하는 생물학적 행동 스위치 모델은 각성 의존적 전환이 주로 전전엽에서 중재되는 느리고, 조절되고, 성찰적인 처리 양식과 후부/피질하에서 중재되는 신속, 자동 및 반사적 처리 모드 사이에서 발생한다고 규정한다. 위협 자극과 괴로움뿐만 아니라, 외부나 내부에서 발생하는 동기 유발적인 각성(예: 성적, 식욕)은 투쟁/도피/부동화 또는 추구하기 그리고 욕망 생체 행동 시스템을 우선시하여 전두엽 피질과 그 투사에 의해 중재되는 느리고 연속적인 처리를 적응적으로 차단한다. 모든 정신병리학적 상태의 특징 중 하나는 정동적 전환점을 변경하는 능력이며, 이는 차례로 전전두엽 기능의 견고성과 정동 시스템의 과잉 활성화를 하향 조절하는 지연에 영향을 미친다.

신경 영상 연구는 애착과 관련된 대인관계 스트레스가 사회적 인지를 뒷받침하는 신경 회로의 부분적 비활성화로 이어질 수 있음을 보여 주었다(예: Debbané et al., 2017; Nolte et al., 2013; Vrticka et al., 2014). 그것에 의해서 정신화하기의 스트레스 완충 효과에 손상을 주게 된다(제17장 및 제19장 참고). 신경생물학적 관점에서, 의미 있는 관계 내 각성은 아편 유사제, 옥시토신, 바소프레신과 같은 신경 펩티드와 관련이 있으며, 시상하부−뇌하수체−부신(HPA) 축의 스트레스 조절에 의해 추가로 조절된다. 현재 애착 안정이 주로 옥시토신에 의해 매개되는 불안 완화 및 신뢰 강화 효과를 통해 스트레스의 영향에 대한 회복탄력성을 촉진함으로써 보호 기능을 한다는 증거가 증가하고 있다(Feldman et al., 2007; Heinrichs & Domes, 2008; Powers et al., 2006). 더욱이 인간과 동물 모두에서 스트레스 반응성을 조사한 연구에 따르면, 안정적인 애착이 HPA 축의 '적응적 저활동성'으로 이어진다는 것이 입증되었다(Gunnar & Quevedo, 2007). 반대로, 스트레스와 대인관계 과잉 경계는 만성적인 마모라는 의미에서 HPA 축 기능에 영향을 미친다. 이것은 HPA 축의 초기 조절 및 예측 기능이 정신병리에 대한 취약성을 부여할 수도 있다고 가정한다(Lupien et al., 2009; Schulkin, 2011). 뇌의 핵심 감정 영역(전두변연 회로)은 HPA 축을 통한 스트레스 부하의 주요 매개체이자 중심 매개체이며 환경 변화와 이에 대한 개인의 (정신적) 수용 사이의 주요 접점을 나타낸다.

신경 회로에서 정신화하기 차원으로

증가된 각성에 의해 유발된 조절에서 자동으로의 전환은 정동이 정신화하기에 미칠 수 있는 영향의 유일한 영역을 구성하지 않는다. Fonagy와 Luyten(2009)은 가상의 기본 신경 회로를 통해 의사소통하고 정신화하기 활동의 균형을 유지하는 네 가지 핵심 정신화하기 차원을 매우 유용하게 설명했다. ① 자동-조절, ② 내부-외부, ③ 자기-타자, ④ 인지-정동적(이러한 차원에 대한 전체 설명은 〈표 2-1〉 참고).

〈표 2-1〉 정신화 차원의 극성, 특징 및 제안된 신경 회로

극성	특징	신경 회로
자동	무의식, 병렬, 빠른 처리 반사적이며 노력, 주의 집중 또는 의도가 거의 필요하지 않은 사회적 정보; 따라서 특히 복잡한 대인 상호작용(즉, 각성이 높을 때)에서 편향과 왜곡이 발생하기 쉽다.	편도체 기저핵 복내측 전전두엽 피질(VMPFC) 측면 측두 피질(LTC) 등쪽 전대상 피질(dACC)
조절	의식적·언어적·성찰적 자신과 타인의 감정, 생각, 의도에 대해 의식적이고 의도적으로 성찰하고 정확한 귀인을 할 수 있는 능력을 요구하는 사회적 정보의 처리. 노력하는 조절과 언어에 크게 의존한다.	외측 전전두엽 피질(LPFC) 내측 전전두엽 피질(MPFC) 외측 두정 피질(LPAC) 내측 두정 피질(MPAC) 내측 측두엽(MTL) 이스트랄 전대상 피질(rACC)
내부	자신과 타인의 정신적 내면에 직접 집중하여 자신과 타인의 마음을 이해한다.	내측 전두정두 신경망(보다 조절됨)
외부	외적 특징(예: 표정, 자세, 운율)을 바탕으로 자신과 타인의 마음을 이해한다.	측면 전두측두 두정두 신경망(더 자동)
자기-타자	공유 네트워크는 자신과 타인에 대해 정신화하기 능력을 뒷받침한다.	공유 표상 시스템(보다 자동화됨) 대 정신 상태 귀인 시스템(보다 조절됨)
인지적-정동적	정신화하기는 신념-욕구 추론 및 타자 조망하기와 같은 더 많은 인지적 특징(더 조절된)과 정동적 공감 및 정신화된 정동(감정과 감정에 대한 생각)을 포함한 더 정동적 특징(더 자동적)에 초점을 맞출 수 있다.	인지적 정신화하기에는 전전두엽 피질의 여러 영역이 포함된다. 정동 지향적 정신화하기는 특히 VMPFC와 관련이 있는 것으로 보인다.

출처: Luyten P., Fonagy P.에서 재인쇄: 'The Neurobiology of Mentalizing': *Personality Disorders: Theory, Research, and Treatment* 6(4):366-379, 2015 26436580. Copyright © 2015 American Psychological Association. 허락을 받고 사용함.

차원이라는 용어는 정신화하기 과정의 여덟 가지 양극 사이의 관계에 관해 약간의 혼란을 야기했으며, 특히 그것들이 (앞과 같이) 우선적으로 쌍으로 제시된다는 사실을 감안할 때 그렇다. 각 극성은 추정되는 시스템을 나타내며 모든 시스템은 상호 연관되어 있으며, 구조적 기능적 뇌 역동에 중립적으로 내장되어 있음을 기억하는 것이 중요하다. 특정 상황에서, 특히 계산할 자원이 부족한 경우(높은 각성 상황에서와 같이), 각 시스템의 활동은 다른 시스템의 활동과 경쟁한다. 협력/경쟁관계는 인지 그리고 혹은 정동적 특징에 초점을 두면서, 자기나 혹은 타인의 관점에 따라 내부(예: 생각, 감정) 또는 외부(예: 인식, 신체 자세)일 수 있는 내용을 포함하는 자동 및 조절 처리 사이에서 발생할 가능성이 더 크다. 따라서 쌍은 문헌에 설명된 신경 처리의 반대를 설명하지만, 모든 시스템은 뇌에서 서로 관련되어 있음을 기억하는 것이 중요하다.

게다가 많은 연구들에 의해 제안된 조합의 타당성은 '정보처리'가 분할될 수 있는 많은 방법 중 하나만을 구성한다. 인지 시스템 및 정보처리에 대한 최근 연구는 정보처리에 대한 계층적이고 위계적 접근 방식을 제안하며, 이는 우리의 작업 분야에도 영향을 미칠 수 있다(Rudrauf et al., 2017). 이 접근 방식은 아직 MBT 모델로 공식화되기에는 너무 새로운 것이지만, 차원적 구성(dimensional configuration)은 환자의 마음, 심지어 치료사 마음의 과정을 개념화하는 임상적으로 유용한 방법이라는 점을 염두에 두어야 한다.

그러나 그것이 정신화하기 과정을 개념화하는 유일한 방법은 아니다. 다음에서 설명하겠지만, 계산적 접근 방식은 정신화하기에 대한 현재의 사고방식을 보완하고 풍부하게 하는 유망한 방법을 제공할 수 있다. 정신화하기에 대한 대부분의 신경과학적 접근에 결정적으로 보이는 것은 관련된 신경 역동이 함께 마음이 다음에 나오는 것을 가능하게 한다.

- 심리적 내면과 환상에서 현실을 구별한다.
- 효과적인 변화 요인 속성을 경험할 수 있는 체화된 자기의 출현을 유지한다.
- 상호작용을 의미 있는 것으로 경험한다.
- 타자 조망하기와 보다 일반적으로 상상적인 사고하기에 관여한다.

신경과학에 대한 계산적 접근: MBT에 대한 함의

컴퓨터 신경과학의 기본 원리

이 장의 앞부분에서 설명했듯이, 뇌의 구조-기능 관계의 경험에 따른 재구성(experience-dependent reorganization)은 개인에게 평생 적응할 수 있는 잠재력이 부여된다는 것이 우리의 견해다. 이러한 관점에서 회복탄력성은 타자 조망하기, 초인지, 실행 기능, 주의력, 기억력, 일반 지능 및 자기 인식과 같은 다양한 심리적 메커니즘으로 구성된 고차 인지(HOC)에 의해 지배된다. 뇌에서 이것은 뉴런 집단 또는 네트워크의 앙상블 사이의 구조적 및 기능적 연결을 전환하는 가장 중요한 프로세스인 HOC로 변환된다(예: Fonagy & Bateman, 2016; Rudrauf, 2014 참고). 이에 따라 영역 간의 정보처리를 위한 새로운 경로가 생성된다(예: 신경학적 사건으로 인한 구조적 손상 후). 결과적으로 최적화된 신경 구조는 부분적 장기 부전(organ failure)에 직면했을 때 기능적 회복탄력성을 유지하기 위해 대체 뇌 연결 세트를 생성하여 손상된 구조를 보상하려고 한다.

보다 넓은 의미(즉, HOC)에서 정신화하기는 적응 기능을 역동적으로 보존하거나 회복하기 위한 주요 후보이며, 이는 뇌에 영향을 미치는 도전에 직면하여 심리적 회복탄력성과 견고함을 지원한다. 신경 통합과 느낀 자기(felt self)의 통합이 위협을 받을 때(예: 어린 시절의 역경, 질병, 부적응 관계의 장기간의 고통, 해리 증상 또는 외상 경험), HOC는 '평상시와 다를 바 없는(business as usual)'을 보장하기 위해 두뇌의 계산을 재정렬하는 보상적 인지 비축의 역할을 한다(Stern, 2009; Fonagy & Bateman, 2016). 경험적으로 말해서, 상상력 활동에 대한 인간의 능력은 유연하고 회복력 있는 사고 능력의 핵심인 추상화, 생각과 감정의 분리, 타자 조망하기, 재평가를 가능하게 하는 중요한 메커니즘 중 하나를 구성할 수 있다(제4장 참고).

이러한 현상을 원칙적이고 경험적으로 연구하는 가장 유망한 접근법 중 하나는 정신병리학을 강조하는 컴퓨터 신경과학 및 컴퓨터 정신의학이다. 컴퓨터 정신의학은 컴퓨터 신경과학, 심리학, 정신의학이 교차하는 초기 단계의 학문이다. 그것은 '자연의 관절을 조각하는 것'에 더 가까워지고 정신 기능과 정신병리를 뒷받침하는 핵심 메커니즘에 대한 통찰력을 제공한다는 약속을 담고 있다. 컴퓨터 정신의학은 뇌 기능, 뇌가 모델링하거나 행동하려고 하는 환경과의 상호작용, 공식화된 계산 과정을 통한 정신병 증상 간의 연관성을 조사하는 이점을 제공한다(Friston et al., 2014; Montague et al., 2012; Stephan & Mathys, 2014).

이 새로운 접근 방식을 주도하는 주요 원칙 중 하나인 능동 추론은 뇌가 소위 베이지안 추론 과정(Bayesian inference processes)을 수행한다고 가정한다. 이 프레임워크의 발견적 방법에서 뇌는 수동적이고 입력 필터가 아니라, '감각적 증거에 대해 테스트되는 가설이나 환상을 생성하는 통계적 기관'으로 간주된다(Friston et al., 2014, p. 148). 이 개념은 특히 중요하다. 사회적 세계를 탐색하려면 다른 사람들에 대한 끊임없는 모델링이 필요하고, 의도적 상태가 다른 사람의 행동이나 자신의 행동을 뒷받침할 수 있는 대략적인 방법을 사용하여 일관된 타인과의 자기 경험을 생성할 수 있기 때문이다.

개인의 가설(인지된 것의 원인에 대한 이전 신념)과 현실 사이의 불일치를 인식하는 것은 '놀라움' 또는 '무한한 에너지'를 생성한다. 그런 다음 이러한 불일치는 신경 경보, 이른바 예측 오류 신호로 이어지며, 개인이 더 많은 새로운 증거 또는 정보를 축적함에 따라 관련 작업 가설을 업데이트하도록 시스템을 기울인다. 기존의 정신 구조를 통해 개인의 자기 및 타인 생성 모델도 하향식 신경 조절 이득 제어 메커니즘을 통해 더 크거나 덜 정밀하게 제공된다. 이것들은 개인의 신념이 얼마나 경직되거나 실제로 유연하게 수정되기 쉬운지를 규정한다. 여기에서 경험을 통한 학습이라는 개념과 유사할 수 있다(제1장 참고).

컴퓨터 신경과학의 주요 주장은 베이지안 확률적 미적분학(Bayesian probabilistic calculus)에 따라 신경 기능이 감각 입력을 경험으로 형상화한다는 것이다. Holmes와 Slade(2018, p. 151)가 포착한 것처럼, 건강한 마음에서 "예측과 입력 간의 불일치는, ① '불확실성의 감내'를 통해서 식별되고, ② 불확실성을 낮추는 데 목표를 둔 행동에 의해 탐색되고, ③ 최종적으로 인지적 재구성 및 '이전' 확률 업데이트로 이어진다." 정신화 치료사는 환자가 정신 상태에 대한 지식에 본질적인 불가피한 불확실성을 견디도록 돕는다. 왜냐하면 치료사는 정동 조절의 모범이 되고, 성찰을 자극하고, 대안적 관점의 탐색을 발판으로 만들어 사고와 상상의 과정이 경험을 통해 다시 불타오르고, 지속적으로 재구성되고, 업데이트될 수 있도록 한다.

발달적 관점에서, 영아기의 의미 생성은 양육자와 생물학적·행동적 동시성, 물리적 환경(및 비동시성), 생체 적응의 도전(지속적인 삶의 스트레스 요인 및 특정 외상 사건 모두)을 조절하려는 압력, 그리고 베이지안 원칙의 관점에서 돌봄 경험에 대한 재평가(즉, 정신화하기)에서 검토될지도 모른다. 일반적으로 발달 중인 유아에서 수반되는 기본 생성 모델 또는 신념은 지속적인 수정과 개선을 거친다. 다시 말해서, "아기의 두뇌는 놀라움을 최소화하는 게임에 있는 반면, 지속적으로 마주하는 새로운 사건에 대해 예상되는 놀라움(즉,

불확실성)을 줄이기 위해 인식론적으로 행동한다"(Friston, 2017, p. 43). 특정 발달 단계에 적응하는 아기는 "하나의 명령을 따르는 것으로 이해될 수 있다. 즉, 자신의 내부와 주변에서 일어나는 일을 이해하려고 애쓰는 자기 증명적인 두뇌의 개념에 포착된 자신의 존재에 증거를 극대화하는 것이다"(Friston, 2017, p. 43). 컴퓨터 신경과학 개념에서 정신질환(정상에서 정신 병리학에 이르는 범위)은 그러한 추론의 계산적 측면을 뒷받침하는 비정형적 발달 패턴의 관점에서 이해될 수 있다.

　삶에서 지속적인 경험 의존적 적응(experience-dependent adaption)을 유지하는 계산을 모델링하는 것은 건강과 정신병리에 기여하는 과정을 더 잘 개념화하기 위해 기존의 정신화하기 개념을 알릴 수 있는 경험적 도구를 생성할 수 있을지도 모른다. 이러한 접근 방식의 중요한 개념적 기여는 정신화하기의 측면이 실제로 신경적으로 구현되는 방식에 대한 심화된 이해와 관련이 있다. 이러한 개념은 특정 과정이 실행될 때 어떤 뇌 영역 네트워크가 관련되는지 식별하는 것 이상이다. 왜냐하면 오히려 그들은 신경 집단이 계산을 수행하는 방법의 기초가 되는 알고리즘을 밝히려고 하기 때문이다. 예를 들어, 이러한 새로운 접근 방식은 자기 및 타인 표상의 추론(Moutoussis et al., 2014), 외부 세계와 관련될 때 자기의 상호 수용 및 항상성(Gu et al., 2013; Seth, 2013), 강박성(Hauser et al., 2016), 그리고 일종의 심층 인지 표현형을 산출할 수 있기 때문이다(Hula et al., 2015; Xiang et al., 2012). 이러한 개념적 기여는 예를 들어 사회적 학습(Diaconescu et al., 2017), 치료 과정(Moutoussis et al., 2017), 양자 간 상호작용의 마음 이론에 초점을 맞춘 실제의 예와 적용으로 더욱 보완될 수 있다(Hula et al., 2018). 이러한 의미에서 컴퓨터 신경과학 개념은 치료 경험뿐만 아니라, 가상현실 장면 또는 시뮬레이션된 대인 과정과 같은 신경과학 모델링에서 학습 가능성을 제공하여, 건강 및 정신병리학에서의 정신화하기에 대한 연구 가능성을 높인다.

　그러한 실험 과제의 전형적인 예는 연구의 최근 발전을 설명하는 역할을 한다. Hula 등의 최근 연구(2018)는 두 당사자 간의 경제 교환 작업(economic exchange task)인 표준 신뢰 게임(Canonical Trust Game)에서 신뢰 신호의 설정, 해체 및 수리를 특징으로 한다. 이 게임은 두 플레이어 간의 상호작용을 10라운드 동안 반복적으로 진행한다. 필요한 재귀적 모델링(즉, 진행 상황 이해)은 상대방에게 보내는 개인의 사회적 신호, 파트너에 대한 개인의 생각, 상대방의 잠재적 자기 표현을 포착한다. 비판적으로, 모델은 다음과 같은 라인을 따라 이러한 마음 가정의 대인관계 이론의 기초가 되는 신념의 업데이트를 포함해야 한다. "내가 이런 특정한 방식으로 행동하면, 내 파트너가 우발적으로 반응할지도 모른다. 왜냐하면 그는 이전 경험의 기대치와 상호작용을 하고 있고, 나와 방금 맺은 새로운 교류에 비추어 자신의 플레이 스타일을 조정하고 있다(그리고 나도 마찬가지다)." 상호작용 전반에 걸쳐 모델링 및 추적할 수 있는 추가 매개변수에는 정신화하기의 시간적 측면으로서의 미래 행동 계획에 대한 지평, 죄책감 또는 불평등 혐오 지수, 협력의 파열을 촉진하고 반응하는 자극의 성향을 포함한다. 이 단계에서 예를 들어, 대인관계 문제의 새로운 연속성을 따라 환자 그룹을 하위 그룹으로 나누는 것과 같은 이러한 표식(markers)의 가치와 유효성을 설정하는 것은 미래 연구에 대한 경험적 질문으로 남아 있다. 이러한 표식(markers)은 확실히 연구를 위한 새로운 길을 나타내며 아마도 치료에 대한 차별적 반응을 예측하는 데 도움이 될 것이다. 또한 인공지능 혁명은 정신질환을 이해하는 전통적인 관점에 도전함으로써 MBT 분야에 필연적으로 영향을 미칠 것이다.

체화된 정신화하기와 자기의 발달

이 시점에서 독자들은 컴퓨터 신경과학과 임상 MBT 개념 간의 혼선이 현재 어떻게 일어나고 있는지 생각할 수 있다. 많은 출판물에서 신경과학적 그리고 임상적 분석 수준을 연결하는 기회를 제공하는 핵심 구성으로 체화된 정신화하기라는 용어를 사용했다 (Debbané et al., 2016; Fonagy & Campbell, 2017; Fotopoulou & Tsakiris, 2017; Luyten et al., 2012; Shai & Belsky, 2011). Luyten 등(2012, p. 125)은 체화된 정신화하기는 "신체를 정서, 소망, 감정의 장소로 보는 능력, 그리고 자신의 신체적 경험과 감각, 그리고 자기와 타인의 의도적인 정신 상태와의 관계를 되돌아보는 능력"으로 정의한다. 체화된 정신화하기에는 "자신의 몸에서 오는 신호를 감지, 식별 및 조절하는 데 필요한 과정"이 포함된다 (Debbané et al., 2016, p. 12). Fotopoulou와 Tsakiris(2017)가 가정한 바와 같이, 체화된 정신화하기에 대한 이러한 심리학적 묘사는 임상적 본질보다는 계산적 본질을 포착하려는 조작화된 개념을 갖고 있지만, 컴퓨터 신경과학 분야에 적합할 수 있다.

우리는 여기서 '체화된 정신화하기'를 1차 감각 운동 및 다감각 신호가 주어진 환경에서 체화된 상태의 다중 예측 모델을 형성하기 위해 점진적으로 통합되고 도식화되는 추론적 뇌 과정으로 정의한다. 이러한 모델은 뇌의 정적인 신체 표현(예: '신체 도식' 대 '신체 이미지')으로 이해되지 않고 오히려 '가설적'(확률적 · 추론적), 역동적 및 생성적 과정으로 이해된다(수신된 오류 신호에 대해 지속적으로 업데이트됨)(p. 8).

정신화하기에서 체화에 대한 이러한 묘사의 공통점은 신체에서 오는 신호에 기초한 일종의 정신화하기의 역동적이고 통합적인 특성이다. 정신화하기는 감각, 정동 및 생각을 새로운 성향으로 융합하는 과정이고, 이후의 정신화 과정에서 원료로 사용된다. 중요한 것은 이 과정이 최초의 영아-보호자 상호작용 내에서 시작되고 발달 전반에 걸쳐 추구된다.

체화된 정신화하기에 대한 관심 증가는 정신분석 심리신체적 분야의 초기 통찰, 즉 정신화하기는 고차 심리학적 과정을 통한 생리적 활성화의 조절 및 변형을 담당하는 일련의 과정을 나타낸다는 것과 일치한다(Lecours & Bouchard, 1997; Marty, 1991). 유아기에, 이 조절의 대부분, 또는 실제로 신진대사를 가정하는 것은 부모의 보살핌의 제스처, 즉 부모의 마음에서 나오는 HOC다. Shai와 Belsky(2011)가 지적했듯이, 부모의 체화된 정신화하기는 처음에는 비언어적이며 암묵적이다. 즉, 영아는 보호자의 품에서 자신의 마음을 찾는다. 안기, 다루기 및 제시하기의 개념(Winnicott, 1960)은 양육자가 신체를 사용하여 영아의 내부 상태에 대한 정신화하기를 전달하는 체화된 참여 유형으로 다시 생각해 볼 수 있다(Fonagy & Campbell, 2017). 결정적으로, 이러한 체화된 참여는 양육자의 관점에서 유아에 대한 모델을 제시하고, 신경과학적 수준에서 유아가 1차 감각 및 다감각 신호를 통합하도록 돕고(Fotopoulou & Tsakiris, 2017), 예측 모델이 공간적, 정동적, 유아가 환경을 탐색하도록 인지적 방향을 지정한다. 또한 유아의 초기 생성(확률적 추론) 모델은 소위 '오류 신호'와 관련하여 역동적으로 최신화된다. 즉, 새로움에 대한 관심을 통해 최신화된다.

이러한 신경과학적 고려 사항은 정신화 기반 틀에서 자기 발달이 개념화되는 방법에 관한 중요한 의미를 갖는다(Fonagy et al., 2002). 일반적으로 그러한 관점은 자기의 연속성을 확립하는 데 있어 수반적인 두드러진 거울 반영하기의 중요성을 강조한다. 이 중요한 관찰은 컴퓨터 신경과학에 반영된다. 뇌가 세계의 계층적 생성 모델을 정교하게 만들도록 설계되어 있다면, 유아의 뇌는 근본적으로 감각의 자기 원인과 비자기 원인을 구별하려고 할 것이다. Friston(2017, p. 44)은 다음과 같이 제안한다. "구조 학습의 첫 번째 작업은 자신에게 귀속될 수 있는 감각의 원인과 그렇지 않은 감각의 원인을 구별하는 것이다. 근본적인 자기 대 비자기 구별은 모델의 후속(위계적) 정교화를 위해 필수적이라는 것…… 이것이 유아가 달성해야 하는 첫 번째 구조적 추론이다." Friston(2017)은 영아가 어떻게 '자기 증명(self-evidencing)'을 하여 내부-외부 및 자기-비자기 구별이 형성될 수 있는 재료를 제공하는 감각(예: 신체 움직임, 의사소통 신호를 통해)을 생성하는지 강조한다. 자기 증거 아기는 관계적 진공 상태에서 살지 않는다. 아기의 행동에 대한 양육자의 반응은 점점 더 정교한 자기-타자 구별에 기여할 것이다. 발달 및 잠재적으로 임상적으로 관련된 문제는 환경으로부터의 피드백이 흐릿할 때 발생한다. 이는 두드러지지 않은 거울 반영하기(Fonagy et al., 2002)의 결과이거나, 유아의 뇌가 사회적 피드백 신호를 해독하는 데 결함에 취약하게 만드는 비정형적 신경 발달의 결과일 수 있다(Jones & Klin, 2013). 다시 말해, 자기 증명하는 아기는 자기-타자 경계를 통합하기 위해 양육자의 예측 가능한 입력이 결정적으로 필요하다. 이 입력이 빠지거나 이해할 수 없을 때, 또는 그것이 매우 정서적이고 '두드러지지 않은' 방식으로 전달될 때, 애착 연구에서 보여 주듯이 혼란된 내적 작동 모델과 같은 부적응의 발달을 지속할 수 있는 자기-타자 경계를 흐리게 하는 것과 같은 반대 효과를 가져온다. 미래의 연구는 컴퓨터 신경과학에 의해 제시되는 계층적 추론 모델이 애착 연구에서 조사된 내부 작업 모델과 어떻게 관련되어 있는지 설명해야 한다. 우리는 이미 컴퓨터 신경과학이 아기의 자기 발달(예: Cittern et al., 2018 참고)과 개체 발생 전반에 대한 조사를 위한 새로운 방법론을 제공하는 방법을 볼 수 있다.

정신병리학의 특성: 'p' 인자와 뇌

앞 절에서 우리는 체화된 정신화하기의 개념이 정신병리학의 뇌 기저뿐만 아니라, 적응적인 발달을 유지하기 위해 통합이 필요한 신호의 다감각적 특성에 관심을 어떻게 생성하는지를 이해할 수 있다. 이것은 우리로 하여금 안정적이고 연속적인 자기의 도래의 본질에 대해 성찰하게 하고, 자폐스펙트럼장애와 같은 발달적 정신병리의 초기 징후에 대한 보다 세밀한 연구의 가능성을 열어 준다. 자폐스펙트럼장애는 결정적으로 비정형적인 다감각 통합(Iarocci & McDonald, 2006)과 종종 주체와 자기감의 불안정한 진화를 시사한다. 이러한 미래의 신경과학적 연구는 또한 초기 트라우마와 학대의 맥락에서 자기의 발달에 대한 보다 복잡한 기계론적 이해로 가는 길을 열 수 있으며, 보다 구체적으로, 확립된 새로운 방법론은 혼란형 애착의 출현을 추가로 탐색하는 데 도움이 될 수 있다.

보다 일반적으로 치료사는 신경과학, 특히 컴퓨터 신경과학의 발전이 어떻게 정신병리의 본질에 관한 학습 기회를 제공할 수 있는지에 대해 숙고할 수 있다. 연구 결과에 따르면 일부 개인은 p(정신병리학) 요인(Caspi et al., 2014)(제4장 참고)이라고 하는 일반적인 취약성 지수에 의해 포착되는 바와 같이 지속적이고 심각한 정신병리에 더 걸리기 쉽다. 정신병리학의 추가적인 유망한 모델, 예를 들어 잠재적인 정신병리학적 요인을 가정하고 않고 정신질환과 건강의 역학에서 증상과 그 근본적인 정신병리학적 과정 사이의 상호작용의 본질을 조사하는 정신장애에 대한 네트워크 접근법(Borsboom & Cramer, 2013)은 신경과학적 조사에 도움을 줄 수 있다. 이 두 가지 동시대의 설명에 따라 컴퓨터 신경과학은 이러한 일반적인 취약성 또는 지속적인 정신병리 경향에 대한 환경적 및 유전적인 기여에 대해 밝힐 수 있다. 또한, 컴퓨터 신경과학은 손상된 기능(예: HOC의 차선책 모집)의 중요한 계산적 과정과 뇌−행동 상호작용을 식별하는 데 도움이 될 수 있다. p요인이 높은 수준의 어린 시절 학대 및 과소정신화하기 능력과 강력하게 연관되어 있다는 증거가 등장하면서(Gibbon et al., 2018), 정신 상태 처리의 신경 기반은 특정 증상이 함께 모여 있는 이유를 이해하는 데 도움이 되는 범진단적 뇌−행동 관계를 밝힐 것이다.

정신병리학과 관련하여, 이러한 계산 모델은 문제의 연속선상에 단일 환자가 있는 위치를 식별하고(Stephan et al., 2017), 전통적인 진단을 가로지르는 고차원 정신 처리의 내생적 유형(endophenotypes)을 식별하는 데 유용할 수 있다. 가장 중요한 것은, 이러한 새로운 접근 방식이 회복탄력성 과정을 뒷받침하는 뇌 구조−기능 관계의 측면을 밝힐 수 있다는 것이다(Kalisch et al., 2015). 사회적 지원 및 다른 정신화하는 마음에서 학습하는 것과 관련해서 타인에 대한 인식론적 신뢰와 그에 따라 발생하는 확장 및 구축 과정(broaden-and-build)에 의해서 아마도 촉진될 수 있다(Fonagy et al., 2015). 결정적으로, 컴퓨터 신경과학은 다음 지식을 심화하는 데 도움이 될 수 있다. ① 세 가지 치료적 의사소통 시스템(제4장 참고), ② 상담실에서 얻은 통찰력이 환자의 사회 세계에서 어떻게 일반화되는지, ③ 환자의 '추론 기관(inferential organ)'이 외부 영향에 더 잘 수용되도록 만들고, 대인관계 및 사회적 경험에 기반하여 업데이트되기 쉽도록 하는 방법.

결론

이 장에서 우리의 목표는 신경과학 연구와 치료 접근법으로서의 MBT가 연구와 임상 실제에 상호 이익이 될 수 있는 비옥한 교류에 어떻게 관여하는지 전달하는 것이었다. 신경과학은 정신화 기반 틀을 풍부하게 하는 일부 추정 기계론적(현재는 확률론적) 모델을 식별하는 데 필수적인 것으로 입증되었다. 자신과 타인에 대한 감정과 생각의 다른 극을 구별하는 것은 환자가 진료실에 가져오는 현상을 포착하기 위해 임상적으로 유용하고 신경과학적으로 근거 있는 모델을 제공했다. 우리는 신경과학적 노력의 다음 기간이 '어떻게'에 도달할 것이라고 추측한다. 왜냐하면 개인의 경험, 내면세계 및 행동을 이해하고 학습하는 능력의 기저에 있는 감각, 정동, 지각 및 인지 과정의 통합을 유지하는 복잡한 역동을 다루기 때문이다.

사회적 인지의 신경생물학에 대한 미래의 연구는 새로운 치료법의 개발과 치료 경로의 형성 및 평가를 알리기 위해 다음 영역을 다룰 수 있다.

1. 맥락 및 관계의 구체적인 특징을 고려하는 정신화하기의 역동적 측면
2. 정동적 각성과 기타 정서 상태의 영향을 포함하여 실제 경험에 가까운 연구 패러다임의 생태학적 타당성
3. 영아기에서 시작하여 발달 정신병리학이 기여한 것을 통합하여 전 생애적 관점에서 정신화하기의 신경생물학을 평가하는 종단적 연구(예: 동등성과 다중성, 차별적 감수성, 커플링을 포함한 유전적 및 환경적 요인을 식별하기 위한 쌍둥이 연구)
4. 심리치료의 변화 메커니즘에 대한 지식 증가에 결정적으로 이바지할 심리치료 결과 연구에서 이러한 미래의 신경과학적 노력에서 얻은 통찰력의 사용

더욱이, 정신병리학의 기제에 대한 이해를 촉진하기 위해, 미래의 발전은 인간 의사소통의 핵심 능력으로서의 정신화하기와 역경의 맥락에서 회복탄력성을 촉진하는 역할 사이의 복잡한 상호작용에 초점을 맞출 것이다. 이러한 접근 방식은 발달하고 적응하는 뇌에서 구조적-기능적 가소성에 대한 기여를 통해 사회적 인지 능력의 보호 역할에 대해 더 밝힐 수 있을 것이다.

뇌에 있는 정신화 신경망의 표준 미세 회로가 관계 경험(사람의 자각 없이 모집된 스키마를 포함하여)에 대한 신념을 조정하고 최신화하는 방법에 대한 더 나은 기계론적 이해가 자기-타자 추론의 계산적 구성 요소를 식별할 수 있다. 더욱이 새로운 세대의 신경 영상 기술(상호작용하는 두뇌의 '하이퍼스캐닝'과 주변 환경에서 움직임이나 다른 사람과 관여 동안에 두뇌 신호의 등록을 허용하는 비침습적 광학 펌핑 자기 뇌 촬영(noninvasive optically pumped magnetoencephalography), 그리고 그에 수반되는 방법론적 발전은 두 개 이상의 정신화 뇌가 서로 어떻게 영향을 미치는지에 대한 새로운 통찰력을 새성할지도 모른다(예: Bolis & Schilbach, 2017). 유연한 사고(균형 잡힌 정신화)를 훈련하고, 인식론적 신뢰를 통해 심리학적 지식에 대한 개방성을 갖게 되면 긍정적으로 경험되고 지원을 제공하는 사회적 환경에서 학습하게 된다. 따라서 이러한 뇌 과정과 신경 기계(부모-유아 또는 치료사-환자를 패러다임의 쌍으로 사용)에 대한 최종 확장에는 더 넓은 사회적 네트워크와 더 넓은 사회적

환경이 어떻게 표현되고 경험이 되는지에 대한 조사가 포함될 것이다.

결론적으로 신경과학은, 정신화하기에 대한 임상적 접근과 마찬가지로 체화 및 비언어적 의사소통에 대한 연구를 통해 '신체'에 초점을 맞추는 것으로 보인다. 정신화하기를 유지하는 인지 및 표상 시스템을 설명하기 위한 강한 노력 후에, 표면적인 신호를 통해 소통과 학습의 신체의 근원이 활력적인 흥미를 자극하고, 그리고 그것은 새로운 방법론적 도구의 개발로 보완이 되고 있다. 컴퓨터 신경과학, 수학적 시뮬레이션 등은 임상 치료에서 정신화하기 모델의 최신화를 알리는 데 실패하거나 성공할 수 있는 기여자다.

 ## 참고문헌

Arnsten AF, Mathew R, Ubriani R, et al: Alpha-1 noradrenergic receptor stimulation impairs prefrontal cortical cognitive function. Biol Psychiatry 45(1):26-31, 1999 9894572

Bateman A, Fonagy P: Psychotherapy for Borderline Personality Disorder: Mentalization-Based Treatment. Oxford, UK, Oxford University Press, 2004

Bateman A, Fonagy P: Mentalization-Based Treatment for Borderline Personality Disorder: A Practical Guide. Oxford, UK, Oxford University Press, 2006

Bateman A, Fonagy P: Mentalization-Based Treatment for Personality Disorders: A Practical Guide. Oxford, UK, Oxford University Press, 2016

Bolis D, Schilbach L: Beyond one Bayesian brain: Modeling intra-and inter-personal processes during social interaction: Commentary on "Mentalizing homeostasis: The social origins of interoceptive inference" by Fotopoulou and Tsakiris. Neuro-psychoanalysis 19:35-38, 2017

Borsboom D, Cramer AO: Network analysis: an integrative approach to the structure of psychopathology. Annu Rev Clin Psychol 9:91-121, 2013 23537483

Carter CS, Porges SW: The biochemistry of love: an oxytocin hypothesis. EMBO Rep 14(1):12-16, 2013 23184088

Caspi A, Houts RM, Belsky DW, et al: The p factor: One general psychopathology factor in the structure of psychiatric disorders? Clin Psychol Sci 2(2):119-137, 2014 25360393

Cittern D, Nolte T, Friston K, et al: Intrinsic and extrinsic motivators of attachment under active inference. PLoS One 13(4):e0193955, 2018 29621266

Debbané M, Salaminios G, Luyten P, et al: Attachment, neurobiology, and mentalizing along the psychosis continuum. Front Hum Neurosci 10:406, 2016 27597820

Debbané M, Badoud D, Sander D, et al: Brain activity underlying negative self-and otherperception in adolescents: the role of attachment-derived self-representations. Cogn Affect Behav Neurosci 17(3):554–576, 2017 28168598

Diaconescu AO, Mathys C, Weber LAE, et al: Hierarchical prediction errors in midbrain and septum during social learning. Soc Cogn Affect Neurosci 12(4):618–634, 2017 28119508

Ebert A, Brüne M: Oxytocin and social cognition. Curr Top Behav Neurosci 35:375–388, 2018 29019100

Feldman R: The neurobiology of human attachments. Trends Cogn Sci 21(2):80–99, 2017 28041836

Feldman R, Weller A, Zagoory-Sharon O, et al: Evidence for a neuroendocrinological foundation of human affiliation: plasma oxytocin levels across pregnancy and the postpartum period predict mother-infant bonding. Psychol Sci 18(11):965–970, 2007 17958710

Fonagy P, Bateman AW: Adversity, attachment, and mentalizing. Compr Psychiatry 64:59–66, 2016 26654293

Fonagy P, Campbell C: What touch can communicate: Commentary on "Mentalizing homeostasis: the social origins of interoceptive inference" by Fotopoulou and Tsakiris. Neuropsychoanalysis 19:39–42, 2017

Fonagy P, Luyten P: A developmental, mentalization-based approach to the understanding and treatment of borderline personality disorder. Dev Psychopathol 21(4):1355–1381, 2009 19825272

Fonagy P, Gergely G, Jurist EL, et al: Affect Regulation, Mentalization, and the Development of the Self. New York, Other Press, 2002

Fonagy P, Luyten P, Allison E: Epistemic petrification and the restoration of epistemic trust: a new conceptualization of borderline personality disorder and its psychosocial treatment. J Pers Disord 29(5):575–609, 2015 26393477

Fotopoulou A, Tsakiris M: Mentalizing homeostasis: the social origins of interoceptive inference. Neuro-psychoanalysis 19:3–28, 2017

Friston KJ: Self-evidencing babies: Commentary on "Mentalizing homeostasis: The social origins of interoceptive inference" by Fotopoulou and Tsakiris. Neuro-psychoanalysis 19:43–47, 2017

Friston KJ, Stephan KE, Montague R, et al: Computational psychiatry: the brain as a phantastic organ. Lancet Psychiatry 1(2):148–158, 2014 26360579

Gibbon L, Nolte T, Fonagy P: Modelling Axis I and personality disorder symptomatology and its associations with childhood trauma and mentalizing. University College London, 2018

Gu X, Hof PR, Friston KJ, et al: Anterior insular cortex and emotional awareness. J Comp Neurol

521(15):3371-3388, 2013 23749500

Gunnar M, Quevedo K: The neurobiology of stress and development. Annu Rev Psychol 58:145-173, 2007 16903808

Hauser TU, Fiore VG, Moutoussis M, et al: Computational psychiatry of ADHD: neural gain impairments across Marrian levels of analysis. Trends Neurosci 39(2):63-73, 2016 26787097

Heinrichs M, Domes G: Neuropeptides and social behaviour: effects of oxytocin and vasopressin in humans. Prog Brain Res 170:337-350, 2008 18655894

Holmes J, Slade A: Attachment in Therapeutic Practice. London, Sage, 2018

Hula A, Montague PR, Dayan P: Monte Carlo planning method estimates planning horizons during interactive social exchange. PLOS Comput Biol 11(6):e1004254, 2015 26053429

Hula A, Vilares I, Dayan P, et al: A model of risk and mental state shifts during social interaction. PLOS Comput Biol 14(2):e1005935, 2018 29447153

Iarocci G, McDonald J: Sensory integration and the perceptual experience of persons with autism. J Autism Dev Disord 36(1):77-90, 2006 16395537

Jones W, Klin A: Attention to eyes is present but in decline in 2-6-month-old infants later diagnosed with autism. Nature 504(7480):427-431, 2013 24196715

Kalisch R, Muller MB, Tuscher O: A conceptual framework for the neurobiological study of resilience. Behav Brain Sci 38:e92, 2015 25158686

Kim P, Strathearn L, Swain JE: The maternal brain and its plasticity in humans. Horm Behav 77:113-123, 2016 26268151

Lecours S, Bouchard MA: Dimensions of mentalisation: outlining levels of psychic transformation. Int J Psychoanal 78(Pt 5):855-875, 1997 9459091

Lieberman MD: Social cognitive neuroscience: a review of core processes. Annu Rev Psychol 58:259-289, 2007 17002553

Lupien SJ, McEwen BS, Gunnar MR, et al: Effects of stress throughout the lifespan on the brain, behaviour and cognition. Nat Rev Neurosci 10(6):434-445, 2009 19401723

Luyten P, Fonagy P: The neurobiology of mentalizing. Pers Disord 6(4):366-379, 2015 26436580

Luyten P, van Houdenhove B, Lemma A, et al: A mentalization-based approach to the understanding and treatment of functional somatic disorders. Psychoanal Psychother 26:121-140, 2012

Marty P: Mentalisation et Psychosomatique. Paris, Empecheurs de Penser en Rond, 1991

Mayes LC: A developmental perspective on the regulation of arousal states. Semin Perinatol 24(4):267-279, 2000 10975433

Meaney MJ: Epigenetics and the biological definition of gene x environment interactions. Child

Dev 81(1):41-79, 2010 20331654

Montague PR, Berns GS, Cohen JD, et al: Hyperscanning: simultaneous fMRI during linked social interactions. Neuroimage 16(4):1159-1164, 2002 12202103

Montague PR, Dolan RJ, Friston KJ, et al: Computational psychiatry. Trends Cogn Sci 16(1):72-80, 2012 22177032

Moutoussis M, Fearon P, El-Deredy W, et al: Bayesian inferences about the self (and others): a review. Conscious Cogn 25:67-76, 2014 24583455

Moutoussis M, Shahar N, Hauser TU, et al: Computation in psychotherapy, or how computational psychiatry can aid learning-based psychological therapies. Computational Psychiatry 2:50-73, 2017

Nolte T, Bolling DZ, Hudac CM, et al: Brain mechanisms underlying the impact of attachmentrelated stress on social cognition. Front Hum Neurosci 7:816, 2013 24348364

Powers SI, Pietromonaco PR, Gunlicks M, et al: Dating couples' attachment styles and patterns of cortisol reactivity and recovery in response to a relationship conflict. J Pers Soc Psychol 90(4):613-628, 2006 16649858

Rudrauf D: Structure-function relationships behind the phenomenon of cognitive resilience in neurology: insights for neuroscience and medicine. Adv Neurosci (Hindawi) 2014:1-28, 2014

Rudrauf D, Bennequin D, Granic I, et al: A mathematical model of embodied consciousness. J Theor Biol 428:106-131, 2017 28554611

Rutherford HJ, Wallace NS, Laurent HK, et al: Emotion regulation in parenthood. Dev Rev 36:1-14, 2015 26085709

Sander D, Scherer KR: The Oxford Companion to Emotion and the Affective Sciences. Oxford, UK, Oxford University Press, 2009

Schulkin J: Social allostasis: anticipatory regulation of the internal milieu. Front Evol Neurosci 2:111, 2011 21369352

Seth AK: Interoceptive inference, emotion, and the embodied self. Trends Cogn Sci 17(11):565-573, 2013 24126130

Shai D, Belsky J: When words just won't do: introducing parental embodied mentalizing. Child Dev Perspect 5:173-180, 2011

Stephan KE, Mathys C: Computational approaches to psychiatry. Curr Opin Neurobiol 25:85-92, 2014 24709605

Stephan KE, Schlagenhauf F, Huys QJM, et al: Computational neuroimaging strategies for single patient predictions. Neuroimage 145(Pt B):180-199, 2017 27346545

Stern Y: Cognitive reserve. Neuropsychologia 47(10):2015-2028, 2009 19467352

Vrticka P, Sander D, Anderson B, et al: Social feedback processing from early to late adolescence: influence of sex, age, and attachment style. Brain Behav 4(5):703-720, 2014 25328847

Winnicott DW: The theory of the parent-infant relationship. Int J Psychoanal 41:585-595, 1960 13785877

Xiang T, Ray D, Lohrenz T, et al: Computational phenotyping of two-person interactions reveals differential neural response to depth-of-thought. PLOS Comput Biol 8(12):e1002841, 2012 23300423

제**3**장

정신화하기의 평가

Patrick Luyten, Ph.D.
Saskia Malcorps, M.Sc.
Peter Fonagy, Ph.D., FBA, FMedSci, FAcSS
Karin Ensink, Ph.D., M.A. [Clin. Psych.]

　임상 실제 및 연구에서 때로는 정신화하기는 단일 구성으로 고려하는 것이 도움되지만 ("이 환자는 정신화하기에 심각한 장애가 있습니다"), 대부분 사례에서 정신화하기의 기저에는 다양한 차원의 관점에서 환자의 정신화하기 능력을 더 자세히 평가하고 모니터링하기를 보여 준다. 다양한 유형의 정신병리학은 특징적으로 정신화하기 차원 사이의 특정한 불균형과 연관되어 있다. 즉, 한 차원에서는 손상이 있지만, 다른 차원에서는 손상이 없을 수 있다(Allen et al., 2008; Luyten & Fonagy, 2015). 따라서 각 차원에 따라 환자의 정신화하기 능력을 자세히 평가하는 것은 특정 치료적 접근 방식을 조정하는 데 중요한 진단 정보가 된다. 예를 들어, 경계선 성격장애(BPD) 환자와 반사회적 성격장애(ASPD) 환자를 위한 정신화 기반 치료(MBT) 프로그램은 많은 특징을 공유하지만 두 장애를 가진 환자를 구별하는 특정 유형의 정신화하기 장애와 관련된 중요한 차이가 또한 있다(이 장 후반부와 제20장 참고). 효과적인 치료는 정신화하기 능력 사이의 해리를 감소시켜 정신화하기의 다양한 차원을 보다 균형 있고 유연하게 사용할 수 있도록 해야 하므로, 치료사는 이러한 특정 해리 또는 불균형에 맞게 치료를 조정할 수 있는 것이 중요하다. 따라서 소위 정신화하기 프로파일의 공식화—정신화하기의 각 차원과 관련하여 개인의 정신화하기 기술을 자세히 설명하는 프로파일(Luyten et al., 2012)—는 환자의 필요에 맞게 치료를 조정하는 데 특히 도움이 된다. 이 프로파일은 또한 치료사가 관계 유형과 발생 가능한 관련 정신화 장애에 대해 알려 주는 첫 전이 추적자 역할을 한다. 다시 말해, 환자가 삶에서 다른 사람들과 관계하는 방식과 치료하는 치료사와의 사이의 유사점을 알려 준다(Bateman & Fonagy 2016).

정신화하기는 일반적으로 맥락, 특히 애착 맥락에 크게 달려 있다(Luyten et al., 2012). 각성이 증가함에 따라(종종 특정 유형의 관계 또는 상호작용과 연결됨) 효과적인 정신화하기는 점점 더 어려워진다(Luyten & Fonagy, 2015). 이 반응은 스트레스와 자동 및 조절된 정신화하기 사이의 관계에서의 생물학적 행동 스위치 모델과 일치한다([그림 3-1]). 따라서 환자의 정신화하기 능력이 맥락과 관계를 한정한 범위에서 탐색하는 것이 필수다. 1차, 2차 애착 전략 사용의 개인차는 각성 또는 스트레스와 정신화하기 사이의 역동적인 관계를 이해하는 데 중요하다. 따라서 정신화하기의 평가는 더 넓은 맥락적 요인과 관련해 중요한 정보를 제공할 것이다. 이는 개인의 애착 이력과 함께 인식론적 신뢰(즉, 타인을 세상에 관한 지식의 원천으로 신뢰하고 이를 고려할 수 있고 이러한 지식을 개인적으로 자신에게 관련지어 생각하고 일반화하는 역량, 제4장 참고)를 위한 그/그녀의 역량, 그리고 정신화하기에 영향을 줄 것이다(Fonagy et al., 2015).

이 장에서 먼저 정신화하기의 기저에 있는 차원들과 그들이 어떻게 다른 차원들과 함께 정신화하기의 상세한 평가를 위한 기초를 형성하는지 논의한다. 둘째, 이 장에서 정신화하기 능력의 중요한 개인차를 지적하면서 애착 이력 및 정신화하기와 관련된 각성의 역할에 대한 개요를 제공한다. 마지막으로, 일상적인 임상 실제에서 연구 목적을 위해 정신화하기 평가에 관한 자세한 지침을 제공하면서 이 장을 마무리하고자 한다.

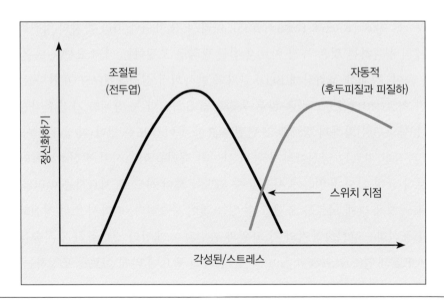

[그림 3-1] 스트레스와 자동 및 조절된 정신화하기 사이의 관계에 대한 생물학적 행동 스위치 모델

정신화하기 및 정신화하기 프로파일의 차원

제1장('서론')에서 설명한 바와 같이 정신화하기는 네 가지 차원에 의해 뒷받침되며 각 차원은 상대적으로 뚜렷한 신경 회로를 가지고 있다. ① 자동-조절, ② 내부-외부, ③ 자기-타자, ④ 인지적-정동적(Fonagy & Luyten, 2009; Luyten et al., 2012). 따라서 정신화하기는 통칭 개념(umbrella concept)이다. 이것은 평가를 위해 두 가지 중요한 의미를 갖는다. 첫째, 정신화하기는 때로는 단일 개념으로 개념화되지만, 사실 정신화하기는 정신화하기의 기저에 있는 네 가지 차원 사이의 균형과 각 차원의 두 극 사이의 잠재적인 불균형에 관한 것이다. 예를 들어, BPD 특징을 가진 환자는 일반적으로 자신의 심적 상태의 성찰적 자각을 해(害)하면서 다른 사람의 정서 상태에 지나치게 예민하게 반응한다. 그들은 또한 자신과 타인의 정동 상태에 쉽게 압도당하고, 종종 인지 통제 능력이 거의 없으며, 일반적으로 외부 특징(예: 얼굴 표정, 자세)에 매우 민감하다. 이들은 다른 사람들이 자신에 대해 생각하고 느끼는 것에 대해 잘못되고 지나치게 부정적인 가정을 내리기 때문에 내적 정신상태에 관해 성급하게 결론을 내린다. 따라서 효과적인 정신화하기는 자신과 타인에 대한 개인의 생각과 감정에 관련된 다양한 시스템 사이의 균형을 포함한다. 예를 들어, [그림 3-2]는 경계선 성격장애(BPD), 반사회적 성격장애(ASPD) 및 자기애적 성격장애(NPD) 환자의 전형적인 정신화하기 프로파일을 나타낸다.

이 다차원적 관점의 두 번째 의미는 정신화하기가 공감, 마음챙김, 마음 이론(ToM)과 같은 관련 구성 개념을 포함하는 포괄적인 개념 또는 구성 개념이라는 것이다. 정신화하기의 기저에 있는 다양한 차원은 이 맥락에서 다시 도움이 된다. 예를 들어, 공감과 마음 이론은 타인에 대한 정신화하기를 포함하는 반면, 마음챙김은 자기 자신에 대한 정신화하기와 관련되며, 특히 기본적인 신체적·정서적 감각 및 경험과 관련된다. 비록 보다 최근의 공식화가 마음 이론과 관련된 정동적 특징에 더 많은 관심을 기울였지만, 인지적-정동적(affective) 차원에서 공감과 마음챙김에 대한 대부분 이론과 연구는 각각 관련된 정동 과정에 초점을 맞춘 반면, 마음 이론에 대한 연구는 일반적으로 다른 사람에 대한 정신화하기와 관련된 인지적 특징(예: 신념-욕구 추론)에 초점을 맞췄다. 이와 관련해 개발된 평가 방법이 이 장의 후반부에서 자세히 설명된 것처럼 정신화하기의 다양한 기능 또는 구성 요소의 대리 측정으로 사용된다.

정신화하기, 각성 및 애착의 개인적 차이

각성은 일반적으로 효과적인 정신화하기를 방해한다. 증가하는 각성 상태에서 조절된 정신화하기(즉, 자신과 타인의 정신 상태에 대한 의식적·성찰적·언어적 고려)에서 (사회적) 정보를 빠르고 비성찰적으로 처리하는 특징이 있어 보다 자동적으로 정신화하기로 전환된다(Arnsten, 1998; Mayes, 2006)([그림 3-1] 참고). 진화론적 관점에서 이러한 스위치는 분명한 생존 가치를 가지고 있다(Lieberman, 2007; Mayes, 2006). 스트레스에 대한 반응으로 투쟁/도피 반응은 사회적 정보의 신속한 처리에 의해 매우 도움이 된다. 그러나 복잡한 대인관계 세계에서 이런 전환에 대한 낮은 역치를 지닌 개인에게 이런 사회적 정보의 자동처리는 많은 단점을 지닌다.

[그림 3-1]에 제시된 생물행동학적 스위치 모델은 스트레스에 대한 반응에 있어 애착 과잉활성화 및 비활성화 전략의 사용 및 강도의 개인차는 조절된 정신화하기에서 자동적

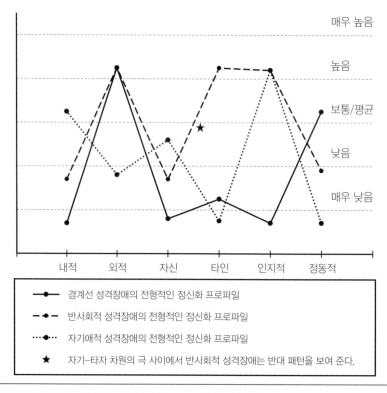

[그림 3-2] 경계선 성격장애, 반사회적 성격장애 및 자기애적 성격장애 환자의 전형적인 정신화하기 프로파일
ASPD = 반사회적 성격장애; BPD = 경계선 성격장애; NPD = 자기애적 성격장애.

인 정신화하기로 전환될 때 세 가지 주요 한도를 결정한다. 이러한 한도는 다음과 같다. ① 전환이 일어나는 역치(절편), ② 스트레스와 조절된 정신화하기 대 자동적인 정신화하기 활성화 사이의 관계 강도(기울기), ③ 스트레스에서 회복하는 시간(즉, 조절된 정신화하기로 돌아가기).

　안정 애착은 높은 각성 상황에서도 높은 수준의 정신화하기를 유지하고 일시적으로 상실된 후에도 비교적 빠르게 정신화하기를 회복하는 능력과 관련이 있다(〈표 3-1〉 참고). 안정 애착과 높은 수준의 정신화하기의 조합은 또한 일반적으로 안정 애착, 개인 주체 및 정신화하기('구축')의 감정을 강화하는 '확장 및 구축(broaden and build)'(Fredrickson, 2001) 주기와 관련이 있으며 다른 사람에 대한 진정한 관심과 개방성, 새로운 사회적 정보와 맥락('확대')과도 관련이 있다(Mikulincer & Shaver, 2007). 따라서 진정한 정신화하기는 인식론적 신뢰를 위한 역량과 환경의 긍정적인 특징에서 이득을 취할 수 있는 보존*을 위한 능력도 키운다. 우리의 가장 최근의 공식화는 이러한 특징(타인의 마음에서 진정한 관심을 이끄는 효과적인 정신화하기와 타인이 전달하는 지식에 있어 인식론적 신뢰)을 역경의 측면에서 회복탄력성과 연결한다(Fonagy et al., 2017a, 2017b; 제4장 참고). 실제로 이러한 특징을 가진 개인은 전형적으로 필요할 때 다른 사람을 찾고('관계 모집하기') 적응 방식에 있어 다른 사람이 자신의 마음을 '재조정'하는 역량을 가지고 있다.

〈표 3-1〉 애착 전략, 각성, 및 정신화하기

애착 전략	전환을 위한 역치	자동 반응의 강도	조절된 정신화하기의 회복
안정	높음	보통	빠름
과잉활성화	낮은: 반응이 적은	강한	느림
비활성화	상대적으로 높은: 과소반응하지만 스트레스가 증가하면 실패함	약하지만 증가하는 스트레스에서 보통에서 강한 수준	상대적으로 빠름
혼란	비일관성: 과도하게 반응하지만 종종 하향 조절하려고 과도한 시도	강한	느림

* 역자 주—salutogenesis: 병을 일으키는 요인보다 건강을 지켜주는 요인에 초점을 맞추는 접근법.

주로 애착 과잉활성화 전략에 의존하는 개인(몰입 애착 유형을 가진 사람과 같이 불안한 유형의 애착을 가진 개인에게 일반적임)은 또한 힘든 시기에 다른 사람을 찾는 경향이 있지만, 일반적으로 다른 사람이 자신을 위해 거기에 있지 않을 것이라고 믿거나 결국 거부하거나 포기할 것이라는 근본적인 믿음이 있다. 이것은 종종 요구적이고 주장적인 행동으로 표현되어서 지지와 안도감을 얻기 위한 노력이 좌절로 이어진다. 애착 과잉활성화 전략은 조절된 정신화하기와 관련된 뇌 영역의 비활성화에 대한 낮은 역치와 관련이 있으며, 따라서 이러한 특징을 가진 개인은 자동적인 정신화하기로 전환하는 데 낮은 역치를 갖는 경향이 있다(〈표 3-1〉 참고)(Luyten & Fonagy, 2015). 더욱이 이들은 거부와 버림의 징후에 매우 민감한 경향이 있고, 정신화하기가 손상된 후 회복하는 데 시간이 더 걸리며, 정신화하기에서 심각한 실수를 경험한다.

애착 비활성화 전략은 일반적으로 회피형 개인(예: 두려운-회피형 및 무시형 애착형)에서 관찰되며 애착 요구를 거부하고 종종 스트레스에 직면했을 때 자신의 자율성, 독립성 및 힘을 강하게 주장하는 것이 특징이다. 이러한 개인은 종종 조절된 정신화하기를 '온라인'(즉, 활성화하고 참여한)으로 더 오래 유지할 수 있으며 정신화하기 오류에서 빠르게 회복하는 경향이 있다(Vrticka et al., 2008; 〈표 3-1〉 참고). 이러한 개인에게 진정한 정신화하기 능력을 부여한다. 그러나 이러한 개인의 정신화하기는 가짜 정신화하기로 가장 잘 설명된다. 특히, 각성이 높은 맥락에서 그들의 정신화하기는 정동적 기반 없이 지나치게 인지적이 되는 경향이 있다. 인지-정동적 차원의 이러한 불균형은 많은 내러티브의 가장-모드 특성을 설명한다(제1장 참고). 그들은 주어진 상황에서 자신 또는 다른 사람들이 느끼는 것을 진정으로 반영하지 않지만, 종종 언뜻 보기에는 이해가 되는 것처럼 보이지만 현실에 대한 정서적 근거가 결여되어 있는 그들에게 일어났다. 이러한 유형의 유사 정신화하기는 자기애적(NPD) 특징을 가진 환자나 기능적 신체장애가 있는 환자에서 종종 관찰된다.

또한 각성이 증가함에 따라 일반적으로 애착 비활성화 전략이 무너져 불안감과 부정적인 자기 표상에 대한 방어가 되살아난다(Mikulincer et al., 2004). 따라서 이러한 개인의 정신화하기를 평가하려고 시도할 때 이러한 비활성화 전략에 도전하기 위해 각성 수준을 높이는 것이 필수적이다. 예를 들어, 이는 일반적으로 성인 애착 인터뷰(예: Fonagy et al., 1996; Levinson & Fonagy, 2004)를 관리할 때 수행되며, 여기에는 분리 및 상실과 같이 정동적으로 매우 높은 문제와 관련된 요구 질문이 포함된다.

연구에 따르면 애착 비활성화 전략에 주로 의존하는 개인은 주관적 스트레스와 생물학적 스트레스(예: 혈압, 피부 전도율) 사이의 해리를 보이는 경향이 있다(Dozier & Kobak,

1992; Luyten et al., 2013). 따라서 평가 측면에서 발한, 손 떨림 또는 어지러움과 같은 소위 감정의 신체적 지표(Abbass, 2015)에 주의를 기울이는 것이 중요하다. 이러한 개인의 정서에 대한 의식적인 인식이 없는 상태에서 정서의 신체적 표지는 진정한 정신화하기를 나타내는 것처럼 보이는 명백하게 구성되고 일관된 내러티브와 그러한 내러티브의 가장 모드 특성 사이의 중요한 불일치를 나타낸다. 유사하게, 애착 비활성화 전략에 의존하는 개인은 종종 상황에 비해 너무 차분해 보이거나(예: 고통의 징후를 보이지 않고 학대 또는 방치의 역사를 말할 때) 명백한 고통의 징후를 외부 요인으로 돌린다(예: "갑자기 기분이 좋아졌어. 현기증이 나지만 오늘 아침을 먹지 않았기 때문이야."). 또는 그들에게 무슨 일이 일어나고 있는지 설명할 수 없다("지금 나에게 무슨 일이 일어나고 있는지 전혀 모른다. 이전에 경험한 적이 없다. 이것은 우연의 일치임에 틀림없어.")—가장 모드 또는 목적론적 기능을 나타내는 답을 한다. 마지막으로, 애착관계에 대한 일반적인 진술을 설명하는 예를 조사했을 때, 이러한 개인은 종종 설명할 수 없거나 정반대의 예를 제공한다. 예를 들어, 한 환자는 자신이 항상 아들과 좋은 관계를 유지해 왔다고 단호하게 주장했다. 예를 들어 보라는 질문을 받았을 때, 그는 아들이 학교에 관심이 없다는 이유로 자신과 아들이 자주 다투는 일을 이야기했다.

마지막으로, 혼란 애착을 가진 개인은 스트레스에 직면했을 때 애착 과잉활성화 및 비활성화 전략을 모두 사용하는 경향이 있으며 종종 두 전략 사이를 전환한다. 이것은 일반적으로 치료사를 혼란스럽게 한다. 환자는 종종 몇 초 만에 현저한 과소정신화하기에서 과잉정신화하기로 전환하는 경향이 있기 때문이다(Bateman & Fonagy, 2004)(〈표 3-1〉 참고).

2차 애착 전략은 확장 및 구축 주기를 제한하고 탐색 및 제휴와 같은 회복탄력성과 관련된 행동 시스템을 억제한다(Insel & Young, 2001; Mikulincer & Shaver, 2007; Neumann, 2008). 따라서 이러한 전략은 인식론적 신뢰와 건전한 생성을 제한하고, 인식론적 경신,

〈표 3-2〉 정신화하기를 위한 이질적 자기 일부를 외현화한 압력의 결과

예	채점자
침습적인 가짜 정신화하기	그 사람은 다른 사람들이 느끼고 생각하는 것을 '알고' 있다. 이것은 다른 사람들이 방해가 되는 것으로 경험된다.
파괴적으로 부정확한 정신화하기	정신 상태는 타인에게 명시적 또는 암시적으로 유도된다(예: 죄책감이나 수치심과 같은 단순한 감정 상태에서 피해자—가해자 상태와 같은 복잡한 정신 상태에 이르기까지).
정신화하기의 거부	그 사람은 정신 상태에 대해 성찰하기를 거부한다.

인식론적 과잉 경계, 인식론적 동결, 인식론적 석화 또는 이들의 조합으로 나타난다(제4장 참고).

사실, 2차 애착 전략과 관련된 효과적인 정신화하기의 상실은 자기와 타인 모두의 주관적 현실을 경험하는 보다 자동적이고 예비 정신적 방식, 즉 심리적 동일시, 가장 모드 및 목적론적 모드의 재출현으로 이어진다(Bateman & Fonagy, 2016). 이러한 비정신화 방식은 종종 정신화되지 않은 경험(즉, 이질적 자기 경험)을 외부화하는 경향과 관련이 있으며, 특히 트라우마의 병력이 있는 개인에게서 그렇다(제5장 참고). 〈표 3-2〉는 과소정신화하기 및 과잉정신화하기의 특별한 경우로 볼 수 있는 정신화하기에 대한 이질적 자기 경험의 압력의 영향에 대한 예를 제공한다.

구조화되지 않은 정신화하기의 임상 평가

이 장에 요약된 견해는 임상 실제에서 정신화하기와 평가에 대한 여러 가지 중요한 의미를 가지고 있다.

첫째, 다음이 필요하다. ① 다양한 각성 맥락에서 정신화하기에 대한 체계적인 탐색 및 ② 능동적 조사 및 도전의 사용, 특히 애착 비활성화 전략에 의존하는 개인의 경우 정신화하기 능력을 평가하기 위해 '한계 테스트'가 필요하다. 특정 맥락이나 애착관계(예: 개인이 자신의 파트너에 대해 이야기하거나 더 일반적으로 파트너 관계에 대해 이야기할 때)와 관련된 정신화 장애와 마찬가지로 다양한 맥락이나 관계에 걸쳐 정신화 능력의 총체적인 불균형이 특히 중요하다.

둘째, 평가자와 새로운 애착관계의 맥락에서 정신화하기의 평가를 탐색한다. 환자는 평가자의 정신 상태에 대한 인식을 보여 주는가? 예를 들어, 학대 이력이 있는 환자는 평가자에게 자신이 말하려는 내용이 충격적이라고 경고할 수 있다. 혹은 대조적으로, 학대가 평가자에게 끼칠 영향에 주의하지 않고 학대 이력을 보고할지도 모른다. 일부 환자는 평가자 또는 치료사가 환자가 아는 모든 것을 '알고' 있다고 가정할 수도 있다(즉, 모든 지식이 공유된 지식이라고 가정한다.). 이 가정은 BPD 특징을 지닌 많은 환자에게 일반적이다. 예를 들어, 환자가 치료사의 사무실에 들어와 즉시 직장에 있는 사람에 대해 불평하기 시작하지만 그 사람이 누구인지 또는 무슨 일이 있었는지 설명하지 않는다. 또는 환자는 'Jessica'가 어린 시절과 10대였을 때 어떻게 그렇게 중요한 역할을 했는지에 대해 매우 상세하게 이야기하기 시작하지만, Jessica가 누구인지는 설명하지 않는다. 마찬가지로, 환자는 평가자의 마음에 관심이 있고("당신은 어떻게 생각하나요?") 평가자가 제공하는 (새로운) 관점에 대해 개방적인지? 마지막으로, 환자는 평가 인터뷰 동안 평가자가 스트레스와 각성을 동시에 조절하도록 허용할 수 있는지? 특히, '상황이 어려워질 때' 이것이 효과적인 정신화하기의 회복으로 이어지는지, 아니면 평가자가 환자의 경험을 타당화나 정상화하려고 할 때 정신화하기가 통제 불능 상태가 되는지?

　마지막으로, 정신화하기의 평가에는 2차 애착 전략 사용의 개인차와 애착관계 유형에 따라 차이가 나는 정도에 세심한 주의를 기울여야 한다.

　정신화하기에 대한 포괄적인 평가는 환자와의 2~3회 회기를 기반으로 해야 한다. 첫 번째 회기는 환자의 애착 이력을 자세히 검토하기 시작해 과거에서 현재 애착관계로 이동하고 환자가 자신의 애착 이력과 제시된 문제 사이의 링크를 어느 정도 보는지 탐색한다. 앞서 언급한 바와 같이 소위 요구 질문을 사용하는 명시적 조사가 일반적으로 진행된다. 이러한 질문의 예로는 "부모/파트너가 왜 그렇게 행동했는지 아시나요?"가 있다. "어렸을 때 일어난 일이 어른이 된 당신의 방식과 관련이 있다고 생각하나요?", "어릴 때부터 부모님과의 관계가 어떻게 변했나요?", "어릴 때부터 어떤 면에서 변했나요?", "부모님이 당신보다 누나를 더 좋아하시는 것 같을 때 기분이 어땠어요?" 그리고 "당신의 양육이 지금 당신의 문제와 어떤 식으로든 관련이 있다고 생각하나요?" 등이 있다.

　두 번째 회기는 첫 번째 인터뷰에서 탐색되지 않은(또는 불충분하게) 영역에 초점을 맞출 수 있으며 환자의 현재 증상과 관련하여 정신화하기 기술을 탐색할 수도 있다. 예를 들어, 환자는 자신의 자해 경향과 정신 상태 측면에서 그에게 일어나는 일 사이에 어떤 관계가 있다고 생각하나요? 그러한 탐색이 정신화하기의 상실로 이어지는가("왜 그런 질문을 하시나요? 요점을 알 수 없어요."), 이러한 정신화하기의 손실은 얼마나 광범위하나요? 평가자가 다른 주제로 넘어갈 때 환자가 정신화하기 상태를 회복할 수 있나요? 환자는 그러한 탐색에 완전히 압도되어 방어적으로 평가자의 마음을 지배하려고 시도할 수 있다. ("왜 그런 질문을 하시나요? 그러면 다 제 잘못이라고 생각하시나요? 제게 일어나고 있는 일이 저와 관련이 있는 것처럼 당신이 제안하는 것이 무엇인지 아시나요?"), 또는 자신의 삶의 역사와 제시된 문제 사이의 의미 있는 연결을 찾으려는 시도로 과잉정신화하기에 관여할 수 있다(예: 강박장애 또는 신체형 장애가 있는 환자의 경우). 종종 '덩어리로된 언어'를 사용한다.

　세 번째 평가 회기에서는 평가자는 환자의 생애사의 특징을 다시 논의하기를 원하고 환자의 삶에서 제시된 문제와 의미 있게 연결하려는 평가자의 첫 번째 시도에 대한 환자의 반응을 알아내려고 할 것이다.

　이러한 초기 평가 인터뷰를 통해 수집된 정보에서 평가자는 정신화하기에 대한 포괄적인 평가에 도달하기 위해 다음 단계를 이상적으로 고려해야 한다.

1. 환자의 전반적인 정신화하기 능력에 대한 평가하기. 평가자는 먼저 성인 애착 인터뷰(〈표 3-3〉)의 성찰 기능 척도 점수와 유사한 방식으로 환자의 전반적인 정신화하기 수준을 고려해야 한다([Box 3-1] 및 [Box 3-2] 참고).

〈표 3-3〉 성찰 기능 척도

점수	설명	수준
9	전체 또는 예외적: 인터뷰 대상자의 답변이 매우 정교함을 보여 준다. 놀랍거나 매우 복잡하거나 정교하다. 정신 상태를 사용하여 인과관계 방식으로 추론을 일관되게 나타난다.	보통 수준에서 높은 성찰적 기능
7	우수함: 정신 상태의 본질에 대한 인식과 행동의 기저에 있는 정신 상태를 알아내려는 명백한 시도를 보여 주는 완전한 성찰 기능을 나타내는 수많은 진술.	
5	확정적이거나 평범함: 인터뷰 대상자에게서 자발적으로 나타나기보다는 인터뷰 진행자가 촉구하더라도 인터뷰 대상자가 몇 가지 성찰적 기능 사례를 보여 준다.	부정적 수준에서 제한된 성찰적 기능
3	의심스럽거나 낮음: 상당히 초보적인 수준이기는 하지만 면담 내내 정신 상태를 고려했다는 일부 증거가 있다.	
1	부재하지만 거부되지 않음: 성찰적 기능이 완전히 또는 거의 완전히 부재한다.	
-1	부정적: 인터뷰 대상자는 인터뷰 내내 성찰적인 입장을 취하는 것을 조직적으로 거부한다.	

2. 전반적인 정신화하기 능력의 평가는 먼저 개인의 정신화하기 능력을 각기 다른 차원에 대해 개별적으로 그린 다음 보상적인지 혹은 다양한 차원과 극 사이의 관계를 상호 강화하는지 고려하면서 정신화하기 프로파일을 그려야 한다([그림 3-2] 참고). ① 차원 내부와 차원 사이에서 정신화하기의 불일치([Box 3-3]에서 [Box 3-6] 참고) 및 ② 맥락과 특정(유형의) 관계가 그러한 불일치에 대해 어떻게 책임이 있는지에 대해 메모해야 한다. 따라서 정신화하기의 평가에는 조절된 정신화하기에 대한 환자의 능력을 적극적으로 조사하고 더 자동적이고 편향된 정신화하기로 전환하는 시기

를 찾는 것이 포함된다. 자신과 타인의 내적 및 외적 특징에 기초한 정신화하기; 환자 자신과 타인의 내부 상태; 그리고 정신화하기에서 인지와 정동의 통합을 위해 평가자는 조절된 정신화하기에 대한 환자의 능력의 '한계를 테스트'하기 위해 (논리 내에서) 회기에서 각성을 적극적으로 증가시켜야 한다. 예를 들어, 평가자는 "지금 기분이 어때요? 당신은 상사에 대해 이야기할 때 떨리는 것 같았습니다. 그게 무슨 뜻이에요?"(외부 기반/자기) 그리고 "그가 당신을 그렇게 쳐다봤을 때 그가 당신에 대해 어떻게 생각했나요?"(외부 기반/타자). 반대 행동은 이 맥락에서 자신에서 타인으로 또는 그 반대로 관점을 전환하는 데 종종 유용하다. 반대 행동은 또한 자신의 관점에서 다른 사람의 관점으로 전환할 수 없는 환자와 같이 정신화하기의 잠재적인 불일치를 발견하는 데 특히 유용할 수 있다. 종종 평가자를 기쁘게 하기 위해 즉석에서 이야기한다. 우리는 종종 평가자가 회기에서 각성 수준을 높이지 못하는 것을 알아차렸다(예: 요구 질문 및 반대 행동 사용). 이것은 환자의 정신화하기 능력에 관한 잘못된 결론으로 이어지며, 이러한 능력을 과대평가하거나 과소평가한다.

Box 3-1　**좋은 정신화하기는 어떤 모습일까**

- 정신적 탐색의 안전과 발견에 대한 개방성; 고통스러운 기억과 경험까지도 탐색하는 내적 자유와 관심
- 정신 상태의 불투명성과 잠정적 인식
- 자신과 타인의 정신 상태 및 관계에 대한 진정한 관심
- 자동적인 정신화하기에서 조절된 정신화하기로 전환하는 적응적 유연성
- 발달적 관점에 대한 인식을 포함하여 정신 상태의 변화 가능성에 대한 인식(즉, 개인 자신의 애착 이력이 자신과 타인과의 현재 관계 방식에 영향을 미친다는 것)
- 자신과 타인의 인지적 및 정동적 특징의 통합('체화된 정신화하기')
- 현실감 있는 예측 가능성과 정신 상태의 통제 가능성
- 타인과 관련된 고통을 조절하는 능력
- 편안하고 유연하며 한 관점에 '고착'되지 않음
- 상처를 주거나 거리를 두기보다는 참여를 유도하는 유머와 함께 장난기가 있을 수 있음
- 자신과 타인의 관점을 주고받으며 문제를 해결할 수 있음
- 다른 사람의 경험이나 의도를 정의하기보다 자신의 경험을 설명함
- 자신에게 '일어난다'는 느낌이 아니라 자신의 행동에 대한 '소유권'을 전달함
- 다른 사람의 관점에 대해 개방적이고 호기심이 많으며, 자신의 관점이 다른 사람의 관점으로 확장되기를 기대함

관계적 강점들

- 호기심
- 안전한 불확실성
- 사색과 성찰
- 타자 조망하기(다른 사람들이 다른 생각, 감정 및 의견을 가질 수 있다는 인식 포함)
- 용서
- 영향 인식
- 피해망상적이지 않은 태도

자신의 정신 기능에 대한 인식

- 발달적 관점
- 현실적인 회의주의
- 내부 갈등 인식
- 자기탐구적 입장
- 정동의 영향에 대한 인식
- 무의식 및 전의식 기능의 인정
- 변화 가능성에 대한 믿음

자기 표상

- 풍부한 내면 생활
- 자전적 연속성
- 뛰어난 설명 및 듣기 능력, 일반적인 가치와 태도
- 잠재성
- 겸손(절제)
- 장난기와 유머
- 유연성
- '주고받기'
- 책임과 의무

Box 3-2	나쁜 정신화하기는 어떤 모습일까

- 성찰적이지 않고, 순진하고, 왜곡되고, 자동적인 가정의 지배
- 자신 또는 타인의 내적 정신 상태에 대한 부당한 확신
- 자신의 관점을 엄격하게 고수하거나 관점을 바꾸는 데 지나치게 유연함
- 자신과 타인의 외적 또는 내적 특징에 지나치게 집중하거나 둘 중 하나 또는 둘 모두를 완전히 무시함('심맹')
- 자신과 타인의 관점을 모두 고려할 수 없음
- 정신화하기의 인지적 또는 정서적 측면 강조(즉, 지나치게 분석적인 것과 자신 또는 타인의 마음 상태에 압도당하는 것)
- 지나치게 희박하거나 지나치게 세부적인 정신화하기
- 외부 요인(예: 정부, 학교, 동료, 이웃)에 초점을 맞춤
- '공허함', 순전히 행동 성격 설명어(예: '피곤한', '게으른') 또는 진단에 초점을 맞춤
- 정신 상태에 대한 관심 부족. 또는 공격적이거나 조작적이거나, 부인하거나, 주제를 바꾸거나, 비협조적(예: '모르겠다')인 정신화하기를 피하려는 방어적 시도

3. 정신화하기의 각 차원을 평가하는 것은 또한 앞서 논의된 정신화하기의 생물행동학적 스위치 모델의 다른 한도를 고려하게 한다. ① 정신화하기의 활성화 기울기(즉, 정신화하려는 개인의 성향), ② 조절된 정신화하기와 자동적인 정신화하기 사이의 전환점 및 ③ 조절된 정신화하기의 회복 시간([그림 3-1] 및 [Box 3-6] 참고). 애착 과잉 활성화 및 비활성화하기 전략의 사용이 이러한 한도에 미치는 영향을 평가해야 하며, 다시, 평가자는 이러한 한도가 특정 애착관계에 따라 다른지 여부를 신중하게 기록해야 한다.

Box 3-3	내외적으로 집중된 정신화하기

- 자신과 타인의 내적·외적 특징과 둘 사이의 관계에 대한 자각
- 자신과 타인의 외부 및 내부 특징에 대한 민감성
- 외부 특징을 기반으로 초기 인상을 인식하고 스스로 수정하며 다른 사람이 이러한 인상을 수정하도록 하는 능력(예: "그 사람의 얼굴을 보고 처음에는 믿을 수 없다는 생각이 들었지만, 내가 편견을 가지고 있다는 것을 즉시 깨달았다.", "그가 말하는 방식에 뭔가 거슬렸지만, 나는 그가 한때 내가 심각한 의견 차이를 가졌던 누군가를 생각나게 했기 때문이라는 것을 금방 깨달았다.")

Box 3-4 **자신과 타인에 대해 정신화하기**

• 자기중심주의의 존재(즉, 자신의 관점에 대한 통제 또는 억제 정도와 비교해서 자신의 관점에서 다른 사람을 보는 것)
• 정서적 전이에 대한 책임(정신 상태에 관한 자기-타자 확산) 대 타인의 정신 상태로부터의 방어적 분리
• 상반되는 행동에 대한 반응, 특히 자신과 다른 관점 사이를 이동할 수 있는 유연성
• 구체화된 지식을 자신과 타인에 대한 보다 성찰적인 지식과 통합하는 능력

Box 3-5 **인지적 및 정동적 정신화하기**

• '마음 읽기'를 지적이고 이성적인 게임으로 보는 경향
• 인지적 또는 정동적 과잉정신화하기 경향(가짜 정신화하기)
• 마음의 상태에 대해 생각할 때 정동에 압도되는 경향
• 정신화된 정동 성향 및 체화된 정신화하기 능력(즉, 자신과 타인에 대한 인지적 지식과 정동적 지식을 통합하는 능력)

4. 정신화하기 능력에 대한 상세한 평가는 또한 효과적인 정신화하기 능력이 무너졌을 때 일어나는 일에 대한 평가를 수반한다. 즉, 환자에게서 활성화되는 '선호하는' 비정신화하기 모드는 무엇이며, 정신화되지 않은 마음 상태를 외부화하도록 비정신화하기 모드가 어느 정도까지 압력을 가하는가?([Box 3-7] 참고) 이 맥락에서 비정신화하기 모드가 상호 배타적이지 않다는 점을 주목하는 것이 중요하다. 심리적 동일시는 종종 목적론적 사고를 포함한다("그는 나를 좋아한 적이 없다. 그가 내 전화에 전혀 답하지 않기 때문에 확실히 안다. 다음에 그가 전화를 걸면 나도 똑같이 할 것이다."). 비정신화하기 모드는 비정신화된(즉, 이질적 자기) 경험을 외부화하는 비교적 온화한 경향과 관련될지도 모른다. 예를 들어, 목적론적 모드로 되돌아가는 경향이 있는 환자는 행동(예: 과도한 운동 또는 일)과 괴로움을 순전히 객관적인 원인(예: 바이러스 또는 근무 조건)을 통해 정신화되지 않은 경험을 어느 정도 통제하려고 시도할 수 있다. 더 극단적인 경우, 자해 또는 타인에게 해를 입히거나 무의식적으로(예를 들어, 많은 BPD 환자에서와 같이) 또는 의식적으로(ASPD 환자에서와 같이) 타인의 마음을 지배, 통제 또는 조작하려는 경향으로 이어질 수 있는 이질적 자기의 경험을 외부화하라는 지속적인 압력이 있을 수 있다.

Box 3-6 **특정 맥락과 관계에서 자동적이고 조절된 정신화하기**

- 정신화하기에 전반적인 장애가 있는가? 아니면 보다 부분적인 어려움이 있는가?
- 스트레스가 없는 조건과 스트레스가 많은 조건 사이에 정신화하기 수준이 현저하게 차이가 있는지, 아니면 두 조건에서 정신화하기 수준이 대략 동일하게 높거나 낮은가?
- 적절한 정신화하기를 위한 최적의 스트레스 수준은 무엇인가?
- 자기-타자 및 맥락, 특히 애착관계(예: 자신과 타인에 대해 정신화하기 사이 또는 다른 애착 인물 사이에 총체적인 불균형)와 관련된 차이가 있는가?
- 스트레스 상황에서 정신화하기 실패가 얼마나 광범위한가?
- 회복 시간은 어떻게 되는가?(예: 비교적 빠름 대 느림)
- 높은 수준의 스트레스 상황에서도 스스로 교정할 수 있고, 다른 사람에 의해 교정될 수 있는 능력이 있는가?
- 평가자 또는 치료사와의 관계에서 충분하고 현실적인 안정감이 있는가?(예: 환자가 매우 힘들어하거나 지속적으로 경계하거나 마치 몇 년 동안 치료사를 알았던 것처럼 안전에 비현실적인 안정감을 보일지도 모른다)
- 정신화하기 장애로 이어지는 특정 애착관계 또는 맥락이 있는가?

Box 3-7 **비정신화하기 및 유사 정신화하기 모드**

- 가장 모드(즉, 정신 상태에 대해 추론하지만 실제 현실과 연결되지 않음)
- 심리적 동일시 모드(즉, 구체적인 이해)–예를 들어, "당신이 나를 부르지 않았기 때문에 당신은 나를 사랑하지 않는다.", "당신이 나에게 미소를 지었기 때문에 당신이 나를 사랑하고 있다는 것을 안다."
- 목적론적 모드(즉, 마음의 내적 상태가 관찰 가능한 행동으로 축소됨)–예를 들어, "내가 사랑받고 있다고 느끼는 유일한 시간은 당신이 내 곁에 있을 때이다."
- 유사 정신화하기: 대부분 이기적이고, 있을 법하지 않으며, 부정확함
- 간섭적: 개인은 "다른 사람들이 어떻게 생각하는지 안다."
- 과민성의(과잉정신화하기): 지나치게 상세하고 (정동적) 현실로부터 분리됨
- 파괴적으로 부정확함: 다른 사람의 내부 상태를 부정하고 이를 개인의 구성 개념으로 대체함. 예를 들어 "당신은 나를 파괴하고 싶어 한다. 확실하다. 부인하지 마라. 절대 부인할 수 없다."

5. 정신화하기 평가에서, 회기에서 온라인(즉, 즉각적인) 정신화하기의 예는—특히 개인이 정신화하기의 자기 교정 기능의 증거를 보여 주고, 공동-조절하고 정신화하기 실수에서 회복하기 위해 평가자의 존재와 중재를 사용할 수 있는—중요하다. 이는 특히 높은 수준의 애착 비활성화 전략을 가진 환자에서 더 많은 오프라인(즉, 회고적) 정신

화의 예보다 일반적으로 더 신뢰할 수 있고 유효한 정신화하기 추정치를 제공한다.

6. 마지막으로, 평가자는 정신화하기 장애가 어느 정도 인식론적 신뢰 및 건강 유지 요인(salutogenesis)의 문제와 연결되어 있는지 결정해야 한다. 정신화하기 장애가 사회적 의사소통에서 장애—즉, 환경으로부터의 입력으로부터 혜택을 받을 수 없음—와 다른 사람과 관련하여 자신의 마음을 재조정하는 환자의 능력에 어느 정도까지 이어졌을까? 다시 말하면, 그러한 재측정의 증거와 평가자의 마음에 대한 진정한 관심은 예후 및 치료 반응에 잠재적으로 중요한 결과가 있는 긍정적인 징후로 보아야 한다.

정신화하기의 구조화된 평가

정신화하기에 대한 보다 구조화된 평가(예: 연구 목적)는 정신화하기의 임상 평가와 유사한 방식으로 생각할 수 있다. 개인의 전반적인 정신화하기 능력 또는 보다 구체적인 정신화하기 문제 영역을 활용하는 수많은 조치가 개발되었다. 〈표 3-4〉에 요약된, 이러한 측정 도구에는 성인 애착 인터뷰(Hesse, 2008)에서 채점하는 광범위한 정신하기 측정 도구로 성찰 기능 척도(Fonagy et al., 1998)가 포함된다. 또는 유사한 인터뷰, 예를 들어 아동 애착 인터뷰(Shmueli-Goetz et al., 2008; Target et al., 2003), 대상관계 목록(Diamond et al., 1991) 또는 심리치료 회기 축어록(Karlsson & Kermott, 2006; Szecsödy, 2008) 등이 있다. 성찰적 기능 척도는 또한 불안 증상(Rudden et al., 2006, 2009), 우울 관련 주제(Taubner et al., 2011), 트라우마(Berthelot et al., 2015)와 특정 애착 인물 또는 관계(Diamond et al., 2003)와 같은 특정 문제 또는 증상과 관련하여 정신화하기를 평가하는 데 사용된다.

보다 최근에는 경계선 성격장애가 있는 개인에서 일반적으로 관찰되는 것처럼 정신화하기의 심각한 손상을 평가하기 위해 특별히 고안된 광범위한 자기 보고 측정으로 성찰 기능 설문지가 개발되었다(Fonagy et al., 2016; Ha et al., 2013). Levyet 등(2005)은 치료사가 평가한 다차원 성찰 기능 척도에 대한 예비 증거를 보고했으며, 정신화하기의 일반적인 척도를 개발하기 위한 몇 가지 노력이 현재 진행 중이다.

다른 척도로는 부모 개발 인터뷰(Slade, 2005; Slade et al., 2007) 또는 아동 인터뷰의 작업 모델(Schechter et al., 2005)로 채점한 수정된 성찰 기능 척도처럼, 관계 특화된 정신화하기에 집중하였다. 모성 마음-마음챙김 척도를 개발한 Elizabeth Meins 등(Meins et al., 2012)의 작업도 이 맥락에서 중요하다. 이 척도는 보호자가 자신의 자녀에 대해 온라인에서 생각하는 것을 활용하고 다양한 유형의 내러티브 자료에서 점수를 매길 수 있다(Meins & Fernyhough, 2015). 부모 성찰 기능 질문지(Parental Reflective Functioning Questionnaire; Luyten et al., 2017)는 부모 정신화의 다양한 차원을 평가한다. 다양한 실험 과제를 사용하여 어린이와 청소년의 일반 또는 관계 특정 정신화하기를 평가할 수 있다(Sharp & Fonagy, 2008).

〈표 3-4〉 정신화하기의 차원을 평가하는 척도

	자기-타자		인지-정동		내적-외적		자동-조절	
	자기	타자	인지	정동	내적	외적	자동	조절
설문지								
감정 척도에 대한 믿음(Rimes & Chalder, 2010)	×	(×)	×	×	×			×
토론토 감정불능증 척도(Bagby et al., 1994)	×		×	×	×		(×)	×
켄터키 마음챙김 척도-자각 하위 척도를 설명하고 행동하기(Baer et al., 2004)	×		×	×	×		(×)	×
마음챙김 주의 자각 척도(Brown & Ryan, 2003)	×		×	×	×			×
정서적 자각 척도의 수준(Lane et al., 1990)	×	×	×	×	×			×
심리적 마음가짐 척도(Shill & Lumley, 2002)	×	×	×	×	×			×
대인관계 반사성 지수-타자 조망하기 하위 척도(Davis, 1983)		×	×	×	×			×
공감 지수(Lawrence et al., 2004)	×	×	×	×	×		(×)	×
Mayer-Salovey-Caruso 감성 지능 테스트(Salovey & Grewal, 2005)	×	×	×	×	×	×	(×)	×
성찰 기능 설문지(Fonagy et al., 2016)	×	×	×	×	×	(×)		×
부모 성찰 기능 설문지(Luyten et al., 2017)	×	×	×	×	×	(×)		×
청소년을 위한 정신화하기 이야기(Vrouva & Fonagy, 2009)		×	×	×	×	(×)		×
기본 공감 척도(Jolliffe & Farrington, 2006)	×	×	×	×	×			×
감정 조절 척도의 어려움-감정적 명확성/자각 하위 척도의 부족(Gratz & Roemer, 2004)	×		×	×	×			×
정신화 척도(Dimitrijevic et al., 2018)	×		×	×	×			×
정신화 설문지(Hausberg et al., 2012)	×	×	×	×	×	(×)	(×)	×
설문지								
정신화된 정동 성향 척도(Greenberg et al., 2017)	×		×	×	×			×
청소년을 위한 성찰 기능 질문지(Ha et al., 2013)	×	×	×	×	×	(×)		×
어린이를 위한 성찰 기능 설문지(Ensink et al., 2018a)	×	×	×	×	×	(×)		×

인터뷰/내러티브 코딩 시스템								
성인 애착 인터뷰-성찰 기능 척도(Fonagy et al., 1998)	×	×	×	×	×	(×)	(×)	×
부모 발달 인터뷰-성찰 기능 척도(Slade et al., 2004)	×	×	×	×	×	(×)	(×)	×
아동 인터뷰의 작업 모델-성찰 기능 척도(Grienenberger et al., 2005)	×	×	×	×	×	(×)	(×)	×
임신 인터뷰-모성 성찰 기능 척도(Slade & Patterson, 2005)	×	×	×	×	×	×	(×)	
공황 특정 성찰 기능 인터뷰-공황 특정 성찰 기능 척도(Rudden et al., 2006)	×	×	×	×	×	(×)	(×)	×
간략한 성찰 기능 인터뷰-성찰 기능 척도(Rudden et al., 2005; Rutimann & Meehan 2012)	×	(×)	×	×	×	(×)	(×)	×
감정 불능증에 대한 토론토 구조화 인터뷰(Bagby et al., 2006)	×	×	×	×	×		(×)	×
정신 상태 측정 및 GEVA*(Bouchard et al., 2008)	×	×	×	×	×	(×)	×	
메타인지 평가 척도(Carcione et al., 2007)	×	×	×	×	×		(×)	
의도성 척도(Hill et al., 2007)		×	×	×	×	(×)	(×)	×
내적 상태 사전(Beeghly & Cicchetti, 1994)	×	×	×	×	×		(×)	
성찰 기능 평가 척도(Meehan et al., 2009)	×	×	×	×	×	(×)	(×)	×
마음 평가 척도 이론(Bosco et al., 2009)	×	×	×	×	×	(×)		×
미니 부모 성찰 기능 인터뷰(Ensink et al., 2018a, 2018b)	×	×	×	×	×	(×)	(×)	×
아동 애착 인터뷰-아동 및 청소년 성찰 기능 척도(Ensink et al., 2016a)	×	×	×	×	×	(×)	(×)	×
외상 성찰 기능 척도(Ensink et al., 2014a)	×	×	×	×	×	(×)	(×)	×
실험/관찰 작업들								
눈 테스트에서 마음 읽기(Baron-Cohen et al., 2001)		×	×	×		×		×
음성 테스트에서 마음 읽기(Golan et al., 2007)		×	×	×		×		×
영화 작업에서 마음 읽기(Golan et al., 2008)		×	×	×	×	×		×
국제 정동 그림 시스템(Lang et al., 2008)		×	×	×		×		×
님 스팀 표정 세트(Tottenham et al., 2009)		×	×	×		×		×
얼굴 모프(Bailey et al., 2008)	×	×	×	×		×	(×)	×
역동적인 신체 표현(Pichon et al., 2009)		×	×	×		×	(×)	×
안면 흉내 근전도 검사(Sonnby-Borgström & Jönsson, 2004)	(×)	×	(×)	×		×	×	
정동 라벨링(Lieberman et al., 2007)		×	×	×		×		×

---

* 역자 주-GEVA(Grille de l'élaboration Verbale de l'affect)는 2차원에서 정서 정교화 수준으로 정의된 Verbal Elaboration of affect(VEA)의 형식적 특성을 측정함.

실험/관찰 작업들(계속)								
사회인지 평가를 위한 영화(Dziobek et al., 2006)		×	×	×	×	×		×
신뢰 작업(King-Casas et al., 2008)	(×)	×	×	×	×			×
내부 감각 수용 감도(Barrett et al., 2004)	×		×	×	×			×
타인의 고통에 대한 공감(Hein & Singer, 2008)	(×)	×	×	×		×	×	×
신체 의식 조작(Brass et al., 2007; Lenggenhager et al., 2007)	×	×	×	×	×	×	×	×
얼굴 감정 표현의 인식 및 자각을 위한 테스트 배터리(Wilhelm et al., 2014)		×	×	×		×	(×)	×
어린이를 위한 마음 목록 애니메이션 이론(Beaumont & Sofronoff, 2008)		×	×	×	×	×	(×)	×
모성 마음–마음챙김(Meins & Fernyhough, 2015)	×	×	×	×	×	(×)	(×)	×
모성 마음–마음챙김(자유 놀이 어머니–아이 상호작용에 관해; Meins et al., 2012)	×	×	×	×	×	(×)	(×)	×
모성 정확도 패러다임(Sharp et al., 2006)		×	×	×	×	(×)	(×)	×
이상한 이야기 작업(Happé 1994; White et al., 2009)		×	×	×				×
잘못된 믿음 사진 순서 지정 작업(Baron-Cohen et al., 1986; Langdon & Coltheart, 1999; Langdon et al., 1997)		×	×		×			×
정신화하기 기술에 대한 만화 기반 평가(Brune et al., 2016; Ghiassi et al., 2010)		×	×	×	×	(×)		×
실수 테스트(Baron-Cohen et al., 1999)		×	×	×	×	(×)		×
어린이를 위한 정동 작업(Ensink et al., 2014b)		×	×	×	×	(×)		×
정동적 지식 테스트(Denham 1986)		×	×	×	×	(×)	×	×
자기에 대한 정신화하기 · 미취학 아동을 위한 인터뷰(Laurent et al., 2018b)	×		×	×	×			×
성과 기반 측정								
주제 통각 검사(Murray, 1943)	(×)	×	×	×	×	×	(×)	×
투사적 상상력 테스트(Blackshaw et al., 2001)	(×)	×	×	×	×	×	(×)	×
어린이 놀이치료 도구(Kemberg et al., 1998)	×	×		×	×	×	×	×
거울 패러다임(Ensink et al., 2016b)	×		×	×	×		×	×
스퀴글** 패러다임(Ensink et al., 2017)	×	×	×	×	×	×	×	×
치료사 정신 활동 척도(Ensink et al., 2013)	×	×	×	×	×	×	×	×

주: ×는 측정이 정신화하기의 관련 극점·극 또는 차원을 포착함을 나타낸다. (×)는 측정이 정신화하기의 관련 극 또는 차원의 특정 기능을 평가하지만 주로 다른 극 또는 정신화의 차원을 포착함을 나타낸다.

**역자 주─위니콧(Winnicott)이 제안한 난화 그리기의 한 유형으로, 상담자가 먼저 자유로운 선을 하나 그려 제시한 다음 내담자가 그 선을 단서로 난화를 그리고 이미지를 완성하는 미술치료 기법.

성인뿐만 아니라 청소년의 정신화하기의 다양한 차원을 평가할 수 있는 광범위하고 잘 검증된 측정법도 있다. 〈표 3-4〉는 특정 환자 모집단의 전형적인 정신화하기 장애를 활용하는 조치를 선택하는 데 있어 연구원(및 치료사)을 돕기 위한 몇 가지 예를 제공한다. 예를 들어, 기능적 신체 문제가 있는 환자에 관심이 있는 연구자는 이러한 환자가 다른 사람에 대한 정신화하기에 심각한 장애가 있다고 가정하기보다는 기본(체화된) 정신화하기를 활용하는 조치를 선택하기를 원할 수 있다. 유사하게, ASPD의 연구자들은 자신과 타인에 대한 정신화하기의 인지적 및 정동적 특징을 활용하는 측정을 연구 초안에 포함하기를 원할 수 있다.

Ensink와 동료들은 치료사와 부모, 어린이 및 청소년의 정신화하기를 평가하고 트라우마에 대한 정신화하기를 평가하기 위한 다양한 임상 연구 방법을 개발했다. 치료사의 정신화하기를 평가하기 위해 Ensink 등은 치료사 정신 활동 척도를 검증하고 이를 사용하여 복잡한 환자에 대한 치료사의 정신화하기를 개발하기 위한 훈련 프로그램의 효과를 평가했다(Ensink et al., 2013). 미니 부모 성찰적 기능 인터뷰(Mini Parental Reflective Functioning Interview)는 소아 진료에서 영유아에 대한 부모의 성찰적 기능을 평가하고 양육 행동과 유아 애착을 예측하는 것으로 검증되었다(Ensink et al., 2018b). 또한 스퀴글 패러다임은 자녀를 공동 작업에 참여시키고 의사소통을 해석하는 동안 부모의 성찰적 태도에 대한 평가를 용이하게 하며, 부모와의 개입을 계획하는 데 잠재적으로 유용했다(Ensink et al., 2017). 또한 트라우마 병력이 있는 환자와 작업하는 맥락에서, 트라우마 성찰 기능 척도(Ensink et al., 2014a)는 트라우마에 대한 성찰 기능 평가를 용이하게 하며 이는 부부 적응 및 유아 애착과 관련이 있는 것으로 나타났다.

어린 아동과 청소년의 정신화하기를 평가하기 위한 도구도 개발되었다. 아동 및 청소년 성찰 기능 척도(Ensink et al., 2016c)는 외상, 아동 정신병리, 해리, 생리적 조절 및 부모 성찰 기능(Ensink et al., 2016a), 어린이를 위한 성찰 기능 설문지(Ensink et al., 2018a)는 청소년을 위한 성찰 기능 설문지(Ha et al., 2013)를 보완하기 위해 채택되었다. 또한, 거울 패러다임(Ensink et al., 2016b)으로 구현된 자아에 대한 정신화하기를 평가하여 고통, 정신병리 및 트라우마와 관련된 이 영역의 아동 및 청소년 정신화하기의 어려움을 식별할 수 있다. 어린이를 위한 정동 작업(Affect Task for Children)(Ensink et al., 2014b) 및 이상한 이야기 작업(Strange Stories Task)(Happé, 1994)을 포함하여 정신화의 특정 차원에 대한 다른 척도가 검증되었다. 미취학 아동의 경우 POKO 비디오 기반 평가와 꼭두각시 인터뷰가 막 형성되는 정신화하기를 평가하도록 개작되었다(Ensink & Achim, 2016; Laurent et al.,

2018a, 2018b). 또한, 가상놀이에서의 정신화하기는 어린이 놀이치료 도구로 평가할 수 있으며, 이는 어린이 성찰 기능을 예측하는 것으로 나타났다(Tessier et al., 2016). 동시에, 놀이치료에 사용되는 정신화하기 기술은 Muñoz Specht 등(2016)이 정교하게 만든 스키마를 사용하여 평가할 수 있다.

중요한 것은 사회신경과학 접근 방식 내에서 개발된 작업을 통해 연구자가 정신화하기의 다양한 차원을 점점 풀어 가고 있다. 현대의 이미징 방법은 꾸준히 개선되고 있으며, 특히 지금까지 개발된 대부분의 정신화하기 조치는 상당한 인지 능력뿐만 아니라 의식적인(따라서 명시적이고 조절된) 정신화하기를 필요로 하기 때문에 보다 암시적이고 자동적인 정신화하기를 평가할 수 있는 더 나은 기회를 제공한다. 실제로, 〈표 3-4〉에 나열된 대부분의 조치는 개인이 일종의 인지적 성찰, 조절 및 반응 조절을 필요로 한다. 예를 들어, 정서 인식을 포착하는 것으로 알려진 눈으로 마음 읽기 테스트(The Reading the Mind in the Eyes Test; Baron-Cohen et al., 2001)는 참가자가 정서에 대한 인지 및 정동적 지식을 통합해야 한다. Baron-Cohen과 Wheelwright(2004)의 인지 대 정동적 공감 측정, 인지 및 정동적 감정표현 상실 척도(Bermond & Vorst, 1998)와 같이 인지 및 정동적 정신화하기의 측면을 구별하기 위해 명시적으로 개발된 도구의 경우도 마찬가지다. 일부 실험 작업은 정신화하기(이 둘을 통합하고)에서 인지와 정동 사이의 더 나은 구분을 가능하게 하지만(Shamay-Tsoory et al., 2009), 생태학적 타당성을 개선하려면 더 많은 작업이 필요하다.

유사하게, 더 많은 오프라인의 '차가운' 자기 보고 척도와 반대로 온라인에서 '뜨거운' 정신화하기를 포함하는 정신화하기 작업의 수가 증가하고 있다. 전자의 방법은 의심할 여지 없이 향후 연구에서 더 두드러진 역할을 할 것이다. 특히, 이러한 조치는 실제 상황에서 일반적으로 전개되는 정신화하기를 포착하는 데 생태학적으로 더 타당할 수 있기 때문이다.

따라서 정신화하기의 다양한 측면에 대한 잘 검증되고 보다 정교한 척도에 대한 긴급한 요구를 충족할 뿐만 아니라 일상적인 임상 실제에서 이러한 척도의 적용을 용이하게 하기 위해 다소 벅찬 작업이 현장을 기다리고 있다. 이 장이 그러한 노력을 알리고 지침이 되기를 바란다.

결론

정신화하기의 종합적인 평가는 개인의 전반적인 정신화하기 및 정신화하기의 기저에 있는 여러 차원 간의 잠재적 불균형에 대한 평가가 포함되며, 이러한 불균형이 특정 맥락과 관계에서 나타나는지 여부를 포함한다.

정신화하기를 체계적으로 평가하기 위해 점점 더 많은 검증된 척도를 사용할 수 있지만, 새로운 애착관계(즉, 평가자와 함께)의 맥락에서 '차가운' 및 '오프라인' 정신화하기에 도전하려면 보다 임상적인 접근이 종종 필요하다. 개인의 정신화하기 능력에 대한 유효한 평가를 제공한다. 정신화하기는 본질적인 인간의 능력이므로 정신화하기에 종종 관여하는 미묘함과 이 능력의 손상에 대한 지도를 그리려면 다른 사람, 특히 정신화하기 접근 방식에 대해 훈련받은 사람이 필요하다. 이러한 맥락에서 다른 사람을 이해하는 데 있어 인간 마음의 강점과 민감성의 특정 조합과 이 능력에 관련된 많은 위험성을 고려할 때, 더 많은 관찰자-평점의 정신화하기 척도가 고안되어야 한다는 긴급한 필요성도 있다.

 참고문헌

Abbass A: Reaching Through Resistance: Advanced Psychotherapy Techniques. Kansas City, Seven Leaves Press, 2015

Allen JG, Fonagy P, Bateman AW: Mentalizing in Clinical Practice. Washington, DC, American Psychiatric Press, 2008

Arnsten AFT: The biology of being frazzled. Science 280(5370):1711–1712, 1998 9660710

Baer RA, Smith GT, Allen KB: Assessment of mindfulness by self-report: the Kentucky inventory of mindfulness skills. Assessment 11(3):191–206, 2004 15358875

Bagby RM, Parker JD, Taylor GJ: The twenty-item Toronto Alexithymia Scale–I. Item selection and cross-validation of the factor structure. J Psychosom Res 38(1):23–32, 1994 8126686

Bagby RM, Taylor GJ, Parker JD, et al: The development of the Toronto Structured Interview for Alexithymia: item selection, factor structure, reliability and concurrent validity. Psychother Psychosom 75(1):25–39, 2006 16361872

Bailey CA, Pendl J, Levin A, et al: Face Morphing Tutorial: From Models to Morphs. New Haven, CT, Yale Child Study Center, 2008

Baron-Cohen S, Wheelwright S: The empathy quotient: an investigation of adults with Asperger syndrome or high functioning autism, and normal sex differences. J Autism Dev Disord 34(2):163-175, 2004 15162935

Baron-Cohen S, Leslie AM, Frith U: Mechanical, behavioural and intentional understanding of picture stories in autistic children. Br J Dev Psychol 4:113-125, 1986

Baron-Cohen S, O'Riordan M, Stone V, et al: Recognition of faux pas by normally developing children and children with Asperger syndrome or high-functioning autism. J Autism Dev Disord 29(5):407-418, 1999 10587887

Baron-Cohen S, Wheelwright S, Hill J, et al: The "Reading the Mind in the Eyes" Test revised version: a study with normal adults, and adults with Asperger syndrome or high-functioning autism. J Child Psychol Psychiatry 42(2):241-251, 2001 11280420

Barrett LF, Quigley KS, Bliss-Moreau E, et al: Interoceptive sensitivity and self-reports of emotional experience. J Pers Soc Psychol 87(5):684-697, 2004 15535779

Bateman A, Fonagy P: Mentalization-Based Treatment for Personality Disorders: A Practical Guide. Oxford, UK, Oxford University Press, 2016

Bateman AW, Fonagy P: Psychotherapy for Borderline Personality Disorder: Mentalization-Based Treatment. Oxford, UK, Oxford University Press, 2004

Beaumont RB, Sofronoff K: A new computerised advanced theory of mind measure for children with Asperger syndrome: the ATOMIC. J Autism Dev Disord 38(2):249-260, 2008 17629782

Beeghly M, Cicchetti D: Child maltreatment, attachment, and the self system: emergence of an internal state lexicon in toddlers at high social risk. Dev Psychopathol 6:5-30, 1994

Bermond B, Vorst HC: Bermond-Vorst Alexithymia Questionnaire, 1998 [Unpublished manual]

Berthelot N, Ensink K, Bernazzani O, et al: Intergenerational transmission of attachment in abused and neglected mothers: the role of trauma-specific reflective functioning. Infant Ment Health J 36(2):200-212, 2015 25694333

Blackshaw AJ, Kinderman P, Hare DJ, et al: Theory of mind, causal attribution and paranoia in Asperger syndrome. Autism 5(2):147-163, 2001 11706863

Bosco FM, Colle L, De Fazio S, et al: Th.o.m.a.s.: an exploratory assessment of Theory of Mind in schizophrenic subjects. Conscious Cogn 18(1):306-319, 2009 18667334

Bouchard MA, Target M, Lecours S, et al: Mentalization in adult attachment narratives: reflective functioning, mental states, and affect elaboration compared. Psychoanal Psychol 25:47-66, 2008

Brass M, Schmitt RM, Spengler S, et al: Investigating action understanding: inferential processes versus action simulation. Curr Biol 17(24):2117-2121, 2007 18083518

Brown KW, Ryan RM: The benefits of being present: mindfulness and its role in psychological well-being. J Pers Soc Psychol 84(4):822-848, 2003 12703651

Brune M, Walden S, Edel MA, et al: Mentalization of complex emotions in borderline personality disorder: the impact of parenting and exposure to trauma on the performance in a novel cartoon-based task. Compr Psychiatry 64:29-37, 2016 26350276

Carcione A, Dimaggio G, Falcone M, et al: Metacognition Assessment Scale (MAS) 3.1. Rome, Italy, Centro di Psicoterapia Cognitiva, 2007

Davis MH: Measuring individual differences in empathy: evidence for a multidimensional approach. J Pers Soc Psychol 44:113-126, 1983

Denham SA: Social cognition, prosocial behavior, and emotion in preschoolers: contextual validation. Child Dev 57(1):194-201, 1986

Diamond A, Blatt SJ, Stayner D, et al: Self-Other Differentiation of Object Representations. New Haven, CT, Yale University, 1991 [Unpublished research manual]

Diamond D, Stovall-McClough C, Clarkin JF, et al: Patient-therapist attachment in the treatment of borderline personality disorder. Bull Menninger Clin 67(3):227-259, 2003 14621064

Dimitrijevic A, Hanak N, Altaras Dimitrijevic A, Jolic Marjanovic Z: The Mentalization Scale (MentS): a self-report measure for the assessment of mentalizing capacity. J Pers Assess 100(3):268-280, 2018 28436689

Dozier M, Kobak RR: Psychophysiology in attachment interviews: converging evidence for deactivating strategies. Child Dev 63(6):1473-1480, 1992 1446563

Dziobek I, Fleck S, Kalbe E, et al: Introducing MASC: a movie for the assessment of social cognition. J Autism Dev Disord 36(5):623-636, 2006 16755332

Ensink K, Achim J: Video for Assessing Mentalizing in Preschoolers, 2016 [Unpublished instrument and coding manual]

Ensink K, Maheux J, Normandin L, et al: The impact of mentalization training on the reflective function of novice therapists: a randomized controlled trial. Psychother Res 23(5):526-538, 2013 23964813

Ensink K, Berthelot N, Bernazzani O, et al: Another step closer to measuring the ghosts in the nursery: preliminary validation of the Trauma Reflective Functioning Scale. Front Psychol 5:1471, 2014a 25566146

Ensink K, Fonagy P, Target M: The Affect Task for Children, 2014b [Unpublished instrument and coding manual]

Ensink K, Begin M, Normandin L, et al: Maternal and child reflective functioning in the context of child sexual abuse: pathways to depression and externalising difficulties. Eur J

Psychotraumatol 7:30611, 2016a 26822865

Ensink K, Berthelot N, Biberdzic M, et al: The mirror paradigm: assessing the embodied self in the context of abuse. Psychoanal Psychol 33:389-405, 2016b

Ensink K, Target M, Duval J, et al: The Child and Adolescent Reflective Functioning Scale, 2016c [Unpublished coding manual]

Ensink K, Leroux A, Normandin L, et al: Assessing reflective parenting in interaction with school-aged children. J Pers Assess 99(6):585-595, 2017 28151016

Ensink K, Borelli J, Duval J, et al: The Reflective Functioning Questionnaire for Children, 2018a [Unpublished instrument]

Ensink K, Borelli J, Roy J, et al: Costs of not getting to know you: lower levels of parental reflective functioning confer risk for maternal insensitivity and insecure infant attachment. Infancy 2018b doi: 10.1111/infa.12263 [Epub ahead of print]

Fonagy P, Luyten P: A developmental, mentalization-based approach to the understanding and treatment of borderline personality disorder. Dev Psychopathol 21(4):1355-1381, 2009 19825272

Fonagy P, Leigh T, Steele M, et al: The relation of attachment status, psychiatric classification, and response to psychotherapy. J Consult Clin Psychol 64(1):22-31, 1996 8907081

Fonagy P, Target M, Steele H, et al: Reflective-Functioning Manual, version 5.0, for Application to Adult Attachment Interviews. London, University College London, 1998

Fonagy P, Luyten P, Allison E: Epistemic petrification and the restoration of epistemic trust: a new conceptualization of borderline personality disorder and its psychosocial treatment. J Pers Disord 29(5):575-609, 2015 26393477

Fonagy P, Luyten P, Moulton-Perkins A, et al: Development and validation of a self-report measure of mentalizing: The Reflective Functioning Questionnaire. PLoS One 11(7):e0158678, 2016 27392018

Fonagy P, Luyten P, Allison E, et al: What we have changed our minds about: Part 1. Borderline personality disorder as a limitation of resilience. Borderline Personal Disorder Emotion Dysregul 4:11, 2017a 28413687

Fonagy P, Luyten P, Allison E, et al: What we have changed our minds about: Part 2. Borderline personality disorder, epistemic trust and the developmental significance of social communication. Borderline Personal Disorder Emotion Dysregul 4:9, 2017b 28405338

Fredrickson BL: The role of positive emotions in positive psychology. The broaden-and-build theory of positive emotions. Am Psychol 56(3):218-226, 2001 11315248

Ghiassi V, Dimaggio G, Brune M: Dysfunctions in understanding other minds in borderline personality disorder: a study using cartoon picture stories. Psychother Res 20(6):657-667, 2010 20737351

Golan O, Baron-Cohen S, Hill JJ, et al: The "Reading the Mind in the Voice" test-revised: a study of complex emotion recognition in adults with and without autism spectrum conditions. J Autism Dev Disord 37(6):1096-1106, 2007 17072749

Golan O, Baron-Cohen S, Golan Y: The "Reading the Mind in Films" Task [child version]: complex emotion and mental state recognition in children with and without autism spectrum conditions. J Autism Dev Disord 38(8):1534-1541, 2008 18311514

Gratz KL, Roemer L: Multidimensional assessment of emotion regulation and dysregulation: development, factor structure, and initial validation of the Difficulties in Emotion Regulation Scale. J Psychopathol Behav Assess 26:41-54, 2004

Greenberg DM, Kolasi J, Hegsted CP, et al: Mentalized affectivity: a new model and assessment of emotion regulation. PLoS One 12(10):e0185264, 2017 29045403

Grienenberger JF, Kelly K, Slade A: Maternal reflective functioning, mother-infant affective communication, and infant attachment: exploring the link between mental states and observed caregiving behavior in the intergenerational transmission of attachment. Attach Hum Dev 7(3):299-311, 2005 16210241

Ha C, Sharp C, Ensink K, et al: The measurement of reflective function in adolescents with and without borderline traits. J Adolesc 36(6):1215-1223, 2013 24215968

Happe FGE: An advanced test of theory of mind: understanding of story characters' thoughts and feelings by able autistic, mentally handicapped, and normal children and adults. J Autism Dev Disord 24(2):129-154, 1994 8040158

Hausberg MC, Schulz H, Piegler T, et al: Is a self-rated instrument appropriate to assess mentalization in patients with mental disorders? Development and first validation of the mentalization questionnaire (MZQ). Psychother Res 22(6):699-709, 2012 22867004

Hein G, Singer T: I feel how you feel but not always: the empathic brain and its modulation. Curr Opin Neurobiol 18(2):153-158, 2008 18692571

Hesse E: The Adult Attachment Interview: protocol, method of analysis, and empirical studies, in Handbook of Attachment: Theory, Research, and Clinical Applications, 2nd Edition. Edited by Cassidy J, Shaver PR. New York, Guilford, 2008, pp 552-558

Hill J, Fonagy P, Lancaster G, et al: Aggression and intentionality in narrative responses to conflict and distress story stems: an investigation of boys with disruptive behaviour problems. Attach Hum Dev 9(3):223-237, 2007 18058431

Insel TR, Young LJ: The neurobiology of attachment. Nat Rev Neurosci 2(2):129-136, 2001

11252992

Jolliffe D, Farrington DP: Development and validation of the Basic Empathy Scale. J Adolesc 29(4):589-611, 2006 16198409

Karlsson R, Kermott A: Reflective-functioning during the process in brief psychotherapies. Psychotherapy (Chic) 43(1):65-84, 2006 22121960

Kernberg PF, Chazan SE, Normandin L: The Children's Play Therapy Instrument (CPTI). Description, development, and reliability studies. J Psychother Pract Res 7(3):196-207, 1998 9631341

King-Casas B, Sharp C, Lomax-Bream L, et al: The rupture and repair of cooperation in borderline personality disorder. Science 321(5890):806-810, 2008 18687957

Lane RD, Quinlan DM, Schwartz GE, et al: The Levels of Emotional Awareness Scale: a cognitive-developmental measure of emotion. J Pers Assess 55(1-2):124-134, 1990 2231235

Lang PJ, Bradley MM, Cuthbert BN: International Affective Picture System (IAPS): Affective Ratings of Pictures and Instruction Manual. Gainesville, FL, University of Florida, 2008

Langdon R, Coltheart M: Mentalising, schizotypy, and schizophrenia. Cognition 71(1):43-71, 1999 10394709

Langdon R, Michie PT, Ward PB, et al: Defective self and/or other mentalising in schizophrenia: a cognitive neuropsychological approach. Cogn Neuropsychiatry 2(3):167-193, 1997 25419601

Laurent G, Hecht HK, Ensink K, et al: Emotional understanding, aggression, and social functioning among preschoolers. Am J Orthopsychiatry 2018a 30382723 doi: 10.1037/ort0000377 [Epub ahead of print]

Laurent G, Ensink K, Miljkovitz R: Measuring early mentalizing about the self and emotions like sadness, fear and anger, 2018b [Unpublished manuscript]

Lawrence EJ, Shaw P, Baker D, et al: Measuring empathy: reliability and validity of the Empathy Quotient. Psychol Med 34(5):911-919, 2004 15500311

Lenggenhager B, Tadi T, Metzinger T, et al: Video ergo sum: manipulating bodily self-consciousness. Science 317(5841):1096-1099, 2007 17717189

Levinson A, Fonagy P: Offending and attachment: the relationship between interpersonal awareness and offending in a prison population with psychiatric disorder. Can J Psychoanal 12:225-251, 2004

Levy KN, Meehan KB, Hill L: The Reflective Function Rating Scale, 2005 [Unpublished manuscript]

Lieberman MD: Social cognitive neuroscience: a review of core processes. Annu Rev Psychol 58:259-289, 2007 17002553

Lieberman MD, Eisenberger NI, Crockett MJ, et al: Putting feelings into words: affect labeling disrupts amygdala activity in response to affective stimuli. Psychol Sci 18(5):421-428, 2007 17576282

Luyten P, Fonagy P: The neurobiology of mentalizing. Pers Disord 6(4):366-379, 2015 26436580

Luyten P, Fonagy P, Lowyck B, et al: Assessment of mentalization, in Handbook of Mentalizing in Mental Health Practice. Edited by Bateman A, Fonagy P. Washington, DC, American Psychiatric Association, 2012, pp 43-65

Luyten P, Van Houdenhove B, Lemma A, et al: Vulnerability for functional somatic disorders: a contemporary psychodynamic approach. J Psychother Integration 23:250-262, 2013

Luyten P, Mayes LC, Nijssens L, et al: The parental reflective functioning questionnaire: development and preliminary validation. PLoS One 12(5):e0176218, 2017 28472162

Mayes LC: Arousal regulation, emotional flexibility, medial amygdala function, and the impact of early experience: comments on the paper of Lewis et al. Ann N Y Acad Sci 1094:178-192, 2006 17347350

Meehan KB, Levy KN, Reynoso JS, et al: Measuring reflective function with a multidimensional rating scale: comparison with scoring reflective function on the AAI. J Am Psychoanal Assoc 57(1):208-213, 2009 19270257

Meins E, Fernyhough C: Mind-Mindedness Coding Manual. Version 2.2. York, University of York, 2015

Meins E, Fernyhough C, de Rosnay M, et al: Mind-mindedness as a multidimensional construct: appropriate and nonattuned mind-related comments independently predict infantmother attachment in a socially diverse sample. Infancy 17:393-415, 2012

Mikulincer M, Shaver PR: Attachment in Adulthood: Structure, Dynamics, and Change. New York, Guilford, 2007

Mikulincer M, Dolev T, Shaver PR: Attachment-related strategies during thought suppression: ironic rebounds and vulnerable self-representations. J Pers Soc Psychol 87(6):940-956, 2004 15598116

Muñoz Specht P, Ensink K, Normandin L, et al: Mentalizing techniques used by psychodynamic therapists working with children and early adolescents. Bull Menninger Clin 80(4):281-315, 2016 27936899

Murray HA: Thematic Apperception Test. Cambridge, MA, Harvard University Press, 1943

Neumann ID: Brain oxytocin: a key regulator of emotional and social behaviours in both females and males. J Neuroendocrinol 20(6):858-865, 2008 18601710

Pichon S, de Gelder B, Grèzes J: Two different faces of threat. Comparing the neural systems for recognizing fear and anger in dynamic body expressions. Neuroimage 47(4):1873-1883, 2009 19371787

Rimes KA, Chalder T: The Beliefs about Emotions Scale: validity, reliability and sensitivity to change. J Psychosom Res 68(3):285-292, 2010 20159215

Rudden MG, Milrod B, Target M: The Brief Reflective Functioning Interview. New York, Weill Cornell Medical College, 2005

Rudden M, Milrod B, Target M, et al: Reflective functioning in panic disorder patients: a pilot study. J Am Psychoanal Assoc 54(4):1339-1343, 2006 17354509

Rudden MG, Milrod B, Meehan KB, et al: Symptom-specific reflective functioning: incorporating psychoanalytic measures into clinical trials. J Am Psychoanal Assoc 57(6):1473-1478, 2009 20068250

Rutimann DD, Meehan KB: Validity of a brief interview for assessing reflective function. J Am Psychoanal Assoc 60(3):577-589, 2012 22589408

Salovey P, Grewal D: The science of emotional intelligence. Curr Dir Psychol Sci 14:281-285, 2005

Schechter DS, Coots T, Zeanah CH, et al: Maternal mental representations of the child in an inner-city clinical sample: violence-related posttraumatic stress and reflective functioning. Attach Hum Dev 7(3):313-331, 2005 16210242

Shamay-Tsoory SG, Aharon-Peretz J, Perry D: Two systems for empathy: a double dissociation between emotional and cognitive empathy in inferior frontal gyrus versus ventromedial prefrontal lesions. Brain 132(Pt 3):617-627, 2009 18971202

Sharp C, Fonagy P: The parent's capacity to treat the child as a psychological agent: constructs, measures and implications for developmental psychopathology. Soc Dev 17:737-754, 2008

Sharp C, Fonagy P, Goodyer IM: Imagining your child's mind: psychosocial adjustment and mothers' ability to predict their children's attributional response styles. Br J Dev Psychol 24:197-214, 2006

Shill MA, Lumley MA: The Psychological Mindedness Scale: factor structure, convergent validity and gender in a non-psychiatric sample. Psychol Psychother 75(Pt 2):131-150, 2002 12396760

Shmueli-Goetz Y, Target M, Fonagy P, et al: The Child Attachment Interview: a psychometric study of reliability and discriminant validity. Dev Psychol 44(4):939-956, 2008 18605826

Slade A: Parental reflective functioning: an introduction. Attach Hum Dev 7(3):269-281, 2005 16210239

Slade A, Patterson M: Addendum to Reflective Functioning Scoring Manual (Fonagy, Steele,

Steele, and Target, 1998) for Use With the Pregnancy Interview (Slade, Grunebaum, Huganir, and Reeves, 1987; Slade, 2004). New York, City College of New York, 2005

Slade A, Aber JL, Berger B, et al: The Parent Development Interview-Revised. New York, City University of New York, 2004

Slade A, Bernbach E, Grienenberger J, et al: Addendum to Reflective Functioning Scoring Manual for Use With the Parent Development Interview, Version 3.0. New York, City College and Graduate Center of the City University of New York, 2007

Sonnby-Borgstrom M, Jönsson P: Dismissing-avoidant pattern of attachment and mimicry reactions at different levels of information processing. Scand J Psychol 45(2):103-113, 2004 15016264

Szecsody I: A single-case study on the process and outcome of psychoanalysis. Scand Psychoanal Rev 31:105-113, 2008

Target M, Fonagy P, Shmueli-Goetz Y: Attachment representations in school-age children: the development of the Child Attachment Interview (CAI). J Child Psychother 29:171-186, 2003

Taubner S, Kessler H, Buchheim A, et al: The role of mentalization in the psychoanalytic treatment of chronic depression. Psychiatry 74(1):49-57, 2011 21463170

Tessier VP, Normandin L, Ensink K, et al: Fact or fiction? A longitudinal study of play and the development of reflective functioning. Bull Menninger Clin 80(1):60-79, 2016 27028339

Tottenham N, Tanaka JW, Leon AC, et al: The NimStim set of facial expressions: judgments from untrained research participants. Psychiatry Res 168(3):242-249, 2009 19564050

Vrouva I, Fonagy P: Development of the Mentalizing Stories for Adolescents (MSA). J Am Psychoanal Assoc 57:1174-1179, 2009

Vrticka P, Andersson F, Grandjean D, et al: Individual attachment style modulates human amygdala and striatum activation during social appraisal. PLoS One 3(8):e2868, 2008 18682729

White S, Hill E, Happe F, et al: Revisiting the strange stories: revealing mentalizing impairments in autism. Child Dev 80(4):1097-1117, 2009 19630896

Wilhelm O, Hildebrandt A, Manske K, et al: Test battery for measuring the perception and recognition of facial expressions of emotion. Front Psychol 5:404, 2014 24860528

제**4**장

정신화하기, 회복탄력성, 인식론적 신뢰

Peter Fonagy, Ph.D., FBA, FMedSci, FAcSS

Elizabeth Allison, D.Phil.

Chloe Campbell, Ph.D.

정신화하기는 상상력이 필요한 과정이다. 우리는 다른 사람들의 마음의 불투명성을 인식하는 것이 정신화하기 입장의 핵심 요소라고 말해 왔다. 우리 인간은 다른 사람들이 무엇을 생각하는지 확실히 알 수 없으며, 결과적으로 다른 사람들의 마음 상태에 대한 추론에는 잠정적인 요소가 있어야 한다. 사람들은 타인과 관계를 맺고, 원활하게 상호작용하고, 생산적으로 협력하기 위해 다른 사람들의 마음을 읽는 작업을 쉼 없이 해 왔고, 이는 특별한 사회적 복잡성을 만들어 냈다. 타인이 무슨 생각을 하는지 정확히 파악하려는 시도의 한계와 교묘함에 대한 인식은 예술적이고 허구적인 탐색에 대한 인간의 능력과 관심, 그리고 인간 고유의 상당한 수준의 불안과 관련되어 있다. 이 장에서 우리는 상상 행동으로서의 정신화하기의 개념을 탐색하고, 인간의 사회적 상상 개념이(그중 정신화하기는 행동의 이면에 있는 정신적 상태를 상상하려는 측면) 심리적 회복탄력성 이해에 기여할 수 있는 것이 무엇인지 논의할 것이다. 우리는 정신병리가 인간의 사회-인지적 복잡성, 특히 상상적 사고 능력 발달의 진화적 이면일 수 있다는 관점을 생각해 보고, 이 가설이 심리치료의 역할에 제공하는 함의를 논의할 것이다. 이러한 관점을 바탕으로 제10장에서는 사회적 상상력과 정신병리 치료 모델에 대한 함의를 탐색할 것이다.

회복탄력성이란 무엇인가

회복탄력성은 최근 몇 년 동안 매우 활발한 연구와 정책 담론의 영역이었으나, 대중적인 접근 중 일부는 도움이 되지 않을 수도 있고(최악의 경우, 비난이나 처벌적인 방식이 될 수 있음), 또 하나의 성취 목표가 되어 달성하지 못할 경우 사람들이 스트레스를 받거나 실패했다고 느끼게 하는 것으로 보인다. 게다가 회복탄력성 연구는 매우 혼란스러운 정의, 맥락, 설계, 대상 및 데이터 분석 전략의 난관 때문에 일반적인 정신병리 설명을 위해 회복탄력성 개념을 채택하는 것의 타당성이 의심될 수 있다는 것은 잘 알려진 사실이다(이 주제에 대한 설명은 Luthar et al., 2000 참고). 그러나 몇몇 주요 연구자들은 이러한 개념의 불협화음에 맞서 일관성과 포괄적인 틀을 제시했다(Cicchetti, 2016; Kalisch et al., 2015; Masten & Cicchetti, 2016; Masten & Labella, 2016). 회복탄력성이 가진 복잡성, 과도한 단순화, 설명의 순환성 위험에도 불구하고, 우리는 회복탄력성 개념이 정신장애의 본질을 탐구하고, 보다 실용적인 면에서 효과적인 치료를 뒷받침할 수 있는 것을 만드는 데 큰 가치가 있다고 생각한다(Kalisch et al., 2017).

사회경제적 수준에서 유전적 수준에 이르기까지 근본적으로 다른 설명 수준에서 발전된 회복탄력성에 대한 다양한 설명은 Kalisch 등(2015)이 제시한 긍정적 평가 유형 회복탄력성 이론(positive appraisal style theory of resilience: PASTOR) 개념 체계 내에서 설득력 있게 통합되었다. 이 체계는 회복탄력성을 인지 과정으로 설명한다. 개인은 잠재적으로 스트레스를 주는 자극을 인식하고 정신적으로 표상한다. 그런 다음 정신적 표상은 고차 인지를 사용하여 평가되고, 심리적 메커니즘과 현상(실행 기능, 주의력, 일반 지능 및 자기 인식을 포함)의 통합적 관점에서 이해된다. 마지막으로, 이 평가를 통해 개인의 정서적 반응, 즉 회복탄력성이 결정된다. 따라서 이 공식에 따르면, 회복탄력성은 스트레스 자극에 대한 하향식 인지 평가의 결과다. 사회적 지지나 안정 애착과 같은 회복탄력성과 관련된 외부적 · 사회적 요인은 개인의 평가 접근 방식을 구성하거나 스트레스 요인에 대한 노출을 최소화한다는 점에서 직접 또는 간접적으로 회복탄력성에 영향을 미친다. 이것은 개인의 회복탄력성을 결정하는 데 있어서 사회환경적 요인의 역할이나 사회적 또는 공동체적 차원에서의 개입의 중요성을 부정하는 것은 아니다. 이는 이러한 원거리의 사회적 요인이 개인의 평가 유형에 영향을 미쳐 개인의 회복탄력성에 영향을 미치는 것을 의미한다.

앞에서 설명한 바와 같이, 고차 인지의 적절한 기능은 결정적으로 사회적 맥락에 대한 적절한 판단에 의존한다. Kalisch 등(2015)은 회복탄력성을 결정하는 세 가지 기본 평가 체계를 ① 긍정적 상황 분류, ② 위협의 회고적 재평가, ③ 재외상화(retraumatizing) 유발 요인 억제로 설명하였다.

긍정적 상황 분류

긍정적 상황 분류는 어떤 상황에 직면한 순간에 그것을 즉시 평가하는 방식을 말한다 (예: "가까이 오고 있는 저 사람이 손에 든 것은 무엇인가?"). 위협이 없는 곳에서는 긍정적인 평가 방식을 통해 상황을 안전한 것으로 해석할 수 있다. 그러나 부정적 사건 맥락에서는 당연히 부정적 평가와 스트레스 반응이 요구된다. 그러한 상황에서 회복탄력성은 다음 두 세부 항목에서 설명할 두 번째, 세 번째 형태의 평가를 통해 후속적으로 촉진될 수 있다. 문제는 개인이 위협적이지 않은 어떤 상황을 위협적인 것으로 잘못 해석할 때 발생한다. 예를 들어, 일반적으로 경계선 성격장애가 있는 개인의 정신화하기 프로파일은 자동, 비숙고, 극적 정서 정신화하기 차원으로 향하는 경향이 있다(제1장 참고). 경계선 성격장애를 가진 사람들은 성격과 행동을 부정적이거나 공격적인 것으로 보는 경향이 더 높은 것으로 밝혀졌다(Barnow et al., 2009). 이들은 분노나 혐오와 같은 부정적 정동을 덜 정확하게 식별하고, 중립적 표정에 정서를 잘못 귀인하였고(Daros et al., 2013), 중립적인 사회적 상호작용에 적대적으로 반응하였다(Domes et al., 2008). 이러한 결과들은 모두 PASTOR 모델 내에서 부정적 평가 유형을 구성하는 것으로 해석될 수 있다(Kalisch et al., 2015). 종합하면, 경계선 성격장애를 가진 사람의 정신화하기 프로파일 특성은 과도한 민감성과 이로 인한 사회적 상호작용 문제를 야기할 수 있다. 정신화하기의 왜곡은 다른 사람의 행동과 동기에 대한 잘못된 해석을 초래할 가능성이 높기 때문이다.

위협의 회고적 재평가

예를 들어, 외상적 사건의 결과가 외상 후 스트레스 장애(PTSD)인지 여부는 그것을 회고적으로 재평가하는 방법에 따라 달라진다. Kalisch 등(2015)이 설명한 바와 같이, 이는 "외부 상황 또는 상황 변화에 대한 강조점을 현재의 부정적 평가에 대한 유연한 조정이나, 새롭고 더 긍정적으로 평가하고 이를 유지할 수 있는 개인의 능력으로 전환하는 것이다.

두 과정 모두 자동적이고 조절되지 않은 부정적 평가와 그에 수반되는 고통스러운 감정 상태의 방해에 직면하여 일어나야 한다"(p. 14). 경계선 성격장애 환자는 재평가와 관련하여 특유의 문제를 가지고 있다. 이들은 경험을 더 긍정적으로 재평가하거나 부정적인 평가를 완화(조정)하기 위해 수정할 수 있는 정신 상태의 2차 표상 생성을 어려워한다. 균형 잡힌 방식으로 정신화할 수 없는 상황에서, 사건이나 관계는 재평가하려는 명백한 시도에서 끝없이 논의되고 해부될 수 있지만, 그러한 시도는 비현실적인 특성이 있다. 정신 상태에 대한 복잡한 추론 때문에 현실과 거의 관련이 없게 될 수도 있다. 우리는 이를 유사 정신화(pseudomentalizing)라고 부르며, 극단적인 경우 과잉정신화(hypermentalizing)라고 한다(제1장에서 설명). 도전적이거나 스트레스가 많은 상호작용을 겪게 되면, 잠재적으로 불쾌한 경험에 대한 기억을 이해하거나, 맥락화하거나, 무시하는 것이 어려워지고, 이는 개인을 정서적 폭풍에 더 취약하게 한다. 특히, 명시적이고 성찰적인 정신화하기 능력은 평가를 강화하는 이중 해석과 자기 조절적 역할을 한다. 이 능력의 부재는 개인에게 스트레스를 줄일 수 있는 기본적인 수단이 박탈된 것이다.

재외상화 유발 요인 억제

이 메커니즘은 개인이 외상 사건을 기억할 때 경험할 수 있는 위협 관련 감각을 억제할 수 있게 한다. 그러나 이러한 위협 반응을 억제할 수 없으면 위협에 대한 인식이 지속되고 일반화될 수 있다. 경계선 성격장애를 가진 개인은 상충적인 부정적 평가를 억제하는 능력과 정보처리를 방해하는 정서 반응과 관련된 영역에 심각한 한계가 있는 것으로 나타났다(Barnow et al., 2009; Domes et al., 2009; Koenigsberg et al., 2009a, 2009b). 그들은 외상 사건을 기억할 때 재외상화(retraumatizing)를 유발하는 요인들을 인지적으로 억제할 수 없어 위협과 연합된 감각에 취약해진다. 이러한 감각들은 위협감을 강화하는 역할을 한다. 자아가 정상적인 인지 기능을 손상시키는 부정적인 간섭에 압도되면, 개인은 정신화하기에 접근할 수 없게 된다(제5장 참고).

따라서 Kalisch와 동료들(2015)의 재평가 모델이 제공하는 회복탄력성에 대한 개념 구조는 바로 정신화하기 과정으로 '번역'될 수 있으며, 심리적 회복탄력성 발달 지원에 필요한 다양한 정신화하기 요구를 이해하는 데 유용한 체계를 제공한다. 이 장의 나머지 부분에서는 우리가 최근 개발한 정신병리 모델을 설명할 것이다. 이 모델은 정신건강 문제와 회복탄력성을 인간의 상상력, 사회적 관계성과 관련된 정동, 사회 환경의 긴급성이라는 더 넓은 맥락에서 찾으려고 한다.

정신화하기, 회복탄력성, 그리고 'p' 요인

회복탄력성 연구 분야가 빠르게 발전하는 동안, p요인으로 알려진 정신병리의 일반적인 요인 개념과 관련된 생산적인 연구들도 함께 나타나고 있다. 정신병리에 대한 우리의 사고를 방해하는 큰 어려움은 많은 개인의 경우, 삶의 과정에서 나타나는 정신의학적 이력이 특정 장애를 개념화하는 데 사용되는 독립적이고, 증상으로 정의되며, 진단이 주도하는 범주를(예: DSM-5; American Psychiatric Association, 2013) 거의 따르지 않는다는 사실에서 발생한다. 이러한 특수성의 결여는 정신의학 장애 구조에 하나의 일반적인 정신병리적 요인이 있음을 시사하는 Caspi 등(2014)이 제시한 설득력 있는 증거와 관련될 수 있다. 뉴질랜드 Dunedin에 기반을 둔 그들의 종단적 연구에서 Caspi와 동료들(2014)은 차원성, 지속성, 동시 발생성, 순차적 공존 질환을 조사하여 청소년기부터 중년기까지 정신병리의 구조를 확인하였다. 이 연구는 하나의 일반 정신병리 요인(일반 지능을 이해하는 잘 확립된 차원인 g 요인과 개념적으로 유사한 것으로 p요인으로 명명함)이 증상군(내현화, 외현화, 정신증), 개별 정신의학적 장애(예: 조현병, 범불안장애, 우울증)와 함께 존재한다고 가정하면 정신질환이 더 설득력 있게 설명된다는 것을 발견했다. p요인 점수가 높을수록 손상의 심각도가 높고, 발달상의 역경이 많으며, 생물학적 위험이 증가한다. p요인 개념은 이 분야의 연구에서 하나의 원인, 결과, 생체지표를 식별하는 것이 그렇게 어려운 이유를 설명하거나 정신장애에 특정 맞춤 치료를 개발하는 데 도움이 될 수 있다.

또한 정신병리의 일반 요인에 대한 연구는 아동과 청소년으로 확장되었다. 예를 들어, 5~11세 여아 2,450명을 대상으로 한 종단 연구는 p요인 구조의 준거 타당도를 추가로 보여 주었고, 이것이 상관관계가 있는 2요인(내현화 및 외현화) 모델보다 훨씬 더 적합하다는 것을 확인했다(Lahey et al., 2015). 이러한 결과는 p요인이 통계적 생성물이라는 주장을 약화시키고, p요인의 실질적 의미 고찰의 중요성에 무게를 더한다(Lahey et al., 2015). Patalay와 동료들(2015)은 11~13.5세 청소년 23,477명으로 구성된 대규모 지역사회 표본을 대상으로 전통적인 2요인 모델(내현화 및 외현화)과 2요인 일반 정신병리 고차 모델을 검증했다. 두 모델 모두 자료에 적합한 것으로 나타났지만, 일반 정신병리 모델은 원 평가 시점으로부터 3년 후 미래의 정신병리와 학업성취도를 더 잘 예측했으며, p요인 점수가 높은 사람은 점수가 낮은 사람보다 3년 후 진단 가능한 장애를 가질 가능성이 10배 높았다(Laceulle et al., 2015 참고).

더 구체적으로 성격장애와 관련하여 Sharp와 동료들(2015)은 성격장애 진단의 맥락에서 정신병리 일반 요인이 존재하는지에 대한 의문을 탐색했다. 966명의 입원환자 표본을 바탕으로 한 일련의 탐색적 요인 분석에서, 검증한 6개의 성격장애 중 4개(회피성, 조현형, 자기애성, 반사회적)만이 각각의 요인 기준의 75%로 요인이 형성되었다. 강박성 성격장애 기준 요인의 절반은 자기애성 성격장애에 적재되었고, 나머지 절반은 다른 두 요인으로 나뉘어 적재되었다. 한편 Sharp 등(2015)은 ① 경계선 성격장애 요인은 경계선 성격장애 문항의 반 정도(55.6%)에만 1차 적재되어 있으며, 그중 3개는 각각 다른 요인에 유의하게 교차 적재되며, ② 경계선 성격장애 문항의 거의 절반(44.4%)이 3개의 다른 요인에 가장 높은 적재량을 보이며(그중 2개는 경계선 성격장애에 꽤 높은 교차 적재량을 보이긴 했다), ③ 자기애성 성격장애 문항에서도 경계선 성격장애 요인이 나타났고, 다른 자기애성, 회피성, 조현형 성격장애 문항들에도 상당한 추가 교차 적재량을 가지고 있음을 확인하였다. 동일한 연구에서 일반 요인과 성격장애 기준 중 공변인을 설명하는 몇 개의 특정 성격병리 요인을 가정하는 성격장애 병리의 2요인 모델을 검증하였다. 2요인 모델에서는, 모든 경계선 성격장애 기준이 일반 요인에만 적재되었다. 다른 성격장애들은 일반 요인과 특정 요인 모두에 적재되거나 대부분 특정 요인에만 적재되었다. 이 결과는 경계선 성격장애 기준이 성격병리의 핵심을 포착하거나 모든 성격장애를 가장 잘 대표하는 것을 의미하는 것이다.

이처럼 p요인은 2요인 연구에서 통계적 구인으로 확인되었다. 이것은 물론 이 구인이 나타내는 심리적 과정이 무엇인지에 대한 의문을 제기한다. 정신병리의 토대로 가정할 수 있는 메커니즘에 대한 연구들은 실행 기능이 p요인의 중요한 결정 요인으로 작용할 수 있다고 일관되게 주장해 왔다(Caspi et al., 2014; Castellanos-Ryan et al., 2016; Martel et al., 2017). 실행 기능은 건강한 기능, 즉 자기 조절, 의사결정, 행동 순서 지정, 계획, 우선순위 지정 및 새로운 작업 탐색에 필수적인 인지 과정 범위를 포함한다(Banich, 2009). 이러한 인지 과정은, ① 자기 통제와 방해 통제를 포함한 억제, ② 작업 기억, ③ 인지적 유연성 또는 인지 전환의 세 가지 과정을 통해 목표 지향적 행동을 유지하는 역할을 한다(Diamond, 2013; Macdonald et al., 2016). 실행 기능의 결함은 가장 심각한 정신증적 장애(Forbes et al., 2009; Fusar-Poli et al., 2012)에서부터 주의력 결핍 과잉행동장애(Barkley, 1997)와 품행 문제(Seargeant et al., 2002)에 이르기까지 광범위한 정신장애의 특징이다. 또한, 실행 기능에 대한 자기 보고 및 관찰 기반 평가 모두 내현화 및 외현화 차원의 점수와 정적 상관관계가 있다(예: Snyder et al., 2015; Vascy et al., 2013). 왜 이렇게 되는가? 다음과 같이 설명될 수 있다. ① 모든 정신장애의 기준을 형성하는 일반적인 기능장애로, 주의를 통제하고 목표와 관련된 정보에 집중할 수 없는 기능장애와 관련될 수 있다. ② 더 구체적인 역기능으로는 위협적인 자극으로부터 주의를 돌리는 것과 같은 정서적인 문제일 수 있다(Drabick et al., 2010). ③ 동시에 행동 충동 제어의 기능 문제도 함께 일어날 수 있다(Demeyer et al., 2012). 따라서 약한 핵심 실행 기능은 개인을 충동성(Fino et al., 2014), 공격성(Seguin & Zelazo, 2005), 걱정(Snyder et al., 2014), 반추(Demeyer et al., 2012)에 잠재적으로 노출시킨다.

특히, 실행 기능의 중요한 구성 요소는 정서 경험 상황에서 부족한 억제력이다(Berg et al., 2015; Carver et al., 2017; Fischer et al., 2008). 우리가 이 맥락에서 정서적 반응의 충동성을 논할 때, 우리는 정서적 자극에 대한 심리신체적 반응의 과민성을 뜻하는 것이 아니다. 이 모델에서 우리가 말하는 반응은 자신의 반응에 대한 이해와 이를 해석할 수 있는 능력과 관련이 있으며, 이는 자신의 정동을 증폭하거나 축소하는 역할을 할 수 있다[이 장의 '회복탄력성이란 무엇인가' 부분에서 Kalisch와 동료들(2015)의 이론적 체계에 따라 논의한 바 있음]. Gergely와 Watson(1996)의 발달 연구와 같이, 우리는 이 과정을 유아가 경험했을 양육자의 두드러진 정동 거울 반영하기의 2차 표상과 관련짓는다. 현재 반응이 반드시 현재 경험의 강도나 내용과 연결되는 것은 아니다. 예를 들어, 타인의 무시에 대한 반응으로 나타나는 거절감은 상징화되지 않고 더 즉각적으로 경험되기 때문에 억제하기 어려울 수 있다. 즉, 정동이 다른 사람에게 반영되지 않고 감당할 수 없게 표현되었기 때문이다. 즐거움과 같은 긍정적인 감정은 반영되지 않는 경우가 적고, 상징화되지 않는 경우도 적지만, 즉각적인 표현을 요구하는 상황으로 경험되기 때문에 반사회적인 행동으로 이어지는 유사한 문제를 일으킬 수 있다. 후속 연구들은 양육자가 아이의 경험을 반영하는 능력이 정서적 유발 요인에 대한 부모와 자녀의 즉각적인 반응뿐만 아니라 이후 적응의 예측변수임을 확인하였다(Bernier et al., 2014; Kok et al., 2015). 이 개념을 확장하여, 우리는 양육자의 민감한 반응성을 아이가 내재화하는 것이 정동에 대한 자동적 통제와, 반대로 인지적 통제를 실행하는 개인 역량의 기반이라고 생각한다. 우리는 이 능력의 발달이 유전이나 초기 경험에 따라 불변하는 것은 아니라고 가정하기 때문에 이 모델은 발달적으로 결정론적인 것은 아니다. 어떤 아동과 양육자는 다른 부모와 자녀보다 두드러진 거울 반영하기가 어려운데, 유전이 중요한 역할을 하기 때문일 것이다. 또한, 아동이 반응 억제나 통제력, 정서적 자극에 대한 반응을 잘 조절하는 것을 매우 어렵게 하는 일련의 발달적 단계들이 있다. 종단 연구 결과, 정서에 대한 반응 통제 부족과 성급한 처리 과정은 다양한 부정적 정신건강의 유의한 예측 변수로 나타났다(Doran et al., 2013; Kaiser et al., 2016; Pearson & Smith, 2015; Webb, Hooper, & Carver, 2016; Zapolski et al., 2009).

Carver와 동료들(2017)은 잘 구축된 선행 연구 결과를 바탕으로 개인의 정서에 대한 충동적 반응성의 차이를 반사적·본능적·정서적 반응 모드와 성찰적·숙고적 정신 기능 사이의 이분법으로 구분하여 설명하였다. 이 문헌들은 이분법을 암묵적 또는 명시적으로 공유하는 Kahneman(2011), Evans와 Stanovich(2013), Rothbart 등(2003), Toates(2006)의 이론을 포함한 대규모 이론군을 가리킨다. Carver 등(2017)은 이러한 반사적 모드가 공유하는 특성은 비교적 단순한 정동과 정동에 대한 반응성이라고 주장한다(Metcalfe & Missch, 1999; Strack & Deutsch, 2004). 그들은 이 접근이 Peter Dayan과 동료들(Daw et al., 2005; Dayan, 2008; Dolan & Dayan, 2013)이 발전시킨 계산 모델과 유사점이 있음을 인정하였다. 여기서 '모델 없는 학습'이라는 용어는 연결 과정을 통해 정보를 획득하는 방법을 설명하는 데 사용된다. 성찰적 또는 숙고적 모드와는 대조적으로, 반사적 기능 모드는 자동적인 습관과 상대적으로 자동적인 반응을 사용한다. 대조적으로, '모델 기반 학습'은 더 많은 정보를 고려하고 더 큰 고려 사항을 기반으로 의사결정을 내리는 것을 포함한다. 이러한 맥락에서 학습은 유기체가 기능하는 세계에 대한 일관된 그림을 만드는 것을 목표로 한다는 점에서 모델 기반으로 설명된다(Otto et al., 2013). 이러한 이중 과정 모델을 제안하는 저자 중 누구도 이러한 과정이 독립적으로 작동한다고 생각하지 않는다. 그럼에도 불구하고 이 과정에서 두 방식이 영향력을 위해 경쟁하는 것과 인지의 특정 산출물은 둘 사이의 경쟁 결과를 반영한다고 가정하는 것이 타당하다(Buckholtz, 2015). Carver 등(2017)은 "반사적 모드는 바람직할 수 있는 개인의 경험에 자발성을 주게 되어, 불확실성이 지배하는 환경에 반사적 기능 모드가 더 적응적일 수 있다고 제안한다"(p. 881).

정신화하기와 사회적 상상력

p요인이 반사적 모드로 작동하는 정서적 반사성의 충동성 영역 실행 기능 문제와 관련이 있다는 관점은 정신화하기 이론 및 Kalisch 등(2015)의 재평가 모델(reappraisal model)과 일치한다. 즉, 균형 잡힌 성찰적 정신화하기의 부족이 스트레스 요인을 적응적인 방식으로 재조정하는 것을 방해한다는 관점이다. 그러나 특히 더 심각하거나 만성적인 장애

의 경우, 정서적 충동보다 더 근본적으로 개인의 기능 능력을 손상시키는 인지의 왜곡이 있음이 분명하다. 우리는 반사적 기본 모드가 고차 인지의 또 다른 측면인 사회적 상상력의 저해와 함께 발견될 때 정신건강의 심각한 손상(고차 p요인)으로 이어진다고 생각한다. 이에 우리는 정신장애의 일반적인 취약성에 대한 2요인 모델을 제안한다.

- 첫 번째 요인은 충동적인 정서적 단서에 대한 과도한 민감성과 모델 없는 연상학습에 기초한 반사 반응을 강하게 억제하지 못하는 것과 관련이 있다.
- 두 번째 요인은 인간의 상상력을 뒷받침하는 시스템에 과도하게 의존하는 것과 관련되며, 진화적으로 인간 종의 적응을 정의하는 중요한 능력 중 하나로 발전했을 것이다. 이는 혁신적인 모델 구축 능력으로, 외부 단서와 무관하게 많은 부분에서 창의성을 발휘하게 한다.

Vygotsky(2004)가 지적했듯이, 인간 문화의 모든 측면을 포함하여 인간의 손으로 만들어진 모든 것은 인간의 창의성과 상상력의 산물이다. 매우 뛰어난, 잘 정립된 일련의 문헌들은 정신장애에 대한 생물학적(유전학적) 위험을 더 높은 수준의 창의적, 발산적 또는 상상적 사고와 연관시켰다(Kaufman, 2014; Kyaga et al., 2013; Ruiter & Johnson, 2015; Zabelina et al., 2015 참고).

정신화하기의 렌즈로 상상력을 보는 것은 치료사들이 상상력과 정신장애 성향이 왜 그렇게 밀접하게 연관되어야 하는지, 그리고 왜 생애 과정에서 정신장애가 나타나는 것이 예외가 아니라 규칙적인지 이해하는 데 도움이 될 수 있다. 역학적 수치에 따르면, 5명 중 1명만이 일생 중 진단 가능한 정신건강 상태를 경험하지 않을 것이다(Schafer et al., 2017). 이러한 유병률 수치를 자연선택의 관점에서 보면 정신장애를 뒷받침하는 신경계가 무엇이든 생존에 유리한 다른 기능을 가지고 있을 것이 분명하다. 특히, 그 상황에서 역기능적인, 상상된 버전의 현실이 포함된 정신장애는 인간 상상의 더 넓은 이점을 고려할 때 지불해야 할 대가일 수 있다. 그것은 정신화하기를 위해 필수적이고, 따라서 문화의 전달을 위해 필수적이다. 우리는 정신병리가 인간 상상력의 진화적 부산물이라고 생각한다.

따라서 우리는 정신장애가 발생하기 위해서는 두 가지 요인이 작용해야 한다고 제안한다. 정신장애에 공통적으로 나타나는 것은 환경적 또는 유전적 원인과 관련된 신경생물학적 취약성의 결과, 또는 둘의 상호작용으로 인해 발생할 수 있는 상상력의 실패다. 잘못된 반사적 반응을 방지하기 위해 필요한 방어 체계의 동시적인 실패 없이는 상상력의 실패가 그 자체로 정신장애를 일으키지는 않는다. 우리가 제안하는 종류의 상상력의 실패는 매우 흔할 가능성이 높다. 게다가 이런 실패는 독창적이거나 새로운 생각을 생산하는 데 적응적인 의미를 가질 수 있다. 또한 일반적으로 반사적 사고에 목소리를 내는 것은 적응적이고, 매우 가치 있는 다양한 문화적 산물을 생성할 수 있다. 부적응을 일으키는 것은 각각이 인간의 생존에 중요할 수 있는 두 시스템의 동시 실패다.

대부분의 개인들에게 정신장애를 경험할 수 있는 잠재력은 선택적인 이점이 있는데, 그 이유는 인간 종으로서의 성공에 결정적인 역할을 하는 창조적 능력을 제공하는 것이 이 잠재력이기 때문이다. 앞에서 설명한 바와 같이, 정신장애는 상상으로 만들어 낸 현실에 의해 정당화된 신념, 전체 내러티브, 행동을 포함한다. 개인은 초기 사회 환경에서 마주치는 변수에 따라 사회적 상상력을 조정한다. 따라서 우리의 모델 내에서 반사적 상상 기능이 더 쉽게 표현될 때 개인들이 더 나은, 적응적 결과를 얻을 수 있는 방법을 보여 주어야 한다. 우리는 아이들이 거칠고 위험한 사회적 맥락에서 살 때, 객관적 현실에 거의 영향을 미치지 않는 상상적 해결책으로 만들어 낸 고위험 생활 전략(Del Giudice, 2016)이 보다 철저한 논리적 추론을 통해 도달한 해결책보다 더 유리할 수 있다고 주장한다. 다른 학자들과 마찬가지로 우리는 어린 시절 애착 맥락에서 가족관계의 질이 아이에게 환경의 안전함이나 예측 가능성에 대한 정보를 제공할 수 있다고 제안했다(Chisholm, 1999). 실행 기능에 의해 매개되는 정서적 반응성이 아동의 애착 환경의 질을 반영한다는 독립적인 증거가 있다. 상상에 동반되는 과정이 아이의 초기 애착 맥락을 반영한다는 증거도 있다. 우리는 애착이 정신병리의 주요 매개 변인이거나 심지어 중요한 매개 변인이라고 주장하는 것이 아니라, 이 능력의 높은 잠재적 실패율을 고려할 때 잠재적 비용을 희생하더라도 상상력에 기반한 시스템의 입력 우선순위를 지정하여 적응을 최적화할 수 있는 진화 메커니즘이 마련되어 있다고 주장하는 것이다. 창의적 해결책은 필연적으로 높은 위험을 수반하며 예측 불가능한 환경에서 적응적일 가능성이 가장 높다(Frankenhuis & Del Giudice, 2012). 이 역동은 자연선택이 지역 생태에 적응한 표현형을 발생시키는 발달 전략을 형성하는 방법을 반영한다(Panchanathan et al., 2010). 발달적 불일치 개념으로 정신병리에 대한 일반 모델을 제시할 수 있다(Gluckman et al., 2011). 발달 진화심리학자들은 적절한 수준의 반응성을 생성하기 위해 환경 지표를 사용하는 발달 메커니즘에 대해 주장해 왔다(Del Giudice et al., 2011; Glover, 2011). 환경의 변화는 발달 불일치 문제를 일으킬 수 있다. 따라서 적대적인 초기 환경 조건에서 나타난 반사적 인지의 우선순위는 우호적인 상황에서 부적응 반응을 생성할 수 있다. 환경적 단서의 표본추출 확률론적 특성을 고려할 때,

자연선택은 유기체가 변형할 수 없는 특정한 적응 방식으로 분류되는 표현형(phenotypes)보다는 환경에 대한 특정 유형 해결책의 가능성을 증가시키는 '차원적(dimensional)' 접근 방식을 선호할 가능성이 높다. 우리가 제안하는 모델은 바로 이처럼 아이가 지역 생태에 점진적으로 적응할 수 있도록 하는 미세 조정 메커니즘이다(Frankenhuis & Panchanathan, 2011).

인식론적 신뢰

　정신화하기와 인식론적 신뢰(epistemic trust)에 대한 우리의 더 넓은 생각에 이 정신장애 모델을 어떻게 적용 수 있을까? 우리는 이전에 인식론적 신뢰(개인적으로 관련이 있고, 일반화할 만큼 중요한 사회적 의사소통 수용에 대한 개방성으로 정의됨)가 개인이 사회적 환경으로부터 이익을 얻게 하는 사회적 학습 역량을 뒷받침하여 건강한 상태를 유지하는 과정을 만들어 낸다는 생각을 발전시켰다(Fonagy et al., 2015). 우리는 전부는 아니더라도, 많은 유형의 정신병리가 인식론적 신뢰의 붕괴와 연관될 수 있으며, 이 붕괴의 결과가 인식론적 신뢰가 허용하는 사회적 학습과정과 관련된다고 가정했다(Fonagy et al., 2015). 만약 유아가 양육자에 의해 적절하게 정신화되는 것을 경험하지 않는다면, 정서적 자극이나 스트레스를 유발하는 맥락에서 유아의 새롭게 형성되는 정신화 능력이 혼란에 취약해질 수 있다. 또 다른 가능성으로는, 표면적 단서로서 정신화하기의 중요성 때문에 자연적으로 발생하는 아이의 인식론적 경계가 사회적 환경에서 자신을 안내할, 사회적 지식을 습득하게 하는 인식론적 신뢰의 발달로 전환되지 않을 것이라는 것이다(Fonagy & Luyten, 2016). 많은 형태의 정신병리는 뚜렷한 경직성, 사회적 세계 변화에 대한 적응력 및 사회적 세계 학습 능력 결여라는 공통된 특징을 가지고 있다(Fonagy et al., 2015). 모든 사람은 사회적 지식을 추구하지만 신뢰할 수 있는 양육자, 가족 또는 동료가 주는 확신과 지지가 없으면 의사소통의 내용이 혼란스러울 수 있으며, 적대적 의도로 인식되어 거부될 수 있다. 우리는 인식론적 불신이나 명백한 인식론적 부동화[인식론적 경화(硬化)]로 인해 사회적 의사소통의 혜택을 받지 못하는 것이 정신장애의 많은 징후를 뒷받침할 수 있다고 생각한다. 이러한 인식론적 신뢰 붕괴의 결과로 개인은 자신의 신념과 기대를 수정하는 것이 분명히 가치 있는 사회적 상황에서도 이를 주저할 수 있다. 심각한 트라우마를 경험하거나 성격 장애를 가진 개인은 사회적 환경에 대한 지식의 출처로 다른 사람들을 거의 완전히 신뢰할 수 없을 것이다. 예를 들어, 학대를 받은 개인은 자신의 양육자를 신뢰할 수 없거나 세상에 대한 악의적인 정보원으로 간주할 수 있으며, 결과적으로 자신의 기존 신념과 일치하지 않는 타인의 의사소통을 거부하는 방법을 배울 수 있다. 이것은 적대적이거나 위협적인 사회 환경에 대한 적응적인 반응이지만, 임상 장면에서는 그러한 개인이 '접근하기 어려운' 사람으로 간주될 수 있다.

인식론적 불신과 대인관계에서 다가가기 어려운 개인에 대한 치료사의 경험 사이의 관계를 설명하기 위해, 우리는 성인 의사소통의 특정 사례에서 인식론적 신뢰가 어떻게 생성되는지 고려할 필요가 있다. 모든 개인은 현상학자들이 오랫동안 인정해 온 자신의 경험으로 입증된 개인적인 내러티브, 상상된 자기감을 가지고 있으며(Sass et al., 2017), 이에 대한 생물학적 실재는 Northoff와 Huang(2017)이 요약한 작업 프로그램으로 잘 입증되었다. 한 사람의 개인적인 내러티브를 다른 사람이 이해하는 것은 인식론적 신뢰의 잠재력을 만들어 내고, 다른 사람에 대한 이해를 지각하는 것은 인식론적 신뢰를 생성한다. 이는 이해에 대한 지각이기 때문에, 진정한 이해가 필요하지 않을 수 있으며, 이해에 대한 환상만으로 충분할 수 있다.

인식론적 신뢰의 부재는 대부분의 사회적 맥락에서 개인에게 큰 불이익을 줄 것이다. 이러한 개인들은 잠재적으로 빠르게 변화하는 사회적 상황에 대한 이해를 따라가지 못하고, 사회적 변화 앞에서 융통성이 없거나 심지어 경직된 것처럼 보일 것이다. 왜 어떤 사람은 신뢰가 보장되는 상황, 즉 개인적인 내러티브가 인정되는 상황에서도 인식론적 신뢰를 경험하지 못할까? 두 가지 분명한 이유가 있다. 첫째, 역경과 박탈감은 트라우마와 마찬가지로 상상력을 억제하고, 정신화하기에 대한 철저한 회피와 거의 공포증에 가까운 정도로 정신 상태를 회피하게 하여 개인을 대부분의 사회적 상황에서 매우 취약하게 하고 만성적인 불신을 유발할 수 있다. 이러한 광범위한 상상력의 실패가 없는 경우에도, 부적절한 정신화하기는 트라우마를 입은 개인이 사회적 현실을 편향되게 지각하게 하고 (Cicetti & Curtis, 2005; Germine et al., 2015; Kay & Green, 2016; Pears & Fisher, 2005), 다른 사람들이 자신을 이해하는 방식을 오해하여 자신이 지속적으로 오해를 받고 있다고 느끼고, 강렬하고 지속적인 (인식론적) 불공평함을 경험할 수 있다. 둘째로, 우리가 여기서 설명하는 상상력의 실패에 따른 인식론적 고립의 장기적 결과는 개인적 서사를 왜곡하여 자기에 대한 부정확한 견해를 생성하고, 결과적으로 자신의 내러티브에 대한 타인의 정확한 인식도 정확하지 않다고 경험되어 대인관계에서 지속적으로 고립되는 고통스러운 경험을 일으킬 수 있다. 치료사가 이 왜곡된 개인적 내러티브를 인식하고 환자에게 다시 반영하지 못하면 인식론적 불신은 지속될 것이다. 반대로, 다른 경우에는 박탈과 트라우마가 부적절한 신뢰를 형성할 수 있다. 우리는 그러한 과도한 인식론적 신뢰성이 과잉행동이나 고정되지 않은 상상으로 촉발되어 개인적 내러티브가 너무 확산되고, 이 때문에 다른 사람들이 이 개인을 차별적으로 정확하게 이해할 수 있는 감각이 떨어지게 된다고 생각한다. 과도한 신뢰는 모든 개인적인 내러티브가 신뢰가 생성될 만큼 충분히 '적합'하다고 느끼기 때문에 생겨나며, 이는 그 사람을 착취에 취약하게 만든다. 당연히 제한된 상상력은 자신의 내러티브에 대한 상대방의 표상에 대한 깊은 오해를 불러일으킬 수 있으며, 현실이 전혀 존재하지 않는 곳에서 착시적인 적합성을 만들어 낸다. 이때 다른 많은 가능성이 있을 수 있다. 우리는 개인이 마주하는 사회적 경험들의 이러한 모든 조합이 다른 사람들로부터 배우는 것을 어렵게 하고, 이는 결과적으로 도전적이고 변화하는 사회적 세계에 적응하려는 시도를 할 때 중대한 문제를 일으킨다고 가정한다. 간단히 말해서, 회복탄력성의 부재는 적절한 인식론적 신뢰를 형성하는 과정의 기능장애라고 할 수 있다.

상상력의 역할로 돌아가서, 우리는 인식론적 불신이 높아진 상태에서 기능하는 개인은 다른 사람의 마음에 접근하여 자신의 상상 활동을 조절하는 데 도움을 얻지 못할 것이라고 가정한다. 인식론적 신뢰가 가능한 사회적 척도가 없다면, 상상력은 '폭동'을 일으킬 수 있고, 사람들이 협력하기 위해 최종적으로 동의해야 하는 공유된 현실을 크게 넘어설 수 있다. 우리가 여기서 설명하고자 하는 것은 거의 자기모순에 가까운 역설로 보일 수 있다. 인간이 발달시켜 온 믿을 만한 지식을 전수하는 체계는 신뢰를 구축하기 위해 상상력을 필요로 하지만, 이후 지식을 전달할 때에는 현실에서 합의된 버전이 있을 수 있도록 상상력에 제약을 가한다. 서로를 정신화할 수 있다는 것은 집단적으로 합의된 상상을 가능하게 하고(예: 조직이 어떤 이유로 '공유된 비전'에 대해 이야기하는 것), 이는 결과적으로 인간의 협력을 가능하게 한다(Tomasello, 2018). 발달적 관점에서, 유아들의 초기 세계에 대한 지식 경험은 그들의 신체적 욕구의 감각 형태가 될 것이다. 이러한 지식이 적절한 양육자 반응(즉, 유아의 신체적 욕구 충족)을 통해 확인되고 검증되면, 자기와 타인 사이의 지식 소통의 통로가 열린다. 그것은 유아와 유아 주변의 세계에서 일어나고 있는 일에 대한 '공유된 비전'이 있다는 감각을 만들어 낸다. 유아의 신체적 욕구와 양육자의 반응 사이의 중요한 불연속성(예: 방임)은 '무의미'의 첫 경험을 구성할 수 있으며, 무슨 일이 일어나고 있는지 이해하려고 노력하는 상상력의 계류를 해제할 수 있다(Fonagy & Campbell, 2017). 따라서 우리 정신병리 모델과 관련된 인식론적 신뢰의 가치는 개인이 자신의 사회적 상상력을 적응적인 방식으로 일반적인 사회 현실에 맞출 수 있게 하는 것이다.

 이 광범위한 회복탄력성 이론은 정신장애에 대한 정신화 기반 접근법에 대한 이해에 무엇을 의미하는가? 우리는 정신화하기가 모든 사람들이 사회적 상상력의 힘을 규제하고 이익을 얻기 위해 사용하는 일상적인 사회인지 도구이기 때문에 중요하다고 생각한다. 과잉정신화와 과소정신화는 사회적 상상력이 계류되지 않은 다른 방식을 나타낸다. 정신화 치료 접근법은 ① 실행 기능의 반사적 모드 우세(Carver et al., 2017), ② 사회적 상상의 혼돈 또는 붕괴의 두 요인 각각에 대해 설명하며, 우리는 이 요소들이 함께 작용하여 정신병리가 생성된다고 가정한다. 정신병리에 대한 취약성(즉, 회복탄력성의 반대)은 많은 사람들이 제안한 바와 같이(예: Masten, 2014) 사회적 관점과 개인적 관점을 연결하는 구조이며, 정확히는 개인 내면과 대인관계 사이의 연결 실패에 자리할 수 있다. 사회적 연결망을 구축하는 것은 아동기와 청소년기의 주요 과제다. 사회적 신뢰의 유대를 형성하는 능력이 흔들리고 붕괴되기 쉬운 경우, 대인관계 학습 네트워크가 손실되고 사회적 기대가 새롭게 생성되지 않는다. 사람들이 역경과 도전에 효과적으로 대응할 수 있게 해 주는 것은 사회적 경험으로부터 배우는 능력이다.

 사회적 상상의 왜곡은 개인이 다른 사람이 자신을 이해할 수 있다는 것을 인식하는 것을 어렵게 할 수 있다. 개인적 내러티브에 대한 공유된 이해가 사회적 의사소통을 가능하게 하고 모든 친밀한 사람을 이해시킬 수 있는 대인관계 규칙을 만들기 때문에 사회적 상상의 왜곡은 회복탄력성을 약화시킨다. 회복탄력성은 협력과 대인 네트워크의 건강 지향적 체계 구축을 가능하게 하는 것이다. 치료 장면에서 치료사는 환자의 개인적인 내러티브를 정확하게 이해하고 반영할 수 있지만, 환자가 치료사의 마음에 비춰지는 자신의 모습을 이해하거나 인식할 수 없다면 이것은 거의 가치가 없을 것이다. 사회적 소통의 통로는 계속 닫혀져 있을 것이고, 치료의 사회적 '학습'은 전개될 수 없을 것이다. 또는 환자들의 억제되지 않은 사회적 상상력 때문에 치료사가 반영해 주려고 하는 개인적 내러티브의 이미지가 잘못 읽힌다면, 혼란과 부정확한 정신화하기로 인해 사회적 의사소통은 방해를 받게 될 것이다. 정신장애의 지속성 또는 만성적인 회복탄력성 부족은 자신의 상상된 자기(또는 개인적인 내러티브)를 확인하고, 이것이 신뢰할 수 있는 다른 사람의 이해와 일치하는 것을 경험하는 것으로부터 이익을 얻는 능력이 붕괴된 결과다. 이러한 상상적 일치의 부족을 인식하면 아마도 건전한 적응적 이유로, 인식론적 신뢰를 닫아 버리고, 결과적으로 인식론적 신뢰가 촉발되지 않아 치료사가 만들어 내려는 대인관계 과정에서 개인이 이익을 얻을 수 없게 될 것이다. 개인의 회복탄력성을 보장하는 것은 적절한 영역 내에서 유지되는 상상력과 인식론적 신뢰의 균형이다. 과도한 인식론적 신뢰(제17장에서 논의)로 표현될 수 있는 과도한 상상력(어떤 아이디어도 가능하지만 다른 아이디어보다 더 의미가 있거나 현실에 근거하지 않음)은 학습관계를 발전시킬 수 있는 능력을 약화시켜 결과적으로 적응을 저해한다. 너무 적은 상상력은 신뢰를 손상시키고 인식론적 고립을 초래할 것이다. 당연히 사람들 사이에는 상황적·시간적 차이가 존재하며, 이는 이 분야를 경험적으로 연구하는 것을 매우 어렵게 만든다.

📖 참고문헌

American Psychiatric Association: Diagnostic and Statistical Manual of Mental Disorders, 5th Edition. Arlington, VA, American Psychiatric Association, 2013

Banich MT: Executive function: The search for an integrated account. Curr Dir Psychol Sci 18:89-94, 2009

Barkley RA: Behavioral inhibition, sustained attention, and executive functions: constructing a unifying theory of ADHD. Psychol Bull 121(1):65-94, 1997 9000892

Barnow S, Stopsack M, Grabe HJ, et al: Interpersonal evaluation bias in borderline personality disorder. Behav Res Ther 47(5):359-365, 2009 19278670

Berg JM, Latzman RD, Bliwise NG, et al: Parsing the heterogeneity of impulsivity: a meta-analytic review of the behavioral implications of the UPPS for psychopathology. Psychol Assess 27(4):1129-1146, 2015 25822833

Bernier A, Matte-Gagné C, Bélanger ME, et al: Taking stock of two decades of attachment transmission gap: broadening the assessment of maternal behavior. Child Dev 85(5):1852-1865, 2014 24611791

Buckholtz JW: Social norms, self-control, and the value of antisocial behavior. Curr Opin Behav Sci 3:122-129, 2015

Carver CS, Johnson SL, Timpano KR: Toward a functional view of the p factor in psychopathology. Clin Psychol Sci 5(5):880-889, 2017 29057170

Caspi A, Houts RM, Belsky DW, et al: The p factor: one general psychopathology factor in the structure of psychiatric disorders? Clin Psychol Sci 2(2):119-137, 2014 25360393

Castellanos-Ryan N, Brière FN, O'Leary-Barrett M, et al; IMAGEN Consortium: The structure of psychopathology in adolescence and its common personality and cognitive correlates. J Abnorm Psychol 125(8):1039-1052, 2016 27819466

Chisholm JS: Attachment and time preference: Relations between early stress and sexual behavior in a sample of American university women. Hum Nat 10(1):51-83, 1999 26197415

Cicchetti D: Socioemotional, personality, and biological development: illustrations from a multilevel developmental psychopathology perspective on child maltreatment. Annu Rev Psychol 67:187-211, 2016 26726964

Cicchetti D, Curtis WJ: An event-related potential study of the processing of affective facial expressions in young children who experienced maltreatment during the first year of life. Dev Psychopathol 17(3):641-677, 2005 16262986

Daros AR, Zakzanis KK, Ruocco AC: Facial emotion recognition in borderline personality disorder. Psychol Med 43(9):1953-1963, 2013 23149223

Daw ND, Niv Y, Dayan P: Uncertainty-based competition between prefrontal and dorsolateral striatal systems for behavioral control. Nat Neurosci 8(12):1704-1711, 2005 16286932

Dayan P: Simple substrates for complex cognition. Front Neurosci 2(2):255-263, 2008 19225599

Del Giudice M: The life history model of psychopathology explains the structure of psychiatric disorders and the emergence of the p factor. Clin Psychol Sci 4:299-311, 2016

Del Giudice M, Ellis BJ, Shirtcliff EA: The Adaptive Calibration Model of stress responsivity. Neurosci Biobehav Rev 35(7):1562-1592, 2011 21145350

Demeyer I, De Lissnyder E, Koster EH, et al: Rumination mediates the relationship between impaired cognitive control for emotional information and depressive symptoms: a prospective study in remitted depressed adults. Behav Res Ther 50(5):292-297, 2012 22449892

Diamond A: Executive functions. Annu Rev Psychol 64:135-168, 2013 23020641

Dolan RJ, Dayan P: Goals and habits in the brain. Neuron 80(2):312-325, 2013 24139036

Domes G, Czieschnek D, Weidler F, et al: Recognition of facial affect in borderline personality disorder. J Pers Disord 22(2):135-147, 2008 18419234

Domes G, Schulze L, Herpertz SC: Emotion recognition in borderline personality disorder-a review of the literature. J Pers Disord 23(1):6-19, 2009 19267658

Doran N, Khoddam R, Sanders PE, et al: A prospective study of the Acquired Preparedness Model: the effects of impulsivity and expectancies on smoking initiation in college students. Psychol Addict Behav 27(3):714-722, 2013 22686965

Drabick DA, Ollendick TH, Bubier JL: Co-occurrence of ODD and anxiety: shared risk processes and evidence for a dual-pathway model. Clin Psychol (New York) 17(4):307-318, 2010 21442035

Evans JS, Stanovich KE: Dual-process theories of higher cognition: advancing the debate. Perspect Psychol Sci 8(3):223-241, 2013 26172965

Fino E, Melogno S, Iliceto P, et al: Executive functions, impulsivity, and inhibitory control in adolescents: a structural equation model. Adv Cogn Psychol 10(2):32–38, 2014 25157298

Fischer S, Smith GT, Cyders MA: Another look at impulsivity: a meta-analytic review comparing specific dispositions to rash action in their relationship to bulimic symptoms. Clin Psychol Rev 28(8):1413–1425, 2008 18848741

Fonagy P, Campbell C: What touch can communicate: Commentary on "Mentalizing homeostasis: the social origins of interoceptive inference" by Fotopoulou and Tsakiris. Neuro-psychoanalysis 19:39–42, 2017

Fonagy P, Luyten P: A multilevel perspective on the development of borderline personality disorder, in Developmental Psychopathology Vol 3: Maladaptation and Psychopathology, 3rd Edition. Edited by Cicchetti D. New York, Wiley, 2016, pp 726–792

Fonagy P, Luyten P, Allison E: Epistemic petrification and the restoration of epistemic trust: a new conceptualization of borderline personality disorder and its psychosocial treatment. J Pers Disord 29(5):575–609, 2015 26393477

Forbes NF, Carrick LA, McIntosh AM, et al: Working memory in schizophrenia: a meta-analysis. Psychol Med 39(6):889–905, 2009 18945379

Frankenhuis WE, Del Giudice M: When do adaptive developmental mechanisms yield maladaptive outcomes? Dev Psychol 48(3):628–642, 2012 21967567

Frankenhuis WE, Panchanathan K: Balancing sampling and specialization: an adaptationist model of incremental development Proc Biol Sci 278(1724):3558–3565, 2011 21490018

Fusar-Poli P, Deste G, Smieskova R, et al: Cognitive functioning in prodromal psychosis: a meta-analysis. Arch Gen Psychiatry 69(6):562–571, 2012 22664547

Gergely G, Watson JS: The social biofeedback theory of parental affect-mirroring: the development of emotional self-awareness and self-control in infancy. Int J Psychoanal 77(Pt 6):1181–1212, 1996 9119582

Germine L, Dunn EC, McLaughlin KA, et al: Childhood adversity is associated with adult theory of mind and social affiliation, but not face processing. PLoS One 10(6):e0129612, 2015 26068107

Glover V: Annual Research Review: Prenatal stress and the origins of psychopathology: an evolutionary perspective. J Child Psychol Psychiatry 52(4):356–367, 2011 21250994

Gluckman PD, Low FM, Buklijas T, et al: How evolutionary principles improve the understanding of human health and disease. Evol Appl 4(2):249–263, 2011 25567971

Kahneman D: Thinking, Fast and Slow. New York. Farrar, Straus, & Giroux, 2011

Kaiser A, Bonsu JA, Charnigo RJ, et al: Impulsive personality and alcohol use: bidirectional relations over one year. J Stud Alcohol Drugs 77(3):473–482, 2016 27172580

Kalisch R, Müller MB, Tüscher O: A conceptual framework for the neurobiological study of resilience. Behav Brain Sci 38:e92, 2015 25158686

Kalisch R, Baker DG, Basten U, et al: The resilience framework as a strategy to combat stress-related disorders. Nat Hum Behav 1:784–790, 2017

Kaufman J: Creativity and Mental Illness. Cambridge, UK, Cambridge University Press, 2014

Kay CL, Green JM: Social cognitive deficits and biases in maltreated adolescents in U.K. out-of-home care: relation to disinhibited attachment disorder and psychopathology. Dev Psychopathol 28(1):73–83, 2016 25851172

Koenigsberg HW, Fan J, Ochsner KN, et al: Neural correlates of the use of psychological distancing to regulate responses to negative social cues: a study of patients with borderline personality disorder. Biol Psychiatry 66(9):854–863, 2009a 19651401

Koenigsberg HW, Siever LJ, Lee H, et al: Neural correlates of emotion processing in borderline personality disorder. Psychiatry Res 172(3):192–199, 2009b 19394205

Kok R, Thijssen S, Bakermans-Kranenburg MJ, et al: Normal variation in early parental sensitivity predicts child structural brain development. J Am Acad Child Adolesc Psychiatry 54(10):824. e1–831.e1, 2015 26407492

Kyaga S, Landén M, Boman M, et al: Mental illness, suicide and creativity: 40-year prospective total population study. J Psychiatr Res 47(1):83–90, 2013 23063328

Laceulle OM, Vollebergh WAM, Ormel J: The structure of psychopathology in adolescence: replication of a general psychopathology factor in the TRAILS study. Clin Psychol Sci 3:850–860, 2015

Lahey BB, Rathouz PJ, Keenan K, et al: Criterion validity of the general factor of psychopathology in a prospective study of girls. J Child Psychol Psychiatry 56(4):415–422, 2015 25052460

Luthar SS, Cicchetti D, Becker B: The construct of resilience: a critical evaluation and guidelines for future work. Child Dev 71(3):543–562, 2000 10953923

Macdonald AN, Goines KB, Novacek DM, et al: Prefrontal mechanisms of comorbidity from a transdiagnostic and ontogenic perspective. Dev Psychopathol 28(4pt1):1147–1175, 2016 27739395

Martel MM, Pan PM, Hoffmann MS, et al: A general psychopathology factor (P factor) in children: structural model analysis and external validation through familial risk and child global executive function. J Abnorm Psychol 126(1):137–148, 2017 27748619

Masten AS: Ordinary Magic: Resilience in Development. New York, Guilford, 2014 Masten AS, Cicchetti D: Resilience in development: progress and transformation, in Develop-mental Psychopathology Vol 4: Risk, Resilience, and Intervention, 3rd Edition. Edited by Cicchetti D.

New York, Wiley, 2016, pp 272-333

Masten AS, Labella MH: Risk and resilience in child development, in Child Psychology: A Handbook of Contemporary Issues, 3rd Edition. Edited by Balter L, Tamie-LeMonda C. New York, Routledge, 2016, p 423

Metcalfe J, Mischel W: A hot/cool-system analysis of delay of gratification: dynamics of will-power. Psychol Rev 106(1):3-19, 1999 10197361

Northoff G, Huang Z: How do the brain's time and space mediate consciousness and its different dimensions? Temporo-spatial theory of consciousness (TTC). Neurosci Biobehav Rev 80:630-645, 2017 28760626

Otto AR, Gershman SJ, Markman AB, et al: The curse of planning: dissecting multiple rein-forcement-learning systems by taxing the central executive. Psychol Sci 24(5):751-761, 2013 23558545

Panchanathan K, Frankenhuis WE, Barrett HC: Development: evolutionary ecology's midwife. Behav Brain Sci 33(2-3):105-106, 2010 20546654

Patalay P, Fonagy P, Deighton J, et al: A general psychopathology factor in early adolescence. Br J Psychiatry 207(1):15-22, 2015 25906794

Pears KC, Fisher PA: Emotion understanding and theory of mind among maltreated children in foster care: evidence of deficits. Dev Psychopathol 17(1):47-65, 2005 15971759

Pearson CM, Smith GT: Bulimic symptom onset in young girls: a longitudinal trajectory analysis. J Abnorm Psychol 124(4):1003-1013, 2015 26595477

Rothbart MK, Ellis LK, Rueda MR, et al: Developing mechanisms of temperamental effortful control. J Pers 71(6):1113-1143, 2003 14633060

Ruiter M, Johnson SL: Mania risk and creativity: a multi-method study of the role of motivation. J Affect Disord 170:52-58, 2015 25233239

Sass L, Pienkos E, Skodlar B, et al: EAWE: Examination of Anomalous World Experience. Psychopathology 50(1):10-54, 2017 28268224

Schaefer JD, Caspi A, Belsky DW, et al: Enduring mental health: Prevalence and prediction. J Abnorm Psychol 126(2):212-224, 2017 27929304

Seguin JR, Zelazo PD: Executive function in early physical aggression, in Developmental Origins of Aggression. Edited by Archer J, Tremblay RE, Hartup WW, Willard W. New York, Guilford, 2005, pp 307-392

Sergeant JA, Geurts H, Oosterlaan J: How specific is a deficit of executive functioning for attention-deficit/hyperactivity disorder? Behav Brain Res 130(1-2):3-28, 2002 11864714

Sharp C, Wright AG, Fowler JC, et al: The structure of personality pathology: both general ('g') and specific ('s') factors? J Abnorm Psychol 124(2):387-398, 2015 25730515

Snyder HR, Kaiser RH, Whisman MA, et al: Opposite effects of anxiety and depressive symptoms on executive function: the case of selecting among competing options. Cogn Emotion 28(5):893-902, 2014 24295077

Snyder HR, Miyake A, Hankin BL: Advancing understanding of executive function impairments and psychopathology: bridging the gap between clinical and cognitive approaches. Front Psychol 6:328, 2015 25859234

Strack F, Deutsch R: Reflective and impulsive determinants of social behavior. Pers Soc Psychol Rev 8(3):220-247, 2004 15454347

Toates F: A model of the hierarchy of behaviour, cognition, and consciousness. Conscious Cogn15(1):75-118, 2006 15996485

Tomasello M: Great apes and human development: a personal history. Child Dev Perspect 12(3):189-193, 2018

Vasey MW, Harbaugh CN, Lonigan CJ, et al: Dimensions of temperament and depressive symptoms: replicating a three-way interaction. J Res Pers 47(6):908-921, 2013 24493906

Vygotsky LS: Imagination and creativity in childhood. J Russ East Eur Psychol 42:7-97, 2004

Webb Hooper M, Carver CS: Reflexive reaction to feelings predicts failed smoking cessation better than does lack of general self-control. J Consult Clin Psychol 84(7):612-618, 2016 27077692

Zabelina DL, O'Leary D, Pornpattananangkul N, et al: Creativity and sensory gating indexed by the P50: selective versus leaky sensory gating in divergent thinkers and creative achievers. Neuropsychologia 69:77-84, 2015 25623426

Zapolski TC, Cyders MA, Smith GT: Positive urgency predicts illegal drug use and risky sexual behavior. Psychol Addict Behav 23(2):348-354, 2009 19586152

제5장

정신화하기와 외상

Patrick Luyten, Ph. D.
Peter Fonagy, Ph.D., FBA, FMedSci, FAcSS

이 장에서 우리는 기존의 연구(Allen, 2005, 2013; Allen et al., 2012; Fonagy & Target, 2008; Fornagy et al., 1994, 2017a, 2017b)를 바탕으로 외상의 개념화 및 치료에 대한 정신화하기 접근(mentalizing approach)을 새롭게 한다. 기존의 광범위한 연구 결과는 외상이 다양한 정서적이고 (기능적인) 신체장애 및 문제와 관련된 범진단적 요소(transdiagnostic factor)로 가장 적합할 수 있다는 것을 보여 준다. 그런 다음 정신적 관점에서 외상을 개념화하고 심리적인 기능에 미치는 영향을 이해하는 방법에 대한 아이디어를 제시한다. 외상의 치료에 방해가 되는 잠재적 요인들은 무엇인가? 이 질문에 관련된 답변은 세 가지로 설명할 수 있다.

1. 고통의 조절에 핵심적인 역할을 하는 기본적인 생물학적 행동체계(basic biobeha-vioral system)로서의 애착 체계에 대한 **외상적 경험의 영향**
2. 이러한 경험이 **정신화하기의 후속 문제에** 미치는 영향
3. 외상의 영향은 **인식론적 불신에** 영향을 줄 수 있다. 즉, 사회 환경을 탐색하는 방법에 대한 안전하고 신뢰할 수 있는 지식의 원천으로서 타인의 마음에 접근할 수 있는 가능성을 차단하는 것이다.

우리는 이 세 가지 요인에 대한 이해가 어떻게 치료에 대한 정신화하기 접근법을 사용하는 치료사에게 유용한 치료 원칙으로 이어지는지에 대한 고려로 이 장을 마친다.

　이 장의 시작 부분에서는 외상에 대한 정신화하기 접근법과 관련된 세 가지 잠재적 오해를 다루고 넘어갈 필요가 있다. 즉, ① 취약성의 존재보다는 회복탄력성의 부재가 갖는 역할, ② 이전 외상의 누적 효과에 대한 고려의 부족, ③ 불안감에 초점을 맞춘 단독 치료의 부적절함이다. 외상을 연속선상에서 살펴보면 비인격적 외상(impersonal trauma)(예: 자연재해)에서부터 대인적 외상(interpersonal trauma)(예: 동료 또는 낯선 사람에 의해 학대받는 것)을 거쳐 애착 외상(attachment trauma)(예: 애착 수치에서 학대받는 것)으로 연결할 수 있다([그림 5-1]). 정신화하기 접근법은, 특히 대인적 외상과 애착 외상에 초점을 맞춘다. 이러한 초점은 정신화하기 접근법의 한계로 해석되어서는 안 된다. 대인 및 애착 외상이 정신병리학에 대한 취약성 증가와 관련이 있는 것으로 나타났기 때문이다. 단일하고 고립된 유형의 애착에 대한 규범적 반응은 사실 회복탄력성(resilience) 또는 소위 최소의 충격 회복탄력성(minimal impact resilience)이라는 것을 잊기 쉽다. 이는 대부분의 사람들이 실제로 사건을 경험한 이후에 일시적인 고통만을 경험한다는 것을 의미한다. 게다가 어떤 그룹은 비교적 빠른 향상을 보이고, 다른 그룹의 사람들은 좀 더 긴 시간이 지난 후에 건강한 기능으로의 복귀한다. 이러한 사람들은 개별적인 외상 사건 이후 기능의 향상에 시간이 걸리거나 만성적이고 지속적인 장애를 경험하는 사람들과 마찬가지로 고립된 외상 사건을 경험한 후 부적응을 경험할 확률이 높은 취약성을 갖고 있을 수 있다. 연구 결과에 따르면 오직 일부의 사람들만이 극단적이거나 생명을 위협하는 단일 사건(유형 I 외상)을 경험하거나 목격한 결과로 인한 외상과 관련 정서적 문제를 지속적으로 나타내는 것으로 확인되었다(Bonanno & Diminich, 2013; Southwick et al., 2014). 여기에는 실직, 이혼, 가족의 사망, 자연재해, 생명에 위험이 있는 의료 절차, 군사 작전 투입, 테러리스트의 공격 등이 포함된다(Bonanno & Diminich, 2013 참고). 중요한 사실은 만성적인 부적응이 발생하는 사람들일수록 이전에 외상을 경험한 적이 있거나 사회적 지지가 부족한 사람, 정서 조절에 어려움을 경험한 사람들이라는 것이다(Denckla et al., 2018; Orcutt et al., 2014).

[그림 5-1] 외상의 종류
출처: Allen JG, 2005에서 수정됨.

따라서 우리는 외상이 부적응으로 이어진다고 가정하는 것을 넘어서서 일부 사람들이 외상 경험, 특히 단일 외상 경험의 여파로 지속적인 부적응을 보이는 이유를 설명할 필요가 있다. 이것은 지금까지 외상에 대한 연구를 지배해 왔던 관점을 뒤집는 것이다. 외상과 부적응 발달의 관계를 이해하는 본질은 취약성(외상 후 정서적 문제에 개인을 취약하게 만드는 특정 요인의 존재로 정의됨)의 개념을 환기하는 것이 아니라 회복탄력성의 부재를 강조하는 데 있다.

이는 우리에게 정신화하기 접근법에 대한 두 번째 잠재적 오해를 불러일으킨다. 문헌에서 외상은 일반적으로 외상 후 스트레스 장애(PTSD)의 개념과 관련이 있다. 그러나 지적했듯이, 단일 외상의 경험은 일반적으로 적응의 문제로 이어진다. 외상의 여파로 심각한 문제를 경험하는 사람들에게는 동반 질환이 예외가 아닌 원칙으로 여겨진다. 따라서 외상 및 치료 연구에 있어서는 범진단적(transdiagnostic) 관점 및 개인 중심적 진단(PTSD 중심, 장애 중심 대신)이 더 적절하다(Luyten et al., 2008). 연구 결과, 단일 외상 경험 후의 부적응이 이전의 외상 경험과 관련이 있다는 결과가 이전보다 더 많이 나타나고 있다. 예를 들어, 전투 노출 후 지속적인 외상 관련 문제를 경험하는 군인들은 훨씬 이전에 취약한 환경에 노출되었을 가능성이 높다. 따라서 노년의 외상은 개인이 이전에 경험한 외상의 누적 효과로 인해 지속적인 증상과 불편함으로 이어지는 것으로 보인다(Afari et al., 2014).

마지막으로, 외상에 대한 정신화 기반 치료(MBT)의 효과에 대한 근거 기반은 여전히 제한적이라고 여겨질 수 있다. 본 논문이 발표된 현재로서는 외상에 대한 침습적 사고로 특징지어지는 불안장애로 정의된 PTSD에 초점을 맞춘 MBT에 대한 연구는 없다. 그러나 우리의 견해로는 PTSD를 '불안장애'로 생각하는 것은 상당히 잘못되었다. 마찬가지로, 외상과 관련된 심리적 장애를 불안장애로 분류하는 것은 특히 복합 외상이 관련된 경우 오히려 도움이 되지 않는 것으로 보인다. 복합 외상이라는 개념은 반복적이고 누적되어 발생하는 외상의 유형을 의미하며, 일반적으로 주 양육자와 가까운 관계의 맥락에서 발생하기도 한다. 치료의 초점은 불안한 침습과 두려움뿐만 아니라 일반적으로 외상과 관련된 종종 '독성 있는' 수치심, 죄책감, 분노 및 혐오에도 맞춰져야 한다. 더욱 중요한 것은, 외상 관련 문제를 불안의 문제로 보게 되면 복합 외상이 야기하는 결과를 간과할 수 있다는 점이다. 여기에는 성적인 문제 및 공격성과 이러한 문제가 정신화하기 능력에 미치는 영향(종종 심각한 왜곡 또는 정신화하기의 방어적 억제로 이어짐), 그리고 외상 이력이 있는 사람(단 하나의 개별 에피소드를 경험한 사람까지도)이 이러한 외상 경험을 재연할 수 있다는 점도 해당된다. 외상에 대한 증거 기반 치료는 지속적인 노출(Foa et al., 2018)과 같은 외상에 대해 제한된 효과를 나타낸다고 여겨지는데 MBT는 이러한 제한된 효과를 설명할 수 있다. MBT는 치료 관계를 포함한 관계에서 정신화하는 과정을 복원하고 재연(또는 비정신화하기 경험의 외부화) 경향과 관련된 역동을 이해하는 데 중점을 두기 때문에 특히 바람직하고 효과적일 수 있다. 실제로, 이 장의 뒷부분에서 자세히 논의된 바와 같이, 외상의 피해자들은 종종 원치 않게 방치와 학대의 경험을 재경험하는 경향을 보인다. 이러한 경향은 또한 심리치료를 심각하게 손상시켜 결과적으로 높은 중도 탈락과 재발률을 초래한다. 이러한 가정과 일관되게 MBT는 경계선 성격장애(BPD)와 같이 높은 수준의 (복합) 외상을 특징으로 하는 장애에서 상당한 효과를 보여 주었다. 실제로, 성격장애가 있는 개인의 어린 시절 외상의 비율은 매우 높으며, 다양한 연구에 따르면 경계선 성격장애 환자 중 최대 90% 이상이 아동기에 어떤 형태의 학대나 방치를 경험했다고 보고한다(Ball & Links, 2009; Chanen & Kaess, 2012). 특히, 경계선 성격장애를 가진 개인은 정상 대조군 대상자(Johnson et al., 1999)보다 조기 외상을 겪을 가능성이 4배 높으며(예: Baird et al., 2005; Buchheim et al., 2008) 다른 성격장애를 가진 사람들보다 아동 학대를 경험한 비율이 높은 것으로 밝혀졌다. 마찬가지로 기분장애에서 MBT에 대한 새로운 증거(제23장 참고)는 또 다른 좋은 사례가 될 수 있다. 예를 들어, 만성 우울증 환자의 대규모 표본에 대한 연구에 따르면 이러한 환자의 75%가 상당한 외상, 특히 정서적·성적 학대를 경험한 것으로 나타났다(Negelle et al., 2015). 미래에는 외상에 초점을 맞춘 정신화 기반 치료법(MBT)이 개발될 수 있겠지만(이 장의 후반부에 더 자세하게 논의된 바와 같이), 현재로서 (복합) 외상은 모든 유형 MBT의 일부로서 다루어진다.

외상의 발달 심리생물학

이 장에서 취한 접근법과 일관되게, 외상의 후유증에 대한 연구는 개별적인 심리장애의 원인을 찾는 데부터 정신병리학의 범진단적 관점(transdiagnostic view)으로 나아가는 데 중요한 역할을 담당했다([그림 5-2]). 외상은 다양한 장애와 관련에 있는 반면, 외상의 비율은 단일 장애의 기준을 충족하는 환자마다 상당히 다르다. 외상은 정신병리학이 시작되는 초기 연령, 더 큰 증상 심각도, 더 높은 수준의 동반 질환, 더 큰 자살 위험 및 더 낮은 치료반응과 같은 여러 가지 전형적인 특징과 관련된 생태표현형(ecophenotype)으로 가장 잘 설명될 수 있다(Teicher & Samson, 2013). 외상의 범진단적(transdiagnostic) 중요성은 과소평가되어서는 안 된다. 초기의 역경이 우울증과 불안과 같은 일반적인 정신질환에 대한 인구 집단 기여위험분율(population-attributable risk fractions)의 30~70%를 설명하는 것으로 나타났기 때문이다(Anda et al., 2006; Teicher & Samson, 2013). 따라서 일반적인 정신장애 사이의 동반 질환의 병적인 관계는 예외라기보다는 일반적으로 나타나며, 대부분 외상과 다른 생물학적 · 사회적 및 심리적 요인 간의 상호작용이 최종의 표현적 발현(즉, 다중귀결성)을 결정한다.

지금까지의 인간과 동물의 외상과 관련한 상당수의 연구 결과는 크게 세 가지로 나타난다(Heim & Binder, 2012; Lupien et al., 2009). 첫째, 평균적인 예상 환경을 넘어서는 경험으로 정의되는 초기 외상 경험은 시상하부–뇌하수체–부신(HPA) 축과 부교감 신경계를 포함한 인간 스트레스 시스템의 기능장애와 관련이 있다. 이러한 경험은 스트레스 시스템 및 신경 전달 물질 시스템, 면역 시스템, 그리고 중요하게는 통증 처리 시스템을 포함한 관련 생물학적 시스템 및 생물학적 중재자에게 오래 지속해서 반응하는 결과를 초래하는 것으로 보인다. 다른 환경 및 생물학적 요인과의 상호작용에 있어 이는 심리적 · 신체적 · 기능적 신체장애에 대한 취약성을 증가시킨다([그림 5-2] 참고). 다시 말하지만, (복합) 외상이 미칠 수 있는 광범위한 영향은 이 연구의 본문에서 명백하게 기술되어 있다.

둘째, 초기 역경의 영향은 부분적으로 스트레스 시스템 개발의 중요한 시간대에 따라 달라진다. 인간(및 일부 다른 동물 종)에게 있어 이 기간은 역경에 대응하는 스트레스 시스

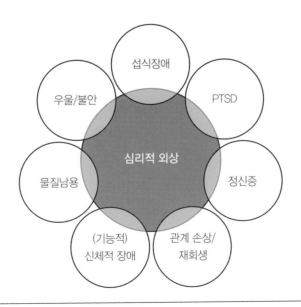

[그림 5-2] 비특이적 취약성(nonspecific vulnerability) 요소로서의 심리적 외상

템의 적응적 저반응성(adaptive hyporesponsivity)으로 특징지어진다. 이는 초기 성인기까지 확장되며 주로 애착관계의 질에 의해 결정된다(Gunnar & Quevedo, 2007, 2008). 이 중요한 기간 동안 높은 수준의 역경은 낮은 수준의 안정 애착과 결합하여 HPA 축의 과잉 행동(즉, 지속적인 투쟁/도피 상태)(fight/flee state)을 일으키며, 이는 만성 스트레스로 인해 일반적으로 HPA 축 과잉활동(HPA axis overactivity)(즉, 부동화/실신 상태)(freeze/faint state)으로 전환된다(McEwen et al., 2007; Miller et al., 2007). 이러한 맥락에서 애착 대상의 핵심적인 역할은 이 장의 전반에 걸쳐 가장 중요하다고 볼 수 있다. 이는 특히 노년의 정신병리학에 대한 취약성에 있어서 애착 관련 외상의 역할에 대해 설명할 뿐 아니라(Allen, 2013), 그러한 사건에 직면했을 때 취약성을 설명해 주는 것이 무엇인지에 대한 질문 또한 제기한다. 달리 말하자면 다음과 같다. 안정 애착관계의 맥락에서 일어나는 어떠한 요소가 개인이 경험하는 역경으로 인한 영향을 완전히 채워 줄 뿐 아니라 개인이 나중에 역경에 직면했을 때 보호해 줄 수 있는가? 이 질문은 다음 섹션에서 논의된다.

외상에 대한 연구에서 나타난 세 번째이자 마지막 발견은 더욱 광범위한 환경 요인의 역할과 유전적 취약성과의 상호작용에 관한 것이다. 연구에 따르면 초기와 후기의 역경은 고립된 상태에서 발생하는 경향이 아니라 개인이 성장하고 살아가는 더 넓은 '위험한 환경'의 일부다(Cicetti & Toth, 2005). 이러한 맥락에서, 능동적 및 수동적인 사람-환경의 상관관계와 유전자-환경 상관관계에 대한 관심이 증가하고 있는데, 이는 개인이 특정 성격 또는 유전적 특징 때문에 무의식적으로 그러한 위험한 환경에 기여할 수 있다는 것을 의미한다. 나중에 외상의 맥락에서 재연에 대해 논의할 때 이 문제를 다시 논의할 것이다. 유전자-환경 상호작용(즉, 유전자와 환경의 시너지 효과)과 후생 유전적 효과(유전자 발현에 대한 긍정적 및 부정적 환경적 특징의 영향)의 잠재적 역할(Belsky & Pluess, 2013; Dick et al., 2015; Gluckman et al., 2009) 또한 연구에서 점점 더 조명받고 있다.

외상에 대한 연구는 역경에 직면했을 때 외상에 대한 취약성과 회복탄력성 두 가지 모두가 발달에 강한 뿌리를 두고 있으며, 이러한 맥락에서 애착 관련 외상이 고려해야 할 주요 요소임을 분명하게 시사한다.

정신화하기 및 발달 정신병리학적 관점에서 본 외상

외상과 애착

그렇다면 외상, 특히 애착 외상의 영향을 어떻게 이해할 수 있을까? 애착 외상은 일반적으로 애착 대상과의 신뢰가 위배된 것을 경험함으로써(Teicher & Samson, 2013) 다른 사람에게 일반화되어 타인에게 도움을 요청하는 능력에 심각한 손상을 초래할 수 있다(〈표 5-1〉). 이러한 불신은 도움이 필요할 때 효과적으로 도움을 구하는 개인의 능력에 큰 방해가 된다. 이는 이전 섹션에서 논의한 내용인 외상의 단일 에피소드가 개인의 내면에서 오래 지속되는 정서적 문제와 연관될 수 있다는 연구 결과를 부분적으로 설명할 수 있다. 이 책의 다른 장에서 상세히 요약한 바와 같이(예: 제17장), 애착 외상(예: 방치 또는 남용)에 직면하게 되면, 개인은 애착 과잉활성화하기(hyperactivating), 비활성화하기(deactivating) 전략, 또는 이 둘의 조합(예: 혼란 애착을 가진 개인의 경우)과 같은 2차 애착 전략에 과도하게 의존하기 시작한다. 이러한 불안정한 애착 전략은 유년기에 애착 대상이 일관성이 없거나 부재한 경우, 특정 환경에서의 대한 적응 전략으로 처음 개발된다. 애착 비활성화하기 전략이 애착 대상의 (인식된) 가용성에 대한 전형적인 반응인 반면, 애착 과잉활성화하기 전략은 특징적으로 일관성 없이 이용 가능한 애착 대상으로부터 지지, 사랑 및 보살핌을 이끌어 내기 위한 시도로 발전한다. 그러나 애착 외상은 보호자가 안전, 사랑, 보살핌과 학대 및 방임의 원천이 되는 특별히 위험한 상황을 수반한다. 결과적으로, 아동은 해결책이 없는 접근-회피 갈등에 갇히게 된다. 따라서 애착 외상은 개인이 역경에 직면했을 때 타인에게 의지할 수 있는 능력을 차단하거나 최소한 심각하게 제한한다.

외상과 정신화하기

외상은 애착 체계를 방해할 뿐만 아니라 정신화하기에도 손상을 준다. 실제로, 연구는 각성과 정신화하기 사이에 부적 관계가 있음을 시사한다(Arnsten, 1998; Mayes, 2000). 각성이 증가함에 따라, 뇌는 유연하지만 상대적으로 느린 전두엽 실행 기능을 포함하는 기능에서 후방 피질 및 변연계 구조에 의해 매개되는 보다 신속하고 자동적이며 습관적인 반응으로 전환된다(제3장 참고). 다른 말로 설명하면 다음과 같다. 조절된 정신화하기가 오프라인 상태가 되면 방어적[(투쟁/도피/부동화)(fight/flight/freeze)] 자동 정신화하기가 온라인 상
태가 된다. 진화론적 관점에서 볼 때, 보다 조절된 정신화하기에서 자동 정신화하기로 전
환하는 것은 임박한 위험에 대한 신속한 대응을 촉진하기 때문에 분명한 적응 가치가 있다
("우선, 먼저 우리가 살아남도록 하자!"). 그러나 외상의 단일 에피소드에 대한 방어적인 반응
을 특징짓는 자동 정신화하기(automatic mentalizing)는 만성적인 외상을 직면하게 되면 금
세 도움이 되지 못한다. 이러한 경험(자해나 재연; 〈표 5-1〉 참고)을 외부화해야 한다는 지
속적인 압력과 관련한 정신화되지 않은 무서운 경험에 점점 더 많이 노출되기 때문이다.

〈표 5-1〉 외상에 대한 정신화적 접근

외상의 영향을 받는 시스템/능력	결과
애착 행동 체계	도움이 되지 않는 2차 애착 전략에 대한 의존도 증가: 스트레스 반응의 조절장애가 증가하여 고립감, 유기 또는 방임으로 이어질 위험
정신화하기 능력	주관적인 경험을 지배하기 위해 예비 정신화하기(prementalizing) 모드를 사용하는 경향, 절망감과 공포감(심리적 동일시), 자해(목적론적 모드) 또는 해리(가장 모드)의 위험 증가, 외상 경험의 재연과 마찬가지로 정신화되지 않은 경험['이질적 자기 상태(alien-self states)']을 외부화하라는 압력과 결합됨
인식론적 신뢰를 위한 능력	인식론적 신뢰의 침습, 초기 역경의 심각성과 만성성에 따른 인식론적 불신, 인식론적 과잉 경계(epistemic hypervigilance) 또는 인식론적 부동화(epistemic freezing)의 발달; 마음의 재조정을 방해하고 고립과 공포감을 증가시키는 사회적 의사소통과 건강생성 이론(salutogenesis)의 장애

그러나 다소 역설적이게도 연구에 따르면 조절된 정신화하기에서 자동 정신화하기로의
전환의 역치는 초기 역경에 대한 노출과 특히 애착 비활성화하기 및 과잉활성화하기 전략
의 사용과 관련이 있었다(Luyten & Fonagy, 2015). 따라서 애착 외상이 있는 사람들은 나중의
스트레스와 역경에 방어적으로 반응하는 경향이 증가하기 때문에 이후의 역경에 더 취약한
것으로 보인다. 이러한 견해와 일관되게, 전전두피질, 특히 내측 전전두피질(mPFC)과 관련
한 '편도중추성(amygdalocentric)' 외상 모델이 스트레스와 역경의 시기에 중요한 조절 역할
을 담당한다는 데 대한 상당한 증거가 있다(Rauc & Drevets, 2009). 제2장에서 설명한 바와 같
이, 편도체는 위협에 대응하여 활성화되는 반면, mPFC는 공포 반응의 소멸과 하향식 조절
에 중심적인 역할을 하며 조절된 정신화하기 능력의 핵심 뇌 구조다(Luyten & Fonagy, 2015).
좀 더 현상학적인 관점에서 보면, 이러한 견해는 애착 외상이 압도되는 경험을 일반적

으로 프레임화할 수 있는 능력, 특히 재구성할 수 있는 능력을 손상시킨다는 개념으로 해석된다. 애착 외상이 있는 사람들은 외상 경험을 이해하고 소화하는 데 도움이 되는 적응적인 방법으로 다른 사람들에게 의존하는 문제가 있다. 결과적으로, 그들은 우리가 관계 참고(relational referencing)라고 부르는 과정, 즉 사람이 역경으로 인한 경험을 의미 있게 재구성하고 이전에는 정신화될 수 없었던 것을 정신화하기 시작하는 과정에 접근하는 데 어려움을 경험하거나 아예 접근하지 못한다. 실제로 외상의 종류와 관계없이, 외상의 전형적인 특징은 외상이 적어도 일시적인 동안 개인의 정신화하기 능력을 압도한다는 것이다. 따라서 역경에 대한 규범적 대응은 정신화하기의 회복을 수반하는 것으로 보이며, 이를 통해 이전에는 통제할 수 없었던 생각과 감정을 더 다루기 쉬워진다.

　정신화하기의 관점에서 볼 때, 역경이 외상이 되는 것은 자신이 혼자라고 느껴 생각하고 싶지 않은 생각을 떠올릴 수 없고 처음에 느끼지 못했던 감정을 느낄 수 없을 때에 비로소 나타나게 된다. 이러한 경우에는 개인이 압도되었던 경험을 재구성할 수 있는 사회적 참조(social referencing)를 제공하는 다른 마음의 존재가 필요하게 된다. 그러한 상황에서 다른 사람의 마음에 의지할 수 있다는 것은 안정감과 지원(즉, 애착 '안정 기반' 기능)을 제공할 뿐만 아니라 개인이 자신의 주관적 경험을 재조정하는 것을 더 용이하게 한다.

　그러므로 마음이 충격적인 사건에 의해 압도되면, 정신화하기 능력의 출현에서 핵심적인 발달 과정인 두드러진 거울 반영하기(marked mirroring)의 특별한 필요성을 경험하게 된다. 두드러진 거울 반영하기(marked mirroring)는 외상에 직면한 사람이 정신화하기 어렵거나 심지어 불가능한 것을 두드러진[(marked)(소화된)] 방식으로 반영하는 것이다. 경험을 두드러지게(marking) 한다는 뜻은 그 사람이 생각하고 느낄 수 없는 것을 조절화된 방식으로, 동시에 타당화하고 그 사람을 배려하는 방법으로 성찰하는 것을 의미한다. 이는 일반적으로 사람이 생각하고 느낄 수 없는 것이 무엇인지에 도달하기 위한 시행착오로 특징지어지는 점진적이고 교감적인 과정을 포함한다. 이러한 과정은 외상 경험에 압도된 개인의 마음을 적절하게 정신화할 수 있는 타인(일반적으로 애착의 대상)의 능력에 크게 좌우된다. 다른 사람이 나를 마음으로 붙들고 있다는 경험은 주체성과 통제력을 회복시킬 수 있으며, 이러한 과정에 이어 마음의 재조정이 일어난다.

　일관된 정신화하기에 초점을 맞춤으로써 치료적인 능력을 이끌어 낼 수 있는 것이 바로 이 지점이다. 실제로 외상에 대한 모든 효과적인 치료법과 마찬가지로, 정신화하기를 촉진하는 것은 위로부터 아래로 향하는 하향식 조절(top-down regulation)을 촉진한다. PTSD의 해리성 하위 유형에서 관찰되는 것과 같은 감정의 과잉 통제는 마찬가지로 정신화하기에 초점을 맞추고 해리된/방어된 감정 상태의 정신화하기를 필요로 하며 정동 성향을 정신화하기(mentalizing affectivity)를 강화시킨다(Fonagy et al., 2002; Jurist, 2005). 여기서 정동 성향을 정신화하기는 자신의 감정을 느끼고 동시에 성찰하는 개인의 능력을 의미한다.

그러나 외상은 일반적으로 정신화하기를 손상시킨다. 개인은 외상을 직면하게 되면 점점 더 주관성을 경험하는 비정신화하기 모드에 의존하기 시작한다(제1장 '서론' 참고). 심리적 동일시 모드에서는 모든 것이 너무 현실적이 되면서, 외상에 대해 이야기하는 것은 외상의 재경험으로 이어진다. 개인에게는 희망도 출구도 없다. 외상을 입은 사람은 고통스러운 과거와 현재에 갇혀 있다고 느낀다. 이러한 고통스러운 감정은 많은 경우 외상의 전형적인 '유해한' 수치심과 합쳐져 행동만이 안도감을 가져다줄 수 있다고 느끼는 목적론적인 기능을 초래한다. 이것은 일반적으로 극도로 고통스러운 감정을 조절하려는 시도로 자해(예: 자신의 신체를 베는 것, 과도한 음주)를 유발하기도 한다. 과거의 사건에 대한 반추는 침습적인 생각과 더해져 개인이 현실과 접촉하지 못하고 끝없는 과거에 대한 회상에 빠지게 되는 가장 모드로 이어질 수 있다. 극단적으로는, 내면의 나쁘다는 감정이나 무가치함으로부터 스스로를 보호하기 위해 해리 상태가 나타난다.

외상에 직면하여 정신화하기를 계속하는 것의 문제는 잘못된 정신화하기가 더 나쁜 정신화하기로 이어진다는 사실로 인해 더욱 복잡해진다. 즉, 외상을 입은 개인과 상호작용하는 다른 사람들의 마음은 얼어붙는 경향이 있으며(이는 '대리 외상'으로 생각할 수 있음), 이는 외상을 입은 사람이 고립되고 그 어떤 도움도 받을 수 없게 되는 고통스러운 감정에 더욱 기여한다. 결과적으로 외상을 입은 사람의 마음은 두려움에 지배된다.

따라서 강한 정신화하기 능력을 가진 애착 대상을 갖는 것은 매우 중요하며, 이는 연구 결과에 의해 입증된다. 예를 들어, Berthelot 등(2015)은 외상 이력과 관련하여 높은 수준의 성찰 기능(RF)을 가진 어머니가 낮은 성찰 기능(RF)을 가진 어머니(67%)에 비해 혼란 애착(disorganized attachment)을 가진 아이(37%)를 가질 가능성이 절반을 상회하는 정도에 불과하다는 것을 발견했다. 실제로 외상과 관련하여 모성 RF를 추가하게 되면, 어머니의 미해결 외상을 유일한 예측 변수로 삼는 모델보다 혼란형 애착(disorganized attachment)의 변량값은 두 배(22% 대 41%)로 나타났다. 마찬가지로, Fonagy 등(1996)은 외상과 낮은 RF의 조합이 경계선 성격장애(BPD) 환자에게 전형적이라는 것을 발견했다.

애착 외상이 정신화하기 능력 발달에 미치는 부정적인 영향도 충분히 입증되었다. 애착 외상 병력이 있는 아동은 놀이에서 상징을 덜 사용하고 부모와 둘이서 놀이할 때도 덜 주도적이다(Alessandri, 1991; Valentino et al., 2011). 이러한 아동들은 다른 아동의 고통을 목격할 때 공감 능력을 덜 발휘했으며(Klimes-Dougan & Kistner, 1990), 자신의 행동이나 다른 사람의 행동을 설명할 때 내적인 마음의 상태를 덜 언급했다(Shipman & Zeman, 1999). 또한 언어 지능이 낮은 경우에도 다른 사람의 감정 표현을 이해하는 데 더 많은 문제를 보였다(Camras et al., 1990; Shenk et al., 2013). 이러한 맥락에서 학대 전력이 있는 아동은 분노를 다른 사람에게 부정확하게 돌리는 경향이 있다는 점에 특히 주목해야 한다(Camras et al., 1996; Ciccetti & Curtis, 2005). 따라서 초기의 역경이 마음 이론(theory of mind)에 대한 이해 지연과 관련이 있다는 점은 전혀 놀랍지 않다(Cicchetti et al., 2003; Pears & Fisher, 2005; Toth et al., 2000). 흥미롭게도, 한 연구(Ensink et al., 2015)는 가족 내 학대를 경험한 아동이 가족 외 학대 이력이 있는 아동에 비해 성찰 기능 수준이 현저히 낮다는 것을 발견했으며, 이는 밀접한 애착 대상과 관련된 외상의 부정적 영향을 다시 한번 입증했다. 이 연구에서 어머니의 성찰 기능은 또한 자녀의 성찰 기능 발달과 관련이 있었다(Ensink et al., 2015). 따라서 양육자가 일반적으로 정신화할 수 있는 정도(특히, 외상 경험을 정신화할 수 있는 정도)는 매우 중요할 수 있다(Berthelot et al., 2015). 이것은 쉬운 일은 아니다. 다른 연구에서는 성적 학대를 당한 적이 있는 어머니는 학대 이력이 없는 어머니에 비해 자녀와 관련하여 낮은 성찰 기능, 높은 부정성(negativity), 낮은 애정의 경향을 보였다(Ensink et al., 2017). 이러한 영향은 평균적으로 딸을 가진 어머니보다 아들을 가진 어머니에게 더 두드러질 수 있는데 아들이 딸보다 (성적) 학대와 관련한 기억을 더 많이 불러일으킬 수 있기 때문이다. 그러나 전반적인 연구에 따르면 정신화하기가 애착 또는 역경과 성인 기능 사이의 관계를 매개한다는 연구 결과가 일관되게 나타났다(Bouchard et al., 2008; Chiesa & Fonagy, 2014; Fonagy & Bateman, 2006; Fossati et al., 2009, 2011; MacIntosh, 2013; Stein & Allen, 2007; Taubner & Curth, 2013).

재연

이런 맥락에서 재연 문제는 특별한 관심을 받을 만하다. 재연(reenactment)은 전부는 아니지만 대부분의 외상 관련 병리학을 경험하는 환자에게서 나타나는 중심적인 특징이다. 재연은 이전의 관계에서 배운 경험을 일반화하는 것을 의미하는 개념이다. 애착 이론과 대부분의 다른 사회적 인지 이론의 핵심 원칙은 개인이 이전의 경험을 바탕으로 자신과 다른 사람의 내부 작업 모델 또는 인지-정동적, 스키마를 개발하여 미래의 상호작용을 위한 템플릿을 제공한다는 것이다. 외상, 특히 애착 외상의 재연도 같은 관점에서 보아야 한다. 여기서는 외상의 세 가지 유형의 재연을 구분한다(〈표 5-2〉 참고).

〈표 5-2〉 (애착) 외상과 관련한 재연의 유형

재연의 유형	전형적인 특징
재피해(revictimization)	개인은 마지못해 물리적·정서적·성적 학대로 특징지어지는 관계를 추구하며, 종종 거부, 유기, 또는 방임한다.
방임의 재연	개인은 방임의 징후에 대해 과민하게 반응하며, 대인관계 상황을 방임의 관점에서 끊임없이 해석하는 경향이 있다. 정당성의 옹호와 공격성이 나타날 수 있으며 다른 사람들이 실제로 방임한다는 것에 대해 더 확신하게 될 수 있다.
양육 행동/아동학대에 대한 애착 외상 재연	자녀의 정서적 상태는 개인 자신의 외상 역사와 관련된 정신화되지 않은 정신 상태를 유발하며 이는 아동과 관련한 행동으로 나타난다.

가장 일반적이고 잘 알려진 재연의 형태는 **재피해(revictimization)**이다. 전향적 연구와 후향적 연구 모두 애착 외상 병력이 있는 개인이 인생 후반에 새로운 학대 관계에 들어갈 위험이 증가한다는 것을 충분히 입증했다(Cloitre et al., 1997; Widom, 1999). 이것은 직관에 반하는 것일 수 있지만, 어린 시절 학대적인 관계를 경험한 것은 상당한 불안과 고통을 야기할 뿐만 아니라 애착 욕구를 강화시킨다. 애착 체계가 일반적으로 위협에 대한 반응으로 활성화되기 때문이다. 따라서 학대적인 애착 대상과의 관계는 역설적으로 종종 강화되는데, 특히 학대하는 대상이 위안, 지지, 또는 사랑의 원천이라면 더욱 그렇다. 이 패턴은 이후의 관계에서 반복된다. 예를 들면, 질투심이 많고 소유욕이 강한 학대적인 파트너와의 로맨틱한 관계에서 반복되어 나타날 수 있다(Allen, 2001). 이러한 관계는 삶의 초기에 형성된 혼란/혼돈 애착 패턴의 연속이며(Main & Hesse, 1990), 심오하고 해결할 수 없는 접근-회피 갈등으로 특징지어지는 외상적 유대의 패턴을 포함한다.

문헌에서 주목을 덜 받아 종종 간과되는 두 가지 다른 형태의 재연이 있다. 그러나 그 형태는 매우 흔하다. 첫 번째는 **방임의 경험**을 재연하는 것이다. 방임을 경험한 사람들은 일반적으로 어떤 유형이든 인지된 또는 실제적인 정서적 방임에 매우 민감해진다. 사소한 오해, 의견 불일치 또는 갈등으로 보이는 것에조차도 종종 극도의 불쾌감 그리고/또는 공격적이거나 자해적인 행동을 보인다. 예를 들어, 경계선 성격장애(BPD)의 핵심 기준 중 하나는 '실제 또는 상상 속의 유기를 피하기 위한 광적인 노력'을 포함하며(American Psychiatric Association, 2013, p. 633), 이는 이전의 방임에 대한 외상 후 재경험으로 볼 수 있다(Allen, 2001). 목적론적 모드에서, 개인은 자해를 할 수 있으며, 다른 사람들은(점점 '외상을 경험하기 때문에') 점점 더 그에게서 멀어져야 한다고 느끼는 악순환으로 이어질 수 있다. 즉, 외상을 가진 개인의 최악의 두려움인 다른 사람들이 멀어지고 이로 인해 방임된다는 것을 확인하게 되는 것이다. 그러나 방임의 피해자는 타인의 방임에 대해 보복할 충분한 이유가 있다고 느끼기 때문에 정당한 옹호의 상태가 뒤따를 수도 있다(Clarkin et al., 1999). 공격성은 일반적으로 일관성을 유지하는 데 도움이 되고 슬픔과 불안이라는 훨씬 더 고통스러운 감정으로부터 개인을 보호하기 때문에, 보복하고 싶은 마음 상태는 지속적으로 나타날 수 있다. 결과적으로, 이러한 개인들은 방임과 학대에 대한 공격성이 개인의 정신화되지 않은 마음 상태에 대한 습관적인 반응이 되었기 때문에 종종 방임하거나 학대하는 다른 사람들에게 '중독'된다. 따라서 그들은 일정 수준의 안정을 확립하고 유지하기 위해 아무리 불안정하더라도 지속적으로 적이라는 대상을 필요로 하는 것으로 보인다.

마지막으로, 애착 외상의 재연은 아동학대 가해자들에게서도 꽤 흔하다. 이러한 재연은 '아기방의 유령(Ghosts in the Nursery)'(Fraiberg et al., 1975)의 특별한 경우로 볼 수 있다. 즉, 애착 대상과 관련한 개인의 과거가 지속적이고 종종 무의식적으로 자신의 자녀에게 영향을 미치는 경우다. 예를 들면, 외상의 세대 간 전이(inter-generation transmission)에 대한 충분한 증거가 있으며 이는 부모의 미해결/혼란 성인 애착 인터뷰의 범주가 유아의 혼란(disorganization)과 연결된다는 연구에서도 입증되었다(Cyr et al., 2010). 이러한 부모의 경우, 자녀의 정서적 고통을 보거나 반대로, 자녀가 행복해하는 것을 보는 것은 그들 자신의 과거의 방임 또는 학대에 대한 외상 경험을 촉발시킬 수 있다. 질투, 분노, 가학적 욕망과 관련된 정신화되지 않은 경험이 행동으로 나타나면서 부모인 자신의 양육자가 주었던 외상을 자신의 자녀에게 반복하게 된다.

다시 말하지만, 이러한 예는 여러 PTSD 문헌에서처럼 외상 관련 장애를 불안장애로 간주하는 것이 종종 도움이 되지 않는다는 것을 보여 준다. 외상성 발달장애, 복합 외상 등 대인관계와의 밀접한 연관성을 강조하는 명칭이 훨씬 적합하다. 실제로, 단일 외상조차도 종종 개인에게 일어난 일을 재연하라는 압력(예: 외상 사건을 경험한 개인을 방임한 것으로 알려진 보건 당국에 대한 끊임없는 비난)이나, 외상 경험을 다른 사람들의 경험과 연결시키라는 끈질긴 권고로 이어질 수 있다. 그렇게 되면 외상의 피해자가 느끼는 감정을 고스란히 느낄 수밖에 없다. 여기에는 2차적 또는 대리적 외상의 실제적인 위험이 있으며, 다른 사람들과의 관계에서 후속적으로 재연될 수 있다. 이는 외상 병력이 있는 환자들을 치료하는 많은 치료사들의 운명이기도 하며, 이로 인해 환자들을 치료할 때는 훈련과 지속적인 감독의 필요성이 강조된다. 따라서 외상은 정신화될 수 없는 것, 생각할 수 없는 것을 외부화하려는 압력과 관련이 있다. 모든 효과적인 심리치료는 개인이 이전에 생각하고 느낄 수 없었던 것에 대해 생각하고 느낄 수 있도록 돕는다는 공통점이 있다. 게다가 모든 효과적인 심리치료는 안전한 상황과 다른 사람과의 관계를 제공해 주는 것으로 여겨지기 때문에 외상을 입은 개인은 '혼자 할' 필요가 없다. 그러한 안전한 안식처는 개인에게도 새로운 경험을 열어 주며 회복탄력성과 사회적 의사소통의 역할에 대한 주제를 제시한다.

외상, 의사소통 및 회복탄력성

애착 외상은 애착과 정신화하기에 미치는 영향으로 인해 인식론적 신뢰를 위한 능력에 부정적인 영향을 미친다. 그 결과, 인식론적 신뢰에 뿌리를 둔 사회적 의사소통과 건강생성 이론(salutogenesis)에도 부정적인 영향을 준다. 특히, 애착 외상은 개인적으로 관련된 지식의 소통에 대한 마음의 폐쇄로 이어진다(Fonagy et al., 2015).

회복탄력성(Resilience)은 역경에 대한 규범적 반응이며(Fonagy et al., 2017a, 2017b), 제4장과 제10장에서 더 자세히 논의된다. 요약하면, 회복탄력성에 대한 포괄적인 긍정 평가 스타일 이론(comprehensive positive appraisal style theory of resilience: PASTOR; Kalisch et al., 2015)을 기반으로 하는 회복탄력성은, ① 긍정적인 상황 분류, ② 위협의 소급 재평가, ③ 재외상화 촉발 요인 억제의 세 가지 중심 메커니즘을 포함한다. 이 세 가지 메커니즘은 모두 역경에 직면했을 때 자신의 마음을 다시 조정하는 개인의 능력에 달려 있다. 발달적으로 개인이 자신의 마음을 다시 교정할 수 있는 능력의 근원은 인식론적 신뢰를 필요로 하는 사회적 의사소통에 있다. 애착 대상은 이러한 맥락에서 중요한 역할을 하는데, 이는 유아를 소위 학습 모드로 전환시키기 위해 표면적 단서(ostensive cues)로 알려진 특정 의사소통 신호를 사용하는 처음으로 사용하게 되기 때문이다. 실험 연구는 실제로 표면적 단서의 사용이 유아의 지식에 대한 인식론적 개방을 촉발한다고 제안했다(Csibra & Gergely, 2009). 표면적 단서는 애착 대상이 의사소통 수신자의 자율성과 주체성을 인식한다는 것을 나타낸다. 또한 표면적 단서는 전달되는 지식이 수신자에게 유용하다는 신호를 보낸다(즉, 개인적으로 관련이 있고 다른 맥락과 상황에 일반화할 수 있다). 따라서 애착을 가진 대상(그리고 나중에 신뢰할 수 있는 것으로 인식되는 다른 개인)이 제공하는 표면적 단서는 다른 사람들이 제공하는 지식에 대한 유아의 기본 모드인 인식론적 경계에 절실히 필요한 균형추를 제공한다. 사실 진화론적 관점에서 볼 때, 다른 사람들에 의해 제공된 지식에 대한 경계, 더 나아가 불신은 종의 생존에 도움이 되는 것처럼 보인다. 다른 사람들에 대한 무분별한 신뢰는 머지않아 그릇 인도되거나 강요당하는 것과 같은 원하지 않는 결과로 이어질 수 있다.

　　외상(특히, 애착 외상)은 전형적으로 사회적 학습 및 건강생성 이론을 촉진하는 데 필요한 선택적 인식론적 신뢰의 능력과 표면적 단서에 대한 개방성을 손상시킨다. 사회적 지식의 소통과 관련된 인식론적 불신은 기본 모드가 된다(어떤 의미에서는 유지된다). 애착 외상은 일반적으로 개인이 독립적인 주체로 인식되지 않고 인식론적 신뢰를 생성하는 두드러진 거울 반영하기(mirroring)의 경험이 부족하다고 느끼게 한다. 또한, 애착 대상이 제공해 주는 자신, 타인, 세계에 대한 지식을 빠르게 전달할 수 있는 '인식론적 초고속도로(epistemic superhighway)'를 열어 준다. 학대의 경우, 일반적으로 표면적 단서가 없거나 두려움이나 혼란에 의해 약화된다. 결과적으로, 인식론적 경계(epistemic vigilance)의 완화가 되지 않으며, 인식론적 불신이 나타나며, 극단적인 경우에는 노골적인 인식론적 과잉 경계와 인식론적 부동화(freezing)로 이어진다. 이는 유아가 자신의 양육자가 친절, 신뢰, 공감의 원천일 수 있다는 경험을 대부분 또는 완전히 박탈당하기 때문에 발생할 수 있다. 애착관계에서 폭력과 학대에 직면한 아이들과 청소년들은 타인의 의도를 생각하는 것이 두렵고 혼란스러운 사건을 다시 경험하는 것으로 이어지기 때문에 타인의 마음을 생각하는 것조차 방어적으로 차단할 수 있다. 불행하게도, 결과적으로 그들의 마음은 새로운 정보에 닫혀서 특히 신뢰할 수 있다고 여겨지는 다른 사람들(예: 교사, 경찰 또는 정신 건강 전문가)에게조차 닫히게 된다.

　　따라서 이러한 관점에서 복합외상장애는 인식론적 과잉 경계, 불신 또는 노골적인 인식론적 부동화가 주어진 사회적 환경에 대응하는 적응 전략으로 채택되는 사회적 이해의 한 형태로 보아야 한다. 이 전략은 초기에는 적응력이 있지만 점진적으로 사회적 학습과 건강생성 이론을 손상시켜 이러한 개인에게 특별히 '접근하기 어렵게' 만든다.

임상적 의미: 정신화 기반 치료 및 그 이상

　　애착 외상의 병력은 심리치료적 개입에 대한 반응 감소와 관련이 있다(Fonagy et al., 2015; Teicher & Samson, 2013). 따라서 이러한 개인과의 심리치료의 효과를 높이기 위해서는 사회적 의사소통의 '무엇'뿐만 아니라 '어떻게'라는 사회적 의사소통의 방법을 고려하는 것이 중요하다. 즉, 사회적 재조정(social recalibration)을 위한 진화적으로 사전 배선된 능력(evolutionary prewired capacity)으로부터 고립된 개인이 이 과정에 다시 마음을 열 수 있는지를 고려하는 것이 중요하다. 정상적인 발달과 마찬가지로 이러한 환자의 대부분에게 있어 애착관계의 확립은 변화를 위한 중요한 전제 조건이다. 덜 심각한 (애착) 외상을 입은 환자들은 사회적 의사소통 능력과 그에 따른 건강생성 이론이 상대적으로 온전하게 남아 있기 때문에 다양한 개입으로부터 이익을 얻을 수 있지만, 매우 심각한 영향을 받은 환자들의 경우, 인식론적 신뢰를 재정립하기 위해서는(또는 처음으로 개발하기 위해서는) 치료사와의 애착관계가 요구된다. 이러한 깨달음은 심한 애착 외상을 가진 사람들을 효과적으로 치료하기 위해서는 애착의 역할과 그 과정에서의 정신화하기에 대한 이해가 필요하다는 입장에 이르게 했다. 특히, 함께 기능하는 세 가지 의사소통 체계는 제공되는 치료 유형에 관계없이 이러한 환자의 치료적 변화를 담당한다. 의사소통 체계는 제10장에서 더 자세히 논의되는데, 효과적인 치료는 순차적이지만 순환하는 방식으로 세 가지 체계 모두를 활성화한다고 주장한다. 이러한 체계는 외상치료와 관련하여 여기에 간략하게 요약되어 있다.

의사소통 체계 1

콘텐츠 교육 및 학습

(복합) 외상을 가진 환자들을 위한 모든 효과적인 유형의 심리치료는 환자에게 자신의 마음을 이해하기 위한 설득력 있는 모델을 제공한다는 사실, 즉 환자가 자신의 경험의 특정한 특징이 반영된다고 느끼는 공통점이 있는 것으로 보인다. 이는 환자에게 타당성을 부여할 뿐만 아니라 주체성과 통제감을 주어 결국 환자의 인식론적 경계 또는 부동화(freezing)를 낮춘다. MBT 내에서 이 두드러진 거울 반영하기(marked mirroring)는 치료사의 신중하고 일관된 모델링, 공감적 지원 및 환자의 정신화하기에 대한 기반 위에서 나타난다. 치료사는 무엇보다도 환자가 극도로 고통스럽고 종종 견딜 수 없는 마음 상태를 보일지라도 이를 두려워하지 않고, 진정으로 관심이 있다는 것을 전달하는 태도를 보인다. 달리 말하면, 치료사는 자신이 환자를 도우려는 마음이라는 것과, 환자가 견딜 수 없는 감정과 생각을 참고, 억제하고, 성찰할 수 있다는 것을 암묵적으로 그리고 때로는 명시적으로 전달한다. 그리고 이를 통해 환자가 이러한 마음을 갖는 '혼자가 아니다'라는 것을 알려 준다. 이것은 종종 복합 발달 외상의 병력이 있는 중증 경계선 성격장애(BPD) 환자들을 위한 치료법으로 처음 개발되었을 때부터 MBT의 주요 특징이었다. MBT 개입은 일반적으로 정신화하기가 비정신화하기 모드로 붕괴할 때 전환점을 찾으며(제1장에서 논의한 바와 같이), 이는 일반적으로 학대와 방임의 재연을 포함하여 밀접하고 문제적인 애착관계

에 대한 논의의 맥락에서 나타난다. 특히, MBT의 초기 단계에서 MBT는 이러한 상황에서 나타나는 역동의 내용보다는 정동 조절(affect regulation), 인식론적 신뢰, 그리고 궁극적으로 대인관계를 개선하기 위한 정신화하는 과정을 육성하는 데 초점을 맞춘다.

노출치료(exposure therapy)(Foa & Rothbaum, 1998), 스트레스 접종 치료(stress inoculation therapy)(Meichenbaum, 1994; Meichenbaum & Novaco, 1985)와 인지처리치료(cognitive processing therapy)(Resick & Schnicke, 1992, 1993)를 비롯한 기타 인지치료, 안구 운동 민감 소실 및 재처리 요법(EMDR)(Foa et al., 2009)은 환자에게 두드러진 거울 반영하기의 경험으로 이어질 가능성이 높다. 이러한 모든 치료에는 일종의 인지적 재구성이 포함되어 환자에게 인정받는 느낌과 주체성을 주게 되므로 환자의 외상 내러티브가 보다 일관성 있게 진행될 수 있다. 또한 이를 통해 환자는 통제와 자율성의 감정을 재정립하게 된다. MBT의 경우와 마찬가지로, 이것은 환자에게 인식론적 신뢰뿐만 아니라 치료사가 환자에게 무엇을 '가르칠' 수 있는지에 대한 호기심을 줄 수 있다.

의사소통 체계 2

강력한 정신화하기의 재출현

환자가 경험한 외상에 대한 이해와 프레임을 확장하는 전개 과정은 환자의 주체성과 주관성을 회복시킨다. 이러한 전개 과정이 정상적인 발달에서 발생하는 것처럼 협력적인 사회적 의사소통 중 하나가 되면(제공되는 치료 유형에 관계없이) 강력한 정신화하기가 나타난다. 치료사가 환자의 마음에 점점 더 관심을 갖고 놀라는 것처럼 환자는 사회적 의사소통에 다시 마음을 열고 치료사의 마음에 더 많은 관심을 보인다. 이 과정은 강력한 정신화하기의 출현을 촉진한다. 환자는 점점 더 상담실에서 배운 지식을 상담실 밖의 자신의 삶에 적용하기 시작한다. 치료법마다 치료 환경에서 습득한 지식을 외부로 적용하는 과정을 지원하는 정도가 다르지만, 모든 효과적인 치료법은 환자 자신에 대해 점점 더 정교하고 차별화된 방식으로 성찰할 수 있는 환자의 능력이 다시 나타나는 것을 포함한다. MBT에서, 이것은 개인이 점점 더 자신의 감정 상태를 관리하고 더 적응적인 방법으로 대인관계를 탐색할 수 있도록 하는 치료의 중심 목표다.

의사소통 체계 3

사회학습의 재출현

보다 강력한 정신화하기와 함께 결합된 인식론적 과잉 경계의 완화는 사회적 의사소통과 건강생성 이론을 위한 사전 배선된 능력의 재출현으로 이어진다. 환자는 타인의 마음에 점점 더 관심을 갖게 되고, 상담실 외부의 타인으로부터 배우며, (이상적으로 말하자면) 인식론적으로 신뢰할 수 있는 다른 사람들과 더 안정적인 관계를 형성할 수 있다. 이것은 환자가 외부 세계에 존재하는 긍정적인 영향에 더 마음을 열도록 돕는다. 이 길고 힘든 과정은 주로 환자가 친절한 사회 환경에 의존하고 또는 만들 수 있는 능력에 달려 있다. 치료의 후기 단계에서는 환자가 환경을 변화시킬 수 있도록 돕는 것을 주된 목표로 할 수 있다(예: 특정 관계를 끝내고, 다른 사람들과 관계를 맺는 새로운 방법을 실험하고, 직업을 찾거나 직업을 바꾸는 것). 이러한 변화는 애착 외상을 가진 사람들에게 종종 길고 어려운 과정이다. 그들은 누구도 믿지 않는 법을 배웠거나 항상 학대와 방임으로 특징지어지는 관계에 있었기 때문이다. 다시 말하지만, 서로 다른 심리치료는 이 세 번째 의사소통 시스템에 참여하는 정도에 따라 크게 다르다. 급성 치료 단계 이후 MBT는 일반적으로 정신화하기 기술을 유지하고 더욱 강화시키며 사회 재통합을 지원하고 자극하는 것을 목표로 하는 맞춤형 단계별 치료 프로그램을 포함한다.

외상에 관한 정신화 기반 치료의 원리

MBT는 외상 치료에서 여러 원칙을 따른다([Box 5-1] 참고). 첫째, 신체적·심리적으로 안전하고 억제된 포함된 환경 내에서 신뢰관계를 발전시키는 것이 필수적이다. 둘째, 외상의 내용을 논의하기 전에 환자는 불안을 관리하고 해리를 적극적으로 피하는 법을 배워야 한다. 환자는 혼자서 외상을 탐색할 수 없다. 한 환자가 말했듯이, 외상을 입은 마음은 "위험한 장소이고, 아무도 혼자 그곳에 가고 싶어 하지 않는다." MBT의 핵심적인 특징은 치료를 시작할 때부터 치료사와 환자가 구체적인 치료 목표를 수립하기 위해 협력하는 것이다. 이러한 목표를 공동으로 공식화하는 것은 주체성을 키우고 현실적인 희망을 전달하며, 무엇보다도 가장 무서운 생각과 감정까지도 공감해 주고 타당화해 주는 치료사와 논의할 수 있다는 것을 의미하기 때문에 보류 및 억제 기능을 담당할 수 있다. 또한 치료 목표에는 일반적으로 자해 감소 및 재피해 방지와 같은 외상 경험과 직접 관련된 목표가 포함된다. 공동 정책(collaborative formulation)은 또한 중증 정신병리 환자를 위한 MBT 초기 단계의 또 다른 주요 특징인 위기 관리의 필수 구성 요소이기도 하다. 요약하자면, MBT의 외상 관련 증상 치료는 다음과 같은 단계를 따른다.

Box 5-1　외상치료의 MBT 원칙

- 신뢰할 수 있는 관계를 발전시키기
- 불안과 해리를 관리하기
- 공동목표 설정하기
- 외상과 정신화하기에 대한 심리교육을 제공하기
- 외상과 관련된 감정을 검증하고 정상화하기
- 외상 경험['미시화(마이크로 슬라이스)' 사건]과 이로 인한 개인적인 영향을 정신화하기
- 정서 조절 개선하기
- 대인관계 다루기

---

1. **심리교육.** 복합 외상의 성격과 그것이 정신화하기에 미치는 영향, 정서 조절의 문제, 특히 대인관계에 대해 환자와 논의한다. 이 토론은 정신화하기와 주체성을 촉진한다.

2. **타당화와 감정 정상화하기.** 이는 심리교육과 이후 치료 회기의 필수적인 요소들이다. "당신은 혼자가 아니며, 당신이 겪은 것을 고려할 때 당신이 느끼는 점을 이해할 수 있다." 그들은 일반적으로 외상에 대한 MBT 접근법의 핵심적인 상호작용 과정을 형성한다. 많은 환자들은 자신이 경험한 것이 다른 사람들이 경험한 그 어떤 경험도 넘어설 만한 경험이라 느끼기 때문에 감히 그것에 대해 말할 수 없다는 역설적인 감정(수치와 불안의 감정에 의해 더욱 강화됨)을 가지고 자라왔다. 대조적으로, 그들은 종종 자신이 성장한 환경을 '정상'으로 간주하고, 혹은 그들이 아무리 충격적인 경험을 했더라도 견딜 수 있어야 한다는 감정을 갖는다("나는 항상 비난을 받고 혼나는 것이 정상이라고 생각했다"). 이러한 경험에 대한 환자의 감정을 외상에 대한 이해 가능한 반응으로 검증하는 것은 종종 다양한 수준에서 극적인 영향을 미친다. 또한 환자와 치료사 사이의 정서적 연결과 상호 이해를 강화시킨다. 이는 치료적 유대감의 강화와 정신화하기의 재등장("우리는 여기에 대해 말할 수 있다"), 인식론적 신뢰, 누군가가 환자에 대해 진심으로 걱정하고 그를 진정으로 이해할 수 있다는 감정으로 이어진다.

3. **외상 경험과 영향 정신화하기.** 2단계에서의 정서 타당화 및 정상화는 일반적으로 외상

에 대한 MBT 접근 방식의 다음 구성 요소로 이어지며, 이는 외상 경험과 그 영향을 정신화하는 데 도움이 된다. 외상의 과정과 내용이 서로 얽혀 있기는 하지만 MBT는 일반적으로 외상의 내용 자체보다는 정신화하는 과정에 초점을 맞춘다. 또한 이 접근 방식은 현실에서 환자에 대한 보다 견고한 기반을 제공하고 환자가 자신의 과거와 현재에 대한 영향을 바라보는 보다 적응적이고 대안적인 방법을 개발하도록 유도한다. 구체적인 외상 사건은 전체 사건보다는 작은 요소만 논의하여 '미시적으로 세분화(microsliced)'하는 것이 좋다. 전체 사건을 다루는 것은 과도한 불안감을 유발할 수 있기 때문이다. MBT는 불안과 정신화하기의 관계에 대해 관심이 있기 때문에 환자가 외상 경험을 정신화하는 동안 치료사는 각성 수준을 주의 깊게 모니터링하고 환자가 불안을 조절할 수 있도록 돕는다.

4. **정서 조절 전략 개선하기.** 외상에 대한 MBT 접근법의 이 필수적인 요소는 향상된 정신화하기를 더욱 촉진한다. 외상을 정신화하는 과정에서 대안적이고 더 적응적인 감정 조절 전략이 논의될 수 있다. 정신화하기 능력이 증가함에 따라 이전에는 정신화할 수 없었던 것들을 점점 더 많이 고려할 수 있으며, 이질적 자기 경험(alien-self experience)(제1장 참고)을 외부화하라는 압력과 관련된 부적응적 정서 조절 전략의 필요성이 사라진다.

5. **대인관계의 변화 촉진하기.** 개인은 개선된 정신화하기 및 정서 조절 전략을 통해 대인관계의 변화를 촉진하는 데 더 집중할 수 있다. 외상 경험을 반복해야 하는 압박감이 줄어들면서 환자는 새로운 관계 실험을 시작할 수 있다. 보다 적응적인 관계를 수립하고 유지하기 위한 환자의 노력은 치료사에 의해 적극적으로 지원된다. 이러한 지원에는 환자가 적응력이 떨어지는 관계의 종결을 관리할 수 있도록 돕는 것도 포함되는데, 이는 특히 문제가 있는 관계에 특징적으로 얽혀 있는 복합 외상을 가진 환자에게 종종 피할 수 없는 작업이다.

결론

이 장에서는 복합 외상의 개념화와 치료에 대한 정신화하기 접근법에 대한 최신 정보를 살펴보았다. 이 접근법의 핵심은 잠재적인 외상 경험을 이해하기 위해서는 이러한 경험이 애착 행동 체계, 정신화하기 능력, 인식론적 신뢰 능력에 미치는 영향을 고려해야 한다는 점이다. 중요한 것은, 외상, 특히 복합 외상의 영향은 외상의 경험이 인간의 진화적 사전 배선된 능력(evolutionary prewired capacity)에 미치는 영향을 고려할 때 비로소 이해될 수 있다. 이 능력은 인간이 다른 사람들을 자신에 대한, 다른 사람에 대한, 세계에 대한 지식의 원천으로 신뢰할 수 있게 하는 능력이다. 이 능력이 영향을 받게 되면 사람들은 외상 경험의 후유증 가운데서 자신의 마음을 재조정(recalibrate)하기 어려워진다. 이것은 이러한 사람들이 인생의 후반부에 새로운 불리한 경험에 직면했을 때 부적응에 취약하게 만들 뿐만 아니라, 그들이 '치료하기 어렵다' 또는 '도달하기 어렵다'고 인식하게 한다. 특히, 가장 심각한 영향을 받은 개인의 경우, 애착관계는(정상적인 발달에서와 마찬가지로) 인식론적 신뢰를 위한 개인의 능력을 (재)확립하고, 그들을 관계의 맥락에서 마음의 재조정을 위한 가능성에 다시 마음을 열기 위해 필요하다. 이러한 과정은 처음에는 치료적 관계에서, 그 뒤에는 현실 세계에서 나타난다. 이 과정을 통해서만 그들의 '고독' 상태가 끝날 수 있다. 치료사가 환자를 주체(agent)로서 여기는 정신화하기의 일관된 모델링과 지지(scaffolding)는 특정한 치료의 유형에 관계없이 이러한 맥락에서 핵심적인 역할을 한다. 이러한 추측은 더 많은 연구를 통해 확인할 필요가 있지만, 잠재적인 중요성을 고려할 때, 이 장은 이러한 견해에 대한 보다 체계적인 경험적 평가에 기여할 것으로 기대된다.

📖 참고문헌

Afari N, Ahumada SM, Wright LJ, et al: Psychological trauma and functional somatic syndromes: a systematic review and meta-analysis. Psychosom Med 76(1):2–11, 2014 24336429

Alessandri SM: Play and social behavior in maltreated preschoolers. Dev Psychopathol 3:191–205, 1991

Allen JG: Traumatic Relationships and Serious Mental Disorders. Chichester, UK, Wiley, 2001

Allen JG: Coping With Trauma: Hope Through Understanding, 2nd Edition. Washington, DC, American Psychiatric Publishing, 2005

Allen JG: Mentalizing in the Development and Treatment of Attachment Trauma. London, Karnac Books, 2013

Allen JG, Lemma A, Fonagy P: Trauma, in Handbook of Mentalizing in Mental Health Practice. Edited by Bateman AW, Fonagy P. Washington, DC, American Psychiatric Publishing, 2012, pp 419–444

American Psychiatric Association: Diagnostic and Statistical Manual of Mental Disorders, 5th

Edition. Arlington, VA, American Psychiatric Association, 2013

Anda RF, Felitti VJ, Bremner JD, et al: The enduring effects of abuse and related adverse experiences in childhood. A convergence of evidence from neurobiology and epidemiology. Eur Arch Psychiatry Clin Neurosci 256(3):174-186, 2006 16311898

Arnsten AFT: The biology of being frazzled. Science 280(5370):1711-1712, 1998 9660710

Baird AA, Veague HB, Rabbitt CE: Developmental precipitants of borderline personality disorder. Dev Psychopathol 17(4):1031-1049, 2005 16613429

Ball JS, Links PS: Borderline personality disorder and childhood trauma: evidence for a causal relationship. Curr Psychiatry Rep 11(1):63-68, 2009 19187711

Belsky J, Pluess M: Genetic moderation of early child-care effects on social functioning across childhood: a developmental analysis. Child Dev 84(4):1209-1225, 2013 23432522

Berthelot N, Ensink K, Bernazzani O, et al: Intergenerational transmission of attachment in abused and neglected mothers: the role of trauma-specific reflective functioning. Infant Ment Health J 36(2):200-212, 2015 25694333

Bonanno GA, Diminich ED: Annual Research Review: positive adjustment to adversity-trajectories of minimal-impact resilience and emergent resilience. J Child Psychol Psychiatry 54(4):378-401, 2013 23215790

Bouchard MA, Target M, Lecours S, et al: Mentalization in adult attachment narratives: reflective functioning, mental states, and affect elaboration compared. Psychoanal Psychol 25:47-66, 2008

Buchheim A, Erk S, George C, et al: Neural correlates of attachment trauma in borderline personality disorder: a functional magnetic resonance imaging study. Psychiatry Res 163(3):223-235, 2008 18635342

Camras LA, Ribordy S, Hill J, et al: Maternal facial behavior and the recognition and production of emotional expression by maltreated and nonmaltreated children. Dev Psychol 26:304-312, 1990

Camras LA, Sachs-Alter E, Ribordy SC: Emotion understanding in maltreated children: recognition of facial expressions and integration with other emotion cues, in Emotional Development in Atypical Children. Edited by Lewis MD, Sullivan M. Mahwah, NJ, Lawrence Erlbaum, 1996, pp 203-225

Chanen AM, Kaess M: Developmental pathways to borderline personality disorder. Curr Psychiatry Rep 14(1):45-53, 2012 22009682

Chiesa M, Fonagy P: Reflective function as a mediator between childhood adversity, personality disorder and symptom distress. Pers Ment Health 8(1):52-66, 2014 24532555

Cicchetti D, Curtis WJ: An event-related potential study of the processing of affective facial expressions in young children who experienced maltreatment during the first year of life. Dev Psychopathol 17(3):641-677, 2005 16262986

Cicchetti D, Toth SL: Child maltreatment. Annu Rev Clin Psychol 1:409-438, 2005 17716094

Cicchetti D, Rogosch FA, Maughan A, et al: False belief understanding in maltreated children. Dev Psychopathol 15(4):1067-1091, 2003 14984138

Clarkin JF, Kernberg OF, Yeomans F: Transference-Focused Psychotherapy for Borderline Personality Disorder Patients. New York, Guilford, 1999

Cloitre M, Scarvalone P, Difede JA: Posttraumatic stress disorder, self- and interpersonal dysfunction among sexually retraumatized women. J Trauma Stress 10(3):437-452, 1997 9246651

Csibra G, Gergely G: Natural pedagogy. Trends Cogn Sci 13(4):148-153, 2009 19285912

Cyr C, Euser EM, Bakermans-Kranenburg MJ, et al: Attachment security and disorganization in maltreating and high-risk families: a series of meta-analyses. Dev Psychopathol 22(1):87-108, 2010 20102649

Denckla CA, Mancini AD, Consedine NS, et al: Distinguishing postpartum and antepartum depressive trajectories in a large population-based cohort: the impact of exposure to adversity and offspring gender. Psychol Med 48(7):1139-1147, 2018 28889814

Dick DM, Agrawal A, Keller MC, et al: Candidate gene-environment interaction research: reflections and recommendations. Perspect Psychol Sci 10(1):37-59, 2015 25620996

During SM, McMahon RJ: Recognition of emotional facial expressions by abusive mothers and their children. J Clin Child Psychol 20:132-139, 1991

Ensink K, Normandin L, Target M, et al: Mentalization in children and mothers in the context of trauma: an initial study of the validity of the Child Reflective Functioning Scale. Br J Dev Psychol 33(2):203-217, 2015 25483125

Ensink K, Leroux A, Normandin L, et al: Assessing reflective parenting in interaction with school-aged children. J Pers Assess 99(6):585-595, 2017 28151016

Foa EB, Rothbaum BO: Treating the Trauma of Rape: Cognitive Behavioral Therapy for PTSD. New York, Guilford, 1998

Foa EB, Keane TM, Friedman MJ, et al: Effective Treatments for PTSD: Practice Guidelines From the International Society for Traumatic Stress Studies. New York, Guilford, 2009

Foa EB, McLean CP, Zang Y, et al; STRONG STAR Consortium: Effect of prolonged exposure therapy delivered over 2 weeks vs 8 weeks vs present-centered therapy on PTSD symptom severity in military personnel: a randomized clinical trial. JAMA 319(4):354-364, 2018

29362795

Fonagy P, Bateman AW: Mechanisms of change in mentalization-based treatment of BPD. J Clin Psychol 62(4):411–430, 2006 16470710

Fonagy P, Target M: Attachment, trauma, and psychoanalysis: where psychoanalysis meets neuroscience, in Mind to Mind Infant Research, Neuroscience, and Psychoanalysis. Edited by Jurist EJ, Slade A, Bergner S. New York, Other Press, 2008, pp 15–49

Fonagy P, Steele M, Steele H, et al: The Emanuel Miller Memorial Lecture 1992. The theory and practice of resilience. J Child Psychol Psychiatry 35(2):231–257, 1994 8188797

Fonagy P, Leigh T, Steele M, et al: The relation of attachment status, psychiatric classification, and response to psychotherapy. J Consult Clin Psychol 64(1):22–31, 1996 8907081

Fonagy P, Gergely G, Jurist EL, et al: Developmental issues in normal adolescence and adolescent breakdown, in Affect Regulation, Mentalization, and the Development of the Self. New York, Other Press, 2002, pp 317–340

Fonagy P, Luyten P, Allison E: Epistemic petrification and the restoration of epistemic trust: a new conceptualization of borderline personality disorder and its psychosocial treatment. J Pers Disord 29(5):575–609, 2015 26393477

Fonagy P, Luyten P, Allison E, et al: What we have changed our minds about: Part 1. Borderline personality disorder as a limitation of resilience. Borderline Personal Disorder Emotion Dysregul 4:11, 2017a 28413687

Fonagy P, Luyten P, Allison E, et al: What we have changed our minds about: Part 2. Borderline personality disorder, epistemic trust and the developmental significance of social communication. Borderline Personal Disorder Emotion Dysregul 4:9, 2017b 28405338

Fossati A, Acquarini E, Feeney JA, et al: Alexithymia and attachment insecurities in impulsive aggression. Attach Hum Dev 11(2):165–182, 2009 19266364

Fossati A, Feeney J, Maffei C, et al: Does mindfulness mediate the association between attachment dimensions and Borderline Personality Disorder features? A study of Italian nonclinical adolescents. Attach Hum Dev 13(6):563–578, 2011 22011100

Fraiberg S, Adelson E, Shapiro V: Ghosts in the nursery. A psychoanalytic approach to the problems of impaired infant-mother relationships. J Am Acad Child Psychiatry 14(3):387–421, 1975 1141566

Gluckman PD, Hanson MA, Bateson P, et al: Towards a new developmental synthesis: adaptive developmental plasticity and human disease. Lancet 373(9675):1654–1657, 2009 19427960

Gunnar M, Quevedo K: The neurobiology of stress and development. Annu Rev Psychol 58:145–173, 2007 16903808

Gunnar MR, Quevedo KM: Early care experiences and HPA axis regulation in children: a mechanism for later trauma vulnerability. Prog Brain Res 167:137-149, 2008 18037012

Heim C, Binder EB: Current research trends in early life stress and depression: review of human studies on sensitive periods, gene-environment interactions, and epigenetics. Exp Neurol 233(1):102-111, 2012 22101006

Johnson JG, Cohen P, Brown J, et al: Childhood maltreatment increases risk for personality disorders during early adulthood. Arch Gen Psychiatry 56(7):600-606, 1999 10401504

Jurist EL: Mentalized affectivity. Psychoanal Psychol 22:426-444, 2005

Kalisch R, Müller MB, Tüscher O: A conceptual framework for the neurobiological study of resilience. Behav Brain Sci 38:e92, 2015 25158686

Klimes-Dougan B, Kistner J: Physically abused preschoolers' responses to peers' distress. Dev Psychol 26:599-602, 1990

Lupien SJ, McEwen BS, Gunnar MR, et al: Effects of stress throughout the lifespan on the brain, behaviour and cognition. Nat Rev Neurosci 10(6):434-445, 2009 19401723

Luyten P, Fonagy P: The neurobiology of mentalizing. Pers Disord 6(4):366-379, 2015 26436580

Luyten P, Vliegen N, Van Houdenhove B, et al: Equifinality, multifinality, and the rediscovery of the importance of early experiences: pathways from early adversity to psychiatric and (functional) somatic disorders. Psychoanal Study Child 63:27-60, 2008 19449788

MacIntosh HB: Mentalizing and its role as a mediator in the relationship between childhood experiences and adult functioning: Exploring the empirical evidence. Psihologija (Beogr) 46:193-212, 2013

Main M, Hesse E: Adult lack of resolution of attachment-related trauma related to infant disorganized/disoriented behavior in the Ainsworth strange situation: linking parental states of mind to infant behavior in a stressful situation, in Attachment in the Preschool Years: Theory, Research, and Intervention. Edited by Greenberg MT, Cicchetti D, Cummings EM. Chicago, IL, University of Chicago Press, 1990, pp 339-426

Mayes LC: A developmental perspective on the regulation of arousal states. Semin Perinatol 24(4):267-279, 2000 10975433

McEwen BS: Physiology and neurobiology of stress and adaptation: central role of the brain. Physiol Rev 87(3):873-904, 2007 17615391

Meichenbaum D: A Clinical Handbook/Practical Therapist Manual for Assessing and Treating Adults With Post-Traumatic Stress Disorder (PTSD). Waterloo, Ontario, Canada, Institute Press, 1994

Meichenbaum D, Novaco R: Stress inoculation: a preventative approach. Issues Ment Health Nurs

7(1-4):419-435, 1985 3854020

Miller GE, Chen E, Zhou ES: If it goes up, must it come down? Chronic stress and the hypothalamic-pituitary-adrenocortical axis in humans. Psychol Bull 133(1):25-45, 2007 17201569

Negele A, Kaufhold J, Kallenbach L, et al: Childhood trauma and its relation to chronic depression in adulthood. Depress Res Treat 2015:650804, 2015 26693349

Orcutt HK, Bonanno GA, Hannan SM, et al: Prospective trajectories of posttraumatic stress in college women following a campus mass shooting. J Trauma Stress 27(3):249-256, 2014 24819209

Pears KC, Fisher PA: Emotion understanding and theory of mind among maltreated children in foster care: evidence of deficits. Dev Psychopathol 17(1):47-65, 2005 15971759

Rauch SL, Drevets WC: Neuroimaging and neuroanatomy of stress-induced and fear circuitry disorders, in Stress-Induced and Fear Circuitry Disorders: Refining the Research Agenda for DSM-V. Edited by Andrews G, Charney DS, Sirovatka PJ, et al. Arlington, VA, American Psychiatric Association, 2009, pp 215-254

Resick PA, Schnicke MK: Cognitive processing therapy for sexual assault victims. J Consult Clin Psychol 60(5):748-756, 1992 1401390

Resick PA, Schnicke MK: Cognitive Processing Therapy for Rape Victims: A Treatment Manual. London, Sage, 1993

Shenk CE, Putnam FW, Noll JG: Predicting the accuracy of facial affect recognition: the interaction of child maltreatment and intellectual functioning. J Exp Child Psychol 114(2):229-242, 2013 23036371

Shipman KL, Zeman J: Emotional understanding: a comparison of physically maltreating and nonmaltreating mother-child dyads. J Clin Child Psychol 28(3):407-417, 1999 10446690

Southwick SM, Bonanno GA, Masten AS, et al: Resilience definitions, theory, and challenges: interdisciplinary perspectives. Eur J Psychotraumatol 5:5, 2014 25317257

Stein H, Allen JG: Mentalizing as a framework for integrating therapeutic exposure and relationship repair in the treatment of a patient with complex posttraumatic psychopathology. Bull Menninger Clin 71(4):273-290, 2007 18254687

Taubner S, Curth C: Mentalization mediates the relation between early traumatic experiences and aggressive behavior in adolescence. Psihologija (Beogr) 46:177-192, 2013

Teicher MH, Samson JA: Childhood maltreatment and psychopathology: a case for ecophenotypic variants as clinically and neurobiologically distinct subtypes. Am J Psychiatry 170(10):1114-1133, 2013 23982148

Toth SL, Cicchetti D, Macfie J, et al: Narrative representations of caregivers and self in maltreated pre-schoolers. Attach Hum Dev 2(3):271-305, 2000 11708220

Valentino K, Cicchetti D, Toth SL, et al: Mother-child play and maltreatment: a longitudinal analysis of emerging social behavior from infancy to toddlerhood. Dev Psychol 47(5):1280-1294, 2011 21744951

Widom CS: Posttraumatic stress disorder in abused and neglected children grown up. Am J Psychiatry 156(8):1223-1229, 1999 10450264

제2부

정신화하기의 임상 실제

제**6**장

개인 상담 기술

Anthony Bateman, M.A., FRCPsych
Brandon Unruh, M.D.
Peter Fonagy, Ph.D., FBA, FMedSci, FAcSS

정신화 기반 치료(Mentalization-Based Treatment: MBT)의 주요 목표는 정신화하기가 비효율적인 정신화하기 모드로 붕괴되기 쉽거나 부적절하게 사용되는 상황에서 개인의 정신화하기의 안정성과 기능성을 향상시키는 것이다. MBT는 본래 경계선 성격장애(BPD)가 있는 사람들이 이러한 목표를 달성할 수 있도록 돕기 위해 구조화되고 권장된 개입법이다. 이 치료 '패키지'는 잘 알려져 있으며, 다른 저서(Bateman & Fonagy, 2016)에도 자세히 기술되어 있다. 이 장에서 우리는 성격장애를 가지고 있으나 치료사들이 개입하는 데 어려움을 겪는 사람들에게 정신화하기를 촉진하는 개인 MBT(individual MBT)의 몇 가지 개입에 대해 보다 자세히 살펴보고자 한다.

MBT 순응 척도

MBT 모델은 복합 심리사회적 모델로서 정신화하기 문제를 해결하기 위해 회기에서 무엇을 해야 하는지 뿐 아니라 치료 프로그램이 어떻게 구현되어야 하는지도 명시한다(예: 모델과 관련한 환자의 사회화 측면, 처방에 대한 환자와의 논의, 위기 개입, 자살시도 관리, 치료사의 슈퍼비전). MBT는 다양한 범위의 심리장애에 대한 치료적 개입을 위해 변형되어 왔다. 이는 기본 모델을 치료 중인 장애와 관련 없는 일반적인 구성 요소와 특정한 심리장애[예: 경계선 성격장애(BPD), 반사회적 성격장애(ASPD), 섭식장애 등]를 다루는 특정 구성 요소로 명확하게 구분 지었다. MBT의 효과는 적용된 회기에 따라 다소 달라질 수 있다(제12장 참고).

2005년 이후, 치료사와 연구자들은 그들의 임상적인 적용이 경계선 성격장애나 반사회적 성격장애와 같은 특정 장애에 대한 이론적 이해와 일치하는지, 그리고 『성격장애에 대한 정신화 기반 치료 가이드(Mentalization-Based Treatment for Personality Disorders Guide)』(Bateman & Fonagy, 2016) 매뉴얼에 명시된 장애에 대한 의도된 임상적 개입과 일치하는지의 관점에서 MBT 모델을 준수하였는지 평가받았다(제20장 참고). 원형의 순응 척도(adherence scale)(Bateman & Fornagy, 2006b)와 이전 척도(Karterud & Bateman, 2011; Karterud et al., 2013)를 기반으로 구축된 새로운 척도는 매뉴얼(Bateman & Fornagy, 2006b)에 명시된 임상적 개입을 바탕으로 연구 프로젝트에 사용하기 위해 개발되었다. 이는 슈퍼바이저가 일상 업무에서 MBT를 사용하는 치료사를 평가하는 데 유용하다. 이 척도는 안나 프로이트 국립아동가족센터(Anna Freud National Centre for Children and Families; https://www.annafreud.org/training/mentalization-based-treatment-training/mbt-1987-scale)에 업로드되어 있으며, 치료사와 연구자가 자유롭게 이용할 수 있다. 이 척도는 모든 치료사의 지도와 학습을 지원하는 데 사용할 수 있다. 연구 목적으로 사용하기 위해서는 신뢰성을 보장하기 위한 공식적인 교육이 필요하다.

순응 척도(adherence scale)는 MBT의 여섯 가지 핵심 영역을 기반으로 한다. ① 회기 구조, ② '모른다'는 자세(정신 상태에 대한 진정한 호기심의 태도), ③ 정신화하기 과정, ④ 비정신화하기 모드, ⑤ 정신화하기의 영향과 대인 관계 및 중요 사건, ⑥ 관계적 정신화하기. 각 영역은 여러 구성 요소 항목으로 세분된다. 이러한 구성 요소는 치료사의 개입이라는 형태로 나타나며, 영역 내에서 어떠한 일이 일어나고 있는지를 보여 주면서 그 영역의 등급을 나타낸다. 척도에 대한 요약지는 앞서 언급한 안나 프로이트 국립아동가족센터 웹사이트에서 찾을 수 있다. 훈련을 받은 평가자 또는 수련감독인 치료사는 빈도(F)와 확장성(E) 측면에서 영역 내 작업을 평가할 뿐만 아니라 치료사가 개입하는 기술 수준을 결정한다. 이러한 평가는 구현의 '방법'을 다룬다. 또한, 기술은 치료사가 어떠한 영역을 적절하게 피하는지의 여부(예를 들어, 환자가 고도로 흥분했을 때 관계적 정신화하기를 피하는지 여부) 또는 치료사가 어떠한 영역에 개입을 실패하는지의 여부에 따라 정의된다. 전자의 부재는 기술에 대해 긍정적인 평가를 받고, 후자의 경우에는 부정적인 평가를 받는다.

순응도 평가(Adherence rating)를 검토한 결과, 치료사는 훈련을 받고 난 후 어떠한 개입은 자주 능숙하게 사용하는 반면, 다른 개입은 덜 능숙하게 사용한다는 점이 분명하게 나타난다. 그들은 지지하는 진술, 정신화하기 과정 관리를 잘 사용했고, 정동(affect) 및 대인

관계, 중요한 사건 다루기에 능숙했다. 그러나 적절한 시기에 관계적 정신화하기에 개입하지 못했고, 비정신화하기인 척하는 모드를 다루는 것을 놓치기도 한다. 그러나 이러한 영역에 대한 개입은 환자의 주변 세계에 대한 인식론적 신뢰를 높이거나 적어도 과도한 인식론적 불신을 줄이기 위해 성격장애 치료에 필수적일 가능성이 높다.

환자가 현재 다른 사람과의 관계에 있어 메타 관점을 취할 수 없는 경우 치료사는 관계적 정신화하기의 수준에서 개입하는 것을 주의하고 트레이닝 자체에 초점을 맞춘다. 관계적 정신화하기의 적용 빈도가 낮은 이유 중 하나다. 이러한 비효율적인 정신화하기 상태는 경계선 성격장애(BPD)에서 매우 일반적으로 나타나기 때문에 치료사는 관계적 정신화를 사용하기 위한 조건을 맞추는 것이 어렵다고 느낄 수 있다. 따라서 초보 상담자(때로는 경험이 있는 상담자조차)는 관계 프로세스 수준에서 개입을 하기 위한 명확한 기준을 필요로 한다. 가장 모드(pretend mode)는 때때로 치료사에 의해 좋은 치료법으로 오인된다. 환자와 치료사의 대화는 일관되고 사려 깊은 것처럼 보인다. 환자와 치료사 사이에서 사용되는 가장 모드는 다른 사람이 관찰할 때에야 더욱 분명히 나타난다.

우리는 관계적 정신화하기와 가장 모드는 환자와 치료사가 적절한 준비를 통해 이를 인식하는 데 민감해질 때만 효과적으로 사용될 수 있다고 주장한다. MBT의 첫 단계는 입문 그룹이다. 치료사가 향후 작업을 위한 무대를 설정하는 곳이 바로 이곳이다. 그들은 환자와 함께 해당 모델을 환자를 중심으로 한 용어로 정의한다. 특히, 그들은 환자와의 상호작용에서 관계적 프로세스의 패턴을 만든다. 그리고 잠재적인 가장 모드를 포함한 비효율적인 정신화하기 프로세스가 어떻게 환자가 자신이 불신하는 관계적이고 사회적인 세계에 적응하는 것을 방해하는지 이해하게 한다.

MBT 입문 그룹(MBT-I)

MBT 입문 단계의 주요 목적은 장기 치료를 시작하는 환자가 자신이 참여하는 과정을 합리적으로 이해하고 치료의 초점을 깨달음으로써 스스로에 대한 기대치를 갖고 치료에 대해 가능한 바를 기대하게 하는 것이다. BPD 환자들은 입문 그룹에서 10~12회기를 통해 치료에 대해 소개받는다. 회기의 절대 수는 MBT-I의 필수 요소가 아니다. 지식을 전수하고, 권한 부여를 통해 이해와 동기를 높이고, 명확한 목표를 가진 치료 동맹을 발전시키는 것이 더 중요하다. 여기에 MBT-I의 두 가지 목적이 있다. 첫째, 치료사가 보유한 모델에 대한 환자에 대한 인식론적 신뢰를 촉진하는 것, 둘째, 개인적이고 친밀한 관계에서 활성화되는 환자의 애착 전략을 설명하는 것이다. 환자와 치료사는 함께 우리가 '관계 패턴 (relational passport)'이라고 부르는 것을 만드는데, 환자는 이것을 초기 평가에서부터 개인 및 집단치료에 이르기까지 치료 전반에 걸쳐 가지고 다닌다.

관계적 정신화하기

관계 패턴

환자와 치료사는 환자가 다른 사람과 관계를 형성할 때 활성화되는 대인관계 패턴을 확인한다. 환자와 치료사는 이를 공동으로 요약하고 전체 과정의 일부로 '관계 패턴 (relational passport)'에 기록한다. 이러한 대인관계 패턴은 유년기와 초기 애착관계에서 비롯되지만, MBT에서는 어디에서 비롯되었는지 여부는 문제되지 않는다. MBT 치료사는 환자의 현재 일상에서 나타나는 애착 패턴을 식별하는 데 더 관심을 갖는다. MBT-I에서 모든 환자는 애착 과정을 이해하고 나서 자신의 애착 패턴을 매핑(mapping)한다. 일부 치료사들은 보다 초점을 맞추기 위해 애착 유형 설문지(Bartholomew & Horowitz, 1991)와 같은 도구를 사용한다. 본질적으로 애착 유형의 두 가지 주요 요인은 애착 불안과 애착 회피다. 불안 요인은 자아의 모델로 간주될 수 있고, 회피 요인은 타인의 모델로 간주될 수 있다. 따라서 치료사는 환자 자신에 대한 긍정적ㆍ부정적 관점과 다른 사람에 대한 긍정적ㆍ부정적 관점 사이의 균형을 보여 주는 개인 모델을 만들 수 있다. 일부 환자들은 자신에 대한 부정적인 시각과 다른 사람들에 대한 긍정적인 시각을 가지고 있으며, 그들의 상호작용에 몰두한다. 반면, 다른 사람들은 자신에 대해 긍정적인 시각을 가지고 있지만 타인에 대해서는 매우 부정적인 시각을 가지고 있다. 그들이 타인과의 관계를 무시하는 경향이 있다는 것은 놀랍지 않다. 자신과 타인 모두에 대해 부정적인 시각을 가진 환자들은 명백한 두려움과 사회적 관계의 회피를 보인다.

개인 지도(personal map)는 환자가 일상생활에서 자신의 패턴을 점점 더 의식하도록 돕는다. 환자는 개인 지도를 통해 관계를 구분하고 상호작용 역할을 정의한다. 환자는 '트렌드를 망치고' 정상적인 패턴에 도전하는 것처럼 보이는 관계에 대해 관심을 집중한다.

예를 들어, 한 환자는 거부 애착(dismissive attachment) 과정을 자신의 권력 강화와 다른 사람에 대한 경멸로 설명했다. 그러나 그는 자신이 소중히 여기는 관계가 있느냐는 질문에는 자신이 존경하는 한 친구를 언급했다. 그는 그 친구와의 우정을 다른 관계와 비교함으로써 정신화하기 과정을 촉진시킬 수 있었다. 그는 자신의 나르시시즘을 더 잘 인식하게 되었고, 스스로에 대한 믿음과 다른 사람을 불신하는 자신의 모습에 의문을 제기했다. 그는 자신의 개인 지도의 4개의 사분면을 자신의 관계로 채웠다. 대부분의 관계는 높은 거부-회피 태도와 낮은 불안에 집중되어 있었고 하나의 관계만이 몰입 패턴을 보였으나 불안은 높은 것으로 나타났다([그림 6-1]). 이 지도는 '관계 패턴'의 첫 번째 부분을 이룬다.

'관계 패턴'의 두 번째 부분은 환자의 애착 전략의 결과에 초점을 맞춘다. 여기 제시된 사례에 명백하게 드러난 결과는 외로움이었다. 환자는 자신의 모든 상호작용에 대한 불신을 갖고 있었고 종종 위협을 느꼈으며, 혼자 있는 시간의 상당 부분을 불안을 다루는 데 사용했다. 다른 사람들과 자신에 대해 나누는 것은 그에게 있어 선택 사항이 아니었다. 그는 다른 사람들과 나누는 정서적인 친밀함을 자신의 약점을 보이는 것으로 여겨 경멸했다. 이러한 관계 패턴을 탐색하는 과정에서 그의 고립과 깊은 외로움이 드러났다. 그는 이러한 면을 무시했다. 그러나 치료사는 그가 자신의 불안을 다루기 위해 반사적으로 스스

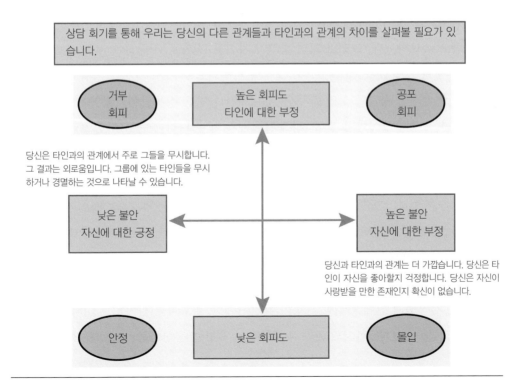

[그림 6-1] 관계 패턴의 일부인 개인 지도(personal map)의 예

로 거부 프로세스를 시작한다는 것을 지적했다. 이러한 관점에서 치료사는 '관계 패턴'의 마지막 부분으로 나아갈 수 있었다.

'관계 패턴'의 마지막 요소는 환자의 애착 전략이 치료과정에서 나타날 수 있게 하는 방법을 식별하는 것이다. 앞 사례의 예를 들면, 환자는 치료 모델, 치료사, 다른 참가자들을 거부할 수 있다. 치료 모델에 대해서는 "나에게 맞지 않는다. 나는 이 방법이 크게 끌리지 않는다. 너무 단순하다."라고 할 수 있으며, 치료사에게는 "당신은 내 문제를 이해할 수 있을 만큼의 나이가 들어 보이지 않는다"라고 반응할 수 있다. 다른 참가자들에게는 "아니요. 여러분은 제 얘기를 이해 못하시는 것 같은데요. 다시 더 간단하게 설명할게요."라고 말할 수 있다. 실제로 이 문장들은 이 환자가 치료 초기에 직접 한 말들이며, 말하는 내용까지는 아니더라도 말투는 충분히 예측할 수 있었다. 다음의 예에 나오는 것처럼 치료사와 환자 모두에게 있어 "사전 경고는 미리 준비하라는 뜻이다."

사례

치료사와 환자가 환자의 관계를 탐색하는 평가 단계에서 환자는 현재 남자친구와의 관계를 대략적으로 설명했다. 그녀는 현재 남자친구를 그녀의 행복을 사랑하고 간절히 바라는 사람으로 묘사했다. 그러나 그녀는 그가 자신을 '진짜로' 사랑하지 않고 사랑하는 척하는 것일까 봐 끊임없이 걱정했으며, 그에게 지속적으로 자주 자신을 정말 사랑하는지 물었다. 남자친구가 사랑을 확인해 주면 짧은 시간 동안은 평온함을 느꼈지만, 다시 고통스러워지면 그에게 물어봐야 했다. 남자친구는 점차 그녀의 질문을 짜증스러워했고 그녀의 의심을 결코 만족시킬 수 없다고 느꼈다. 그녀는 계속해서 확인받아야 하는 사람이었다. 그녀의 자기-정신화하기 과정은 불안정해서 다른 사람들이 자신을 어떻게 생각하는지를 계속 확인하고자 했다. 그녀의 '관계 패턴'은 그녀가 불안해지면 상담 회기 사이의 기간에 치료사에게 확인받고 싶어 할 것을 예측 가능하게 했다. 그녀 자신의 내부 상태에 대한 접근은 제한되어 있었기 때문에, 그녀는 자연스럽게 다른 사람들의 확인과 지지를 구했다. 상담 회기에서는 치료사에게 자신이 치료에 잘 임하고 있다고 생각하는지 물었다. 치료를 시작하기 전에 이러한 과정이 확인된다면, 치료사는 환자의 지지와 확인 수준을 높이려고 하기보다는 환자의 관계적 행동을 초래하는 정신화하기의 실패에 초점을 맞출 수 있다.

'관계 패턴'의 사용

'관계 패턴'의 주된 목적은 환자와 치료사가 협력하여 환자가 일상에서 사용하는 애착 전략을 개발하고 성찰하며, 치료에서 이러한 과정에 함께 초점을 맞추는 것이다. '관계 패턴'의 두 번째 목적은 치료사의 마음을 정리하여, 치료사가 명확하지 않은 상태로 남아 있는 관계적 상호작용에 갇혀 있지 않도록 하는 것이다. MBT(Bateman & Fonagy, 2006a) 의 첫 부분에서, 우리는 '정동 초점(affect focus)'으로 알려진 기술을 소개했다. 이는 상호 작용의 의미나 기원의 관점에서가 아닌, 환자와 치료사 사이의 암묵적인 상호작용 과정을 강조하는 방법이다. 정동 초점은 치료사들이 복잡한 상호작용에 대한 환자의 정신화하기에 초점을 맞추는 데 도움이 되었고, 반대의 움직임이라고 할 수 있는 암묵적인 정신화하기에서 명시적인 정신화하기로의 환자의 정신적 움직임을 자극하는 데 도움이 되었다(반대의 움직임의 사용은 Bateman & Fonagy, 2016에 자세히 설명되어 있다). 그러나 정동 초점은 환자와 치료사 모두가 관계적 정신화하기로 보다 깊이 들어가도록 하지는 못했다. '관계 패턴'의 명시적인 개발과 치료에서의 사용은 치료사가 관계적 정신화하기에 집중할 수 있도록 해 준다. 이를 통해 경계선 성격장애에 대한 정신화 기반 심리치료에 이어 아직은 어느 정도의 성과만을 보이고 있는 경계선 성격장애와 관련한 대인관계의 영역에 있어서도 장기적인 결과가 개선될 수 있기를 희망한다.

임상 실제에서의 관계적 정신화하기

관계적 정신화하기(실제 임상적 상호작용에서 '관계 패턴'을 사용하는 것)는 무엇이 관계적 정신화하기이고, 무엇이 관계적 정신화하기가 아닌지의 관점에서 정의될 수 있다. 그것은 정신역학적 치료와 정신분석의 주요 기법인 전이에 대한 해석과는 다른 개념이다. 관계적 정신화하기 역시 치료 환경에서 현재의 행동 패턴을 치료 환경의 외적인 요소인 아동기의 경험이나 현재의 관계 패턴과 연결시키지 않는다. 예를 들어, 치료사는 치료 중의 관계 패턴과 환자의 어린 시절 관계 패턴 또는 현재 치료실 외부에서 일어나는 관계 패턴과의 유사성을 언급할 수 있다. 그러나 치료사는 이러한 유사성이 환자의 행동 패턴을 컨트롤하는 데 사용할 수 있다고 설명하거나 이에 대한 통찰을 제공하려 하지 않는다. 개인의 무의식적 과정과 관련된 불안을 관리하기 위해서 환자는 방어 체계를 활성화한다. 그러나 관계적 정신화하기는 이러한 방어 체계를 식별하여 명명하거나 해석하려 하지 않는다. 더 단순하게 보자면, 관계적 정신화하기는 치료사의 탐구적인 자세의 일부인 사고와 숙고를 요구하는 또 하나의 혼란스러운 현상이라고 할 수 있다. 치료사는 이를 통해 복잡한 상호작용과 정서적 과정 내에서 정신화하기의 회복을 촉진하는 것을 목표로 한다. 치료사는 현재 일어나는 상호작용의 관계적 측면에 초점을 맞추지만 인과관계와 통찰력에는 관심이 없다.

관계적 정신화하기의 목적은 환자의 주의를 다른 마음―치료사의 마음―에 집중시킴으로써 환자의 관점을 대체할 수 있는 관점을 생성하고 환자 자신에 대한 인식을 타인의 관점과 비교하도록 돕는 것이다. 여기에는 치료사나 실제로 치료 그룹에 참여하고 있는 다른 구성원들도 해당된다. 이를 위해서 치료사는 환자가 처음 그룹에 참여할 때 환자에게 '관계 패턴'의 내용에 대해 알려 주어야 한다(제7장 참고). 치료사는 '관계 패턴'을 통해 이러한 패턴이 환자의 삶에서 어떻게 작용하는지 탐색하는 데 중점을 둔다.

관계적 정신화하기 지표

많은 지표가 치료사가 관계적 정신화하기를 고려해야 한다는 데 동의한다. 첫째, 회기 중에 정신화하기 과정이 중단된다면, 환자와 치료사는 하던 작업을 멈추고 무슨 일이 일어났는지 생각해 보아야 한다. 상호작용이 갑자기 중단되었는가? 갑자기 화제가 전환되었는가? 이러한 맥락에서 관계적 정신화하기를 시작하기 위해 치료사는 단순하게 다음과 같이 질문할 수 있다. "제가 드린 말씀 중에 당신의 관심을 다른 것으로 돌리게 한 무엇인가가 있었나요?" 둘째, '관계 패턴'에 요약되어 있고 환자의 관계 패턴과 관련이 있는 것으로 여겨지는 애착 전략은 특정 회기 또는 여러 회기에 걸쳐 드러날 수 있다. 앞에서 언급한 바와 같이, 이러한 맥락에서의 관계적 정신화하기 수준의 개입은 정동 초점을 정의하는 것에서부터 시작될 것이다. 셋째, 치료사는 상담이 벽에 부딪쳤다거나 자신이 쓸모없다고 느껴지는 등의 역관계 감정을 지속적으로 느낄 수 있다. 다시 말해서, 이 감정을 인식하는 것은 정동 초점을 설명하는 데서부터 시작될 수 있다. 마지막으로, 환자는 치료사에 대한 자신의 현재 경험에 대해 설명할 수 있다. 이 경우, 관계적 정신화하기는 회기의 즉시성 가운데서 나타난다.

관계를 정신화하는 과정

여기서는 치료사와 환자가 겪는 관계적 정신화하기의 네 가지 주요 단계를 정의한다.

환자의 경험 타당화하기

첫 번째 단계는 환자의 경험을 타당화하는 것이다. 치료사는 이 작업에 대해 진실하게 임해야 한다. 예를 들어, 치료사가 자신을 이해하지 못한다고 느끼는 환자가 있다면, 치료사는 자신이 그 환자를 이해한다고 말함으로써 환자가 느끼는 현실을 바로 무시해서는 안 된다. 이러한 진술은 경계선 성격장애(BPD)를 가진 내담자들에게 소외감을 줄 가능성이 높다. 치료사는 자신이 이해하지 못하는 부분이 어떤 것인지 정확히 알아내야 한다. 예를 들어, 어떤 사람이 심리적 동일시(psychic equivalence)의 기능을 하면서 치료사가 자신을 박해하고 있다고 느낀다면, 그의 경험을 해석하더라도 다른 방식으로 왜곡되어 '잘못 해석'되었다고 느끼기 때문에 도움을 받을 수 없다. 이러한 상황에서 환자는 치료사가 자신의 경험을 이해하지 못한다고 느끼게 될 것이다. 심리적 동일시에서 내적 세계는 외부의 현실과 동등하게 여겨지기 때문에 박해를 받다고 느끼는 환자는 박해를 받고 있는 것이다. 이 시점에서 과거의 관계를 기반으로 한 피해자-가해자 유형의 일대일 관계에 대해 언급하는 것은 반영을 이끌어 내지 못한다.

따라서 관계를 정신화하는 첫 번째 단계는 환자가 자신의 경험이 진지하게 받아들여지고 있다고 느끼게 하는 것이다. 즉, 환자가 치료사를 특정한 방법으로 경험하는 데에는 타당한 이유가 있으며, 이는 치료사의 행동과 말에서 일반적으로 찾아볼 수 있다는 의미에서 현실적이고 적절하다고 느낄 수 있다.

환자(남자): 저는 여자가 남자를 이해할 수 있다는 생각을 전혀 본 적이 없습니다. 당신은 제가 어떤 느낌인지 전혀 모르겠지요?

치료사(여성): 저는 모든 여성에 대해 확신할 수는 없지만, 당신이 맞습니다. 당신의 여자친구가 다른 사람과 데이트를 하면서 양다리를 걸치는 게 어떤 느낌인지에 대해 당신의 감정을 이해한다고 말할 수는 없어요.

환자: 여자는 믿을 수 없어요.

치료사: 한번 볼까요? 우리가 상담을 시작할 때 처음 이야기했던 내용이 당신의 '관계 패턴'에 나와 있습니다. 당신은 누군가와 관계를 시작하고 나면 남자든, 여자든 그 사람이 당신을 속인다는 생각에 갇히곤 했습니다. 지금 여자친구와의 일도 비슷한 것 같습니다. 이러한 측면에서 당신은 나도 당신을 이해하지 못한다고 생각하지요. 말씀대로 저는 여자이기 때문에 당신을 이해할 수는 없습니다. 좀 더 생각해 볼 필요가 있을 것 같네요.

환자: 여자친구가 돌아왔을 때 저는 그녀와 말다툼을 했습니다. 그녀는 제가 바보 같다고 하면서 그 문제

에 대해 더 이상 얘기하기를 거부했어요. 그녀는 자신의 친구와 이야기해 보라고 했어요. 아무 일도 없었다고 할 거라고요. 그런데 그는 친구니까 어차피 그렇게 말하겠지요.

치료사는 환자와 그의 여자친구의 현재 관계에 대한 현실을 탐색하려고 노력하면서, 또한 치료사 자신은 환자의 감정을 이해하지 못한다고 말하고 있다. 또한 이 문제가 환자와 치료사가 '관계 패턴'에서 탐색하기로 합의하고 확인한 영역이라고 지적한다. 하지만 치료사는 자신이 환자의 감정을 이해할 수 없는 이유가 그녀가 여성이기 때문이라는 점에 의문을 제기한다. 이것은 근거가 희박해 보인다.

> **치료사**: 여자친구와의 관계가 전반적으로 어땠는지 말씀해 주세요. 항상 이런 마음을 갖고 있다면 어떻게 관계가 지속될 수 있을까요?

이 질문은 환자가 질투의 직접적인 맥락을 다루는 것에서 벗어나도록 탐색의 틀을 넓히는 것이다.

> **환자**: 저는 대부분 다른 증거를 찾습니다. 제 여자친구는 정말로 저 없이 밖에 나가서는 안 됩니다. 저는 그녀가 다른 남자를 좋아하는지 아닌지 계속 확인할 수 있도록 대부분의 시간을 함께 보내려고 합니다.
>
> **치료사**: 그녀가 다른 남자들을 좋아하는지 항상 눈을 떼지 않으려면 굉장히 힘들 것 같습니다. 좀 여유를 줄 수는 있나요?
>
> **환자**: 저는 제가 긴장을 많이 하는 편이라고 생각하고요. 제가 그렇게 의심할 때면 그녀가 좋아하지 않는다는 것을 압니다. 그녀는 제가 그녀를 믿지 않기 때문에 그렇게 한다고 느낍니다. 그녀는 제가 자신을 얼마나 아끼는지 이해하지 못하는 것 같습니다.
>
> **치료사**: 신뢰의 문제가 있는 것 같네요. 그리고 이번이 여자들이 당신을 이해하는지에 대해 두 번째로 이야기를 꺼내신 거예요. 처음에는 제가 당신을 이해하지 못한다고 생각하셨고, 지금은 여자친구에 대해 비슷하게 생각하고 계세요. 그녀가 무엇을 이해하기 바라시는지 말씀해 보세요.
>
> **환자**: 저는 제가 그녀를 정말로 아낀다는 것을 그녀가 깨닫기 바라요. 그런데 그녀는 들으려고 하지 않는 것 같아요.

문제 탐색하기

관계적 정신화하기의 두 번째 단계는 문제를 탐색하는 것이다. 우리는 현재의 대인관계의 상호작용 순간들을 이용하여 나타난 관계적인 문제의 세부 사항을 강조할 수 있다. 세부 사항이 형태(예: 치료사가 여성이기 때문에 무시하는 환자의 태도)일 수도 있고 내용(예: 이해받기 바라지만 실제로는 더욱 이해 받을 수 있는 상황을 만들지 못함)일 수도 있다. 앞의 사례에서, 환자는 치료사가 그의 상태를 정확하게 인지함으로써 그의 생각을 이해할 때 비로소 이해 받는다는 감정을 가질 수 있다. 환자가 이해 받는다고 느끼고 인식론적인 신뢰를 갖게 되는 것은 이러한 높은 수준으로 대변 받는 경험을 통해서이며 이는 치료적 관계 내에서의 학습으로 이어진다.

임상 실연 수락하기

세 번째 단계는 두 번째 단계의 하위 구성 요소로서 실연(enactment)을 받아들이는 것이다. 치료사에 대한 환자의 경험은 부분적이거나 과장된 요소가 있다 하더라도 현실에 기반을 둔다. 이는 치료사가 내담자와의 상호작용에 이끌릴 수 있고 자신이 환자에게 갖는 인식과 일치하는 방식으로 행동할 수 있음을 의미할 수 있다는 것을 의미한다. 치료사는 자신이 무엇이라고 설명할 수 없는 비자발적인 행동으로 환자와의 대인관계에 영향을 주게 된다는 것을 분명히 인정해야 한다. 이러한 행동에 주의를 기울이는 것은 환자에게 모델링을 보여 주는 데 있어 중요할 수 있다. 개인은 비자발적인 행동에 대한 선택 의지를 받아들일 수 있고 그렇다고 해서 치료사가 전달하고자 하는 일반적인 태도가 무의미해지는 것은 아니다. 이러한 이해는 행동만이 의미 있는 것으로 느끼는 환자의 목적론적 입장을 극복하는 데 필수적일 수 있다.

다음 순서로, 치료사는 환자에게 자신이 때때로 집중력을 잃고 정신이 산만해졌고, 그 결과 환자가 전달하고자 하는 것이 무엇인지 완전히 이해하지 못했다고 말해 준다. 이러한 과정을 통해 무엇이 이 시점에 치료사의 마음을 산만하게 했는지를 살펴볼 수 있다.

치료사: 여자친구가 당신의 말을 듣지 않는다고 말씀하신 부분이 중요할 것 같습니다. 제가 당신의 말을 잘 이해하지 못하는 것 같다고 하셨었는데, 그게 제가 정신이 산만해지게 되는 때와 관련이 있는 것 같거든요. 이야기를 여러 번 반복하시고 이야기의 관점이 너무 고착되어 있다고 느껴서 그랬던 것 같아요.

환자: 저는 거기에 대한 생각이 분명합니다. 그런데 제 여자친구는 저의 좌절감을 무시합니다.

치료사: 저희가 어려움을 느끼는 지점도 그 지점 같습니다. 당신은 좌절감을 느끼는데 제가 그 의견이 잘 이해가 가지 않아서요. 저는 계속해서 질문을 했고, 그러다 보니 제가 이해하지 못한다는 것을 분명히 느끼신 것 같습니다. 그래서 당신이 옳다는 것을 제가 깨닫게 하려고 노력하셨고요.

협업을 통한 대안적인 관점으로의 전환

이제 치료사와 환자가 동의하고 공통된 견해를 갖게 되었다면, 관계적 정신화하기의 네 번째 단계인 대안적 관점에 도달하기 위한 과정에서의 협력이 가능해진다. 이 대안적 관점은 다른 형태의 공동 정신화하기(joint mentalizing)와 동일한 협력 정신(same spirit of collaboration)으로 도달해야 한다. 우리가 훈련에서 사용하는 은유는 치료사가 환자와 마주 앉는 것이 아니라 환자와 나란히 앉는 것을 상상해야 한다는 것이다. 환자와 치료사는 나란히 앉아 환자의 생각과 감정을 살펴보고 탐구적인 자세를 취한다. 앞 사례에서는 치료사가 자신을 이해하지 못하는 것에 대한 환자의 불안과 치료사가 여성이라는 것을 이유로 환자가 치료사에게 이러한 내용을 설명하지 않는 것에 초점을 맞추어 함께 탐색해야 한다. 치료사가 환자에게 질문하고 있는 내용은 환자의 인식이 왜곡되었는지의 여부가 아니라 환자가 이해받지 못한다고 느끼는 것이 환자에게 어떤 의미인지에 대한 것이다. 또한 환자가 자신의 말을 다른 사람들이 들어주지 않는다는 느낌으로 인해 받는 상처를 여성들은 이해할 수 없다는 데 대한 질문이기도 하다.

요약

요약하자면, 관계적 정신화하기 수준의 개입은 치료의 초기 단계에서 시작된다. 초기에는 애착 패턴에 대한 신중한 구분과 '관계 패턴'의 내용을 채우기 위한 관계적 과정의 탐구가 필요하다. 이 과정이 없다면, 환자와 치료사는 경계선 성격장애(BPD) 환자들이 경험하는 급격한 불안정과 붕괴로 이어지는 바로 그 영역인 대인 정신화하기(interpersonal mentalizing)에 대해 자세히 설명할 수 있는 중요한 기회를 놓칠 가능성이 더 높기 때문이다. 또한 관계적 정신화하기를 위해서는 반관계적 정신화하기(counterrelational mentalizing)를 신중하게 사용해야 한다. 앞의 예에서, 치료사는 자신이 집중력을 잃었다는 것과 그것을 초래한 것은 그녀와 환자 사이의 상호작용이라는 것을 알고 있었다. 그것은 환자에 의해서만 만들어진 것이 아니었다. 치료사는 자신의 마음 상태를 확인하고 표현할 수 있었고 그것에 대한 책임을 받아들일 수 있었다.

이 모든 과정에서 가장 큰 위험은 가장 모드의 발달이다. 이것은 MBT의 두 번째 영역으로서 개인치료에 대한 정신화하기 개입의 관점에서 살펴보도록 하겠다.

가장 모드

가장 모드(pretend mode)의 개념은 제1장 '서론'에서 논의된다. 임상 실제에서 환자가 가장 모드를 사용하는 때는 과도한 합리화와 주지화가 있을 때, 환자와 치료사 사이의 대화에서 단절이 있을 때, 증상과 개인적 관계에 대한 설명이 진부해서 교과서처럼 느껴질 때로 구분할 수 있다. 환자는 증거 없이 복잡한 동기의 원인을 다른 사람의 탓으로 돌리거나 현실과 아무런 연관이 없는 수수께끼 같은 동기를 이야기하기도 한다. 이로 인해 다른 사람들은 이러한 내용이 어떻게 정당화될 수 있는지에 대해 당혹스러워하게 되는데, 이러한 상태를 과잉정신화하기(hypermentalizing)라고 부를 수 있다 (제17장 참고).

이로 인해 치료사는 방 안에 환자와 함께 있지 않다는 느낌, 환자와 의미 있는 관계를 맺는 것이 어렵다는 느낌, 그리고 개인적인 상호작용에 대한 주관적인 감각이 없다는 느낌을 불가피하게 경험하게 된다. 또한 환자 자신과 타인의 사이에는 단절이 생기게 되는데, 이로 인해 치료사는 환자가 다른 사람의 동기를 이해하는 복잡한 추론을 점점 더 따를 수 없게 된다. 가장 모드에 있는 환자는 치료사가 아닌 자신에게 말하고 있다. 그 결과, 치료사의 마음 상태는 환자의 마음 상태와 연결되지 않는다. 치료사로서는 불편한 상황이 아닐 수 없다.

치료에서 가장 모드가 사용되면 치료는 정적인 형태를 띠게 된다. 어떤 진전도 가능하지 않다. 논의는 끝이 없고, 순환적이며, 긍정적인 변화에 해로운 영향을 끼친다. 치료사는 가장 모드를 적극적으로 해제해야 한다. 우리는 가장 모드를 약화시키고 더 효과적인 정신화하기를 자극하기 위한 주요 기술로 도전(challenge)의 사용을 권장하는 경향이 있다. 그러나 실제로는 전면 공격보다는 스텔스 모드로 가장 모드에 접근하는 것이 더 낫다 ([Box 6-1] 참고).

Box 6-1 가장 모드에 대한 개입

- 정신화하기의 자기-타자 차원에 초점을 맞추라: 누가 누구를 대표하는가?
- 현재 콘텐츠를 전환한다.
- 회기의 과정을 프로세스를 명시적으로 식별한다.
- 회기의 지금 현실에서 작업한다.
- 도전한다.

첫째, 치료사는 정신화하기의 자기-타자 차원을 따라 반대 행동(contrary move)을 통해 대화에 들어가려고 한다(제1장 참고). 목표는 환자의 마음에 다른 마음의 표현을 활성화하는 것이다. 환자는 치료사가 어떻게 생각하고 있는지를 고려하고 자신의 마음과 다른 차이를 볼 수 있는가? 아니면 환자가 단순히 치료사의 아이디어와 생각을 자신의 생각으로 통합시키는가? 후자의 경우, 환자는 자신과 치료사의 관점 모두 정확하지 않을 수 있다는 것을 모르고 있으며, 심지어 자신의 생각과 반대되는 관점에도 동의할 수 있다.

두 번째 개입은 회기의 즉각적인 과정에 초점 맞추기로 일반화와 설명적 성찰과 비슷한 내용에서 벗어난 대화를 유도하는 것이다. 여기서의 목표는 환자가 대화를 혼란스럽게 만들거나 자신의 의도를 숨기고 가식적으로 꾸밀 수 없게 만드는 것이다. 가장 모드의 과정이 새로운 내용에 추가되는 경우에는 이러한 과정을 계속할 수 있다. 그러나 이 경우에 치료사는 역관계적 경험을 사용하여 치료사의 경험에 더욱 초점을 맞춰 개입할 수 있다. 즉, 환자의 내부 상태에 초점을 맞추는 것과 치료사의 내부 상태에 대해 탐색하는 것의 균형을 다시 맞추는 것이다. 우리는 MBT에서 치료사는 처음에 환자에 대한 자신의 감정을 '격리'해야 한다고 제안했다. 치료사가 환자에게 자신의 감정을 나타낸다면, 그것은 환자와 함께 이러한 감정을 함께 생각해 보기 위한 것이지, 환자에게서 나타나는 무의식적인 감정을 강조하기 위한 것이 아니다. 즉, 역관계적 요소는 치료사의 정신적인 상태로부터 발생하는 것으로 여겨진다. 우리는 치료사가 자신의 감정을 공개적으로 이야기할 것을 권하지만, 치료사의 마음이 치료의 맥락, 내용 및 과정에 어느 정도 반응하고 있는지를 보여 주는 방식으로 이야기할 것을 권장한다. 이 치료사는 어느 정도까지 환자의 기능 방식에 자신의 경험을 연관 지을 수 있는가? 환자가 역관계적 과정에 대해 이러한 진술을 받아들이는 것은 치료사의 삶에 대한 개인적인 질문을 해도 된다는 허락이 아니다. 또한 치료사가 자신의 삶과 문제에 대해 나누는 것은 치료사가 자기 개방에 빠져도 된다는 허락도 아니다. 치료사의 경험에 기반을 둔 토론은 능숙하게 진행된다면 유익할 수 있고 대인관계 프로세스에 대한 환자의 민감도를 높이며 환자를 가장 모드에서 벗어나게 할 수 있다.

가장 모드 작동을 위한 마지막 개입은 도전(challenge)이다. 도전은 치료사가 정상적인 치료 프레임을 벗어나 생각하도록 요구한다. 치료사는 자신과 환자가 처한 상황에 대해 연민을 가져야 하며, 환자가 치료에 미치는 부정적인 영향을 인식하고 진전을 이루기를 원하는 진정성이 있어야 한다. 이 위치에서 비로소 치료사는 가장 모드의 경직성을 깨뜨릴 수 있다.

사례

한 환자가 자신과 치료사가 복도를 따라 상담실로 걸어가면서 자신의 사춘기 아들에 대해 이야기하기 시작했다. 자리에 함께 앉으면서, 치료사는 아들과의 관계를 개선하는 것에 대해 이야기하고 싶은지 물었다. 아들과의 관계 개선은 치료의 장기적인 목표가 될 수 있기 때문이었다.

환자: 나중에 거기에 대해서도 말씀드릴게요. 오기 전에 할 말을 생각하고 오기도 하고, 그때그때 생각나는 대로 말을 하기도 하는데요. 저는 특정 주제에 초점을 맞추기보다는 제 마음에 떠오르는 대로 따라가는 편입니다. 제 마음이 다시 움직인다면 아들 얘기로 다시 돌아오겠지요. 제가 이야기할 것을 준비해 오더라도 아마 완전히 준비하지 못한 채 상담실에 올 거 같습니다. 제 생각은 이리저리 옮겨 다니기도 하고, 멈춰서 어떻게 흘러가는지 보기도 합니다. 그러다가 중요해 보이는 것들도 중요하지 않게 되기도 하구요

치료사: 우리가 의식의 흐름이라고 부르는 것을 말씀하는 건가요?

[이것은 치료사의 첫 번째 오류다. 치료사가 MBT에서 따르는 한 가지 원칙은 그들이 비정신화하기에 동참하지 않도록 하는 것이다. 이것은 모든 비정신화하기 과정을 더 빠르게 만들고 특별히 가장 모드를 강화시킨다. 정신역동치료의 기술적 용어를 사용한 것은 치료사가 이미 가장 모드의 과정을 더했음을 시사한다.]

환자: 저는 그렇게 생각하지만, 실제로는 의식하는 것은 아닙니다. 저는 여기에 올 때 중요하게 생각하는 점을 이야기합니다. 제가가 나 자신을 굽이굽이 따라다니는 동안, 각각의 생각은 중요해질 수 있습니다. 저는 하나를 선택하고 그것이 더 많은 생각을 불러올 수 있는지 살펴봅니다.

그러고 나서 환자는 상담하러 오는 동안 무엇을 이야기해야 할지 생각했다는 것에 대해 몇 분 더 나누었지만 그리 중요한 내용 같지는 않았다.

치료사: 지금 하시는 이야기를 계속 따라가기보다는 지금 어떤 감정을 느끼시는지에 집중해 보시면 어떨까요?

[이것은 가장 모드에 대한 도전을 시작하기 위한 보다 나은 개입이다. 치료사는 자신의 역반응을 진술함으로써 회기에 들어가려고 노력하고 있다.]

> 환자: 네. 제가 어떻게 느끼는지에 대해 이야기하겠지만, 아마 주제에 따라 달라질 거예요. 제 아들과의 관계에 대해 이야기할 때, 저는 아버지와 저의 관계에 대해 말하고 있는 걸까요? 이번 주에 아들과 이야기를 나누면서 저는 제가 저희 아버지처럼 말하고 있다는 것을 깨달았습니다. 만약 제가 제 아버지로서 이야기하는 것이라면, 제 아들과 이야기할 때 저는 누구와 이야기하고 있는 걸까요? 제가 저희 아버지로서 저에게 이야기하고 있는 걸까요? 아니면 제 아들의 아버지로서 아들에게 이야기하고 있는 걸까요? 둘 중 하나일 수 있어요.

환자는 치료사가 한 질문에 대답하지 않았다. 따라서 치료사는 가장 모드를 다루어야 할 경우 기술적으로 회기 중의 현재의 상호작용에 대해 초점을 유지하도록 노력해야 한다. 예를 들어, 치료사는 "당신이 어떻게 느끼는지에 대한 제 질문에 잠시 집중할 수 있을까요?"라고 말하거나 "제가 당신에게 무언가를 물었을 때, 당신은 주제에서 벗어나면서 제 질문에 대답하지 않는 것처럼 보입니다. 당신이 느끼기에 제 말이 맞나요? 아니면 제가 너무 예민한 걸까요?"라고 질문할 수 있다. 후자의 개입은 치료사의 마음 상태를 나눈다는 점에서 더 나을 수 있다. 치료사는 환자가 그 순간에 일어나는 과정을 고려하도록 하면서 약간의 자기 비하와 함께 유머러스하게 이야기를 꺼냄으로써 치료사 자신이 상호작용으로 들어갈 수 있다.

사실 이 시점에서 치료사는 아무 말도 하지 않았기 때문에 환자는 아버지-아들의 관계에 대해 이야기하면서 아버지와 자신의 관계가 자신과 아들과의 관계를 어떻게 방해하고 있는지에 대해 계속해서 이야기했다. 이러한 내용은 어느 정도 복잡한 심리학적인 의미를 가질 수 있지만, 자칫하면 치료사는 이 시점에서 그 주제를 이해하려고 노력하면서 그것이 의미 있는 것처럼 따라가는 오류를 범할 수 있다. 치료사는 환자가 가장 모드를 사용하고 있는지 확인해야 하며, 환자가 가장 모드를 사용할 경우, 환자에게 도전(challenge)할 수 있다.

이 회기에서 치료사는 무심코 환자의 아버지에 대해 질문함으로써 대화를 보다 복잡하게 만들었다. 환자는 행복하게 자신의 아버지에 대해 이야기했고 아버지의 장점과 단점에 대해 많은 견해를 가지고 있었다. 그러자 치료사는 가장 모드가 점점 더 진행되고 있다는 것을 깨닫고, 좀더 직접적으로 도전했다. 그럼에도 불구하고, 이 사례는 우리가 얼마나 쉽게 가장 모드로 끌려갈 수 있는지를 보여 준다. 치료사들은 대화의 내용이 사실상 '모래에서 빙빙 도는 것처럼' 아무런 성과를 거두지 못하고 있더라도 의미가 있다고 환자를 설득한다.

> **치료사:** 질문이 있는데요. 너무 비판적으로 받아들이지 않으셨으면 좋겠습니다. 지금 당신은 제게 말씀하시는 게 아니라 스스로에게 혼잣말을 하고 계시다는 생각이 들거든요.

환자는 잠시 말이 없다가 자기 스스로에게 발목이 잡힌 것 같다며 웃었다.

> **치료사:** 무슨 말씀이신지 압니다. 이건 어떨까요? 종이와 펜을 드릴 테니 당신이 제게 하려고 했던 말씀을 세 단어 이하로 적어 보세요.

환자가 다시 말을 하려고 하자, 치료사는 그를 제지하면서 회기의 주도권을 잡았다. 그리고 아무 말도 하지 않은 채 아버지가 된다는 것에 대한 포인트를 세 단어로 요약해서 적어 달라고 말했다. 치료사 자신도 종이를 집어들었다.

> **치료사:** 저도 그렇게 하겠습니다. 저도 당신이 제게 하려고 했던 말씀을 한번 써 보겠습니다. 그러면 우리가 생각하는 중요한 영역이 겹치는지 알 수 있겠지요.

이제 회기의 구조가 변경되었다. 이 과정 자체가 가장 모드를 약화시킬 수 있다. 상호작용은 이제 정상적인 치료 과정을 벗어났기 때문에 환자에게 덜 친숙하게 느껴질 수 있다. 게다가 치료사가 주도권을 잡아 자신과 환자 모두를 그러한 과정으로 끌어들였기 때문에 가장 모드의 고립주의자 효과(isolationist effect)가 도전받게 되었다. 치료사는 어느 정도까지 가장 모드의 내용에 계속 참여하지만 치료사와 환자 간의 상호작용의 형태는 변경되었다. 이것은 환자의 정신 상태를 변화시켜 치료사가 정신적 내용을 현실 세계에 더 근거가 있는 주제로 옮길 기회를 갖게 한다. 이 회기에서 치료사는 몇 개의 단어를 적었다가 그 위에 줄을 그어 지웠다. 그리고 처음에는 단어를 적었지만, 환자가 그에게 전달하려고 하는 것이 무엇인지 전혀 모른다는 것을 깨닫자 그 단어들이 틀렸다고 생각했다고 설명했다. 이를 통해 치료사와 환자는 상호작용의 형태에 대해 논의할 수 있었다. 즉, 치료사가 배제되고 환자가 그의 혼란을 무시하게 되면서 환자는 자신의 반영적 사고에 갇히게 된다. 이것은 회기에서 그들 사이에서 일어나는 일인 현실에 기반을 두고 있으며, 환자의 아들과 같은 다른 사람들과의 상호작용 패턴과 관련이 있었다.

결론

대인관계 민감성을 강조하기 위해 관계적 정신화하기를 사용하는 것과 가장 모드에서 인식하고 개입하는 것은 치료사가 능숙하게 구현하기 어려운 MBT의 두 가지 영역이다. 이 장에서는 치료 초기에 적절한 기초 작업을 수행하는 MBT의 중요성을 강조한다. 정신화하기를 촉진하기 위한 개입이 더 많이 사용될 가능성이 높고 강력한 정신화하기를 촉진하는 측면에서 더 효과적일 수 있기 때문이다. 원칙적으로 환자와 치료사는 치료 초기부터 대인관계 불안을 관리하는 방법으로 관계의 중요성과 관계에 있어 기본적으로 가장 모드를 사용하려는 경향을 인식할 필요가 있다. 이를 시작하기에 가장 좋은 시기는 입문 단계로, 환자가 치료 전반에 걸쳐 사용하고 개인 및 그룹 MBT 회기에서도 다루게 될 '관계 패턴'을 함께 개발하게 된다.

 참고문헌

Bartholomew K, Horowitz LM: Attachment styles among young adults: a test of a four-category model. J Pers Soc Psychol 61(2):226–244, 1991 1920064

Bateman A, Fonagy P: Mentalization-Based Treatment for Borderline Personality Disorder: A Practical Guide. Oxford, UK, Oxford University Press, 2006a

Bateman A, Fonagy P: Self-rating of MBT adherence, in Mentalization-Based Treatment for Borderline Personality Disorders: A Practical Guide. Oxford, UK, Oxford University Press, 2006b, pp 175–176

Bateman A, Fonagy P: 8-year follow-up of patients treated for borderline personality disorder: mentalization-based treatment versus treatment as usual. Am J Psychiatry 165(5):631–638, 2008 18347003

Bateman A, Fonagy P: Mentalization-Based Treatment for Personality Disorders: A Practical Guide. Oxford, UK, Oxford University Press, 2016

Karterud S, Bateman A: Manual for Mentaliseringsbasert Psykoedukativ Gruppeterapi (MBTI)

[Manual for Mentalization-Based Psychoeducational Group Therapy (MBT-I)]. Oslo, Norway, Gyldendal Akademisk, 2011

Karterud S, Pedersen G, Engen M, et al: The MBT Adherence and Competence Scale (MBTACS): development, structure and reliability. Psychother Res 23(6):705-717, 2013 22916991

제7장

성인과 청소년을 위한 집단치료

Anthony Bateman, M.A., FRCPsych
Mickey Kongerslev, M.Sc., Ph.D.
Sune Bo Hansen, Cand.Psych.Aut., Ph.D.

이 장에서는 정신화 기반 집단치료(MBT-G)의 역사적 발전을 개략적으로 설명하고, 경계선 성격장애(BPD)로 진단된 성인과 청소년을 대상으로 MBT-G의 핵심 구성 요소와 필수 개입에 대해 논의한다. 중요한 것은 MBT-G가 누구에게나 다 적용되는 치료로 간주되지 않는다는 것이다.

초기에 정신화 기반 치료(MBT)는 연구 및 치료 프로그램(Bateman & Fonagy, 1999) 내에서 개인 및 집단치료(Bateman & Fonagy, 2004)의 조합으로 개발되었다. 그 이후로 MBT는 개인치료로만 또는 집단치료로만 구현되기도 하였는데, 그래서 일부 치료사들은 개인치료와 집단치료가 결합되지 않은 치료는 '진정한' MBT가 아니라고 제안했다. 확실히 그것은 원래 연구 형태에 있어 MBT는 아니지만, 그렇다고 해서 그저 개인치료와 집단치료를 조합하는 것이 치료 목적과 원리 측면에서 MBT의 핵심이 무엇인지에 대한 본질적 정의가 되는 것은 결코 아니었다. 실제로 집단치료를 하지 않는 개인 MBT가 BPD나 다른 장애의 치료에 더 또는 덜 효과적인지 또는 동등하게 효과적인지를 보여 주는 연구는 아직 진행되지 않았다. 다른 복잡한 심리사회적 치료에서 치료 양식의 조합은 치료 성과를 향상시키는 능력에 관한 경험적 증거보다는 이론적 추론에 더 기반하는 것으로 보인다(Linehan et al., 2015). 보다 일반적으로, 최근의 연구 결과는 광범위한 장애에 걸쳐 개인치료 대 집단치료의 결과 측면에서 동등성을 나타낸다(Burlingame et al., 2016a, 2016b). MBT도 마찬가지일 수 있다. MBT-G에 대한 연구는 MBT-G 자체의 치료 효과를 알아보기 위한 연구로서 필요하다.

MBT-G에 대한 초기 논의에서는 BPD 환자를 치료할 때 일반적인 임상 상황에서 구체적이고 상세한 개입을 제안하였다(Bateman & Fonagy 2004). 그럼에도 불구하고 집단치료에서의 MBT 개입의 정의를 내리는 것에 관한 관심은 개인치료보다 덜 주어졌다. 이는 지금까지 어느 정도는 해결되었다(Karterud, 2015a). 그러나 MBT-G, 심지어 MBT를 조합한 치료법의 차이로 인해 구조와 개입 측면에서 MBT 집단의 핵심 구성 요소에 대한 명확성이 다소 부족한 것이 사실이다. 따라서 이 장의 추가적인 목표는 MBT-G 접근을 보다 명료화하는 것이다.

역사적 기원

MBT-G의 발전과 관련된 아이디어에 대한 많은 이론적·실제적인 영향은 현재까지의 MBT-G의 핵심 요소의 개발 및 이해와 관련이 있다. 실용적인 수준에서 1970년대와 1980년대에 치료사들은 문헌을 참고하여 한 집단에 BPD를 가진 사람들이 너무 많은 것에 대해 주의를 기울이라는 권고를 받았다. MBT가 처음 개발된 지 거의 10년이 지났지만, 여러 교과서적인 서적들은 여전히 치료사들에게 한 집단에 소수의 BPD 환자만 포함함으로써 자신의 집단을 '균형 잡힌' 방식으로 구성할 것을 권고하였다(Rutan et al., 2007). 전문가 의견은 일반적으로 BPD 환자로만 구성된 집단에 대해 비관적이거나 적어도 그러한 집단을 어느 정도 우리가 동의하는 선에서 상당히 수정해야 한다고 권고했다.

둘째, 집단 분석과 집단 정신역동치료는 한 세기 이상 집단에 대한 이해와 집단 과정의 발전에 상당히 기여하였다. 집단 분석의 결과가 집단 과정을 이해하는 데 영향을 미치기는 불가능하다. 집단 분석의 결과와 임상 실제의 관련성은 통찰지향적 집단에 적용되는 것처럼 심리교육 및 기술 집단의 관리에도 동일하게 적용된다. 모든 치료사는 모든 유형의 집단을 효과적으로 관리하기 위해 집단 프로세스에 대한 이해가 필요하다. 그렇다면 치료사는 필연적인 상호작용 프로세스를 기술적으로 어떻게 처리하는가? 무시하거나 회피하거나 또는 활용할 수도 있다. 집단 분석 및 기타 정신역동적 집단치료에 따라 MBT는 구조화된 치료 틀을 사용하여 조직적인 방법으로 집단 내에서 대인관계를 활용하려고 시도한다.

셋째, MBT 개발자 중 일부는 대인심리치료(interpersonal psychotherapy: IPT) 트레이너(Weissman et al., 2000)로서 우울증 치료를 위한 IPT를 구현하는 동시에 BPD 치료에 IPT

를 사용하는 방법에 대한 아이디어를 개발하고 있었다(Bateman, 2012). 집단 IPT(IPT-G)의 초점과 구조는 IPT와 IPT-G에 대한 개입이 우울증에 특정하고 BPD에 대한 초점 측면에서 수정이 필요함에도 불구하고 BPD를 가진 사람들에게 적용될 수 있는 것으로 보였다. 동시에, 같은 치료사들은 BPD의 핵심 문제가 무질서한 정신화하기로 개념화될 수 있다는 아이디어를 연구하고 있었다(Fonagy, 1995). 이러한 개념적 프레임과 임상적 프레임의 조합은 BPD에 대한 정신화하기 집단을 형성하고 실제로 우울증에 대한 보다 최근 운영되는 정신화 접근법으로 이어졌다(Lemma et al., 2011; 제23장 참고).

IPT-G에서 치료사는 특정한 행동을 수행하는 임무를 수행한다. 즉, 작업을 유지하기 위한 모든 권한 유지, 각 환자의 우울 초점 식별, 공유된 초점을 중심으로 집단 토론 관리, 집단과 각 환자가 토론에 기여한 것을 요약하고, 피드백을 개별화(Wilfley et al., 2000)한다. 집단 관리의 이러한 측면 중 많은 부분은 MBT-G에서 쉽게 찾아볼 수 있으며, 이는 [Box 7-1]에 요약되어 있다.

Box 7-1 **MBT-G와 IPT-G의 공통 요소**

- 치료사는 환자가 집단에서 시작할 때 환자의 중심 문제를 적극적으로 식별하고 정교하게 설명한다.
- 치료사는 집단이 작업을 수행할 수 있도록 통제력과 권한을 유지한다.
- 치료사는 다음 회기를 시작할 때 이전 집단에 대한 요약을 제공한다.
- 환자는 각 회기를 시작할 때 이전 집단의 요약에 기여한다.
- 치료사는 각 집단에서 공유 초점이 생성되도록 보장한다.
- 치료사는 집단 과정에서 각 집단의 끝을 향한 성찰의 기간을 정의한다.

환자들은 보통 집단이 관리 가능한 과제를 가지고 있고, 치료사가 이러한 과제를 확고히 주도하며, 집단이 자신과 관련된 문제에 집중한다는 것을 깨닫고 안도감을 느낀다.

MBT-G는 집단 분석 아이디어의 프로세스에 대한 이해와 사용을 IPT 및 다른 인지적 지향 집단의 구조와 결합한다. 여기에는 장단점이 있다. 정신의 상태에 대해 진정한 호기심을 가진 적극적 참가자인 MBT 치료사는 집단을 관리하고, 따라야 할 원칙을 공개적으로 진술하며, 환자가 가져오는 문제에 대한 평가를 촉진하는 주요 업무를 유지하고, 참가자 간의 상호작용을 정신화하기 측면에서 탐구한다. 대인관계의 상호작용 과정 뒤에 무엇이 있는지 강조하기 위한 상태에 MBT-G와 그것의 여러 가지 기원에 대한 중심 문제가 있다. IPT-G 및 다른 통합치료법과 마찬가지로 MBT-G는 현재 분석적 관점, 또는 인지적 관점에서 두 가지 방식으로 실행되고 있으며, 이는 과정, 구조 및 내용 사이의 균형 측면에서 변화를 초래한다. 지식을 늘리고 특정 기술을 주입하거나 집단 참여에서 경험적 학습을 촉진하는 것이 아니라 참가자의 더욱 강력하고 유연한 정신화하기 능력을 촉진하는 것을 주된 목표로 둔다는 제한이 있기 때문에 이러한 방법 중 어느 것도 가장 정확하다고 볼 수는 없다. MBT는 치료사가 촉진하는 새로운 관계형 프로세스와 구조화된 학습의 조직화된 '균형'을 요구한다.

놀랄 것도 없이, 다양한 집단치료법으로 일한 경험이 있는 많은 연구자들은 모든 집단치료에 이러한 접근법을 취한다. 예를 들어, 집단 분석(Karterud, 2015b)과 MBT-G를 구별하기 위해서는 집단 분석이 실제로 무엇인지에 대한 구체적인 판독이 필요하다고 주장한다(Lorentzen, 2015). 이 주장에는 약간의 장점이 있다. 정신화하기는 심리치료 과정의 일반적인 요소이며, 환자가 정신치료적 개입을 건설적으로 사용하기 위해서는 적절한 수준의 정신화가 필요하다(Fonagy et al., 2015). 그럼에도 불구하고 MBT-G는 무엇보다도 역기능적 측면에 대한 정신화하기를 목표로 하는 구체적인 접근법이다. 이 경우 핵심은 정신화하기 역량을 촉진하는 방법이 소위 로마로 가는 여러 길이 있는 것과 마찬가지로 다양하다는 점이다.

집단치료의 공통 과정으로서의 정신화하기

모든 심리치료는 부분적으로 정신화하기를 촉진함으로써 변화를 일으킨다. 따라서 정신화하기는 심리치료의 일반적인 요소다. 실제로 심리치료의 변화가 조금이라도 일어나려면 정신화하기의 개선이 필요하다는 주장이 제기되었다. 이는 MBT-G가 그 자체로 새로운 패러다임과 치료 변화가 아니라 집단 분석 또는 집단 정신역동적 치료의 특정 구성 요소에 초점을 맞추고 개선하는 것이라는 주장으로 이어졌다(Pottoff & Moini-Afchari, 2014). 그러나 MBT-G가 단순히 마치 '새로운 병에 담긴 오래된 와인'처럼, 성격장애가 있는 사람들로만 구성되어 있거나 다른 방식으로 모인 집단일 때 이미 사용되어 온 정상적인 치료적 감수성과 민감도를 가진 기술을 활용한다는 것을 의미하는 것인지에 관한 질문은 여전히 남아 있다. MBT-G가 정신화하기를 중심으로 진행되는 집단 분석인지 아닌지를 구분하는 것은 잘못된 이분법이다. 그러나 한편 MBT-G에 대한 세부적인 연구가 진행되고 있으며, 차별화 또한 궁극적으로 향후 연구가 해결해야 할 과제다(Folmo et al., 2017).

집단 분석이나 다른 집단치료 방법의 중요성을 약화하기 위해 쓸데없는 논의를 하기보다, 우리는 MBT-G의 구체적인 특징을 여기에 설명하고자 한다(Bateman & Fonagy, 2006). 우리는 이러한 특징들이 (앞에서 논의된 바와 같이) 초점, 구조, 프로세스 및 기술 측면에서 다른 집단치료 형태와 충분히 다른지의 여부를 독자들이 결정하도록 하고자 한다. 이에 먼저, 그 자체로 특정 치료로서 MBT-G에 대한 연구 중 일부를 간략하게 요약한다.

집단 정신화하기 치료에 대한 연구

성인

성인 성격장애 치료에 MBT-G를 단독으로 적용한 연구는 아직 초기 단계에 있다. Kvarstein 등(2015)은 주로 BPD를 가진 성인을 위한 집단 지향 프로그램을 연구하면서 MBT 프로그램이 구현되기 전과 후의 BPD 환자의 결과를 비교했다. 이전 정신역동치료 프로그램에 등록된 환자군은 MBT를 받은 집단과 유사한 기준 중증도 및 기능장애를 보였다. MBT의 BPD 환자는 이전 치료와 관련된 환자군보다 현저히 낮은 중도탈락률(2%)을 보여 MBT 적응 남성임을 알 수 있었다 고령 환자의 과도한 불안과 전투/도주 반응 방지, 증상 괴로움과 대인관계, 글로벌 및 직업적 기능의 개선은 MBT 환자에게 유의하게 더 컸다. 자살 또는 자해 행위의 감소, 약물 사용 및 입원은 두 치료 과정에서 명백했다. 중도탈락 감소와 증상 개선의 중요하고 중요한 발견의 이유는 명확하지 않다. MBT가 환자가 집단을 관리하고 사용하는 방법에 대한 개별치료(이전의 정신역학 프로그램에는 없는 구조와 프로세스)에 초점을 맞춘 결합(집단 + 개인) 치료로 제공되었다는 사실은 여러 요인 중 하나일 수 있다(Kvarstein et al., 2017).

Petersen 등(2010)은 성격장애 환자 22명으로 구성된 코호트를 일일 치료 프로그램에서 안정화 단계에 따라 최대 3년 동안 일주일에 한 번 정신화 중심의 집단치료로 치료하였다. 치료 중도탈락자는 없었다. 증상, 대인 기능, 사회적응, 직업적 지위 등에서 유의한 개선이 관찰되었으며, 서비스 이용의 유의한 감소가 나타났다.

MBT-G는 무작위 프로세스 분석 연구(N = 211)에서 정신역동 집단치료(PDGT)와 비교되었다(Brand et al., 2016). 불안과 기분장애가 혼합된 환자의 다양한 결과에 관한 결과는 주간 진료소에서 이질적인 모집단의 MBT-G가 PDGT보다 우수하지 않고 PDGT보다 자아에 대한 정신화를 더 증가시킨다는 것을 시사한다.

각 집단 회기 후 PDGT와 MBT-G의 집단 관계를 비교한 동일 저자의 추가 프로세스 결과 연구에서 차이가 나타났다. MBT-G에서는 집단 초기에 더 높은 갈등 점수가 있었고, PDGT에서는 치료 과정에서 더 많은 회피 점수가 있었다. PDGT로부터 가장 많은 혜택을 받은 환자들의 집단 갈등은 치료 과정 중에 강하고 지속적인 변동을 보인 반면, MBT-G로부터 더 많은 혜택을 받은 환자들 중에서 집단관계 갈등의 변동은 훨씬 짧았다(Hecke et al., 2016). 이러한 차이는 서로 다른 치료적 입장이 다른 매트릭스를 생성한다는 것을 시사하며, 이는 해결되지 않은 갈등이 중도탈락으로 이어지는 경향이 있는 심각한 성격장애 환자를 치료할 때 중요할 수 있다.

청소년

수십 년 동안, 연구자들과 치료사들 모두가 청소년 상담에 있어 집단치료의 방식으로 진행하는 것이(Teicher, 1966) 또래 상호작용에 대한 발달상의 초점과 일치하고 효과적이라는 것을 인식해 왔다. 대기자 명단과 위약 대조군(Hoag & Burlingame, 1997)을 가진 청소년 집단치료를 비교할 때 중간에서 큰 효과크기가 입증되었다. 또한 연구 문헌은 청소년을 대상으로 한 집단치료와 개인치료의 결과가 일반적인 효과(Hoag & Burlingame, 1997) 측면에서 차이가 없음을 시사하고 있으며, 이는 집단치료가 전반적으로 비용적으로 효과적일 수 있음을 보여 준다.

그러나 청소년의 성격장애 치료와 관련한 연구는 거의 이루어지지 않았으며, 집단치료를 조사한 연구도 훨씬 적었다(Kongerslev et al., 2015). 이러한 연구의 부족은 품행장애와 약물 남용 어려움이 있는 청소년을 위한 집단심리치료의 의원성 효과*를 보여 주는 연구(Macgowan & Wagner, 2005)와 청소년기의 신경생물학적 발달이 어떻게 집단과정을 복잡하게 만들 수 있는지 강조하는 연구로 부분적으로 설명될 수 있다. 예를 들어, 일부 연구 결과는 청소년들이 특정 뇌 구조의 늦은 성숙으로 인해 표정을 인식하고 명명하는 데 어려움을 겪는다는 것을 보여 주었다(Vetter et al., 2013). 다른 연구 결과로, 주의력이 제한되지 않을 때 청소년은 사회적 자극의 감정적 요소에 성인보다 더 민감하여 편도체의 활성화가 증가하고 성찰 능력이 감소한다는 것을 강조한다(Monk et al., 2003). 또 다른 연구는

---

* 역자 주—iatrogenic effects: 의사 또는 의학적 처치에 의해 유발된 질병 또는 문제.

청소년들이 성인들과 비교했을 때, 그들이 혼자 있을 때보다 또래들과 함께 있을 때 훨씬 더 많은 위험 행동에 관여한다는 것을 보여 주었고(Steinberg, 2005), 이는 또래 집단의 압력에 대한 높은 취약성을 나타낸다.

이러한 신경 발달 문제는 성인을 위해 설명된 일반적인 집단치료 기술 및 구조를 복잡하게 하거나 적어도 조정을 필요로 할 수 있다. 그러나 이러한 신경 발달 문제와 집단치료에 대한 어려움에도 불구하고, BPD를 가진 청소년을 대상으로 MBT-G 치료를 수행하는 것은 가능하다. 최근의 타당성 연구는 BPD로 진단된 청소년을 위한 MBT-G 프로그램의 바람직한 결과를 보고했다(Bo et al., 2017a). MBT-G는 15~18세의 34명의 소녀에게 1년 동안 전달되었다. 연구를 완료한 25명의 참가자 중 23명은 경계선 증상, 우울증, 자해, 또래애착, 부모애착, 정신화하기, 일반적 정신병리 등에서 개선된 결과를 보였다. 중요한 것은 정신화하기 능력 향상과 함께 또래와 부모에 대한 신뢰 강화가 경계선 증상의 더 큰 감소와 연관되어 치료의 효과를 책임지는 메커니즘을 시사했다는 것이다. BPD를 가진 청소년에서 MBT-G 프로그램과 일반적인 치료의 효과를 탐구하는 대규모 무작위 대조 실험이 현재 진행 중이다(Beck et al., 2016).

정신화하기 집단치료의 실제

구조

MBT-G는 1~2명의 상담자가 진행하며, 6~8명의 환자가 집단에 참여한다. 각 집단 회기의 소요 시간은 지역 서비스 기관의 결정에 따라 75분 또는 90분으로 다양하다. 시간이 어떠하든 간에 집단 프로세스가 발전할 시간을 제공하고 치료의 관계적 초점 중 일부를 강조하는 데 사용된다. 이 기본 구조에 대한 이론적 근거는 Bateman과 Fonagy(2016)에 의해 논의되었다.

MBT-G에 적합한 참여자는 환자의 경과 측면에서 구성된다. MBT로 치료 중인 모든 환자는 평가 및 협업 공식화 단계에서 모델을 도입하는 단계를 거쳐 심리치료를 시작하는 단계로 진행된다. 치료의 초기 단계가 끝날 때, 환자는 치료사와 자신의 문제에 대한 공동 공식화에 동의하고 성격장애, 정신화하기의 강점과 약점, 애착 과정 및 치료의 잠재적 함정에 대한 이해를 갖게 될 것이다. 심리교육의 구성 요소는 집단 형태로 제공되며 MBT-안내 집단(MBT-I)(Bateman & Fonagy, 2016)으로 알려져 있다. 내용은 환자(청소년, 정신병 환자, 환자 가족 등)에 따라 다르다. 예를 들어, 정신증 환자의 경우에는 동기 이해, 태도 이해, 감정 이해 및 무엇이 나를 '나'로 만드는지 이해하기(Lana et al., 2015)가, 반사회적 성격장애 환자의 경우에는 정신화하기, 폭력, 관계의 형태 및 감정이 회기에서 다루어진다. 이들 집단은 제25장, 그리고 제20장 파트에서 논의된다.

청소년의 경우 초기 단계에서 6개의 회기(성인의 경우 12개 회기)가 제공된다. 또한 부모와 보호자는 청소년 치료 프로그램의 원활한 진행에 적극적으로 참여할 것임(예: 교통편 지원)을 확인해 줄 것을 요청한다.

환자의 첫 번째 MBT-G 집단에서, 환자는 다음 두 가지 측면의 지원을 받는다. ① 환자와 상담자 사이에 합의된 '협력적인 임상적 동의'로서, 환자들에 대한 사례개념화 관점에서 그들의 문제를 개략적으로 기술하기, ② 환자의 관계 관련 기록을 통해 확인된 그들의 애착 전략(제6장 참고)에 대해 설명하기. 치료사는 이 과정을 지원하기 위해 환자의 편을 들어준다. 각 회기의 형식은 [Box 7-2]에 설명된 대로 치료사가 설정한 흐름을 따른다.

Box 7-2 **MBT-G 각 회기의 흐름**

- 이전 집단 내용 요약하기
- 집단 내 모든 환자에 대한 문제에 대해 요약하기
- 집단 구성원 간에 문제의 종합을 향한 작업하기
- 치료사에 의해 촉진된 집단원들의 문제 탐색하기
- 종결하기
- 종결 이후 후속 집단 토론하기

먼저, 치료사는 이전 회기 이후 치료사들 간의 사후 집단 토론에서 형성된 이전 집단에 대한 요약을 제공하고, 집단에서 해결되지 않은 문제를 포함하여 논의된 주제와 식별된 대인관계 문제를 설명한다. 요약은 긍정적인 어조로 문제를 해결하는 방법을 나타내고 관련 환자를 식별하는 것이 좋다. 특히, 집단원 모두가 이전 회기에 참석하지 않았더라도 요약에 언급되어 통합을 촉진하고 응집력과 연속성을 촉진하는 것이 중요하다.

이전 집단 내용 요약하기

　　안녕하세요, Mary-Ann. 지난주에 당신이 여기에 오지 못해서 유감입니다. Jen, Sarah, Tom, Peter, 그리고 Clare, 지난주, 나는 주요 주제가 다른 사람들의 기대를 충족시키지 못하는 것으로 생각했습니다. 우리는 사람들이 우리에게 너무 많은 기대를 하는지 혹은 우리 스스로가 자신에게 너무 많은 것을 기대하는 경향이 있는지 그리고 다른 사람들이 우리에게 원하는 것을 우리가 잘못 이해하는지를 명확하게 결정짓지 못하고 끝냈습니다. 하지만 Peter, 비록 당신이 이것을 볼 수 있지만, 당신은 사람들이 당신에게 무언가를 기대한다면, 그것들에 신경 쓰지 않고 '장난치는' 것이 최선이라고 생각했습니다. 기분이 좋아졌으니 나름 일리가 있지만, 그것은 또한 당신이 관계를 빨리 끝낸다는 것을 의미하는 것입니다. 그러고 나서 우리는 서로에게 너무 과도하거나 거의 요청하지 않는 것은 아닌지와, 이곳에서 우리 모두에게 요구되는 것이 무엇인지를 다루었습니다. 저는 우리가 그것에 대해 어떤 결론을 내렸는지 말하기 어렵습니다. 확실히, 저는 때때로 제가 전달할 수 없는 것들이 제게 기대된다는 것을 느꼈고, 그것이 저에게는 문제였습니다. 아마도 오늘 우리는 모든 주제로 돌아갈 수 있을 것입니다. 이에 대해 다른 기억이 있는 분이 있을까요? 다른 것이 있을 수도 있을까요?

　　다른 사람이 합류하기를 기대하는 것에 대한 논의도 있었습니다. Jen, 당신이 지금 집단이 편안한데 우리 모두가 알 필요가 있는 누군가 다른 사람을 추가하면 우리 집단이 엉망이 될까 봐 불안해했어요. Jonathan이 2주 후에 시작하기 때문에 우리는 이 점을 명심해야 합니다.

　　다른 의견 가진 분 있나요?

　　그러고 나서 환자는 당일 집단에서 소개하고자 하는 문제가 있는지를 내비친다. 이때 가능한 전략으로는 균형 잡힌 발표 차례가 권장된다. 이는 집단 내 개인치료가 아니라 집단이 지정된 환자와 현재의 상호 주관적이며 정서적 문제에 초점을 맞추고 있다(Karterud, 2015a). 대안적으로, MBT 치료사는 다음과 같이 문제의 종합을 협상할 수 있다. 즉, 유사 정신화하기를 피하기 위해 문제 영역에서 작업을 시작하고 문제의 구체적이고 개별화된 예를 제공하기 위해 소수의 환자를 주요 주인공으로 식별한다(이 절의 뒷부분에 있는 '비효과적인 정신화하기 모드' 하위 절을 참고할 것). 환자들은 공유된 감정 상태, 충동적인 욕구 또는 대인관계의 불안을 확인하기 위해 함께 이야기하도록 요청받는다. 집단이 끝날 무렵에는 환자가 자신이 달성한 것을 함께 고려하고 해결되지 않은 문제를 식별하는 마무리 단계가 있다. 이 단계는 환자들이 자신의 문제로부터 분리되는 것을 돕고 집단을 떠나기 전에 감정 조절을 촉진한다(Bateman & Fonagy, 2016). 청소년을 대상으로 한 집단에서는 매 회가 끝날 때마다 집단 회기에서 발생한 건설적인 정신화하기의 예를 강조하여 '우리'의 감정과 집단 응집력을 자세히 설명한다.

이러한 구조적 요소들의 목적은 치료사가 정신 상태의 주관적 경험에 대한 사람 간의 대화를 유지할 수 있는 집단 내의 권한 수준을 유지할 수 있도록 보장하는 것이다. 이는 정신화하기를 촉진하고 비효율적인 정신화하기 모드로 붕괴하는 것을 방지하는 주요 목표와 일치한다. 게다가 이 규칙적인 구조는 또한 환자들의 마음속에 구조를 부과하고 그들에게 더 강력한 정신화하기를 시작하는 데 필요한 안정감을 제공한다. 환자를 이끌기보다는 따라가면서 집단의 궤적이 펼쳐지도록 하는 것은 감정과 애착 과정의 과도한 자극으로 인해 비효율적인 정신화하기로 이어질 가능성이 크다. 새로운 관계적 과정을 더 강조하는 BPD 환자 집단은 아마도 이러한 이유로 높은 중도탈락률을 보이는 것으로 나타났다(Marziali & Munroe-Blum 1994, 1995). 대조적으로, 관계 도식과 관련된 기술과 설정된 목표의 식별에만 초점을 맞추고, 집단 안팎의 의미 있는 대인관계에서 상호 주관적 경험과 감정 상태 탐색에 초점을 줄이는 집단은 낮은 중도탈락률을 보였다(Farrell et al., 2009).

이상적으로, MBT-G는 통제되지 않은 과정이라는 암초와 과잉 통제라는 커다란 소용돌이를 피하면서 이러한 새로운 과정과 환자 집단 특유의 문제에 중점을 두는 균형을 만들기 위해 노력한다. 이는 치료사에게 집단 구조와 과정을 관리하여 애착 과정의 안전한 자극 수준을 유지하고 참가자 간의 정신화하기 담론을 약화시키기보다는 촉진하는 수준으로 자극을 유지하고 비효율적인 정신화하기 상호작용의 가능성을 줄일 것을 요구한다. 구조의 형태는 목표보다 덜 중요한데, 치료사들은 그들이 집단을 주로 따르거나 수동적으로 따르는 것이 아니라, 집단 구조와 초점을 적극적으로 관리하고 있다는 것을 보여 줄 필요가 있다. 앞서 강조한 바와 같이, 청소년을 위한 MBT-G의 경우 치료사가 성인 집단과 함께 일하는 것에 비해 훨씬 더 적극적인 자세를 취한다. 이러한 적극적인 자세는 또한 집단원들을 위한 적절한 정신화를 위한 강력한 역할 모델이 되어 집단을 위한 정신화의 길을 열어 주는 것을 포함한다. MBT-G 치료사가 일반적으로 주도권을 잡지만, 집단이 정신화 대화에 참여할 때 치료사는 '철수'하고 집단이 작업하도록 허용한다. 청소년은 치료사의 말을 듣는 것보다 청소년의 말을 더 많이 듣는데, 이러한 청소년 간 학습의 잠재력은 이러한 학습이 발생할 때 적극적으로 기반을 두고 지지된다.

과정

MBT-G의 핵심 특징은 대인관계 사건과 감정 식별 및 조절에 우선순위를 두고 환자와 치료사가 정의한 문제에 대한 정신화 과정을 촉진하는 것이다. 치료사의 역할은 대화에 집중하고 상호작용을 관리하는 것이다. 이 역할을 수행하고 참가자 간의 '초점화된 정신화하기'라는 주요 목표를 달성하기 위해 치료사는 사실적인 내러티브 정보에 대해 질문하지만, 주로 능동적이며 '모른다'는 자세를 사용하여 정신 상태에 대해 질문한다. 청소년 치료에서 치료사는 일관성 있는 내러티브를 확립하려고 할 때 많은 경우에 매우 도움이 되어야 한다. 왜냐하면 청소년들은 종종 사건이나 시나리오에 대한 일관성 있는 내러티브를 제공하는 것을 매우 어려워하기 때문이다. MBT 치료사는 수동적인 청취자가 아니며, 참여자로서 집단 내에서의 자각을 관리하고 자신의 정신 상태, 경험 및 관점을 토론에 가져와 모든 환자가 합쳐진 문제에 대한 대안적 관점을 촉진하는 과정에 참여하도록 보장한다. 무엇보다도, 치료사는 이 과정 안에서 함께한다. 예를 들어, MBT-I 단계에서 환자들은 자신과 다른 사람들이 비효율적인 정신화하기 대화로 붕괴되는 것에 민감하도록 '가르침'을 받는다. 이것은 무의식적인 집단 프로세스를 청취하고 집단의 역동 행렬을 식별하고 사용하려는 것과는 확연히 다르다(Foulkes, 1975). 치료사는 무의식적인 집단 프로세스에 집중하지 않는다. 상징화를 촉진하기 위한 집단원 간의 자유 연상과 의사소통에 대한 보다 깊은 이해는 MBT-G 기법의 일부가 아니다. 무의식적인 과정과 의미의 측면에서 해석하는 것은 치료사가 환자가 볼 수 없는 것들을 볼 수 있다는 것을 시사하며, 따라서 이는 MBT에 집단에 속하지 않도록 환자를 분리한다는 것을 의미한다. 또한 중증 BPD 환자의 경우에는 표현 수준에서 작업하는 데 문제가 있으므로 무의식적 이해를 개인적으로 의미 있는 방식으로 사용할 수 없다.

집단을 위한 문제 식별하기

집단원 간의 상호작용을 촉진하는 것은 치료사에게 중요한 과제다. 치료사는 집단 내에서 즐거운 환경을 조성하고 서로의 문제에 진정한 관심을 가지는 분위기를 조성할 필요가 있다. 치료사는 부분적으로 합의된 문제에 대한 집단의 초점을 유지함으로써, 그리고 부분적으로 문제를 종합하는 것을 통해 이를 수행한다. 즉, 환자들의 하위 집단은 그들의 관심사가 다른 형태를 취할지라도 동일한 관심사를 공유한다는 것을 인식한다.

문제 언급 단계

Viv는 집단 초반에 남자친구와 문제가 있었다고 언급했다. 그녀는 그들에 대해 이야기하고 싶어 했다. 그녀는 주요 문제가 그가 그녀와 함께 있고 싶지 않다는 것을 계속 느낀다는 것을 확인했다. 그녀는 그가 자기를 떠날까 걱정했다.

Simon은 그녀가 어디에 있든지 항상 외부인처럼 느껴지는 그녀의 불안에 대해 이야기해 달라고 부탁했다. 그녀는 자신이 다른 사람들과 다르다고 느꼈고, 이것은 그녀가 며칠 전 댄스 클럽에 있었을 때 그 모습을 드러냈다고 말했다. 다른 사람들은 즐기고 편안함을 느끼는 것 같았지만 그녀는 긴장감을 느꼈다.

Peter는 별로 얘기하고 싶지 않다고 말했지만, Viv와 Simone이 무슨 말을 하는지 알 수 있었다.

문제들을 종합하는 단계

치료사는 Peter에게 "그들이 말하는 것에서 당신이 인식하는 것을 말할 수 있습니까?"라고 자세히 설명해 달라고 요청하였다.

Peter: 우리는 기본적으로 원하지 않는 종류의 사람들이야. 대부분의 시간 동안 아무도 우리 옆에 있고 싶어 하지 않아요.

치료사: 그 얘기는 오늘 우리가 무엇을 해야 할지 둘러보기를 마칠 때까지 잠시 보류하고요. 그러고 나서 다시 돌아오도록 하죠.

문제를 마무리하고 논의할 다른 두 가지 주요 문제를 확인한 치료사는 Peter에게 Viv와 Simone의 문제에 대한 인식에 대해 더 자세히 설명해 줄 것을 요청했다. 치료사의 개입과 Peter의 대답은 Viv, Simone, Peter가 원하지 않는 경험을 고려할 수 있게 해 주었다. 그들은 많은 예를 들었지만, 공유된 핵심은 그들이 필요한지, 사람들이 그들과 함께 있는 것을 즐기는지, 그리고 사람들이 그들이 누구인지에 대해 감사하는지를 어떻게 아는가 하는 것이었다. 이것은 남자친구와의 어려움(Viv)과 친구들과 있을 때의 고립(Simone & Peter)의 초기 문제들을 기반으로 하기 시작했고, 자기 인식의 문제들과 다른 사람들과의 관계에서 그것이 어떻게 작용하는지에 대한 확인으로 이어졌다. 그들 사이에 만들어진 문제들을 종합하는 것은 그들이 스스로를 어떻게 생각하는지, 다른 사람들이 그들이 본 것과 같은 방식으로 그것들을 보는지에 대한 자존감에 관한 것이었다. 이것은 자아와 타인의 정신 상태의 분화와 타인이 자아 상태에 미치는 영향을 줄일 수 있는 능력을 필요로 하기 때문에 중요한 정신화 문제다. 이렇듯 세 환자는 이 논의의 주인공이 되었다.

집단 참가자들 사이의 문제를 종합하고 문제를 탐구하는 개인을 만드는 이 작업은 종종 집단 상호작용을 증가시키는 목표를 달성하기 위한 전략으로 삼각 검증 절차를 사용한다. 이 경우 Peter라는 제3자는 다른 사람들이 기술한 문제나 다른 사람들 사이의 상호작용에 대해 자신의 관점 또는 그들의 관점에 대한 이해를 통해 자신의 견해를 제시하도록 요청받는다. 일행 중에 다른 환자가 3명이나 있었는데, 물론 이 토론에서 소홀히 하지도 않고 철수도 허용되지도 않는다. 치료사는 그들에게 대안적인 이해를 제공해 줄 것을 요청한다. 이 집단에서, 그들은 Viv, Simone, Peter를 어떻게 보는지에 대해 이야기했고, 그러고 나서 그들은 이것이 그들 자신을 어떻게 보는지와 비교하도록 요청받았다.

집단 후 토론

집단이 끝난 후 치료사는 회기에 대한 간략한 요약을 작성하여 다음 주에 집단원에게 피드백을 제공한다. 집단에 치료사가 둘 이상 있는 경우 치료사가 회기에 대해 논의한다. 즉, 집단 후 토론이다. 그들의 결론과 관점의 차이는 서면 요약과 그다음 주에 집단에 대한 피드백의 기초를 형성한다.

비효과적인 정신화하기 모드

MBT-G 치료사는 효과적이지 않은 정신화 모드와 MBT 집단에서의 결과적인 상호작용을 관리하기 위해 많은 기술을 사용할 수 있다. 치료사는 대화를 늦추고, 성찰을 요청하고, 호기심을 표시하며, 고려를 위한 자신만의 관점을 제공해야 한다. 때때로 치료사는 집단을 멈추고 일시 중지를 요청한다. 이것은 심리적 동일시(제1장 참고)이 집단 상호작용을 지배하는 경우에 필수적이다. 이런 정신 상태에서 환자들은 자신이 생각하는 것이 사실이라고 믿고 자신의 생각을 확실하고 경직되게 유지한다. 만약 누군가 다른 관점을 제시한다면, 그 사람이 틀린 것이다. 이를 해결하기 위해, '연계된 전환'이 만들어지는데, 치료사는 효과적이지 않는 정신화하기를 촉발시킨 주제로 돌아가기에 앞서 효과적인 정신화하기로 돌아가도록 효과적이지 않은 정신화하기 모드와 연관된 눈앞을 주제에서 벗어나도록 대화를 이끈다. 치료사는 집단 내에서 적극적으로 정신화되는 환자 혹은 환자들을

적극적으로 찾아내는데, 이는 치료사가 '집단 내 정신화하기의 근원을 찾는 것이다.'

19세의 BPD 환자인 Jenny는 자신이 웹에서 '성적 대화'를 제공하는 등 성적인 일을 하고 있다는 사실을 아버지가 알게 된 후 그와 말다툼을 벌였다. 그녀는 대화가 시간 낭비라고 말하면서 더 이상 아버지와 이야기하지 않았다. 아버지는 그녀의 일이 품위를 떨어뜨리고 수치스럽다고 생각한 반면, 그녀는 그것이 돈을 버는 좋은 방법이라고 생각했다. 다른 집단원들은 그녀가 남자들을 만나지 않는 한 해롭지 않다는 그녀의 말에 동의했고, 한 환자는 그녀 자신이 그것을 시작할지도 모른다고 생각한다고 했다. 치료사는 이것을 비효율적인 정신화하기 상호작용으로 간주했는데, 그 이유는 내용 때문이 아니라 성찰의 부족과 환자가 아버지의 견해가 몰이해한 것이며 틀렸고 그녀가 옳다고 판단한 경직성 때문이었다. 그녀는 자신 이외의 다른 관점에서 상황을 볼 수 없었고, 다른 환자들은 그것에 대해 묻기보다는 그녀의 관점을 강화하는 일에 기여했다. 치료사는 한 환자가 말은 없지만 분명히 듣고 있다는 것에 주목하면서, 그녀가 속 편한 마음에 영향을 받지 않았는지, 그리고 단순히 '쉬운 돈벌이'로 상황을 받아들이지 않았는지 궁금했다. 그래서 치료사는 (정신화하기의 외부 초점을 바탕으로) 이 환자가 다른 생각을 하고 있는 것 같다고 제안했다. "Sarah, 당신은 이것에 대해 다른 생각을 가지고 있는 것처럼 보이네요."(이것은 삼각측량의 예이다). Sarah는 어떻게 하면 '더러운 남자들'과의 성적인 대화에서 절대로 '자신을 팔지' 않을 것인가에 대해 생각하고 있었고, 아버지와의 모든 사건은 Jenny가 아버지의 반대를 얼마나 어렵게 느끼는지에 대한 것이라는 자신의 생각을 말했다. Jenny는 처음에는 이를 부인했고, 그래서 치료사는 '성적 대화'가 괜찮은지 아닌지에 대한 찬반 논쟁으로부터 벗어나는 전환점으로 사용하면서 그녀의 감정에 대해 좀 더 생각해 보라고 요청했다. "이것이 일어나기 전에 당신과 당신의 아버지 사이의 일들은 어땠나요?" 이것은 그녀의 아버지가 항상 그녀를 다루기 힘들고 통제할 수 없는 아이이자 비도덕적인 사람으로 봐 왔다는 Jenny의 감정과 관련된 더 넓은 토론을 가능하게 했다. 아버지는 그녀를 부끄러워했으며, 그녀는 집안의 골칫거리였다.

그런 다음 치료사는 집단에서 현재 이루어지고 있는 좀 더 성찰적인 대화 중 어떤 것이 사람들이 상황에 대해 생각하는 데 영향을 미치는지 질문함으로써 마침내 적극적으로 과정을 늦추었다. "대화가 유용한가?"이는 성찰적 대화를 방해하는 것이 아니라 환자들에게 성찰이 진행됨에 따라 성찰하도록 요구함으로써 정신화 과정을 추가하기 위해 이루어진다. 그 환자는 그녀의 아버지와의 대화가 소용없다고 말했고 그녀는 더 이상 아버지에게 말하지 않았다. 하지만 대화는 변화의 수단이기 때문에 치료사는 사람들 사이의 일들에 대해 이야기하는 것이 유용한지 여부를 집단원들과 함께 정립하기를 원했다. 이는 MBT-G 치료사가 집단에 대한 지침과 관리를 예시하고 환자들에게 집단 내에서 무엇을 해 왔는지 메타 표현적 관점—경험이 이루어지는 맥락에서 경험에 대해 생각하는 것—을 취하도록 요청하여 집단이 진행됨에 따라 정신화된 정서성을 자극하는 방법을 보여 준다.

목적론적인 기능으로써 나타나는 비효과적인 정신화하기 표현, 즉 물리적으로 분명히 드러나는 것을 통해 이해되는 정신 상태는 다음의 예시처럼 치료사에게 환자 혹은 환자들의 '편을 들도록' 요구할 수도 있다.

집단에 참석하는 데 어려움을 겪으며 버스를 놓치거나 돈이 부족하거나 하는 등의 현실적인 문제로 불참하는 이유를 자주 설명하던 환자가 다른 환자들을 짜증 나게 했다. 그 환자는 "그만 오지 그래요? 당신은 분명히 여기 있고 싶지 않은 것 같아요. 그렇지 않다면 기꺼이 당신은 여기에 올 거예요. 당신이 나타나지 않는 것은 정말 화가 나요. 그리고 우리 모두는 당신이 우리를 보고 싶어 하지 않는다는 것을 알고 있어요." 참석하지 않았던 환자는 취약하고 연약했으며 다른 사람들과 상호작용하는 것에 대한 불안감 때문에 집단에 참석하지 않았다. 따라서 그 발언은 공황을 유발할 가능성이 있었다. 그래서 그 치료사는 '그녀의 편을 들었다'고 즉시 짜증을 낸 환자에게 대답했다. "나는 당신이 옳다고 생각하지 않아요. Jessica는 여기 오고 싶어 한다고 생각해요. 당신은 그녀가 그렇지 않다는 것을 어디에서 알았나요? 그녀가 여기에 없는 것에만 근거한 것인가요?" 그런 다음 짜증을 냈던 환자와 치료사는 기저에 있는 마음의 상태보다는 단지 환자를 둘러싸고 무엇이 일어났는가에 대한 이해, 그녀가 마음의 상태에 대한 탐색 없이 상황으로부터 가져온 목적론적인 이해에 대해 대화를 나누었다. 참석하지 않았던 환자의 입장을 수용해 줌으로써, 상황의 긴장 또한 관리하는 효과를 가져왔다.

가장 모드 해결하기
가장 모드는 인식하고 개입하기가 더 어려운 또 다른 비효율적인 정신화하기 모드다. 여기에는 유사 정신화하기와 과잉정신화하기의 두 가지 형태가 있다(제1장 참고). 일단 인식되면 치료사는 어떤 형태로든 가장 모드가 집단 구성원들 사이에 퍼져 주제에 대해 말하는 방식에 영향을 미치지 않도록 해야 한다.

유사 정신화하기. 유사 정신화하기는 환자들이 이슈에 대해 이야기하는 방식의 측면에서 주지화나 합리화와 유사하다. 그것은 반추적이고 지나치게 상세한 경향이 있으며, 그것에 참여하는 사람은 지나치게 자기 몰입적이다. 논의는 실재에 근거하지 않으며 복잡성과 정서의 측면에서 개인적 경험과 분리되어 있다. 그러나 이것은 그 사람이 냉담하다는 것을 의미하지 않지만, 비록 신체적으로 명확한 불안으로 드러나지 않더라도 유사 정신화하기는 높은 수준의 불안으로 일어날 수 있다.

과잉정신화하기. 과잉정신화하기는 환자가 표현된 민감한 외적인 정신화하기의 정보와 정신 상태 면에서 합리적인 증거를 훨씬 뛰어넘는 정신 상태와 동기를 자신과 다른 사람에게 귀속시킬 때 발생한다고 한다. 환자들은 정신 상태에 대해 많은 것을 말할 수 있지만 진정한 의미나 현실과의 연관성은 거의 없다. 가장 모드에 있는 환자에게 심리치료를 시도하는 것은 진정한 경험과 관련이 없는 내적 경험에 대한 장황하고 중요하지 않은 논의로 이어질 수 있다. 상당한 인지적 이해를 보여 주더라도 정서적 이해가 거의 안 되는 환자는 과잉정신화하기 상태에 있다고 볼 수 있다. 이 상태는 종종 진정한 정신화하기와 구별하기 어려울 수 있으며, 실제의 정동적 핵심이나 현실과의 연결이 없는 지나치게 긴 이야기를 포함하는 경향이 있다. 첫인상으로, 과잉정신화하기는 치료사로 하여금 그 집단이 인상적인 정신화하기 능력을 가지고 작업하고 있다고 믿게 만들 수 있지만, 얼마 후에 치료사는 환자들의 정신화하기 노력의 기초가 되는 감정에 공감할 수 없다는 것을 발견한다. 게다가 대화는 진전되지 않으면서, 맴돌기만 하고 결론이 나지 않는다.

치료사는 비대칭적인 토론에 참여함으로써 다른 형태의 가장 모드에 도전한다. 치료사는 탐구적이면서도 '모른다'는 자세를 취하는 대신, 설명을 받아들이는 것에 다소 저항적이고, 불손하거나, 어쩌면 반대할 수도 있다. 이 과정은 노련하게 이루어져야 한다. 목적은 집단이 자신과 다른 사람의 동기에 대해 질문하지 않고 점점 더 복잡하기만 한 토론으로 나아가는 것을 방지하는 것이다.

한 환자가 자신이 사춘기 아들의 어려운 행동을 어떻게 관리하려고 하는지에 대해 이야기했다. 그는 집단에게 아들과 대화할 때 아버지로서 대화를 하는 것인지, 그에게 사춘기 시절을 상기시키는 누군가로서 아들과 대화하는 것인지 확신하지 못하며, "지금 정말 스스로에게 말하고 있다"고 했다. 다른 환자들은 '투사'와 다른 사람들에게 당신을 보는 것이 어떻게 가능한지에 대해 토론에 참여하게 되었다. 사람들은 문제를 가지고 있는 사람들이 실제로 그들일 때 그들 자신에 대해 이야기하며 다른 사람에게서 그것들을 볼 수 있었다. 불가피하게, 이것은 환자가 어떻게 아들의 학업과 마약 사용의 어려움을 지지할 수 있는지에 대한 실질적인 문제를 해결하는 측면에서 거의 도움이 되지 않았다. 치료사는 집단에 도전했다. 토론이 멈추지 않고 빠르게 진행되자 그는 손을 들었다. 집단의 한 참여자가 이것에 반응했고, 그래서 치료사는 그에게 무언가를 말할지 물었다. 이 참여자는 그들이 요점에 도달할 수 있도록 집단을 내버려 둘 것을 요청했다. 치료사가 재빨리 말을 가로막으며 물었다. "요점이 무엇인가요? 나는 당신이 하는 말을 이해하지 못하겠네요." 또 다른 환자는 우리가 말하고 있을 때 우리가 진정으로 누구인지 알지 못하는지가 요점이라고 설명하기 시작했다. 치료사는 자신이 말하고 있는 동안에 자신이 누구인지에 대한 확신을 가지는 것이 중요하며, 그래서 만일 집단 내에 있는 모든 다른 사람들이 그들 스스로의 모습이 아니라 다른 사람으로 보여진다면, 그것은 정말로 불편한 일일 것이라고 말함으로써 반대 의견을 피력하였다. John은 그저 John일 뿐인 것이고, 그에게는 자신의 아들을 지원하는 것에 관한 문제가 있는 것처럼 보였다.

이는 사실 가벼운 개입이다. 사실상, 치료사는 자신의 마음 상태를 표현함으로써 집단을 어떤 형태로든 현실에 기반하도록 노력하고 있다. 그 목적은 집단 내의 환자들을 그들 자신으로부터 끌어내는 것이다. 더 강력한 도전은 그 집단이 "자신 속으로 사라지고 헛소리만 양산하고 있다!"고 제안하는 것이었을 것이다.

특히, BPD로 진단된 청소년을 대상으로 작업할 때 과잉정신화하기가 나타나는 것이 일반적이다(Bo et al., 2017b). 특히, 집단치료 초기 단계에서 청소년 구성원들은 정신화하기가 무엇을 수반하는지 오해하고 다른 집단원들에게 의도와 감정을 돌리며 엉뚱한 추측에 열을 올리는 경우가 많다. 여기서 치료사가 개입하여 과잉정신화하기를 줄이는 동시에 효과적인 정신화하기를 자극하는 것이 중요하다.

집단 내에서의 상호작용

MBT-G 치료사는 집단 밖에서 삶에서 드러나는 유사한 패턴과 연결된 집단 내 상호작용 패턴에 대해 지속적으로 주의를 기울인다. 사례개념화의 한 부분은 친밀한 관계에서 환자가 사용하는 애착 전략을 인식하는 것이다. 이것들은 환자의 삶의 예와 함께 개념화에서 정의되고 개인화된다. 환자는 그것들을 인식하고 중요성을 부여할 필요가 있다. 그 것은 환자가 참가할 때 첫 번째 집단 회기로 가져오는 치료사와 환자 간에 동의된 관계적 이고 애착에 기반한 설명이다.

한 환자가 첫 번째 회기를 집단 안에 있고 싶지 않다는 것에 대해 이야기하면서 시작했 다. 그는 어쨌든 긴장했고 그 집단이 많은 도움을 줄 거라고 생각하지 않는다고 말했다. 다른 환자들은 그를 안심시키고 그의 불안을 정상화시키려고 노력했다. 치료사는 환자에 게 그가 느낄 수 있는 한 자신의 문제에 대해 많이 이야기하도록 요청했다. 그는 쉽게 친 구를 사귀지 못해 고립된 삶을 살았는데, 그것이 자신이 남들과 다르다는 것을 느끼게 해 고통스러웠다고 말했다. 환자가 몇 주 동안 집단에 참석한 후, 그가 집단에서 고립된 것이 분명했는데, 대부분 그가 상호작용을 피하고 자신에 대해 거의 말하지 않았기 때문이었 다. 그래서 치료사는 다른 환자들이 그에게 자신에 대해 물었을 때, 그의 대답은 어떤 토 론도 마감하는 경향이 있었고, 집단이 시작될 때에서도 특별히 논의할 것이 없다고 말하 면서 다른 사람들에게 계속해서 다음에 말하겠다고 하고 있음을 지적했다. 이는 집단이 처음 시작되었을 때나 바깥세상에서 그의 삶에서 그러했던 것처럼 그의 개인화된 개념화 의 측면에서 집단에서 나타나고 있는 환자 자신의 상태를 탐색하는 작업이며, 집단에서 회피 전략으로 참여하도록 그를 이끈 불안들에 대한 작업이었다.

일단 환자가 집단 내의 다른 사람들과 상호작용하는 방법에 대한 세부 사항이 확립되 면, 추가적인 관계적 정신화하기가 가능해진다. 기술적으로 MBT 치료사는 이를 단계적 으로 수행하는 것을 목표로 한다. 첫째, 치료사는 환자가 집단 자체와 어떻게 관련되어 있 는지 탐색한다(앞의 예에서, 사람들 밀어내기). 둘째, 치료사는 환자가 치료사를 포함한 집 단의 개개 구성원과 어떻게 관련되어 있는지 고려한다. 이러한 패턴을 과거의 반복 혹은 집단 자체에 대한 기능으로 이해할 필요는 거의 없다. 주된 목적은 환자가 타인과 어떻게 상호작용하는지에 대한 민감성을 높이고, 지금 여기에서 그것이 일어나는 동안 그에 대 한 성찰을 증진하는 것이다. 과거의 선례와 그것들이 현재 어떻게 진행되는지에 대한 이 해의 측면에서 어떠한 최종적인 종결점보다 의미 있는 이 과정에 참여하고 있는 것이다. 개개의 MBT에서와 마찬가지로 여행이 목적지보다 더 중요하다. 그럼에도 불구하고, 환 자들은 그들의 과거가 어떻게 현재에 계속해서 영향을 미치는지에 대한 이야기를 구성할 수 있고, 이 이야기가 가장(pretend) 모드로 유지되지만 않는다면, 이것은 장려되어야 한다. 잘 기능하는 MBT 집단에서 참가자들은 자신의 행동이 초기 애착 경험에 어떻게 뿌리를 두고 있는지 인식함으로써 이득을 얻음과 동시에 이러한 이해를 통해 정신화하기 표현의 틀을 확장한다. 마찬가지로 자신과 타인의 행동(예: 침묵)이 집단의 전체 과정에 영향을 미친다는 것을 인식하는 것은 환자가 더 넓은 사회적 과정과 대인관계 패턴과 반응에 의해 행동이 어떻게 만들어지는지 이해하는 데 유용하다.

　청소년이 있는 MBT-G에서는 치료사가 집단원들이 서로, 그리고 집단 전체와 어떻게 관계되는지를 지속적으로 모니터링하는 것이 필수적이다. 청소년 환자는 현재의 애착관계를 이전의 애착관계와 반드시 연결시킬 수는 없으며, 따라서 부모나 또래와의 이전 애착 경험을 집단 내에서 어떻게 기능하는지와 연결시키는 것을 목표로 하는 개입은 종종 너무 복잡하다. 그러나 그 자체가 목표가 아니기 때문에 치료사는 그러한 성취를 위해 노력할 것이 아니라 지금 여기에서 구성원들 사이의 관계에 초점을 맞춰야 한다. 이것은 관계적 정신화를 향상시킬 뿐만 아니라 집단의 응집력을 배양하고 BPD를 가진 청소년으로 구성된 집단에서 쉽게 발생하는 희생양 효과를 예방하거나 해결하기 위해 수행된다.

성인과 청소년들을 위한 MBT-G의 핵심 요소들에 대한 요약

MBTI-G의 필수적인 요소는 다음과 같이 요약될 수 있다.

1. **구조.** 집단을 개시하는 것에서부터 집단을 종결하기까지 집단의 작업을 통해 특유의 흐름을 유지하는 것을 보장하기 위해 권장되는 여러 방식이 있다. 여기에는 순서 정하기, 문제 영역 합치기, 초점에 대해 동의하기 등이 포함될 수 있다.
2. **치료사의 입장.** 치료사는 집단의 일부이며, 여기에는 집단에서 자신의 경험을 표현하고 작업하는 것이 포함된다. 모른다는 자세는 정신 상태에 대한 성찰을 증진시키기 위해 사용된다. 치료사는 집단에서 효과적이지 않은 정신화를 다루기 전에 자신의 정신화하기를 다스려야 한다.
3. **집단의 프로세스에 대한 적극적인 관리.** 자각은 집단에서 자극받은 애착 과정에 대한 민감한 인식으로서 관리된다. 치료사는 참가자들 사이의 상호작용의 속도를 조절하여, 때때로 토론을 늦추고 심지어 대화를 멈추고 무슨 일이 일어났는지 혹은 무슨 말을 했는지 다시 생각해 보기 위해 되돌아간다.

4. **1차 목표.** 개입의 주요 목표는 합의된 초점을 탐구하는 동안 발생하는 비효율적인 정신화하기, 즉 심리적 동일시, 목적론적인 모드 및 가장 모드다. 이러한 현상을 관리하기 위한 개입은 이 장의 앞부분에 설명되어 있으며 다른 곳에서도 더 자세히 설명되어 있다(Bateman & Fonagy, 2016).

5. **정신 상태와 정동적 반응에 대한 탐구.** 환자의 삶에서 그리고 집단 내 사건과 관계에서 중요한 사건을 둘러싼 정신 상태와 정동적 반응을 탐구하는 것이 필요하다. 사건에는 여러 결정 요인들이 있다. 치료사와 집단원들은 환자의 이야기의 일관성을 높이고 그들의 상세한 정신 상태 표현을 식별하기 위해 함께 작업한다.

6. **관계적 정신화하기.** 사례개념화에서 식별된 애착 프로세스에 초점을 맞춘 관계적 정신화하기는 모든 집단원에게 필수적이다. 친밀한 관계에서의 문제는 성격장애의 핵심 요소이며, 환자가 집단치료를 시작하기 전에 환자의 관계 패턴을 사례개념화에서 파악하고 환자와 합의한다. MBT 치료사는 애착 패턴이 활성화되고 있다는 집단의 표지에 주의를 기울인다. 이러한 활성화는 집단원 간에 발생할 때 '실시간'으로 고유하게 다루어진다. 이것은 정서적으로 두드러지고 현재의 친밀한 관계 내에서 정신화하기의 발달을 촉진한다.

7. **적극적인 자세.** BPD 또는 최근에 나타난 성격장애를 가진 청소년을 대상으로 MBT-G를 실시하는 경우에 치료사는 적극적으로 집단 내에서 정신화하기 대화에 참여하고 촉진한다. 청소년기에는 정신화하기를 위한 신경생물학적 바탕이 발달되며, 각성은 발달 중인 정신화하기 조절 구조를 쉽게 압도하여 비정신화하기 기능을 초래할 수 있다. 따라서 첫째로, 적극적으로 개입하고 성찰 기능이 부재할 때 집단원들이 정신화할 수 있도록 돕는 것이 중요하다. 성인의 경우, 이러한 적극적인 입장에서 어느 정도 벗어나는 것은 허용될 수 있으며 환자 집단에 의해서도 용인될 수 있지만, 청소년의 경우, 치료사의 비활동성을 수용하지 못할 수도 있다. 둘째로, 치료사는 집단치료 초기에 응집력을 배양하고 유지하는 개입에 적극적으로 참여해야 한다. 이는 Burlingame 등(2011)에서도 강조되었는데, 응집력을 강화하는 것이 특히 청소년들과 집단을 이루어 작업할 때 유용하다.

참고문헌

Bateman A, Fonagy P: Effectiveness of partial hospitalization in the treatment of borderline personality disorder: a randomized controlled trial. Am J Psychiatry 156(10):1563-1569, 1999 10518167

Bateman A, Fonagy P: Psychotherapy for Borderline Personality Disorder: Mentalization-Based Treatment. Oxford, UK, Oxford University Press, 2004

Bateman A, Fonagy P: Mentalization-Based Treatment for Borderline Personality Disorder: A Practical Guide. Oxford, UK, Oxford University Press, 2006

Bateman A, Fonagy P: Mentalization-Based Treatment for Personality Disorders: A Practical Guide. Oxford, UK, Oxford University Press, 2016

Bateman AW: Interpersonal psychotherapy for borderline personality disorder. Clin Psychol Psychother 19(2):124-133, 2012 22344752

Beck E, Bo S, Gondan M, et al: Mentalization-based treatment in groups for adolescents with borderline personality disorder (BPD) or subthreshold BPD versus treatment as usual (M-GAB): study protocol for a randomized controlled trial. Trials 17(1):314, 2016 27405522

Bo S, Sharp C, Beck E, et al: First empirical evaluation of outcomes for mentalization-based group therapy for adolescents with BPD. Pers Disord 8(4):396-401, 2017a 27845526

Bo S, Sharp C, Fonagy P, et al: Hypermentalizing, attachment, and epistemic trust in adolescent BPD: clinical illustrations. Pers Disord 8(2):172-182, 2017b 26691672

Brand T, Hecke D, Rietz C, et al: Therapieeffekte mentalisierungsbasierter und psychodynamischer Gruppenpsychotherapie in einer randomisierten Tagesklinik-Studie. Gruppendyn Organberat 52:156-174, 2016

Burlingame GM, McClendon DT, Alonso J: Cohesion in group therapy. Psychotherapy (Chic) 48(1):34-42, 2011 21401272

Burlingame GM, Gleave R, Erekson D, et al: Differential effectiveness of group, individual, and conjoint treatments: an archival analysis of OQ-45 change trajectories. Psychother Res 26(5):556-572, 2016a 26170048

Burlingame GM, Seebeck JD, Janis RA, et al: Outcome differences between individual and group formats when identical and nonidentical treatments, patients, and doses are compared: a 25-year meta-analytic perspective. Psychotherapy (Chic) 53(4):446-461, 2016b 27918191

Farrell JM, Shaw IA, Webber MA: A schema-focused approach to group psychotherapy for outpatients with borderline personality disorder: a randomized controlled trial. J Behav Ther Exp Psychiatry 40(2):317-328, 2009 19176222

Folmo EJ, Karterud SW, Bremer K, et al: The design of the MBT-G adherence and quality scale. Scand J Psychol 58(4):341–349, 2017 28718968

Fonagy P: Playing with reality: the development of psychic reality and its malfunction in borderline personalities. Int J Psychoanal 76(Pt 1):39–44, 1995 7775035

Fonagy P, Luyten P, Allison E: Epistemic petrification and the restoration of epistemic trust: a new conceptualization of borderline personality disorder and its psychosocial treatment. J Pers Disord 29(5):575–609, 2015 26393477

Foulkes SH: Group Analytic Psychotherapy: Method and Principles. London, Gordon & Breach, 1975

Hecke D, Brand T, Rietz C, et al: Prozess-Outcome-Studie zum Gruppenklima in psychodynamischer und mentalisierungsbasierter Gruppenpsychotherapie in einem tagesklinischen Setting. Gruppendyn Organberat 52:175–192, 2016

Hoag MJ, Burlingame GM: Evaluating the effectiveness of child and adolescent group treatment: a meta-analytic review. J Clin Child Psychol 26(3):234–246, 1997 9292381

Karterud S: Mentalization-Based Group Therapy (MBT-G): A Theoretical, Clinical, and Research Manual. Oxford, UK, Oxford University Press, 2015a

Karterud S: On structure and leadership in mentalization-based group therapy and group analysis. Group Analysis 48:137–149, 2015b

Kongerslev MT, Chanen AM, Simonsen E: Personality disorder in childhood and adolescence comes of age: a review of the current evidence and prospects for future research. Scand J Child Adolesc Psychiatry Psychol 3:31–48, 2015

Kvarstein EH, Pedersen G, Urnes Ø, et al: Changing from a traditional psychodynamic treatment programme to mentalization-based treatment for patients with borderline personality disorder-does it make a difference? Psychol Psychother 88(1):71–86, 2015 25045028

Kvarstein EH, Nordviste O, Dragland L, et al: Outpatient psychodynamic group psychotherapy —outcomes related to personality disorder, severity, age and gender. Pers Ment Health 11(1):37–50, 2017 27766761

Lana F, Marcos S, Mollà L, et al: Mentalization based group psychotherapy for psychosis: a pilot study to assess safety, acceptance and subjective efficacy. International Journal of Psychology and Psychoanalysis 1(2):007, 2015

Lemma A, Target M, Fonagy P: Brief Dynamic Interpersonal Therapy: A Clinician's Guide. Oxford, UK, Oxford University Press, 2011

Linehan MM, Korslund KE, Harned MS, et al: Dialectical behavior therapy for high suicide risk in individuals with borderline personality disorder: a randomized clinical trial and component analysis. JAMA Psychiatry 72(5):475-482, 2015 25806661

Lorentzen S: Comments on Karterud's "On structure and leadership in mentalization-based group therapy and group analysis," June 2015. Group Analysis 49:70-77, 2015

Macgowan MJ, Wagner EF: Iatrogenic effects of group treatment on adolescents with conduct and substance use problems: a review of the literature and a presentation of a model. J Evidence-Based Soc Work 2(1-2):79-90, 2005 20396587

Marziali E, Munroe-Blum H: Interpersonal Group Psychotherapy for Borderline Personality Disorder. New York, Basic Books, 1994

Marziali E, Munroe-Blum H: An interpersonal approach to group psychotherapy with borderline personality disorder. J Pers Disord 9:179-189, 1995

Monk CS, McClure EB, Nelson EE, et al: Adolescent immaturity in attention-related brain engagement to emotional facial expressions. Neuroimage 20(1):420-428, 2003 14527602

Petersen B, Toft J, Christensen NB, et al: A 2-year follow-up of mentalization-oriented group therapy following day hospital treatment for patients with personality disorders. Pers Ment Health 4:294-301, 2010

Potthoff P, Moini-Afchari U: Mentalization-based treatment in groups-a paradigm shift or old wine in new skin? Group Analysis 47:3-16, 2014

Rutan JS, Stone W, Shay J: Psychodynamic Group Psychotherapy, 4th Edition. New York, Guilford Press, 2007

Steinberg L: Cognitive and affective development in adolescence. Trends Cogn Sci 9(2):69-74, 2005 15668099

Teicher JD: Group psychotherapy with adolescents. Calif Med 105(1):18-21, 1966 18730009

Vetter NC, Leipold K, Kliegel M, et al: Ongoing development of social cognition in adolescence. Child Neuropsychol 19(6):615-629, 2013 22934659

Weissman MM, Markowitz JC, Klerman GK: Comprehensive Guide to Interpersonal Psychotherapy. New York, Basic Books, 2000

Wilfley DE, Mackenzie KR, Welch RR, et al: Interpersonal Psychotherapy for Group. New York, Basic Books, 2000

제**8**장

가족과 함께하는 작업

Eia Asen, M.D.
Nick Midgley, Ph.D.

지난 10년 동안 정신화 기반 치료(MBT)의 개념과 기술은 상당수의 가족치료사들에 의해 그들이 평소 해 오던 바에 맞게 채택되고 조정되었다. 동시에, MBT의 가족 초점 형태가 등장했고, 이 접근법을 매뉴얼화하기 위한 다양한 시도가 있었다(Asen & Fonagy, 2012b; Fearon et al., 2006; Keaveny et al., 2012). 기존의 웹 브라우저에서 실행되는 웹 기반의 '위키-매뉴얼'(https://manuals.annafreud.org/mbtf)은 쉽게 검색할 수 있으며 자동으로 색인화된다.

가족 체계 치료사들에 의해 잘 검증된 기술을 사용하는 것처럼 보이는 것을 고려할 때, 이러한 방식을 가족치료의 새로운 '브랜드'로 보는 것이 정당한지, 아니면 체계적인 관행 내에서 단순히 새로운 강조로 보는 것이 정당한지에 대한 논쟁이 있다. 가족치료의 특정 모델로서, 이 접근법은 원래 단기 정신화하기 및 관계적 치료(SMART; Fearon et al., 2006)로 명명되었고, 나중에 가족을 위한 정신화 기반 치료(MBT-F; Keaveny et al., 2012)로 이름이 바뀌었다. 그러나 이 장에서 우리는 가족과 함께 작업하는 것에 대한 정신화 기반 접근법을 다룰 것이다. 경우에 따라 설명된 내용은 다음과 같은 일련의 개념 및 기술—한편으로는 다른 체계적인 접근 방식에 접목될 수도 있지만 또 다른 체계에서 활용되는 자체 프레임워크, 안내 원리, 치료 기법—일 수 있다. 두 경우 모두, 우리는 그 발전을 체계적인 가족치료의 광범위한 역사 안에 우선적으로 두는 것이 도움이 될 수 있다는 점을 제안하고자 한다.

가족과 함께 작업하기 위한 정신화 기반 접근법의 발달

체계적인 관점을 채택한다는 것은 개인과 그들이 제시하는 문제와 어려움을, ① 가족과 다른 친밀한 관계의 맥락에서, 또 ② 개인과 그 또는 그녀의 가족이 속한 더 넓은 사회 문화적 환경 안에서 보는 것을 의미한다(Bowen, 1978). 개인의 마음의 상태 또는 내적 세계를 탐구할 여지를 거의 두지 않는 사회적 측면 또는 패러다임의 변혁까지는 아니더라도, 이러한 렌즈를 채택한다는 것은 가족을 만나 치료 작업을 하는 치료사들 가운데 심리 내적 측면에의 초점에서 대인 간 측면의 초점으로의 중요한 변화가 나타났다는 것을 의미하였다(Ackerman, 1967).

2차 사이버네틱스(Hoffman, 1981)의 등장과 사회 구성주의적 접근(Gergen, 1994)은 주류 정신의학과 심리학의 환원주의적 생물의학 및 행동 모델에 도전했다. 치료는 체계의 구성원들이 가지고 있는 다양한 의미와 신념에 대한 협력적인 탐구로써 발전했다. 치료사의 입장은 탐구적이고 존경하는 태도와 '친절한 호기심'(Cecchin, 1987)으로 특징지어졌고, 개인의 타인에 대한 지식의 한계를 인식함으로써 치료사의 '전문가' 입장에 의문을 제기하기도 했다. 치료사들은 '안전한 불확실성'(Mason, 1993)이라는 개념에 이끌려 개인은 다른 사람들이 생각하고 느끼는 것을 추측할 뿐이며 결코 알 수 없다는 것을 인정했다. 이러한 입장이 다른 사람들의 마음속에서 일어나고 있을지도 모르는 일에 완전히 당황하거나 압도당하지 않도록 하기 때문에 '안전하다'. 점차 가족 체계 치료사들은 개인 내 세계와 대인 간 세계를 다시 연결하기 시작했다(Akister & Reibstein, 2004; Dallos, 2006; Diamond & Siqueland, 1998; Flaskas, 2002; Fraenkel & Pins, 2001). 무엇보다 정신화하기 개념에 대한 체계 치료사들의 관심을 일깨운 것은 Bateman과 Fonagy(2006)의 작업이었고, 이는 정신화 기반의 가족 접근법의 발전으로 이어졌다.

가족 맥락에서 정신화하기 작업을 하는 데 있어서의 어려움

제1장('서론')에서 더 자세히 설명한 바와 같이, 정신화하기는 개인의 소망과 욕망과 연결된 감정과 신념 상태를 표현하고, 소통하고, 조절하는 데 중요하다. 그것은 가족 구성원들이 그들 주변 사람들의 생각, 감정, 의도를 그림으로 만들 수 있도록 하고 그들의 행

동을 이해하도록 도와준다. 그러나 스트레스 상황에서 정신화하기의 어려움은 거의 필연적으로 발생하며, 균형 잡힌 정신화하기를 회복할 수 없다면 정서적으로 충전된 상호작용은 가족 내에서 진화하는 경향이 있으며, 잠재적으로 다른 사람과 자신에 대한 생각과 감정을 효과적인 방법으로 생각하는 능력의 일시적인 상실로 이어진다(Fonagy & Luyten, 2009). 자동적인 정신화하기는 가족 기능의 예비 정신화하기 또는 비정신화하기 모드가 다시 등장하면서 작동할 수 있다(제1장 참고). 이것은 가족 구성원 개개인이 다른 가족 구성원들의 정신 상태와 일치하는 것은 고사하고 자신의 정신 상태를 확인하고 성찰하는 것을 어렵게 만드는 결과를 초래할 수 있다.

　예를 들어, 아버지가 스트레스를 받고 있다면, 그는 일시적으로 딸을 자신의 관점이 아닌 다른 관점으로 보지 못하도록 마음이 닫힐 수 있다. 그래서 그가 식사를 준비하는 동안에 딸이 같이 놀자고 소리칠 때, 그는 이것을 단지 딸이 '아빠를 어렵게 하는 것'으로 보고 그녀에게 조용히 하라면서 스스로 무언가를 해 나가라고 말할지도 모른다. 만약 아이가 자신이 의미 있는 응답을 받지 못하고 있다고 느낀다면, 딸은 자신의 경험이 신뢰할 수 있는 부모에 의해 응답되기를 바라며 아버지에게 '닿기' 위해 자신의 행동을 확대할 수도 있다. 그러나 아이의 행동 강화는 아버지의 정신화하기 능력을 더욱 약화시킬 가능성이 있으며, 아버지와 딸은 정신화하기가 되지 않는 악순환에 빠질 가능성이 높다. 즉, 아이의 정서적 욕구와 각성이 아이가 갈망하는 심리적 인식을 제공하는 부모의 능력을 손상시킬 수 있다([Box 8-1] 참고). 가족의 상호작용에서 (일시적으로) 정신화하기가 없을 때, 폭력이 일어날 가능성은 더 높아진다. 그것은 또한 자신과 다른 사람들을 정신화시키는 데 필요한 안전감을 약화시키고 파괴한다. 그것은 또한 자신과 다른 사람들을 정신화하기를 시키는 데 필요한 안전감을 약화시키고 파괴한다.

Box 8-1　가족관계 속에서의 정신화하기 과정

- 핵심 명제: 감정적인 문제와 행동적인 문제는 본질적으로 관계가 있다.
- (자신과 다른 사람들의) 정신 상태에 대한 고려, 해석, 평가는 모두 건강한 관계를 위해 필수적이다.
- 가족 간의 상호작용은 근본적으로 정신화하기의 실패를 유발할 가능성이 있다.
- 가족과 개인은 다양한 이유(예: 유전, 초기 경험, 트라우마, 현재 스트레스 요인)로 인해 정신화 능력이 다양하다.
- 정신화와 관련된 만성적인 문제는 고통스럽고 스트레스가 많은 가족 간 상호작용을 유발할 수 있으며, 이는 정신화하기를 더욱 저해한다.

- 고통스럽고 스트레스가 많은 상호작용은 가족의 대처, 창의성, 적응유연성을 저해하는 관계적 문제를 일으킬 수 있다.

반대로, 가족 내 애착관계의 맥락에서 정신화하기가 이루어지는 것은 그 가족 단위 내에서 인식론적 신뢰(제1장 참고)를 만들어 낸다. 부모가 하던 일을 멈추고 아이와 함께 놀러 가지 못하는 경우에도, 부모가 곁에 있기를 원하는 아이의 바람이, 불안이나 흥분, 혹은 부모가 자신을 잊었다는 우려에서 비롯될 수 있다는 것을 인식하면 애착을 쌓는 데 도움이 될 수 있다. 반면에 인식론적 과잉 경계는 어려운 사회적 상호작용에 대한 과도한 민감성으로 나타난다. 가족 구성원들은 다른 사람들의 행동에 대한 이유를 해석하는 것을 어려워할 때, 가족 내의 경험에 대해서 잠재적으로 속상한 기억을 젖혀 두거나 떨쳐 버리지 못하여 감정적인 경험을 한 혼란스러운 기억을 제쳐놓거나 마음에서 떨쳐 버리지 못하고, 정서적인 폭풍을 경험하는 것에 훨씬 더 취약하게 만든다. 가족 내에서 신뢰의 유대감을 형성하는 능력이 무너지면, 가족 자체가 만들어 낸 경험은 개인이 참거나 처리하는 것이 극도로 어려워진다. 이것은 일반적으로 '이성을 잃어버리는 경험'과 폭력을 나타나게끔 하는 혹은 다른 방식으로 표현되는 정서적인 안녕감의 악화를 초래할 방아쇠가 된다.

정신화 기반 가족치료 접근의 목표

정신화 기반 가족치료 접근의 주요 목표는 가족이 문제와 관련된 상황에 대한 논의에 참여하고, 떠오르는 감정 상태와 그 중요성을 도출하고 강조하며, 정신 상태에 대한 호기심과 자신뿐만 아니라 다른 사람들의 행동과의 연결을 촉진하는 것이다. 이러한 목표는 접근법이 이미 어떤 형태의 체계적인 가족치료를 시행하고 있는 치료사에 의해 홀로 독립적으로 사용되고 있는지 또는 '부가적'으로 사용되고 있는지 여부에 관계없이 적용된다. 이러한 의미에서 이 접근법은 많은 기술이 잘 알려진 체계적 치료 관행을 기반으로 하기 때문에 새로운 브랜드의 치료법이 아니지만 가족 맥락 내에서 정신화하기 과정을 다루는 독특한 초점을 가지고 있다. 그것은 사람들의 마음속에서 일어나는 일에 대한 단서로서 생각과 정서 모두에 초점을 맞추고, 정서 조절에 주의를 기울이면서 영향을 미치려 한다. 한 가지 주요 고유한 목표는 부모나 다른 양육자가 아이들에 대해 갖는 느낌에 대한 이해를 높이는 것일 수 있으며, (자녀의 발달 단계에 따라) 그 반대의 경우도 마찬가지다. 정신화 기반 가족치료 접근법의 주요 목표는 [Box 8-2]에 나와 있다.

Box 8-2 **정신화 기반 가족치료 접근의 목표**

- 증상이 있는 가족 구성원(들)의 문제 행동 또는 가족 문제에 대한 각 개인의 참여 및 기여를 고려하는 것
- 각 개인의 정신 상태와 다른 사람들의 정신 상태에 대한 인식과 호기심을 촉진하는 것
- 가족의 정신화하기 능력이 붕괴되기 쉬운 시기에 대한 인식을 촉진하는 것
- 가족의 맥락에서 그들의 감정을 조절할 수 있는 능력을 강화하기 위해 정신화하기를 사용하는 것
- 가족과 그들의 개별 구성원들이 강압적이고 정신화되지 않은 상호작용 주기에서 효과적인 정신화하기 정보에 입각한 토의와 상호작용으로 전환하는 것을 돕는 것
- 아이들과 부모들 사이의 신뢰와 더 나은 애착을 증진시키는 것
- 부모들이 자녀들이 자신과 다른 사람들에게 정신화하기의 능력을 발달시키는 것을 돕는 역량에 대한 감각을 촉진하는 것
- 정신화하기와 관련된 기술, 특히 정신화하기가 방해되거나 억제된 특정 영역에서 의사소통 및 문제해결을 연습하여 균형 잡힌 성찰적 결정을 내릴 수 있는 능력을 높이는 것
- 가족, 친구, 동료, 전문가 및 관련된 다른 사람들이 정신화하기에 참여할 수 있고 생각과 감정에 대한 실험이 상호 지원될 수 있는 맥락을 만들고 활동을 개시하는 것

정신화하기에 초점을 맞춘 작업은 예를 들어 전화통화로 의뢰하는 지점에서부터 시작할 수 있다. 치료사가 소개하는 전문가에게 말하든, 가족 구성원에게 말하든, 가족 구성원이 가족으로 보이는 것에 대해 어떻게 생각하거나 느낄지에 대한 추측을 불러일으킬 수 있다. 이는 다음과 같은 특정 질문을 통해 수행할 수 있다. "첫 번째 회기에 참석해야 하는 사람은 누구인가요?", "만약 아이가 초대받지 못했다가 나중에 부모가 그 없이 만났다는 것을 알게 된다면, 그 아이는 어떻게 느낄까요?", "아버지 없이 어머니가 혼자 오면 어떤 장점과 단점이 있을까요?", "첫 번째 만남이 이루어져야 하는 장소에 대해 각자가 어떻게 느낄까요?"

처음부터, 효과적인 정신화하기의 향상은 정신화 기반 가족치료의 주요 초점이다. 예를 들어, 치료사는 종종 사람들에게 다른 가족 구성원의 숨겨진 감정 상태에 대해 잠정적으로 추측하거나 라벨을 붙이도록 요청할 수 있다. 게다가 치료사는 가족 구성원들이 자신의 감정을 명명하고 그들이 그들의 감정에 의해 어떻게 영향을 받을 수 있는지 그리고 이러한 영향이 다른 사람들에게 어떻게 영향을 미칠 수 있는지에 대해 드러내어 성찰하도록 적극적으로 장려할 수 있다. 결국, 좋은 정신화하기는 자신이나 타인의 마음과 감정의

내면 상태를 정확하게 읽을 수 있는 개인의 능력일 뿐만 아니라, 개인의 생각과 감정은 다른 사람들의 정신 상태에 대해 학습함으로써 깨우치고 풍부해지고 변화될 수 있다는 기대를 반영하는 관계에 접근하는 방법이기도 하다(Fonagy & Target, 1997).

치료사의 태도

정신화 기반 가족치료의 목표는 치료사가 특정 태도를 모델링할 수 있는 경우 가장 잘 달성된다([Box 8-3] 참고). 이는 모든 사람의 정신 상태와 관련하여 탐구하고 존중하며, 다른 사람의 감정을 이해하는 것이 중요하다는 것을 전달하는 것을 포함한다. 여기에는 그러한 감정이 무엇이었는지, 그리고 그들에게 고착되거나 귀인된 관련 경험들, 생각과 의미 등이 포함된다. 치료사는 이것을 가족 전체에 전달하지만 동시에 각 개별 가족 구성원이 각 개인이 경험하는 감정에 집중할 수 있도록 돕고, 이러한 감정에 대한 잘못된 의사소통이나 오해가 가족 문제를 지속되도록 하는 상호작용에 기여하는 방식을 강조한다. 실제로, 치료사들은 ① 가족이 어려운 문제에 대해 습관적이고 문제가 될 수 있는 가족 상호작용을 적극적으로 유도하는 것을 포함하여 '자연스럽게' 상호작용할 수 있는 치료적 맥락을 만드는 것, ② 결정적인 순간에 지시적이 되거나 개입하는 것 사이에서 매우 신중한 균형을 이루어야 한다.

Box 8-3 **치료사의 태도**

- **탐구심**: 공손하고 호기심이 많고 잠정적인 탐구 태도를 통해 정신화하기의 가치를 지속적으로 확인하기
- **균형 유지하기**: 가족 구성원이 각 가족 구성원이 경험하는 감정이 무엇인지 이해할 수 있도록 도와줌으로써 자연적인 상호작용을 관찰하는 것과 변화를 촉진하기 위해 개입하는 것 사이의 **균형을 유지**하면서, 이러한 감정에 대한 잘못된 의사소통이나 오해(또는 이해 부족)가 가족 문제를 지속시키는 상호작용으로 이어지는 방식을 강조하기
- **정신화하기가 되지 않는 상호작용을 종료**하고 새롭고 다른 관점을 만드는 데 도움이 될 수 있는 맥락을 만들어, 다른 사람들에게 완전히 이해되지 않는 행동으로 이어진 가족 내 개인에 대한 누락된 관점을 강조하기
- **효과적인 정신화하기를 강조하고 강화**하여 가족 구성원 간에 감정, 생각, 의도를 긍정적으로 연결하는 능력을 심화; 정신화하기의 좋은 예(또는 에피소드)를 주목하고, 그것들과 그것들의 의미를 확장하기

　정신화 기반 가족치료에서는 정신화되지 않은 상호작용이 가족 상호작용에 중요한 변화를 일으킬 가능성이 낮다고 가정하므로, 회기에서 이러한 상호작용이 발생하도록 허용하는 것은 치료적이지 않을 수 있다. 따라서 일단 치료사들이 가족의 핵심적인 정신화하기에 대해 명확한 생각을 갖고 그들이 함께 작업하게 될 상호작용의 적절한 예를 갖게 된 후에, 가족에게 정신화하기가 잘 되지 않는 상호작용이 무엇인지 탐구하도록 초대하고, 개입하고, 적극적으로 정신화하기 상태가 아닌 상호작용을 중단시킬 수 있다. 즉, 종종 '멈춤과 검토' 과정이 뒤따른다. 한 가지 주요 목표는 각 가족 구성원에 대한 누락된 관점과 이것이 어떻게 가족 내 다른 사람들의 행동을 전적으로 주목하거나 이해하지 못하게 하는지를 강조하는 것이다.

　이 접근법의 근본적인 가정 중 하나는 정신화하기가 가족 시스템의 자기 교정적 '평형 유지(gyroscope)' 기능의 일부이며, 가족 구성원들 서로의 마음 상태에 대해 생각하는 능력이 촉진되거나 차단하고 방해하는 것들로부터 해방된다면 가족 내의 많은 어려움이 개선될 수 있다는 믿음이다. 치료사들의 주요 위험은 정신화하기가 되지 않는 상태의 전염성에 있다. 치료사들이 정신화하기 중단에 취약하다는 것을 고려하면, 그들은 가족 시스템 내에 존재할 수 있지만 (좋은 의미에서) 무시된 채로 남아 있는 진정으로 파괴적이고 악의적인 생각과 감정을 깊이 있게 탐색하는 도전에 직면했을 때 정신화하기가 되지 않은 상호작용에 참여하게 되는 자신들을 발견할 수 있다. 정신화하기 접근법을 취하는 것은 난감한 가족 갈등을 근절하기 위한 만병통치약이 아니다. 비정신화된 상태는 대안적인 사고에 대한 진정한 숙고를 배제하기 때문에, 단순히 가족 내의 적대감의 추정된 원천에 가족의 주의를 끄는 것(즉, 통찰력의 증진)은 성공적일 것 같지 않다. 치료사가 이 접근법을 취한다면, 기대할 수 있는 최선의 결과는 가족을 비정신화하는 사실에 근거한 심리적 동일시에서 유사 정신화하기 모드로 이행하도록 하는 것이다(제1장 참고). 치료사는 가족 구성원들이 이전에 성공하지 못했던 감정에 대해 생각하고 숙고하는 도전에 직면하여 정신화를 유지(또는 재설정)하도록 돕는 것을 첫 목표로 해야 한다. 이를 위해서는 치료사가 정신화하기 초점을 지지할 수 있는 구조나 틀을 갖추는 것이 필수적이다. 그러한 틀 중 하나는 '정신화하기 루프'다.

정신화하기 루프

정신화하기 루프(Asen & Fonagy, 2012a)는 '경로 지도'이자 도구로서 치료사의 입장을 설명하고 그들이 자신과 가족 모두를 지원할 수 있도록 해 주는 정신화 기반 개입을 고안하기 위한 실용적인 틀이라 할 수 있다. 정신화하기 루프를 식별하는 과정은 다양한 정신화 기반 치료에 의해 공유된다. 예를 들어, 경계선 성격장애(BPD)를 가진 사람들을 위한 정신화 기반 집단치료(MBT-G)에서 치료사는 유사한 단계를 따른다. 이 프로세스는 연속적인 단계의 선형 진행이 아니라 검토, 새로운 관찰로 이어지는 재귀적인 프로세스이기 때문에 루프, 즉 반복해서 회전하는 형태를 띤다([그림 8-1]). 정신화하기 루프를 사용할 때, 짜증, 불신, 혼란, 굴욕 또는 좌절의 표현과 같은 가족 구성원(또는 MBT-G의 집단원; 제7장 참고) 간의 구체적인 상호작용과 의사소통에 관심이 쏠린다. 지금 현재의 이러한 마음 상태 중 하나에 명시적으로 초점을 맞추는 것, 즉 주목하고 명명함으로써 가족 상호작용을 일시적으로 중단시키는 효과가 있다.

이 루프는 치료사가 외부적인 정신화하기 초점을 사용하여 관찰한 내용을 말로 표현할 때 시작된다. 예를 들어, "저는 엄마가 어젯밤에 있었던 모든 비명에 대해 이야기했을 때, 아빠는 꽤 화가 난 것처럼 보이기 시작했고, Mary는 눈에 눈물을 흘리기 시작했다는 것을 주목했어요. 여기 다른 분들은 이것을 알아차렸나요?" 관찰된 상호작용 순서를 강조하면 비정신화된 진술, 반응 및 반작용의 주기가 될 수 있는 것을 중단시키는 효과가 있다.

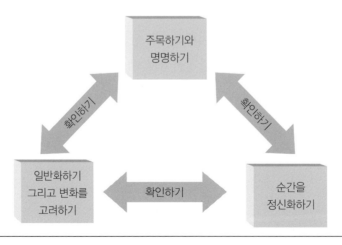

[그림 8-1] 정신화하기 루프

하지만 더 나아가기 전에, 치료사는 가족 구성원들이 그/그녀가 제공한 설명과 연결될 수 있는지에 대한 '확인'을 할 필요가 있다. "내가 그것을 제대로 알고 있나요? 당신은 그것을 그렇게 생각하나요?" 이것은 치료사에 의해 시작된 정신화하기의 외부 초점에서 근본적인 정신 상태에 대한 내부 초점으로 가족을 이동시킨다. 이 방식에서, 치료사는 사건의 순서에 대한 관찰과 구두점이 치료사 자신의 관점이었으며 이제는 강조된 것을 고려하도록 초대된 가족 구성원들의 상호 검토를 위한 '객체'가 될 필요가 있다고 소통한다. 만약 가족 중 누군가 어느 정도 인식이 있다면, 치료사는 다음과 같은 질문을 통해 현재의 과정에 명시적으로 초점을 맞추고, 가족 구성원들이 '순간을 정신화'하도록 할 수 있다. "Mary의 입장이 되어 그녀에게 눈물을 흘리게 했던 생각이나 감정을 상상할 수 있나요? 그 시점에서 그녀의 내면에서 무슨 일이 일어났다고 생각하나요?"

이것은 부모가 자녀를 정신화하도록 초대하는 것으로, 일반적으로 부모가 자신의 정신 상태를 보기 전에 이를 수행하는 것이 좋다. 치료사는 그때 각 부모들이 스스로를 정신화하도록 함으로써 문제를 더 추구할 수 있다. "그리고 당신이 그 상태의 Mary를 볼 때, 그것은 당신 자신의 내면에 어떤 감정을 만들어 내나요?"

부모가 아이의 마음속에서 무슨 일이 벌어졌을지에 대해 생각할 때(그 순간을 정신화하는 것), 부모가 다른 가족 구성원과 함께 그/그녀의 생각을 확인하는 것을 돕는 것이 치료사의 다음 과제다. 예를 들어, 치료사는 다음과 같이 말할 수 있다. "아빠는 우리가 공개적으로 이야기하는 것에 대해 Mary가 행복하다고 생각하는군요. 엄마는 그게 Mary에게 일어난 일이라고 생각하세요? 동생이 어떻게 생각하는지도 궁금하네요. 당신의 아내 머리에서 생각의 거품이 나오는 것을 볼 수 있다면, 그 안에 무엇이 적혀 있을까요?" 이런 식으로, 치료사는 가족 구성원들이 각자의 관점을 가지고 와서, 브레인스토밍(혹은 그보다는 정신 상태에 대한 마인드스토밍)을 하고, 그들이 문제를 비슷하게 보는지 다르게 보는지 항상 다른 사람들과 확인하도록 격려한다. 치료사를 포함한 지속적인 확인 과정은 루프를 만든다. 주목받은 것에 이름이 붙고, 이름이 붙은 것은 의문시되며, 인식이 전반적으로 확인된다(Asen & Fonagy, 2017).

가족 구성원들이 이러한 방식으로 특정 과정을 되감고 검토하도록 장려될 때, 메타관점이 생성되며, 이는 효과적인 정신화하기 자세를 재점화할 수 있다. 몇몇 지점에서, 치료사는 가족 구성원에게 일상적인 가족생활의 과정에서 발생했을 수 있는 유사한 상황들과 현재의 정신 상태를 연결하고, 회기에서 발생하는 상호작용의 구체적인 내용을 집에서 펼쳐지는 더 습관적인 패턴과 연결하도록 요청할 수 있다. 치료 회기 중 지금-여기에서 관찰된 것은 전형적인 문제 상황을 식별하고 해결하기 위해 실제 상황으로 '루프 아웃'된다. 이는 문제 상황에 대한 가족의 토의로 이어지며, 떠오르는 감정 상태와 이러한 상태가 행동으로 어떻게 표현되는지를 도출하고 강조하는 데 초점을 유지한다. 다음과 같은 간단한 열린 질문을 통해 이를 달성할 수 있다. "이런 종류의 일이 집에서도 일어나고 있다는 것을 눈치 채셨나요? 그렇다면 다음에 이런 일이 발생할 때 어떻게 다르게 관리할 수 있을까요?" 가족 구성원들, 자신의 아이디어와 해결책을 자극하는 것을 목표인 '일반화와 변화 고려'로 이동하도록 하는 것이다. 만약 그 과정이 가족의 한 구성원의 제안으로 이어진다면, 그것은 주목받고 치료사에 의해 이름이 지어진다. "만약 이런 일이 일어난다면, 나는 엄마가 그를 차분하게 옆으로 데리고 가서 따님 앞에서 말하지 말아야 한다고 생각하는 것을 알 수 있어요. 내가 제대로 이해했나요?" 그리고 나서 '확인' 루프가 다시 시작된다.

개인과 가족은 지금 여기에서(순간을 정신화하기), 회고적으로, 장래에 관하여라는 세 가지 다른 시간적 차원에서 정신화하도록 장려될 수 있다. 이 과정은 동시적인 정신화라고 할 수 있다. 예를 들어, 최근의 가족 위기에 대해 질문할 때, 그 당시 각 가족 구성원의 마음 상태를 탐색할 수 있다(회상적 정신화하기). "그런데 따님이 두 분이 말다툼하는 것을 보고 무슨 생각이 드셨나요?" 가족 위기 당시의 각 가족 구성원의 마음 상태를 주의 깊게 추적할 수 있으며, 아마도 치료사는 다음과 같이 말하게 할 수 있다. "나는 당신이 지금 그것에 대해 말할 때, 당신의 엄마가 이것이 무엇에 관한 것인지, 어떤 느낌을 주는지에 대해 관심을 갖지 않으신다는 것을 알아차렸어요."라고 말함으로써 시점을 현재로 되돌려 정신화하기 작업을 한다. 가설적인 시나리오를 고려하고 가족 구성원들이 앞으로 일어날 정신화하기에 참여하도록 하는 것도 가능하다. "다음 주 월요일 아침에, 당신은 당신의 아이가 학교에 늦지 않기를 원하지만, 당신은 그것에 대해 계속 논쟁합니다. 아이의 머릿속에서 어떤 일이 일어날 것 같은가요, 그리고 이것은 당신에게 어떤 영향을 미칠 수 있을까요?"

요약하자면, 가족 구성원 간의 상호작용을 늦추고, 상호작용이 전개되면서 각 사람이 정확히 무엇을 느끼고 있는지에 대해 질문하거나 특정한 관심을 표현하고, 가족 구성원 간의 교류 흐름을 일시적으로 중단하고 주변에 추가적인 성찰을 하도록 하는 것이 치료사의 임무다. 그 목적은 가족 담론이 회기 중에 발생한 특정 상호작용에 대한 논의에서 점차 벗어나 '시야를 넓히고' 이 특정한 관찰과 관련된 보다 일반화된 이해를 포착하는 쪽으로 이동하는 것이다.

효과적인 정신화하기를 강화하기 위한 구체적 기술

정신화 기반의 가족 작업은 '효과적인 정신화하기'를 분별하고 향상시키는 것을 목표로 한다. 이것은 치료사가 끊임없이 반영적이며, 가족 구성원들이 항상 명시적으로 정신화하기를 실천하도록 초대해야 한다는 것을 의미하는 것은 아니다. 효과적인 정신화하기에는 다양한 요소가 있으며([Box 8-4] 참고), 개별 가족 구성원은 이러한 정신화하기 요소 중 일부는 잘할 수 있지만 다른 요소는 잘 못할 수도 있다. 즉, 특정 개입을 통해 목표로 삼을 수 있는 효과적인 정신화하기의 특정 측면이 부족할 수 있다.

> **Box 8-4** 효과적인 정신화하기의 주요 요소
>
> - **친절한 호기심**: 다른 사람들의 생각과 감정에 대한 진실한 관심, 그리고 그들 각자의 관점에 대한 존중
> - **안전한 불확실성**(Mason, 1993) 혹은 **정신 상태의 불투명성**(Leslie, 1987): 개인은 결코 알 수 없고 다른 사람들이 무엇을 생각하고 느끼고 있는지에 대해서만 정보에 입각한 추측을 할 수 있다는 것을 공개적으로 인정
> - **성찰적으로 바라보기**: 통제되고 강제적이기보다는 유연하고 여유롭고 개방적인 방식으로 다른 사람들이 어떻게 생각하고 느끼는지 추구
> - **타자 조망하기**: 동일한 상황이나 과정이 다른 관점에서는 매우 다르게 보일 수 있다는 것을 인정
> - **용서**: 다른 사람의 정신 상태를 이해하고 받아들일 때의 다른 사람의 행동에 대한 포용
> - **영향력 인식**: 개인의 자신이 생각, 감정, 행동이 다른 사람들에게 어떤 영향을 미칠 수 있는지에 대한 인식
> - **신뢰하는 태도**: 타인에 대한 믿음을 가지고 편집적이지 않은 입장을 취하는 능력
> - **겸양**: 자기 과시와 가식 없는 겸손의 잠재력
> - **내면의 갈등 인식**: 개인 자신의 반대되는 생각과 감정을 조율하기
> - **장난기와 유머**: 자신에 대해 다른 사람들과 함께 '활기차게' 웃을 수 있는 능력
> - **기꺼이 교대하기**: 가족 및 의미 있는 타인들과의 상호작용에서 '주고받는' 능력
> - **변화 가능성에 대한 믿음**: 마음이 변하거나 변할 수 있다는 믿음과 치료적 활동에 대한 낙관주의
> - **책임 감수**: 개인 자신의 행동에 대한 책임의 수용

예를 들어, 친절한 호기심은 사랑하는 사람들의 생각과 감정에 대한 가족 구성원들의 관심을 일깨우는 것을 목표로 하는 성찰적이고 순환적인 질문을 통해 자극될 수 있다. 타

자 조망하기가 부족하다면, '다른 사람의 입장이 되는' 연습으로 해결될 수 있다. 여기서, 각 가족 구성원들은 종이 한 장을 들고, 그 위에 발을 올려놓고, 신발의 윤곽을 그리도록 한다. 그들은 특정한 문제나 오해에 대해 생각하도록 요청받고, 몇 분 후, 일어섰다가 다른 가족 구성원의 의자에 앉아 다른 가족 구성원의 신발 윤곽에 발을 디딘다. 가족 구성원들은 이제 토의를 계속하되 이전에 앉았던 사람의 관점을 가정해야 한다. 이것을 각 가족 구성원이 모든 위치와 관점을 다룰 때까지 몇 차례 반복할 수 있다. 효과적인 정신화하기의 특정 요소를 향상시키는 것을 목표로 하는 많은 개입은 가면, '마음 거울 반영하기(mind mirroring)', 마음 청진기와 같은 마음 읽기 도구, '마인드 맵' 및 '마인드 스캔'과 같은 재미있는 기술과 게임을 사용한다(Asen & Fonagy, 2012b, 2017). 이것은 부분적으로 놀이가 본질적으로 정신화하기를 촉진하는 정신 상태이며, 정신 상태에 대해 학습하기 위한 소위 비옥한 땅이기 때문이다(Panksep, 2007; Slade, 1994).

　주요 목표는 가족 구성원들이 이성과 감정, 직관과 성찰, 자신의 반응과 다른 사람들의 경험에 대해 생각하는 것, 그리고 정신 상태를 내면으로 바라보는 것과 상황을 외면으로 바라보는 것들의 사이에서 균형 잡힌 정신화하기를 달성하는 것이다. 치료적으로, 이 균형은 담론이 지속적으로 선호하는 것으로 보이는 것과 반대 극을 강화함으로써 달성될 수 있다. 예를 들어, 인지에 대한 과도한 의존은 가족 구성원들이 확고하게 유지된 생각의 정서적 영향에 집중하도록 도와줌으로써 균형을 맞출 필요가 있다.

　균형을 바꾸는 방법에는 여러 가지가 있지만, 이것은 종종 정신화하기를 촉진할 목적으로 '무시된' 한쪽 끝에 초점을 둔 질문을 함으로써 가장 잘 달성된다. 대표적인 예는 [Box 8-5]를 참고하라.

Box 8-5 정신화하기 질문들의 예시

- 방금 일어난/일어나게 된 일에 대해 어떻게 생각하세요?
- 당신은 그 상황에서 어떤 생각을 하고 있었어요? 기분이 어땠나요?
- 당신은 왜 당신의 아이의 반응이 당신과 다르거나 비슷하다고 생각하나요?
- 당신의 아이는 겁을 먹고/분노하고/논쟁할 때 어떤 생각을 하거나 무엇을 원했을까요?
- 당신의 아이는 당신이 어떤 감정을 느끼고 있다고 생각했을 것이라고 생각하나요? 이것이 어떻게 그 아이의 감정에 남겨졌을까요?
- 당신의 아이는 당신에게 원했거나 필요로 한 게 무엇일까요? 당신은 그 아이가 지금 필요로 하는 게 무엇이라고 생각하나요?

- 만약 우리가 그 아이에게서 '생각의 말풍선'이 나오는 것을 볼 수 있다면, 그 말풍선에는 무엇이 쓰여 질까요?
- 아버지가 갑자기 짜증을 내면, 그는 어떤 감정이나 생각을 가지게 된 것일까요?

서로 다른 맥락에 있는 가족들에 대한 정신화하기 접근

정신화 기반 접근법은 '전통적인' 가족 작업뿐만 아니라 위탁 보호자가 포함될 수 있는 돌봄 받는 아동들 장면, 그리고 보육원, 유치원 및 학교와 같은 다양한 상황에서도 사용된다.

예를 들어, MBT-F로부터 개발된 정신화 기반 접근법은 현재 영국의 돌봄 받는 아동을 위한 아동 정신건강 전문 서비스에서 소규모 가능성을 임상 연구를 통해 평가받고 있다(Midgley et al., 2017; 제16장 참고). 이 접근법은 또한 사회적 관리 시스템을 포함하여 어린이 주변의 네트워크와의 작업을 포함한다(제13장; Bevington et al., 2017을 참고).

마찬가지로, '입양 가족을 위한 정신화하기(Adopting Minds)'는 입양 후 지원의 맥락에서 특별히 사용하기 위해 가족치료적 정신화 기반 작업을 각색한 것이다. 이 접근법은 입양 가족이 직면한 특정한 도전과, 입양인 및 그들의 입양된 아이들이 가족이 되기 위해 함께 적응하는 동안 종종 직면하는 중요한 관계적 위험을 인식한다. 과거 학대, 방치, 상실의 이력을 가진 입양된 아이들은 그들의 양부모의 의도를 잘못 읽고 잘못 해석할 가능성이 더 높다. 반대로, 양부모들은 아이들이 그들의 요구에 대해 혼란스러운 신호를 제공할 수 있어 그들과 함께 있는 아이들의 '마음을 읽는 것'에 어려움을 겪을 수 있다. '입양 가족을 위한 정신화하기(Adopting Minds)' 접근법은 과거의 이력이 지금 여기에 어떤 영향을 미칠 수 있는지 세심하게 주의를 기울이고, 모든 가족 구성원의 각성 수준을 주의 깊게 모니터링하고 관리하여, 함께 생각하는 '충분히 안전한' 경험을 제공한다(Tasker & Wood, 2016). 이 일의 목적은 신뢰를 쌓고, 관계를 개선하고, 부모와 트라우마를 겪은 아이들이 서로를 더 잘 이해할 수 있도록 돕는 것이다. 이 접근법에 대한 자연적인 상황에서의 평가가 현재 진행 중이며, 예비 연구 결과(Midgley et al., 2018)는 이러한 단기 개입이 부모의 자기효능감과 자녀의 정서적 행복을 향상시킨다는 것을 시사한다. 질적 연구에 따르면, 가정들은 이 서비스를 지원과 안전한 돌봄을 받는 공간으로 보고 있으며, 이 서비스는 부정적인 감정이 허용되고 성과가 칭찬받는 맥락을 제공하여 입양된 아이들과 그 가족들이 과거의 경험을 더 잘 처리할 수 있도록 도와준다. 두 개의 소규모 연구가 이것이 달성될 수 있는 과정을 조사하였다. 하나는 이 접근법이 도움을 받는 것에 대해 처음에는 신중할 수 있는 가족에 대한 신뢰를 확립하는 데 어떻게 도움이 될 수 있는지를 조사하는 것이며 (Jaffrani, 2017), 또 다른 연구는 치료사가 이 접근 방식의 주요 특징인 '모른다'는 자세를 유지하면서 입양에 대한 전문 지식을 활용할 수 있는 방법을 조사하는 것(Sunley, 2017)이다.

가족을 대상으로 한 정신화 기반 치료는 미취학 아동이 있는 병원 환경에서 사용하도록 조정되었다(Salo et al., 2016). 학령기 아동과 마찬가지로 유아나 걸음을 뗀 아이, 취학 전 아동을 대상으로 한 정신화 기반 가족 활동은 아동들의 기본적인 애착 욕구나 조절되거나 행동적이거나, 사회정서적인 문제들과 관련된 가족 상호작용을 개선하는 것을 목표로 한다. 학령기 아이들을 위해 개발된 접근법처럼, 좀 더 어린 아동들과 함께 작업할 때 주요 목표는 가족 구성원들, 특히 부모들이 도움이 되지 않는 상호작용 패턴을 명시적으로 알아차리고 이름을 붙일 수 있도록 돕는 것이며 그렇게 함으로써 서로의 관점과 필요에 대한 더 깊은 이해를 배양하는 것이다. 학령기 아동들을 대상으로 한 정신화 기반 가족치료에 대한 접근법과 비교하여, 유아동을 대상으로 하는 작업은 심리적 동일시 및 목적론에서의 예비 정신화하기 모드를 사용하는 방법에 대한 이해를 필요로 한다. 정신화하기 관점에서 가족과의 정신화 기반 작업에서 존재하는 가장 중요한 기술은 주의 조절이며, 부모의 두드러진 거울 반영하기를 통해 영향을 미친다(Salo et al., 2016). 정신화하기 관점에서 가족과의 정신화 기반 작업에서 존재하는 가장 중요한 기술은 주의 조절이며 부모의 두드러진 거울 반영하기를 통해 조절에 영향을 미친다(Salo et al., 2016). 따라서 작업의 대부분은 유아가 다른 가족 구성원에 맞추고 다른 가족 구성원을 지향하도록 돕는 방법, 유아가 자신의 정동을 조절하고 다른 사람의 정서에 주의를 기울이기 시작하는 방법, 그리고 결국에는 이러한 내부 상태에 단어로 이름을 붙이기 시작하는 방법 등 더 암시적이거나 구체화된다(Shai & Fonagy, 2013).

가족과의 정신화 기반 치료 작업의 또 다른 각색은 유사한 문제 및 또는 장애를 공유하는 6~8개의 가족과 동시에 작업하는 것으로 구성된다. 이 연구는 1950년대부터 발전해 왔으며 학교(Dawson & McHugh, 1994)를 포함하여 많은 응용 분야(Asen 2002, Asen & Scholz, 2010)가 있다. 다가구 환경은 정신화하기를 연습하기 위한 훌륭한 맥락으로 보인다([Box 8-6] 참고).

Box 8-6	정신화하기 연습을 위한 하나의 세팅으로서의 복수 가족치료

복수 가족 세팅은 다음을 촉진한다.
- 다른 가족들과 그들의 상호작용을 관찰하고 그들의 정신 상태에 대해 추측하기
- 다른 가족 구성원이 제공하는 개인의 정신 상태에 대한 여러 설명에 노출되고, 이를 자신의 인식으로 확인하기
- '안전한' 거리에서 각성을 증가시키지 않고 다른 가족의 애착 문제(예: 근접성 추구)를 관찰하고 경험하기
- 다른 부모로부터 잠시 보살핌을 받을 때/다른 부모의 자녀를 돌볼 때 다른 '애착 행동'을 경험하기
- 집단 설정에서 애착 이슈를 경험하고 토의하기
- 개인은 자신과 자신의 가족이 비슷한 문제와 문제를 가지고 있는 다른 사람들에게서 '거울 반영하기'를 보기
- 놀이 같은 집단 활동을 통해 가장 모드를 실험하기
- 정동 통제/조절 연습이 뒤따르는 상호작용 강화와 각성 수준 높이기
- 각성 수준이 낮을 때, 향후 비디오피드백 회기를 위해 만들어진 문제가 있는 상호작용의 시청각 기록 보기

마지막으로, BPD 환자를 돌보거나 함께 살고 있는 가족에 대한 정신화하기 개입(MBT-FACTS; https://www.annafreud.org/training/mentalization-based-treatment-training/families-and-carers-training-and-support-programme-facts)이 개발되어, 무선할당 통제 실험(Bateman & Fonagy, 2018)을 통해 연구되었다. 이 프로그램에서 미리 훈련받은 가족 구성원들이 가족 구성원 집단들에게 5회에 걸쳐 치료 개입을 제공하였다. 이 연구는 이 장의 다음 섹션에 요약되어 있다.

가족 정신화하기 작업의 근거 기반

가족 정신화 기반 작업은 본질적으로 치료사가 작업에서 다른 관점으로 초대하고 다른 가족 구성원의 관점에 참여하도록 장려한다. 연구와 평가는 이 접근법에서 중심이 되어야 하며, 이 분야에서 더 많은 작업을 수행할 필요가 분명히 있다. 적어도 하나의 임상시험이 현재 진행 중이지만(Midgley et al., 2017), 지금까지 수행된 평가 연구는 비교적 소규모였고 대부분 영국에서 수행되었다.

예를 들어, 단기(최대 10회 회기) MBT 작업의 효과에 대한 일상 상황에서의 평가가 안나 프로이트 국립아동가족센터(Anna Freud National Centre for Children and Families)에서 수행되었다(자세한 내용은 Keveny et al., 2012 참고). 부모들이 보고한 강점과 어려움 설문(Strengths and Difficulties Questionnaire; Goodman, 1997)의 결과는 가족과의 MBT 접근법이 어린이와 청소년의 행동 및 정서적 어려움을 통계적으로 유의하게 감소시켰음을 시사한다. 치료 과정에서 부모들은 자녀의 어려움이 개인과 가족 모두의 기능에 미치는 영향이 전반적으로 감소했다고 보고하였다. 치료사가 보고한 측정에서도 유사한 결과가 발견되었다. 그러나 표본크기가 상대적으로 작기 때문에($N = 30$) 이러한 결과는 주의해서 다루어야 한다.

동일한 서비스에서 수행된 소규모 질적 연구(Etelaapa, 2011)에서 다섯 가족이 서비스 경험에 대해 더 심층적으로 인터뷰했다. 대부분의 부모들은 치료를 시작하기 전에 그들의 '얽매임'에 대해 말했고 그들이 치료가 그들에게 도움이 되었다고 느끼는 방법들을 계속해서 설명했다. 예를 들어, 한 어머니는 이렇게 말했다. "나에게 그것은 눈을 뜨게 하는 것이었어요. 여러분이 엄마일 때, 여러분은 효율성에 주로 관여하는 경향이 있어요. 그들과 앉아서 '이것에 대해 말해 봐, 아니면 그것이 어떤 느낌이니?'라고 말하는 것은 어려워요. 치료 덕분에 그녀를 나의 연장선상에 두지 않고 한 개인으로 보게 되었어요. 그녀는 그녀만의 생각과 감정을 가지고 있고, 그녀에게 묻지 않으면 당신은 그녀가 어떤 생각과 감정을 갖고 있는지 알지 못하게 될 거예요. 당신은…… 여러분은 그녀를 정말 몰라요."

치료법의 영향에 대해 생각해 보라는 질문을 받았을 때, 대부분의 소년소녀들(8~15세)은 경청받고 이해받는 감정의 중요성에 대해 언급했고, 일부는 이 회기가 가족 내의 관계에 어떤 영향을 미쳤는지 설명했다. 예를 들어, 한 10대 소녀가 말했다. "이제 우리는 그냥…… 우리는 소리쳐요. 하지만 우리가 진정하려고 노력한 후에 서로 이야기하기 시작하면…… 조금씩 조금씩 해결해 가요…… 그리고 우리는 그 만남이 우리를 하나로 만들었다고 생각해요. 그 모임들 후에도 우리는 더 많이 함께 한다고 느꼈어요"(Etelaapa, 2011).

MBT-FACTS 시험(Bateman & Fonagy, 2018)에서 BPD 진단을 받은 개인과 함께 살며 지원을 제공하는 56명의 가족 또는 의미 있는 타인들이 MBT-FACTs를 즉시 또는 지연된 개입을 받도록 무작위로 배정되었다. 1차적인 성과는 가족 구성원이 BPD를 가진 사람과 관련하여 보고한 불편한 사건들이었다. 2차적인 성과는 자기보고된 가족의 안녕감, 권한이양, 부담, 불안 및 우울 수준을 포함했다. 즉각적인 개입에 무작위로 할당된 가족 구성원은 지연된 개입에 할당된 가족에 비해 2단계 치료에서 확인된 환자와 자신 사이의 불편한 사건이 현저하게 감소했다고 보고했다. 가족 기능과 웰빙은 즉시 처치군에서 더 개선되었고, 최대 3개월의 추적 관찰에서도 변화가 유지되었다. 흥미롭게도, 우울증, 전체적인 불안, 그리고 전체적인 면에서 차이가 없었다. 두 그룹 모두 이러한 모든 측정에서 개선을 보여 주었고, 이는 연구 실험에 참여하고 지원을 제공받은 경험 자체가 도움이 된다는 것을 시사한다.

결론

이 장에서 설명한 소규모 평가 연구는 가족이 정신화 기반 접근법에 의해 도움을 받을 수 있으며, 이러한 작업 방식이 가족 스스로에게 타당함을 나타낸다. 그러나 정신화 기반 접근법이 치료의 독립적인 모델로 효과적인지 아니면 가족과 함께 일하는 기존 접근법에 대한 보완으로 효과적인지를 탐구하기 위하여, 추가 연구가 매우 필요하다.

당분간, 우리는 정신화 기반 접근법이 가족과의 치료 작업의 일부로서 정신 상태에 초점을 맞추기 위한 근본적인 원리뿐만 아니라 가족과 함께 일하는 치료사가 유용하다고 생각하는 실용적인 조언을 제공하는 것으로 가장 잘 보여 줄 수 있다고 주장할 것이다. 근본적으로, 이것들은 정신화 기반 접근법이 수반하는 다음과 같은 기본적인 치료적 입장과 관련이 있다. 가족 구성원을 이해하고 싶어 하는 진정한 관심, 다른 관점을 (현재 방에 있지 않은 사람들도) 드러내는 것, 가족의 정신화하기가 '끊기는' 것처럼 보일 때 주목하고 각성의 수준에 주의를 기울이는 것, 지금-여기에서 가족의 상호작용 패턴을 알아차리고 명명하며 그들과 함께 작업하는 것, 관계적인 맥락에서 아이디어, 욕구 및 감정을 탐색하는 것, 그리고 치료사 자신이 정신화하는 것을 기억하는—다시 말해, 치료사가 자신의 정신 상태에 주의를 기울이고, 이것들이 가족에게 미칠 수 있는 영향을 열린 자세로 탐구할 준비가 되어 있다는 것들이다.

우리는 가족과 함께 일하는 정신화 기반 접근법이 치료사와 다른 전문가들이 가족과 그들의 각 구성원들을 보도록 촉진할 뿐만 아니라 안에서 다른 사람을 보고, 밖에서 그들 자신을 보게 됨으로써 가족들에게 곤란한 행동을 지속시키는 고정된 패턴에서 벗어날 수 있는 기회를 제공하고 그들이 함께하는 새로운 방법을 제공한다고 믿는다.

📖 참고문헌

Ackerman NW: Treating the Troubled Family. New York, Basic Books, 1967

Akister J, Reibstein J: Links between attachment theory and systemic practice: some proposals. J Fam Ther 26:2–16, 2004

Asen E: Multiple family therapy: an overview. J Fam Ther 24:3–16, 2002

Asen E, Fonagy P: Mentalization-based family therapy, in Handbook of Mentalizing in Mental Health Practice. Edited by Bateman A, Fonagy P. Arlington, VA, American Psychiatric Publishing, 2012a, pp 107–128

Asen E, Fonagy P: Mentalization-based therapeutic interventions for families. J Fam Ther 34:347–370, 2012b

Asen E, Fonagy P: Mentalizing family violence. Part 2: Techniques and interventions. Fam Process 56(1):22–44, 2017 28133724

Asen E, Scholz M: Multi-Family Therapy: Concepts and Techniques. London, Routledge, 2010

Bateman A, Fonagy P: Mentalization-Based Treatment for Borderline Personality Disorder: A Practical Guide. Oxford, UK, Oxford University Press, 2006

Bateman A, Fonagy P: A randomized controlled trial of a mentalization-based intervention (MBT-FACTS) for families of people with borderline personality disorder. Pers Disord 2018 [Epub ahead of print] 29999394

Bevington D, Fuggle P, Cracknell L, et al: Adaptive Mentalization-Based Integrative Treatment: A Guide for Teams to Develop Systems of Care. Oxford, UK, Oxford University Press, 2017

Bowen M: Family Therapy in Clinical Practice. New York, Jason Aronson, 1978

Cecchin G: Hypothesizing, circularity, and neutrality revisited: an invitation to curiosity. Fam Process 26(4):405–413, 1987 3319683

Dallos R: Attachment Narrative Therapy. New York, Open University Press, 2006

Dawson N, McHugh B: Parents and children: participants in change, in The Family and the School: A Joint Systems Approach to Problems With Children, 2nd Edition. Edited by Dowling E, Osborne E. London, Routledge, 1994, pp 81–101

Diamond GS, Siqueland L: Emotions, attachments and relational reframe. J Struct Strateg Ther 17:36–50, 1998

Etelaapa K: Families' experiences of Mentalization Based Treatment for Families (MBT-F). MSc. London, University College London, 2011

Fearon P, Target M, Fonagy P, et al: Short-Term Mentalization and Relational Therapy (SMART): an integrative family therapy for children and adolescents, in Handbook of Mentalization-

Based Treatment. Edited by Allen JG, Fonagy P. New York, Wiley, 2006

Flaskas C: Family Therapy Beyond Postmodernism. New York, Brunner-Routledge, 2002

Fonagy P, Luyten P: A developmental, mentalization-based approach to the understanding and treatment of borderline personality disorder. Dev Psychopathol 21(4):1355-1381, 2009 19825272

Fonagy P, Target M: Attachment and reflective function: their role in self-organization. Dev Psychopathol 9(4):679-700, 1997 9449001

Fraenkel P, Pinsof WM: Teaching family therapy-centred integration: assimilation and beyond. J Psychother Integration 11:59-85, 2001

Gergen KJ: Realities and Relationships: Soundings in Social Construction. Cambridge, MA, Harvard University Press, 1994

Goodman R: The Strengths and Difficulties Questionnaire: a research note. J Child Psychol Psychiatry 38(5):581-586, 1997 9255702

Hoffman L: Foundations of Family Therapy. A Conceptual Framework for Change. New York, Basic Books, 1981

Jaffrani A: The Creation of Epistemic Trust: A Case Study of an Adoptive Family's Experience of Mentalization-Based Therapy for Families. Research Department of Clinical, Educational and Health Psychology, University College London, 2017 [Unpublished manuscript]

Keaveny E, Midgley N, Asen E, et al: Minding the family mind: the development and initial evaluation of mentalization-based treatment for families, in Minding the Child: Mentalization-Based Interventions with Children, Young People and Their Families. Edited by Midgley N, Vrouva I. London, Routledge, 2012, pp 98-112

Leslie AM: Pretense and representation: the origins of "theory of mind." Psychol Rev 94:412-426, 1987

Mason B: Towards positions of safe uncertainty. Human Systems: The Journal of Systemic Consultation and Management 4:189-200, 1993

Midgley N, Besser SJ, Dye H, et al: The Herts and Minds study: evaluating the effectiveness of mentalization-based treatment (MBT) as an intervention for children in foster care with emotional and/or behavioural problems: a phase II, feasibility, randomised controlled trial. Pilot Feasibility Stud 3:12, 2017 28250962

Midgley N, Alayza A, Lawrence H, et al: Adopting Minds: a mentalization-based therapy for families in a post-adoption support service: preliminary evaluation and service user experience. Adopt Foster 42:22-37, 2018

Panksepp J: Can PLAY diminish ADHD and facilitate the construction of the social brain? J Can

Acad Child Adolesc Psychiatry 16(2):57-66, 2007 18392153

Salo S, Fontell T, Aronen E, et al: Feasibility Study of MBT-F with Pre-School Aged Children. Psychiatric Center for Young Children, Helsinki University Central Hospital, 2016 [Unpublished manuscript]

Shai D, Fonagy P: Beyond words: parental embodied mentalizing and the parent-infant dance, in Mechanisms of Social Connection from Brain to Group. Edited by Mikulincer M, Shaver PR. Washington, DC, American Psychological Association, 2013, pp 185-203

Slade A: Making meaning and making believe: their role in the clinical process, in Children at Play: Clinical and Developmental Approaches to Meaning and Representation. Edited by Slade A, Wolf D. New York, Oxford University Press, 1994, pp 81-110

Sunley T: How Does a Mentalization-Based Therapist Use Their Expert Knowledge in Work With Adopted Families? Research Department of Clinical, Educational and Health Psychology, University College London, 2017 [Unpublished manuscript]

Tasker F, Wood S: The transition into adoptive parenthood: adoption as a process of continued unsafe uncertainty when family scripts collide. Clin Child Psychol Psychiatry 21(4):520-535, 2016 27026662

제**9**장
부부치료

Efrain Bleiberg, M.D.
Ellen Safier, M.S.W., LCSW

배우자 혹은 여타 가까운 관계의 사람들은 상담치료를 받는 대부분의 내담자들에게 가장 가까운 존재라고 할 수 있다. 부부나 연인관계에서 우리는 자신에 관한 불편한 진실을 마주하게 되는데 이는 바로 자신의 가장 큰 두려움과 약점이 상대방에게 쉽게 드러나게 되고 지금껏 자신의 모습과는 다른 이질적 감정을 느끼는 자기의 모습이다. 그러나 동시에 자신의 가장 깊은 갈망, 애정 어린 욕구와 기대를 실현시켜 줄 수 있는 곳 역시 이 친밀한 관계 속이다. 진화는 신체 및 정서적 생존에만 기반하는 것이 아니라 때에 맞는 보호와 안정을 주는 애착관계의 상대방을 통한 인지 및 사회적 생존으로도 이루어진다. 하지만 이렇듯 타인의 반응에만 의존한다면 무관심, 오해, 악의는 우리를 나약하게 만들 수 있다.

우리가 괴로울 때나 관계 개선을 위해 노력할 때 이를 무시당하거나 혹은 누군가 우리를 이용하려고 하는 선천적으로 취약한 상황에서 애착을 타인의 의도를 이해하는 능력, 즉 정신화하기 역량으로 받아들이는 것이야말로 우리 자신을 보호할 수 있는 진화적인 '해결책'이다. 정신화하기는 자신과 타인의 정서적이고 심리적인 마음에 다가가게 만든다. 이는 주체적 자기감을 확립하며, 상호 지속적이고 본질적인 관계에 있어 누구를 신뢰할 수 있는지 판단할 수 있도록 하는 능력이다.

적응 기능은 정신화하기를 이용해 언제, 얼마나 정서적 거리와 신뢰도를 융통성 있게 조절할 수 있는지 결정하는 데 사용된다. 우리가 타인을 신뢰할 만한 사람이라고 '이해할 때' 그 사람과의 정서적 거리는 줄어들고 이에 상응하는 방어적인 태도가 감소한다. 중요한 것은, Csibra와 Gergely의 유아기 연구(Csibra & Gergely, 2009, 2011; Gergely, 2013)가 제안한 대로 신뢰에 대한 신호는 타인이 우리를 '진심으로' 이해하고 있다고 느끼고 그들이 '우리의 입장이 되게' 하는 것이다. 신뢰에 대한 신호가 처리됨에 따라, 정신화하기의 몇몇 요소들이 부분적으로 비활성화되고, 이로 인해 타인의 의사소통의 의도, 진실성, 그리고 유용성에 대한 사회 비평적 판단 역시 비활성화된다. 이것은 Csibra와 Gergely가 인식론적 신뢰(제4장 참고)라고 말한 과정이다. 이 중요한 개념은 자신이 이해받는 감정 또는 타인이 우리의 마음을 헤아리는 것을 경험하는 것은 그 사람이 '안전'하고 우리가 우리의 방어감을 '끌 수' 있다는 신호의 역할을 할 수 있음을 제시한다. 이는 우리가 사랑에 빠질 때 발생하는데, 사회 비평적 판단을 일부 버리는 것이 필요조건이다. 따라서 신뢰감은 우리가 타인으로부터 얻은 지식을 믿고, 내재화하고, 일반화하고, 특히 관계에서 발생하는 감정들을 조절하는 도구들을 적용할 마음이 생기게 한다.

정신화하기는 또한 우리가 위협을 느끼고 방어적 반응을 활성화시킬 때 멈춘다. 대개 이러한 순간에 타인이 무슨 생각을 하는지 상상하는 것은 안전하지 않다. 이는 이전에 정신적 충격을 겪었던 아동들에게 흔하게 볼 수 있는데, 방어적 반응은 실제 위협에 의해서만 활성화되는 것이 아니라 우리 자신의 '정신화하기 구멍(mentalizing holes)'(제1장에서 논의된 '이질적 자기' 참고), 역경과 연약함의 유산과 그 유산에 대응하는 우리의 노력에 의해서도 활성화된다(제5장 참고). 그 '구멍'은 경험의 특정 측면들이 정신화되지 않고 우리의 자기표상에 일관성 있게 통합되는 상황에서 생겨나고, 따라서 자기의 '이질적' 부분에 대해 느끼게 되고 이것이 방어적 반응을 끌어낸다.

이러한 방어적 반응은 타인에 대한 정서적 거리감의 증가와 그에 상응하는 자극과 투쟁/회피/부동화 반응의 활성화([그림 9-1])의 증가를 포함한다. 자극과 방어가 증가하면 정신화하기의 자동적이고 조절된(controlled) 요소들(제1장 참고)이 분리되어 정신화하기의 전형적 특징인 이러한 요소들의 균형이 깨지게 된다.

반면에 균형이 회복되면, 그것은 우리가 정신화 기반 치료에서 본보기로 삼고, 가르치고, 촉진하려는 탐구적 자세와 상응하는 일련의 태도, 즉 인식하고, 사고하고, 느끼고, 반응하는 기질을 통해 표현된다. 이러한 태도는 타인의 사고, 감정, 의도에 대해 기꺼이 배우려는 자세를 의미하는 참여, 집중, 최적각성, 겸손, 호기심, 개방성, 존중, 수용, 모름에 대한 인내 중 하나다.

양육을 제외하고 그 어디에서도 부부관계의 맥락에서만큼 심각하게 정신화하기, 애착, 긴장된 방어적 태도 사이의 섬세한 균형이 있는 곳은 없다. 산업사회에서 50%에 육박하는 이혼율은 서로에게 헌신하고자 하는 부부들이 직면하는 무시무시한 확률임을 보여 준다. 그러나 자식의 보호자로서 법적 의무를 포함하는 양육과는 달리 결혼과 부부로서 삶에 대한 헌신은 점점 더 선택적인 것으로 여겨져, 중요성이 전혀 떨어지지 않음에도 훨씬 더 연대감이 약해지고 있다.

지역사회나 대가족이 제공했던 수용이 산업화 사회에서 약해짐에 따라 서로의 배우자만이 자기 정체성과 자존감의 유일한 지지 및 타당화의 근원이 되면서 '존재감'을 느끼고(Siegel, 2013), 세상을 마주하고 삶을 개척할 수 있는 '안전 기지'(Bowlby, 1988)와 인생의 불가피한 시련을 극복하고 내밀한 성적 관계를 나눌 수 있는 '안전한 피난처'(Bowlby, 1988)를 가지기에 엄청난 어려움에 직면하게 되었다.

타인에 대한 이러한 의존은 친밀한 배우자로 하여금 연약함을 느끼게 하고 오해를 받음으로써 오는 손실은 늘어난다. 그러나 인간의 두뇌는 방어적, 비정신화, 강압적인 태도를 보이는 타인, 특히 가장 가까운 사람이 접근하는 상황에서 자동적으로 방어적[그리고 정신화하기(mentalizing)의 비활성화를 수반함]으로 반응하는 기질이 있다. 이는 가장 가까운 사람에 대한 배려의 자세를 갖추지 못하게 하는데 그것은 그 사람이 충분히 중요하지 않아서가 아니라 '너무 많이' 중요하기 때문이다.

따라서 방어적 태도를 보이는 부부 중 한 명에게 일련의 교류적 사건들이 활성화되면 상대방에게 비슷한 반응을 유발한다. 배우자의 방어적인 반응은 결과적으로 비정신화하기를 부추기고 반응성과 조절에 어려움을 겪는 악순환이 반복된다([그림 9-2]). 더 중요한 점은 이러한 악순환이 특히 인식론적 신뢰와 사회적 학습 같은 부부간의 깊은 애착이 가져다주는 보호와 회복 기능을 잃게 한다는 것이다.

정신화 기반 부부치료(MBT-CO)의 중심에는 정신화하기와 신뢰를 자극하고 회복하려는 체계적인 노력이 있다. 목표는 비정신화하기를 멈추게 하고 부부가 자신, 상대방, 그리고 관계에 대한 감각을 갱신하고 적용하는 원천으로 서로를 사용하도록 돕는 것이다. 정신화하기를 촉진하는 것은 결과적으로 공동학습과 탐색, 상호 위안, 그리고 일관성, 희망, 기쁨, 의미를 지속시키는 효과적인 호혜를 낳는 신뢰 가능성을 알리는 역할을 한다. 그것은 악순환을 이해심이 더 큰 안전과 연대의 기회를 제공하는 선순환으로 대체한다.

이어서 치료를 받고 있는 부부에 의해 명시적으로 논의되는 MBT-CO의 근원이 되는 개념체계에 대해 간략히 서술하고, 그것의 유효성분과 요소들에 대해 설명할 것이다.

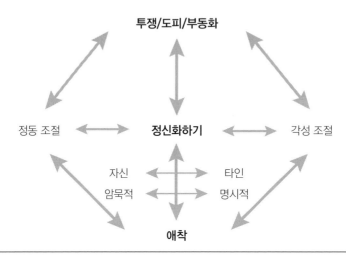

[그림 9-1] 각성, 정신화하기, 그리고 행동 사이의 관계

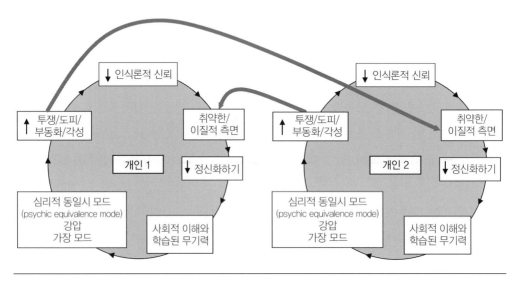

[그림 9-2] 부부의 비정신화하기의 악순환

정신화 기반 부부치료 시작하기

정신화 기반 부부치료의 첫 번째 단계는 다음과 같다.

1. 정신화하기와 인식론적 신뢰에 대해 교육하고, 자신이 언제 정신화하고 신뢰하는

지, 또 언제 그렇지 못한지를 인식하는 방법을 교육하기

2. 다음 사항을 특히 강조하여 부부를 평가하기

① 장점과 약점에 대한 정신화하기

② 각각의 개인이 타인의 신뢰와 정신화하기 능력에 어떻게 영향을 미치는가

③ 정신화하기와 인식론적 신뢰의 붕괴가 발생하는 구체적인 상호작용적 맥락

④ 이러한 맥락에서 발생하는 강압적이고 비정신화 사이클

3. 특히, 스트레스와 연약함을 느껴 신뢰가 손상된 시점에서 비정신화 사이클을 정신화하기 대화로 변형함으로써 부부 문제들에 대한 치료사의 이해를 설명하고 그 문제들을 어떻게 해결할 것인지를 제안하는 공식들에 대해 공유하기

부부 회기: 평가, 교육, 정신화 태도

부부 회기와 함께 평가가 시작된다. 치료사는 치유의 결과를 낳기 위해 부부의 개별적 역사, 부부로서 공통된 역사와 강점들, 그리고 치료에 대한 그들의 희망과 걱정들뿐 아니라 문제에 대한 상세한 이해를 이끌어 내려고 한다.

평가의 초반에 치료사는 부부에게 각각 한 명씩 차례로 상대방의 걱정이 무엇인지 상상해 보게 하고 얼마나 정확하게 이해했는지를 상대방과 점검해 보게 한다. 또한 그들의 관계에서 무엇을 바꾸고 싶은지에 대해서도 각각 생각해 보게 한다. 결정적으로, 치료사는 자신의 정신화하기를 모니터하고 탐구적 자세[이 장에 소개된 탐구적인 '모른다'는 자세(Inquisitive 'Not-knowing' Stance)를 참고]를 지속적으로 유지하려고 하고, 만약 이를 놓치면 다시 회복함으로써 부부에게 어떻게 정신화하기를 실행하는지를 보여 준다. 치료사가 자신이 부부에게 미치는 영향에 대해 이해하고 고통을 야기하고 방어적 자세를 낳게 하는 불가피한 착오에 대해 책임을 지는 것은 특히 중요하다. 이는 부부에 대한 오해를 인정하는 데 기여하고 이러한 오해를 회복하는 길에 대한 모델이 된다.

치료사는 타인의 의도뿐 아니라 개인의 의도를 이해하고, 그러한 의도를 그 개인이 타인에게 하는 행동의 영향과 구별하는 것에 대한 기술과 태도를 보여 줄 기회를 추구함으로써 부부에게 정신화하기와 인식론적 신뢰에 대해 명백하게 교육한다. 또한 부부는 회기 사이에 배우자를 이해하는 데 효과적이고 배우자가 이해했다고 여겨지는 자신들의 대화를 추적하고 예시들을 표시하라는 요구를 받는다. 이 순간은 개인에게 있어서 이해받는 느낌, 즉 타인이 진심으로 자신의 생각, 감정, 의도를 이해하고 존중해 주는 것이, 즉 타

인이 자신의 생각, 감정, 의도를 진심으로 이해하고 존중하는 것으로 경험하는 것이, 상대방을 신뢰하는 것이 안전하다고 느끼게 하는 데 있어서 열쇠임을 강조하는 역할을 한다.

동시에 치료사는 정신화하기가 붕괴되고 상호작용이 방해되는 순간을 확인해야 한다. 그리고 방어적 붕괴 이전에 있었던 위협이나 오해의 경험을 탐색함으로써 방어와 비정신화 감정(nonmentalizing feeling)이 어떤지를 강조한다. 또한 부부 각자는 자신의 몸이 위협감을 어떻게 받아들이는지와 그것이 각성수준에 어떻게 영향을 미치는지에 대해 관심을 기울이라는 요구를 받는다. 여기에는 맥박과 같은 생리적 지표에 관심을 기울이는 것도 포함된다. 마지막으로, 치료사는 부부에게 정신화하기 붕괴가 분명하게 드러나는 방식을 교육한다. 이것은 분노, 무시, 불안, 회피, 거리 두기; 해리 그리고 확신 없이 관심을 쏟는 척하기(가장 모드); 타인이 특정 방식으로 느끼고, 생각하거나 행동하게 만드는 위압적 시도; 타인의 마음 상태와 의도에 대해 확신하기(심리적 동일시 모드)뿐만 아니라 Gottman(2015)이 '요한 계시록의 네 기사들'이라고 칭한 비난, 경멸, 방어, 담 쌓기를 포함한다.

요약하자면, 치료사는 부부에게 자신이 이해받았다는 감정과 인식론적 신뢰를 주는 정신화 태도(mentalizing stance)를 취하며 행동을 통해 정신화하기의 시범을 보인다. 이러한 정신화 태도를 활용해 치료사가 치료 전반에 걸쳐 평가에 사용할 수 있는 질문들을 [Box 9-1]에 기술되어 있다.

부부 각각에 대한 개인 회기

공동 회기가 끝나면 각각의 개인 회기가 계획된다. 이 회기들은 자신이 이해받고, 존중되고, 인정받았다는 감정을 구축하기 위해 고안된다. 또한 자신의 부모와의 관계와 그것이 현재의 관계에 미치는 영향을 시작으로 하여 각 개인의 애착 발달사와 패턴에 대해 탐구해 볼 기회를 제공한다. 개인 회기의 질문들은 [Box 9-2]에 나열되어 있다.

개인 회기에서는 각 배우자의 성격 특성, 대처 방식, 인지 유형, 의사소통 패턴을 평가하는 기회도 제공한다. 끝으로 중요한 것은 개인 회기가 개인의 증상, 정신병리, 중독, 대개 수치심과 비밀엄수를 동반하는 불륜과 트라우마와 같은 문제들에 대해 더 쉽게 논의하게 만든다는 것이다. 이러한 문제들은 조심스러운 배려와 비밀유지가 요구되고 추가적인 평가와 치료를 위한 구체적인 지원 또는 전문적 도움을 위한 의뢰가 필요할 수도 있다.

개인 회기 이후 치료사는 부부를 만나서 부부 각자의 장점과 어려움을 치료사가 어떻게 개념화를 했는지에 대해 알려 주고, 권고 사항들을 제시한다.

이러한 사례 공식화는 다른 MBT 프로그램처럼 구두로 행해지거나 서면으로 요약되어 작성된다. 이 서면 요약본은 대개 부부의 참고용으로 요긴하게 사용될 수 있다. 사례 공식화의 목적은 치료사가 부부의 생애와 애착에 관해 느낀 인상을 반영하며 부부의 취약한 부분들이 정신화하기와 신뢰를 통해 해소되는 구체적인 과정을 보여 주고 아직 정립되지 않은 정신화하기 접근법의 모델을 제시하는 것이다.

Box 9-1   **첫 번째와 추후의 합동 면담에서 정신화하기를 평가하기 위한 질문**

신뢰와 조율

• 당신은 배우자가 당신을 얼마나 '인정'하고 이해한다고 느끼나요?

• 저에게 그러한 상황의 예를 들어줄 수 있나요?

• 당신의 배우자는 당신이 자신을 얼마나 '인정'하고 이해한다고 느낄까요?

• 당신은 배우자와의 관계에서 얼마나 안심하고 신뢰감을 느끼나요?

• 지난 몇 년 동안 당신이 배우자에 대해 배운 것은 무엇인가요?

• 당신은 얼마나 경계를 늦추고 배우자가 '당신 편'이라든지 당신을 '지지해 준다'라는 느낌을 받을 수 있나요?

협력과 친밀함에 대한 능력

• 자녀와 양육에 관해 서로에 대해 얼마나 동의하고 지지한다고 느끼나요?

• 부모로서 두 분에게 가장 어렵다고 느껴지는 영역들은 무엇입니까?

• 재정을 계획하고 관리하는 데 있어서 어떻게 협력하시나요?

• 성적인 관계에 대해서는 어떻게 느끼시나요? 당신의 배우자는 어떻게 느낀다고 생각되시나요?

• 친밀함, 애정, 배려를 어떻게 표현하시나요?

• 스트레스를 받는 순간 당신의 배우자로부터 정서적 위안을 받는 데 얼마나 의존하시나요?

• 당신은 대가족으로부터 서로가 지지를 받는다는 느낌을 받도록 어떻게 돕나요?

• 당신이 직면했던 어려움 중에서 당신이 부부로서 잘 대처했다고 느끼는 것들은 무엇인가?

갈등에 대처하기

• 의견 충돌이나 갈등 후에 상황을 바로잡거나 사과를 하는 데 있어서 당신과 배우자는 얼마나 능숙하나요?

- 의견 충돌이나 갈등 상황에 대해 당신들 각각은 얼마나 책임을 지나요? 예를 들어, 당신과 배우자가 갈등에 대한 책임을 각각 10%씩 진다고 한다면(그리고 '우주'가 80%의 책임을 짐) 당신의 책임은 무엇일 것 같나요?
- 당신과 배우자는 신체건강과 정신건강 문제(만성 질환, 우울증, 알코올이나 약물 남용)를 어떻게 다루나요?
- 당신이 화가 났을 때 배우자의 말을 듣는 것이 얼마나 쉬운가요 아니면 어려운가요?
- 부부로서 당신에게 지금 가장 영향을 주는 주요 스트레스 요인은 무엇인 것 같나요?

앞날을 생각하기
- 서로의 걱정과 두려움뿐만 아니라 꿈과 열망에 대해 얼마나 인지하고 지지하나요?
- 당신의 삶에서 특별히 행복해서 바꾸고 싶지 않은 영역들은 무엇인가요?
- 우리가 함께 하는 작업이 잘 진행되어 간다면 6개월 뒤 당신과 배우자의 관계가 어떻길 바라나요?

Box 9-2 **각각의 배우자의 개인 회기를 위한 정신화하기 질문(mentalizing question)**

- 지금 배우자를 어떻게 만나 함께하게 되었죠? 서로의 어떤 점에 끌렸나요?
- 당신과 배우자의 관계가 지금까지 어때 왔다고 느끼나요?
- 당신의 배우자가 당신에 대해 어떻게 느낀다고 생각하나요?
- 당신의 성장 과정에서 부모님과의 관계는 어떠했나요?
- 그것이 지금 배우자와의 관계에 어떠한 영향을 미쳤다고 느끼나요?
- 당신의 성장 과정에서 폭력, 학대 또는 분리되었던 경험이 있나요?
- 당신이 슬픔, 고통, 실망 또는 불안을 느낄 때 이러한 감정을 배우자와 어떻게 소통하나요?
- 당신을 가장 분노하게, 방어적, 비판적, 경멸적이 되게, 불안하게, 강압적이게, 무심하게 만드는 상황들은 무엇인가요?
- 그러한 갈등을 상대방의 견해를 들을 수 있는 대화로 바꾸기 위해서는 무엇이 필요할까요?
- 당신이 배우자에 대해 사랑하고 아끼는 부분이 무엇이며, 상대가 그것을 어떻게 느끼게 해 주나요?
- 당신은 지금 관계에 얼마나 충실하고 문제가 해결될 것이라는 희망을 얼마나 갖고 있나요? 1부터 10까지의 등급에서 1은 "이혼 절차를 밟기 위한 변호사와의 상담을 위해 이 사무실을 떠납니다."이고, 10은 "이혼은 절대 어떤 경우에서건 상상할 수 없어요."일 때 어떤 등급을 지금 자신에게 부여할 수 있나요?
- 당신의 배우자는 자신에게 어떤 등급을 부여할 것 같은가요?

이어지는 사례는 평가 단계를 보여 준다.

사례

Marcus와 Jasmine은 결혼 15년 차 부부이고 슬하에 열세 살 아들과 열한 살 딸을 두고 있다. Jasmine이 Marcus로부터 지지를 받지 못한다고 느끼는 문제로 치료를 받으러 찾아왔다. 그녀는 화가 나고 상처받았으며, 남편이 자신의 원가족에게는 매우 충성스러운 것과 비교했을 때 남편의 인생에서 자신이 그다지 중요하지 않다고 생각했다. Marcus는 Jasmine의 분노에 대해 억울해하고 그녀가 좀 덜 비판적이길 바랐다. 그들은 어려움을 직면했을 때 서로를 비난하고, 이혼을 고려하고 있지는 않지만 스트레스를 받고, 행복하지 않고, 결혼생활에 대해 실망감을 느끼고 있었다. 그들은 상대방이 있으면 불안함을 느끼고 특정 생리학적 증상을 경험한다고 했다. Marcus는 심장박동이 빨라지고 있다고 했고 Jasmine은 가슴이 조여 오는 느낌이 든다고 불평했다.

첫 번째 회기에서 Marcus는 자신은 Jasmine이 고집해서 왔고 치료가 도움이 될 거라고 생각하지 않는다고 했다. Marcus는 자신의 가족에 대한 Jasmine의 분노에 대해 불안함을 느끼고 왜 그녀가 그렇게 자신에게 화를 내는지 이해할 수 없었다. Jasmine이 Marcus에게 그녀의 요구 사항을 말할 때마다 그는 그녀에게서 정서적으로 멀어지고 소통하는 것을 거부했다. 그는 자주 늦게까지 일을 해서 그녀 혼자 아이들을 돌보도록 했고, 그리고 그녀가 화가 났다는 사실에 대해 놀라워했다. Jasmine은 그가 자신보다 일을 더 중요하게 여기는 점에 대해 특히 분노했다.

치료사는 그들에게 상대방의 이야기를 들을 때 서로에 대해 무엇을 배울 수 있을지에 대한 호기심을 가지고 경청하며, 정정이나 반박 없이 오직 상대방의 관점을 이해하려고 노력하라고 요구했다. 치료사는 무엇이 그들을 부부의 연을 맺게 했는지, 서로의 어떤 점에 끌렸는지, 그들의 관계에서 무엇을 강점이라고 보는지, 어떻게 그들이 현재의 난관을 이해하는지, 그들 각각이 자신들 그리고 상대와의 관계에 대해 무엇을 이해하고 바꾸고 싶은지, 그리고 치료에 대한 그들의 희망에 대한 정보를 수집했다.

Jasmine의 개인 회기에서 그녀는 자신이 열한 살에서 열네 살 사이에 가족의 지인으로부터 성폭행을 당했다는 사실을 털어놓았다. 그녀가 마침내 어머니에게 이 사실을 털어놓았을 때, 어머니는 그녀를 믿지 않았고 그 누구에게도 이 사실을 말하지 못하게 했다. 더 큰 용기를 내어 아버지께 사실을 털어놓았고 아버지는 그 지인과의 연락을 차단했다. 그러나 그 문제는 한 번도 다루어지지 않았고 Jasmine의 엄마는 성폭행에 대한 비밀유지를 지키지 않았다. 이 사건과 그 여파는 Jasmine에게 상당한 수치심으로 자리 잡았고, 지금 그녀의 딸이 자신이 성적 학대를 겪기 시작했던 나이가 되었다. Jasmine은 자신이 딸의 안위에 대한 불안함을 느끼고 있다는 것을 인지하고 있었고, 자신의 과거 경험이 미치는 영향에 대해서도 다소 알고 있었지만 이 문제에 대해 남편과 어떻게 다루어야 할지 알지 못했다.

Marcus는 부모님으로부터 사랑은 받았지만 종종 우울감을 느끼며 다발성 경화증을 앓는 어머니 밑에서 성장했다. 어머니의 질병과 슬픔을 직면하며 무기력감을 느낀 그는 어머니와의 거리를 유지하는 반면 아버지와는 강한 연대관계를 유지했다. Marcus는 스트레스 상황에서 회피하는 자신의 성향에 대해 약간의 자각은 하고 있었지만 Jasmine이 이 사실을 안다면 그녀를 더 화나게 할 것 같아 두려웠다.

합동 회기에서 치료사는 자신과 배우자의 의도에 대한 호기심을 가지는 개인의 능력, 그리고 동시에 두 가지 마음을 품는 능력을 시사하는 정신화하기의 개념을 소개했다. 치료사는 "당신은 대체 문제가 뭐야?"라고 묻는 대신에 "내가 당신이 왜 그러는지 이해하도록 도와줄 수 있나요?"라고 묻도록 제안했다. 또한 치료사는 상대방에 대해 정신화할 때, 자신의 의도가 무엇인지가 아닌 자신의 행동이 상대방에게 어떻게 영향을 미쳤는지에 대해 초점을 두라고 제안했다.

Marcus와 Jasmine의 결혼생활은 과거의 트라우마로 빚어진 결과다. 그들은 특정 스트레스 요인에 대해 당연하게 서로를 투명인간 취급하며 상대방이 불안한 감정을 느끼도록 만들었다. Jasmine은 자신의 걱정들이 무시당할까 봐 두려웠다. 그녀에게 있어서 무시당하거나 인정받지 못한다는 감정은 Marcus를 이해하거나 믿지 못하게 만드는 근본적인 위협이었다.

반면에 Marcus는 무기력한 감정을 회피함으로써 그의 가정에서 살아남았다. 자신이 사랑하는 사람에게 반응할 능력이 없을 때 그는 정신화하기를 멈추고 정서적으로 후퇴해 버렸다. 그러나 Marcus의 정서적인 거리는 Jasmine의 버림받았다는 느낌에 기름을 부어 그녀의 불안과 불신을 악화시켰고, 결과적으로 Marcus로 하여금 그녀와 더 거리를 두게 만들었는데 이는 서로의 취약한 부분을 상대의 방어, 불신, 외로움을 부채질하는 악순환에 빠지게 만들었다. 만약 그들이 이러한 반응들을 생존하기 위한 도구로 이해할 수 있다면, 그들은 이 악순환을 선순환으로 변화시켜 서로를 덜 외롭게 만들 수 있을 것이다.

회기를 마무리하면서 치료사는 Jasmine과 Marcus 둘 모두에게 회기 과정의 경험에 대해 성찰해 보도록 했다. 그들은 결혼생활에 타격을 주는 갈등 사이클의 속도를 늦추고 서로 더 잘 호흡을 맞추고 지지적이 되는 방법을 찾을 수 있다는 희망을 가지고 치료를 지속하는 데 동의했다.

MBT-CO 실행하기

MBT-CO의 두 가지 핵심 특징은 치료가 진행되는 동안 치료사가 '어떤(how to be)' 태도로 임해야 하는지를 정하는 정신화 태도와 '무엇(what to do)'을 해야 하는지를 판단하는 개입의 범위다.

치료사의 정신화하기 태도

치료사의 태도는 모든 MBT 규약(Asen & Fonagy, 2012; Bateman & Fonagy, 2016)의 핵심 요소다. 그것은 치료사가 두 가지 기본 업무 모델을 만드는 데 효율적으로 사용할 수 있는 기술과 태도를 의미한다. 첫째 업무는 중요한 애착관계에서 정신화하기 능력 되찾기이고, 둘째 업무는 타인의 마음과 의도를 이해하는 데 관심을 가짐과 동시에 자신의 마음을 고려하기 위해 멈춤으로써 비정신화하기와 불신 중단하기다. 이러한 업무 추진을 위한 안전한 환경을 구축하기 위해서 치료사는 반드시 서로 상대방의 말을 가로막거나 방해하지 않도록 하고, 대화의 속도를 늦추고, 상대방이 하는 말을 정확하게 이해하고 있는지 수시로 점검해야 한다. 또한 치료사는 어조와 몸의 자세에도 관심을 기울여야 하고 적대적이거나, 비난하거나, 비판적이거나 방어적인 언쟁은 중단시켜야 한다. 치료사는 부부가 거리를 둔다든지 분리되어 보인다면 서로에게 직접적으로 이야기하게 함으로써 '열이 오르게' 돕는다. 반대로 치료사가 부부가 차례로 치료사에게 직접적으로 이야기하고 상대방은 듣게 함으로써 조절이 안 되거나 감정이 압도된 상황에서 '열을 식히게' 돕는다. 치료의 과정 동안 특히 교착 상태, 강렬한 갈등, 그리고 부정적인 감정에 휩싸여 있을 때는 개인 회기를 계획하여 고통의 근본적인 원인을 밝혀내는 것이 필요하다. 부부에게 타당한 경험을 제공하는 것은 자신과 자신의 반응, 갈등에서 자신의 역할, 부부 회기 내에서 서로와 어떻게 더 잘 소통할지에 대해 더 잘 이해하도록 돕는다. 개인 회기에서 각각의 배우자는 자신 또는 상대방의 역할을 골라서 하고 치료사가 그 남은 역할을 하여 자신과 배우자에 대한 정신화하기를 촉진하고 상대방이 들을 수 있는 방법으로 말하는 방법을 연습할 수 있다.

인생에서와 마찬가지로 치료에서도 정신화하기는 계속 변화한다. 부부치료는 이러한 변화를 다룰 수 있는 일정한 영역을 제공하기 위함이다.

치료사의 태도를 위한 네 가지 분야는 다음과 같다.

- 탐구적 '모른다'는 자세 유지하기
- 균형 잡기
- 비정신화하기 막기
- 정신화하기를 강조하고 표시하기

탐구적 '모른다'는 자세 유지하기

치료사는 정신화 태도의 중요성, 즉 진정성, 진실성, 존중, 참여, 흥미, 호기심, 조심성, 타인의 의도를 모른 채 해야 하는 인내심 같은 자세의 가치(Ackerman & Hilsenroth, 2003)를 인정하려는 노력이 필요하다. 이러한 확고함은 행동의 근원적인 사고와 감정을 탐색하는 질문과 개개인에게 배우자의 주관적인 경험에 대해 발견하도록 지속적으로 요청하는 것을 통해 드러난다.

이 질문들은 사실 찾기 연습이 아니라 각 개인의 사고와 감정의 세세한 부분을 추적하고 이것들이 어떻게 서로의 의사소통에 영향을 미치는지를 이해하기 위한 노력이다. 이는 Lerner(2013)의 다음의 말과 같다. "연결을 위한 핵심은 호기심을 갖되 꼬치꼬치 캐묻지 않는 것이다. 당신이 변호사일지라도 변호사처럼 행동하지 말라."

부부치료에서 치료사가 특히 자신의 방어와 정신화하기 능력의 부족에서 기인한 자신의 실수를 기꺼이 인정하는 것은 중요하다(뒤에 이어지는 '비정신화하기 막기' 부분 참고). 치료사가 자신이 타인에게 미치는 영향에 대한 책임을 지는 것을 통해 정신화하기와 인식론적 신뢰의 붕괴를 회복하는 것은 강압적인 순환을 정신화하기 대화로 바꾸기 위한 중요한 단계다.

균형 잡기

효과적인 정신화하기는 자신을 돌보는 것과 타인에게 집중하는 것 사이, 정동 경험과 인지 사이, 내적 그리고 외적 특징 사이, 증가하는 스트레스와 각성에 의해 촉진되는 자동적(절차상의, 암묵적인) 정신화하기와 각성이 특정 한계점에 도달했을 때 억제되는 조절된(표상적 · 명시적) 정신화하기 사이에 역동적이고 유연한 균형을 유지할 때 분명히 드러난다(제1장과 제3장 참고). 정신화하기의 이러한 여러 차원들 사이의 균형을 유지하는 것뿐 아니라 MBT-CO에서 균형 잡기는 부부 개개인이 동등하게 의사소통을 하고 배우자와 치료사로부터 이해받았다는 확신을 갖는 것이다.

균형을 유지하는 데 필요한 주요 역량은 모든 차원들 간의 불균형을 모니터링하고 '반대 행동(contrary moves)의 움직임'(Bateman & Fonagy, 2016)을 통해 균형을 회복하려고 노력하는 것이다. 치료사는 정동 경험이 지배하고 강력해 보일 때 부부에게 '뒤로 물러서서' 그 순간에 경험하는 감정들과 상호작용의 순서, 이러한 정동 경험을 유발하는 주관적 경험들에 대해 성찰하여 관점을 전환하도록 촉구한다. 마찬가지로, 인지가 지배할 때, 치료사는 부부에게 숨겨진 정서를 인식하고 명명하게 할 수 있다.

균형을 유지하는 것은 교착 상태에 도달하여 비정신화하기가 지배적일 때 습관적 상호작용의 자연스러운 표현을 허용하는 것과 상호작용의 대안적 방법을 제안하기 위해 적극적으로 개입하는 것 사이의 균형을 포함한다.

비정신화하기 막기

MBT-CO의 기본 전제는 회기 중 비정신화하기가 나타나는 것이 부부 중 한 명이나 둘 모두의 취약한 부분에 대한 신호를 주는 방어적 반응이라는 것이다. 전형적으로 이는 저절로 계속되는 악순환에 시동을 걸고 치료적 개입이 명백히 필요한 순간이다. 효과적인 개입을 위해서 치료사는 반드시 부부 중 한 명 또는 둘 다와의 언쟁, 부부의 상호작용의 '진짜' 의미나 의도에 대한 확실한 감정, 희망이 없고, 분노하거나 불안한 감정, 그리고 다양한 관점을 유지하는 능력의 상실을 통해 알게 되는 자신의 비정신화하기를 인지해야 한다. 치료사가 자신의 정신화하기를 재획득하려는 노력에는 잠깐 휴식을 취하며 지금까지 일어난 일에 대해 성찰하거나 부부에게 그 분석을 도와주라는 요청하기가 포함된다.

치료사가 일시적으로 상실한 정신화하기를 재획득하는 능력은 막막한 감정을 느끼거나 강압적으로 행동할 때 무엇을 해야 하는지에 대해 부부에게 본보기를 제공한다. 치료사는 부부에게 잠시 멈추고 관찰하게 함으로써 정신화하기를 재획득하도록 돕는다. 뒤에 논의하겠지만, 멈춤은 치료사가 부부간에 서로의 이해를 방해하는 주관적인 경험과 상호작용을 정리한 정보를 토대로 상호작용이 문제가 되기 이전의 상황으로 '되감기' 하는 것이 뒤따른다.

이어지는 사례는 치료사가 비정신화하기에 개입함으로써 부부를 돕는 회기에 관한 것이다.

사례

Robert와 May 부부에게 돈과 관련된 문제는 분노, 상처, 정서적 철회를 즉각적으로 야기한다. May는 부모로부터 상속받은 재산이 조금 있었는데 그녀의 부모는 매우 검소했고, 부모로부터 인정을 받는 것은 그녀에게 매우 중요했다. Robert는 수입이 제한되어 있어 경제적인 어려움을 겪었고 May에게 의존했다. Robert는 아버지가 만성적 실직 상태였고, 알코올 중독이었고, 가족을 부양하는 데에 어려움이 있었던 가정에서 자랐다. Robert의 성인 자녀들은 종종 경제적 지원을 요구했다. Robert는 자녀들이 집세나 자동차 할부금을 내는 것을 도와주어야 할 것처럼 느꼈다. May는 이에 분개하여 Robert를 맹렬히 비난했고, Robert는 이에 대해 May를 비난했다.

이러한 패턴을 알아차리고, 치료사는 부부에게 잠깐 멈추고 그들의 대화 방식에 대해 점검해 보도록 제안했다. 이들이 얼마나 마음을 열고 상대의 말에 경청할 수 있을까? 이 둘은 모두 자신이 틀에 박혀 있고, 희망이 없고, 인정받지 못한다고 느꼈다.

치료사는 부부에게 손을 들거나 상상의 '멈춤 버튼'을 눌러서 자신이 방어적인 상태일 때 신호를 보내고, 동시에 상대방에게 무슨 일이 발생하고 있는지 점검하라고 했다. 치료사가 이 특정한 상호작용 패턴을 명명해 보도록 하자, Robert와 May는 '돈 지뢰밭'이라고 부르기 시작했고, 이는 부부가 약간의 거리를 두고 두 사람 각각이 돈 문제에 다르게 영향을 받는다는 것을 인지할 수 있도록 도왔다. 이제 부부가 자신의 취약성과 수치심에 대해 궁금해 할 수 있게 됨에 따라, 치료사는 부부의 정신화하기 대화를 관찰하고 회유, 협박, 그리고 그밖에 상대방의 동의를 강요하려는 시도들이 줄어드는 것을 관찰했다.

정신화하기를 강조하고 표시하기

치료사는 부부의 상호작용 안에서 부부 중 한 명이 호기심, 존경심, 상대방의 관점을 이해하려는 관심, 자신이 상대방에게 미치는 영향에 대한 인지, 방어적이 되지 않으면서 연약한 감정을 드러내는 능력을 보일 때, 그리고 자신의 실수와 오해가 상대방에게 미치는 영향과 상대에게 준 상처에 대한 책임을 받아들일 때, 이를 표시하면서 훌륭한 정신화하기의 본보기를 적극적으로 찾는다.

개입의 범위

개입의 범위([그림 9-3])는 치료사가 부부가 정신화하기 능력(mentalizing capacity)을 회

복하고 강한 정동 경험과 갈등을 직면하면서도 서로를 신뢰하는 것을 도우면서, 자신의
개입을 회기의 어느 순간에서든 부부의 정신화하기 능력과 방어 수준에 매치시키는 것에
대한 가이드를 제공한다. 이 스펙트럼의 단계는 다음과 같다.

- 공감, 지지, 타당화
- 명료화, 정동 경험 초점, 정동 경험 정교화
- 도전과제와 치료적 흥정
- 관계의 '지금 여기'에 존재하는 정신화하기와 인식론적 신뢰의 회복(Bateman & Fonagy, 2016)

각각의 개입을 적용한 후에 치료사는 정신화하기와 신뢰 향상이 되었는지를(상응하여
방어도 감소하였는지) 모니터한다. 이러한 관찰은 스펙트럼 안에서 언제 정신화하기와 신
뢰를 위한 더 큰 능력이 요구되는 다음 단계로 나아갈 것인지 인식하도록 돕는다. 반면에
약한 정신화하기와 강하게 방어하는 반응은 부부의 정신화하기 요구를 앞으로 더 줄일 필
요가 있음을 시사한다. 이렇게 함으로써 치료사는 부부에게 더 정신화하기를 요구하는
대신에 치료사 자신의 사고와 감정을 표현함으로써 부부의 정신적 부담을 줄여 줄 수 있
다(예를 들어, 치료사가 무언가 불확실하거나 막막한 상황이 생겼을 때 이를 인정하고 이에 대한
적절한 대안을 제시함으로써).

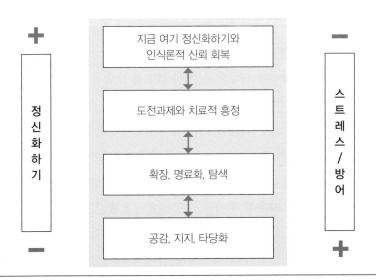

[그림 9-3] 정신화 기반 부부치료 개입의 범위

공감, 지지, 타당화

앞서 논의한 바와 같이 자신이 이해와 존중을 받는다는 감정과 자신이 타인의 마음에 존재한다고 느끼는 것은 신뢰하는 것, 방어를 낮추는 것, 그리고 타인을 경청하고 타인으로부터 배우는 것이 안전하다는 것을 알려 주는 필수조건이다. 그러므로 이것은 모든 회기가 출발하는 자연스러운 지점이며 정신화하기가 붕괴되거나 신뢰가 무너졌을 때 치료사가 돌아갈 지점이다.

공감하고, 지지하고, 타당화하는 개입은 내담자의 개인사가 담긴 이야기를 이끌어 내고 그 이야기를 존중하면서 진정성 있는 관심과 이해하고자 하는 마음으로 접근하는 신중한 질문하기를 포함한다. 물론 개인의 관점을 존중, 이해, 타당화하는 것은 상대방의 관점을 무효화하는 것이 아니라 상대방의 관점을 확장하고 상대방이 서로를 타당화하는 능력을 촉진하도록 돕는 것이다.

치료사는 '열린 마음으로' 서로의 말을 들어줄 것을 요청하며, 그들의 관계를 개선하려는 노력과 그들 사이의 공간을 연민, 친절, 사려 깊은 마음으로 다루는 어려움에 공감함으로써 부부를 조력한다.

앞서 '치료사의 정신화 태도' 부분에서 설명된 능력을 사용하여 치료사는 부부의 효과적인 정신화하기 사례를 확인하고 표시하려고 노력한다. 예를 들어, 치료사는 "당신이 어려운 무언가를 상대방이 비판받는다고 느끼지 않도록 하는 방식으로 말할 수 있다는 인상을 받았는데…… 제가 맞게 이해했나요?"라고 함으로써 진전에 대해 언급할 수 있다.

명료화, 정동 경험 초점, 정동 경험 정교화

부부의 상호작용에서 관찰되는 어느 정도의 성찰, 호기심, 다른 관점 고려를 위한 개방성을 보여 주는 증거는 그들에게 명료화와 상세 설명을 계속하게 함으로써 치료사가 부부의 정신화하기 요구를 증가시켜야 한다는 것을 시사한다.

개입의 범위 중 이 단계에서는 관계를 단절시키는 소통에는 어떤 감정과 의미가 있는지를 살펴보면서 정신화하기와 인식론적 신뢰의 붕괴를 이끄는 정서적 및 대인관계적 배경을 재구성하려는 시도가 이루어진다. '되감기와 성찰하기'는 치료사가 부부로 하여금 그들이 혼란, 오해, 강압 없이 자유롭게 사고하고 상호작용했던 마지막 순간을 회상해 보라고 요구하는 접근이다.

치료사는 각 개인이 특정 상호작용에 부여한 의미의 결과로 인해 어떻게 정신 상태, 특히 정동 경험이 변하는지를 설명하는 '정신화하기 체인 분석'을 적용한다. 치료사는 또한 전형적으로 방어적이고, 거리를 두는 정동 뒤에 숨겨진 연약한 감정을 발견하는 것을 통해 자세히 설명하는 것을 시도한다. 이 도전적인 개입은 부부가 현재의 가족 안에서든 원가족 안에서든 경험한 가족력이 지금의 관계에 미치는 영향에 대해 들여다보게 돕는다.

예를 들어, 앞서 언급한 Robert와 May는 Robert의 '무책임한 자산탕진'과 그녀의 '모욕적인 언행과 비협조적인 인색함'에 대한 상호비난 싸움에 갇혀 있었다. 숨은 연약함에 대해 신중하게 성찰하는 것은 May가 자신이 Robert가 필요로 하는 경제적 지원을 제공하지 않으면 자신을 싫어하게 될까 봐 두려워하고 있다는 것을 알도록 도와주었다. 반면에 Robert는 그의 아버지와는 다르게 얼마나 자신이 보살핌과 도움을 제공하는 부모인지를 필사적으로 증명하고자 했는지를 이해하게 되었고, 자녀들에게 경제적 지원을 제공하지 못하는 것과 연관되는 엄청난 수치심에 대해 인식할 수 있었다.

그런 다음 치료사는 부부가 관계에 대한 이야기를 나누는 동안 이야기를 함께 구성하며 주인의식을 경험하고 있는지 점검한다.

도전과제와 치료적 흥정

도전과제(Bateman & Fonagy, 2016에 상세히 기술됨)는 부부가 상대방과 치료사와 함께 작업하는 경우 일단 협력이 구축됨을 느낄 때 발생할 수 있다. 역설적으로 이는 특히, 예를 들어 불륜이나 상대방의 중독 행동과 같은 해롭고 위험한 '누구나 알고 있지만 말하기 꺼리는 문제'를 무시할 때와 같이 가장 모드가 지배적일 때, 부부를 놀라게 하고 더 성찰적인 태도 쪽으로 '넘어뜨리려' 고안된 접근이다.

불편하고 수치스럽기까지 한 연약함에 대한 경험을 직면하는 데서 오는 어려움은 특별한 의미가 있다.

사례

Paul과 Helen은 Paul의 우울증과 Helen이 외도를 했다는 사실을 Paul이 안 후로부터 악화된 결혼생활에 대한 도움을 구하고자 치료사를 찾아왔다. 모멸감과 절망감을 극복하지 못한 그는 그녀에게 산산조각 난 신뢰를 재건하기 위한 방법을 찾아보자고 제안하기로 결정했다. Helen은 대답하기 전에 잠시 머뭇거렸고, Paul은 그녀가 그를 다시 한번 거절한 것이라며 분노가 폭발했고 Helen이 자신을 경멸한다고 확신했다. Helen은 Paul이 그녀에게 신뢰재건을 위한 노력을 제안했을 때 자신이 혼란스러움, 죄책감, 그리고 Paul의 분노에 대한 두려움을 느낀다고 말했지만 이는 Paul을 조금도 달래거나 진정시켜

주지 못했다.

Paul은 후속 회기에서만 Helen이 머뭇거리면 그가 패닉 상태가 된다고 털어놓았다. 그는 자신이 그녀를 생각하는 만큼 그녀는 그를 중요하게 생각하지 않는다고 느꼈다. 이러한 반응은 사람들이 방어와 비정신화하기가 야기하는 고통과 한계에도 불구하고 한편으론 그로 인한 보호를 포기하지 않으려는 모습을 보여 준다. Paul은 자신이 Helen을 얼마나 소중히 여기는지 표현하고 Helen은 진정으로 부부관계를 개선할 마음이 있는지 보여 줄 수 있는 용기가 필요한 순간이다.

이 딜레마는 치료를 통해 부부에게 제공되는 기본적인 치료적 협상을 강조한다. 한편에는 조절, 안전, 유대감이라는 착각에 빠지게 만드는 방어적 비정신화하기 접근법에 머무는 것과 다른 한편으로는 불확실하더라도 믿기 위해 감정을 확인하고, 소통하고 고통스러운 감정을 다루며 진정한 조력과 애착을 형성하는 방법을 배울 수 있다.

관계의 '지금 여기'에 존재하는 정신화하기와 인식론적 신뢰의 회복

정신화하기에서 가장 어려운 점은 부부가 서로에게 자신의 나약함을 노출해야 하는 것과 강렬한 정서를 직면하는 순간에 신뢰와 정신화하기를 유지하는 것이다. 그러나 회기가 진행되는 동안 인식론적 신뢰의 회복과 정신화하기는 행복과 건강을 유발하는 사회적 학습에 대한 자각의 기회와 인생의 어려움을 극복할 확고한 기반과 안전한 피난처를 위한 기반을 다질 수 있는 기회를 제공한다(Fonagy et al., 2015). 회복 능력은 또한 다른 관계와 다른 맥락에서 일반화될 수 있는 기술을 연마할 수 있게 해 준다.

다음은 정신화하기와 인식론적 신뢰를 회복한 부부에 대한 치료 회기 중 일부분이다.

사례

Maggie와 Damien은 Damien이 여덟 살 아들 Jason을 학교에 데려다 주고 왔을 때 있었던 논쟁에 대해 논의하고 있었다. Damien은 Jason이 차 안에서 울고 소리 지르며 온갖 짜증을 내고, 순찰 중인 선생님이 나오라고 할 때까지 차에서 내리기를 거부해서 매우 화가 나 있었다. Damien은 Jason이 자신이 가지고 오려고 했던 장난감을 집에 놓고 왔다는 것을 깨닫기 전까지만 해도 즐거운 아침 시간을 보내고 있다고 생각했다. Maggie는 Damien이 자신에게 얼마나 무례했는지에 대해 설명했고, 자신은 원래 Damien을 봐서 행복하고 기뻤는데 그가 불평을 늘어놓기 시작하자 그녀는 화가 났고 그를 비난하기 시작했다. Damien은 화가 나서 퉁명스러운 인사를 남긴 후 떠나 버렸다. Maggie는 더 화가 나서 Damien에게 사과를 요구했으나 Damien은 바로 거절했다. 그날의 다툼에 대해 묘사하는 데 있어서 그 둘은 모두 서로를 비난하고 분노에 차서 상대방의 말을 반박했다.

　치료사는 각각 한 명씩 면담하기를 요청하고 상대방에게는 그동안 듣고 있으라고 요청한다.

치료사: 두 분 모두에게 비참한 일 같습니다. 그날 각각 두 분에게 무슨 일이 있었는지 좀 더 자세하게 알 수 있을까요? [부부에 대한 공감적 진술]

Maggie와 Damien: 물론이죠.

치료사: Maggie, 당신이 분노에 찬 상태로 집에 돌아온 Damien을 봤을 때 어떤 감정이 들었나요? [타인의 정서 상태를 인식한 상태에서 자신의 경험에 집중하기]

Maggie: 저는 화가 나고 좌절했어요. 저는 단지 조깅을 하고 돌아왔고, 그를 봐서 행복했어요. 그런데 그가 Jason에 대해 소리치며 이야기할 때 저는 정말 화가 났어요.

치료사: 무엇이 당신을 화나게 했는지 알고 있나요?

Maggie: 그는 Jason에게 화를 내지 말았어야 하고 그 화를 나에게 표출하지 말았어야 했어요. 저는 그가 저에게 그렇게 무례하게 행동한 것에 대한 사과를 받고 싶어요. 그건 옳지 않은 행동이었으니까요. [판단을 내리며 그의 동기유발에 대해 설명함]

　치료사는 Maggie의 초점이 주로 Damien의 행동을 변화시키는 것과 그가 잘못됐다는 것을 증명하는 것에 있다는 것을 알아차린다. 치료사는 기능 분석 정신화하기를 사용하여 Maggie의 경험의 정신화하기를 시도한다.

치료사: 알겠습니다. 그런데 당신이 처음에 Damien을 보고 행복했을 때의 감정으로 돌아가 봅시다. Damien이 화를 내고 Jason에 대해 비난할 때 어땠나요?

Maggie: 저는 그냥 화가 났고 이 상황이 절망적이라고 생각했어요. 저는 왜 이 결혼생활을 유지하고 있는 걸까요? 그는 절대 바뀌지 않을 거예요.

치료사: 그러니까 당신은 지금 매우 참담한 감정을 느끼고 있군요. 당신의 이야기를 듣던 중 저는 당신이 그때 즐거운 마음으로 집에 돌아왔는데 Damien을 보고 반대의 상황이 되었을 때 당신의 감정 또한 다소 슬프거나 실망스러웠는지 궁금해졌습니다. [명료화, 정동 경험에 초점, 정교화 사용]

Maggie[약간 울먹이며]: 네, 저는 슬펐어요. 그리고 그가 제이슨에 대해 그렇게 분노한다는 것에 화가 났어요. 저는 그가 인내심이 부족하다고 생각하고, 그러한 점이 아이들에게 어떻게 영향을 미칠지 걱정이 되고, 그를 부모로서 신뢰할 수가 없어요.

Maggie는 자신이 느꼈던 것처럼 아이들도 아빠로부터 사랑받지 못하고 있다고 느끼게 될까 두렵다는 것을 말로 표현할 수 있었다.

Maggie: 저는 Damien이 자신이 한 행동에 대해 되돌아보고 사과하게 하려고 노력하고 있어요. 그는 제가 얼마나 화가 났는지 알고 있고, 이 상황에 대해 더 잘 이해해야 하며 최소한 저에게 잘 가라는 인사 정도는 하고 우리 관계가 괜찮다는 것(we are OK)을 제가 알게 해야 해요.

치료사: Damien이 그렇게 하지 않는다면 그에게 어떤 일이 일어날 것이라 생각합니까?

Maggie: 저는 사실 그에게 어떤 일이 일어나는지에 대해 크게 관심이 없어요. 단지 그가 자신의 행동이 잘 못됐고 사과해야 한다는 것을 알기 바랄 뿐이에요.

치료사는 Maggie가 지금 자신이 Damien을 정신화하지 못했던 순간을 인지하는 것이 가능하다는 것을 알아챈다.

치료사: 그렇게 솔직하게 말해 주셔서 감사합니다. 사실 자신의 공포가 매우 극대화되었을 때 타인에게 무 슨 일이 일어날지까지 생각하는 대인배가 될 수 없죠.

Maggie: 네. 저는 그가 계속 저에게 화난 상태로 머물러 있을까 봐 두렵고 계속 그 생각만 맴돌아요. 이 상 황이 끝났으면 좋겠고, 만약 그가 저에게 사과한다면 이러한 걱정을 멈출 수 있을 것 같아요.

치료사: 저는 우리가 당시의 그 상황에 대해 떠올려서 이야기를 나누는 것이 당신에게 어떤 기분이 들게 하는지 궁금합니다.

Maggie: 괜찮은 것 같아요. 저는 심지어 제 감정이 어떤지 인지하지 못해요. 슬픔에 대해 생각하는 것이 아니라 단지 Damien이 사과해서 제가 괜찮아지는(OK) 것에 대해서만 생각하지만 그럴 일은 없을 거예요.

치료사: Damien이 그때 당신에게 사과하지 않았더라도 여전히 당신에 대해 염려하고 있었을 거라 생각하 나요?

Maggie: 지금 그 상황에 대해서 이야기를 하다 보니 그런 것 같아요. 그런데 그 당시에는 그렇게까지 멀리 생각할 수 없었어요.

치료사: 이 대화를 나누는 것에 대해서는 어떤 기분이 드나요?

Maggie: 좋아요. 그런데 제가 매우 나약하게 느껴지고 아마 Damien은 이를 이용할 것이에요.

치료사: 그럼 이제 Damien이 당신이 한 말을 어떻게 이해했는지 점검해 봐도 될까요?

Maggie: 물론이죠.

치료사: 그러면 Damien, 혹시 Maggie가 한 말 중에 이해할 수 있는 부분이 있나요? [배우자에 대한 이해 점검]

Damien: 네. Maggie가 얼마나 겁이 났을지 이해됩니다. 그녀는 그런데 때로는 내가 참을 수 없다는 것을 이해하지 못할 뿐이죠.

치료사: 당신이 Jason을 학교에 데려다주고 돌아왔을 때의 상황에 대해 좀 더 이해해 보려고 시도해 봐도 괜찮을까요?

Damien: 물론이죠.

　　Damien은 자신의 아들이 심하게 짜증을 부렸을 때 얼마나 혼란스럽고 당황스러웠는지, 얼마나 아내를 비난하는 마음이 들었는지, 아버지로서 '엉망'이라고 그녀가 생각할까 봐 얼마나 걱정됐는지에 대해 진술할 수 있었다.

치료사: 그러니까 당신이 집에 도착했을 때 당신은 화가 나 있었고 Maggie가 당신을 어떻게 볼지 걱정됐다는 거죠?

Damien: 맞아요. 그리고 저는 Maggie에게 우리가 Jason의 행동을 조절하기 위해 무엇인가를 해야 할 것 같다고 말했고 그녀는 제가 과잉반응한다고 했어요.

치료사: 그때 기분이 어땠나요?

Damien: 매우 화가 났고 나에게 중요한 어떤 것을 그녀가 신경 쓰지 않는다는 기분이 들었어요. 그리고 나서 그녀가 나에게 사과를 요구했을 때 나는 더 화가 났죠.

치료사: 당신이 Maggie가 혹시 화를 내지 않을까라고 걱정하는 것처럼 그녀도 당신의 감정을 조금이라도 알고 있었나요?

Damien: 심지어 저조차도 지금 이야기하기 전까지는 제가 느끼는 감정에 대해 알지 못했어요.

치료사: Maggie가 당신이 느꼈던 감정을 이해할 수 있을지 알고 싶나요?

Damien: 물론이죠.

Maggie: 이해하죠. 단지 당신이 화를 냈을 때 나는 매우 당황스러웠는데 그날 아침이 당신에게도 매우 힘든 시간이었어요.

치료사: 그리고 Damien, 당신은 생각할 시간이 좀 필요했어요. 하지만 Maggie는 그런 Damien과의 연결 고리가 끊어질까 봐 겁이 났고, 당신을 사과하게 만들면 상황이 괜찮아질 것이라는 의미로 생각했던

것 같아요. 두 분 중 그 누구도 자신의 감정에 대해 생각해 보거나 배우자에게 어떤 일이 일어나고 있는지 생각하지 못했어요. 맞나요?

Damien: 그런 것 같아요. Maggie, 내가 제이슨을 더 잘 다루지 못한 것은 미안해요. 나는 그가 버릇없이 굴었을 때 당황스러웠지만, 당신에게 말하면 당신이 나를 아빠로서 실패자라고 생각하게 될까 봐 당신에게 나의 감정을 말할 수 없었어요.

Maggie: 고마워요. 나는 당신이 화를 냈을 대 당혹스러웠고 그 분노의 일부는 우리, 또 일부는 나 때문이라는 것을. 당신이 화가 나면 내가 나의 감정을 조절할 수 없는 것 때문이라는 것을 알아요. 나는 당신에게 사과를 받아내는 것이 상황을 더 악화시킨다는 것을 알아요. 그것을 멈추는 것이 어렵지만 노력할게요.

Damien: 그게 좋을 것 같아요. 나는 단지, 음, 뭔가 힘든 상황이라는 느낌이 들면 무슨 일이 일어나요.

치료사는 두 사람 모두가 비정신화하기를 촉진하는 사고와 감정을 들여다볼 수 있는 능력이 있고, 자신의 행동이 배우자에게 미치는 영향에 대해서 인지하고 있고, 사과와 화해를 위한 노력을 시작했다고 언급했다.

참고문헌

Ackerman SJ, Hilsenroth MJ: A review of therapist characteristics and techniques positively impacting the therapeutic alliance. Clin Psychol Rev 23(1):1-33, 2003 12559992

Asen E, Fonagy P: Mentalization-based therapeutic interventions for families. J Fam Ther 34:347-370, 2012

Bateman A, Fonagy P: Mentalization-Based Treatment for Personality Disorders: A Practical Guide. Oxford, UK, Oxford University Press, 2016

Bowlby J: A Secure Base: Clinical Applications of Attachment Theory. London, Routledge, 1988

Csibra G, Gergely G: Natural pedagogy. Trends Cogn Sci 13(4):148-153, 2009 19285912

Csibra G, Gergely G: Natural pedagogy as evolutionary adaptation. Philos Trans R Soc Lond B Biol Sci 366(1567):1149-1157, 2011 21357237

Fonagy P, Luyten P, Allison E: Epistemic petrification and the restoration of epistemic trust: a new conceptualization of borderline personality disorder and its psychosocial treatment. J Pers Disord 29(5):575-609, 2015 26393477

Gergely G: Ostensive communication and cultural learning: the natural pedagogy hypothesis, in

Agency and Joint Attention. Edited by Metcalfe J, Terrace HS. Oxford, UK, Oxford University Press, 2013, pp 139–151

Gottman J: The Seven Principles for Making Marriage Work. New York, Harmony, 2015

Lerner H: Stop being so defensive! This 12 step program may save your marriage. November 10, 2013. Available at: https://www.psychologytoday.com/blog/the-dance-connection/201311/stop-being-so-defensive. Accessed June 7, 2018

Siegel D: Brainstorm: The Power and Purpose of the Teenage Brain. New York, Penguin, 2013

제10장

치료 모델

Peter Fonagy, Ph.D., FBA, FMedSci, FAcSS
Chloe Campbell, Ph.D.
Elizabeth Allison, D.Phil.

이 장은 제4장의 속편으로 간주한다. 제4장에서는 정신화하기, 회복탄력성, 그리고 인식론적 신뢰를 통한 정신병리학의 일반적인 취약성 요인 개념 사이의 관계에 대해 생각을 정리했다면, 이 장에서는 이러한 아이디어의 치료적 함의에 대해 살펴보고자 한다. 정신화하기 입장에 따라, 우리는 (우리 자신을 포함한) 치료의 모든 '브랜드'의 예외주의와 더 넓게는 야망에 대해 어느 정도의 겸손과 불확실성을 채택하게 된다.

그리고 환자의 사회적 환경의 맥락에서 모든 형태의 치료에 대해 주장할 수 있는 기대치에 대해 어느 정도 겸손하고 불확실한 입장을 취한다. 추정되는 일반 정신병리 요인(제4장에서 논의한 p요인)과 관련된 연구 결과와 인간 정신병리에서 사회적 의사소통과 사회적 상상력의 역할에 대한 현재의 추측에 비추어, 우리는 정신병리의 일반 요인 개념을 사용하여 일반적인 치료 모델을 개발하는 방법을 고려하고자 한다.

치료 성과 연구는 우리에게 무엇을 알려 주는가

먼저, 심리치료의 효과에 대해 결과 연구 측면에서 현재 우리가 어디에 와 있는지 생각해 보는 것이 유용할 수 있다. 이 분야의 연구는 지난 수십 년 동안 여러 심리치료가 대조군에 비해 효과가 있다는 사실을 일관되게 밝혀냈지만, 비교 결과, 연구를 통해 특정 치료 모델이 다른 치료 모델보다 일관되게 더 효과적이라는 사실을 밝혀내지는 못했다

(Wampold & Imel, 2015). 최근의 메타분석에 따르면 경계선 성격장애(BPD)에 대한 심리치료는 성과 측면에서 비슷한 것으로 나타났다(Cristea et al., 2017; Fonagy et al., 2017c). 문헌에서 제기되는 또 다른 중요한 과제는 치료의 효과크기가 시간이 지남에 따라 감소한다는 사실이 여러 연구에서 발견되었다는 점이다(Friborg & Johnsen, 2017; Johnsen & Friborg, 2015; Weisz et al., 2017). 이러한 다양한 연구 결과는 대체로 정신병리학 연구에 기반을 둔 치료 효과에 대한 기계론적 설명과 특정 치료의 적용에서 작용하는 치료 변화의 메커니즘을 연결하는 것이 불가능하지 않을 수는 있지만 일반적으로 어렵다는 점을 강조한다(Kazdin, 2007).

이와 관련하여 고려해야 할 중요한 문제는 지난 30~40년 동안의 치료 연구가 특정 진단 범주와 밀접하게 연관된 증상의 완화에 초점을 맞춰 왔다는 점이다. 하지만 그 증거는 『정신질환 진단 및 통계 편람』(American Psychiatric Association, 2013)에 정의된 단일 특정 장애를 대상으로 한 심리치료가 다양하고 대상이 없는 문제에서 관찰 가능한 개선으로 이어지는 경향이 있음을 시사한다(예: Allen et al., 2010; Weis et al., 2006, 2017 참고). 진단을 개선의 주요 지표로 사용하는 것은 모든 치료 프로그램이 함의적인 목표로 삼고 있는 높은 수준의 동반 질환에 비추어 볼 때 합리적이지 않은 것 같다. 치료사는 장애가 자연적인 단위가 아니라 전문적인 기능이 포함된 과정의 산물인 경우 장애의 상상된 실체를 치료하기 위해 개입을 맞춤화한다(Wittgenstein, 1953). 일반적인 정신병리 요인의 개념은 치료 효과를 평가하기 위한 고도로 표적화된 진단-증상-결과 모델의 적합성에 대한 의문을 더욱 강조한다. 정신건강의 주요 결과가 본질적으로 모호한 잠재적 실체일 경우, 연구자가 주요 결과를 식별해야 하는 의무는 특히 부적절할 수 있다. 그러나 현재의 임상시험 방법론(신체 건강 문제에 대한 의약품 치료법 연구 모델에서 채택)에서는 특정 시점의 특정 진단에 대한 특정 측정값에 초점을 맞춘 연구가 진행되어 왔으며, 변화의 의미나 도달한 역치에 대한 이해는 거의 이루어지지 않았다.

우리가 가지고 있는 증거는 성과를 결정하는 데 있어 환자와 치료사 관계의 중요성(Norcross, 2011), 특히 치료 동맹의 중요성(Horvath et al., 2011)과 어려움에 따른 회복 능력(Safran et al., 2011)을 확실하게 규명하는 것이다. 또한 최근의 임상 성과 관련 종단 분석에 따르면, 치료사가 가장 큰 변량의 원인일 뿐만 아니라 치료사의 경험이 증가할수록 치료사 효과가 감소하는 경향이 있는 것으로 보고되었다(Goldberg et al., 2016). 여기서 언급하는 다양한 연구 결과는 효과적인 심리치료의 공통 요인에 대한 활발한 논쟁에 기여했다(Wampold & Imel, 2015). 이 장에서는 이러한 연구 결과를 종합하여 빠르게 변화하는 정신병리학 분야의 도전과 사고의 변화, 그리고 심리치료의 효과에 대한 활발한 논쟁에 부합하는 치료적 변화의 모델을 만들려고 한다.

정신병리학의 공통 요인을 위한 심리치료의 보편적 모델

일반적인 정신병리 요인과 고통 받는 개인의 실제 주관적 필요를 모두 포괄하는 치료 모델을 어떻게 구상할 수 있을까? 우리는 개별적인 필요를 충족하기 위한 맞춤형 치료의 중요성에 대해 반복적으로 강조해 왔다(Fonagy, 2016; Fonagy & Allison, 2017). 이러한 보편적인 모델을 제안함에 있어 우리는 다음과 같은 입장이다. 사람들이 임상 환경에서든 사회적 맥락에서든 자신과 세상에 대한 새로운 지식을 흡수하기 위해 마음을 열 준비가 되었다는 것은 자신의 마음이 정확하고 견딜 수 있게 반영되었던 경험을 통해서만 가능하다고 주장한다. 우리는 이 모델의 일반성이 개인화 원칙에 대한 충실성을 훼손하지 않는다고 믿는다.

정신병리의 공통 요인이라는 개념에 의해 형성된 치료 모델은 정신병리에 대한 무분별하고 일반적인 프로그램을 제안하는 모델이 되어서는 안 된다. 다음에서 설명하겠지만, 우리가 제안하는 모델은 개인의 주관성과 심리적 주체성을 인정하는 것을 전제로 하는 모델로, 경험이 많은 치료사보다 경험이 적은 치료사가 덜 효과적일 수 있다는 직관적이지 않은 결과(Goldberg et al., 2016)는 경험이 적은 치료사가 개별 환자를 '걸어 다니는 진단 원형'으로 보는 것이 아니라 주관적인 복잡성을 모두 볼 수 있다는 사실에서 비롯된 것일 수 있다.

만약 치료사가 환자의 입장에서 세상을 볼 수 있다는 점을 환자 스스로 인식한다면, 이는 환자에 대한 인식론적 신뢰를 자극하는 표면적 단서(제4장에서 설명한 대로)로 작용하여 환자가 다른 사람의 마음으로부터 그리고 다른 사람에 대해 배우는 사회적 이점에 접근하여 사회적 상상력을 보다 적응적인 방식으로 구성하고 조정할 수 있도록 한다. 사람들은 모두 자신에 대한 작동 이론을 가지고 있다. 이를 '개인적 이야기' 또는 '상상된 자기'라고 부를 수 있으며, 개인 스스로가 자신을 누구라고 느끼는지, 그리고 왜 그렇게 느끼는지에 대한 모델이고, 이것은 주관적인 경험에서 비롯된 증거를 기반으로 한다. 이러한 이야기는 사람들이 자신을 정신화하는 방식을 형성하는 경향이 있다. 왜냐하면 개인이 자신의 행동을 이해하는 일종의 경험적 방법이기 때문이다. 대부분의 사람은 어느 순간에

나 하나의 지배적인 이론, 즉 자신을 설명하는 가장 명백한 직설적인 방법이 있다. 또한 대부분의 개인은 하위 지배적인 이야기를 갖고 있는데, 이는 자신을 설명할 때 사용하는 일반적으로 숨겨져 있는 미묘하거나 복잡한 자신에 대한 이해다.

지배적인 이야기가 전면에 있고 그 이면에는 다양한 다른 이야기가 있을 수 있다. 예를 들어, "나는 존경 받아야 하고, 그러기 위해서는 당신이 내게 거는 모든 기대에 부응해야 한다"라는 지배적 이야기가 있지만 "나는 항상 사람들을 기쁘게 하려고 열심히 일하는 데 지쳤다"라는 보조적 이야기가 있을 수 있다. 이러한 지배적 이야기를 인정하는 것이 인식론적 신뢰를 구축하는 특히 강력한 방법이라고 믿는다. 이 예시에서 치료사는 "나는 당신이 주변 사람들의 모든 필요를 충족시키기 위해 얼마나 열심히 노력하는지 알았습니다. 내가 당신의 입장이라면 사람들이 나에 대해 가질 수 있는 모든 기대를 충족시키려고 노력하다 지쳤을 것입니다." 같은 말을 통해 이를 수행할 수 있다.

개인이 다른 사람에게 이해받고 있다고 느끼면(즉, 다른 사람이 자신을 정신화할 수 있다고 느끼면), 그 사람에게서 배우려는 경향은 더욱 커진다. 이러한 역동관계는 정신화하기에 특별한 역할을 한다. 우리와 동료들은 정신화하기의 촉진이 심리치료의 효과를 높이는 데 필수적인 요소라고 제안해 왔다(Allen, 2012; Allen et al., 2008). 최근에는 진화론과 발달적 사고의 영향을 받아 치료에서 정신화하기를 개선하는 것이 그 자체로 목적이 아닐 수도 있다는 생각을 발전시켰다(Fonagy et al., 2017b). 정신화하기 개선이 중요한 이유는 개인이 사회적 경험에서 얻는 편익을 증진하고 다른 개인 및 사회 집단과의 협력(및 경쟁)에서 자신의 기능을 향상시킬 수 있는 보다 근본적인 사회적 목표를 달성할 수 있게 해 주기 때문이다. 협동은 끊임없이 변화하는 사회적 상황에서 새로운 이해와 적응을 습득하고 학습하는 데 결정적으로 의존한다. 이는 (제1장에서 설명한 것처럼) 신뢰할 수 있는 개인으로부터 사회적 지식을 신속하고 효과적으로 전달받는 데에 달려 있다. 정신화하기는 사람들 간의 지식 교류를 위한 인식 채널을 완전히 열어 두는 데 도움이 될 정도로 가치가 있다.

이것은, ① 개인의 자기 인식의 일관성을 향상시키고, ② 개인의 자기 인식에 대한 보다 일반적인 능력을 향상시키며, ③ 개인의 자기 인식 능력을 향상시켜 이를 수행한다. 다른 사람이 자신을 인식하는 방식과 개인이 자신을 보는 방식이 일치하지 않는다면 개인이 자기 자신에 대한 심오한 통찰력을 얻는 것은 거의 소용이 없다. 마찬가지로 개인은 다른 사람을 인식하는 것에 대해 많은 것을 배울 수 있지만, 심리적·사회적 기능 측면에서 자신을 정확하게 인식하지 못하면 여전히 심각한 한계를 갖게 된다. 또한 개인은 자신에 대한 그림과 상대방이 자신을 보는 그림을 가질 수 있는데, 예를 들어 이 두 그림의 정교함이 근본적으로 다른 수준이라면 부조화로 인해 효과적인 사회적 의사소통이 저해될 수 있다.

우리의 치료 모델을 설명하는 기본 원칙은 인간의 마음은 본질적으로 사회적이며 대인관계적이라는 것이다. 치료와 정신화하기는 모두 환자를 크고 복잡하며 끊임없이 움직이는 인간의 사회적 의사소통의 흐름에 재통합한다는 관점에서만 의미가 있다. 더 넓은 사회적 기능의 필수 요소와 분리하여 정신화하기 또는 치료적 통찰력을 강조하는 것은 무의미해질 위험이 있다. 이는 우리가 개인의 주관성을 인정하는 것에 대한 강조에 추가해야 할 중요한 자격으로 이어진다. 즉, 이것은 치료 과정의 중요한 부분이지만 시작에 불과하다는 것이다. 정신병리학의 만연과 관련된 복잡한 고차 인지 능력은 사회적 이유로 존재하며, 이를 통해 인간은 사회적 관계에 접근하고 이익을 얻으며 잠재적으로 이를 악용할 수 있다. 이러한 복잡한 인지 과정은 주로 사회적 기능과 관련하여 잘못 작동할 수 있다. 따라서 치료가 효과적이려면 개인이 더 넓은 사회 환경에 적응하고 혜택을 누릴 수 있도록 지원하는 체계적인 기능도 필요하다.

정신화하기뿐만 아니라 대부분의 고차원적인 인지 기능은 협업이라는 사회적 목표를 지원한다. Mahr와 Csibra(2017)가 제시한 최근의 가설에 따르면 에피소드 기억은 주로 사회적 의사소통을 가능하게 하는 기능을 한다고 주장했다. 개인적 경험에 대한 기억은 개인이 자신이 하는 일을 왜 믿는지, 다른 사람과의 의무와 약속의 관점에서 자신이 어디에 위치하는지, 누구에게 의지할 수 있고 누구를 조심스럽게 대해야 하는지에 대한 정당성을 부여하며, 이는 인간의 사회적 협력, 경쟁, 인간 문화를 가능하게 하는 관계망 구축의 핵심 요소다. 이러한 요소는 모두 기억에 의존한다. 마찬가지로, 인식론적 신뢰 이론은 다음과 같이 설명한다.

예를 들어, 복잡한 도구나 기술을 사용하는 방법뿐만 아니라, 그 도구에 접근하거나 동료들이 존중할 만한 주장을 펼칠 수 있는 방법 등 개인이 문화 내에서 기능할 수 있는 도구를 제공하는 문화에 대한 지식을 교환하는 방법과 이유다. 우리는 같은 맥락에서 인간의 의식이 개인이 자신의 경험을 공유하고, 관계, 사회적 유대, 집단 응집력을 구축할 수 있는 '공유된 이야기'를 전달할 수 있도록 진화했다고 주장해 왔다(Fonagy & Allison, 2016). 개인은 자신의 내적·주관적 경험을 포함하여 자신이 노출된 세계의 측면을 의식하게 되고, 다른 사람들도 이를 반영한다(Allison & Fonagy, 2016; Fonagy & Allison, 2016). 개인의 발달 수준에서 볼 때, 우리는 인간됨과 밀접하게 연관된 고차원적인 사회적 인지의 이러한 측면들, 즉 가르치고 배우고, 이야기를 나누고, 의식적인 자아를 가지며, 성숙의 시간표에 따라 전개되는 것이 모두 초기 정서적 경험의 맥락에서 최대한으로 발달한다고 주장할 수 있다. 우선, 유아기에는 아이의 자기감이 성장하는 과정에서 이를 확인할 수 있는데, 주 양육자의 민감한 거울 반영하기(mirroring)에 의해 지원된다. 따라서 우리는 인간의 인지적 복잡성이 사회적 상호작용의 세계에 의해 발달적으로 생성되고 진화한다고 주장하는 것이다. 심리치료는 고차원적인 인지 기능의 발달과 개인의 사회적 경험 사이의 밀접한 연관성을 바탕으로 한다. 심리치료는 세상을 효과적으로 탐색하는 데 필요한 사회 인지적 과정을 활성화한다.

이는 제4장에서 설명한 두 가지 과정, 즉 ① 실행 기능의 실패, 특히 정서적 자극에 직면했을 때 통제할 수 없는 충동성, ② 부적응적인 사회적 상상력이 함께 작용하여 정신병리에 대한 취약성을 만든다는 개념으로 다시 돌아가게 한다. 다음 장에서 설명하는 효과적인 치료 모델, 즉 세 가지 변화의 소통 체계는 환자의 필요와 인식을 알아차리고 이에 대응해야만 치료 효과가 있다는 믿음에 기초한다. 개인의 정신 상태, 신념, 복잡한 주관성을 파악하고, 인정하고, 감사하는 과정을 통해서만 개인이 치료사의 마음으로부터 학습을 시작할 수 있는 과정을 자극할 수 있다. 우리가 제안하는 치료 모델은 개인의 마음이 다른 사람의 마음속에 정확하게 표현되어 있음을 인식하는 반복적인 경험을 통해 인식론적 신뢰를 열어 사회적 소통과 다른 마음과의 협력적 조율을 가능하게 하는 모델이다. 이러한 정렬은 사회적 상상력의 더 거칠고 해로운 표현에 대한 관점, 제약, 수정을 가져올 수 있다. 치료적 개입은 사회적 이해와 의사소통을 향상시키는 '선순환'을 통해 환자에게 사회적 학습 경험을 열어 주고 피드백을 주기 때문에 효과적이다(Benish et al., 2011). 이를 세 가지 상호작용하는 통신 시스템으로 구성된 프로세스로 설명했으며, 치료 과정에서 순차적이지만 주기적인 방식으로 활성화된다.

의사소통 시스템 1

환자의 삶과 장애의 본질에 대한 모형 기반 치료 해설 활용하기

첫 번째 시스템은 치료사가 환자에게 상당한 지식과 환자가 높이 평가할 수 있는 개인적 특성을 가지고 있음을 나타내는 정보를 전달하는 것이다. 전달되는 지식은 치료 모델에 따라 자연스럽게 달라진다. 치료 동맹에 대한 분석에 따르면, 치료사와 환자 간의 관계는 치료사의 공감에 의해 뒷받침된다. 치료사가 의도적인 대리인으로서 환자를 설득력 있게 이해하고 있음을 전달하면 환자에게 자기 인식감을 발생시킨다(Nienhuis et al., 2018). 모든 증거 기반의 '진실한' 심리치료 모델은 어느 정도 정확하고 환자에게 도움이 되는 마음, 장애, 변화의 모델을 제시하며, 환자의 경험을 이해하는 역량을 높이게 된다. 이는 환자, 특히 외상(trauma) 병력이 있는 환자가 치료를 받기 위해 찾아오는 인식론적 경계("사실이 아니다", "나와는 상관없다")를 극복하는 데 중요한 역할을 한다. 따라서 내용을 효과적으로 전달하기 위해서는 미묘하고 풍부한 단서를 제공하는 과정이 필요하다. 치료사는 환자의 관점에서 환자의 문제를 바라보고, 의사소통이 쌍방향이며 환자가 치료사에게 가르칠 것이 있다는 태도를 가지고 환자를 치료의 주체로 인식하도록 훈련하는 모델을 사용하여 환자와의 협력을 염두에 두고 정신화하기 정보를 제공해야 한다. 여기서 제시하는 구조적 관점으로 보면, 치료사가 환자와의 상호작용과 경험에 자신의 모델을 적용하려는 시도는 치료의 단서가 되고, 이는 환자의 인식론적 신뢰를 점진적으로 증가시켜 궁극적으로 치료 성공의 촉매제 역할을 한다. 우리는 종종 이러한 의사소통의 내용, 즉 정신교육, 정상화, 어려운 문제를 극복하는 데 도움이 되는 공유된 공식, 행동 계획 또는 대처 전략의 수립, 개인사 묘사, 해석을 통한 동기의 복잡성 드러내기, 현재 경험의 어려운 측면에 대한 기대, 신념 및 귀인 수정 등이 변화를 유도하는 요소라고 생각한다. 문제는 심리적 치유에 효과적인 것으로 밝혀진 것들의 종류가 매우 다양하다는 점과 이것이 모든 사람에게 변화를 가져다주지는 않는다는 사실이다.

우리는, ① 치료사가 환자가 자신과 타인에 대한 반응을 이해(정신화)하는 데 유용한 방법을 제공하는 자원을 찾아 효과적으로 전달할 수 있고, ② 전달 과정에서 환자가 자신에게 전달되는 것들의 진실성과 개인적 관련성을 인식하여 인식론적 불신을 완화할 수 있게 된다는 점에서 의사소통 시스템 1이 변화를 촉진할 수 있다고 제안한다.

의사소통 시스템 2

역량 강화를 위한 정신화하기 개선: 신뢰성을 식별하기 위함

정신화하기는 효과적인 심리치료의 공통적인 요소일 수 있지만, 원래 핵심적인 요소로 간주되던 것은 아니다(Allen, 2008, 2012). 우리는 더 이상 정신화하기가 개선된다는 사실 자체가 반드시 증상 및 사회적 적응 상태의 개선을 가져온다고 주장하고 싶지는 않다. 정신화하기는 사회적 의사소통, 특히 사회적 경험을 통한 학습을 재건하기 위한 목적으로 개선되어야 한다. 즉, 정신화하기는 개인이 인식론적 신뢰를 불러일으키는 과정에 참여할 수 있도록 하는 한도 내에서 도움이 된다. 치료사는 환자의 자기 경험에 대한 표현을 만들고, 환자는 이 표현을 획득하고 자신의 자기 경험과 일치시킨다. 일치하는 부분이 있으면 (치료사의) 의사소통에 대한 신뢰가 생겨 환자는 치료사로부터 자신에 대해 배우는 선순환에 참여할 수 있는 위치에 서게 되고, 이렇게 향상된 자기 인식은 치료사의 경험(물론 치료사 자신의 환자 경험에 대한 표현도 포함)을 이해하는 능력을 향상시킬 수 있게 된다.

이 과정을 좀 더 자세히 살펴보면, 치료사가 환자와 지속적으로 소통하는 것은 인식론적 신뢰 회복과 관련된 몇 가지 주요 특징을 가지고 있다. 첫째, 치료사는 일관되게 환자의 주체성을 인정하고, 행위자로서 환자에게 초점을 맞추며, 환자 자기의 관점에서 협상한다. 둘째, 치료사는 환자의 경험을 표시함으로써 환자의 감정 상태를 인정한다. 셋째, 치료사는 환자가 전달하는 정보의 개인적 관련성과 일반화할 수 있는 사회적 가치를 나타내기 위해 표면적 단서를 광범위하게 활용한다. 치료사는 환자를 효과적으로 정신화하기를 함으로써 정신화하기를 모델링하고 개방적이고 신뢰할 수 있으며, 각성도가 낮은 환경을 조성한다.

구조적으로 두 번째 선순환이 시작된다. 치료사는 환자에게 민감하게 반응하고, 환자는 인식적 고립에서 한 걸음 물러나 점차적으로 자신의 정신화하기 기술을 발휘하기 시작하며, 단계적으로 치료적 맥락의 한계를 벗어나 더 넓은 사회적 맥락으로 일반화한다. 이는 사회적 맥락에 대한 환자의 정서적 반응을 이끌어 내어 치료사가 이러한 경험에 민감하게 반응할 수 있는 기회를 더 많이 제공한다. 이 과정에는 복잡하고 비선형적인 진행이 포함된다. 정신화하기 개선이 주된 목표는 아니지만, 이 과정을 통해 개선된 정신화하기는 환자에게 다음을 가능하게 하고, 이로 인해 더 넓은 사회적 맥락에 접근하고 학습하기 시작할 수 있다.

정신화하기 능력이 좋은 환자가 그렇지 않은 환자보다 심리치료에서 더 많이 개선되는 이유에 대해 답하다 보면 그 과정을 이해하는 데 도움이 될 것이다. 정신화하기는 치료적 의사소통의 영향을 조절한다. 정신화하기 능력이 떨어지는 환자는 치료사의 강압적인 단서를 잘못 해석하는 경우가 많으므로 인식론적 신뢰가 형성되지 않는다. 정신화하기가 개선되면 치료사의 의사소통을 환자가 신뢰할 수 있는 것으로 평가하고 해석하며 의도한 대로 영향을 미친다. 심리치료에서 정신화하기 과정의 '선물'은 환자가 더 넓은 사회적 영향력에 대한 수용성을 열거나 회복하는 것이며, 이는 모든 연령대의 사회적 학습과 건강한 발달을 위한 전제 조건이다.

개인이 상대방을 충분히 잘 파악하여 상대방이 자신을 정확하게 인식하고 있다는 사실을 인식할 수 있을 만큼 충분히 정신화할 수 있어야만 인식의 장벽, 즉 새로움에 대한 자연스러운 보수적 경계 태도를 해제할 수 있는 열쇠가 된다. 개발 전반에 걸쳐 학습 채널을 열어 두게끔 하는 것은 진정한 학습을 가능하게 하는 자기 인식의 경험이며, 이를 통해 전달자의 정보를 표현하는 지속적인 구조를 수정할 수 있다. 이러한 경험은 자신이 어떻게 보이는지 감지하는 것, 즉 인식적 일치라고 할 수 있는 것을 기반으로 한다. 이렇게 표현하는 것이 좋다. ① 환자가 상상한 자기(개인적 내러티브)를, ② 치료사가 상상하고 난 그 이미지를, ③ 환자가 지각하고, ④ 환자의 개인적 내러티브와 비교하여 일치하는 경우 신속하고 효율적인 지식 전달을 위한 채널이 열리고 겉으로 보이는 경직성의 원인이 해소되어 '도달하기 어려운' 환자를 보다 '도달 가능한' 상태로 전환한다.

신뢰를 형성하기 위해서는 환자가 치료사의 마음속에 인식하는 개인적 이야기의 버전이 그 순간에 자신의 이야기와 일치해야 한다. 앞서 언급했듯이, 환자의 자기 감각의 미묘한 전체를 포착하기 위해 환자의 하위 지배적인 이야기와 더 명백한 선입견을 포함할 경우 이는 특히 더 강력할 수 있다. 즉, 환자가 상대방의 마음에 자신의 정신 상태와 일치하는 정신 상태의 표현이 포함되어 있다고 인식하게 되면, 그 사람으로부터 배울 수 있을 만큼 안전하다고 느끼기 때문에 인식론적 경계에 대한 방어를 내려놓게 된다.

간단히 말해서 "내가 이해받고 있다고 느끼면 나를 이해해 준 사람에게서 배우려는 성향을 갖게 된다"는 것이다. 학습 행위는 또한 환자가 사회적 정보를 더 많이 수집할 수 있는 능력을 열어 준다. 인식론적 신뢰를 회복하는 과정에서 환자는 자신에 대해 배울 뿐만 아니라 타인과 환자가 살고 있는 세상 전체에 대해서도 배우게 된다. 환자가 자신과 타인의 마음을 상상할 수 있는 능력을 습득하면 사회적 관계에 대한 자기 조절과 관리가 용이해진다(이전에 Fonagy et al., 2002에 의해 논의된 바에 따르면). 더 중요한 것은 환자가 자신이 정확하게 지각하고 있는지 판단하여 다른 사람과 인식론적 신뢰를 구축함으로써 자신의 지식을 다른 사람에게 효과적으로 전달할 수 있는 통로를 열 수 있다는 것이다. 모든 심리치료의 이러한 능동적 학습 측면 덕분에 다양한 형태의 심리치료가 실질적인 변화로 이어질 수 있는 것이다.

의사소통 시스템 3

사회적 세계에 대한 접근성 회복 그리고 건강 기원의 재점화

치료적 관계의 가장 큰 이점은 환자가 다른 관계로부터 계속 배우고 성장할 수 있도록 치료를 넘어 인식론적 신뢰를 일반화하는 데 있다. 인식론적 신뢰의 맥락에서 사회적 학습은 (재)확립되고, 이것은 '건강의 세대', 즉 이는, 자신의 환경에서 긍정적인 특징으로부터 이익을 얻을 수 있는 개인의 능력으로 이어진다. 세 번째 의사소통 시스템은 인식론적 신뢰(협업)를 구축함으로써 그 사람의 마음을 열어 그 사람이 자신의 즉각적인 신뢰를 다시 한번 신뢰할 수 있도록 하는 과정이다.

다른 사람들이 자신을 어떻게 인식하는지에 대해 더 민감하고 정확하게 인식하게 된다. 이는 치료에서 가르치는 것만이 환자에게 도움이 되는 것이 아니라 사회적 상황에서 학습하는 환자의 능력이 치료 과정에서 다시 살아난다는 것을 의미한다. 향상된 정신화하기는 환자가 사회적 관계를 개선하고 신뢰할 수 있고 믿을 수 있는 정보원, 즉 환자가 '친구가 될 수 있는 사람'을 인식할 수 있게 해 준다. 인식론적 신뢰가 향상되고 경직성을 버리면 경험을 통한 적응과 학습이 가능해진다. 따라서 치료적 변화는 치료 자체에서 일어나는 일만큼이나 환자가 자신의 사회적 환경을 어떻게 이용하게 되는지에 따른 결과일 것이다. 치료의 혜택은 환자가 특정 사회 세계에서 접근할 수 있는 것에 따라 달라진다(다음 섹션에서 자세히 설명한다). 치료적 개입이 효과적인 이유는 환자에게 사회적 학습 경험을 제공함으로써 세 번째 선순환의 피드백을 제공하기 때문이다. 환경이 적어도 부분적으로라도 긍정적이라면 치료는 '효과적'이다. 치료 결과를 뒷받침하는 더 넓은 사회적 환경의 강화 효과에 대한 증거는 치료가 끝난 후에도 개입 효과가 계속 증가하는 '수면자 효과(sleeper effect)'(예: Fonagy et al., 2015 참고)에 의해 나타난다. 우리는 심리치료의 이러한 연장된 효과 궤적이 지속적인 사회적 학습의 행복 유발 효과(salutogenic effect)를 반영한다고 주장할 수 있다.

비정신화하기 시스템의 정신화하기 모델

세 가지 의사소통 체계의 개념화를 위해서는 환자의 더 넓은 사회적 환경이 정신화하기를 지원하지 않는 경우 임상적 개입의 내재적 한계를 인정해야 한다. 이는 어떤 치료적 개입에서 일어나는 일이 그 자체만으로는 환자의 상태를 지속적으로 크게 개선하기에 충분한 것으로 기대하기 어렵다는 것을 의미한다. 실제로 특정 상황에서는 개인이 인식론적 신뢰를 개발하고 사회적 방어력을 낮추는 것이 부적응적일 수 있다. 예를 들어, 높은 수준의 공격성이나 폭력이 특징인 사회 환경에서는 외부적이고 비성찰적이며 빠르게 반응하는 타인에 대한 정서적 초점이 생존 전략으로 더 가치가 있을 수 있다. 인식론적 경계는 사실 효율적인 적응이며(Sperber et al., 2010), 협력적 사회학습이 일반적인 특성으로 간주될 수 없는 환경에서 개인이 적절한 주의를 기울이고 있다는 것을 나타낸다.

의사소통 시스템 3에서 알 수 있듯이, 치료적 이득의 통합, 그리고 실제로 환자의 삶의 질이 의미 있게 개선되는 것은 환자의 사회적 환경이 이러한 변화를 용인하고 지원하는지에 따라 달라진다. 정신병리학에 대한 이해의 핵심인 '적응적 사회적 의사소통의 역동적인 사회적 강화 주기에 대한 인식'도 일관성 있는 치료 모델을 형성하는 데 도움이 된다(Fonagy et al., 2017a, 2017b). 우리는 심각하고 고착화된 정신병리를 임상적으로 어렵게 만드는 것은 비정신화하기 그 자체의 불변성이 아니라 비정신화하기가 사회적 의사소통 체계에 미치는 영향이라고 제안한다. 예를 들어, 성격장애의 특징 중 하나는 환자가 보이는 사회적 기능장애의 패턴이 지속된다는 것이다. 특히, 경계선 성격장애(BPD)는 역사적으로 거의 치료가 불가능한 질환으로 여겨져 왔으며, 이로 인해 장애에 대한 오명이 상당히 가중되어 왔다. 그러나 현재 최소 20건의 무작위 대조 임상시험을 통해 최소 9가지 형태의 치료법이 검증되었으며(Stoffers et al., 2012), BPD 환자를 더 이상 '치료가 불가능하다'고 간주해서는 안 된다. 우리는 오랫동안 치료가 불가능하다고 믿어 왔던 질환의 명백한 모순에 대한 설명이 필요하다고 주장할 것이다. 그럼에도 불구하고 다른 많은 정신장애보다 치료에 더 잘 반응하는 것처럼 보이는 이유는 BPD 환자의 비정신화하기 행동이 상담실을 포함하여 자신의 상태를 유지하는 비정신화하기 사회 시스템을 만들 수 있는 방식에서 찾을 수 있다. 우리는 그러한 환자들과 함께 일하는 치료사가 정신화하기 능력을 유지하기 위해 적절하게 지원되지 않는 경우 중장기적으로 효과적인 정신화하기 자세를 스스로 유지하기를 기대하는 것은 비현실적이라고 제안한다. 환자가 역기능적 사회 시스템에 직접 노출되지 않고(따라서 그로부터 보호받는) 주변 팀에 의해 정신화 능력을 유지하는 것이 이상적이다(정신화하기 팀에 대한 논의는 제13장 참고).

원칙적으로 환자와 치료사는 한 공간에 격리되어 있고, 서로 사회적 영향을 주고받는 것이지만, 치료사는 결국 환자의 성찰과 질문, 그리고 자기 자신과 타인, 내부와 외부에 동시에 집중할 수 있는 능력을 향상시킬 수 있는 위치에 있다. 하지만 현실은 치료사가 환자의 사회적 생존 메커니즘에 편입되어 균형 잡힌 사고(일반적으로 성찰적이지 않고, 외부에 집중하고, 감정적이며, 성찰보다는 공명에 지배당하는 쪽의 오류)를 없애 버린다. 치료사의 정신화하기는 예외적이라 하더라도, 이렇게 고도로 격렬한 정서적 상황과 갈등을 다루기에는 충분하지 않을 것이다. 따라서 치료사는 자신의 정신화 능력을 키우고 자신의 인식론적 신뢰를 촉진하기 위해 주로 다른 치료사로부터 자신만의 지원 관계 시스템을 필요로 할 것이다. BPD와 관련된 지속적인 기능장애와 비정신화하기 사회 시스템의 자기 영속적 순환은 BPD 발병률의 국제적 변동성을 상기시켜 준다. 많은 현대 사회 또는 현대화 사회의 특징인 사회적 자본과 커뮤니티 지원이 부족하여 개인이 충동성과 정동적 불안정성에 더 취약하기 때문에 비 서구 사회에서는 BPD가 덜 흔한 것으로 관찰되었다(Paris & Lis, 2013). 이용 가능한 데이터에 따르면 부의 불평등 수준이 높은 서구 국가일수록 BPD 유병률이 더 높다(Fonagy & Luyten, 2016).

사회적 환경의 역할에 대한 우리의 강조는 변화 과정을 지원하기 위해 사회적 분위기가 더 정신화되도록 장려할 수 있는 방법에 대해 생각하는 것의 가치를 지적한다. 높은 수준의 사회적 불평등을 용인하고 고착화하는 것은 개인의 마음을 완전히 무시하거나 체계적으로 '과실'과 '자격 없음'으로 묘사하는 사회적 상상력의 지속적인 실패로 인해 가능하다. 그러나 왜곡된 사회적 인식은 사람들이 본질적으로 사회적으로 불완전한 세상에서 사회적 상상력과 기능을 발휘할 수 있는 인간의 생생한 능력을 가지고 살아가기 위해 필요하다. 청소년기의 두드러진 특징인 타인의 고통에 대한 분노에 찬 감수성과 상상력 있는 인식은 다음과 같다. 청소년기의 일반적인 과잉정신화하기 경향과 관련이 있을 수 있으며, 성인이 되어 이러한 적극적인 사회적 상상력이 사라지면 개인이 사회 시스템을 잘 견뎌낼 수 있도록 도와준다. 치료의 정신화하기 모델은 모든 인간이 직면하는 동일한 발달 과제, 즉 사회적 상상력을 환경 내에서 적응적이고 기능적인 방식으로 구성하는 동시에 비판과 창의성을 모두 발휘할 수 있도록 하는 과제를 따라야 한다.

결론

이 장에서는 치료가 작용하는 방식에 대한 고찰을 토대로 내용을 요약하여 결론을 내렸다. 우리는 정신병리의 구조에 대한 이해가 일반적인 정신병리 요인을 가정하지 않고는 불가능하다는 주장으로 시작하였고, 자연적인 자정 작용(즉, 건강을 생성하는) 메커니즘이 작동하지 않기 때문에 정신병리학에 일반적인 취약성이 있다고 가정했다. 이 취약성은 대인관계(인식론적) 신뢰가 중요한 결정 요인인 사회적 경로를 통해 경험으로 학습하는 데 있다. 인식론적 신뢰는 개인적 이야기가 다른 사람에게 인정받는 경험을 통해 얻게 된다. 역경을 경험한 사람(유전적 소인도 있을 수 있음)은 인식론적 신뢰를 형성하고 유지하는 데 어려움이 있으며, 인식론적 고립을 경험하여 자신과 주변 세계에 대한 지식을 축적할 수 없게 된다. 좋은 치료에서 치료사는 환자의 개인적 이야기를 인식하는 법을 배우고 환자가 점차적으로 인식론적 신뢰를 구축하여 고립에서 벗어나도록 돕는다. 이러한 변화는 상담실에서 일어나는 일이 아니라 환자가 자신의 사회적 관계망에 (다시) 참여하는 것과 관련된 개선의 주요 동인을 촉진한다.

 참고문헌

Allen JG: Mentalizing as a conceptual bridge from psychodynamic to cognitive-behavioral therapies. Eur Psychother 8:103-121, 2008

Allen JG: Restoring Mentalizing in Attachment Relationships: Treating Trauma with Plain Old Therapy. Washington, DC, American Psychiatric Publishing, 2012

Allen JG, Fonagy P, Bateman AW: Mentalizing in Clinical Practice. Washington, DC, American Psychiatric Press, 2008

Allen LB, White KS, Barlow DH, et al: Cognitive-behavior therapy (CBT) for panic disorder: relationship of anxiety and depression comorbidity with treatment outcome. J Psychopathol Behav Assess 32(2):185-192, 2010 20421906

Allison E, Fonagy P: When is truth relevant? Psychoanal Q 85(2):275-303, 2016 27112740

American Psychiatric Association: Diagnostic and Statistical Manual of Mental Disorders, 5th Edition. Arlington, VA, American Psychiatric Association, 2013

Benish SG, Quintana S, Wampold BE: Culturally adapted psychotherapy and the legitimacy of myth: a direct-comparison meta-analysis. J Couns Psychol 58(3):279-289, 2011 21604860

Cristea IA, Gentili C, Cotet CD, et al: Efficacy of psychotherapies for borderline personality disorder: a systematic review and meta-analysis. JAMA Psychiatry 74(4):319-328, 2017 28249086

Fonagy P: We have hard choices to make on children's mental health. 2016. Available at: https://www.huffingtonpost.co.uk/peter-fonagy/world-mental-health-day_b_12429138.html. Accessed June 6, 2018.

Fonagy P, Allison E: Psychic reality and the nature of consciousness. Int J Psychoanal 97(1):5-24,

2016 26602060

Fonagy P, Allison E: Commentary: A refresh for evidence-based psychological therapies—reflections on Marchette and Weisz (2017). J Child Psychol Psychiatry 58(9):985-987, 2017 28836679

Fonagy P, Luyten P: A multilevel perspective on the development of borderline personality disorder, in Developmental Psychopathology Vol 3: Maladaptation and Psychopathology, 3rd Edition. Edited by Cicchetti D. New York, Wiley, 2016, pp 726-792

Fonagy P, Gergely G, Jurist E, et al: Affect Regulation, Mentalization, and the Development of the Self. New York, Other Press, 2002

Fonagy P, Rost F, Carlyle JA, et al: Pragmatic randomized controlled trial of long-term psychoanalytic psychotherapy for treatment-resistant depression: the Tavistock Adult Depression Study (TADS). World Psychiatry 14(3):312-321, 2015 26407787

Fonagy P, Luyten P, Allison E, et al: What we have changed our minds about: Part 1. Borderline personality disorder as a limitation of resilience. Borderline Personal Disorder Emotion Dysregul 4:11, 2017a 28413687

Fonagy P, Luyten P, Allison E, et al: What we have changed our minds about: Part 2. Borderline personality disorder, epistemic trust and the developmental significance of social communication. Borderline Personal Disorder Emotion Dysregul 4:9, 2017b 28405338

Fonagy P, Luyten P, Bateman A: Treating borderline personality disorder with psychotherapy: Where do we go from here? JAMA Psychiatry 74(4):316-317, 2017c 28249080

Friborg O, Johnsen TJ: The effect of cognitive-behavioral therapy as an antidepressive treatment is falling: reply to Ljòtsson et al. (2017) and Cristea et al. (2017). Psychol Bull 143(3):341-345, 2017 28230414

Goldberg SB, Rousmaniere T, Miller SD, et al: Do psychotherapists improve with time and experience? A longitudinal analysis of outcomes in a clinical setting. J Couns Psychol 63(1):1-11, 2016 26751152

Horvath AO, Del Re AC, Flückiger C, et al: Alliance in individual psychotherapy, in Psychotherapy Relationships That Work: Evidence-Based Responsiveness, 2nd Edition. Edited by Norcross JC. New York, Oxford University Press, 2011, pp 25-69

Johnsen TJ, Friborg O: The effects of cognitive behavioral therapy as an anti-depressive treatment is falling: a meta-analysis. Psychol Bull 141(4):747-768, 2015 25961373

Kazdin AE: Mediators and mechanisms of change in psychotherapy research. Annu Rev Clin Psychol 3:1-27, 2007 17716046

Mahr J, Csibra G: Why do we remember? The communicative function of episodic memory.

Behav Brain Sci January 19, 2017 [Epub ahead of print] 28100294

Nienhuis JB, Owen J, Valentine JC, et al: Therapeutic alliance, empathy, and genuineness in individual adult psychotherapy: a meta-analytic review. Psychother Res 28(4):593-605, 2018 27389666

Norcross JC: Psychotherapy Relationships That Work: Evidence-Based Responsiveness, 2nd Edition. New York, Oxford University Press, 2011

Paris J, Lis E: Can sociocultural and historical mechanisms influence the development of borderline personality disorder? Transcult Psychiatry 50(1):140-151, 2013 23222803

Safran JD, Muran JC, Eubanks-Carter C: Repairing alliance ruptures, in Psychotherapy Relationships That Work: Evidence-Based Responsiveness, 2nd Edition. Edited by Norcross JC. New York, Oxford University Press, 2011, pp 224-238

Sperber D, Clement F, Heintz C, et al: Epistemic vigilance. Mind Lang 25:359-393, 2010

Stoffers JM, Vollm BA, Rucker G, et al: Psychological therapies for people with borderline personality disorder. Cochrane Database Syst Rev 8(8):CD005652, 2012 22895952

Wampold BE, Imel ZE: The Great Psychotherapy Debate: The Evidence for What Makes Psychotherapy Work, 2nd Edition. Hillsdale, NJ, Laurence Erlbaum, 2015

Weisz JR, Jensen-Doss A, Hawley KM: Evidence-based youth psychotherapies versus usual clinical care: a meta-analysis of direct comparisons. Am Psychol 61(7):671-689, 2006 17032068

Weisz JR, Kuppens S, Ng MY, et al: What five decades of research tells us about the effects of youth psychological therapy: a multilevel meta-analysis and implications for science and practice. Am Psychol 72(2):79-117, 2017 28221063

Wittgenstein L: Philosophical Investigations. Oxford, UK, Blackwell, 1953

제11장
창의적 예술치료법

Dominik Havsteen-Franklin, Ph.D.

창의성은 정신화하기의 본질적인 요소다. Allen과 Fonagy(2006)는 "명시적이고 창의적으로 정신화하는 것은 언어에만 국한되지 않으며, 공감하기 위해 노력하면서 다른 사람의 관점에서 보고, 느끼고, 생각하려고 노력하면서 시각 및 기타 감각적 이미지를 상상적으로 떠올린다……"고 강조한다(p. 17). Allen과 Fonagy가 제안한 것처럼, 정신화하기는 과학적 엄밀성에 기반한 예술이며, 불확실성과 '모른다'는 자세를 고려하고, 진정한 탐구를 위한 최적의 조건을 제공하여 새로운 아이디어와 경험이 떠오를 수 있도록 하며, 이는 훌륭한 예술치료 실제의 핵심이다(Havsteen-Franklin, 2016; Havsteen-Franklin & Altamirano, 2015). 정신화하기는 또한 우리가 상상한 시나리오와 창의적인 가설을 테스트하는 과정으로, 초기 상호작용의 순간부터 발전한다(Tronick, 2007).

우리가 주변 세계에 대한 이해를 발전시키는 방식은 탐구 과정을 활용하는 대안 시나리오를 재구성하는 데 달려 있으며, 이 과정은 예술을 사용하여 향상될 수 있다. 즉, 마음챙김 기반 예술치료 모델에서는 예술을 마음챙김을 위한 연습장으로 사용하는 방법에 중점을 둔다. 예술치료에서의 '예술'은 예술적 형식에서 관찰할 수 있는 것에서 시작하여 대인관계 내용으로 나아가는 방식으로 자기와 타인 사이의 관계를 탐구하는 맥락에서 고려되며, 이는 부모와 영아의 상호작용이 다양한 감각 경험(소리, 시각, 심지어 운동 반응)을 통해 상호 발전하는 것으로 보이는 것과 유사하다(Tronick, 2008).

최근 몇 년간 예술을 통한 정신화하기 촉진에 관한 연구가 활발히 이루어지고 있다(Haeyen et al., 2015; Hannibal 2014; Havsteen-Franklin, 2016; Havsteen-Franklin &

Altamirano, 2015; Springham et al., 2012; Strehlow & Lindner, 2015; Taylor Buck & Havsteen-Franklin, 2013; Verfalle, 2016). 이 저자들은 정신화에 초점을 맞춘 예술치료 접근법의 기본 요소는 환자와의 협력적 접근법을 사용하는 것이 상호작용하는 예술 참여를 통해 관계적 감수성을 암묵적으로 재작업하는 것이라고 결론 지었다. 최근 연구에 따르면 환자와 예술치료사는 예술치료에서 예술 제작 과정을 통해 정동(affect) 상태를 조절하고 이러한 정동 상태를 예술적으로 표현하는 데 도움이 되는 과정으로 경험한다고 한다(Haeyen et al., 2015; Havsteen-Franklin et al., 2016). 주요 결과 중 일부는 예술 과정이 자기와 타인의 상호작용에 대한 보다 복잡하고 다각적인 관점을 촉진하는 능력과 관련이 있다고 주장한다(Havsteen-Franklin, 2016).

정신화 기반 예술치료: 개요

예술치료사는 드라마, 무용 및 신체 움직임, 음악, 미술 등의 전문 분야를 통해 언어 및 비언어적 표현과 탐색 방법을 사용한다. 예술 양식은 타인의 맥락에서 내적 경험을 반영하는 표현을 가능하게 하고 관계에 대한 탐구를 자극하는 수단이 된다. 각 예술 양식은 서로 다른 감각 기관을 강조하여 정서적이고 구체화된 미적 탐구를 통해 경험을 표현하는 것을 촉진한다. 예술치료사는 예술 매체를 사용하는 데 기술적으로 능숙할 뿐만 아니라 예술을 사용하여 정서(emotion) 상태를 표현하고 탐구하는 방법에 대한 지식과 연습을 갖추고 있다.

지속적인 정신화하기를 촉진하는 데 필요한 예술치료 역량([Box 11-1])은 최근 연구에서 언급되고 있다(Havsteen-Franklin et al., 2016, 2017). 이 역량 목록은 예술의 비언어적 및 상상적 사용이 언어적 개입에 필요한 것과 유사한 치료적 행동을 필요로 하지만, 표상 체계를 통해 참여하고 작업하는 다른 방법을 제공한다. 암묵적인 비정신화하기 과정이 무의식적으로 남아 있는 경우, 미술치료는 언어적 치료가 압도적으로 느껴질 때 치료에 접근할 수 있는 기회를 제공하는 것으로 나타난다(Lusebrink, 2004). 이 문제는 의뢰 기준을 고려할 때 생각해 보아야 할 중요한 사항이며, 대인 접촉으로 인해 정동(affect)조절장애가 심하게 악화되는 환자에게는 이 치료가 우선적으로 고려되어야 한다.

더 넓은 맥락을 염두에 두기

정서적 자극, 사회적 이해, 지역사회의 발전은 예술 참여를 통해 이루어진다(Arts Council England, 2014; Campbell et al., 1999). 역사적으로 모든 문화권에서 예술은 사회 발전이라는 공통의 목적을 지원하는 방식으로 발전해 왔다. 진화론에 따르면 인간의 사회적 기능은 예술을 통해 촉진되며, 예술은 '사회적 · 문화적 · 정치적 · 개인적 사건'(Zaidel, 2015, p. 281)을 상상하고 사회적 규범에 적응하고 도전하는 새로운 방법을 개발하는 데 필수적인 역할을 해 왔다.

문화적 민감성에 대한 또 다른 중요한 점이 있다. 감정(feeling) 상태와 대인관계 문제를 직접적으로 다루는 것이 의식과 민간요법이 주된 치료 모델일 수 있는 문화적 · 종교적 맥락에 항상 민감한 것은 아니다(Hiscox & Calisch, 1998; Hocoy, 2002). 그러나 모든 공동체가 구성원들의 사회적 · 개인적 · 대인관계적 경험을 이해하는 데 도움이 되는 치유적 사회 활동의 일환으로 이미지, 음악, 드라마를 사용하는 것은 분명하다(McNiff, 1984). 연구에 따르면 문화 의식과 치료 관행의 일부로 예술을 사용하는 것은 문화적으로 민감한 맥락을 확립하는 데 도움이 된다고 한다. 비언어적 행위인 공동 주의 집중(Isserow, 2008), 거울 반영하기(mirroring)(Franklin, 2010), 공유된 이해 찾기(Gallese, 2003), 감정 상태 구현(Twemlow et al., 2008)에 참여하는 것이 예술치료 과정의 핵심 기능이며, 이러한 메커니즘은 많은 문화권에서 예술 기반 치유 의식의 중심이기도 하다. 따라서 환자의 문화적 자원과 밀접하게 연계된 클리닉 내 맥락을 개발하여 상상력을 발휘하고 정서(emotion) 상태를 성찰할 수 있도록 하는 것은 정서(emotion) 상태에 대한 상상력과 성찰을 가능하게 하기 위해 진료실 내에서 환자의 문화적 자원과 밀접하게 연계된 맥락을 개발하는 것이 정신화 기반 예술치료의 핵심이다.

`Box 11-1` **정신화 기반 예술치료 능력**

정신화 기반 예술치료사는 예술 기반 및 언어적 수단을 통해 다음과 같은 역량을 발휘한다.

- 개방성, 호기심, 불확실성을 유지하기
- 타자 조망하기와 재구성하기
- 정서적으로 지지하고 검증하기

- 현재와 최근 사건에 대한 참여를 촉진하기
- 공동 관심을 위한 조건을 설정하기
- 전이 및 역전이를 모니터링하기
- 암시적이고 명시적인 정신화하기 프로세스로 작업하기
- 은유 사용하기
- 대인관계 맥락을 탐구하고 내러티브를 탐색할 수 있는 능력 갖추기
- 예술 기반 즉흥 연주를 활용하기
- 엄격한 관점에 도전하기
- 공동 작업하기
- 예술 기반 미학에 대해 이해하기
- 정서 조절을 촉진하고 정서적 경험을 구현하기

예술을 통한 암묵적 및 명시적 정신화하기

예술치료의 치료적 기능을 이해하려면 예술 기반 상호작용의 핵심으로서 암묵적 정신화하기 개념을 이해해야 한다. 기본적으로 예술치료의 목표는 암묵적 정신화하기의 한 형태로서 예술을 즉흥적으로 사용하는 방법을 개발하는 것이다. 암묵적 정신화하기란 자기와 다른 정신 상태에 대한 잘 알려진 가설에 따라 사회적 맥락을 느끼고 이에 반응하는 자동적이고 유창한 능력이다(Allen & Fonagy, 2006; Allen et al., 2003; Davidsen & Fosgerau, 2015). 이에 반해 명시적 정신화하기는 경험의 메타인지적 처리로서 그러한 과정을 의식하고 성찰하는 행위다. 이 장의 후반부에서 논의될 바와 같이, 언어적 치료와 여타 예술치료를 통한 중요한 명시적 정신화하기 작용은 단기 기억과 삽화 기억(episodic memories)의 영향을 구분할 수 있는(Atwood, 1971; Cortina & Liotti, 2007; Fonagy, 1999) 예술작품이 성취되어 암묵적 오해에 대한 인지적·정서적 재작업을 촉진한다.

이 과정은 구성원들이 예술 형식에 대한 인식에 동의하지 않을 때 그룹에서 가장 쉽게 사용할 수 있으며, 예술 형식에 대해 말하는 내용과 그 내용을 듣는 느낌이 어떠한지에 대한 생각을 공유하도록 한다. 치료사는 호기심을 모델링하고 구성원들의 다양한 인식을 민감하게 강조하는 동시에, 함께 작업하는 데 도움이 되는 공용어를 찾는다. 이를 통해 그룹 구성원은 대인관계 맥락에서 콘텐츠를 바라보는 새로운 방식을 고려할 수 있다.

그룹에서 명시적 정신화하기를 사용하는 것은 또한 그룹의 맥락에서 예술을 형성하는 과정에 초점을 맞추고 신뢰할 수 있고 잘 돌보고 있다고 느끼는 안전한 공간을 구축하는 매우 암묵적인 과정과 관련이 있지만 환자가 드러나는 사색 능력과는 다른 암묵적 정신 처리를 나타낼 수 있게 한다. 이러한 암묵적 과정은 주로 거울 반영하기 반응 기능을 통해 발생하며, 초기 발달 단계에서 원래 발생하는 것과 동일한 바이오피드백 모델을 통해 안전을 확보하는 것으로 설명할 수 있다(Jurist, 2006; Jurist & Meehan, 2009). 환자가 예술 형식을 발전시키면서 일반적으로 예술은 덜 통제되고 재료, 소리 및 움직임은 환자가 예상하지 못한 새로운 예술 사용 방법을 제공한다(Koch & Fuchs, 2011). 소리, 자국 또는 움직임을 만드는 것과 관련된 행동은 환자가 선입견을 가지고 있던 것과는 전혀 다른 인상을 남긴다. 일반적으로 처음에는 예술을 사용하여 내면의 표상(예: 기억, 감정 또는 생각)을 재현하려는 의도가 있지만, 이는 심리 생물학적 영향에 대한 인식이 없을 뿐만 아니라 재료 자체의 알려지지 않은 특성으로 인해 변경된다.

예술 형식은 환자의 경험을 암시하는 동시에 예측할 수 없고 예측할 수 없는 무언가를 암시하기도 한다. 치료의 초기 단계에서 이것은 종종 불안과 더 큰 통제에 대한 필요성을 자극한다. 치료사의 임무는 대인관계 맥락에서 다른 관점을 허용하기 위한 전 단계로서 예술에 참여하는 경험과 결과물에 대해 개방성을 갖도록 하는 것이다. 즉, 예술 제작 과정을 통해 예측 불가능성과 불확실성에 대한 개방성과 관심의 증가와 함께 암묵적 비정신화하기에서 암묵적 정신화하기로 이동하는 것을 볼 수 있다([그림 11-1]). 대인관계 스트레스 아래에서 이 과정은 역전될 수 있으며, 따라서 치료사는 예술 작업을 다시 하거나 마음챙김 상태로(being mindful) 호기심을 갖고 묘사하려고 해야 할 수도 있다.

사회학습이론(Matias et al., 2014)에 기초하여, 민감하고 조정된 참여를 통해 암묵적으로 발생하는 근본적인 재작업이 있지만, 이 암묵적인 과정이 다른 사람들의 의식적인 성찰, 타당화 및 칭찬을 통해 활성화된다는 것은 논쟁의 여지가 있다. 따라서 지속적인 결과를 촉진하기 위해 심리 예술치료사는 더 넓은 맥락에서 이해하도록 장려하고(예: 집단치료), 이러한 집단 맥락이 잠재적으로 유용한 다양한 관점을 보유하는 것으로 간주될 수 있다. 정신화하기 예술치료사는 정신화하기를 확립하는 과정의 두 번째 단계로 각 참가자의 경험에 대한 칭찬과 타당화를 제공한다.

은유의 창의적 사용

은유의 창의적인 사용이란 하나의 표현을 다른 표현에 대응시켜(mapping) 새로운 관점을 만들어 내는 것을 말한다. 예를 들어, 한 사람의 자서전을 여행으로 표현하기 위해 그 사람의 개인사에 대응된 풍경을 사용하면 그 사람의 삶의 이야기(life story)에 대한 새로운 인식을 만들어 낼 수 있다.

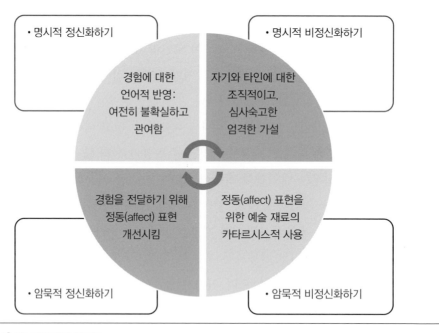

[그림 11-1] 정신화하기의 사분면

은유는 생애 초기에 양육자의 의사소통 특징을 유아 자신의 경험(예: 감정 상태와 결합된 표정)에 비언어적으로 대응시키는 것으로 시작되는 과정이다(Stern, 1985). 이는 암묵적인 무형의(amodal) 경험에서 정동(affect) 상태에 대한 보다 명시적인 반영으로의 전환으로 이해할 수 있다. 미술치료사 Jo Rostron은 암시적 단계 과정을 다음과 같이 설명한다.

이곳은 생각과 감정이 분리될 수 없는 비밀스러운 장소이며, 오감을 통해 감각적 정보가 치료사와 내담자 간에 전달될 수 있는 신비한 곳이다. 지각 정보는 명백한 것으로 이해하거나, 생각하기보다는 보거나 만진 행위 또는 '사물'로 이해하거나, 생각하기보다는 강도, 모양, 변화의 윤곽, 감정의 패턴, 기분 톤 등의 형태로 경험된다(Rostron, 2010, p. 37).

Rostron은 감각적 차별화를 발전시키는 '풍부한(exuberant)' 표현을 통해 무형의 (amodal) 경험이 더욱 차별화된다고 설명한다. 즉, 정신화하기 예술치료사는 자기 자신과 다른 경험 사이의 분화를 발전시키기 위해 구두 또는 예술을 통해 두드러진 거울 반영하기 반응을 제공해야 한다([그림 11-2]). 두드러진 거울 반영하기 반응 과정은 무형 지각의 특성을 잃지 않고 오히려 실제 관계에서 이를 활용하기 시작한다. Gergely와 Watson(1996, p. 1199)은 "이 우발적 관계에 대한 지각은 분리된 정서 표시에 대한 참조적 해석과 근거의 기초를 제공할 것"이라고 말한다.

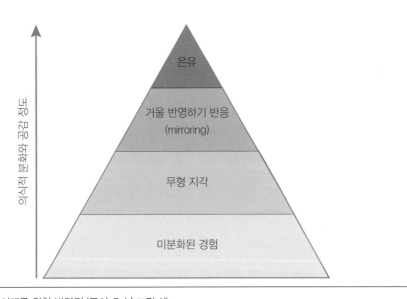

[그림 11-2] 은유 이해를 위한 발달적 '구성 요소' 그림 예

유아의 미분화된 경험적 분리는 돌보는 타자가 정서 상태, 표정, 감정, 신체 감각 및 기타 감각 자극의 성공적인 비교를 암묵적으로 장려하는 초기 발달 상호작용을 경험함으로써 가능하며, 이는 관계의 불변성과 이야기뿐만 아니라 자아, 타자 및 세계를 이해하는 새로운 방식을 생성하도록 진화한다.

부모-자녀의 상호작용에서 보여지는 거울 반영하기(mirroring) 메커니즘은 한 대상의 특성을 다른 대상에 대응시켜 새로운 지각을 생성하는 정신적 은유 과정과 유사하며, 그 전조이다. 경험에 대한 예술적 표현의 인지적 대응 과정은 자기와 타인을 구분할 수 있는 초기 발달의 거울 반영하기 반응 기능과 유사한 과정을 따른다. 이 초기 과정은 계속되며 은유, 시학 및 기타 형태의 상징화를 통해 점점 더 분명한 방식으로 나타낸다. Bucci(2002)는 이 '더 높은' 수준의 표현은 언어적 경험과 비언어적 경험을 병행 과정으로 결합하는 성숙의 경로를 가지고 있다고 제안한다. 따라서 중증 정신질환을 가진 환자가 은유를 형성하는 데 사용할 수 있는 자원이 완전히 부족하다고 가정하는 대신 정신화하기 예술치료사는 기관 및 인지 대응 프로세스가 부족하다고 가정한다. 즉, 비정신화하기 상태에서는 성공적인 인지 비교 및 대응에 선행하는 대인관계 분리 과정이 다양한 정신 상태에 대한 성찰의 일부로 개발되어야 하는 영역이다.

예를 들어, 대인관계 분쟁에 대한 은유를 형성하는 창의적인 과정에서는 전쟁, 전투, 표면 사이의 마찰 또는 대인관계 맥락에 대응된 기타 시각적 이미지 소스를 사용하여 대인관계 투쟁과 관련 정동(affect)을 설명하는 기초를 제공할 수 있다(Borbely, 2009; Bucci, 2002). 언어와 비언어적 언어 사이의 참조 연결을 형성하는 예술 기반 과정은 잘못 조정된 경험이 나타날 수 있는 초기 발달 경험과 유사하다.

유아가 자신을 스스로의 행동과 표현의 저자로 인식할 수 있도록 다른 것을 탐색하고, 분리를 암시적으로 탐구한다. 암시적 정신화하기에서 명시적 정신화하기를 촉진하기 위한 예술의 은유적 사용으로 옮겨 가는 이 작업은 또한 영향과 표현을 탐구의 수단으로 그리는 인지적 대응 과정이 불균형해지고 지적화되고 가장 모드 활동으로 발전할 수 있다는 점에서 위험을 가지고 있다. 또는 보호자에 의해 유아가 과식되는 것과 유사한 방식으로 경험되는 압도적이고 혼란스러운 것이 더해진다.

임상 발췌문: 은유로서의 이미지 탐구

알제리 출신으로 무슬림 배경을 가진 청년 Amayas는 6개월 동안 18개월 동안 그룹 정신화 기반 예술심리치료를 받았고, 공동 치료사 중 한 명과 개별 회기에 참여했다. 정신화 기반 예술심리치료 프로그램의 일환으로, 개별 회기는 그룹에서의 경험을 되돌아보는 데 사용되었다.

다음의 대화는 치료 6개월 후 개인 상담에서 이루어졌다. 이 시기 Amayas는 작품 만드는 데 몰두했지만 집단 참여에는 어려움을 겪고 있었는데, 그 주 초의 집단 회기 후에 진행된 개별 회기에서 나눈 대화다. Amayas는 자살 충동이 지속되었지만 더 이상 그런 생각을 행동으로 옮기지 않았다. 그럼에도 불구하고 그는 여전히 감정과 생각이 매우 불안정하고 때때로 공격적으로 반응할 수 있었다. 특히, 함께 사는 가족에게 공격적으로 반응하여 거울과

텔레비전 같은 가구를 부수기도 했다.

　발췌문은 18번째 회기 내 약 15분 동안의 내용이다. 그가 매우 위축되고 우울한 것처럼 보이는 그룹에서 어려운 경험을 한 후 철수하고 우울해했다. 번호가 매겨진 대사는 다음 절의 '명시적 정신화하기 및 예술 양식'에서 다루어질 것이다.

[1줄] 예술치료사(AT): 의견 충돌로 인해 그룹에서 그림을 볼 시간이 없었다는 것을 알고 있습니다.

[2] AT: 어떻게 생각하세요? [호기심 어린 자세]

[3] 환자(P): 괜찮았어요.

[4] P: 어차피 무슨 말을 해야 할지 몰랐어요. [다른 곳을 바라봄]

[5] AT: 지금 사진을 보니 얼굴 주위에 두꺼운 검은색 페인트를 얼굴 주위에 칠한 걸 알 수 있어요.

[6] AT: 그 검은색 페인트가 공간의 대부분을 차지하네요.

[7] AT: 가운데에 얼굴에 간단한 선 몇 개를 그렸군요. [마음속으로]

[8] AT: 타원형의 하얀 얼굴과 페이지 중앙에…… 그리고 표정. 슬퍼요.

　　　무표정하고, 당황한 표정? 잘 모르겠네요.

[9] AT: 잘 모르겠어……. [호기심에 찬 자세로]

[10] P: 네, 저도요. 혼란스러워하는 것 같아요. 슬프거나…….

[11] P: 아니, 더 우울한 것 같아요. [사려 깊은 표정]

[12] AT: 오, 힘든 것 같네요.

[13] AT: 슬픈 게 아니라 우울한 거지.

[14] AT: 다른 종류의 감정이야.

[15] AT: 왜 우울해요?

[16] P: 모르겠어요! [고조된 감정]

[17] AT: 잘 모르겠어요. 무슨 일 있었어요?

[18] AT: 내 생각엔…… [호기심에 찬 자세로]

[19] P: 그래요, 친구도 없고 고립되어 있어요. 그냥 죽고 싶은 기분이에요. [말투 빨라짐]

[20] AT: 정말 힘든 시간을 보내고 있네요……. 매우 우울하게 들려요. 다 우울한 건가요?

[21] P: 그런 셈이죠. 어떻게 해야 할지 모르겠어요. [차분한]

[22] AT: 그래서 다음에 뭘 해야 할지 불확실하다는 건가요?

[23] P: 네. 조금 막막해요. [눈을 마주치면서]

[24] AT: 누가 도와줄 수 있을까요?

[25] P: 거의 혼자 있는 것 같아요. [슬퍼 보임]

[26] AT: 하지만 "그는 다음에 뭘 해야 할지 모르겠어. 뭘 해야 할지 모르겠대요." 맞나요?

[27] P: 네.

[28] AT: 그러니까 불확실성이 있다는 거군요. 어떤 선택지가 있나요?

[29] P: 누군가에게 얘기해 볼 수도 있겠지만, 꽤 우울한 상태에요.

[30] AT: 그냥 생각해 봤는데요, 잘 모르겠지만 그룹에서 자신의 감정을 이야기하는 게 어렵나요?
　　　　그룹에서?

[31] P: 네, 물론이죠.

[32] AT: [놀란 표정으로] 아, 그건 몰랐네요. 왜 어려운가요?

[33] P: 글쎄요, 모두를 실망시키고 싶지 않아요.

[34] AT: 어렵네요……. 그럼 말을 하면 모두를 우울하게 만들 것 같다는 생각이 드나요?
　　　　이런 일이 일어날 거라고 생각하게 된 계기가 있었나요?

[35] P: 아니요, 별로요.

[36] AT: 사진 속 인물이 떠올랐어요.

[37] P: 네, 저인 것 같아요.

[38] AT: 글쎄, 다시 돌아가서…… 난 그 사람이 다음에 뭘 해야 할지 불확실하고 다음에 뭘 해야 할지 모르겠어요. 그가 다음에 무엇을 할 수 있는지 상상할 수 있는지 궁금합니다. 상상할 수 있을까요?

[39] P: 아마도요. 제 말은, 그가 우울한 데는 이유가 있을 수도 있잖아요.

명시적 정신화하기 및 예술 양식

앞의 임상 발췌문에서 Amayas는 예술을 통해 암시적으로 정신화하여 두꺼운 검은 페인트를 겹겹이 쌓아 정서 상태를 신체적으로 제정한 것이다. 그렇지만 Amayas는 또한 그룹에서 물러나 있는 것처럼도 보였다. 그는 정동 상태를 표현하는 방법을 찾았지만 그 과정에서 고립감을 느꼈다. 따라서 작업의 주요 초점이었던 예술 기반 프로세스는 치료 초기에 비교적 일찍 그의 내적 경험을 외부화시키는 데 성공했다. 음악치료와 같은 다른 예술치료에서는 음악치료사의 예술 형식적 대화를 통해 명시적인 대화가 시작될 수 있다. 앞의 발췌문에서는 암묵적인 과정에 대한 명시적인 정신화하기가 작품이 만들어진 후에 시작된다. Amayas가 그룹에서 제작한 예술작품에 다시 주의를 기울이게 하는 목적은 그를 다시 뚜렷한 정동으로 참여시키고 그가 보인 철수(withdrawal)의 기저에 있을 수 있는 집단에 대한 가정을 탐구하는 것이었다. 회기 전과 회기 내에서 작업의 상당 부분이 참여 와 관심을 갖고 정동을 반영하는 다른 사람과 함께 안전한 감정의(feeling) 암묵적인 처리 에 달려 있다는 점에 주목할 필요가 있다. 회기 내에서 그룹 맥락에서 자신의 경험을 탐색 하는 데 약간의 움직임과 개방성이 증가하기 시작한다. 암묵적 비정신화하기 과정을 더 많이 만들려는 시도 측면에서 암묵적인 비정신화하기 과정을 보다 명확하게 하기 위해서 이미지는 초기 발달 과정과 유사한 방식으로 성찰을 촉진하는 데 사용되었다.

　예술을 둘러싼 상호작용의 단계는 아래에 설명되어 있지만([그림 11-3] 참고), 임상 추출 에서 볼 수 있듯이 이것이 반드시 선형적인 과정은 아니며 단계 간에 상당한 중복이 있을 수 있다.

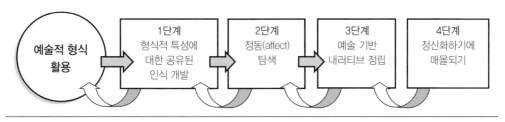

[그림 11-3] 정신화 기반 예술치료의 4단계

1단계: 형식적 특성에 대한 공유된 인식 개발

　정신화 기반 관점에서 볼 때, 예술 대상의 내용은 보는 사람에게 알려지지 않는다. 감 각, 기억, 신체적 경험뿐만 아니라 감정을 불러일으킬 수 있으며, 이는 대인관계 관련한 몇 가지 좋은 가설을 제시하지만, 예술치료사는 마치 그 의미가 불투명한 것처럼 보는 호 기심 어린 자세를 견지한다. 이는 이미지가 복잡한 잠재적 가능성을 내포하고 있음을 의 미하며, 치료사는 정동 상태에 초점을 맞춰 민감하게 탐색해야 함을 의미한다. 임상 발췌 에서 예술치료사는 내용의 불투명성을 가정하고 집중하는 아마야와 공통점을 확립하는 것을 목표로 한다. 예술 형식을 제작하려는 의도와 그 형식의 자질을 검증하는 데 중점을 둔다(Carpendale, 2015). 이는 발췌문 5~8행에서 확인 가능하며, 여기에서 치료사는 형식 적 미적 속성, 구도, 원근법, 색상, 선, 질감, 균형 등에 중점을 둔다. 이 과정의 목표는 다 음과 같다.

- 형식적 특징에 대한 환자의 관심을 주의 깊게 자극한다.
- 현재에 기반을 두고 있다는 감각을 개발한다.
- 감각된 것에 대한 공유된 언어를 찾는다.
- 정신적 인상을 검증한다.
- 대인관계의 친밀도를 조절한다.
- 공동의 주의를 기울일 수 있는 조건을 설정한다.
- 정동적 각성을 조절한다.

따라서 초기 단계의 주요 목표는 치료 동맹을 구축하고 미적 언어를 개발하여 대인관계 탐색의 토대를 제공하는 공유 인식을 개발하는 것이다.

2단계: 정동 탐색

초기 단계가 끝나면 이미지 제작 과정의 정서적 경험(임상 발췌본에서는 8~15줄에서 이루어짐)과 미적 감각과 관련된 직접적인 감정(feeling) 상태를 탐색한다. 정서적 특성, 연상 및 인상을 통해 이미지를 탐색함으로써 정신 상태를 반영하고, 그렇지 않으면 압도적으로 경험할 수 있는 정서(emotion) 상태에 대해 성찰할 수 있다. 예술 형식을 통해 접근하는 작품의 정서적 내용을 탐구하는 것은 치료의 기본 단계로, 치료 동맹, 작품의 초점 영역 및 기본적인 성찰을 확립하는 데 도움이 된다. 정서는 애착과 분리의 초기 경험으로 거슬러 올라갈 수 있는 정동적 조건에 의해 둘러싸여 있다. 회기에서 지배적인 정동이 초기 발달과 명시적으로 연결되지 않을 수 있지만, 예술치료사에게는 정서 상태가 임상 상황에서 재현되는 초기 경험과 더 밀접하게 연관되어 있다는 것이 분명해질 수 있다.

정동적 초점을 공유하면서 지금 여기에 더 집중하는 입장이 잘 확립되면(환자가 정서 상태를 식별하고 이름을 붙일 수 있다고 느끼는 데 몇 분 또는 전체 회기가 걸릴 수 있음), 예술 형식의 내용과 관련된 내러티브(15~29줄), 정서의 동시 발생(20~21줄), 정서의 뉘앙스와 혼합 및 형식, 연상 및 그룹 맥락과의 관계(30~37) 등 보다 정서적으로 복잡한 작업을 탐색하기 시작할 수 있다. 이 단계에서는 지금 여기에서 발생하는 관계 패턴을 식별하고, 명시하고, 상호작용과 관련하여 탐색하는 주체적인 이야기를 가능하게 한다.

3단계: 예술을 기반으로 한 내러티브 정립

예술 형식과 관련하여 이해되는 정서는 대인관계 맥락에서도 이해된다. 예를 들어, 임상 발췌본의 마지막 부분에서 Amayas는 이미지 속 남자를 '이유가 있어서 우울하다'(39줄)는 관점에서 이해하기 시작하고, Amayas와 치료사는 회기에서 다음에 일어날 수 있는 일을 여러 번 탐색했다. 추가 작업에서는 Amayas가 자신의 우울증에 영향을 미쳤다고 느끼는 최근의 대인관계 사건을 자세히 설명하고, 치료사와 함께 자신의 가정에 대한 전제를 바꾸는 다른 사람들의 다른 마음 상태에 대한 다양한 가능성을 탐색하는 방법(예: 회기의 일부에서 Amayas는 자신이 우울한 감정에 대해 이야기하면 사람들이 우울해질 것이라고 가정하는 이유를 모른다고 말한다)을 이해하는 것이 포함될 수 있다(30~35줄).

4단계: 정신화하기에 매몰되기

대인관계 서사를 탐색하고 호기심을 갖고 정동에 집중하는 과정은 명시적 정신화하기의 기본 원칙이지만, 이러한 행동이 더 내재화되기 위해 예술치료사는 우발적인 즉흥연기와 상호작용의 정서적 경험에 대한 자기 공개를 포함하여 회기에 암묵적 정신화하기를 가져올 수 있는 자원을 계속 제공한다. 치료사의 불확실성이 점점 더 윤곽을 드러내면서 새로운 생각과 감정이 떠오를 수 있는 협력적 대화의 출현은 발췌문 37~38줄의 환자가 이전에 알지 못했던 우울한 이유가 있을 수 있다는 것을 깨닫는 순간부터 시작된다. 치료 동맹이 충분히 확립되었고, 개별 회기의 지원을 받음으로써 그룹 맥락에서 정서 상태를 더잘 이해할 수 있었다. 치료 후반부에는 환자와 치료사 모두 더 큰 모호성을 허용하고 즉흥적인 방식으로 미술 재료를 사용하여 미학에 추가되는, 예측할 수 없는 특성을 위한 공간을 만들었다. 이 단계는 암묵적 정신화하기로 돌아가는 단계로, 예술을 즉흥적으로 사용하여 보다 개방적이고 탐구적인 방식으로 대인관계를 경험하는 창의적인 접근 방식을 통해 명시적 정신화하기가 다시 자리 잡게 된다. 이 단계는 비임상적 맥락에서 예술을 사용하는 환자에게도 적합하다.

치료 과정의 모든 단계에서 환자의 정서적 특성을 염두에 두고 예술치료사가 비정신화하기 상태에 민감하게 반응하는 것이 중요하다. 예를 들어, 환자가 '마치 ~인 척'하는 모습을 보이고 대인관계 맥락과 관련된 정동적 내용에서 벗어나기 시작하는 경우다. 정신화하기가 잘못되기 시작하면 [그림 11-3]에 표시된 것처럼 '후회(back step)'를 거쳐 이전 단계로 돌아가는 과정이 필요할 수 있다.

예술치료에서 부적응 애착 및 비정신화하기

예술치료가 효과적이려면 예술치료사는 부적응 애착 패턴을 자극할 가능성이 있는 치료적 맥락을 알고 있어야 한다. 관계적 맥락에 대한 압도적인 불안이 있을 때, 이는 종종 예술적 형태로 나타난다. 정신화하기 예술치료사는 환자의 경험을 검증하고, 예술을 사용하여 상황을 탐색하고 이해하며, 환자와 협력하여 내용을 보다 명확하게 만드는 데 능숙해야 한다. 예술치료에서 환자의 접근 방식과 태도는 활성화되는 근본적인 애착 패턴을 나타낸다. 이러한 문제는 전형적인 예술치료 회기를 나타내는 [그림 11-4]에 요약되어 있다. 그림은 왼쪽에서 오른쪽으로 읽을 수 있으며, 회기의 진행 상황을 나타낸다.

회기의 각 단계는 예술치료의 암묵적 또는 명시적 요구에 의해 자극되는 다양한 부적응 반응을 초래할 수 있으며, 이는 관계와 성찰을 위한 예술치료의 요구다. 예술 참여는 잠재적으로 부적응적인 관계 패턴을 자극하여 정신화 기반 접근 방식에서 예술치료사가 주의를 기울여야 하는 비정신화하기 상태를 초래할 수 있다. 치료의 중요한 부분은 과정을 늦추고 정동 상태에 맞춰진 자세와 초점을 도입하고, 타당화하고, 자기 자신과 타인에 대한 기본적인 가정을 재고할 기회를 제공함으로써 환자가 비정신화적 위치에서 회복할 수 있도록 돕는 것이다. 이 과정은 그림의 맨 아래 줄에 예시와 함께 요약되어 있다.

예술치료 및 팀 작업

대부분의 예술치료사는 정신건강 서비스의 팀 맥락에서 일을 한다. 예술치료사에게 종종 요청되는 것은 환자의 경험을 다른 관점에서 평가하고 설명하는 것으로, 이는 전반적인 치료 계획을 세우는 데 도움이 될 수 있다. 환자는 치료팀과 안전하게 공유할 수 있는 자신의 경험에 대한 유용한 세부 정보를 치료사에게 공개할 수 있지만, 그에 못지않게 중요한 것은 치료팀이 환자를 정신적으로 안정시키는 데 예술치료사가 기여하는 것이다. 예술은 환자의 경험을 다양한 관점에서 민감하게 고려할 수 있도록 하는 데 중요한 역할을 할 수 있으며, 예술 형식에 대한 성찰을 통해 자극을 받을 수 있다. 때때로 전문가는 예

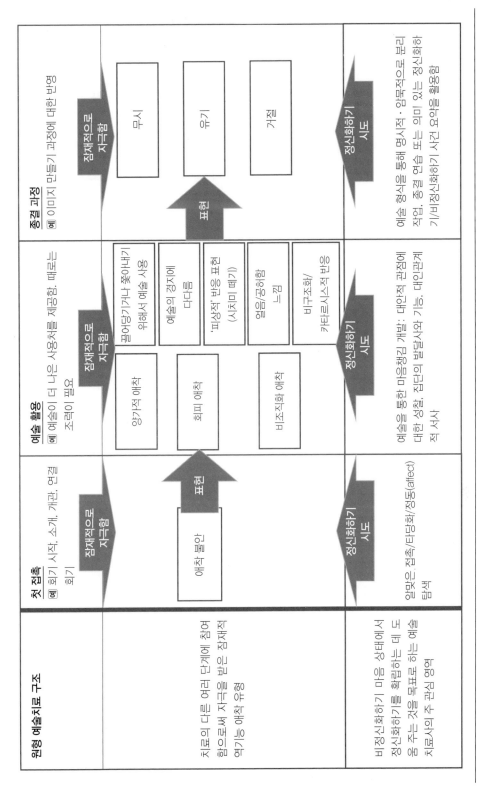

[그림 11-4] 정신화하기 기반 예술치료의 회기 진행

술 형식에 대한 정서적 연상을 가질 수 있는데, 이것은 예술보다는 심상(image)이 의미하는 바에 초점을 맞추게끔 한다. 이 장 초반의 임상 발췌문에서 볼 수 있듯이, 심미성을 소화하기 위해 상황을 늦추는 것은 다양한 가능성을 이해하고 팀과의 대화를 통해 좋은 가설을 형성하는 데 중요하다. 예술 형식에 초점을 맞추는 이 방법은 전문가가 환자와의 관계에서 발생하는 비언어적 의사소통, 연상, 이미지 등 환자의 정서적 묘사를 조율하는 측면에서 더 광범위한 영향을 미칠 수 있다. 이러한 종류의 작업을 위한 최적의 조건은 그룹 슈퍼비전에서 이루어질 수 있겠지만 팀 회의 및 사례 토론에서도 유사한 프로세스를 시작할 수 있다.

임상 장면을 넘어선 예술과 정신화하기

일반적으로 의료 환경에서는 현재 나타나는 정신건강 문제의 주요 증상에 대한 치료를 제공하여 자해, 자살 위험, 충동적 행동 등의 증상이 최소화되면 퇴원할 수 있도록 한다. 그러나 이것이 환자의 치료가 끝났다는 것을 의미하지는 않는다. 여전히 대인관계 문제, 사회적 고립감, 경중에서 중등도의 우울증이나 불안을 포함한 기타 증상이 남아 있을 수 있다. 정신건강 관리 서비스는 치료를 통해 장애의 주요 증상과 관련된 위험 수준에 지속 가능한 변화가 있다고 판단될 때 환자를 퇴원시키므로, 이러한 사람들이 어떻게 즉각적인 사회적·가족적 맥락을 넘어 정신건강을 조절하고 유지하기 위한 노력을 계속할 수 있는지 고려해야 한다.

일반적으로 환자는 예술을 통해 암묵적 정신화하기에 어느 정도 역량을 갖추게 되고, 심지어 예술 형식의 내용을 이해하는 창의적이고 새로운 방법까지 습득하게 된다. 이 과정은 종종 환자 자신의 시간이나 비정신건강 기관의 지원을 받는 그룹의 맥락에서 클리닉 외부에서 계속된다. 특히, 과거에 비정신화하기 상태가 사회적 관계를 방해하여 이러한 과정이 어려웠던 상황에서 환자가 더 넓은 지역사회와 접촉할 수 있는 사회적 참여 과정을 지원하는 것은 예술치료사의 핵심 책임이다. 환자가 참여하는 그룹은 환자의 예술치료 그룹 경험이 그랬듯이 프로세스에 초점을 맞출 가능성이 낮지만, 예술 제작을 통한 대인관계 공간의 조정, 정동의 암묵적 처리 및 대인관계 경험을 포함한 유사한 프로세스가 일어날 수 있도록 허용할 것이다. 그리고 다른 사람들의 관점이 환자 자신의 관점과 얼마나 유사하거나 다른지에 관계없이 타당성이 있는 것으로 간주될 수 있는 침투 가능한 경계를 허용한다.

결론

정신화 기반 예술치료(Havsteen-Franklin, 2016)는 의료 환경에서 비교적 최근에 등장한 정신화 기반 치료의 한 분야다. 이 장에서는 이 접근법의 기본 원칙에 대한 개요를 제공했다([Box 11-2] 참고). 이 방법은 최근 몇 년 동안 개발된 많은 예술치료 형식의 공용어를 기반으로 하며, 비정신화하기로 인해 어려움을 겪는 환자들이 의료 환경에서 효과를 보이기 시작했다.

Box 11-2 │ 정신화하기 및 창의적 예술치료: 요약

- 정신화하기 중심 모델을 사용하여 정신건강 맥락에서 일하는 예술치료사는 예술에 대한 참여와 성찰을 가능하게 하는 다양한 대인관계 역량을 갖추고 있다.
- 예술치료사는 비정신화하기 모드를 자극하여 해를 끼칠 가능성이 있지만, 이러한 상태로부터의 회복을 촉진하는 것이 환자의 전반적인 회복을 이끄는 핵심이다.
- 정신화하기 과정의 핵심적인 특징은 예술 형식에 참여하고 성찰함으로써 상상력을 사용할 수 있도록 하는 것이다.
- 예술치료는 암묵적인 정신화하기 과정과 비정신화하기 과정을 치료적 맥락에서 명시적으로 만드는 데 중점을 둔다.
- 은유의 사용은 정동을 예술에 기반한 표현 및 대인관계 맥락과 명시적으로 연결하는 과정이다.
- 예술 형식의 내용은 불투명하기 때문에 환자와 치료사의 공동 조사가 필요하며, 이는 예술 형식의 형식적 특징에서 시작된다.

참고문헌

Allen JG, Fonagy P: Handbook of Mentalization-Based Treatment. New York, Wiley, 2006

Allen JG, Bleiberg E, Haslam-Hopwood T: Understanding mentalizing: mentalizing as a compass for treatment. 2003. Available at: https://www.menningerclinic.com/clinicians/clinical-resources/mentalizing. Accessed June 6, 2018.

Arts Council England: The Value of Arts and Culture to People and Society. Manchester, UK, Arts Council England, 2014

Atwood G: An experimental study of visual imagination and memory. Cognit Psychol 2:290–299, 1971

Borbely AF: The centrality of metaphor and metonymy in psychoanalytic theory and practice. Psychoanal Inq 29:58–68, 2009

Bucci W: The referential process, consciousness, and the sense of self. Psychoanal Inq 22:766–793, 2002

Campbell J, Liebmann M, Brooks F, et al: Art Therapy, Race, and Culture. London, Jessica Kingsley Publishers, 1999

Carpendale M: A hermeneutic phenomenological approach to art therapy. Can Art Ther Assoc J 21:2–10, 2015

Cortina M, Liotti G: New approaches to understanding unconscious processes: implicit and explicit memory systems. Int Forum Psychoanal 16:204–212, 2007

Davidsen AS, Fosgerau CF: Grasping the process of implicit mentalization. Theory Psychol 25:434–454, 2015

Fonagy P: Memory and therapeutic action. Int J Psychoanal 80(Pt 2):215–223, 1999 10363179

Franklin M: Affect regulation, mirror neurons, and the third hand: formulating mindful empathic art interventions. Art Ther 27:160–167, 2010

Gallese V: The roots of empathy: the shared manifold hypothesis and the neural basis of intersubjectivity. Psychopathology 36(4):171–180, 2003 14504450

Gergely G, Watson JS: The social biofeedback theory of parental affect-mirroring: the development of emotional self-awareness and self-control in infancy. Int J Psychoanal 77(Pt 6):1181–1212, 1996 9119582

Haeyen S, van Hooren S, Hutschemaekers G: Perceived effects of art therapy in the treatment of personality disorders, cluster B/C: a qualitative study. Arts Psychother 45:1–10, 2015

Hannibal N: Implicit and explicit mentalisation in music therapy in psychiatric treatment of people with borderline personality disorder, in The Music in Music Therapy: Psychodynamic Music

Therapy in Europe: Clinical, Theoretical and Research Approaches. Edited by De Backer J, Sutton J. London, Jessica Kingsley Publishers, 2014, pp 211-223

Havsteen-Franklin D: Mentalization-based art therapy, in Approaches to Art Therapy Theory and Techniques. Edited by Rubin J. New York, Brunner/Mazel, 2016, 144-164

Havsteen-Franklin D, Altamirano JC: Containing the uncontainable: responsive art making in art therapy as a method to facilitate mentalization. Int J Art Ther 20:54-65, 2015

Havsteen-Franklin D, Maratos A, Usiskin M, et al: Examining arts psychotherapies practice elements: early findings from the Horizons Project. Approaches: An Interdisciplinary Journal of Music Therapy 8(Special Issue 1):50-62, 2016

Havsteen-Franklin D, Jovanovic N, Reed N, et al: Developing a shared language within arts psychotherapies: a personal construct psychology approach to understanding clinical change. Arts Psychother 55:103-110, 2017

Hiscox A, Calisch A: Tapestry of Cultural Issues in Art Therapy. London, Jessica Kingsley Publishers, 1998

Hocoy D: Cross-cultural issues in art therapy. Art Ther 19:141-145, 2002

Isserow J: Looking together: joint attention in art therapy. Int J Art Therapy 13:34-42, 2008

Jurist EL: Art and emotion in psychoanalysis. Int J Psychoanal 87(Pt 5):1315-1334, 2006 16997728

Jurist EL, Meehan KB: Attachment, mentalization, and reflective functioning, in Attachment Theory and Research in Clinical Work With Adults. Edited by Obegi J, Berant E. New York, Guilford, 2009, pp 71-93

Koch SC, Fuchs T: Embodied arts therapies. Arts Psychother 38:276-280, 2011

Lusebrink VB: Art therapy and the brain: an attempt to understand the underlying processes of art expression in therapy. Art Ther 21:125-135, 2004

Matias C, O'Connor TG, Futh A, et al: Observational attachment theory-based parenting measures predict children's attachment narratives independently from social learning theorybased measures. Attach Hum Dev 16(1):77-92, 2014 24283669

McNiff S: Cross-cultural psychotherapy and art. Art Ther 1:125-131, 1984

Rostron J: On amodal perception and language in art therapy with autism. Int J Art Ther 15:36-49, 2010

Springham N, Findlay D, Woods A, et al: How can art therapy contribute to mentalization in borderline personality disorder? Int J Art Ther 17:115-129, 2012

Stern DN: The Interpersonal World of the Infant: A View from Psychoanalysis and Developmental Psychology. New York, Basic Books, 1985

Strehlow G, Lindner R: Music therapy interaction patterns in relation to borderline personality disorder (BPD) patients. Nord J Music Ther 25:134–158, 2015

Taylor Buck E, Havsteen-Franklin D: Connecting with the image: how art psychotherapy can help to re-establish a sense of epistemic trust. ATOL: Art Therapy Online 4(1), 2013

Tronick E: The Neurobehavioral and Social-Emotional Development of Infants and Children. New York, WW Norton, 2007

Tronick E: Meaning making and the dyadic expansion of consciousness model. Paper presented at the Festschrift in Honor of Arnold Modell, Boston Psychoanalytic Society and Institute, Boston, MA, 2008

Twemlow SW, Sacco FC, Fonagy P: Embodying the mind: movement as a container for destructive aggression. Am J Psychother 62(1):1–33, 2008 18461841

Verfalle M: Mentalizing in Arts Therapies. London, Karnac Books, 2016

Zaidel DW: Neuropsychology of Art: Neurological, Cognitive, and Evolutionary Perspectives. Hove, UK, Psychology Press, 2015

제**12**장

부분 입원 세팅

Dawn Bales, Ph.D.

처음으로 정신화 기반 치료(MBT)가 개발되고 연구가 이루어진 배경은 부분 입원 치료(partial hospitalization setting)에서 정신화 기반 치료(MBT-PH), 즉 유럽의 주간 병원* 이었다. 부분 입원 치료 중 정신화 기반 치료에 대한 첫 무선할당 통제 실험(randomized controlled trial)에서 해당 치료 완료 후 5년이 지난 시점에 구별할 수 있는 긍정적 효과가 드러났다(Bateman & Fonagy, 1999, 2008). 2004년에 네덜란드에 있는 성격장애 치료 센터인 De Viersprong에서는 영국에서 개발된 부분 입원 중심 정신화 기반 치료 프로그램을 반복하여 영국 외 다른 나라의 실제 치료 장면에서도 그 긍정적 효과가 나타나는지 여부를 확인하고자 하였다. 그 연구를 통하여 부분 입원 중심 정신화 기반 치료가 경계선 성격장애 환자**들에게도 효과가 있다는 점이 지지되었다. 네덜란드에서 실시된 전향적인 코호트 연구(prospective cohort study)(Bales et al., 2012)에서는 매뉴얼화된 부분 입원 정신화 기반 치료가 영국 외 국가의 치료 기관의 실제 환경에서 적어도 영국만큼 효과적일 수 있다는 점이 드러났고, 해당 치료가 심각한 경계선 성격장애 환자들에게 효과적이라는 점에 대한 확신을 강화시켰다. 동일한 연구팀은 심각한 동반 장애가 있는 경계선 성격장애 집단, 즉 다른 연구에서는 공통적으로 배제되었던 약물 중독과 반사회적 성격장애를 함께 가진 집단의 치료효과와 변증법적 행동치료, 스키마 치료, 전이 중심 치료, 전문화된 일반

---

* 역자 주―낮 시간 동안만 환자를 수용진료 하고, 야간은 귀가시켜 사회로부터 격리되지 않도록 함.

** 역자 주―원문의 'patient'를 그대로 번역함. 이번 장은 병원에서의 치료에 관한 내용이므로 환자라고 작성하는 것이 적절하다고 판단히였음.

적 정신과 관리 등 '기타 전문화된 심리치료'를 받은 심각한 경계선 성격장애 환자들의 효과를 비교함으로써 주간 병원 정신화 기반 치료의 장기적 효과에 대한 증거를 확장시켰다(Bales et al., 2015). 정신화 기반 치료의 환자들은 치료 동안 의미 있는 수준으로 향상되었고, 이어진 18개월 동안 지속하여 향상되었다. 성격 기능은 모든 상위 순서 영역[즉, 자기 통제, 정체성 통합, 책임감, 사회적 유사성(관계 능력)]에서 대체로 향상되었다. '기타 전문화된 심리치료'의 결과가 긍정적이었지만 정신화 치료와 비교했을 때 효과크기는 더 작았고 정신화 치료를 받은 환자들의 효과가 관계 기능을 제외한 모든 결과 변인에서 더 높은 것으로 드러났다.

덴마크에서 실시된 다른 독립적인 연구에서, 부분 입원 치료를 받고 정신화 치료 집단에 참여한 환자 코호트는 전반적 기능 평가(global assessment of function: GAF), 입원, 직업 상태 등을 포함하는 다양한 척도를 기준으로 후에 의미 있는 수준으로 향상되었고, 이후 2년 동안 추후 연구를 하였을 때에도 추가적인 향상을 보였다(Petersen et al., 2010).

치료 강도와 비용으로 인하여 부분 입원 치료의 효과에 대한 의문이 늘어났고, 비용-효과성에 관한 연구가 요구되었다. 현재 네덜란드에서 진행 중인 다중심 무선할당 통제 실험(Laurenssen et al., 2014)에서 경계선 성격장애 환자들의 부분 입원 중 정신화 기반 치료와 병원 밖 정신화 기반 치료의 효능과 비용 효과성에 대하여 연구하고 있다. 해당 연구를 통하여 입원하지 않고 치료할 수 있는 환자와 부분 입원 치료를 통하여 집중 치료를 받아야 하는 사람을 선별하는 더 세심한 기준이 마련되기를 바라고 있다.

네덜란드에서 실행된 정신화 치료에 관한 연구에서, 연구자들은 치료의 효능을 연구하는 것과 치료 프로그램을 효과적으로 실시하거나 조정하고 그 효능을 유지하는 것은 별개의 일이라는 것을 발견하였다(Bales et al., 2017a, 2017b; Hutsebaut et al., 2012). 이 장에서 우리는 치료를 실행할 때의 문제를 고려하고, 정신화하기를 강화시키는 개입을 제공하기 위하여 최적의 맥락을 만들 수 있는 치료를 구조화하는 방법에 관하여 기술할 것이다.

환자 집단

정신화 기반 치료에서 기반으로 삼는 발달 모델에서는 초기의 어려움(특히, 정서적 방임)과 상호작용에서 보이는 구조적 취약성으로 인하여 정신화하기 능력의 발달이 약화되며, 이는 정서 조절 문제, 자기 파괴적 행동, 대인관계와 사회 문제(제19장 참고)에서 드러난다. 이러한 증상들은 성격장애, 특히 경계선 성격장애의 특징이며, 부분 입원 정신화 치료가 원래 개발된 이유다. 그러나 다양한 다른 심리적 질병들에서도 정신화 능력의 결핍이나 다양한 정신화하기 능력의 불균형이 두드러진다. 따라서 현재 정신화 기반 치료는 환자의 증상과 관계없이 정신화하기 능력의 회복탄력성을 향상시키는 것을 목적으로 하는 범진단적 치료 모델로 고려되고 있다. 따라서 성격장애 치료에 관한 다른 연구들과 대조적으로 정신화 기반 치료 연구에서는 반사회적 성격장애와 다른 성격장애가 공존하는 환자들을 포함한다. 부분 입원 정신화 기반 치료는 가장 심각한 성격장애를 보이는 환자들, 즉 주요 정신질환과 성격장애가 높은 수준으로 공존하고 약물 사용과 자해도 하며 사회적 기능과 대인관계 적응이 상당히 훼손된 환자들을 대상으로 제공된다. 이 환자들의 문제가 심각하기 때문에, 부분 입원 프로그램에서 여러 가지 요소를 활용하여 이러한 문제를 다룬다.

치료 목표와 치료 계획

부분 입원 정신화 기반 치료를 시작할 때, 전반적인 치료 목표를 정의하는 것이 필수적이다. 부분 입원 정신화 기반 치료에서 모든 환자들은 다섯 개의 일반적인 치료 목표를 이루기 위하여 노력한다([Box 12-1]).

Box 12-1 **부분 입원 정신화 기반 치료의 일반적인 치료 목표**

- 치료에 참여한다.
- 불안과 우울을 포함한 정신과적 증상을 감소시킨다.
- 자기 파괴적 행동과 치료를 방해하는 행동들을 감소시킨다.
- 대인관계 기능을 향상시킨다.
- 사회적 기능을 향상시킨다.

각각의 목표는 개인 상담에서 이루어진 정신화하기 개념화와 함께(제6장, 제15장, 제17장 참고) 환자의 치료 계획에 통합된다. 치료 계획을 세울 때, 정신화하기와 현재 삶에서 문제의 발달, 기능과 관련하여 환자와 치료사가 공동으로 이해한 기저의 문제에 대한 이해를 요약하여 개인에게 맞는 목표를 세운다. 설정된 목표는 환자와 치료사가 그 목표를 달

성하기 위하여 많은 작업이 이루어질 것이라고 생각하는 프로그램의 요소들과 연결된다. 환자를 치료하는 모든 팀 구성원들이 치료 계획을 이해하고, 그것이 환자와의 작업에 어떠한 함의를 지니는지 이해하고 있어야 한다. 치료 계획은 환자와 치료사 모두에게 치료의 안내 지침이 된다. 치료 계획은 회기마다 개입과 집중해야 할 것들이 무엇인지 지침이 된다. 각 환자와 치료에 대해 검토를 할 때, 환자들은 치료 계획에 묘사된 문제와 목표가 얼마나 달성되어 가고 있는지에 대한 자신의 견해를 이야기하도록 요청받는다. 검토를 하면서, 치료 팀 구성원들의 다양한 관점도 통합하여 환자와 함께 일관성 있는 일련의 개념으로 발전시켜 간다. 치료에 대한 검토 자체가 환자와 직원들 모두의 정신화하기 과정을 자극하고, 환자가 대인관계와 발달에 대한 일관성 있는 내러티브를 발전시킬 수 있도록 돕는다. 치료 계획이 치료 자체에 어떻게 포함되는지에 대한 임상 사례는 Bales과 동료들(2018)에 의해 묘사되었다.

치료 초기에 환자의 관계, (자기) 파괴적 행동들, 이전의 치료들에 대하여 광범위하게 탐색하는 것이 중요하다. 마음 상태와 패턴에 대해 인식할 때 치료사는 어떤 종류의 개입이 필요하고, 환자, 치료사, 더 큰 치료팀 사이에서 어떤 관계가 형성되기 쉬운지 알 수 있다. 이러한 패턴을 발견하게 되면, 환자와 함께 패턴에 대해 의논하여 정신화하기 개념화와 치료 계획에 포함시키게 된다. 이러한 과정을 통해 관계 패턴의 일부가 치료 안에서 반복될 수 있다는 잠재적 제안을 할 수 있는 중요한 기회가 주어진다.

부분 입원을 하는 환자들의 맥락과 집단의 특성에 특화된 부분 입원 정신화 기반 치료의 추가적인 요소에는 여러 가지가 있다. 방법에 초점을 맞추는 위기 계획, 사회와 행동 문제의 안정화, 정신화하기 인지치료, 창조적 예술치료, 글쓰기 집단, 명시적으로 가족을 포함한 개입이 바로 그것이다.

위기 계획

거의 대부분의 환자가 치료의 한 시점에 위기를 경험한다. 환자들이 위기 시 종종 자기 파괴적인 행동을 하는 이유는 압도적인 감정과 공황 때문이다. 관리하기 어려운 감정 상태에 대처하기 위한 자해의 역할에 대하여 정신건강 전문가들이 이해하지 못할 때, 부적절한 약 처방이나 불필요한 병원 입원으로 이어질 수 있다. 이 반응을 통해 환자들이 고통스러운 정동을 다루는 책임으로부터 벗어나게 되고, 궁극적으로 잘못된 개입으로 인한 문제가 야기된다.

위기 사건이 발생하는 경우 무엇을 할지 동의하고 이를 문서화하는 방법은 부분 입원 정신화 기반 치료 프로그램을 시작하는 개인 회기에서 가장 처음으로 의논하게 되는 주제이다. 위기 계획은 다음의 두 부분으로 이루어진다. 즉, ① 개인에게 맞춘 (과정) 부분과 ② 실질적인 부분이다. 정신화하기 관점에서 언제 무엇을 하는 것이 가장 좋은가에 대한 계획을 환자에게 말해 주는 것은 적절하지 않다. 환자가 어떤 상황과 어떤 심리 상태일 때 위기가 발생하는지와 위기 시에 자신을 다시 안정화시키는 방법을 생각해 보도록 자극하기 위한 정신화하기 모델을 유지하는 것이 중요하다.

위기 계획에서 치료에 영향을 주거나 환자의 목숨을 위험에 처하게 하는 자기 파괴적 행동과 관련되는 환자의 어려운 정서 상태를 관리하는 방법이 무엇인지 찾게 된다. 위기 계획의 첫 번째 부분은 환자와 치료사가 함께 위기에 선행하는 심리 상태의 다양한 단계에 대하여 의논하는 것이다. 각 단계는 다음과 같이 정의한다.

- 0 = 감정을 통제할 수 있음
- 1과 2 = [환자 스스로 이 상태에 대하여 정의하도록 한다.]
- 3 = 위기 상황, 통제 불가능

환자는 각 단계에서 자신의 심리 상태와 행동을 찾기 위해 노력한다. 치료사는 명료화와 감정 구체화를 활용하고, 종종 내담자가 정신 과정을 뒤돌아보며 통제를 잃기 전의 시점으로 돌아가 보도록 격려하며 자신의 감정을 찾아 맥락 안에서 이해하도록 돕는다. 위기나 자해 행동을 야기한 일화를 짧은 단위로 나누어 탐색함으로써, 압도적이고 분화되지 않은 감정 상태들을 '미세하게 나누어(microsliced)'서 더 작고, 더 구체적인 심리 상태가 되도록 한다. 중요한 것은 감정 상태를 탐구하고 오해했거나 과도한 반응이었을 가능성이 있는 내용들을 찾는 것이다. 환자는 언제 자기 통제감을 다시 확보할 수 있었고 위기를 향한 다음 단계로 넘어가는 것을 예방할 수 있었는지를 발견하기 위하여 도움을 받는다. 과거의 경험을 돌아보고 정서적 위기를 관리하기 위하여 도움이 되었던 전략들, 예를 들어 자극하는 상황이 발생하면 그 자리를 떠나거나, 외로움에 사로잡힐 때 누군가에게 전화를 걸거나, 요리 같은 행동을 함으로써 마음 상태에서 벗어나는 것과 같은 방법을 찾아본다. 또한 치료사는 환자가 다른 사람들은 각 단계에서 무엇을 관찰하고(예: 타인에게 신호가 되는 것) 그들이 무엇을 할 수 있거나 해야 하는지에 대하여 숙고하도록 촉진하기 위한 노력을 한다. 위기 계획을 세우기 위하여 가족 등 중요한 타인들을 함께 하도록 초대한다.

치료의 초기에 위기 계획의 이러한 부분은 변할 수 있다. 환자들은 종종 정신화하기를 잘못한 결과로 야기되는 심리 상태와 행동들에 대하여 알지 못하고 단지 "순간적으로 벌어진 일이고, 거기에 대해 내가 할 수 있는 일은 없어요."라고 말한다. 계획은 개선 과정을 거치게 되며, 계획에 대해 이야기할 때마다 어떤 부분이 더 명확하게 되면 그 부분은 계획에 포함된다. 치료사는 위기가 발생하면 계획에 대해 다시 이야기를 꺼내야 한다. 계획에서 정해 둔 행동을 실천하지 못한 경우, 계획에서 무엇을 빠트렸고, 어떤 심리 상태에 대한 묘사가 누락되었으며, 도움이 되지 않은 내용은 무엇이고, 왜 도움이 되지 않았는지에 관하여 환자가 생각해 보도록 촉진하는 것이 도움이 될 수 있다. 이러한 방식으로, 치료사는 환자가 고통스럽고 압도적으로 느껴질 수 있는 정동(affect)을 다루는 것에서 자신의 책임에 대하여 지속적으로 알아차릴 수 있도록 할 수 있다. 동시에, 환자가 자신의 감정 상태에 대한 혼란을 줄이는 것이 도움이 되며, 지속적으로 명료화할 때 환자가 자신의 감정에 자해나 유사한 행동으로 대처하고자 하는 필요성을 줄일 가능성이 높아진다. 이와 같은 개별 환자에게 맞춘 계획에 더하여 위기 계획의 두 번째 부분에는 치료사의 근무시간 이외의 시간에 환자가 활용 가능한 응급 체계에 대한 설명을 포함시킨다.

사회적 · 행동적 문제의 안정화

치료의 초기에 치료에 가장 방해가 될 것 같은 사회적 · 행동적 문제를 찾아서 대처하는 방식을 정리한다. 그러나 안정화의 성공과 높은 동기 수준이 치료를 시작하는 조건이 되는 것은 아니다. 이는 오히려 치료의 초점이 된다.

정신화 인지치료

외래 환자를 대상으로 하는 정신화 기반 치료와는 대조적으로, 부분 입원 정신화 기반 치료에는 정신화 인지치료가 포함된다. 정신화 인지치료는 다양한 범위의 정신화 과정에 초점을 맞추는 명시적인 정신화 집단이다. 각각의 정신화 인지치료의 구조화된 형태는 인지치료와 매우 유사하지만, 핵심적인 차이도 존재한다. 인지행동치료는 사회학습이론에 기반을 두고 있으며, 행동 모델은 역동적인 요인을 포함하지 않는다. 그러므로 과정 중심 측면은 적고 내용 중심적인 특징을 보인다. 정신화 인지치료에서 치료사는 환자의 경험에 대해 역동적으로 생각해 보는 것을 격려 받는다. 따라서 정신화 인지치료는 내용 중심적이라기보다 과정 중심적이다. 이렇게 초점이 변하면서 전의식적이거나 무의식적 사고, 감정, 소망, 욕망에 대해 고려할 수 있고, 환자가 삶에서 겪는 대인관계에서의 압력, 특히 애착관계에서의 어려움을 고려할 수 있게 된다. 인지행동치료사는 부적응적인 인지를 변화시키는 데 중점을 둔다. 반면, 정신화 인지치료의 치료사는 인지의 내용을 재구조화하는 것에 관심을 가지기보다, 정신화하기를 복구하여 과정을 변화시키는 데 관심을 둔다.

정신화 인지치료에서는 인지행동치료의 양식과는 달리, 문제해결 기술 방법을 사용하거나 근본적인 의사소통 기술을 가르치지 않는다. 현재 환자와 치료사의 관계 밖에서 벌어지는 인지적 왜곡을 설명하려고 하지도 않고, 행동에 초점을 맞추지도 않는다. 심리 도식 발견을 위한 명시적 작업을 하지 않으며 숙제도 없다.

정신화 인지치료는 일주일에 75분씩 진행되는 작은 집단으로 구성되어 있다. 환자는 자신이 압도적인 감정을 경험했거나 경험하고 있는 상황이나 (자기) 파괴적인 행동을 했던 상황에 대해 묘사한다. 그리고 나서 그 상황에 대해 칠판에 작성한다. 환자의 심리 상태(타인도 관련이 된다면 타인의 심리 상태)와 행동에 대해 탐색하고, 사건의 요소들과 연관된 감정들을 작성한다. 치료사는 환자의 생각, 감정, 소망의 구체적인 내용을 정확히 찾기보다는 심리 상태에 대하여 광범위하게 탐색하는 것에 초점을 맞춘다. 회기의 중심은 최종 결과물이나 사건의 내용, 상호작용의 내용보다 정신화하기 과정에 있다. 환자가 자신의 (자기) 파괴적 행동에 대한 탐색을 원한다면, 치료사는 환자가 행동을 야기한 감정을 돌아보고 그 과거에 대한 정신화하기를 촉진함으로써, 정신화하기를 하지 못하여 야기된 행동을 '간단히 정리(tidy-up)'하도록 돕는다. 치료사는 환자가 안전한 정서적 거리두기에서 문제가 되는 경험으로 마음을 돌리도록 돕는다. 압도적인 정서를 작업할 때, 치료사는 환자가 정서적 상태를 이해하고 거기에 이름을 붙여서 현재의 맥락에서 감정을 볼 수 있도록 돕고 때로는 최근과 과거 사이를 연결하는 이야기를 추가로 탐색하여 초기의 정동적 경험과 상징적 재현 사이를 연결할 수 있도록 돕는다.

사건과 상호작용에 대해 명확해지면, 치료사와 집단은 환자가 대안적 관점을 활용할 수 있도록 돕는다. 인지행동치료와 다른 점은 대안적 관점이 소크라테스 대화법을 활용하거나 '비합리적'이거나 '부적응적' 인지를 논박한 결과가 아니라, 다른 환자들이 단순히 대안적 관점을 제안하는 것이라는 점이다. 이를 통해 환자들은 자신의 가정에 대해 의문을 가지게 된다.

때로는 집단원들의 심리 상태에 초점을 맞추고 집단을 어렵게 하는 집단 내 주제에 대한 다른 관점들에 초점을 맞추며 집단 내에서 문제적인 상호작용을 구조화된 방식으로 발견하고 탐색하여 집단 심리 도식을 만든다.

창조적 예술치료

　부분 입원 정신화 기반 치료에서 예술치료의 목표는 정신화하기를 촉진하는 대안적 방법을 제공하는 것이다. 예술을 사용하여 대안적인 매개체를 활용하고 다른 관점을 활용하여 내적인 심리 상태를 겉으로 드러나도록 표현할 수 있다. 경험과 감정은 마음의 밖과 세상을 향해 놓이게 되고, 명시적인 정신화하기를 촉진하게 된다. 이러한 상황에서 정신화하기는 의식적이고, 언어적이며, 의도적이고 성찰적이다. 환자들은 자신의 일부이면서도 자신과는 분리된 무엇인가를 생산한다. 이러한 방식으로 치료에서 이행 대상(transitional objects)들이 창조되고, 치료사는 환자가 집단 안에서 자기의 안정성을 유지하면서도 창조된 작품으로 표현을 촉진할 수 있는 이행적 공간을 만들기 위한 작업을 반드시 해야 한다. 예술과 다른 표현적 치료의 맥락에서 정신화하기는 제11장에서 자세히 다루었다.

　창조적 치료는 환자가 구체적인 '결과물(product)'을 만들어 내기 때문에 부분 입원 정신화 기반 치료의 다른 요소들과는 다르다. 결과물로 인하여 환자와 집단은 성찰의 어떤 부분에 집중하는 기회를 얻는다. 어떤 환자들에게 표현치료는 다른 사람들과의 관계에서 자신에 대해 직접 성찰하는 작업에 비하여 불안을 적게 유발한다. 만들어진 결과물을 활용하기 때문에 자기의 한 부분이 밖에 있게 되어 그 부분에서 느껴지는 위험성, 통제감, 압도감이 줄어들게 된다. 거리감이 형성되기 때문에, 감정은 관리할 수 있는 수준이 되고, 환자의 자기와 타인을 더 이해할 수 있게 된다. 다른 환자들, 특히 심리적 동일시 모드(psychic equivalence mode)에서 주로 기능하는 환자들은 창조적인 치료에 참여하는 과정에서 더 불안해질 수 있다. 그들이 만든 결과물은 이제 외부에 놓여 타인들이 볼 수 있게 되었고, 그들의 어떤 부분이 너무나도 '진짜(real)'가 되기 때문에 그들은 압도당하게 된다. 그러므로 예술치료사는 환자와 치료의 단계에 따라 작업을 조정해야만 한다.

　예술치료는 소규모 집단으로 매주 2회 진행되며, 매 회기는 75분이 소요된다. 구체적인 형태는 집단에서 개인 목표를 개별적으로 작업하는 것부터, 집단 주제를 개별적으로 작업하는 것, 집단 작품을 만드는 것까지 다양하다. 각 회기를 시작할 때, 환자들은 현재의 느낌과 무엇에 대해 작업하고 싶은지에 대해 집중하도록 도움 받는다. 집단 내에서 두드러지는 주제에 대해 치료사나 한두 명의 환자들이 이야기를 꺼낼 수도 있다. 회기의 형태가 결정되면(예를 들어, 한 가지 주제에 대해 개별적으로 작업하거나 짝을 지어 작업하기) 환자들은 방에서 자신들의 작업을 30분 동안 진행할 공간을 선택한다.

작업을 마친 후, 환자들은 다시 모여서 집단에서 자신의 작업에 대해 이야기를 한다. 이 때 모든 프로그램의 구성 요소에서와 마찬가지로 치료사의 역할은 정동 표현, 동일시, 개 인적이고 대인관계 맥락에 초점을 맞추어 정신화하기를 촉진하는 것이다. 치료사는 환자 로 하여금 타인이 표현하기 위하여 기울인 노력의 의미에 대해 고려하도록 돕고, 대안적 관점을 만들어 내도록 하며 자신의 작품에 대해 타인은 자신과 다른 관점에서 볼 수 있다 는 것을 알아차리도록 돕는다. 그들의 예술적 기준은 중요하지 않다. 표현의 과정과 작품 에 대한 의논이 의미 있는 것이다.

치료사들은 정신화하기 집단이나 개인 상담에서와 같이 집단의 토론이 다른 주제로 탐 색을 옮겨 가기보다 모두 동의한 주제로 돌아올 수 있도록 돕는다. 이러한 기법은 다른 주 제로 빠지지 않고 하나의 과제에 집중하는 능력을 향상시키고 노력을 통한 통제감을 향상 시키는 데 필수적이다.

글쓰기 집단

자신의 경험, 감정, 정서에 대해 글을 쓸 때, ① 일차적 경험과 표상, ② 이차적 표상 체 계를 발전시키고 강화시키는 성찰적인 과정을 가능하게 하는 상징적 표상 사이를 연결할 수 있다. 글쓰기를 통하여 암묵적 정신화하기는 명시적 정신화하기로 변한다. 글쓰기를 통하여 다른 마음에 간섭을 일으키지 않고서 성찰할 수 있으며, 환자가 이전의 사건에 대 하여 글을 쓴다면 시간적 거리를 두고 성찰할 수 있기 때문에 각성의 정도가 심하지 않다.

글쓰기 치료는 작은 집단에서 일주일에 한 번 90분 동안 진행하며, 보통 두 명의 치료사 가 참석한다. 처음에는 모든 환자와 치료사들이 집단이나 병동에서 중요하다고 느껴지는 주제를 종이 한 장에 적는다. 작성한 모든 종이는 상자에 넣는다. 환자 중 한 명을 임의로 선발해서 종이를 하나 선택하여 주제를 선정하고, 모든 환자들은 그 주제에 관하여 글을 쓴다. 30분 동안 주제에 관하여, 특히 개인적 의미에 관하여 글을 작성한다. 그다음에 각 환자들은 자신이 쓴 내용을 소리 내서 읽고, 치료사의 안내를 따라서 함께 사람들이 쓴 글 의 유사점과 차이점에 대해 탐색한다. 여기에서도 치료사들은 환자가 자신이 작성한 글 에 대하여 대안적인 관점을 형성할 수 있도록 도움으로써 정신화하기를 촉진한다. 예술 치료에서와 같이, 글 내용보다는 주제를 발전시키고, 주제에 관하여 글을 쓰고, 개인이 작 성한 글에 대하여 의논하는 과정이 더 중요하다.

정신화 기반 가족치료 구성

정신화 기반 가족치료(제8장 참고)는 다른 정신화 치료 프로그램에서 온 환자들이 가족들과 함께 참여하게 되는 치료 요소다. 정신화 기반 가족치료에서는 구체적인 증상에 집중하기보다 가족의 맥락 안에서 정신화 과정을 다룬다. 여기에서는 가족들에게 자가 치유 과정을 시작할 수 있는 도구를 제공하는 것을 목표로 한다. 가족들의 이해가 향상될 때 가족 내 애착관계로 인한 지지가 증가되고, 문제를 통제하고 관리할 수 있는 가족의 능력이 향상될 것이며, 결국 환자가 치료를 통해 더 좋아지는 것을 촉진할 수 있다.

치료의 종결

치료의 마지막 단계에서 초점은 환자의 대인관계와 사회적 기능, 정신화하기를 통하여 배운 것을 통합하고 공고화하는 것에 맞춰진다. 중요한 목표는 상실과 치료의 종결에 관련되는 정동 상태에 집중하며 환자의 책임과 독립적인 기능을 증가시키는 것이다. 각 환자의 필요에 맞추어 협동적으로 추후 치료에 대한 계획을 수립하는 것이 마지막 치료 단계의 핵심적인 작업이 된다. 부분 입원 치료의 최장 기간인 18개월 후에 치료에서 효과를 보지 못한 적이 있고, 여러 번 병원에 입원한 적이 있으며, 사회적이고 관계적인 안정성을 적절하게 유지하기 어려운 경험이 있는 심각한 성격장애를 가진 환자들은 추가적인 도움 없이 자신들의 새로운 삶에 적응하고 재통합을 할 수 있는 가능성이 낮다. 치료가 성공적으로 이루어진 경우에도 보통 그러한 양상을 보인다. 따라서 개인에게 맞춘 추후 치료와 단계별 돌봄이 제공된다. 추후 치료의 목표는 [Box 12-2]에 요약되어 있다.

Box 12-2 **부분 입원 정신화 기반 치료에서 추후 치료의 목표**

- 재발을 방지한다.
- 정신화하기 능력을 통해 얻은 이득을 유지하고 강화한다.
- 대인관계에서 발생하는 상호작용의 재활적 변화를 자극한다.
- 환자가 사회에 재통합되도록 한다.

환자들은 부분 입원 정신화 기반 치료 프로그램에서 만났던 치료사와 함께 매달 개인 상담 회기를 이어 나간다. 이 회기 동안 치료사는 환자의 기저에 있는 마음 상태를 탐색하고, 자신과 타인을 이해할 때 문제를 더 수월하게 해결할 수 있다는 것을 논의하여 대인관계나 친밀한 관계에서 문제가 되는 영역과 학교나 직장으로 되돌아가는 과정을 관리하도록 도움을 주기 위해 정신화하기 기법을 지속해서 활용한다.

추후 치료 기간 동안 상담 회기 사이의 기간은 6개월 이상에서 12개월 이상으로 늘려서 환자가 더 많은 책임감을 가지도록 격려한다. 치료사와 환자는 최대 18개월 내에서 얼마나 오랫동안 이런 방식으로 만날 것인지 함께 결정한다. 추후 치료 회기의 강도와 빈도에 대한 계약은 유동적으로 하고, 환자는 혼자 관리하기 힘든 정서적 어려움이 있다면 추가로 회기를 요청할 수 있다. 공식적인 퇴원 이후, 환자는 증상이 재발한다고 느껴지면 몇 달 후 혹은 몇 년 후에 재입원할 수 있고, 때로는 다시 정신화하기를 돕고 재안정화할 수 있도록 한두 회기만 필요할 수도 있다. 스스로의 필요에 의하여 이어지는 추후 상담 덕분에 환자들은 연장된 기간 동안 지속성을 경험할 수 있다. 어떤 환자들은 부분 입원 정신화 기반 치료 이후 필요한 경우 전화해서 치료 회기를 예약할 수 있다는 것을 알고 퇴원을 선택한다. 다른 환자들은 치료 회기를 한두 번 예약하되 6개월 정도 기간을 두고 예약한다. 치료사가 환자에 대해 유념하고 있다는 점이 환자들이 재통합할 수 있는 능력에 대한 자신감과 자기 신뢰를 높여 주는 것으로 보인다.

정신화하기 환경

매일 진행되는 부분 입원 정신화 기반 치료 프로그램 구조에서 중요한 요소는 관련 전문가들이 잘 기능하고 예상 가능하며, 일관되게 치료를 실행하고 역할과 책임감에서 분명한 경계를 긋는 것이다. 비일관성, 조화의 결여, 논리적이지 않은 응답, 신뢰할 수 없음, 자의적인 결정은 모두 구조와 정반대에 있다. 이 중 몇 가지는 여기에서 의논할 것이다. 우리의 연구에서 치료의 효과성이 위의 여러 요소들에 달려 있다는 점이 드러났다.

정신화 기반 치료 프로그램 안에서 다른 요소들의 결합된 관계, 치료사와 작업 관계, 집단 주제의 지속성, 치료의 일관성과 응집성과 같이 특정하기 어려운 중요한 요소들은 심각한 성격장애의 효과적인 치료에 중요한 요소가 된다. 정신화 기반 치료에서 이러한 필수적인 통합은 정신화하기에 초점을 맞춤으로써 이루어 낼 수 있다. 그렇다면 치료 팀은 어떻게 정신화하기가 핵심이 되도록 하는 틀을 만들 수 있을까?

정신화하기 환경을 만들기

부분 입원 치료 프로그램에서는 환자들이 오랫동안 참여하고 환자들 간 상당한 상호작용을 하도록 한다. 형성된 분위기, 건물의 특징, 관련 직원들과 그들의 기능이 모두 치료를 목표로 하고 치료에 초점을 맞추도록 도움이 되어야 한다. 이것이 치료적 환경이다. 부분 입원 정신화 치료 프로그램에서, 환경은 치료 공동체와 같이 그 자체로는 치료 방법이 아니다. 그러나 치료를 준비할 때 정신화 치료를 위하여 가능한 가장 좋은 환경을 형성하는 것에 관하여 고려하는 것은 매우 중요하다. 환경의 물질적인 측면에는 건물, 장소, 입구, 문서화된 정보의 양식, 심리치료실이 포함되고, 비물질적인 측면에는 직원들, 근무 관계의 질, 환자와 다른 직원들에 대한 태도, 접근법의 일관성과 응집성, 프로그램에 대한 관리 차원의 지원이 포함된다([Box 12-3] 참고).

Box 12-3 **조직의 수준에서 정신화 기반 치료 결과를 최적화하는 요인들**

- 프로젝트 중심의 구조화된 실행
- 재정적 지원을 포함하여 위원회의 충분한 전념
- 지지적인 근무 환경을 제공하기 위하여 슈퍼바이저와 팀과 협력하는 적극적인 관리
- 여러 서비스를 통하여 통합적인 질병 관리를 제공하기 위한 주요 연계 기관과의 적극적인 협력
- 선명한 연계 경로(포함과 배제의 기준을 분명하게 정의하는 것을 포함하여)와 빠른 서비스 접근의 확립
- 치료 과정과 결과에 대한 적절한 수준의 모니터링
- 치료 기간을 포함하여 선명하게 구조화된 치료 프로그램
- 치료 계획 검토, 슈퍼비전, 인터비전(intervision)을 위한 충분한 시간
- 경계선 성격장애에 대한 지식과 필수적인 기술 및 역량이 있는 전문가 충원
- 팀을 효과적으로 형성하고 건강하고 전문적인 업무 환경을 유지할 수 있는 능력을 보유한 팀 리더

최적의 치료 환경을 조성하기 위하여 치료의 방향과 초점이 기본적인 고려 사항이 된다. 정신화 기반 치료에서는 환경을 통해 자기, 타인, 상호작용에 대한 정신화를 촉진할 수 있는 정신화 환경이 필요하다. 개방적이고 반응적이며 정신화가 이루어지는 환경은 환자뿐만 아니라 직원들에게도 필수적이다. 기능을 잘하는 팀은 치료 환경에서 안전을 제공한다. 이를 통해서 치료사와 환자들 사이의 불일치를 건설적으로 활용할 수 있고, 호

기심을 허용하는 개방적인 문화를 촉진하며, 대안적인 관점을 형성하고 수용하여 차이를 이해하도록 격려할 수 있다. 정신화하기 환경에서는 행동 전에 사고를 하도록 격려한다. 정해진 내용 밖의 모든 행동에 대해서 다른 직원과 먼저 확인하여 기저의 관계나 관계에 해가 되는 과정에 대한 내용을 발견한다.

　　환경을 안전하고 지지적으로 유지하기 위하여 치료사와 직원들 사이에 강한 감정이 발생하면 과도한 보호나 과도한 (치료적) 경계를 넘지 않고 과도하게 허용적이지 않은 수준에서 담아 주기가 이루어질 필요가 있다. 치료사와 직원들이 강한 정서와 혼란 속에서 자신의 정신화하기 과정을 유지할 수 있고 환자와 집단에서 정신화하기 과정을 회복하는 데 필수적인 것들을 할 수 있다면, 환자들은 자신의 감정을 덜 위협적이고 덜 위험한 것으로 경험할 것이다. 이를 통하여 환자들은 덜 압도당하고 덜 불안정해질 가능성이 높다. 직원들이 예상 가능하고 일관되며 사려 깊고 인내심을 보인다면 시스템은 더 안정적이 된다. 마지막으로 거론하지만, 역시 중요한 내용은 존중을 표현하는 방식으로 경계를 설정하고 환자 자신의 책임감을 유지하도록 하는 것은 강한 감정을 담아 주기 위하여 반드시 필요하고 정신화 환경에서 필수적이다.

팀 기능

　　안전하고 응집력 있는 팀을 만드는 것은 효과적인 팀워크와 잘 기능하고 치료를 잘하는 정신화 기반 치료의 치료 단위를 만드는 데 중요하다. 핵심적인 내용은 각 환자에게 공유된 표상을 만들어 내기 위해 노력해야 한다는 것이다. 환자들이 팀에서 자신에 대하여 통합적이고 응집된 이해를 하고 있다고 인식할 필요가 있다. 치료 팀의 다양한 사람들이 서로 자신에 대한 근원적으로 다른 관점을 가지고 있음을 경험하게 될 때 불안과 분절화로 이어지게 된다. 팀에서는 각 환자에 대한 공통적인 표상을 바탕으로 노력을 기울여 치료함으로써 개입들이 시너지를 일으키고 더 강력한 자기 표상을 촉진하도록 해야 한다. 팀의 맥락 안에서 정신화를 하는 치료사를 성장시키고 유지하는 것은 적응적 정신화 기반 통합 팀의 기본적인 목표다(제13장 참고).

　　심각한 성격장애를 가진 환자를 치료할 때 건강한 마음 상태를 유지하는 것은 여러 가지 이유로 어려운 일이다. 첫째, 경계선 성격장애 환자들은 때때로 직원들을 괴롭게 하고 그들의 약점을 발견하여 치료적 열정을 훼손하는 등 정서적으로 어려움을 야기할 수 있다. 둘째, 성격장애의 회복은 느리게 발생하기 때문에 치료팀 내에서 비관적인 관점을 갖게 될 수 있다. 셋째, 환자로부터 발생하거나 팀 자체의 문제이거나 간에(이 시점에서는 환자에 대한 엇갈린 경험을 하고 다른 정신적 표상을 가지게 된다.) 팀에서 분열은 반대 의견으로 팀이 양극화되거나 관리나 치료의 어려움에 대해서 서로를 비난할 수밖에 없게 되는 방식으로 드러난다. 넷째, 경계선 성격장애 환자들의 문제가 커졌다 작아졌다를 반복하는 특징과 간헐적으로 발생하는 위기로 인하여 업무량에 대한 부담감과 위험에 대한 지속되는 불안을 느낄 수 있다. 마지막으로, 환자가 자살로 사망하게 되는 경우, 이는 환자를 담당하는 치료사 개인뿐만 아니라 전체 치료 팀이 영향을 받게 된다.

안전하고 응집성 있으며, 건강하고 열정적인 기운을 가진 치료 팀을 보존하는 방법은 혼합된 개입, 팀 슈퍼비전, 집단 성찰, 정신화하기 환경에서 안전한 분위기를 형성하는 것이다([Box 12-4] 참고).

Box 12-4 **정신화 기반 치료를 팀과 치료사 수준에서 실행하기 위한 최적의 요소들**

- 응집력 있는 정신화 기반 치료 관점 내에서 일관성과 지속성을 유지하기
- 모든 팀 구성원에 의하여 높은 수준으로 집중하고 분명하며 일관성 있게 적용되는 개입
- 팀 구성원들이 성찰, 교육, 슈퍼비전을 통하여 자신의 기술과 이해를 향상시키고자 하는 의지
- 5~9명 정도의 심리치료사를 포함하여 최대 12명으로 이루어지는 최적의 팀 크기
- 활발하고, 반응적이며, 유연하고 효과적인 구성원들로 이루어진 팀
- 역할과 책임이 분명하고, 서로를 돕고, 책임을 다하지 않았을 때 여기에 관하여 이야기할 수 있는 문화
- 임상 과정과 팀 기능에 대해 확인하고 감독할 수 있는 프로그램 슈퍼바이저
- 분명한 임상적 리더십
- 각 환자마다 평가, 치료 계획, 치료 조정에 일차적인 책임을 지는 치료사 지정
- 모든 정신과 의사를 포함하여 심리치료사를 하나의 팀으로 통합하기
- 치료 계획을 기준으로 하고, 추적 관찰하며, 치료 계획의 평가를 통해 필요한 경우 수정이 이루어지는 목표 중심적이고, 과정 지향적인 치료 접근
- 일관된 팀 개입을 위한 위기관리의 공식적 절차와 책임에 관한 공식적 규약

인터비전

직원들이 자신과 타인에 대한 정신화하기 과정을 거침으로써, 즉 '자신이 설교하는 내용을 실천'함으로써 팀의 응집성은 더욱 높아질 수 있다. 이는 유럽에서 **인터비전**(intervision)이라고 알려져 있다. 2주마다(팀 슈퍼비전과 번갈아가면서) 치료 담당 직원들이 다양한 팀에

관한 주제들을 의논하는 인터비전을 한다. 여기에서의 주제들은 슈퍼비전이 이론적이고 치료 중심적인 것에 비하여 개인적일 때가 많다. 팀 경험을 다루는 것은 제13장에서 더 자세히 설명하였다.

팀에서 효과적으로 작업을 하기 위해서는 함께 일을 하고, 환자를 치료하는 것에 관한 개인적 정서 반응을 서로 나눌 수 있을 정도로 모든 구성원들이 안전하게 느끼는 것이 매우 중요하다. 이는 팀에서 의견 불일치가 있을 때 특히 중요한데, 불일치와 환자의 (그리고 치료사의) 정신화하기 능력을 약화시키기 때문에 팀으로 효과적인 작업을 하는 데 위협이 될 수 있기 때문이다.

팀에서의 의견 불일치는 종종 '분열(splitting)'로 고려되며, 여기에는 여러 가지 원인이 있을 수 있다. 의견 불일치가 발생했을 때, 가장 중요한 지점은 그들의 의미를 확정하기 위하여 노력하는 것이다. 원인으로는 환자의 내적 과정, 팀 내에서 의사소통이 잘 이루어지지 않아 발생하는 분열, 팀 구성원들에게 있는 해결되지 않은 개인적 과정들, 직원들이 경험하는 어려움이 있다. 때로 이는 환자의 영향이 아닐 수도 있다. 원인은 종종 이러한 (그리고 그 외의) 요인들이 혼합된 것이다. 평행 과정에 대해 명확히 하고 인터비전에서 다루어야 한다. 이와 같은 오래 지속되는 과정의 요소들은 환자들에게서 발견될 뿐만 아니라, 직원들과 때로는 조직 내에서도 발견된다. 이러한 과정의 시작이 어디였는지, 환자 집단인지 아니면 직원들인지 밝히는 것은 종종 어려운 일이다. 이러한 과정에 대한 정신화하기를 회복하는 것과 그 의미를 정리하는 것은 팀을 (재)통합하고, 팀에서 일관된 치료를 제공하는 데 도움이 된다.

분열의 원인에 따라 다른 종류의 개입이 필요하다. 해결되지 않은 관계 과정이나 의사소통의 문제로 인하여 발생한 분열에는 환자들에 대한 개입보다는 팀워크(인터비전)가 필요하고, 특정한 환자의 투사로 인한 분열일 때에는 환자와 대화를 한 후 팀 내 임상적 주제에 대한 의논(팀 슈퍼비전)이 필요하다.

사례

직원 세 명이 육아휴직으로 쉬고 있고, 한 명은 병가로 장기 휴직 중이었으며, 서비스 개발 부서에 새로운 직원들이 들어온 시기에 부서에서 많은 변화가 있었다. 남아 있는 오래된 직원들은 휴직 중인 직원들의 업무를 담당하고 새로운 직원들을 교육하면서 많은 추가 업무를 하고 있었다. 그들은 과로로 지치고 세 명의 치료사들이 동시에 임신을 하게 된 상황에 대하여 좌절감을 느끼고 있었다. 그들은 스스로를 고립시키고, '살아남기 위해 버티고' 추가로 교육 신청을 하는 등 더 자주 일터를 떠나려고 했다. 이로 인하여 '헌신하는' 치료사들과 '헌신하지 않는' 치료사들로 팀 내에 분절화와 분열이 발생하였고, 치료도 비일관적이고 응집성이 저하되었다. 동시에 환자 참여율도 급격하게 줄어들었기 때문에 더 많은 아웃리치 업무***를 해야만 했다. 동시에 매우 열심히 참여하는 환자들은 자주 결석하는 환자들을 대상으로 반감을 가지고 치료사들이 조치를 취하고 출석에 대한 더 엄격한 규칙을 세울 것을 요구하였다. 팀 슈퍼비전에서 주제는 목적론적인 방식이었고, 환자와 팀 내에서 정신화 과정을 다시 정립하는 것이었다. 치료사들은 조치를 취해야 한다고 치료사들에게 요구하는 환자, 예를 들어서 규칙적으로 출석하지 않는 환자를 퇴원 시킬 것을 주장하는 환자에 대한 개입을 역할극을 통하여 연습하였다. 팀에서는 여러 차례의 인터비전을 진행하며 그들이 느끼는 좌절감, 분열이 발생하는 현상, 환자 집단에서의 평행 과정에 관하여 의논하는 방식으로 문제에 집중하였다. 분열과 평행 과정이 해소되지 않은 관계적 과정의 맥락과 문제 있는 의사소통으로 인하여 발생했다는 것이 명백해졌다. 이러한 과정을 추적하고, 가능한 개입에 대하여 의논함으로써 팀의 활력을 향상시키고 부서의 문제와 환자의 요구를 관리하기 위한 더 사려 깊은 접근을 강화하였다. 정신화하기 팀은 회복되었다.

정신화 기반 치료 프로그램 실행

네덜란드에서 실행한 정신화 기반 치료 프로그램은 여러 가지 면에서 성공적이었다. 그러나 이 장의 첫 부분에서 설명한 초기 네덜란드 반복 연구에서 발견된 좋은 치료 결과를 내지 못하였다는 점에 대해서는 면밀한 조사가 필요하다. Bales과 동료들(2017b)은 경계선 성격장애를 위한 7개의 증거 기반 치료 프로그램에 대한 실행의 성공과 실패를 이해하기 위해 여러 개의 사례 연구 디자인을 활용하였다. 연구 결과를 통하여 증거 기반 심리치료를 일반 정신건강 기관에서 실행하는 것의 복잡한 성격을 알 수 있었다. 요컨대, 네덜란드에서 실행한 정신화 기반 치료 프로그램의 결과는 가장 긍정적인 관점으로 보더라도 좋고 나쁜 결과들이 혼합되어 있었다. 두 프로그램은 명백히 성공적이었고, 다른 두 프로그램에서는 결과가 섞여 있었으며, 다른 세 개의 프로그램은 실패하여 중단되었다. 게다

*** 역자 주-기관 밖에 있는 내담자를 찾아가는 방식으로 치료 서비스를 제공.

가 모든 결과를 통해 모든 경우에 실행의 과정이 기관, 팀, 치료사 수준에서 발생하는 여러 요인들에 의하여 영향을 받는다는 점이 설명되었다. 각 프로그램 실행의 과정이 지역적 특성, 팀별 문화 등을 포함한 고유한 특징을 보임에도 불구하고, 연구 결과를 토대로 일반적인 장애 요인과 촉진 요인들이 있다는 증거를 도출할 수 있었다. 촉진 요인에는 기관의 지원, 탄탄한 재정 관리, 강력하고 일관된 리더십, 구조화 수준이 높은 프로젝트 기반의 실행, (부정적인) 팀 과정 관리, 상담자 선별, 충분한 전문성, 교육 기회가 해당되며, 장애 요인은 이러한 요인의 부재다.

경계선 성격장애를 위한 심리 치료 프로그램을 실행하기 위하여 고려해야 하는 주요 요인들에 대한 자각과 관심이 늘고 있다. 다른 정신건강 서비스에서 실시한 치료에 관한 연구와 네덜란드 연구의 결과들을 통합할 때, 성공적인 실행에 영향을 주는 광범위한 요인들을 고려할 수 있다. 이는 조직적 수준([Box 12-3] 참고)이나 팀 수준([Box 12-4] 참고)에서 고려할 수 있다. 관리자와 치료사들은 성격장애가 있는 내담자들에게 효과적인 치료를 제공하기 위하여 이러한 요인들을 고려할 필요가 있다.

 참고문헌

Bales D, van Beek N, Smits M, et al: Treatment outcome of 18-month, day hospital mentalization-based treatment (MBT) in patients with severe borderline personality disorder in the Netherlands. J Pers Disord 26(4):568-582, 2012 22867507

Bales DL, Timman R, Andrea H, et al: Effectiveness of day hospital mentalization-based treatment for patients with severe borderline personality disorder: a matched control study. Clin Psychol Psychother 22(5):409-417, 2015 25060747

Bales DL, Timman R, Luyten P, et al: Implementation of evidence-based treatments for borderline personality disorder: the impact of organizational changes on treatment outcome of mentalization-based treatment. Pers Ment Health 11(4):266-277, 2017a 28703383

Bales DL, Verheul R, Hutsebaut J: Barriers and facilitators to the implementation of mentalization-based treatment (MBT) for borderline personality disorder. Pers Ment Health 11(2):118-131, 2017b 28488379

Bales D, Smits M, Luyten P, et al: Discovering how the mind works: the journey of a patient in mentalization-based treatment, 2018 [Unpublished manuscript]

Bateman A, Fonagy P: Effectiveness of partial hospitalization in the treatment of borderline personality disorder: a randomized controlled trial. Am J Psychiatry 156(10):1563-1569, 1999 10518167

Bateman A, Fonagy P: 8-year follow-up of patients treated for borderline personality disorder: mentalization-based treatment versus treatment as usual. Am J Psychiatry 165(5):631-638, 2008 18347003

Hutsebaut J, Bales DL, Busschbach JJV, et al: The implementation of mentalization-based treatment for adolescents: a case study from an organizational, team and therapist perspective. Int J Ment Health Syst 6(1):10, 2012 22818166

Laurenssen EM, Smits ML, Bales DL, et al: Day hospital mentalization-based treatment versus intensive outpatient Mentalization-based treatment for patients with severe borderline personality disorder: protocol of a multicentre randomized clinical trial. BMC Psychiatry 14:301, 2014 25403144

Petersen B, Toft J, Christensen NB, et al: A 2-year follow-up of mentalization-oriented group therapy following day hospital treatment for patients with personality disorders. Pers Ment Health 4:294-301, 2010

제**13**장

적응적 정신화 기반 통합치료(AMBIT): 내담자와 마음의 지역사회를 관여시키기

Dickon Bevington, M.A., M.B.B.S., MRCPsych, PGCert

Peter Fuggle, Ph.D.

적응적 정신화 기반 통합치료는 종래의 정신건강 서비스를 빈번하게 거부하거나, 거기에서 치료를 받지 못하고 자신과 타인에 대한 유의미한 위험을 보이며 도움을 추구하는 젊은 사람들과 작업하기 위한 방법으로 처음 개발되었다. 현재 해당 접근법은 더 다양한 나이대의 사람들에게 적용되고 있으며, 여러 출판물에서 광범위하게 설명되고 있다(Bevington & Fuggle, 2012; Bevington et al., 2013, 2015, 2017; Fuggle et al., 2015). 이 장에서는 적응적 정신화 기반 통합치료의 주요 특징을 간략하게 소개하고, 최근에 발달된 내용들, 특히 내담자뿐만 아니라 담당자(workers)[1]들에게 도움을 확대하여 제공하게 된 내용에 집중할 것이다.

우리는 인식론적 신뢰(제4장과 제14장 참고)의 발달을 더 유도할 수 있는 공동체의 의도적인 촉진이 중요함을 주장하고, 이를 지지하기 위하여 고안된 광범위한 접근법에 대해 묘사할 것이다. 우리는 적응적 정신화 기반 통합치료 담당자와 내담자의 이자적 관계(dyadic relationship)뿐만 아니라 담당자와 그들의 동료들, 담당자와 그들을 교육하는 사람들 간의 이자적 관계에도 명시적으로 주의를 기울여야 한다고 주장한다.

---

[1] 해당 장에서는 '담당자(workers)'라는 용어를 활용하여 의도적으로 넓은 범위를 제안하고자 하였다. 우리는 전문가들의 능력을 존중하지만, 적응적 정신화 기반 치료 서비스를 받는 내담자들은 전문가의 자격을 바탕으로만 인식론적 신뢰를 결정하는 것이 아님을 깨닫게 되었다. 이 장에서 담당자라는 용어는 이러한 의미에서 전문적인 도움을 제공하고자 하는 의도로(혹은 목적으로) 내담자나 환자와 관계를 맺는 모든 사람을 의미한다. 그러한 담당자의 예로는 심리학자, 청소년 관련 활동가들, 사회복지사, 치료사, 정신과 의사, 상담자, 프로젝트 담당자들이 포함될 수 있다.

교사의 전문성 수준과 교사의 지식이 자신의 삶에 중요한 교훈을 줄 것이라는 학습자의 믿음 사이에 간단한 상관관계는 존재하지 않는다는 것이 우리가 흔히 관찰할 수 있는 내용이다. 정확히 어떤 '전문성'을 내담자들이 추구하는지에 관하여 이해하기 위해 우리는 급진적인 접근을 취한다. 정신화 기반 접근에서는 내담자들이 자신의 상담자를 자신의 환경과 마음의 상태를 이해할 수 있는 잠재력이 있는 존재로 인식하는 것이 중요하다. 그러나 우리의 경험에 따르면, 적응적 정신화 기반 통합치료 서비스에서 목표로 설정하고 있는 내담자들은 이러한 전문성을 우리가 인식하는 것보다 더 다양한 집단에서 가지고 있다고 인식하고 있다. 그러므로 정신건강 전문가들의 과업 중 의미 있는 부분은 내담자들이 퍼져 있는 전문성(더 간단히 말하자면 활용할 수 있는 도움)을 가능한 한 충분히 이용하도록 돕는 것이 된다. 자신의 정신화하기를 유지하는 담당자들의 능력 보존이 그러한 노력의 핵심이 되어야 한다.

적응적 정신화 기반 통합치료의 개요

21세기로 넘어가는 시점에 첫 정신증 에피소드가 발현되거나 성격 관련 어려움이 드러나고 있는, 소위 접근하기 어려운 청소년들의 필요를 다루는 방법에 대한 실험적 사고의 방법으로 개발된 적응적 정신화 기반 통합치료는 처음에 통합적 멀티 모드 치료(Integrative Multimodal Practice: IMP)라고 불렸다(Asen & Bevington, 2007). '접근하기 어려운'이라는 표현에 경멸과 비난을 담겨 있어서 현재 우리는 해당 표현을 사용하지 않는다. 우리의 내담자는 종종 '적절한 서비스를 받지 못하고(underserved)' 있으며, 그들에게 일종의 '도움'을 주기 위해 어렵지 않게 접근하는 사람들(예: 마약상, 포주, 불법 사채업자, 조직폭력배)이 분명히 존재한다.

통합적 멀티 모드 치료에서는 인지행동적, 체계적, 사회생태적, 생물학적, 정신역동적, 정신화 기반의 틀에서 파생된 다양한 핵심 기술들을 훈련받은 새로운 여러 방법을 활용하는 담당자들을 예상한다. 조력자 집단을 위한 광범위하면서도 단일화된 이론을 만들기 위하여 노력하는 대신, 더 많은 담당자들이 관여하려고 할수록 실제로 효과가 없었던 애착의 경험을 가진 내담자들에게 하나의 주요 관계를 제공하여 통합이 개인 안에서 실질적으로 이루어지는 것을 우리는 관찰하였다.

당시 안나 프로이트 센터(현 안나 프로이트 국립아동가족센터)에서 제공한 초기 통합적 멀티 모드 치료 교육 과정에 대한 참여자들의 평가는 좋았지만, 현장 적용에 관련된 증거들은 거의 없었다. 한 교육 참가자가 북아일랜드의 한 도시에서 전체 팀이 교육에 참석할 수 있도록 기금을 마련했을 때, 전체 팀으로 접근할 때에만 통합적 멀티 모드 치료가 가능하다는 점을 분명히 깨달았다. 2005년부터 우리는 전체 팀만을 대상으로 교육을 제공하고 있다.

200번이 넘는 팀 교육을 제공하면서, 정신화하기는 시작되는 모델에 포함되었던 설명적인 틀(개입과 연관하여)에서 여러 관점 중 하나가 아닌, 독자적인 통합적 관점으로 자리 잡기 시작했으며, 이러한 변화는 교육을 제공하는 측과 받는 측 모두에서 발견할 수 있었다. 정신화하기 이론이 앞에서 언급한 다른 접근법들을 기반으로 발달했다는 점을 고려할 때, 정신화하기의 핵심은 통합적인 개념이라고 할 수 있다.

이러한 변화와 더불어 통합적 멀티 모드 치료는 청소년 정신화 기반 통합치료(Adolescent Mentalization-Based Integrative Treatment), 즉 AMBIT로 변화하였다. 이 약자는 오늘날 개인의 고유한 영향력의 영역을 의미하는 단어로 더 많이 사용되며, 담당자들은 자신들의 업무에서 이 부분에 대한 정의를 잘 내리지 못하는 것 같아 걱정스럽다고 이야기한다. 최근에는 A를 청소년(Adolescent)이 아닌 적응적(Adaptive)이라는 의미로 사용하고 있다. 이러한 변화는 적응적 정신화 기반 통합치료가 맨 처음 청소년 대상 아웃리치 서비스에서만 활용되던 것을 넘어 입원 환자, 공동 거주 치료, 안전 요원들과 함께 하는 작업, 유아와 아동이 있는 가족을 위한 조기 개입, 성인 성격장애 치료, 성인 재소자 등 더 넓은 범위에서 사용된다는 점을 알아차리면서 발생하였다.

흔히 젊은 내담자들은 학교에 다니지 않을 수도 있고, 약물을 남용할 수도 있으며, 가족관계 내에서 갈등을 겪고, 노숙자가 되거나 착취를 경험할 위험에 처할 수 있으며, 조직 폭력 집단에 들어가고 범죄에 가담하고 싶은 유혹을 겪을 수도 있다. 이러한 내담자들은 정서 조절 어려움, 기분 저하, 불안, 자해 행동을 흔히 보인다. 적응적 정신화 기반 통합치료에서는 내담자가 도움과 맺고 있는 관계를 이해하고, 거기에 대응하는 것에 대한 집중을 촉진한다. 즉각적인 위험 요소에 반응하는 것도 중요하지만 내담자의 이러한 마음 상태의 부분을 정신화하는 것이 내담자가 어려움을 겪고 있는 문제만큼이나 종종 중요하다고 주장한다. 내담자가 타인이 제공하는 도움을 받지 않으려 하는 모습은 이전에 (공식적이거나 비공식적인) 도움과 관련된 경험이 굴욕적이거나 착취적이었다는 점을 고려할 때 적응적일 수 있다. 게다가 도움을 받지 않으려고 할 때 내담자의 위험은 더 커진다. 도움에 관련된 내담자의 개인적이고도 복잡한 요소들 가운데서 발견할 수 있는 공통적인 주제는 전문가들의 능력이 내담자의 삶의 문제에 실제 도움이 될 것이라는 믿음이 전혀 없다는 것이다.

역설적으로, 그러한 사람들과 가족들에게는 여러 기관들이 관여하게 될 가능성이 높다. 어떤 기관들은 법적으로 내담자의 웰빙을 위한 잠정적 책임과 대중을 보호하기 위하여 도움을 제공해야 한다. 예를 들어, 학교에 다니지 않는 청소년들에게 그들이 교육 시스템에 다시 들어가고자 하는지 여부와 상관없이 교육기관에서는 교육을 제공할 의무가 있다. 이렇게 담당자들은 역설적으로 젊은 사람들이 자신의 주도성에 위협이 된다고 느끼는 도움을 제공해야 할 의무를 가지는 경우가 많다. 이와 같은 효과는 개인의 주도성과 책임감을 인정하는 성인 내담자에게 서비스를 제공할 때에는 약화될 수 있지만, 그 자신과 타인에 대한 위험 수준이 높아서 법에 근거하여 개입을 해야 하는 사례와 같은 경우도 많이 있다. 외부자로서 내담자는 전문가들이 자신의 삶과 관계를 진실로 이해하지 못할 것이라고 이미 인식하고 있다.

특정한 내담자에 대한 여러 기관들 간의 전문가 회의에는 해당 내담자나 그 부모와 직접적으로 만나지 않으면서도 그들에 대한 상당한 책임을 지고서 결정권을 가지는 담당자들을 포함될 수도 있다. 내담자 및 가족을 위한 많은 담당자들과 그들이 실제 도움이 되기 위해 신뢰할 만하다고 느껴지는 것 사이에 종종 역의 관계가 존재한다는 것은 전혀 놀라운 일이 아니다.

이러한 상황은 우리의 견해에 의하면 여러 기관 사이에서 벌어지는 필연적인 긴장에 의하여 더 악화된다. 예를 들어, 교육 담당관에게 우선순위가 되는 내용은 사회복지사나 정신건강 전문가와 상당히 다르고, 학교에 있어야 하는 시간에 상담이나 치료에 가는 것이 학교 출석률을 높이기 위한 담당관의 노력에 방해가 된다고 주장할 수 있다. 우리가 '탈통합(dis-integration)'이라고 부르는 예시들은 주로 좋은 의도를 가진 개입들이 충돌하면 발생하지만, 내담자뿐만 아니라 다양한 전문가들도 그렇지 지각하지 않을 수 있다. 시스템들 간, 그리고 개입들 간 발생하는 이러한 탈통합과 관련하여, 전체 도움을 제공하는 시스템 내의 다양한 개입들의 '집합적 효과'(Kania & Kramar, 2011, 2013)에 초점을 맞추는 문헌들이 등장하고 있고, 이는 구체적이고 개별 전문가들에 의하여 제공되는, 구체적이고 더 좁은 정의의 (정신건강 및 기타) 개입 효과에 초점을 맞추는 접근과는 구별된다.

내담자와 그들의 가족들에 대하여 각자 다른 관점을 갖는 것뿐만 아니라 기관들의 네트워크는 대체로 내담자와 그 가족들의 웰빙에 대한 높은 수준을 느끼며, 어려운 상황에서 담당자들이 배정받은 역할을 마무리할 수 있는 능력에 대하여 불안을 느낀다. 자해, 자살,

충동적인 폭력으로 위협하는 젊은 사람들은 자신의 내담자에 대한 일정 수준의 책임감을 느끼는 정신건강 전문가들에게 불안을 유발한다. 그러한 상황에서 담당자들이 내담자와 다른 담당자들에 대해 정신화하는 능력은 부정적인 영향을 받는다. 게다가 담당자들은 걱정이나 분노와 같은 자신의 반응에 대해 전문가로서의 수치심을 쉽게 느낄 수 있으며, 그로 인하여 다른 동료 전문가들에게 도움 요청을 하지 못하게 될 수 있다.

제일 먼저 생각해 볼 수 있는 점은, 담당자들이 느끼는 수준의 불안은 흔하고, 적절하며, 그들의 능력이 부족하다는 신호는 아니다. 걱정이 없는 경우에는 아마도 담당자가 가장 모드(pretend mode, 제1장 참고)거나 번아웃의 위험이 있다는 의미일 수 있으므로 더 염려해야 할 수 있다. 역설적인 점은, 높은 수준의 불안에 대해 우리가 이해할 수 있고 적절하다 하더라도 내담자나 업무 네트워크 안의 다른 담당자들에 대해 정신화하는 것을 방해한다는 것이다. 이러한 조건에서 의사결정에 대한 확신이 상당히 증가하고 [심리적 동일시(psychic equivalence)가 반영되어], 목적론적이며, 방어적인 특성을 보이며, 종종 계약서상의 의무와 같은 좁은 범위의 전문적 역할로 제한된다.

전 세계에서 온 많은 수의 팀들과 작업할 때, 우리는 내담자들이 종종 자신들을 공식적으로 돕는 위치에 있지 않은 사람, 적어도 전문성을 가지고 직접적인 도움을 주는 경우가 아닌 상대와 더 쉽게 의사소통하는 것을 흔히 관찰하고 충격을 받곤 한다. 최근 적응적 정신화 기반 통합치료 교육에서 한 참가자가 자신이 근무하는 청소년 정신과 입원 병동에서 환자들이 병원의 조리사에게 도움을 요청하거나 함께 이야기하며 시간을 보내는 일이 빈번하다고 설명하였다. 병동의 전 직원들 중 조리사는 청소년 환자들이 변화하도록 명시적으로 격려하는 역할을 하지 않는 거의 유일한 존재다. 우리 교육에서도 그러한 내용은 쉽게 관찰할 수 있다. 성인 여성 교도소에서 진행된 교육 초기에, 교도관, 복지팀, 정신건강 담당자들과 함께 첫 모임을 열었다. 교도관 한 명은 극심한 문제를 일으키고 있는 수감자 한 명이 자신이 어렸을 때 겪었던 끔찍한 사건에 대하여 이야기를 하고 싶어서 그를 찾게 된 상황에 대하여 묘사하였다. 그 교도관은 이야기를 듣는 것이 매우 힘들었지만, 그 수감자가 도움을 받은 것 같아서 기뻤다. 역설적으로, 같은 회의에서 해당 수감자를 담당하는 상담자가 상담 과정으로부터 상대적으로 거리를 두고 있는 모습을 설명하였다. 우리의 경험에 의하면, 담당자에게 주어진 역할과 실제 기능 사이에서 이러한 분리는 신뢰하기 어렵고 회피적인 내담자에게 도움을 제공하는 복잡한 시스템에서 매우 빈번하게 일어난다. 많은 담당자들이 자신의 전문적 역할을 진지하게 대하고, 관련된 뛰어난 기술이 있지만, 내담자는 그렇게 인식하지 못할 수도 있는 것이다.

적응적 정신화 기반 통합치료를 활용할 때, 내담자들을 직접 만나는 담당자들이 흔히 겪게 되는 이러한 경험에 대하여 다음에 제시하는 주요 특징과 어려움을 다루기 위한 목표를 가지고 접근할 수 있다. 이 모델에서는 다음의 네 가지 영역을 다루고 있다.

- **내담자와 작업하기**: 관례적으로 도움을 추구하지 않는 집단 내에서 위기와 거리 두기 관리
- **팀과 작업하기**: 담당자의 불안 · 좌절 · 고립, 전문가로서의 겪는 수치심과 소진 관리
- **네트워크와 함께 작업하기**: 다양한 기관과 다양한 전문가들로 구성된 네트워크 사이에서 필연적인 탈통합과 그로 인하여 야기되는 좌절 다루기
- **작업을 통한 학습**: 익숙한 (종종 효과적이지 않거나 기진맥진하게 하는) 패턴에서 결과 평가와 새로운 접근 방법을 시도하는, (가정되는) 위험을 감수하는 방향의 변화에 대한 개방성 유지

이와 같은 네 가지 요소는 적응적 정신화 기반 통합치료 바퀴로 알려진 다이어그램으로 단순화할 수 있다([그림 13-1]).

적응적 정신화 기반 통합치료 바퀴는 힘든 상황에 놓이는 담당자들이 내담자가 치료적 발전을 경험하도록 촉진하기 위하여 균형을 잡아야 하는 실천의 원리와 주요 분야에 관하여 잘 기억할 수 있도록 간략하게 표현하고자 하는 시도로 만들어졌다. 정신화하기 관점의 적용을 위한 주요 기술은 바퀴의 각 사분면에 주요 기술로 구체화하였고, 거기에는 바퀴의 바깥 테두리에 있는, (종종 명백하게 공존하기 어려운) 네 쌍의 주요 원칙들 간 균형이 포함되어 있다. 기존의 여러 효과적인 개입을 통하여 동일한 요소들을 다룰 수 있지만, 적응적 정신화 기반 통합치료 모델에서는 균형을 잡기 위하여 작업의 네 가지 측면이 모두 동등하게 강조되어야 한다고 주장한다.

각 영역에 관한 이론과 지식은 정신화하기가 돕는 과정의 주요한 요소라는 점 외에도, 개인의 능력이 아닌 사회적인 과정으로 이를 유지하기 위한 관계의 연계망이라는 맥락이 요구된다는 제안에 의하여 뒷받침된다. 스트레스를 주는 상황에서 자기와 타인에 대하여 정신화하기를 지속하기 위한 능력은 직접적인 신호와 두드러진 거울 반영하기(제1장 참고)를 통하여 가장 모드나 목적론적인 태도에서 벗어나서 사고나 적절한 행동을 촉진할 수 있는 팀에 '잘 연결되어' 있는지 여부에 달려 있다. 이러한 팀은 구성원들이 상대에게 전문가로서의 수치심이나 불안을 유발하지 않을 것이라는 신뢰를 받는 맥락을 만들기 위

하여 명백히 노력 한다는 특징이 있다.

적응적 정신화 기반 통합치료의 영향을 받은 여러 팀에서 담당자들이 상당히 감정적이고 빠르게 움직이는 환경에 잘 휘말리게 된다고 보고한다. 일선에서 직접 내담자를 만나는 담당지들은 아웃리치 활동을 하고 전화나 문자를 활용하여 근무를 할 때, 성찰하고 계획할 수 있는 여유도 없이 위기와 위기관리에 빠져드는 것처럼 종종 느낄 수도 있다. 위기의 한 가운데에 있는 담당자가 느끼는 불안을 한 방울씩 떨어져 결국은 돌을 뚫는 물에 비유하는 것처럼, 우리는 그 크기와 속도를 알면 예측할 수 있는 동심원을 만드는 잔물결이 담당자가 종종 놓여 있는 위치에서 위기가 일어나는 시점에 혼란으로부터 벗어날 수 있음을 일깨운다. 이러한 상황에서 도움 추구를 위한 대화 방법에 관한 규율을 마련해 놓으면 혼란의 중심에서 자신의 불안한 위치를 표시하고 반영해 주는 동료들의 적극적인 관여를 촉진할 수 있고, '물에 뛰어들기'를 하고 심지어 요청하지 않은 도움을 제공하거나 도움이 안 되는 방식으로 도움을 제공하는 대신, '연못 밖'에서 정신화를 하며 바라볼 수 있다. 동료들 사이에서 도움을 추구하는 명시적으로 규정된 방식이 개발되었고, 우리는 이를 '함께 생각하기'(Bevington et al., 2017)라고 명명하였다. 정신화를 할 수 있는 능력을 보유하는 것은 아무것도 하지 않는 것['유사 정신화하기(pseudomentalizing)']과 동일한 것이 아니다. 정신화 능력을 보유하는 것에는 그와는 반대로 기존의 관계를 지지하기와 위험 관리하기라는 종종 상충될 수 있는 둘 사이의 균형을 맞추어 새롭고 진정한 방식의 도움에 대해 고려할 수 있는 능력을 유지하고자 하는 의도가 담겨 있다.

직접적으로 내담자를 만나는 전문가들이 우리가 그들의 업무에 대해 실용적인 관점에서 잘 이해하고 있으며, 적응적 정신화 기반 통합치료 모델에서 보통의 정신화 기반 접근에서 포함하지 않는 개입방법의 가치를 기꺼이 인정한다는 점을 좋아한다는 것은 고무적이다. 상대적으로 짧은 적응적 정신화 기반 통합치료 교육 프로그램(4~5일 소요)은 팀이나 전체 시스템이 기능을 시작하는 방식에 주요한 변화를 야기하였다. 이러한 변화에 대한 각 지역의 평가를 보면, 다음의 내용을 포함한 지역 기반 서비스에 큰 영향을 미쳤다는 것을 알 수 있다(Fuggle et al., 2015; Griffiths et al., 2017).

- 입원 환자의 입원 기간과 빈도 수 감소
- 청소년기에 치료를 받으러 오는 젊은 사람의 수 감소
- 서비스 네트워크 내에서 서로 연계하는 수의 감소
- 팀과 네트워크 기능의 향상

이 외에도 한 박사학위 논문(Gelston, 2015)에서 적응적 정신화 기반 통합치료의 영향을 받은 팀에서 치료를 받은 젊은 사람들은 향상된 정신화 기술을 보였고, 다른 아웃리치 서비스의 도움을 받은 경우와 비교하여 치료적 관계가 더 향상되었다는 점이 드러났다.

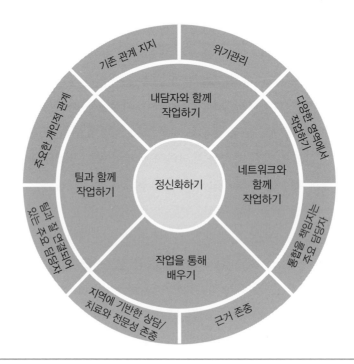

[그림 13-1] 적응적 정신화 기반 통합치료 바퀴

출처: Bevington D, Fuggle P, Cracknell L, et al.에서 재인쇄: Adaptive Mentalization-Based Integrative Treatment: A Guide for Teams to Develop Systems of Care, Figure 1.1, p. 22. Copyright © Oxford University Press, 2017. 허락을 받고 사용함.

지속되는 적응과 변화

적응적 정신화 기반 통합치료 바퀴는 작업을 통해 배우기([그림 13-1] 참고)에 기반하며, 그러한 의미에서 혁신은 프로그램의 핵심이 된다. 적응적 정신화 기반 통합치료는 서비스가 적용되는 세팅의 다양화를 포함하여 요구가 변화하는 맥락에서 지속적으로 변한다. 이와 같은 학습이 마찰을 통해 앞으로 나아가게 되는 사사분면의 아래쪽에 위치하게 된 것은 우연이 아니다. 적응적 정신화 기반 통합치료는 이름만 변한 것이 아니라 지난 15년 간 내용도 변하였으며, 이는 적응적 정신화 기반 통합치료의 팀 교육에서 받은 피드백을 반영하여 변화하도록 고안되었기 때문에 가능한 일이었다.

열린 시스템

　적응적 정신화 기반 통합치료에서는 특히 온라인 위키 기술을 사용할 때, 점차적으로 발전되도록 하는 열린 시스템을 갖추고 있다. 발전과 근거 기반 작업을 무료로 공개하는 것에 관하여 '오픈 소스' 접근법이라고 묘사하였다. 정보통신 분야에서, 오픈 소스 개발자들은 자신들의 초기 소스 코드를 온라인에 공개하여 오픈 소스 집단으로부터 실질적인 피드백과 자발적인 도움을 얻는다. 이러한 도움으로 인하여 반복적인 과정을 통한 발전이 이루어지고, 원래의 개발자가 상상하지 못했을 수도 있는 새로운 프로그램[컴퓨터 프로그래머들이 독창적인 아이디어가 성장해 나가는 경로에서 '개발(forks)'이라고 부르는]이 생겨나기도 한다. 이 접근법의 발전이 가능할 수 있었던 장점(IT 세계에서는 파이어폭스나 안드로이드 휴대폰 운영 체계에서 활용되는) 외에도, 심리치료에서 정신화 관점과 놀라운 공통점을 보인다. 즉, 상담자는 반쯤 완성된 아이디어를 환자의 성찰과 피드백을 받아서 발전시키고자 하는 희망으로 잠정적인 방식으로 공개하는 것이다.

　적응적 정신화 기반 통합치료에서는 오픈 소스 컴퓨터 프로그래머 집단으로부터(https://tiddlywiki.com) 많은 것을 배워서 고유한 온라인 위키 플랫폼을 개발하였다(https://manuals.annafreud.org에서 접속할 수 있다). 위키는 사용자가 수정할 수 있는 웹 사이트로 내용을 비선형적인 방식으로 쌓아 갈 수 있고 태그를 활용하여 주제별로 연결하거나 하이퍼링크를 사용하여 직접 연결할 수도 있다. 적응적 정신화 기반 통합치료 위키는 여러 층으로 생각할 수 있는 방식으로 구성되어 있으며, 내용은 지속적으로 업데이트되고 발전해 가며, 다른 그룹의 사람들에 의하여 배치된다. 기본적인 구조는 안나 프로이트 국립아동가족센터에서 담당하는 적응적 정신화 기반 통합치료 프로그램에 의하여 만들어졌으며, 그 내용은 무료로 공유된다. 교육을 받은 팀들은 그들의 위키 페이지를 가지게 되며, 이 역시 기본적인 내용을 '물려받는다.' 거기에 개별 팀들은 "어떻게, 그리고 왜 이런 종류의 문제를 우리의 문화적·조직적·지리적 맥락에서 효과적인 방식으로 다룰 수 있는가?"라는 질문에 대하여 반복되는 방식으로 다루고 집합적인 사고 내용을 투명하게 공개하며 자신들이 직접 배운 내용, 적용한 방식을 기록한다. 한 팀에서 새로운 세팅에 바퀴들을 잘 적용하면, 다른 세팅에서 새로운 바퀴를 만들어 낼 필요가 없다. 새로운 모범 사례나 해결 방법을 자유롭고 개방적으로 공유하는 것이 적응적 정신화 기반 통합치료의 '실천 커뮤니티(community of practice)'(Lave & Wenger, 1991)에 대한 열망의 중요한 부분이다. 우리가 팀 교육을 시작한 후 얼마 지나지 않아 팀의 현실 경험과 피드백을 기반으로 위키에 있는 적응적 정신화 기반 통합치료 커리큘럼을 개선한 후, 우리는 Weisz와 Gray가 이론적으로 세련되게 '배치 중심 혁신(deployment-focused innovation)'이라고 설명한(2008) 치료 혁신 방법에서 어려움을 겪고 있다는 것을 깨닫게 되었다. 실제로, 각 교육은 우리의 발전을 반복적으로 기록해 나가는 과정이며, 동시에 새로운 영역에 적응적 정신화 기반 통합치료를 적용하기 위한 테스트 기능을 하였다.

학습에 대한 적응적 정신화 기반 통합치료적 접근

학습에 대한 적응적 정신화 기반 통합치료적 접근은 세 가지로 볼 수 있다. 첫째, 강력한 증거가 빈약한 분야에서 기존의 지식을 재현하고 공유하고자 한다. 적응적 정신화 기반 통합치료에서는 담당자들에 대한 인식론적 신뢰를 불러일으킬 정도의 진실되고 인정하는 방식으로 도전과 어려움들을 묘사하기 위하여 각별히 노력한다. 적응적 정신화 기반 통합치료 접근에서는 바퀴의 각 사사분면(이 장의 앞부분에 묘사된 내용과 같음. [그림 13-1] 참고)에서 마주하는, 흔히 보고되는 다양한 어려움에 관한 실질적인 증거 지향 해답이나 증거 기반 해답들을 공유하고자 한다. 둘째, 적응적 정신화 기반 통합치료에는 서비스를 제공하는 팀과 집단에게 도움이 되는 새로운 학습을 위하여 찾기 쉽고, 순서대로 정리되어 있으며, 구체적이고, 반응적이며, 보편적으로 활용 가능한 지적인 저장소로 작용하고자 하는 열망을 담고 있다. 적응적 정신화 기반 통합치료와 관련된 자료들, 교육 활동들, 이론, 개입 매뉴얼은 안나 프로이트 국립아동가족센터(https://manuals.annafreud.org/ambit)에서 무료로 찾아볼 수 있고, 주요 교육 내용, 구체적 기법을 활용한 역할극이 담긴 동영상까지 포함되어 있다. 셋째, 적응적 정신화 기반 통합치료에서는 팀을 자체적인 권리를 가지는 '학습하는 조직(learning organizations)'(Senge, 2006)으로 양성하고자 한다. 우리는 공동의 업무(비록 개별적인 전문적 기술을 활용한다 하더라도)를 맡은 작고, 신뢰할 수 있는 담당자들 집단을 건강 및 사회적 돌봄에서 변화를 야기할 수 있는 가장 근본적이고 의미 있는 단위로 보고 있다. 담당자의 관점에서, 미세하게 요구되는 내용에 비해 개별 담당자들은 너무 약하고, 큰 조직은 둔감하고 인식하지 못한다. 학습하는 조직에 관한 Senge의 작업에서 정신화를 명시적으로 언급하지는 않지만, 변화나 개선과 관련된 조직의 '전 시스템적 사고(whole-systems thinking)'를 소개할 때 제시하는 방법들을 보면 우리의 용어로 목적을 가지고 정신화를 함양하는 것, 다시 말해 호기심과 다른 관점을 탐색하는 것을 존중하고 알지 못하는 것을 알아가는 과정의 중요한 부분으로 인정하는 것의 중요성을 인정하고 있다는 점이 드러난다.

실천을 위한 혁신: 마음의 공동체를 지원하기 위한 도구들

다음에 소개하는 내용은 팀 내에서 더 큰 마음에 집중하는 태도를 지지하기 위한 시스템을(시스템 자체에는 태도가 없지만) 개발하기 위한 지원을 위한 네 가지 노력에 관한 것이다. 결과적으로 이러한 노력을 통해 담당자들이 자신의 내담자들에 대하여 정신화를 할 수 있도록 도움이 제공할 것이다. 처음 두 가지 접근법들, 즉 학습을 매뉴얼화하고, 실천의 공동체를 발달시키는 것은 앞에서 학습에 관하여 다룬 내용과 직결된다. 셋째와 넷째 노력, 즉 탈통합의 척도 같은 도구와 '담당자를 둘러싸는 팀'과 같은 개념을 활용하는 것은 각각 다양한 전문가들의 네트워크가 더 잘 기능하도록 돕는 것에 명시적으로 집중한다.

매뉴얼화하기

이전의 내용에서 설명한 바와 같이 적응적 정신화 기반 통합치료는 웹에 기반한 매뉴얼 만들기 활동을 통하여 공개적인 학습 시스템이 가능하다. 이러한 방법은 실천의(혹은 실천하는 마음의) 공동체를 발달시키고자 하는 우리의 목표에 적합하지만, 팀이 추구할 수도 있는 사회적 가치에서 인식론적 신뢰를 향상하기 위한 지원 노력의 구체적인 예시이기도 하다. 앞에서 우리는 위키에서 적응적 정신화 기반 통합치료 매뉴얼과 교육 자료를 보관하고 개발해 나가는 점에 대하여 묘사하였고, 이는 연이은 팀과 그들의 다양한 내담자들의 경험으로부터 온 피드백을 반영하기 위하여 노력하며 반복적이고 점차적으로 성장해 왔다. 또한 개별적인 팀에게 그들만의 매뉴얼을 위키에 직접 포함하여 전체 학습 내용을 더해 갈 수 있도록 요청하였다. 정해진 방식으로 매뉴얼을 발전시켜 가면서, 협동적인 활동을 통해서 공유된 팀의 지식을 재현할 수 있다는 점이 확인되었다. 매뉴얼을 만들면 전문가들의 작업에 대한 투명성을 높일 수 있고, 팀에서 함께 하고 있는 작업에 대하여 성찰하고 그 내용을 구체화할 수 있는 기회를 가질 수 있다. 매뉴얼 작업은 팀 구성원들의 행동(우리는 어떻게 그리고 왜 이러한 방식으로 작업하는가?)에 관한 개별적인 정신화하기 과정에 대한 팀 기반 평행과정이 되고, 팀에서 더 명료한 정체성과 공유된 문화를 발전시킨다. 이러한 자료를 웹에서 공개함으로써 업무에 진지함을 더하고, 팀에서 자신들의 일과 딜레마가 같은 네트워크에 있는 다른 전문가들에게 완전히 이해하기 어려운 일은 아니라는 느낌을 줄 수 있다.

적응적 정신화 기반 통합치료의 이러한 측면, 즉 팀에서 반복적으로 자신의 학습을 '블로그에 올리는 것'에는 여전히 도움이 필요하다. 적응적 정신화 기반 통합치료 교육을 받은 팀 중 비교적 적은 비율만이 온라인으로 매뉴얼을 만들어 나가는 작업을 위한 시간을 적극적으로 배정하고 있다. 이렇게 참여하는 사람들은 자신이 성취한 것에 관하여 진지한 열정과 자부심을 느끼고 있다는 개인적 경험에 근거한 증거를 제시하기도 하였다. 즉, 일의 소용돌이 속에서 길을 잃지 않고, 팀에서 성찰하고 학습한 내용을 따라갈 수 있는 실용적인 양식이라는 것이다. 우리는 현재 매뉴얼을 만드는 방식이 여러 팀에서 자신들에게 필요한 내용으로 인식되지 못하고 있다고 추측하고 있다. 많은 팀들이 매뉴얼 작업을 하기 원하지만 시간이 없다고 보고한다. 그들에게 매뉴얼 작업은 또 다른 (목적론적) 업무로 지각되는 것이다. 또한 매뉴얼 작업을 위하여 정보통신기술을 다룰 수 있는 어느 정도의 능력이 필요하기 때문에(경험해 볼수록 능력은 향상될 것이지만), 어떤 팀 구성원들에게는 여전히 장벽이 존재한다. 현재 자신들이 알고 있는 것을 공개하는 것이 자랑하는 것으로 인식될까 봐 걱정되어 겸손하려고 하거나, 공개하면 결국 비난받게 되리라는 두려움과 같은 사회적이고 문화적인 장벽도 존재한다. 어떤 팀에서는 자신들이 작성한 열망이 서비스로 잘 제공되지 않을 때 법적 책임을 져야 할 수도 있다는 '법적 불안'을 호소하기도 한다. 위키 매뉴얼의 명칭을 '연습장'으로 바꾸면 이러한 걱정이 줄어들 것이라는 제안도 있었다. 그러나 수년 동안 정기적으로 매뉴얼 작업을 해 온 팀에서는 실제로 이러한 비관적인 결과를 맞이한 적이 없다는 사실에 주목할 필요가 있다.

실천 공동체를 향한 작업

적응적 정신화 기반 통합치료에서는 교육을 받은 팀들이 온라인 활동을 포함한 다양한 방식으로 실천 공동체(Lave & Wenger, 1991)로 성장하는 것을 지원하기 위하여 노력해 왔다. 어느 분야에서나 담당자들은 자신의 일에 대해 털어놓고, 흔히 발생할 수 있는 문제에 대한 해결책을 공유하는 것을 좋아한다는 점을 활용하여, 실천 공동체가 '살아 있는 교육 과정'이 될 수 있도록 모여서 대화를 할 수 있도록 하고자 하였다. 온라인에 축적된 지식

목록은 공동의 창조성과 관대함으로부터 혜택을 받을 수 있다는 실질적인 전망을 경험할 수 있다. 지난 10년간, 그러한 열망을 실천하기 위한 필요조건들에 대하여 많은 내용을 배웠으며, 단순히 온라인 회의 공간과 온라인 지식 저장소를 제공하는 것 이상으로 더 적극적인 지원과 돌봄이 필요하다는 점을 알게 되었다. 아직도 가야 할 길이 멀다.

　서로 혜택을 주고받는 관계에서 다른 팀들에게 마인드를 소개하는 것에는 분명한 경제적 이득이 있으며, 특히 교육과 슈퍼비전을 위한 예산이 한정되어 있는 시기에는 더욱 그렇다. 우리는 여러 팀을 교육하려고 노력해 왔다. 한가지 일화를 소개하자면, 우리가 변화를 실현해 나가기 위한 기제로서 방문자들이 적응적 정신화 기반 통합치료 팀 회의에 규칙적으로 참석하도록 격려하는 것의 중요성이 있다. 적응적 정신화 기반 통합치료의 영향을 받은 치료에 대하여 호기심을 가진 방문자가 오면, 마치 존중하는 친척이 집을 방문했을 때 가족들의 예의범절이 더 향상되는 것처럼, 주최 팀에서는 의식적으로 바람직한 사회적 규범을 연습할 수 있으며, 스스로에 대해 설명하는 기회를 갖는다(이는 강력한 학습 활동이 된다). 실천의 공동체를 향한 우리의 열정은 앞에서 설명한 바와 같이 정신화가 전두엽 영역의 활동과 초기 애착관계에서 두 명의 관계 내 호혜성 경험에 기반하는 것만큼이나 사회적으로 결정되는 능력이기도 하다는 점에 근거를 두고 있다.

　우리는 초기에 온라인 매뉴얼을 통하여 그러한 발전을 비교적 자동적이고 고통스럽지 않게 이루고자 하는 순수한 바람이 있었던 것 같다. 한 팀에서 다른 팀이 작성한 내용을 볼 수 있고, 서로의 새로운 내용을 공유할 수 있으며 이러한 과정은 매뉴얼을 만들어 나가는 데 강화로 작용할 수 있을 것으로 기대하였다. 그러나 이러한 방식만으로는 부족하다. 온라인 매뉴얼을 만들 수 있는 기술적 성장은 현재 진행 중이며, 이는 네트워킹을 상당히 촉진할 것이다. 그러나 우리는 팀들이, 그리고 적응적 정신화 기반 통합치료 교육자들과 촉진들이 더 적극적으로 직접 대면할 필요성도 인식하고 있다.

탈통합의 척도

　이 장을 시작할 때 적응적 정신화 기반 통합치료에 관하여 전반적인 내용을 소개하면서, 우리는 복잡하고 많은 전문가가 얽혀 있는 네트워크에서 탈통합(dis-integration)의 일부 특징에 관하여 설명하였다. 담당자들이 불안을 느끼는 상황은 흔히 발생하기 때문에 전문가로서 수치심을 당연히 느껴야 하는 것은 아니라고 주장한 것과 유사하게, 네트워크에서 탈통합도 흔히 발생하고, 네트워크의 기본적인 상태라고 생각한다.

'탈통합 척도'는 적응적 정신화 기반 통합치료에서 여기 저기 낡아서 올이 풀려 있는 듯한 천에 난 가장 위태로운 구멍을 막기 위하여 현장에서 사용할 수 있는 단순한 도구 중 하나다. 체계적 접근에서 더 큰 조력 시스템 내의 다른 부분에 있는 사람들에 관하여 정신화 관점을 유지할 수 있도록(다시 활용할 수 있도록) 도움을 준다. 우리는 담당자들에게 다음의 세 수준에서 각 마음을 정신화하도록 요청한다.

1. **설명**: 이 네트워크에 있는 각 사람들은 자신이 담당하고 있는 문제에 대해 어떻게 묘사하거나 설명할까?
2. **개입**: 각자는 어떤 방법이 가장 도움이 될 것이라고 생각하는가?
3. **책임**: 각자는 시스템 내의 누가 이러한 개입을 실행해야 한다고 믿고 있는가?

세 가지 수준을 나타내는 가로 선을 그리고, 각 구성원들을 나타내는 세로선을 그려서 격자무늬를 만들고 각자가 응답한 내용을 기록한다. 확대된 네트워크상의 다양한 사람들이 어떻게 응답할지(그래서 그들이 이해받는다고 느낄 수 있는 제안을 볼 수 있는지)에 관하여 상상해 보면(즉, 정신화) 담당자들이 호기심과 흥미를 느끼고 대화를 시작하게 될 수 있다. 격자무늬 속 칸 중 많은 부분에 대하여 한 명 이상의 담당자들과 서로에 대한 존중과 호기심에 바탕을 둔 대화를 하지 않고서는 응답할 수 없다는 것을 알게 될 것이다.

탈통합 척도를 통하여 진정성 있게 공유하고 있는 의도(스트레스를 받는 시기에는 어려워지는)가 담긴 일의 측면들을 떠올릴 수 있다. 각자가 이 척도를 완성함으로써(혹은 내담자와 작성하거나 다양한 기관이 모여 하는 회의에서 작성하는 것도 좋음), 가장 방해가 되는 시스템 내의 탈통합을 알아차리고, 이를 모른 척하지 않고 개선하기 위한 노력을 할 수 있도록 우선순위에 놓을 수 있는 한 가지 이상의 '연결하는 대화(connecting conversations)'를 발견할 수 있다.

우리는 여기에서 위계적이지 않은 과정에 대해 묘사하고 있다. 정신화하기는 개인의 권력이나 이자관계에서의 거래가 아니라 사회적이고 맥락적으로 결정되는 활동으로 볼 때 더 잘 이해할 수 있다. 적응적 정신화 기반 통합치료에서는 한 개인을 '뛰어난 정신화하기 전문가'나 '정신화하기 영웅'으로 만들고자 하는 기대에서 벗어나서 서로의 마음을 챙기고 모두가 공유하는 정신화하기의 취약성에 민감하게 반응하는 마음의 공동체를 의도적으로 형성하는 것이 강조된다. 이렇게 '서로가 서로를 이해하는' 것에는 무질서한 특성이 있고, 뛰어난 기술적인 능력, 자격, 전문적인 역할, 권위, 권력과 관련된 주제는 피하게 된다. 즉, 마음은 그냥 마음이며, 이해 받는다는 느낌이나 자신의 이해가 정당한지 여부에 따라 마음에는 변동이 생길 수밖에 없다. 이러한 경험이 부정적이기보다 더 긍정적으로 받아들여질 때, 효과적인 정신화하기는 더 작용하게 된다. 적응적 정신화 기반 통합치료의 영향을 받은 서비스에서는 핵심적인 실질적 업무 중 하나로서 네트워크 전반적으로 더 이해하는 것을 목표로 삼는다. 여기에서는 탈통합을 다루기 위하여 구조적인 재조직화에만 의존하지 않고 게릴라식 접근을 활용한다. 구조적인 재조직화만으로는 성공하기 어렵기 때문이다.

　탈통합 척도뿐만 아니라 '프로그램(Pro-gram)'을 만들어서 네트워크를 지도로 만들고 '조각하기(Sculpting)' 같은 다른 기법들도 개발되어 있으며, 관련 내용은 Bevington 등 (2017)에서 찾아볼 수 있다. 이 두 기법들도 유사한 주제를 다른 방식으로 탐색하는 데 도움이 될 것이다.

담당자 중심 팀: 인식론적 신뢰의 중요성을 강조하기

　적응적 정신화 기반 통합치료에서는 조력 시스템을 내담자의 관점에서 이해하고 공유된 이익을 향상시켜서 네트워크에서의 협동을 촉진한다. 그 원칙의 핵심은 특별한 상황을 제외하고, 적응적 정신화 기반 통합치료에서는 내담자를 위한 새로운 조력 시스템을 만들지 않고, 기존 시스템에 맞춘다는 것이다. 조력 시스템에는 비공식적인 연락 대상, 가족, 친구, 정신건강 전문가 외의 담당자(예: 교사, 보호관찰관)뿐만 아니라, 상식적으로 도움과는 거리가 멀지만 내담자의 관점에서는 적어도 어떤 종류의 보호나 돈 등을 제공해 주는 존재들(예: 마약상, 조직폭력단 대장)까지 포함될 수 있다.

　우리는 기존의 '내담자 중심 팀(Team Around the Client)'을 보완하는(대체를 하는 것이 아닌) 전문적 네트워크를 개발하는 입장을 취하도록 권유한다. 우리는 이러한 방식을 '담당자 중심 팀(Team Around the Worker)'이라고 부른다.

　내담자 중심 팀 접근에서는 특히 전문가 역할, 책임, 전문적 기술에 초점을 맞추고, 비교적 도움 제공의 '산업화' 모델에서 효율을 발휘한다. 내담자 중심 팀은 내담자의 필요와 가용 자원에 대한 정확한 목록이 있고, 적절한 사람과 팀을 배치하여 그 자원이 전달되도록 할 수 있을 때 가능하다. 이러한 접근 방식은 일반적으로 상당히 효과적이지만, 인식론적 과잉 경계(제4장 참고)가 있는 상황에서는 그렇지 않다. 왜냐하면 내담자나 가족들이 다양한 팀에 있는 여러 담당자들과의 신뢰관계를 형성하기 어려울 뿐만 아니라, 신뢰할 수 있는 단 하나의 관계를 쌓는 데에도 어려움을 겪으며 느끼는 부담에 대해 쉽게 설명할 수 없기 때문이다. 내담자 중심 팀이 잘 작동할 때는, 종종 담당자 중심 팀으로 작동할 수 있는 방식을 발견한 때다.

담당자 중심 팀에서는 기술과 책임에 대해 일차적으로 초점을 맞추는 대신, 관계와 조력 과정의 특성을 강조한다. 특히, "현재 인식론적 신뢰가 형성된 곳은 어디인가? 이 내담자가 지금 '이 사람은 나를 이해해'라고 생각할 만한 사람은 누구인가?"와 같은 질문을 하며 내담자의 관점을 고려(정신화)한다. 담당자 중심 팀에서 내담자의 마음에 핵심이 되는 조력자인 이 사람이 '핵심 담당자'다. 이러한 의미에서 핵심 담당자는 구체적인 기술들과 일련의 공식화된 책임에 기반한 조직적인 역할에 따라 결정되는 내담자 중심 팀에서와는 다르게 정의된다. 담당자 중심 팀에서, 핵심 담당자는 누구나 될 수 있고, 시간에 따라 변할 수 있다. 실제로, 담당자 중심 팀에서 핵심 담당자의 역할을 네트워크상의 누구나 돌아가며 맡을 수 있다는 점은 내담자가 도움에 마음을 열고, 도움을 받아들여서 활용할 수 있는 능력을 일반적으로 가지고 있음을 받아들이는 증거로 볼 수 있을 것이다. 이러한 측면은 증상 목록의 개선을 넘어서, 조력관계에서 회복으로 이어진다.

이러한 방식이 성공하기 위해서는 다음과 같은 몇 가지 중요한 특징이 있다.

1. 네트워크에서는 현재 인식론적 신뢰가 어디에 있는지 알아차리고 공유할 수 있어야 한다.

2. 내담자와 먼저 관계를 맺는 것에 대한 담당자들 사이의 경쟁을 피하고, 전체 시스템의 관점에서 바라본다. 즉, 좋은 의도를 가진 상담자 개인의 욕구나 한 팀에서 요구하는 우선순위에 휘둘리는 대신, 전체 조력 시스템의 집합적 영향에 대하여 고려한다.

3. 네트워크에서는 복잡한 다중 방식의 개입으로 내담자를 압도하거나, 적절한 시간을 놓치고 잘못된 우선순위를 따르며 상황과 관련 없는 도움을 제공하는 것을 피하는 대신 이를 조절하고, 연결해 가고, 소개하는 데 도움을 주는 자원으로서 인식론적 신뢰를 중요하게 여긴다.

4. 안정적인 인식론적 신뢰관계를 형성한 담당자가 부담하는 독특한 취약성을 인식한다.

실행을 위한 혁신: 협력과 확산을 위한 접근

협력적으로 함께 만드는 교육

협력을 향한 열망을 특징으로 하는 적응적 정신화 기반 통합치료에 최근 도전이 되는 상황이 발생하였다. 적응적 정신화 기반 통합치료의 핵심 가치는 모든 증거 기반 실천(혹은 일반적인 용어로 '도움')에서 효과성을 향상시키는 팀과 네트워크의 맥락과 조건을 창조하는 것으로 묘사할 수 있다. 이러한 의미에서 적응적 정신화 기반 통합치료는 하나의 치료 기법일 뿐만 아니라 서비스를 향상시키는 모델이다. 지난 몇 년간, 안나 프로이트 국립 아동가족센터에서 적응적 정신화 기반 통합치료 교육은 대규모의 런던 전역에서 온 담당자들에게 교육을 제공하도록 요구 받았고, 그 교육에서 적응적 정신화 기반 통합치료를 정신화 기반 치료가 아닌 다른 두 증거 기반 상담 접근과 통합해야 했다. 이러한 요구를 수용하면서 우리는 현실적으로 완전히 다른 치료 모델과 협력할 수 있는가 하는 문제에 직면하였다.

한 협력 작업에서 런던 서부와 북부의 사회복지 서비스와 초기 조력 팀들이 (한 해 전에 교육과 슈퍼비전에 상당한 투자를 한 이후에) 가족 파트너십 모델(Family Partnership Model; Day et al., 2011)를 받아들였던 적이 있다. 그들은 자연스럽게 가족 파트너십 모델에 대한 열정(우리는 '인식론적 신뢰'라고 부를 수 있을 것이다)을 보였다. 왜냐하면 기존의 조력 서비스에서 어려움을 겪은 가족들과 함께 작업할 때 확신에 근거한 변화를 일으키고 유지하는 데 가족 파트너십 모델이 효과가 있다는 것을 알고 있었기 때문이었다. 가족 파트너십 모델에서는 '조력 과정'으로 정의되는 모든 단계에서 파트너십이 필요함을 강조하고, 세심하게 구조화된 도구과 실천 방법들을 활용하여 이 파트너십을 지지하였다.

두 번째 협업에서 중앙과 서부 런던의 세 지부 위원회 위원들이 동기강화상담(motivational interviewing; Miller & Rollnick, 2012)이나 동기강화상담이 수정된 상담 기법이 시스템에서 소외되고 있으며, 흔히 약물 관련 문제가 있는 가족들과 작업을 하는 데 도움이 될 것이라고 결정하였으나, 그들은 적응적 정신화 기반 통합치료와 정신화 관련 내용을 포함하려고 하였다.

동기강화상담에서는 정신화 기반 작업과 유사하게 의도성과 내담자의 현재 심리 상태에 관하여 진심으로 이해하는 것의 중요성에 초점을 맞춘다. 동기강화상담과 같은 접근법에서는 잠재적인 행동변화와 관련하여 전숙고 단계(precontemplation)와 숙고 단계(comtemplation)의 차이를 강조한다. 이러한 단계들은 각각 전정신화 사고(premtalistic thinking)와 정신화를 잘 나타낸다. 마찬가지로 가족 파트너십 모델에서는 파트너십에 대한 이해, 즉 '함께 한다'는 느낌과 서로의 입장에 대한 호혜적 이해와 상호 존중을 강조한다. 이러한 내용들은 모두 적응적 정신화 기반 통합치료의 이론적 표현에서 성공적인 정신화라고 강조되는 것이다. 가족 파트너십 모델에서는 탐색, 이해, 목표 설정, 전략 계획, 실행, 검토(이전의 단계로 돌아가서 피드백을 주는 과정이 포함될 수도 있음), 종결로 이루어지는 조력 과정에 집중한다. 각 단계들은 적극적인 파트너십의 맥락이 있을 때 성공할 수 있으며, 적극적 파트너십의 구체적인 모습은 상황과 때에 따라 달라질 수 있다.

　가족 파트너십 모델을 활용하기 위해서는 가족 파트너십 모델과 적응적 정신화 기반 통합치료를 합쳐서 교육할 두 개의 교육팀이 필요하다. 이러한 교육 방식은 복잡한 조력 네트워크에서 필연적으로 발생하는 탈통합에 관하여 우리가 설명한 것과 동일한 과정을 보여 준다. 예를 들어, 교육을 받기 위하여 온 팀들과 둘 혹은 그 이상의 기관과 전문가들을 만나게 되는 내담자들은 유사한 상황에 처하게 된다. 두 경우 모두 '조력자(helpers)'들이 도와주려는 의도가 있지만, 그 조력자들은 문제에 대하여 다르게 이해하거나 해결 방안에 대한 다른 의견을 가지고 있을 수 있다. 가족 파트너십 모델과 함께하며 발견한 점은 기존에 가지고 있는 가족 파트너십 모델에 대한 인식론적 신뢰를 인정하는 것의 중요성이었다. 우리는 가족 파트너십 모델이 이미 효과적이라고 인정을 받는 기존의 조력 시스템에 들어간 신입들이었던 것이다.

　이러한 주제와 관련하여 특히 교육 초기에 (이후에 더 많은 수를 교육할 수 있도록, 초기에 수백 명의 담당자들을 교육하고 있었다) 우리는 교육 참여자들이 종종 '너무 많은 말들' 때문에 당황스러워하는 것을 발견하였다. 가족 파트너십 모델과 적응적 정신화 기반 통합치료의 교육자들은 필연적으로 자신들만의 '언어'를 사용하여 실용적인 사고의 틀에 도움이 되는 축약한 단어, 전문 용어, 특정 단어를 사용하여 내용을 전달하고 있었다. 하나의 외국어를 배우는 것은 누구에게나 어려운 일인데, 두 개의 외국어를 동시에 배우는 것은 거의 불가능한 일이다. 이 교육에 참석했던 담당자들은 '자신이 감당할 수 없다'는 감정을 받았다고 묘사하곤 하였다.

　이러한 문제는 교육 참여자들이 어떤 모델을 좋아하고 다른 모델은 좋아하지 않는 것과는 다르다. 여기에서 문제는 교육자들이 담당자가 교육을 받으면서 느끼는 것보다 그 모델을 더 중요하게 보고 있다는 데 있다. 교육자가 가진 지도, 즉 교육과정에 대해 어떤 분야에서는 잘못 이해할 수 있다(Bateson, 1972/2000). 이것이 정신화 기반 작업을 하는 담당자들이 아는 바와 같이, 이는 가장 모드(pretend mode)의 핵심적인 측면이며 우리가 노력을 하더라도 때로는 피하기 어려운 모습이기도 하다. 핵심적으로 우리는 이론과 실천 사이에서 균형을 잡기 위하여 애를 쓰고 있었다. 우리는 모두 같은 단어를 사용해야 할까? 아니면 핵심 원리를 따라 실천할 수 있는 공통적인 방법을 찾아야만 할까?

　해결 방안이 발견된 것은 두 가지 요인 덕분이었다(Munro 등이 2017년에 작성한 외부자 검토 보고서에 의하며, 많은 비용 절감이 있었으며 우리가 시도한 통합이 효과가 있었다고 하였다). 첫째, (물론 가족 파트너십 모델에서 온 동료들로부터 이러한 성공에 대한 의견을 들어봐야 할 것이다) 우리는 가족 파트너십 모델 교육팀과 신뢰관계를 형성하기 위하여 노력했다. 특히 기존의 위원회, 지역 담당자들과의 기존 관계를 무시하지 않고 인정하였으며 우리에게는 그 관계를 더 강화하고자 하는 열정이 있다는 점을 강조하였다. 우리는 가족 파트너십 모델 동료들과 친분을 쌓아 나가고 이후에는 각자의 이론만을 가르쳤다면 일이 훨씬 더 쉬웠을 것이라는 농담도 나눌 수 있었다. 둘째, 우리는 고유한 모델을 만들기 위하여 세 팀이 관여하는 모델을 발전시키기로 동의하였다. 적응적 정신화 기반 통합치료와 가족 파트너십 모델 교육자들은 담당 지역에서 중요하고 정착되어 있는 전문성('이 조직과 문화에서는 무엇이 효과가 있고, 적용될 수 있는가'에 관하여)을 가진 지역 서비스를 세 번째 팀으로 인정하고 파트너십을 가지고 함께 작업하기 위하여 명시적으로 노력하였다.

　공동으로 진행한 교육이 성공할 수 있었던 것은 실용적인 적용과 모든 당사자들의 친절한 조정 덕분이었다. 공동의 교육 팀으로서 우리가 제공한 도움은 우리가 가르친 내용보다 더 중요했던 것이다. 정신화를 고려하는 것이 파트너십을 창조해 가는 데 도움이 되지만, 교육을 받은 팀에서 '내담자와 함께 일하기'는 현재 가족 파트너십 모델을 중심으로 조직화되어 있다. 또한 팀 문화를 발전시키고자 하는 접근과 네트워크에서 협업하기 위한 전-시스템적 접근은 기본적으로 적응적 정신화 기반 통합치료의 영향을 받았지만, 가족 파트너십 모델의 용어와 과정에서 더 많이 강조되었다.

　교육을 제공하는 담당자로 활동하는 것과 치료적 개입을 하는 담당자의 역할의 공통점은 교훈을 주었다. 두 가지 모두 필연적으로 어려움("이 도움으로 인해 우리가 더 혼란스러워질까 아니면 우리의 전문성에 대해 쓸모없다고 느끼게 될까?")을 수반하는 도움을 어느 정도까지 수용하여 위험을 감수하고 싶은지 모호하게 느낄 수 있는 '내담자들'에게 도움을 제공하는 일이다. 교육 참여자들 앞에 섰을 때, (내담자와 함께 일할 때와 마찬가지로) 담당자들은 (여기에서는 교육자들) 완전히 통합적이고 유기적인 전문가로서 모습을 보여야 한다는 상당한 수준의 압박감을 느낀다. 그러나 이러한 태도는 정신화도 파트너십도 아니다. 현실은 이보다 훨씬 복잡하지만 궁극적으로 더 인간적이고, 바라건대 도움이 될 것이다.

교육에서 인식론적 신뢰 형성하기

적응적 정신화 기반 통합치료에서 내담자들을 돕는 과정에서 전문가들의 전문성과 관련된 관계에 우선순위를 정한 것과 (혹은 다시 균형을 잡은 것과) 동일한 방식으로, 우리는 이러한 원칙을 교육과정에 적용하려고 노력해 왔다. 전통적으로 심리치료에서 새로운 치료 기법을 가르치는 경우 그 분야나 치료 영역에서 인정받는 전문가가 교육을 진행하였다. 이러한 논리에 반박하는 것은 어렵다. 확실한 점은, 교육 참여자들이 개인적으로 신청한 교육에서 교육자의 자격은 종종 중요한 요인이 된다. 그러나 전체 팀을 대상으로 하는 교육에서는 교육자가 충분한 자격과 풍부한 지식이 있다 하더라도 어떤 교육 참여자들은 "내가 일하는 곳에서 실제로 효과가 있을지 그들은 모를 거야."와 같은 감정을 받을 수 있다. 이런 경우 인식론적 신뢰를 형성하기 어렵다.

우리는 전체 팀을 대상으로 교육하기 때문에, 일부 교육 참여자들은 비자발적인 참여를 하게 된다. 이러한 모습은 도움을 구하지 않은 내담자나 원하는 도움을 자신에게 지정이 된 상담자로부터는 얻을 수 없는 내담자의 상황과 유사하다. 내담자와 일선의 담당자들 간에 존재하는 인식론적 불신과 유사한 것이 내담자 내담자들을 직접 만나는 담당자들과 교육자 사이에도 존재한다고 생각한다.

이러한 문제에 대처하기 위하여 우리는 최근 적응적 정신화 기반 통합치료 교육을 받은 팀에서 새로운 교육자를 모집하였다. 이 교육자들은 인식론적 불신에서부터 시작된 '적응적 정신화 기반 통합치료를 향한 여정'에 대해 종종 묘사한 후, 적응적 정신화 기반 통합치료의 관점을 채택하여 자신의 일에 적용하면서 발생한 변화에 대하여 설명해 나간다. 이러한 방식은 도움이 되었다. 인식론적 신뢰 이론과 일치하는 방식으로, 우리의 교육에 참여하는 담당자들은 강사들이 그들의 입장에 관하여 이해할 수 있음을 알 필요가 있다. 상당한 수준의 치료적·학문적 전문성을 가진 전문가가 강사가 되었을 때, 사람들을 불확실성이 높은 환경에서 많은 수의 사례를 관리하며 현실적인 압박이 심한 일선의 담당자들에 대해서는 잘 모를 것이라고 생각한다. 이 때문에 우리가 작업하는 환경에서 경험이 풍부한 강사와 다양한 팀을 교육시킨 경험이 풍부한 강사를 균형을 맞추어 선발하려고 한다.

예를 들어, 우리는 최근에 영국 맨체스터에 센터를 설립하여 어린이 그룹홈 분야의 담당자들에게 적응적 정신화 기반 통합치료 교육을 제공하려는 목적으로 어린이 그룹홈에서 근무하는 담당자들을 강사로 교육시켜서 다른 담당자들을 교육할 수 있도록 하려는 프로젝트를 시작하였다. 이 과정은 '담당자 중심 팀'(이 경우에는 강사와 촉진자로 역할을 하는 그룹홈 담당자들)을 형성하겠다는 목적을 가지고 있으며, '내담자'와 (즉, 다른 그룹홈 직원 팀들과) 어느 정도 인식론적 신뢰가 형성되었다는 점에서 내담자와 작업하는 접근 방식과 유사하다.

이 프로그램에 참여한 담당자들은 자신들이 함께 일하는 젊은 사람들에 대한 높은 수준의 전문성과 구체적인 지식이 있음을 보여 주었다. 문제가 있는 젊은 사람들과의 관계에서 인식론적 신뢰를 형성할 수 있는 그들의 능력은 뛰어났지만, 전문가 네트워크에서 종종 다른 요소들(종종 '전문가들')에 의해 인정받지 못하는 경향이 있었다. 해당 분야의 많은 담당자들은 수년 동안 일선에서 근무해 왔다. 한 교육에 참여한 15명의 경험을 계산해 보니 같은 분야에서 총 200년이 넘게 근무한 경우도 있었다.

이러한 담당자들에게 어려운 일은 자신들이 내담자를 만날 때처럼 자신감과 전문성을 가지고 교육을 제공하는 것이다. 그로 인하여 우리는 적응적 정신화 기반 통합치료 교과과정에 대하여 다시 검토하게 되었고, 불필요한 전문적 표현을 줄이고 경험이 적은 강사들의 교육을 촉진할 수 있는 지원 시스템을 제공하였다. 개별 기관을 확장하는 것뿐만 아니라 담당자들이 자신의 주요 업무 외의 역할들도 적응적으로 해낼 수 있도록 지원하는 것과 관련된 원칙은 처음부터 적응적 정신화 기반 통합치료에서 중요한 의제였다([그림 13-1]에서 설명하는 바와 같이 '기존의 관계를 지지하기'는 적응적 정신화 기반 통합치료 핵심 실천 원칙 중 하나다). 지원하기의 과정(Wood et al., 1976)에 관하여 처음으로 묘사한 사람은 Vygotsky(1978)로, 그는 '중심적인 발달 영역'이라고 표현하였다. 이것은 개별적으로 성취할 수 있는 것과 할 수 없는 것 사이의 차이로서, 주 전문가(혹은 부모)와 새로운 역할을 맡은 담당자(혹은 아이) 사이에서 지속적인 호혜적 피드백을 통하여 학습하고 숙련된 상태로 나아갈 수 있는 영역이다. 어려운 점은 이러한 조건을 충족시키는 기술을 지원하는 방법을 발견하고 과정을 지원할 수 있는 신뢰의 조건을 만들어 가는 것이다. 우리는 담당자들이 교육을 할 수 있도록 촉진하는 것은 불안정한 과정임을 알게 되었다. 정신화 그 자체와 같이 우리는 종종 잘못 이해하기도 한다. 사람들이 자신감을 느끼고 유능하게 역할을 해내고 있던 기존의 분야에서 벗어나도록 요구받는다는 점에서 이러한 과정은 단순하지도, 정답이 마련되어 있지도 않다. 우리가 만났던 가장 인상적인 강사는 반쯤 농담처럼 우리의 교육과정을 '심리치료'라고 불렀다. 우리는 이 프로젝트에서 초기에 성취한 내용을 보고 용기를 얻고 있다. 교육의 효과와 만족도는 상당히 높았지만, 각 지역을 중심으로 하는 교육들은 개선해 나갈 여지가 있다.

결론

이번 장의 목표는 심각한 수준의 복잡한 어려움을 가진 사람들에게 효과적으로 도움을 제공하기 위하여 교육 수준이 높고 개입에 관한 구체적인 지식을 가진 전문가가 반드시 필요하다는 생각에서 벗어나는 과정을 설명하는 것이었다. 그러한 담당자가 충분한 선의를 가지고 훌륭하게 일을 하더라도, 효과적인 조력을 충분히 제공하는 것은 항상 어려운 일이다. 게다가 개별적인 노력만으로는 담당자들이 처리하는 복잡한 문제를 해결할 수 없다.

안타깝게도, 이러한 비관적 관점을 지지하는 증거들이 있다. 영국 정부의 주 의제인 어려운 가족 돕기 프로그램(Helping Troubled Families program; Department for Communities and Local Government, 2016)에서는 이 장에서 묘사한 문제가 있는 가족들을 지원하기 위하여 4억 5천만 파운드라는 엄청난 재정을 투자하였다. 그 프로그램에 관한 국가의 평가에서(Day et al., 2016) 수혜 대상이 되는 가족들을 위한 효과들을 거의 발견하지 못하였다는 결론을 내렸다. 영국에서는 그러한 프로그램들이 지속되었고, 종종 기존에 잘 이루어지고 있는 조력 시스템을 강화하는 대신 상부에서 계획한 내용을 따라서 새로운 개입을 활용하는 데 집중하여, 상당히 짧은 시간 동안 실행하는 모습을 보였다. 우리는 이러한 방식은 더 이상 정당화될 수 없다고 생각한다. 상당히 중요한 공공 건강 문제에 대처하기 위하여 개별 담당자들이 새로운 정책을 따라서 새로운 기술을 배우는 것을 신뢰할 수 있는 방식으로 보도록 격려하는 것은 심지어 비윤리적이라고 할 수 있을 것이다.

우리의 견해에 따르면 앞으로는 두 가지 주요한 원칙이 강조되어야 할 것이다. 첫째, 팀워크 문화를 형성하는 것을 핵심적인 노력의 영역(상호적인 인식론적 신뢰를 촉진하기 위한 의도적인 맥락을 형성하고 공동의 가치관과 사회적인 규율을 함께 만들어 나가기)으로 여기는 팀의 담당자들이 이러한 작업을 시도해야 한다. 둘째, 내담자들에게 도움이 되는 근본적인 변화를 일으키기 위하여 '영웅'으로 삼을 수 있는 새로운 기술이나 담당자를 내세우기 위한 투자를 핵심으로 삼는 대신, 내담자가 자신의 삶에 대하여 알고 있는 것, 과거에 그들에게 도움이 되었던 것, 현재 그들을 조력하고 있는 사람들을 중심에 두는 근본적으

로 다른 서비스 방식을 만들어 나가야 할 것이다. 이러한 방식은 기존의 서비스를 조직화
하고 제공하는 관점에서는 매우 불안정하게 보이며, 그러한 노력의 급진적인 측면이 분명
하게 드러난다. 즉, 혁명적인 방식이 아닌 점진적인 방식의 변화라고 하더라도 상당한 어
려움을 겪고 있는 분야에서는 간단한 해답이 될 수 없다. 우리는 '영웅'을 만들어 내는 것
을 중단하도록 주장하는 것 외에도 새로운 정책적 계획을 세우는 대신 이미 이렇게 어려
운 분야를 선택한 사람들에게 더 투자할 것을 주장한다. 적응적 정신화 기반 통합치료에
서는 이러한 내용을 다루고 있으며, 그 여정에서 우리는 모두 초보자다. 우리가 함께 일하
는 사람들, 즉 내담자들로부터 배우고 교육과 서비스 개발 과정에서 만나는 담당자들로부
터 배우는 내용을 기반으로 삼는다면 발전하게 될 것이다.

 ## 참고문헌

Asen E, Bevington D: Barefoot practitioners: a proposal for a manualized, home-based Adolescent in Crisis Intervention Project, in Reaching the Hard to Reach: Evidence-Based Funding Priorities for Intervention and Research. Edited by Baruch G, Fonagy P, Robins D. Chichester, UK, Wiley, 2007, pp 91-106

Bateson G: Steps to an Ecology of Mind: Collected Essays in Anthropology, Psychiatry, Evolution, and Epistemology (1972). Chicago, IL, University of Chicago Press, 2000

Bevington D, Fuggle P: Supporting and enhancing mentalization in community outreach teams working with hard-to-reach youth: the AMBIT approach, in Minding the Child: Mentalization-Based Interventions With Children, Young People and Their Families. Edited by Midgley N, Vrouva I. London, Routledge, 2012, pp 163-186

Bevington D, Fuggle P, Fonagy P, et al: Innovations in Practice: Adolescent Mentalization-Based Integrative Therapy (AMBIT): a new integrated approach to working with the most hard to reach adolescents with severe complex mental health needs. Child Adolesc Ment Health 18:46-51, 2013

Bevington D, Fuggle P, Fonagy P: Applying attachment theory to effective practice with hardto-reach youth: the AMBIT approach. Attach Hum Dev 17(2):157-174, 2015 25782529

Bevington D, Fuggle P, Cracknell L, et al: Adaptive Mentalization-Based Integrative Treatment: A Guide for Teams to Develop Systems of Care. Oxford, UK, Oxford University Press, 2017

Day C, Kowalenko S, Ellis M, et al: The Helping Families Programme: a new parenting intervention for children with severe and persistent conduct problems. Child Adolesc Ment

Health 16:167-171, 2011

Day L, Bryson C, White C, et al: National Evaluation of the Troubled Families Programme: Final Synthesis Report. London, Department for Communities and Local Government, 2016

Department for Communities and Local Government: The First Troubled Families Programme 2012 to 2015: An Overview. London, Department for Communities and Local Government, 2016

Fuggle P, Bevington D, Cracknell L, et al: The Adolescent Mentalization-based Integrative Treatment (AMBIT) approach to outcome evaluation and manualization: adopting a learning organization approach. Clin Child Psychol Psychiatry 20(3):419-435, 2015 24595808

Gelston P: "Hard to Reach" Young People: The Role of Service Organisation and Mentalization-Based Treatments. DClinPsy Thesis. London, University College London, 2015

Griffiths H, Noble A, Duffy F, et al: Innovations in Practice: evaluating clinical outcome and service utilization in an AMBIT-trained Tier 4 child and adolescent mental health service. Child Adolesc Ment Health 22:170-174, 2017

Kania J, Kramer M: Collective impact. Stanford Social Innovation Review Winter:36-41, 2011

Kania J, Kramer M: Embracing emergence: How collective impact addresses complexity. Stanf Soc Innov Rev January:21, 2013

Lave J, Wenger E: Situated Learning: Legitimate Peripheral Participation. Cambridge, UK, Cambridge University Press, 1991

Miller WR, Rollnick S: Motivational Interviewing: Helping People Change, 3rd Edition. New York, Guilford, 2012

Munro ER, Hollingworth K, Meetoo V, et al: Ealing Brighter Futures Intensive Engagement Model: Working With Adolescents In and On the Edge of Care. London, Department for Education, 2017

Senge P: The Fifth Discipline: The Art and Practice of the Learning Organization, 2nd Edition. New York, Doubleday, 2006

Vygotsky LS: Interaction between learning and development, in Mind in Society: The Development of Higher Psychological Processes. Edited by John-Steiner V, Cole M, Souberman E, et al. Cambridge, MA, Harvard University Press, 1978, pp 79-91

Weisz JR, Gray JS: Evidence-based psychotherapy for children and adolescents: data from the present and a model for the future. Child Adolesc Ment Health 13:54-65, 2008

Wood D, Bruner JS, Ross G: The role of tutoring in problem solving. J Child Psychol Psychiatry 17(2):89-100, 1976 932126

제**14**장

사회 시스템:
개인과 가족의 소우주를 넘어서

Eia Asen, M.D. Chloe Campbell, Ph.D.
Peter Fonagy, Ph.D., FBA, FMedSci, FAcSS

이 장은 제10장('치료 모델')에서 언급된 몇 가지 아이디어를 발전시키며, 개인을 둘러싼 사회 시스템이 치료에서 유익한 결과를 가져오는 데 어떻게 기여할 수 있을 것인가에 관한 것이다. 정신화하기는 발달적 기원을 가지고 있고, 진화적 기능이 있으며 시시각각 전개된다는 면에서 상호 주관적인 과정이다. 개인이 자신의 행동이나 생각을 이해하려고 시도하는 정신화 과정에 있다는 것은 상호작용과 대인관계에 몰두하고 있음을 의미한다. 인식론적 신뢰 이론(The theory of epistemic trust)은 본질적으로 발달적이면서 애착에 기반한 대인관계 과정이 더 넓은 사회 시스템에서 개인이 가장 잘 기능하도록 하는 것과 관련되어 있음을 강조한다. 제4장에 요약된 바와 같이, 인식론적 신뢰의 진화적 기능은 개인이 문화의 전달에 참여할 수 있도록 하는 것이며, 개인의 주관적 경험 수준에서 사회적 지식을 개방적으로 수용하는 것은 문화 환경으로부터 심리적 혜택을 받을 수 있도록 한다. 이러한 이론의 발전에 기초하여 사회 시스템과 정신화 및 인식론적 신뢰의 생성을 지원하는 능력은 다음의 단계들에 초점을 둔다. 이 장에서 우리는 정신화하기 이론과 인식론적 신뢰 이론이 사회 시스템에 대한 숙고에 어떻게 적용될 수 있는지 탐구하고자 한다.

사회 과정을 정신화하기

사회화는 개인이 학교 또는 직장, 종교, 특수 이익 단체 또는 스포츠클럽과 같은 가족

외 사회 시스템과 만나는 과정을 포함한다. 더 넓은 사회 환경에서 기능하는 것은 타인의 마음을 헤아리고 타자 조망하기 능력을 개발하지 않고는 더욱 어렵다. 정신화하기는 사람들이 살고 있는 사회 시스템에 의해 유지된다. 인간의 주관성과 주체성을 존중하지 않는 사회 시스템, 즉 사람이 어떤 행동에 어떻게 반응하는지 거의 또는 전혀 관심을 기울이지 않는 시스템은 자급자족을 요구하는 진화적 환경을 만들어 내고, 타인과의 소통에 관심을 두지 않게 한다. 이와 대조적으로 사회 시스템을 정신화하는 것은 자신과 타인에 대한 상상적 사고를 가능하게 하여 개인의 발전과 선택의지를 증진할 수 있다. 이러한 시스템에서 개인은 타인과 조율됨으로써 높은 수준의 유연성을 가질 수 있고, 사회 시스템은 효과적이고 적절한 방법으로 운영될 수 있다. 사회 시스템이 성공적으로 사회화되기 위해서는 적절하게 민감하고, 유연하며, 사회를 구성하는 개인의 요구에 반응하는 높은 수준의 인식론적 신뢰가 필요하다.

복잡한 탈산업화 사회에서는 인식론적 신뢰가 더욱 절실하게 요구되지만 인구가 많아지고, 사회적 분열이 가속화되며, 국가의 기능이 더 커지고 세분화되면서 인식론적 신뢰에 도달하고 이를 유지하는 것이 더 어려울 수 있다. 사회를 결속하도록 하고 사람들이 자신의 것이 아닌 아이디어에 대한 자연스러운 경계심을 극복하도록 하려면 사회적 신뢰가 필요하다. 개인은 자신의 이야기가 진지하게 수용되고 선택의지가 존중받는다고 느낄 때 다른 사람의 참신한 아이디어를 받아들이고 고려할 가능성이 훨씬 더 높다. 더 넓은 사회 공동체와 의미 있는 연결을 경험하기 위해 개인은 자신이 선택의지를 갖고 있다는 것과 요양 기관, 사법 제도 또는 사람들이 속한 다양한 문화적 맥락에서 사회 구성원들(예: 교육 또는 직장, 건강 및 사회관계)의 정신화가 이루어지고 있음을 느낄 필요가 있다.

정부와 사회 기관들이 시민의 필요를 무시하고 권리를 남용하는 문화적 환경에서 개인은 사회로부터의 배움의 통로를 차단할 것이다(Csibra & Gergely, 2009). 문화적 지식과 기대는 인식되고 이해될 수 있지만 그것들은 더 이상 개인과 관련이 없고 개인에게 일반화될 수 없는 것으로 경험된다. 즉, 그것들은 의미적 기억보다는 일화적 기억으로 저장된다. 사회적 소외는 보다 넓은 환경에 대한 인식론적 신뢰의 체계적인 붕괴라고 할 수 있다. 역기능적인 사회 시스템은 균형 잡힌 정신화하기의 붕괴를 야기할 수 있으며, 매우 민감하고 긴장된 방어적인 상호작용을 초래하여 '무의식적인' 폭력과 혼돈을 초래할 수 있다. 또한 공포를 유발하고 애착을 과도하게 활성화시킬 수 있으며, 고차원적 인지(사고력)를 약화시키고 시스템의 기능을 낮은 수준으로 되돌릴 수 있다(제1장 참고). 역기능적 사회 시스템은 자체적으로 강화될 수 있어 불안정성이 지속되고 협력, 협상, 창의성 등의 사회적 메커니즘을 훼손시킬 수 있다.

이러한 과정의 가장 극적인 예 중 하나는 소련의 붕괴와 베를린 장벽의 붕괴에 따른 사회적 변화다. 우리는 사회 변화에 따른 개인 자유의 증가가 자살과 정신장애의 감소로 이어졌을 거라고 예상할 수 있다. 하지만 실제적으로는 그렇지 않았던 것으로 보인다 (Lester, 1998; Mäkinen, 2000). 왜 이런 상황이 되어야 하는가? 불공정한 지배적인 제도는 불평을 발생시키고, 적어도 사회적 불이익을 받는 사람들에게 직접적인 혹은 사회에 대한 만연한 불공평감을 발생시키는 것으로 보인다. 정신건강과 사회적 격차 사이의 부적 관계는 잘 알려져 있다(McManus et al., 2016). 예를 들어, 한 연구에서는 경계선 성격장애의 국가 유병률과 해당 국가의 상위 20%와 하위 20%의 소득 격차 사이에 정적 선형관계가 존재함을 강조하였다(Fonagy & Luyten, 2016). 우리는 소득 분배 측면에서 심각한 불평등을 조장하는 사회 시스템이 일반적으로 인간이 생후 18개월(Sloane et al., 2012)부터 발달시키는 사회적 공정성에 대한 이해에 도전한다고 추측한다. 인간은 생물학적으로 공격성에 반응하는 경향이 있는 것으로 보인다(de Waal, 2004).

마음과 세계가 일치되어 심리적 동일시가 형성되고 제도화되어 사회 시스템의 기능을 특징짓는다. 조지 오웰(George Orwell)의 디스토피아 소설 『1984』는 생각과 감정이 외부의 의미와 힘을 획득한다는 공식에 부합한다. 생각이 실재한다면 사회적으로 통제되어야 하고 개인 내에서도 통제되어야 한다는 것은 이치에 맞다. 모든 사회적 현실에 대해 해결책은 유일하고, 사물을 보는 대안은 없으며, 다른 관점에 대한 극적인 편협이 있을 수 있는 단순하고(흑백 사고) 도식적이며 엄격하게 고정된 마음은 편견이라는 극단적인 사회적 행위를 쉽게 만들어 낸다. 생각은 물리적인 영역에 가깝기 때문에 부정적인 생각(위협이나 위험에 대한 이미지)은 무섭고 물리적으로 방어할 필요가 있다.

시간에 따라 변동하는 살인율의 역사에 대한 학제간 사례연구는 광범위한 사회적 맥락이 개인의 폭력 행위에 결정적인 영향을 미치는 방식을 보여 준다(Eisner, 2001, 2003). 심각한 대인 간 폭력은 16세기 중반부터 20세기 초반 사이 유럽에서 현저하게 감소했다. 문명화 과정의 영향, 국가권력 강화, 개신교 종교개혁, 근대 개인주의 출현 등 장기간의 쇠퇴에 대한 다양한 설명이 제시되었다. 역사적으로 가장 변동이 심한 살인 유형인 도구적 살인(instrumental homicide)의 비율은 사회가 법에 의해 통치되는지, 사회 엘리트가 신뢰를 받는지, 부패가 통제되고 있는지, 사회적으로 마음이 맞는 서비스가 제공되는지 여부에 크게 영향을 받는 것으로 보인다. 요컨대, 그들은 사회 제도의 공정하고 효과적인 기능과 국가의 정당성, 즉 사회 및 정치 구조에 대한 시민들의 신뢰에 의해 영향을 받는다

(Eisner, 2012). 이 정치적 정당성 모델은 국가 간 살인율 및 기타 변인에 대해 검증되었으며, 일관되게 강력하고 독립적인 예측 변인임이 밝혀졌다. 역사적 연구와 다문화 범죄학적 증거에 따르면 정부에 대한 믿음과 정부의 법률 및 사법 제도가 공정하고 잘못을 바로잡고 생명과 재산을 보호할 것이라는 확신이 살인율을 낮추는 데 가장 중요한 요건인 것으로 보인다(Eisner & Nivette, 2012). 정당성은 국민이 정부의 의도와 효용성에 대해 충분한 확신을 가질 때만 정부가 기능할 수 있고, 그 존재를 정당화할 수 있다는 사회 계약 개념에 정치 철학의 기원을 두고 있다. 이 견해에 따르면, 사회 계약을 깨는 정부는 이미 스스로 파괴의 주체로 행동한 것이다(Locke, 1689). 우리는 합법성의 상실이 (개인의 심리적 메커니즘 측면에서) 인구 내에서 중요한 인식론적 신뢰를 유지하지 못한 국가와 기관의 실패에 의해 야기된다고 제안한다.

국가의 정당성이 훼손될 때 모든 사람이 물리적 공격으로 대응하는 것은 아니다. 우리는 개인이 폭력적으로 행동할 가능성이 있는지 여부를 결정하는 조절 요소 중 하나가 기존의 정신화하기 능력이라고 제안한다. 더 넓은 사회 환경에 대한 인식론적 신뢰가 무너진 상황에서 주체성을 느끼는 개인의 능력에 부담이 가중되며, 이는 이미 이러한 방식으로 자신을 잘 경험하지 못하는 사람들에게 특히 어려운 일이다. 주체적 자아의 조직화 경험이 없으면 내적 경험과 행동 사이에 단절이 생긴다. 구체적으로 나타나는 단서가 잘못 읽힌다. 정신화하려는 다른 사람들의 시도는 가려진다. 정신화되지 않는 주관성에 빠지기 쉬운 개인은 폭력적으로 행동하거나 조절장애를 겪을 가능성이 더 크다(Asen & Fonagy, 2017). 앞에서 제안한 바와 같이, 고도로 비우발적이고 비정신화적 사회에서는 이러한 비정신화 모드가 유리할 수 있다. 지금까지 정신화 이론에서는 정신화 능력을 재정립하는 것이 대부분의 사람들이 효과적으로 정신화할 수 있는 문화에의 성공적 적응을 촉진하는 것이라고 가정하는 경향이 있었다. 그러나 인간의 경험적 현실과 자아의식의 사회적 본질을 고려해 볼 때 개인의 최적의 성과를 위해서는 더 넓은 사회 환경의 변화가 필요할 수 있다.

문화를 초월한 작업

상담자가 다양한 문화적 배경을 가진 내담자 및 가족과 함께 일할 때에는 주류 교육을 받은 상담 전문가의 가족 기능, 건강 및 질병에 대한 규범적 아이디어에 잘 맞지 않는 혈연 패턴 및 양육 관행 등 다양한 문화적 시스템 및 관습에 대한 지식이 필요하다. 문화적 전문성은 전문 훈련에서 정기적으로 가르치고 평가되지 않으며, 이는 근본적인 차별과 소외의 증거일 수 있다. 문화는 종종 우리가 정신, 정신건강, 감정에 대한 자신의 가정에 도전하는 과정이나 의미 있는 시스템이라기보다는 사회 범주에 속한 변인으로서 관심을 받는다(Malik & Krause, 2005). 우리 모두는 특정 문화적 위치에서 왔으며 사회경제적·역사적·정치적 맥락의 영향을 받는 '문화적 렌즈'를 사용하며, 이는 우리가 세상을 인식하고 해석하는 방식을 알려 준다.

문화는 태도, 가치, 신념, 전통, 관습, 규범 및 행동을 포함하여 생존을 보장하기 위해 집단이 설정한 명시적 및 암묵적 규칙의 동적 시스템으로 정의할 수 있다(Matsumoto & Juang, 2004). 문화적 규범은 명시적이거나(예: 법률에 명시되어 있음) 암시적일 수 있다(전통적인 관행 및 의례). 그들은 일상적인 상호작용에서 한 집단의 사람들을 안내하고 다른 집단 사람들과 구별한다. 문화는 또한 한 세대에서 다음 세대로 전달되는 상대적으로 많은 사람들이 공유하는 지식 시스템으로 설명될 수 있다. 사람들은 그들의 문화에 의해 형성되고 그들의 문화도 그들에 의해 형성된다. 이러한 방식으로 문화는 역동적이고 항상 변화하며 대부분의 변화가 우리의 인식 밖에서 일어나고 무의식적인 수준에서 작동하며 우리가 만드는 자동 가정에 영향을 미친다. '문화'라는 용어는 때때로 지리적으로 '외국' 장소의 관습과 관습을 지칭하는 데 사용된다. 다른 경우에 그것은 '하위 문화'를 의미한다. 같은 사회에 속한 사람들이 속한 주류 문화와 다르게 간주되는 집단으로, 문화는 예를 들어, 종교적·사회적·정치적 문제와 관련하여 고유한 규범과 가치를 개발한다.

마음의 상태는 문화적 패턴이 반영되어 있기 때문에 심리적 개입이 효과적이기 위해서는 내담자의 문화 시스템에 부합해야 한다. 서로 다른 문화는 서로 다른 방향과 세계관을 가지고 있어 구분된 작업 방식을 가져온다. 예를 들어, 개인이 중심이 되는 문화에서 가족은 다수의 '자아'로 구성된다. 다른 문화권에서 중심 단위는 개인의 몸이나 '자아'가 아니라 공동체, 특히 가족, 즉 '가족 자아'다. 겉으로 보기에 개인적인 증상이나 문제는 타인과의 관계와 관련이 있으므로 개인의 신체적 장애는 사회 질서의 부조화를 나타낸다. 따라서 개입은 종종 심리적이라기보다는 주로 신체적 또는 도덕적이며, 서양의 치료적 접근은 심리학적으로 고찰된 신체 경험으로 간주된다.

정신화 지향적인 상담자는 문화와 자신의 관계에 대해 신중하게 생각하고 자신의 '본래의' 신념과 관행을 문화적 맥락과 통합하는 방법에 대해 생각할 필요가 있다. 그들은 사회에서 자신의 위치를 인식해야 하며, 지배적인 그룹에 속해 있다면 이것이 사회적으로 소외되거나 권리를 박탈당한 내담자와 내담자 가족과의 관계에 어떤 영향을 미칠 수 있는지 상상해 보라. 내담자들은 상담자를 엘리트 집단이나 소수 집단에 속하는 특권층으로 보는가? 정신화 지향적인 상담자는 자신의 문화적 뿌리와 편견을 성찰하고 자신의 가치와 치료 모델을 비판적으로 검토해야 한다. 여기에는 '타자', '외국인', '이질적 자기'에 대해 숙고하는 것이 포함된다. 그들은 문화적 지식에 대한 고정관념 없이 다른 문화와 관습에 대해 호기심을 갖고 내담자가 가져오는 변화의 모델에 관심을 가질 필요가 있다. 예를 들어, 상담자가 제안한 치료적 개입이 내담자의 집단주의적 성향과 일치하는가? 상담자는 내담자의 자연적이면서 비공식적인 지원 커뮤니티들(예: 이웃, 교회, 영적 지도자)과 협력할 필요가 있다.

이러한 방식으로 문화적 차이를 이해하고 인정하면서도 전문가들은 학교나 병원, 모든 사회 시스템이 발전시키는 자신의 지역 '문화'에서 기능하고 있다는 사실을 유념해야 한다. 문화는 인간 경험의 매우 중요한 부분이다. 그것은 사회적 기술의 인간적 형태이며, '우리가 일을 하는 방식'을 뒷받침하는 규칙과 위반에 대한 처벌로 도덕적 요소를 만들어 낸다. 이러한 규칙은 내부인과 외부인 사이에 차별점을 만들어 낸다. 문화에는 시간이 지남에 따라 축적된다는 특성이 있어 특정 내용에 대한 교육 및 학습, 인식론적 경계 및 신뢰할 수 있는 정보 제공자와 신뢰할 수 없는 정보 제공자를 구별하는 정신적 능력이 필요하다. 우리의 고유한 개인적 내러티브를 인식한다고 인식하는 사람들, 즉 우리를 알고 가치 있게 여기는 사람들은 아마도 다른 맥락에서 우리와 관련된 지식을 가지고 있다. 그들이 우리를 인식한다는 사실은 그들이 우리가 공유하는 사회 집단과 관련된 우선순위, 선호도 및 행동 특성을 알고 있음을 나타낸다. 반대로, 우리가 다른 사람에게 개인적으로 인정받지 못한다고 느끼면, 우리의 생물학적 성향은 그들에 대해 피상적으로 아는 것이다. 즉, 특정 사건과 맥락에는 관련이 있지만 전반적인 우리 삶과는 관련이 없다.

집단의 문화는 구성원이 자신의 유전자를 최적으로 전달할 수 있도록 한다. 이는 집단은 문화를 전달하는 특정한 사회 조직이므로 집단으로서 존재하는 것이 가장 필수적임을 의미한다. 자신이 속한 사회 조직의 생존을 우선시하려는 인간의 생물학적 욕구가 종의 진화적 성공의 근본적인 요인임은 분명하지만, 인간의 많은 불행 또한 이 욕구의 또 다른 결과임을 알고 있다. 즉, 이 욕구로 인해 집단의 실제적 기능과 역할 등의 다른 고려 사항에 앞서 집단의 생존을 선택할 수 있다. 집단은 그들의 문화, 다시 말해 일반적으로 가지고 있는 신념을 삶에서 지키려 한다. 전쟁은 환상적인 문화적 소속감을 지키기 위해 시작된다. 우리는 아무리 제 기능을 하지 못하더라도, 그리고 심지어 조직을 위한 기능들을 손상시킨다는 것을 알지라도 우리가 속한 조직을 보호할 필요를 느낀다. 예를 들어, 환자의 생명을 위하기보다는 환자의 수술과 입원을 위해 극단적이면서 불법적인 일을 자행하는 위험한 병원에 대한 뉴스 보도들이 있다. 인간의 DNA에는 특정 문화에 대한 지식은 없지만 문화를 유지하려는 사회 집단의 연속성에 관한 코드는 있다. 결과적으로 정신건강 분야에서 일하는 개인들은 다른 사람의 문화를 인식하고 이해할 필요가 있다. 그들은 또한 자신의 문화적 환경에 대해 철저히 생각할 수 있는 책임감을 지녀야 한다. 다음에서 설명하듯이, 특정 사회 시스템 또는 문화는 이것을 더 잘 견딜 수 있다.

효과적으로 정신화된 사회의 특성

효과적인 정신화하기 능력을 갖춘 사회 시스템의 특징은 무엇이며, 인식론적 신뢰를 창출할 수 있는 잠재력은 무엇인가? 사회 시스템은 한 가지 견해에 빠져 있기보다는 융통적일 필요가 있다. 적어도 한시적으로는 관례를 수정할 수 있도록 허용해야 한다. 따라서 시스템 내의 상호작용에는 상처를 주거나 거리를 두기보다는 참여하는 즐거움과 유머의 요소가 있어야 한다. 다양한 관점들 사이에 '주고받기'가 필요하다. 시스템은 다른 사람의 경험이나 의도를 독재적으로 또는 일방적으로 규정하는 것이 아니라 모든 구성원의 경험과 관점에 귀 기울이고 가치를 부여할 필요가 있다. 마찬가지로, 사회 시스템은 특정 행동과 행동을 외부의 힘의 결과로 설명하기보다는 특정 행동과 행동에 대한 개인의 '소유' 또는 책임의 중요성을 강조할 필요가 있다. 이를 위해서는 사회 시스템이 각 개인의 관점이 다른 사람들에 의해 확장되고 있다는 믿음으로 개인의 경험과 관점에 대해 지속적으로 관심을 가질 필요가 있다. 사회를 정신화하는 것의 상대적 강점은 효과적인 정신화하기의 모든 중요한 요소를 포함한다. 호기심, 안전한 불확실성, 사색과 성찰, 타자 조망하기, 용서, 영향 인식, 그리고 비편집증적 태도가 이에 속한다.

사회 시스템을 정신화하려는 시도뿐만 아니라 관련 사회 시스템에 의해 효과적으로 정신화되는 것은 개인 및 가족 건강 개선에 기여할 수 있다. 이 과정과 관련하여 그 사람의 사회적 맥락에 힘을 실어 줌으로써 개인에게 힘을 실어 주는 잠재적 선순환이 있으며, 이는 궁극적으로 개인의 수준에서 피드백된다. 만약 개인을 향한 의사소통이 개인의 선호도를 고려하고 있으며 개인의 마음 상태가 개인 또는 '시스템'과의 의사소통에 대한 관심의 원천이라고 느끼게 한다면, 개인은 그러한 의사소통을 자신의 미래 사회적 행동을 조직해 가는 것과 관련된 것으로 간주한다. 예를 들어, 개인이 '규칙을 배우고자' 한다면 사회 집단 내 다른 사람들의 선호를 적절히 인식할 수 있는 기회가 증가한다. 의사소통에 대한 그들의 반응은 결국 더 존중적일 것이다. 즉, 그들은 그 혹은 그녀가 해야 할 말을 진지하게 받아들이고 내면화하며, 그 혹은 그녀의 입장을 더 정확하게 인식하고 반영할 것이다. 더욱이, 집단 혹은 시스템 내에서 발생할 미래의 의사소통은 개인이 더 많이 관련되어 있고 중요하게 받아들여진다고 느끼도록 해 줄 것이고 그럼으로써 그들의 주인의식과 사회 영향에 대한 반응성이 증가될 수 있다.

비효과적으로 정신화된 사회의 특성

정신화하기는 가정과 외부 세계 모두에서 사회적 상호작용에 의해 획득되고 발전된다. 하지만 만약 가족이 정신적인 것을 중요시하지 않고 소속감과 자아를 인정하지 않는 더 넓은 사회 시스템 내에 있다면 어떠할 것인가? 소외, 억압, 박해를 제재할 것인가? 그러한 상황에서 교사, 판사, 의사, 경찰, 심지어 친척들을 신뢰할 수 있는 것으로 간주하는 것은 불가능할 수 있다. 인식론적 신뢰가 무너진 문화적 풍토에서 개인들은 스스로를 적극적으로 경험하기가 점점 어려워진다. 이것은 개인이 사회에서 인식론적 경계의 필요성에 대한 경험을 가질 때 강조될 것이다.

자녀, 부모, 또는 파트너와 함께 하는 성찰적인 관계는 스트레스가 많은 상황에서 누구나 유지하기가 훨씬 더 어렵다. 비정신화하기 시스템은 쉽게 두려움을 유발하는 시스템이 될 수 있다. 개인들이 서로를 두려워하면, 그들을 정신화하려는 다른 사람들의 시도를 불가능하게 만들어, 다른 사람들을 정신화하려고 시도할 가능성이 적어진다. 따라서 비효율적 정신화하기 시스템은 자기 영속적이 된다.

학교에서 정신화하기

학생, 부모, 학교 당국 간의 혼란스러운 관계는 기능이 제대로 작동하지 않는 사회 시스템의 징후일 수 있다. 폭력, 공격, 왕따가 일반적인 학교는 관련 교직원들과 학생의 정신화가 붕괴된 사회 환경으로 정의된다. 학교 시스템에 대한 정신화하기 접근 방식은 관련된 교직원이 학생, 교사 또는 부모를 막론하고 정신화 문제의 결과로 발생하는 왜곡된 권력 역학을 인식할 수 있어야 한다. 다음에서는 학교 내 괴롭힘을 줄이고 행동 및 교육 성취도를 향상시키는 것을 목표로 하는 정신화하기 개입에 대해 설명한다.

평화로운 학교 학습 환경 조성

집단 따돌림에 대한 혁신적인 학교 정신화하기 개입인 '평화로운 학교 학습 환경 만들기(CAPSLE)'는 이러한 접근의 좋은 예다(Twemlow et al., 2005a, 2005b). CAPSLE은 단순히 역기능적인 가해자-피해자 쌍에 관심을 기울이는 것보다 더 넓은 초점을 가지고 있다. 즉, 방관자 문화(괴롭힘이나 피해자로서 직접적으로 관련되지 않은 다른 사람들은 그것에 반대하는 행동을 하지 않음으로써 이러한 형태의 대인 폭력을 암묵적으로 묵인한다)를 변화하는 데 목적이 있고, 학생들이 그들 모두가 괴롭힘에 기여한 부분이 있음을 인식하도록 돕는다. CAPPLE은 개인의 폭력이나 공격 행위에 의해 수행되는 잠재력과 흐름에 저항하고, 이를 제한할 수 있는 정신화된 풍토와 집단 역학을 조성하고자 한다. 이 프로그램은 긍정적 풍토(positive climate) 캠페인, 교실 관리 계획, 체육 프로그램, 그리고 지원 프로그램(동료 멘토 또는 성인 멘토)의 네 가지 구성 요소로 구성된 교사가 시행하는 학교 전체 프로그램이다([Box 14-1] 참고).

CAPSLE는 가해자, 피해자 및 방관자 간의 관계에서 권력 역학, 특히 이러한 역학을 전환하는 데 있어 방관자의 잠재적 역할에 초점을 맞춘다. 방관자들은 가해 학생들, 피해자들, 그리고 다른 방관자들이 그들의 '병적인' 역할을 인식하고 멀어지도록 격려하기 위해 행동하도록 훈련받는다. 방관자에 대한 이러한 강조는 괴롭힘과 피해자 모두를 중심으로 정신화 시스템을 만들 필요성을 반영한다. 정신화적이지 않은 환경에서 권력 투쟁의 목격자, 즉 방관자는 다른 사람의 어려움이나 고통을 볼 때 가학적인 쾌감을 경험할 수 있다. 이러한 경험은 목격자가 피해자의 내부 세계로부터 거리감을 느낄 때만 가능하며, 피해자를 이용하여 자신의 원하지 않는 부분을 억제할 수 있다. 학교에서 폭력적인 싸움이나 공격을 목격할 때 싸움 주위에 몰려들고 종종 원한을 부추기는 등의 방관자들이 보이는 즐거움과 흥분은 완전한 정신화하기의 실패를 반영하지는 않는다. 어느 정도의 공감은 피해자의 고통에 대한 투사적 동일시 과정에 필요하다. 그러나 실제로 일어나는 정신화하기는 피해자의 고통이 방관자 자신의 의식에서 정신 상태로 완전히 표현되지 않도록 사회적 환경에 의해 크게 제한된다. 즉, 피해자의 고통은 인정하지만 방관자가 느끼지 못하는 셈이다. CAPPLE의 개입은 다음과 같이 어린이와 젊은이들의 불균형하고, 요동치고, 불완전하게 떠오르는 정신화하기 능력을 제고해 주려는 의도로 구성된다. 또한 교사들이 이에 반응함으로써 보다 균형 잡힌 정신화하기를 실천하고 강화할 수 있는 사회적 환경과 그 이점을 경험할 수 있다(Twemlow et al., 2017).

Box 14-1 **CAPSLE의 요소**

- **긍정적인 풍토 캠페인.** 상담자가 주도하는 수업에서 즉각적인 과거 경험에 대한 성찰적인 토론을 사용하여 학생과 직원들의 언어와 사고의 변화를 창출한다.

- **교실 운영 방안.** 명백한 행동만 처벌하고 비판하는 것이 아니라 근본적으로 문제를 이해하고 바로잡는 데 초점을 맞춰 교사의 규율을 높이는 교실 운영 방안이다. 예를 들어, 한 아이의 행동 문제는 종종 자신도 모르게 가해자, 피해자 또는 방관자 역할에 참여하는 학급의 모든 학생들의 문제로 개념화된다. 이 접근법은 희생양을 줄이고 행동의 의미에 대한 통찰력이 무엇보다 중요한 환경을 만든다.

- **역할극, 휴식, 자기 방어 기술의 조합에서 파생된 체육 프로그램.** 아이들에게 피해를 당하거나 행동을 보는 것에 대처하는 기술을 가르친다. 이 프로그램의 구성 요소는 아이들이 공격적이지 않은 신체적·인지적 전략을 사용하여 자신과 다른 사람들을 보호할 수 있도록 도와준다. 예를 들어, 불량배–피해자–방관자 상호작용을 하는 역할은 학생들에게 이 상황들을 탐구하고 싸움에 대한 대안적인 행동을 생각하는 기회를 제공한다.

- **동료 멘토와 성인 멘토를 강조하는 지원 프로그램.** 학교는 이러한 지원 프로그램 중 하나 또는 둘 다를 시행할 수 있다. 이러한 프로그램을 통해 개발된 멘토링 관계는 아이들이 권력 투쟁에 대처할 수 있는 기술과 언어를 숙달하는 데 도움이 되는 추가적인 억제와 모델링을 제공한다. 예를 들어, 멘토들은 아이들에게 게임을 심판하고 운동장 분쟁을 해결하며, 남을 돕는 것의 중요성을 가르친다.

미국의 한 도시 9개 초등학교에 걸쳐 1,345명의 어린이를 대상으로 실시된 무작위 대조 실험(Fonagy et al., 2009)에서는 CAPSLE 프로그램이 공격성을 상당히 줄이고 교실 행동을 개선한 것으로 나타났다. 아이들의 공격과 희생 경험이 감소하였고, 또래로부터 공격적이거나, 피해를 당했거나 공격적인 방관자로 지명된 아동의 수가 현저히 감소했다. 이는 CAPSLE를 시행하는 학교에서 파괴적인 학업 외 행동이 감소된 행동 관찰을 통해 확인되었다. 연구 결과는 CAPSLE 프로그램을 사용하는 학교에서 학생들의 공감 능력이 증가했음을 보고하였다.

학교에서의 부모의 현존: 가족 교실 모델

　학교에서 파괴적으로 행동하는 학생들에 대해 교육적으로 실패하는 또 다른 접근은 그들의 부모를 직접 참여시키고 교실로 데려오는 것이었다. 1980년대 런던에서 개척된 '가족 교실' 모델(Asen et al., 2001; Dawson & McHugh, 1994)은 초등학교와 중등학교에 위치한 다세대 프로젝트로 실시되었다. 각 학교는 심각한 품행장애가 있는 학생들을 선발하고 보통은 영구히 제외될 위기에 처한 학생들을 선발한다. 학생들은 나이와 학년이 다를 수 있고, 최대 8명의 학생들과 그들의 부모들이 '가족 집단'을 구성하는데, 한 학기 동안 실시되고, 학교 내 교실에서 정규 시간 동안 평균 2시간에서 3시간의 회기를 일주일 간격으로 10번 실시한다. 비슷한 문제와 경험을 가진 가족들이 한데 모이면 오명을 줄이고, 사회적 협력을 촉진하며, 부모와 교사들에게 학업 및 사회적 배제와 관련된 문제를 해결할 수 있는 새로운 자원을 제공한다. 가족들이 '실제 삶'의 맥락(예: 학교의 교실)에서 몇 시간 동안 머물 때 즉시적인 현실 상황과 위기가 발생하는 경향이 있고, 이는 현장에서 해결될 수 있다. 빡빡한 시간표와 한 맥락에서 다른 맥락으로의 빈번한 전환 등 집단이 상당히 구조화되어 있기 때문에 가족 구성원들은 종종 몇 분 안에 역할과 업무를 지속적으로 변경해야 한다. 그들은 어느 정도 시간이 지나면 자신의 자녀를 담당하는 부모가 되고, 그다음에는 부모 전용 집단(또는 학생의 경우에는 자녀 전용 집단)의 일원이 되며, 얼마 지나지 않아 6~7개의 다른 가족 중 한 가족이 된다. 이러한 맥락의 지속적인 변화는 가족과 집단 지도자가 항상 역동적이고, 다양한 역할을 채택해야 하며, 다양한 관점을 경험하는 일종의 '핫하우스' 효과를 생성한다.

　다가족(multifamily) 작업은 효과적인 정신화를 촉진하고 실천하기에 좋은 환경이다. 예를 들어, 다른 가족과 그들의 상호작용을 관찰할 때, 집단 구성원들은 다른 가족 구성원들의 정신 상태에 대해 추측하도록 장려될 수 있다. 비슷한 문제를 가진 다른 사람들에게 자신이나 가족이 '미러링'되는 것을 보는 것은 자기 성찰의 토대가 된다. 또한, 다른 참여 가족과 그들 자신의 가족 구성원들에 의해 그들의 정신 상태에 대한 여러 설명에 노출되고, 그리고 그들 자신의 지각과 이러한 설명들을 비교하는 것은 자신과 다른 사람들을 정신화하는 순환 과정의 시작이라 할 수 있다. 가족 내에서 이러한 문제를 보거나 해결하는 것이 어려운 애착관계를 가진 성인과 어린이들은 '안전한' 거리에서 그리고 높은 수준의 자극 없이 다른 가족에서 유사한 어려움을 발견할 수 있다. 짧은 시간(1시간 혹은 그 이상) 동안 자녀를 '교차 양육'하는 기법은 부모와 자녀 모두 다양한 형태의 자녀-부모 상호작용과 애착 문제에 대한 신속한 성찰을 직접 경험하도록 할 것이다(Asen & Scholz, 2010).

가족 교실(Dawson & McHugh, 2000, 2005)은 치료사와 학교에 속한 파트너(보통 교사, 조교 또는 특수교육 필요 코디네이터)에 의해 공동으로 운영된다. 다양한 구성 요소들이 담겨 있는 빡빡한 일정으로 운영된다. 이 두 단어의 병치에서 알 수 있듯이, 가족 교실은 교실 역동(학생과 학생, 학생과 교사 간)과 가족 역동(개인의 가족 구성원, 다른 가족 구성원 간)을 관찰하고 설명할 수 있는 '이중 맥락'이다. 이 접근법은 가정과 학교 문제의 연결을 허용한다. 이러한 문제들이 문제 학생들의 정신 상태와 행동에 어떻게 영향을 미칠 수 있는지에 대한 탐구로 이어진다. 가족 교실의 구조와 구성은 교실의 물리적 설정, 교육과정, 시간표, 수행되는 다양한 활동의 측면과 관련된 교육과 치료적 맥락을 반영할 필요가 있다. 부모가 참여하는 학교 환경을 설정하고 학교 상황을 재현한다. 교실에서 어려움을 야기할 수 있는 행동들은 부모의 관점에서 자연스럽게 진화할 수 있다. 부모들은 이러한 행동들 중 일부에 대해 생각하고 해결하도록 격려받을 것이고, 가능하다면, 가족에서 차지하는 위치와 역할에 연결되도록 할 것이다. 동시에, 교사들은 학생들과 부모들을 정신화시키는 것은 물론, 수업 중에 자신의 정신 상태와 이것들이 어떻게 촉발되는지에 대해 더 잘 인식하도록 도움을 받는다. 마찬가지로, 부모들은 자신을 교사의 위치에 두고, 교사를 정신화하고, 교사의 눈을 통해 자신을 바라보도록 하며, 특정한 업무를 제공받는다. 시간이 지남에 따라, 이 접근법은 학교에서 정신화하는 문화가 발전하는 것을 도울 수 있다. 가족 교실 접근법을 평가한 연구(Morris et al., 2014)는 대조군과 비교했을 때 가족 집단 개입을 받은 가족이 이 접근법의 이득을 얻었다는 것을 보여 주었다. 아동과 가족의 사회적 · 정서적 · 행동적 기능에 대한 자료는 처치 시점과 이후 6개월과 12개월에 수집되었다. 부모들은 자녀들이 통계적 · 임상적으로 유의미한 개선을 보였으며, 이는 12개월 동안 유지되었다고 보고된 반면, 대조군에는 변화가 없었다. 또한, 가족 기능 측정치는 실험 집단에 있어 상당히 안정적인 반면, 대조군 집단은 같은 기간 동안 유의미한 감소를 보여 주었다.

사법제도에서 정신화하기

사람들이 범죄를 저질렀을 때 '유죄' 또는 '무죄'로 판결되는 이분형 모델이 있는 형사 사법 시스템은 미묘한 정신화 접근 방식에 적합하지 않다. 각각 전략적으로 '현실'의 특정 버전을 '판매'하려는 양극화된 입장을 가진 기소 및 변호인은 판사 또는 배심원에게 '진짜' 무슨 일이 일어났는지 해결하도록 맡기고, 때때로 암묵적 혹은 명시적으로 피고인의 심리 상태를 정신화하려고 시도한다. 그들이 명시적으로 자신을 정신화하는 경우는 거의 없다.

반사회적 행동(예: 절도, 강도 또는 물리적 폭력 행위)을 한 많은 사람들은 피해자의 대리인에 대해 기대를 가지고 있다. 그러나 이러한 기대는 주로 물리적 세계에 제한된 용어로 공식화된다. 예를 들어, 적대감에 대한 보호는 주로 물리적이며 정신화되기 전 상태의 원격 모드에서 작동한다(제1장 참고). 이러한 생각과 감정은 물질적 세계에 매우 가까이 있기 때문에 물질적인 것만이 사회적으로 의미 있는 것으로 간주되고, 물리적으로 얻을 수 있는 것만이 가치 있는 것으로 간주되는 것으로 보인다. 다른 사람들의 몸짓은 눈에 보이고 관찰할 수 있는 정도까지 중요하고, 그 맥락에서는 그들 뒤에 숨겨진 잠재적 동기보다는 행동만이 의미가 있다. 행동은 상대방의 의도를 보여 주는 유일한 참된 지표가 된다. 신체적인 영향을 미치는 행동만이 잠재적으로 타인의 정신 상태를 변화시킬 수 있다고 느끼기 때문에 신체적인 상해의 위협이나 실제 공격 행위는 합법적인 것으로 간주된다. 처벌은 지불과 복종 행위에 의해 이루어지며 (회복과는 반대로) 보복적 정의가 추구된다.

회복적 정의

비정신화된 사회 과정을 극복하는 좋은 예는 형사 책임에 대한 급진적인 회복적 정의 접근 방식이다(Sherman & Strang, 2007). 대면 회의, 피해자-가해자 중재, 배상 또는 배상금 지불의 형태로 피해자에게 가해자를 대면시키는 단순한 처방은 가해자로 하여금 자신이 해를 끼친 사람이라는 이미지를 만들도록 강요한다. 많은 연구에서 회복적 정의 처방을 받은 범죄자들은 그렇지 않은 범죄자들보다 반복 범죄를 덜 저지른다. 캐나다 청소년 범죄자에 대한 연구에서, 2년 후 재범률은 회복적 사법 프로그램을 거친 사람의 경우 11%, 감옥에서 복역한 경우 37%였다(Sherman & Strang, 2007). 회복적 정의는 반사회적 성격장애와 관련된 우리의 가설에 따라 덜 심각한 범죄보다 폭력 범죄에 대해 더 일관되게 반복 범죄를 줄인다(제20장 및 Bateman & Fonagy, 2016 참고) ― 정신화하기의 상실은 폭력 행위에서 특히 두드러진다. 증거에 따르면 범죄자가 법의 심판을 받을 확률이 상당히 높기 때문에 전통적인 기소 경로에서 회복적 정의로 범죄자를 전환하는 것은 실용적인 해결책이다. 사회 문제에 있어 정신화하기 해결책보다 더 실용적인 것은 거의 없다. 정신화하기는 인간이 사회적 존재로서 기능하도록 진화한 방식을 뒷받침하기 때문이다.

가정법원 및 사회복지와의 협력

정신화하기 접근법을 적용한 또 다른 예는 영국의 가정 법원과 사회복지 시스템 간의 결합 작업이다(Asen & Morris, 2016). 이 일은 부양 자녀가 부모의 만성적인 범죄 관계에 휘말린 고착된 접촉(방문) 및 거주(양육) 분쟁의 결과를 지원하기 위해 개발되었다. 갈등이 심한 이러한 사례에서 자녀는 종종 함께 사는 부모의 편을 들고 종종 소외된 다른 부모와 어떠한 형태의 접촉도 거부한다. 치료사, 사회복지사, 변호사 등 관련된 전문가들은 종종 신랄한 부모 간 싸움에 붙들려 한쪽 편을 들고 다른 관점에 눈이 멀게 된다. 치료사들은 종종 '진실' 또는 '진짜'에 대한 두 부모의 상반된 버전 사이에서 '앞뒤로 당겨지는' 혼란스러운 과정을 경험한다. 이러한 시나리오에서 자녀(자녀)에게 가장 좋은 것이 무엇인지에 대한 균형 잡힌 견해를 형성하는 것은 특히 분쟁 중인 부모의 각각의 법적 대리인에 의해 '지지되는' 그러한 고착된 입장을 다룰 때 어렵다. 이러한 '고착 시스템'을 극복하기 위해 3단계 개입이 제안되었다(Morris & Asen, 2018).

1단계

1단계 동안 목표는 부모와 관련 전문가들이 자녀, 서로, 그리고 자신을 정신화하는 능력을 향상시키는 것이다. 이것은 처음에 부모들, 그들의 사회적 지원 시스템, 그리고 전문가들의 네트워크가 모이는 네트워크 회의에서 행해진다. 이 회의는 방 안에 있는 모든 다른 마음을 정신화하는 것이 얼마나 어려운지, 그리고 가족을 둘러싼 시스템이 얼마나 해체되어 있는지를 보여 주는 살아 있는 증거다(Bevington et al., 2017). 그러나 각 참가자의 각기 다른 관점을 도출하는 것은 정신화하기 접근법의 범위와 한계에 대한 즉각적인 경험을 제공한다. 네트워크 회의 후에는 학부모와의 개별 및 공동 작업이 이어진다. 네트워크 미팅은 개별적인 작업과 부모와의 공동 작업이 이어진다. 개인 작업의 주요 측면은 다른 사람들의 관점을 상상하는 것이다. 예를 들어, (상상력이 풍부한) 판사의 관점을 인용하고 판사의 눈을 통해 보는 것처럼, 부모들에게 과거의 여러 상황이나 가상의 시나리오를 다루도록 요청하는 것은 부모들이 자신을 외부에서 바라보는 데 도움이 될 수 있다. 마찬가지로, 부모들은 사회복지사나 아이들의 보호자의 눈을 통해 자신과 그들의 딜레마를 보도록 요청받을 수 있다. (아동 보호자는 어린이의 감정을 고려하여 아동의 양육에 관한 법적 절차 중에 임명되는 독립된 성인을 말하며, 아동의 최선의 이익을 대변하는 역할을 한다. 보호자는 아동을 위한 변호사를 선임하고, 아동의 필요에 대해 법원에 조언하고, 법원에 자신이 가장 좋다고 생각하는 것을 말한다.) 반대의 절차를 사용할 수도 있다. 즉, 네트워크의 전문가들에게 각 부모와 자녀의 눈을 통해 자신을 보도록 요청하는 것이다.

2단계

2단계는 부모(및 기타 중요한 주 보호자)와 함께 가족 사건을 중심으로 일관성 있는 이야기를 구성하는 것으로, 이야기를 연령 및 발달상 적절한 방법으로 어린이에게 제공하는 것을 목표로 한다. 이야기는 부모뿐만 아니라 법원, 사회복지 및 아동 보호자에게도 받아들여져야 한다. 고착된 입장과 내러티브를 포기하기 어렵다는 점에서 이러한 작업은 쉽지 않다. 모든 사람이 아이에게 집중하고, 아이가 가족 사건에 대해 합의된 일관성 있는 이야기를 가질 필요가 있음을 이해하도록 해야 한다.

3단계

3단계는 법원 또는 사회복지를 위한 보고서 작성 및 제출과 관련이 있으며, 요청이 있는 경우 법정에서 구두 증거를 제공한다. 법원에 조언하고 보고하는 치료사(또는 '전문가 증인')는 또한 변호사와 판사를 정신화하기 해야 하며 부모도 그렇게 하도록 도와야 한다. 법원을 위한 '정신화 정보' 보고서는 다양한 렌즈를 통해 사건과 가족 상황을 보는 것을 목표로 할 것이다. 이 보고서는 다양한 가족 구성원 간의 상호작용과 의사소통 및 사회 시스템을 가진 가족 구성원 간의 다양한 관찰에 기초해야 하며, 법원에 제공된 문서화된 증거에 대한 풍부한 정보를 고려해야 한다. 다양한 관점을 갖는 것은 전문적인 이야기를 형성하고 아이들에게 가장 이익이 될 수 있는 것에 대한 의견의 균형을 맞추는 데 도움이 된다. 증인석에서 각각 한 가지 입장, 즉 각 의뢰인의 입장을 대변하고 옹호하는 다수의 변호사에 의해 반대 심문을 받을 때 증인은 효과적으로 정신화할 수 있는 능력을 빠르게 잃을 수 있다. 전문가 증인은 자신의 모든 정신화하기 능력을 사용하여 대질신문 변호사의 심리 상태를 이해하는 동시에 궁극적으로 결정을 내릴 판사의 마음을 고려해야 한다. 정신화 정보 보고서는 문서의 수신자, 그리고 무엇보다도 어린이의 마음을 염두에 두고 있다. 이러한 보고서는 어린이의 마음에 따라 작성되어야 하며, 또한 아이가 성장하는 이야기로 구성될 것이라는 점을 고려해야 한다. 효과적인 정신화하기 법원 '시스템'은 성취된다면 보다 정의로운 사회에 기여할 수 있을 것이다.

결론

우리는 사회적 또는 정치적 제도와 개인의 관계를 조절하는 역할을 하는 심리적 메커니즘으로서 인식론적 신뢰의 개념에 대한 모든 논의에 한 가지 생각을 더 추가해야 한다. 우리는 정신병리학과 정신건강 치료의 맥락에서 인식론적 신뢰가 변화의 긍정적 매개자라고 설명했지만 인식론적 신뢰 자체가 도덕적으로 중립적으로 이해되어야 한다는 것을 강조하고 싶다. 인식론적 신뢰는 강력하고 풍부하게 정신화하는 표면적 단서를 제공하는 모든 기관이나 인물에 적용될 수 있다. 비판적 사고(일종의 인식론적 경계)는 매우 가치 있는 사회적 인지 자원이다. 제4장과 제10장에서 우리는 정신병질학에서 사회적 상상력의 역할에 대해 논의하였다. 우리는 효과적인 치료의 이점 중 하나가 사회적 상상력의 측면을 조정하고 통제하는 것이라고 주장하지만, 우리는 또한 강하게 정신화하는 모든 사회 시스템이 어느 정도는 상상력의 '야성'의 존재에 의존한다고 제안하고 싶다. 인식론적 신뢰가 전파하는 바로 그 문화의 진보를 가능하게 하는 것은 이것이다.

 참고문헌

Asen E, Fonagy P: Mentalizing family violence. Part 1: Conceptual framework. Fam Process 56(1):6-21, 2017 27861799

Asen E, Morris E: Making contact happen in chronic litigation cases: a mentalizing approach. Family Law (46):511-515, 2016

Asen E, Scholz M: Multi-Family Therapy: Concepts and Techniques. London, Routledge, 2010

Asen E, Dawson N, McHugh B: Multiple Family Therapy. The Marlborough Model and Its Wider Applications. London, Karnac, 2001

Bateman A, Fonagy P: Mentalization-Based Treatment for Personality Disorders: A Practical Guide. Oxford, UK, Oxford University Press, 2016

Bevington D, Fuggle P, Cracknell L, et al: Adaptive Mentalization-Based Integrative Treatment: A Guide for Teams to Develop Systems of Care. Oxford, UK, Oxford University Press, 2017

Csibra G, Gergely G: Natural pedagogy. Trends Cogn Sci 13(4):148-153, 2009 19285912

Dawson N, McHugh B: Parents and children: participants in change, in The Family and the School: A Joint Systems Approach to Problems With Children. Edited by Dowling E, Osborne

E. London, Routledge, 1994

Dawson N, McHugh B: Family relationships, learning and teachers: keeping the connections, in Tomorrow's Schools. Edited by Best R, Watkins C. London, Routledge, 2000, pp 108-123

Dawson N, McHugh B: Multi-family groups in schools: The Marlborough Model. Contexts 79:10-12, 2005

de Waal FB: Evolutionary ethics, aggression, and violence: lessons from primate research. J Law Med Ethics 32(1):18-23, 2004 15152422

Eisner M: Modernization, self-control and lethal violence. The long-term dynamics of European homicide rates in theoretical perspective. Br J Criminol 41:618-638, 2001

Eisner M: Long-term historical trends in violent crime. Crime Justice 30:83-142, 2003

Eisner M: What causes large-scale variation in homicide rates? Working Paper. Cambridge, UK, Institute of Criminology, University of Cambridge, 2012

Eisner M, Nivette AE: How to reduce the global homicide rate to 2 per 100,000 by 2060, in The Future of Criminology. Edited by Loeber R, Welsh BC. Oxford, Oxford University Press, 2012, pp 219-228

Eisner M, Nivette A, Murray AL, et al: Achieving population-level violence declines: implications of the international crime drop for prevention programming. J Public Health Policy 37(Suppl 1):66-80, 2016 27638243

Fonagy P, Luyten P: A multilevel perspective on the development of borderline personality disorder, in Developmental Psychopathology Vol 3: Maladaptation and Psychopathology, 3rd Edition. Edited by Cicchetti D. New York, Wiley, 2016, pp 726-792

Fonagy P, Twemlow SW, Vernberg EM, et al: A cluster randomized controlled trial of child-focused psychiatric consultation and a school systems-focused intervention to reduce aggression. J Child Psychol Psychiatry 50(5):607-616, 2009 19207633Social Systems 243

Lester D: Suicide and homicide after the fall of communist regimes. Eur Psychiatry 13(2):98-100, 1998 19698606

Locke J: Two Treatises of Government. London, Awnsham Churchill, 1689

Mäkinen IH: Eastern European transition and suicide mortality. Soc Sci Med 51(9):1405-1420, 2000 11037226

Malik R, Krause B: Before and beyond words: embodiment and intercultural therapeutic relationships in family therapy, in The Space Between: Experience, Context and Process in the Therapeutic Relationship. Edited by Flaskas C, Mason B, Perlesz A. London, Karnac Books, 2005, pp 95-110

Matsumoto DR, Juang L: Culture and Psychology, 3rd Edition. Belmont, Wadsworth/Thomson,

2004

McManus S, Bebbington P, Jenkins R, et al: Mental health and wellbeing in England: Adult Psychiatric Morbidity Survey 2014. 2016. Available at: https://assets.publishing.service.gov.uk/government/uploads/system/uploads/attachment_data/file/556596/apms-2014-full-rpt.pdf. Accessed June 8, 2018.

Morris E, Asen E: Developing coherent narratives for children of high-conflict parents. Contexts 157:8-11, 2018

Morris E, Le Huray C, Skagerberg E, et al: Families changing families: the protective function of multi-family therapy for children in education. Clin Child Psychol Psychiatry 19(4):617-632, 2014 23838692

Sherman L, Strang H: Restorative Justice: The Evidence. London, Smith Institute, 2007

Sloane S, Baillargeon R, Premack D: Do infants have a sense of fairness? Psychol Sci 23(2):196-204, 2012 22258431

Twemlow SW, Fonagy P, Sacco FC: A developmental approach to mentalizing communities: I. A model for social change. Bull Menninger Clin 69(4):265-281, 2005a 16370789

Twemlow SW, Fonagy P, Sacco FC: A developmental approach to mentalizing communities: II. The Peaceful Schools experiment. Bull Menninger Clin 69(4):282-304, 2005b 16370790

Twemlow S, Fonagy P, Campbell C, et al: Creating a peaceful school learning environment: attachment and mentalization efforts to promote creative learning in kindergarten through fifth-grade elementary school students with broad extension to all grades and some organizations, in Handbook of Attachment-Based Interventions. Edited by Steele H, Steele M. New York, Guilford, 2017, pp 360-374

제3부

특정 영역에서의 응용

Nick Midgley, Ph.D.

Nicole Muller, M.Sc.

Norka Malberg, Psy.D., LPC, Ed.M., M.S.

Karin Lindqvist, M.Sc.

Karin Ensink, Ph.D., M.A. [Clin. Psych.]

제15장
아동

5세에서 16세 사이의 아동 10명 중 약 1명이 심리적 장애를 겪고 있는 것으로 추정된다 (Green et al., 2005). 현재 아동 및 가족에게 적용할 수 있는 다양한 증거 기반 치료법이 있으나, 상당수의 아동에게는 이를 적용할 수 없거나 치료를 중단하기도 한다(Fonagy et al., 2015). 게다가 대부분의 증거 기반 치료법(Evidence-based treatments)은 특정한 집단을 대상으로 개발되었기에 아동심리상담사가 제기하는 전반적인 문제(정신건강 서비스에 아동을 데려오는 등)와 관련된 광범위한 모델에 대해 훈련을 받는 것은 현실적으로 어렵다. 역설적으로, 특정 아동 장애에 대해 매뉴얼화되어 있는 광범위한 치료법에도 불구하고, 많은 아동 정신건강 서비스가 주로 인지행동치료(CBT) 접근법에 기초한 개입을 제공하면서, 점점 더 미시적 차원의 접근법이 아동 및 가족에게 제공되고 있다.

CBT는 다양한 아동 장애에 대한 적합한 증거 기반을 가지고 있으며(McLaughlin et al., 2013) 많은 아동과 가족에게 분명히 긍정적인 영향을 주었지만, 정신건강 서비스 이용자의 선호 및 수요가 우수하고 특정한 임상 사례만을 고려할 경우 포괄적인 접근법은 오히려 효과가 낮을 수 있다(Siminoff, 2013).

또한, 많은 상담사들은 부모와 자녀가 가진 문제를 효과적으로 다루기 위한 전략들을 사용하는 것에 대해 어려움을 겪기도 한다. 그 이유는 종종 이러한 아동과 부모들은 조절능력 혹은 치료적 접근을 효과적으로 만드는 전제조건을 지키지 않기 때문이다(예: Scott & Dadds, 2009 참고).

MBT-C는 전통적인 정신분석적 원리를 기반으로 하며, 더불어 증거 기반 접근법, 애착이론, 정신화하기에 대한 경험적 연구 등의 특징을 통합하여 학령기 아동(약 5~12세)을 위한 단기·초점적 개입을 제공하는 데 중점을 두고 있다(Midgley et al., 2017b). 또한, MBT-C는 다양한 문제를 가진 광범위한 아동들에게 회복탄력성을 증진시킬 수 있는 핵심 역량에 초점을 맞춤으로써 다양한 아동들의 특정한 요구에 적응할 수 있는 범진단적 치료법을 목표로 한다.

시간제한 MBT-C의 새로운 기능은 무엇인가

많은 형태의 아동치료가 정신화하기 능력을 증진시키는 데 초점을 맞추고 있다고 볼 수 있다. 지금까지 정신화하기와 관련된 연구들은 성찰 기능을 촉진하는 데 초점을 맞추는 것이 CBT와 정신분석적 아동 치료 모두에서 공유하는 공통적인 요인임을 입증함으로써 이러한 주장을 일부 뒷받침하였다(Goodman et al., 2016). 그럼에도 불구하고, 정신화하기 능력 발달 및 정신화하기의 치료적 발달에 중점을 둘 때 치료적 접근뿐만 아니라 초점의 특정한 변화가 있다. 아동을 대상으로 한 개인치료의 관점에서 Fonagy와 Target(1996)의 정신분석적 치료 모델은 정신화하기에 대한 새로운 아이디어에 영향을 받은 최초의 치료 접근법일 것이다. 1990년대 이후 Verheugt-Pleiter 등(2008)은 정신화 기반 아동 정신분석적 심리치료라고 설명한 개방형 치료 모델을 제시했다(Zevalkink et al., 2012). 이 접근법은 해석과 통찰력 발달을 기반으로 하는 전통적인 정신분석적 접근법을 넘어서 치료 기술에서 개선된 정동 통제와 성찰 기능을 포함한 새로운 역량을 발달시키는 것을 중점에 두고 있다. 마찬가지로 Likewise, Ensink와 Normandin(2011)은 Paulina Kernberg와 동료(예: Kernberg & Chazan, 1991; Kernberg et al., 2000)가 개발한 아동심리치료 기술을 통합하여 성적 학대를 당한 아동을 위한 정신화 기반 치료법을 정교화했다. 유사한 모델이 Ramires 등(2012) 및 Perepletchikova와 Goodman(2014)의 사례 연구에서 설명되어 있다. 이러한 모든 접근법은 종종 심각한 방임과 학대를 경험한 아동을 대상으로 하며 정신화하기 기법을 정신분석적 아동치료와 명시적으로 통합하는 개방적·장기적 시도였다.

MBT는 모든 연령의 아동들을 대상으로 개발되었다. 많은 연구팀이 부모 및 유아를 대상으로 한 정신화 기반 개입을 개발하였으며(예: Etezady & Davis, 2012; Ordway et al., 2014; Slade et al., 2005) 뿐만 아니라 청소년 대상으로도 개발하였다(예: Bleiberg 2013; Fuggle et al., 2015; Malberg & Fonagy, 2012; Rossouw & Fonagy, 2012; Sharp et al., 2009). 이는 제8장,

제16장, 제17장에서도 찾아볼 수 있다. 이러한 연구들은 학교를 기반으로 하는 정신화하기 프로그램(Bak, 2012; Bak et al., 2015)을 통해 학교라는 환경에서 정신화하기 촉진을 위한 개입의 가치를 입증하였다(Twemlow et al., 2005; 제14장 참고). 상담사를 대상으로 치료 현장의 실제에 대해 조사한 연구(치료의 '브랜드명'을 너머)는 정신화하기를 촉진하는 것이 놀이치료뿐만 아니라 정신분석치료 및 아동 CBT의 특징임을 보여 주었다(Goodman et al., 2015, 2016; Munoz Specht et al., 2016). 정신화하기 능력 향상에 초점을 맞추는 것은 암묵적인 요소인 것처럼 보이지만, MBT-C에서는 정신화하기를 촉진하고 정신화하기 파괴를 이해하고 복구하는 것에 초점을 맞추고 있으며, 자신과 다른 사람들을 연결하고 조화시키는 것이 핵심이다. 애착, 트라우마 및 정신화하기 간의 연관성을 고려할 때, 정신화하기는 양육 및 입양이라는 환경에서 아동과의 치료적 작업에 유용한 정보를 제공한다(예: Bammens et al., 2015; Jacobsen et al., 2015; Midgley et al., 2017a; Muller et al., 2012; Taylor, 2012)(제16장 참고).

그러나 이 장에서 설명한 특정 모델은 스톡홀름의 에리카 재단(Erica Foundation)(Thorén, 2014)의 초기 자연주의적 연구를 넘어 아직 체계적인 평가를 거치지 않았으며 아직 증거 기반 접근 방식이 아니라는 점을 분명히 해야 한다. 6~12세의 아동을 위한 시간제한 작업에 초점을 맞춘 이 장에서 제시한 MBT의 특정 모델은 '무엇이 누구를 위해, 어떤 상황에서, 어떤 조건에서 효과가 있는지'를 말하기 전에 연구방법의 체계성에 대해 평가되어야 한다.

시간제한 MBT-C의 목표

시간제한 MBT-C의 전반적인 목표는 아동의 발달 과정이 정상으로 돌아갈 수 있도록 돕는 방식으로 정신화하기와 회복탄력성을 촉진하는 것이며, 부모와 자녀는 처음 치료에 이르게 했던 문제들을 해결할 수 있는 더 나은 준비가 되어 있다고 느낀다. 때때로 이것은 모든 문제가 해결되는 것은 아니지만, 자녀와 부모는 문제를 스스로 더 잘 다룰 수 있고 더 힘이 있다고 느낀다는 것을 의미한다. 이를 통해 MBT-C는 자녀의 정서 조절 능력을 높이고 부모가 자녀의 정서적 욕구를 가장 잘 충족시킬 수 있도록 지원하는 것을 목표로 한다. 이는 부모와 자녀 모두에게 좋은 정신화를 실천할 수 있는 기회를 제공하는 것을 의미하지만, 정신화하기가 실패하는 상황에 주의를 기울이거나 정신화하기 능력에 결함이 있는 영역에 대해 작업하는 것을 의미한다. 이는 정신화하기 능력이 긍정적인 자아 감각, 건강한 관계 및 정서 조절에 기여한다는 연구 결과에 의해 입증되고 있다(Ensink et al., 2014, 2016). 그러한 능력을 목표로 하는 것은 비록 근본적인 심리적 증상이 정신화하기의 실패에 의해 '발생'되지 않더라도 다양한 문제를 제시하는 자녀(그리고 그들의 부모)에게 가치가 있다.

트라우마, 상실 또는 다른 특정한 촉발 상황이나 사건으로 인해 정신화하기에 실패한 아동에게 추가적인 목표는 관련된 생각, 감정, 경험을 탐구하는 것뿐만 아니라 사건에 대한 일관된 서술을 만드는 것이다. 이 과정의 중요한 요소는 정서 조절의 핵심(Jurist, 2005)인 정동을 정신화하는 것이다. 정동을 정신화함으로써, 충격적인 사건이나 손실과 관련된 정서를 성찰하고 감정에 압도되지 않고 감정의 존재를 받아들이는 것을 의미한다. 그 목적은 트라우마에 대한 통찰력을 만드는 것이 아니라, 트라우마 사건과 관련된 정서나 트라우마가 자신이나 다른 사람들에게 애착을 유지하는 능력을 어떻게 견디고 조절하는지를 지금 현재 여기서 배우고 이해하는 것이다.

자녀와의 직접적인 작업과 동시에 부모와의 작업의 근본적인 목표는 부모로서의 부모 성찰 기능(Slade, 2005)과 부모로서의 성찰적 역량을 강화하는 것이다(Ensink et al., 2017). 여기에는 자녀의 경험에 호기심을 갖는 것이 중요하며, 자녀를 자신만의 생각과 감정을 가진 별개의 사람으로 볼 수 있는 능력을 키울 수 있도록 돕는 것이다. 두 번째로 중요한 요소는 부모가 자녀의 관점에서 부모 자신의 영향과 행동을 볼 수 있는 능력을 개발하도록 돕는 것이다. 이는 부모가 자녀의 양육에 중요한 방식으로 영향을 미칠 수 있기 때문이다. 때때로 이것은 부모들에게 문자 그대로 거울을 보고 자녀가 그들을 볼 때 어떤 종류의 부모를 볼 것이라고 상상하는지 궁금해하는 것을 의미할 수 있다. 이를 통해, 부모들은 자녀와 함께 있거나 상호작용하는 동안 자신의 행동을 보고 자신의 내면에서 일어나는 일들을 정신화할 수 있다. 부모가 자신과 자녀를 정신화할 수 있을 때, 더 유연하고 조화로운 방법으로 자녀의 필요와 감정에 더 잘 반응할 수 있고, 자신의 필요나 감정과 자녀의 감정을 더 잘 구별할 수 있다.

MBT-C는 내용보다 과정에 더욱 초점을 두고 있다. 그 목적은 주로 부모나 자녀들이 어려움에 대한 통찰력을 얻거나, 어려움이 어디에서 왔는지에 대한 이해를 발전시키는 것이 아니라, 정서와 관계를 관리하기 위해 정신화하기를 사용하는 능력을 향상시키고, 아동이 감정을 위해 관계를 활용하는 능력을 증가시키는 것이다. 이처럼 시간제한 MBT-C의 궁극적인 목표는 치료가 끝난 후 아동이 도움을 주는 관계를 더 잘 활용할 수 있도록 돕는 것이며, 부모가 치료 외에도 자녀 발달을 더 잘 지원할 수 있도록 하는 것이다.

시간제한 MBT-C의 혜택을 받을 수 있는 아동은?

아동이 정신화하기 능력을 충분히 개발하지 못할 때, 자기 조절과 대인관계를 관리하는 핵심적 기술을 제대로 활용하지 못하게 된다. 중년기에 접어들면서, 정신화하는 능력은 대인관계를 위한 것으로 신체 건강을 위한 건강한 식단이 될 수 있다. 정신화하기 능력은 어려움 앞에서 회복탄력성을 만들고, 어려운 외부 세계 앞에서 내부 자원을 만든다.

시간제한 MBT-C는 광범위한 정서적·행동적 어려움을 겪고 있는 5~12세 아동을 위해 개발되었다. MBT-C는 핵심 발달 과정을 촉진하는 데 초점을 맞추고 있기 때문에 특별히 한 가지 임상적 유형을 위해 개발되지는 않았다. 임상 경험뿐만 아니라 아동 정신병리학에서 정신화하기의 역할에 대한 발달 연구에 기반하여 개발된 MBT-C는 주로 정동 및 불안장애 또는 경증에서 중등도의 행동 문제를 나타내는 아동뿐만 아니라 부모의 이혼이나 사별과 같은 특정한 삶의 역경을 다루는 데 도움이 필요한 아동에게 적합할 수 있다. 트라우마와 애착 문제를 경험한 아동에게 시간제한 MBT-C가 권장될 수도 있다. 애착장애를 가진 아동이 이 모델로부터 혜택을 받을 수 있다는 것이다. 다만 중증 애착장애나 신경발달장애뿐만 아니라 보다 심한 외현화 장애가 있는 아동에게 시간제한 MBT-C를 권할 때는 주의가 필요하며, 아동의 특정한 상황을 주의 깊게 고려하여 치료 권고 사항을 알려 주어야 한다.

비행동치료에 대한 연구는 일반적으로 외현화 문제가 있는 아동에게 낮은 성공적인 결과를 보고하지만, 외현화 문제가 있는 모든 아동을 위한 치료로써 시간제한 MBT-C를 배제하지 않는 특별한 이유가 있다. 많은 경우, 외향적이고 공격적인 아동의 부모와 상담사는 종종 '시끄러운' 증상에 초점을 맞추며, 따라서 불안, 우울증 또는 낮은 자존감과 같은 상호 내재화 증상을 놓친다(Goodman et al., 2012). 행동 문제가 있는 많은 아동들은 충동성, 공격성, 경쟁력 또는 지배욕과 같은 기질적 측면에 대해 수용받지 못한다. 따라서 판단하는 상담사보다는 호기심이 많은 상담사와 함께 하는 것이 도움이 된다. 이러한 경우, 상담사는 아동의 자아 인식 발달을 도울 수 있고, 자존감 촉진 및 아이의 기질이나 성격 등의 측면을 통합하는 보다 적응적인 방법을 잠재적으로 탐구할 수 있다.

외상 또는 상실 경험이 있는 아동의 경우, 시간제한 모델이 적합한지 확인하기 위해 외상의 정도와 심각성을 평가할 필요가 있다. 심각한 학대, 외상 또는 지속적인 정서적 방치를 경험한 아동은 종종 주변 성인에게 큰 걱정을 불러일으킨다. 이로 인해 외상 사건에 대한 성인의 반응에 영향을 미치게 되며 아동에 대한 편향을 가져올 수 있다. 관계적 맥락에서 아동의 마음과 경험에 초점을 맞춘 치료가 도움이 될 수 있지만, 단기적인 작업이 심각하고 지속적인 트라우마의 영향을 되돌릴 수 있다는 환상은 없어야 한다. 하지만 만성적인 정신적 충격을 받은 일부 아동에게, 시간제한은 치료를 덜 위협적으로 보이게 할 수 있기 때문에, 그들이 그 과정에 전념하는 것을 도울 수 있다.

마찬가지로 분리와 분열의 경험이 여러 번 있는 아동의 경우, 시간제한 모델이 적절한지에 대해 고려할 필요가 있다. 대부분의 아동에게, 제한된 시간의 개입 후 상담사와 분리되는 것은 준비가 잘된 결말을 통해 작업을 할 수 있는 기회다. 그러나 여러 번 거부반응을 보인 일부 아이들(예: 서로 다른 입양 가족 사이에서 여러 번 파양된 아이들)에게는 처음으로 유대관계를 형성한 후 빠르게 종결하는 것이 치료적이지 않을 수 있다. 이러한 아이들과 함께, 상담사는 더 많은 연장된 치료가 필요할 수도 있다는 생각으로 신중하게 임상적 평가를 하고, 시간제한 심리치료를 진행하는 것이 좋다.

자폐스펙트럼장애와 같은 신경발달장애는 시간제한 MBT-C의 절대적인 제약은 아니다. 반대로, 이러한 어려움을 겪고 있는 아동은 이러한 작업 방식으로부터 혜택을 받을 수 있으며, 치료법에 약간의 수정이 있을 것이다. 우리는 이러한 진단을 받은 것만을 근거로 하여 아동을 치료에서 배제해서는 안 된다는 점을 강조하고자 한다. 이러한 어려움에도 불구하고 아동들에게 시간제한 MBT-C의 장점을 적용할 수 있으며, 아동의 능력이 다르다는 것을 인정하면서 특정 핵심 문제나 어려움에 대한 정신화하기 기술을 개발시킬 수 있다. 예를 들어, 자폐스펙트럼장애를 가진 아동은 미래에 현실적으로 기대할 수 있는 것, 받아들여야 하는 것, 바꿀 수 있는 것을 고려하는 것뿐만 아니라 특정 사회적 결핍을 해결할 수 있는 방법을 익힐 수 있다. 지적장애 아동은 직접 경험을 활용해 이곳에서 일하고, 아동이 느끼는 바를 '아는' 대신 적극적으로 물어보는 것이 긍정적인 결과를 가져올 수 있다(Decker-van der Sande & Sterkenburg, 2015)는 것을 익힐 수 있다. 목표를 설정함에 있어, 제한된 심리치료 과정에서 해결될 것이라고 기대할 수 없는 많은 핵심 문제들을 가진 아동들에게 치료에 대한 현실적 기대 목표를 가지도록 하는 것이 중요하다.

시간제한 MBT-C의 구조 및 프레임

기본적인 시간제한 MBT-C 모델은 12회기의 개별 회기이며, 회기와 함께 제공되는 부모(들)를 위한 별도의 미팅이 있다. 일부 상담사는 단기 및 시간제한 치료법을 '필요악'으로 볼 수 있지만(Salyer, 2002), 단기 정신분석 개입(Abbass et al., 2013)을 포함하여 아동 정신건강에 대한 단기 개입이 효과적일 수 있다(McLaughlin et al., 2013). 마찬가지로, Bakermans-Kranenburg 등(2003)의 애착 중심 중재에 대한 메타 분석에 따르면 가장 효과적인 중재는 적당한 수의 회기(5~16회기)를 사용하고 목표에 더 집중해야 한다. 시간제한적인 중재는 효과적일 때 아이들과 가족들에게 분명히 이익이 된다. 왜냐하면 아동들에게 큰 지장을 주지 않고 일상생활로 돌아갈 수 있게 하기 때문이다. 그럼에도 불구하고 일부 아동의 경우 단기적 개입이 효과적이지 않을 수 있다(Ramchandani & Jones, 2003). 특정한 경우에, 장기적인 개입이 적절할 때(예: 초기 관계적 외상이나 불안정 애착이 성인을 신뢰하는 것을 어렵게 하는 아동들), MBT-C 12회기짜리 최대 3번(즉, 총 36회기)을 제공할 수 있다. 이러한 추가 치료 회기는 추가 치료의 장단점을 평가하는 검토 과정을 기반으로 하며, 이러한 경우 치료는 명확한 초점과 목표로 시간제한이 계속된다.

우리는 치료의 실용성이 아동과 부모의 임상 환경과 문제의 심각성에 따라 몇 가지 다른 방식으로 구성될 수 있기 때문에 지나치게 규범적이지 않은 것을 목표로 한다. 중요한 것은 치료상의 약속이 부모뿐만 아니라 자녀에게도 처음부터 명확하고 일관적이라는 것이다. 이것은 안전감과 협동심을 만들고 상담사가 가족이 알지 못하는 결정을 내리는 시나리오를 피하는 방법이다. 이러한 진실성은 정신화하기 입장의 일부이며 치료 과정의 공유된 소유권 의식에 기여한다.

치료에서 '단계'의 개념은 치료의 기초적인 목표와 기술이 치료의 시작부터 끝까지 계속된다는 점에서 어느 정도 인위적인 것이다. 시간제한 MBT-C 구조의 일부는 치료에 대한 예측 가능한 형태이며, 각각의 특정 과제를 가진 핵심 단계의 관점에서 생각할 수 있다.

평가 단계(3~4회기)

아동 및 가족과의 모든 치료 작업은 제시된 문제에 대한 철저한 평가와 이러한 문제가 제안된 개입과 어떻게 연결될 수 있는지에 대한 사례개념화를 기반으로 해야 한다(제6장 참고; 제17장 및 제22장은 사례개념화에 대한 추가적인 논의를 위한 것). 아동과 가족의 '정신화하기 프로파일'을 개발하는 데 초점을 맞춘 평가에는 정신화하기에 어려움이 아동의 현재 문제와 어떻게 연관될 수 있는지, 정신화 중심의 개입이 도움이 될 가능성이 있는지에 대한 사례개념화가 포함될 것이다. 작업이 진행 중인 경우 초점 진술이 사례개념화되고(이 장의 뒷부분에서 설명하는 '포커스 공식'), 아동, 부모 및 상담사는 치료를 위한 일련의 목표에 동의한다(MBT-C의 평가 프로세스에 대한 자세한 설명은 Muller & Midgley, 2015 참고).

1~3회기: 초기 단계

치료의 별도 단계로 생각할 수 있지만, MBT-C의 처음 몇 회기 동안 수행되는 치료 작업의 대부분은 평가 단계에서 이미 수행된 작업을 기반으로 하며 아동과 진행 중인 회기의 일부이기도 한 기법을 사용한다. 아동과 함께, 이 초기 단계의 주요 목표는 주로 공감과 아동의 세계에 대한 진정한 참여와 호기심을 통해 치료 동맹을 구축하는 것이다. 놀이는 이러한 참여 과정의 중심이며 치료가 작용하는 방식으로 아동을 사회화하는 놀라운 방법이다. 여기에는 아동을 위한 달력(이 장의 뒷부분에서 설명)과 치료 상자(놀이 자료 세트 포함)를 소개하고 아동이 초점 공식을 가지고 놀 수 있는지 여부를 탐색하는 것이 포함된다.

상담사가 효율적 양육을 지원하기 시작함에 따라 부모와 함께, 참여와 치료 동맹을 수립하는 것도 가장 중요하다(Redfern & Cooper, 2015; 제16장 참고). 상담사가 부모가 자녀에게 어떻게 반응하는지에 대해 다른 견해를 가질 수 있는 경우에도 부모의 경험에 대한 공감이 이 단계에서 핵심이다. 보고 인정받는 감정을 받음으로써 부모는 스트레스 수준이 감소하여 자신의 감정에 덜 몰두하고 자녀에게 더 개방적일 수 있다.

4~8회기: 중간 단계

MBT-C의 중간 단계는 초점 공식과 관련하여, 광범위한 치료 기술을 도출하는 아동의 뇌중추 능력 개발에 대한 핵심 작업이 이루어지는 단계다. 한편, 부모들과의 회기는 성찰적인 육아의 다양한 요소들을 전달하는 데 점점 더 초점을 맞출 수 있다. 부모와 자녀가 함께하는 작업에서, 정동이 명시적인 정신화하기를 가능하게 하는 방식으로 조절될 수 있다면, 공감적 조율은 타자 조망하기의 촉진과 다른 사람의 관점에서 사물을 이해하는 것에 초점을 맞추어 점점 더 보완될 수 있다. 경우에 따라, 정신화하기 능력을 촉진하거나 명시적 정신화하기가 무너지는 상황에 주의를 기울이는 데 더 초점이 맞춰질 것이다.

검토 회의

　처음 8회의 회기가 끝나면 자녀 및 부모와 함께 검토 회의가 제공된다. 이 회의에서 초기 초점과 치료 목표를 검토하고 첫 번째 회기가 충분해 보이고 치료가 결말을 향해 나아가야 하는지 또는 추가 작업이 필요한지에 대한 여부가 결정된다. 초점 공식을 모니터링하는 것도 종종 이 과정의 일부다. 좋은 초점 공식인가? 어떻게 발전했는가? 잊어버린 건가, 아니면 치료의 일부가 아닌가? 이 과정을 어떻게 이해할 수 있을까? 치료 작업이 초기 회기보다 더 오래 지속되어야 한다고 느낄 때, 여전히 '개방형 모델(open-ticket model)'을 사용하여 제한된 시간 내에 작업할 수 있다. 이 경우 최대 36회기(12회기 세트 3번)까지 12회기로 구성된 다른 블록을 제공할 수 있다. 이렇게 탄력적인 회기는 외상을 경험했거나 애착장애가 있는 아동과 같이 더 복잡한 장애를 가진 아동에게 시간제한 접근법을 쉽게 사용할 수 있게 한다. 그러나 더 복잡한 어려움이 항상 더 장기적인(또는 개방형) 치료로부터 이익을 얻는다는 생각에 반드시 동의하지는 않는다. 시간제한과 집중력을 가지고 일하는 것이 도움이 될 수 있지만, 더 복잡한 문제를 가진 아동은 종종 12회기 중 하나 이상의 모듈식 접근이 필요하다.

9~12회기: 종료 단계

　치료가 종료될 예정일 때는 종료를 준비하고 치료 종료 이후에 이루어진 이점을 가장 잘 유지할 수 있는 방법을 모색하는 데 초점이 맞추어진다. MBT-C의 시간제한적인 특성은 작품 전반에 걸쳐 결말을 매우 적극적으로 염두에 둔다는 것을 의미하며, 달력을 사용하면 아동이 몇 번의 회기를 마쳤는지, 몇 번이 남았는지 알 수 있도록 도와준다. MBT-C의 목표 중 하나는 치료 외의 다른 관계를 활용할 수 있는 더 나은 능력으로 치료를 종료하는 것이기 때문에, 종료 단계의 초점은 치료에서 배운 것을 다른 지원 관계로 변환하는 것이다.

체크인 또는 추가 회기

　MBT-C 모델은 제한된 치료가 끝나는 시점에 체크인 또는 치료 외의 부가적인 활동을 하는 회기를 포함하며, 이 회기는 종료 후 3개월에서 12개월 사이에 언제든지 준비할 수 있다.

치료를 위한 물리적 환경

MBT-C에 대한 관점에서 모든 회기는 동일한 치료실에서 치료가 수행되도록 계획해야 하며, 치료실이 너무 많이 변경되지 않도록 권장한다. 그러나 아동에게 특별한 이유가 있을 때는 치료실을 바꿀 수 있다. 예를 들어, 어떤 환경에서는 상담사가 사용할 수 있는 야외 공간이나 아이가 더 많은 신체 활동을 할 수 있는 체육관이 있을 수 있다. 특정 시점에서 치료를 그러한 환경으로 옮기는 것은 과잉 활동적이거나 공격적인 사람들이나 외부의 대책에 빠르게 압도되고 조절 능력이 부족한 아동과 같이 주의력 조절 문제가 있는 아동에게 도움이 될 수 있다.

아동치료실에는 반드시 장난감이나 놀이기구가 많이 있어야 하는 것은 아니다. 반대로, 규제가 어려운 아동은 선택할 수 있는 놀잇감이 너무 많은 방에서 압도당할 수 있다. 각성 수준이 너무 높으면 아동은 놀이 또는 자신이 경험하고 있는 것에 주의를 기울이지 못할 것이다. 마찬가지로, 어떤 아동들은 제한을 느끼지 않기 위해 더 큰 방의 공간을 필요로 하는 반면, 어떤 아동들은 더 작은 방에서 더 안전하다고 느낄지도 모른다. 이상적으로, 방은 아동이 돌아다니며 농구공을 고리 모양으로 만들거나, 미니 하키를 하거나, 단순히 공을 던지고 잡는 것과 같은 신체적인 게임을 할 수 있을 정도로 충분히 큰 바닥 공간이 필요하다. 일부 아동들에게는, 너무 제한적이지 않은 분위기를 조성할 뿐만 아니라, 그들이 방을 꾸미는 방식으로 상담사를 인식할 수 있기 때문에 방에 몇몇 개인적인 물건들을 두는 것이 도움이 될 수 있다(Slijper, 2008). 동시에, 어떤 아동은 방이 너무 개인적일 때 다른 아이들에게 불안감을 느끼거나 라이벌 의식을 경험할 수 있다.

놀이치료실 소재를 선택할 때 상담사는 아동이 놀고 자신을 표현할 수 있는 최적의 공간을 만드는 것을 목표로 한다. 이때는 감각을 자극하거나 각성시킬 수 있는 감각놀이 소재를 갖추는 것이 좋다. Stern(1992, 2004)이 말했듯, 그러한 자료는 종종 주의력과 정동 조절 문제가 있는 아동에게 매우 중요하다. 적합한 재료는 모래, 점토, 핑거 페인트, 물, 기포 또는 다양한 크기와 여러 종류의 공이 될 수 있다. 환상과 역할극을 자극하기 위해 인형, 동물 피겨, 자동차, 벽돌, 역할극 옷 등이 자주 사용되며, 성별과 연령에 따라 다양한 피부톤을 가진 인형을 보유하는 것이 가치가 있다. 놀이치료실 자료의 일부로 몇 가지 게임을 하는 것도 좋은 생각이다. 거의 모든 상담사들은 약간의 예술 용품을 가지고 있고, 어떤 상담사들은 악기와 같은 다른 창조적인 재료들도 가지고 있다. 물론 상담사들이 어떤 종류의 공간을 사용할 수 있는지, 어떤 재료가 제공되는지에 대해 항상 많은 통제력을 가지고 있는 것은 아니다. 그렇다 하더라도, 그 공간이 어떻게 경험될 수 있는지, 그리고 회기에서 아동의 행동에 어떤 영향을 미칠 수 있는지에 대해 아동 및 부모와 함께 생각하는 것은 도움이 될 수 있다. 아동이 자신의 충동(일정한 한도 내에서)에 따라 초대를 받고 편하게 놀 수 있도록 하고, 자신을 자유롭게 표현하는 것이 목적이다.

치료의 틀로서의 시간

시간은 치료를 통해 다루어지는 측면이다. 시간의 중요성은 시간제한에 의해 강조되고 달력 사용으로 입증된다. 시간제한은 가장 시급한 문제들을 다루는 동기부여 요인이 될 수 있고 상담사와 가족 모두에게 가까운 미래에 가족이 스스로 어려움을 해결할 수 있는 능력을 가질 필요가 있다는 것을 상기시켜 준다. MBT-C에 대한 모든 치료적 개입은 치료가 끝나면 부모와 자녀가 어려움을 보다 건설적으로 관리하는 데 도움이 될 수 있는 방식으로 정신화하는 능력을 장려하고 증가시키는 궁극적인 목표를 가지고 있다. 이런 식으로 치료의 시작부터 그 과정에 결말이 짜여 있다.

시간제한과 남은 회기 수에 대해 거짓 없이 말하는 것은 아이에게 치료 종료와 함께 미래의 분리를 준비하고 작업할 수 있는 기회를 주기도 한다. 치료를 받고 있는 많은 아동들이 삶에서 여러 가지 분리를 경험했지만, 그것들을 통해 항상 준비하고 작업할 시간을 갖지 못했을 수도 있고, 이것은 상담사와 함께 결말에 대한 감정을 다룰 수 있는 새로운 경험을 만들 수 있다. MBT-C는 과정 중심이기 때문에 시간 범위는 관계 역학의 활성화 측면에서 진입 역할을 할 수 있다. 예를 들어, 자녀(또는 실제로 부모)가 "당신은 나에게 충분한 시간을 주지 않아요!"라고 불평할 때, 이것은 비정신화 순간의 촉발 요인을 탐구하는 데 사용될 수 있거나, 도움이 될 수 있는 일부 아동들과 가족의 공정성 문제를 반영할 수 있다.

아동을 위한 시간제한 심리치료(Haugvik & Johns, 2006; Røed Hansen, 2012)에서 영감을 받아 MBT-C 상담사가 치료의 일부로 시간제한을 가지고 능동적으로 작업하는 방법 중 하나는 아동과 함께 달력을 사용하는 것이다. 달력의 목적은 아이에게 치료법의 주인의식을 자극하고 성찰적인 자세를 장려하는 것과 동시에 아동이 일의 시간적 제한성을 어느 정도 이해할 수 있도록 돕는 것이다(Gydal & Knudtzon, 2002).

달력은 다르게 보일 수 있지만, 항상 회기가 있는 만큼 많은 직사각형이나 원으로 표시된 (가능하면 큰) 종이로 구성되어야 한다. 치료의 틀을 확립하는 것의 일환으로 상담사가 첫 번째 회기에서 달력을 소개한다. 상담사는 아동에게 매 회기가 끝날 때마다 달력에 무언가를 그리도록 요청할 것이며, 이것은 아동이 회기를 추적하고 그날 일어난 일에 대해 함께 성찰하는 방법이라고 말한다. 아동이 처음부터 치료의 시기를 어느 정도 파악할 수 있는 방법으로 달력에 숫자를 매기게 하는 것은 좋은 방안이다. 아동들은 또한 달력을 더 개인적으로 만들고 그에 따라 달력이 자신의 것이라는 감각을 향상시키기 위해 달력의 뒷면을 장식할 수 있다.

각 회기에서 약 5~10분이 남았을 때, 아이는 달력에 무언가를 그리도록 요청받는다. 이것의 주요 규칙은 무엇이든 좋다는 것이다. 달력은 아동의 것이고, 아동은 그 안에 무엇을 그릴지 결정할 것이다. 상담사가 그림을 그릴 수 있는 특정한 것들을 제안함으로써 아이를 돕고 싶은 충동을 느낄 때가 있을 수 있지만, 아동은 이것을 명시적으로 요청하지 않는 한, 상담사는 자제해야 한다. 그러나 때때로 상담사는 아동이 달력을 다른 공간에 온통 색깔을 칠하거나 다른 방식으로 망가뜨리지 않도록 하는 의미에서 달력에 대한 책임을 질 필요가 있다.

달력을 사용하여 아동과 상담사는 그들만의 이야기를 만든다. 치료 과정에 대한 이야기가 함께 만들어지고 시각화될 수 있다. 달력은 또한 회기나 치료의 종료와 곧 있을 분리를 다루는 강력한 도구가 될 수 있다. 아동과 상담사가 함께 달력을 보며 남은 회기 수를 파악하고 이별을 준비할 수 있다. 치료 종료와 부스터 회기에서 달력은 함께 수행된 작업을 되돌아보고 검토하는 데 사용할 수 있다(Røed Hansen, 2012).

초점 공식

또한 아동을 위한 시간제한 심리치료(Haugvik & Johns, 2006; Røed Hansen, 2012)에서 영감을 받은 치료 프레임의 또 다른 핵심 측면은 평가 기간 동안 아동이 구두 및 비언어적으로 전달하는 것을 주의 깊게 관찰하고 듣는 것에서 나와야 하는 치료에 대한 초점을 공식화하는 것이다. 초점 공식은 다른 정신화 기반 중재에서 공식 처방이 내담자와 공유되듯이 치료 시작 시 아동 및 부모와 공유하는 짧은 문구 또는 이야기여야 한다. 모든 MBT 공식은 이러한 특징을 공통적으로 가지고 있다. 내담자의 애착과 내담자가 이해할 수 있는 언어로 된 관계적 문제의 개요를 포함하고, 이러한 문제가 치료에서 어떻게 활성화될 수 있는지에 대한 고려를 포함한다. 공식은 내담자가 공식에서 자신을 볼 수 있는 방식으로 작성되어야 하며, 따라서 내담자에 대한 것이다. 어떻게 보면 Stern(1985)의 '핵심적 은유' 개념과 관련이 있을 수 있는데, 이는 핵심적인 관계적ㆍ감정적 주제(Johns, 2008)를 대표한다.

사례

열 살 소년이 부모와 함께 치료를 받았다. 어머니는 자신의 문제(경계성 성격장애와 관련된)로 어려움을 겪고 있는 소년을 때린 시기에 대해 이야기했다. 이 사건은 4년 전에 발생했지만, 그 후 어머니와 소년의 관계는 완전히 회복되지 않았다. 소년은 침대에 오줌을 싸고 있었고, 특히 학교에서 주의력을 집중하는 데 어려움을 겪었으며, 다른 아이들과 노는데 문제가 있었다. 평가기간 동안, 그는 컴퓨터 전쟁 게임에 빠져 있었으며 군인이 되고 싶다는 장래희망을 말했다. 어머니는 자신의 문제에 대해 정말 열심히 치료받았고 감정을 훨씬 더 잘 조절할 수 있었다. 소년은 어머니의 비위를 맞추려고 계속 노력했고, 자신의 생각을 말하지 않았고, 관계에 긴장했다. 평가 기간이 끝나면서, 상담사와 가족들은 이 관계적인 문제와 컴퓨터 게임과 군인에 대한 소년의 열망과 관련된 초점을 만들기로 결정했다. 상담사는 그에게 어떤 군인이 되고 싶은지 물었다. 예로, "자신의 내면에서 일어나는 일을 느낄 수 없고, 두려움이나 분노를 감지할 수 없으며, 단순히 다른 사람에게 복종하려고 하는 군인인가요?" 아니면 "자신과 다른 사람들에게 확고하고 결단력 있고 진실할 수 있는 군인으로서, 자신의 감정과 신체적 신호를 느낄 수 있고, 심지어 힘든 상황에서도 자신이 안전하게 지낼 수 있도록 도울 수 있는 군인인가요?" 소년은 이 초점 공식을 좋아했고, 일단 치료를 받자 자신의 몸과 감정을 더 잘 이해하고 자신을 더 잘 이해하기 위해 정말 열심히 치료에 임했다. 12회기가 끝날 때, 소년은 그와 어머니 사이에 있었던 일에 대해 이야기할 수 있었고, 더 이상 침대에 오줌을 거의 싸지 않았고, 학교 또래들과 더 잘 어울렸다. MBT-C와 함께 그는 또한 주의력 문제로 약을 복용하기 시작했는데, 학교생활 적응에 많은 도움이 되었고 자존감 향상으로 이어졌다. 치료 자체에서, 그는 때때로 상담사가 했던 질문들을 다시 언급했고, 이것은 그가 누구이고 그가 되고 싶은지를 계속 탐구하는 방식이 되었다.

이 사례에서 분명히 알 수 있듯이 초점 공식의 주요 목표 중 하나는 아동과 소통하는 것이고 치료법이 아동에게 제공할 수 있는 것을 전달하는 것이다. 많은 아동이 부모나 다른 어른들에 의해 치료를 받고 있는데, 그들이 왜 그들을 데려왔는지에 대한 개념이 거의 없거나 단순히 주변의 어른들을 기쁘게 하기 위해 그곳에 있다는 느낌을 가지고 있다(Johns, 2008). 시간이 제한되면 아동을 참여시키는 일이 더욱 절실해지고, 집중력은 아동에게 치료 과정에 참여하도록 권유하는 역할을 하는 것으로 볼 수 있다. 초점을 공식화할 때 아동과 함께 평가의 자료를 사용하면 치료에서 아동의 소속감을 강화할 수 있다. 아동이 만남에 기여한 것이 치료의 초점이 된다.

초점 공식의 또 다른 목적은 부모의 관심을 아이의 중심적인 경험, 생각, 감정으로 유도함으로써 정신화하기를 자극하는 것이다. 앞의 사례에서 소년의 부모는 아들이 반대하는 것에 대해 마음을 기울였고 부모의 요구는 최소화해야 했다. 회기에서, 그들은 정상적으로 발달하고 있는 열 살이나 열한 살 소년이 언제 부모와 의견이 다를 수 있는지에 대해 상담사와 이야기했다. 어머니는 죄책감과 이런 감정들이 아들에 대한 접근에 어떤 영향을 미쳤는지 도움을 받았고, 자신과 분리되고 다른 누군가로서 그가 어떤 남자가 될 수 있을지 더욱 궁금해지기 시작했다.

상담사의 공식화는 다른 사람의 마음을 간직하는 모델이 된다. 초점은 아이가 중심적인 경험, 생각, 감정으로 제시하는 것에 대한 공동의 관심을 불러일으킨다. 그것은 상담사가 부모와 자녀로부터 무언가를 받아들였음을 보여 주고, 아동을 치료에 이르게 한 문제들을 중심으로 의미를 창출하는 대화를 이끈다.

시간제한 MBT-C에서의 상담사 자세

심리치료 분야에서 일하는 대부분의 사람들은 예를 들어 MBT, CBT, 대인관계 심리치료 등 특정한 치료 모델이 단순히 적용될 수 있는 도구나 기술의 집합이 아니라는 것에 동의할 것이다. 연구자들이 성인이나 아동들에게 치료를 받으러 가는 것이 어떠했는지 되돌아보라고 할 때, 그들은 상담사가 어떤 종류의 기술을 사용했는지에 대해 많은 것을 말하지 않는다—인지 재구성의 질이나 상담사의 해석이 정확했는지에 대해 언급하지 않는다. 대신에, 그들은 상담사의 사람에 대해 말하는 것으로 시작하는 경향이 있다. 예로, "상담사는 어땠습니까? 상담사는 착했나요? 상담사와 함께 있는 것을 편안하게 느꼈나요?" 물론, 이것은 상담사가 사용하는 기술이 문제가 되지 않는다는 것을 의미하지는 않는다. 단지 이러한 모든 기술은 항상 관계의 맥락에서 발생하며, 특히 치료가 인식론적 경계를 극복하는 데 도움이 되는 측면에서 이해될 때 상담사의 '존재의 방식'이 그가 사용하는 특정 기술만큼 중요할 수 있다(Fonagy & Allison, 2014).

다른 형태의 MBT와 마찬가지로 MBT-C에서의 상담사의 자세는 치료의 실제 작업에 대한 배경일 뿐만 아니라 치료가 무엇이고 어떻게 작동하는지의 핵심이다. 이 자세는 MBT-C 상담사들이 가족들에게 정신화하는 능력을 촉진시키려 하는 한 MBT-C의 목표이자 상담사들이 목표를 달성할 수 있는 수단이기 때문에 중요하다.

정신화하기 자세의 핵심 구성 요소는 호기심의 중요성, 마음에 대한 관심(행동뿐만 아니라), '모른다'는 자세에서 다른 사람의 관점을 탐구하는 관심을 포함한다. 가장 중요한 것은 상담사 자신의 정신화하기 능력이 붕괴되는 방법을 알아차리는 것이다. MBT-C에서, 상담사들은 부모와 아동들이 더 잘 조화되도록 돕는 생각과 감정에 대해 탐구하고 이야기하는 방법을 배우는 치료법을 제공함으로써 자신과 아이들을 더 잘 이해하도록 도우려고 노력한다. 이 모델로 작업하는 상담사들에게는 적극적으로 정신을 가다듬는 것과 자신의 정신화하기가 (불가피하게) 고장 났을 때 알아차리는 것이 똑같이 중요하다. 아동들과 함께 작업하면서, 상담사들은 자신의 정신화하기가 고장 났음을 알아차리지만 때때로 개입하기 전에 연기할 수도 있다. 때때로 상담사는 그것에 대해 뭔가를 말함으로써 자신의 생각을 말할 수 있다(예: "네가 이것을 하고 그렇게 보일 때 나는 혼란스러워."). 또는 아동이 너무 화를 내며 상담사를 공격하고 순간 자신의 정신화하기가 고장 났음을 알아차릴 때, 상담사는 "너무 화가 나서 나를 때리려고 하는 것 같네. 혹시 우리 사이에 지금 무슨 일이 일어났는지, 그리고 우리 사이가 지금 안전한 관계인지 혼란스러워."라고 말할 수 있다.

일부 클리닉에서는 상담사가 더 큰 팀에서 작업하는 반면 다른 환경에서는 상담사가 한 명의 동료와 함께 또는 혼자 치료를 할 수도 있다. 환경에 관계없이 가장 중요한 요소는 호기심이 많고 '모른다'는 자세에서 정신 상태를 탐색할 수 있도록 안전하고 안전한 작업 환경을 만드는 것이다. 상담사들이 안전하다고 느끼고 지원을 받을 때, 그들은 보통 도전적인 고객들과 일하면서 경험에 대해 자유롭게 말할 수 있다(Muller, 2009). 하지만 안전감을 항상 유지하기 쉬운 것은 아니다. 일부 상담사들은 상담사들의 이상과 항상 완전히 일치하지는 않을 수 있는 작업 환경에서 일할 수 있다. 더욱이 다른 내담자들은 상담사의 성찰 능력에 도전할 것이고, 일부 아이들이나 가족들은 상담사의 감정과 갈등을 유발하여 그의 정신화하기 능력에 영향을 미칠 수 있다.

대부분의 상담사가 상대적으로 스트레스가 많은 상태에서 작업한다는 점을 고려하면, 그리고 그만큼 치료에서 일어나는 일들 중에서, 정신화하기 자세가 지속되기 어려울 수 있다는 것은 놀라운 일이 아니다. Bevington과 Fuggle(2012)이 말했듯이 '목적론적 사고

(무엇을 해야 하는지에 대한 집착) 또는 심리적 동일시(일하는 사람이 생각하고 느끼는 방식이 실제로 어떻게 되는지)'(p. 176)와 같은 비정신화하기 상태로 이동하는 경향이 있을 수 있다. 이러한 (정상적인) 도전을 고려하여 Bevington 등(2017)은 '함께 생각하기'라는 슈퍼비전을 위한 특정 형식을 제안했다. 이 접근법은 슈퍼비전이 극적인 사건의 단순한 위험을 피하면서 애착 인물(상담사, 동료 및 슈퍼바이저)과의 접촉을 통해 정신화하기 능력을 회복할 수 있는 자연스러운 능력을 활용하거나 슈퍼바이저가 상담사보다 아동에 대한 '더 나은' 이해를 보여 줄 수 있는 기회가 된다.

결론

시간제한 MBT-C는 다양한 문제가 있는 아동들에게 사용하기 위해 개발되었다. 따라서 시간이 제한된 MBT-C는 많은 양의 추가 교육 없이 다양한 환경에서 광범위한 상담사가 실행할 수 있는 범진단적 접근 방식이다. 우리는 이것이 모델의 강점이라고 주장한다. 그러나 정신화하기가 무엇인지 마음과 머리 양쪽에서 이해하고, 이 지식을 효과적으로 아동과의 임상 실제로 옮기는 것은 어려운 일이며, 어떤 아동 및 가족들에게 MBT-C를 제공해야 하는지를 고려할 때 신중한 고려가 필요하다. 적합성을 평가하고 치료를 계획할 때, 상담사는 아동과 가족의 기능에 대한 포괄적인 검토, 즉 증상과 행동뿐만 아니라 정신화하기 결핍의 성격과 심각성에도 주의를 기울여 특히 정신화하기 결핍의 여부를 확인하거나 또는 정신화하기의 붕괴가 더 구체적인지 일시적인지 확인해야 한다.

시간이 제한된 MBT-C의 가장 중요한 목표는 정신화하기 과정의 발달과 향상을 촉진하고, 아동이 감정을 인식하고 조절할 수 있도록 돕고, 아동이 직면할 수 있는 어려움에 대해 정신화하는 것이다. 이것은 차례로 인식론적 불신을 줄이는 데 도움이 되어 아동들이 치료 안에서나 치료 밖에서나 도움이 되는 관계를 더 잘 활용할 수 있게 한다. 부모와 함께하는 작업의 목적은 자녀의 경험을 포함하여 자녀의 경험과 육아와 관련된 부모 자신의 감정과 이러한 것들이 가족 상호작용에 어떤 영향을 미치는지를 포함하여 자녀의 경험에 대한 정신화하기 능력을 향상시키는 것이다. 이 두 가지 목표를 나란히 달성할 수 있을 때, 다양한 어려움을 겪고 있는 아동들이 의미 있게 도움을 받을 수 있을 것이다.

MBT-C의 표준 모델은 부모와 아동을 위한 12개의 회기이지만, 이 모델은 적응의 여지를 남긴다. 달력의 사용과 초점 공식은 아이가 치료 과정에 참여의식(participation), 주인의식(ownership), 주체성(agency)을 기를 수 있는 수단이 될 뿐만 아니라 치료에서 시간을 기록하고 일관성을 만드는 데 도움이 되는 도구가 된다. 시간이 제한된 MBT-C에서는 구조와 초점이 중요한 치료 요소로 간주된다. 처음부터 치료의 설정을 알고 동의하는 모든 사람은 치료 노력이 공유되고 상담사가 특권 의식을 가지고 있지 않거나 스스로 결정을 내리지 않는다는 감각을 향상시킨다. 가족과 함께 치료 환경의 측면을 논의함으로써 상담사는 치료적 자세를 모델링하고 치료를 위한 적절한 프레임과 초점 공식을 협상할 수 있다.

 참고문헌

Abbass AA, Rabung S, Leichsenring F, et al: Psychodynamic psychotherapy for children and adolescents: a meta-analysis of short-term psychodynamic models. J Am Acad Child Adolesc Psychiatry 52(8):863-875, 2013 23880496

Bak PL: "Thoughts in mind": Promoting mentalizing communities for children, in Minding the Child: Mentalization-Based Interventions With Children, Young People, and Their Families. Edited by Midgley N, Vrouva I. London, Routledge, 2012, pp 202-218

Bak PL, Midgley N, Zhu JL, et al: The Resilience Program: preliminary evaluation of a mentalization-based education program. Front Psychol 6:753, 2015 26136695

Bakermans-Kranenburg MJ, van IJzendoorn MH, Juffer F: Less is more: meta-analyses of sensitivity and attachment interventions in early childhood. Psychol Bull 129(2):195-215, 2003 12696839

Bammens AS, Adkins T, Badger J: Psycho-educational intervention increases reflective functioning in foster and adoptive parents. Adopt Foster 39:38-50, 2015

Bevington D, Fuggle P: Supporting and enhancing mentalization in community outreach teams working with hard-to-reach youth: the AMBIT approach, in Minding the Child: Mentalization-Based Interventions With Children, Young People and Their Families. Edited by Midgley N, Vrouva I. London, Routledge, 2012, pp 163-186

Bevington D, Fuggle P, Cracknell L, et al: Adaptive Mentalization-Based Integrative Treatment: A Guide for Teams to Develop Systems of Care. Oxford, UK, Oxford University Press, 2017

Bleiberg E: Mentalizing-based treatment with adolescents and families. Child Adolesc Psychiatr Clin N Am 22(2):295-330, 2013 23538015

Dekker-van der Sande F, Sterkenburg P: Mentaliseren kan je Leren. Introductie in Mentaliseren

Bevorderende Begeleiding (MBB) [How to Learn to Mentalize: An Introduction on Mentalization Based Accompaniment]. Doorn, Netherlands, Bartiméus Reeks, 2015

Ensink K, Normandin L: Le traitement basé sur la mentalization chez des enfants agressés sexuellement et leurs parents [Mentalization-based treatment in sexually abused children and their parents], in L'Agression Sexuelle Envers les Enfants [Sexual Abuse of Children]. Edited by Hébert M, Cyr M, Tourigny M. Montréal, Quebec, Canada, Presse de l'Universite du Quebec, 2011, pp 399-444

Ensink K, Bérthelot N, Bernazzani O, et al: Another step closer to measuring the ghosts in the nursery: preliminary validation of the Trauma Reflective Functioning Scale. Front Psychol 5:1471, 2014 25566146

Ensink K, Bégin M, Normandin L, et al: Maternal and child reflective functioning in the context of child sexual abuse: pathways to depression and externalising difficulties. Eur J Psychotraumatol 7:30611, 2016 26822865

Ensink K, Leroux A, Normandin L, et al: Assessing reflective parenting in interaction with school-aged children. J Pers Assess 99(6):585-595, 2017 28151016

Etezady MH, Davis M: Clinical Perspectives on Reflective Parenting: Keeping the Child's Mind in Mind. Lanham, MD, Jason Aronson, 2012

Fonagy P, Allison E: The role of mentalizing and epistemic trust in the therapeutic relationship. Psychotherapy (Chic) 51(3):372-380, 2014 24773092

Fonagy P, Target M: A contemporary psychoanalytic perspective: psychodynamic developmental therapy, in Psychosocial Treatments for Child and Adolescent Disorders: Empirically Based Strategies for Clinical Practice. Edited by Hibbs ED, Jensen PS. Washington, DC, National Institutes of Health and the American Psychological Association, 1996, pp 619-638

Fonagy P, Cottrell D, Phillips J, et al: What Works for Whom? A Critical Review of Treatments for Children and Adolescents, 2nd Edition. New York, Guilford, 2015

Fuggle P, Bevington D, Cracknell L, et al: The Adolescent Mentalization-based Integrative Treatment (AMBIT) approach to outcome evaluation and manualization: adopting a learning organization approach. Clin Child Psychol Psychiatry 20(3):419-435, 2015 24595808

Goodman G, Stroh M, Valdez A: Do attachment representations predict depression and anxiety in psychiatrically hospitalized prepubertal children? Bull Menninger Clin 76(3):260-289, 2012 22988901

Goodman G, Reed P, Athey-Lloyd L: Mentalization and play therapy processes between two therapists and a child with Asperger's disorder. Int J Play Ther 24:13-29, 2015

Goodman G, Midgley N, Schneider C: Expert clinicians' prototypes of an ideal child treatment in psychodynamic and cognitive-behavioral therapy: is mentalization seen as a common process factor? Psychother Res 26(5):590-601, 2016 26169491

Green H, McGinnity A, Meltzer H, et al: Mental Health of Children and Young People in Great Britain, 2004. London, Office for National Statistics, 2005

Gydal M, Knudtzon S: Om tidsbegrenset psykoterapi med barn [Time-limited psychotherapy with children]. Tidsskr Nor Psykol foren 39:911-915, 2002

Haugvik M, Johns U: Betydningen av felles fokus i tidsavgrenset psykoterapi med barn: En kvalitativ studie av psykoterapi med barn som opplever vanskelige familieforhold [Importance of a common focus in time-limited psychotherapy with children: a qualitative study of psychotherapy with children experiencing difficult family relationships]. Tidsskr Nor Psykol foren 43:19-29, 2006

Jacobsen MN, Ha C, Sharp C: A mentalization-based treatment approach to caring for youth in foster care. J Infant Child Adolesc Psychother 14:440-454, 2015

Johns UT: "Å bruke tiden-hva betyr egentlig det?" Tid og relasjon-et intersubjektivt perspektiv ["Spending time-what does that mean?" Time and relationship-an intersubjective perspective], in Perspektiver på Musikk og Helse [Perspectives on Music and Health]. Edited by Trondalen G, Ruud E. Oslo, Norway, NMH, 2008, pp 67-84

Jurist EL: Mentalized affectivity. Psychoanal Psychol 22:426-444, 2005

Kernberg P, Chazan SE: Children With Conduct Disorders: A Psychotherapy Manual. New York, Basic Books, 1991

Kernberg PF, Weiner AS, Bandenstein KK: Personality Disorders in Children and Adolescents. New York, Basic Books, 2000

Malberg N, Fonagy P: Creating security by exploring the personal meaning of chronic illness in adolescent patients, in A Psychodynamic Understanding of Modern Medicine: Placing the Person at the Center of Care. Edited by Reilly Landry MO. London, Radcliffe Press, 2012, pp 27-38

McLaughlin C, Holliday C, Clarke B, et al: Research on Counselling and Psychotherapy With Children and Young People: A Systematic Scoping Review of the Evidence for Its Effectiveness From 2003-2011. Leicester, UK, British Association for Counselling and Psychotherapy, 2013

Midgley N, Besser SJ, Dye H, et al: The Herts and Minds study: evaluating the effectiveness of mentalization-based treatment (MBT) as an intervention for children in foster care with emotional and/or behavioural problems: a phase II, feasibility, randomised controlled trial. Pilot Feasibility Stud 3:12, 2017a 28250962

Midgley N, Ensink K, Lindqvist K, et al: Mentalization-Based Treatment for Children: A Time-Limited Approach. Washington, DC, American Psychological Association, 2017b

Muller N: MBT in organizations. Lecture at a conference organised by Triade: Dutch Organisation for Clients with a Diagnosis of BPD and their Families, Breukelen, The Netherlands, 2009

Muller N, Midgley N: Approaches to assessment in time-limited Mentalization-Based Therapy for Children (MBT-C). Front Psychol 6:1063, 2015 26283994

Muller N, Gerits L, Siecker I: Mentalization-based therapies with adopted children and their families, in Minding the Child: Mentalization-Based Interventions With Children, Young People, and Their Families. Edited by Midgley N, Vrouva I. London, Routledge, 2012, pp 113-130

Munoz Specht P, Ensink K, Normandin L, et al: Mentalizing techniques used by psychodynamic therapists working with children and early adolescents. Bull Menninger Clin 80(4):281-315, 2016 27936899

Ordway MR, Sadler LS, Dixon J, et al: Lasting effects of an interdisciplinary home visiting program on child behavior: preliminary follow-up results of a randomized trial. J Pediatr Nurs 29(1):3-13, 2014 23685264

Perepletchikova F, Goodman G: Two approaches to treating preadolescent children with severe emotional and behavioral problems: dialectical behavior therapy adapted for children and mentalization-based child therapy. J Psychother Integration 24:298-312, 2014

Ramchandani P, Jones DP: Treating psychological symptoms in sexually abused children: from research findings to service provision. Br J Psychiatry 183:484-490, 2003 14645018

Ramires VRR, Schwan S, Midgley N: Mentalization-based therapy with maltreated children living in shelters in southern Brazil: a single case study. Psychoanal Psychother 26:308-326, 2012

Redfern S, Cooper A: Reflective Parenting. London, Routlege, 2015

Røed Hansen B: I dialog med barnet. Intersubjektivitet i utvikling og i psykoterapi [In Dialogue with the Child. Intersubjectivity in Development and in Psychotherapy]. Oslo, Norway, Gyldendal, 2012

Rossouw TI, Fonagy P: Mentalization-based treatment for self-harm in adolescents: a randomized controlled trial. J Am Acad Child Adolesc Psychiatry 51(12):1304.e3-1313.e3, 2012 23200287

Salyer K: Time limited therapy: a necessary evil in the managed care era? Reformulation Autumn(17):9-11, 2002

Scott S, Dadds MR: Practitioner review: when parent training doesn't work: theory-driven clinical strategies. J Child Psychol Psychiatry 50(12):1441-1450, 2009 19754503

Sharp C, Williams LL, Ha C, et al: The development of a mentalization-based outcomes and research protocol for an adolescent inpatient unit. Bull Menninger Clin 73(4):311–338, 2009 20025427

Siminoff LA: Incorporating patient and family preferences into evidence-based medicine. BMC Med Inform Decis Mak 13(Suppl 3):S6, 2013 24565268

Slade A: Parental reflective functioning: an introduction. Attach Hum Dev 7(3):269–281, 2005 16210239

Slade A, Grienenberger J, Bernbach E, et al: Maternal reflective functioning, attachment, and the transmission gap: a preliminary study. Attach Hum Dev 7(3):283–298, 2005 16210240

Slijper FME: Treatment in practice, in Mentalizing in Child Therapy: Guidelines for Clinical Practitioners. Edited by Verheugt-Pleiter AJE, Zevalkink J, Schmeets MGJ. London, Karnac Books, 2008, pp 179–194

Stern DN: The Interpersonal World of the Infant: A View from Psychoanalysis and Developmental Psychology. New York, Basic Books, 1985

Stern DN: Diary of a Baby: What Your Child Sees, Feels, and Experiences. New York, Basic Books, 1992

Stern DN: The Present Moment in Psychotherapy and Everyday Life. New York, WW Norton, 2004

Taylor C: Empathic Care for Children With Disorganized Attachments: A Model for Mentalizing, Attachment and Trauma-Informed Care. London, Jessica Kingsley Publishers, 2012

Thorén A: Outcome of short-term psychotherapy for children. Paper presented at the 45th International Annual Meeting of the Society for Psychotherapy Research, Copenhagen, Denmark, June 25–28, 2014

Twemlow SW, Fonagy P, Sacco FC: A developmental approach to mentalizing communities: II. The Peaceful Schools experiment. Bull Menninger Clin 69(4):282–304, 2005 16370790

Verheugt-Pleiter AJE, Zevalkink J, Schmeets MGJ: Mentalizing in Child Therapy: Guidelines for Clinical Practitioners. London, Karnac Books, 2008

Zevalkink K, Verheugt-Pleiter A, Fonagy P: Mentalization-informed child psychoanalytic psychotherapy, in Handbook of Mentalizing in Mental Health Practice. Edited by Bateman AW, Fonagy P. Washington, DC, American Psychiatric Publishing, 2012, pp 129–158

제**16**장

부모역할과 위탁양육

Sheila Redfern, Ph.D.

부모, 특히 어머니의 정신건강이 유아 발달에 미치는 영향은 잘 문서화되어 있다. 애착이론을 근간으로 하여 유아의 출생 후 첫 몇 달 동안의 삶에서 내적 상태에 수반되는 두드러진 거울 반영하기(contingent marked mirroring)를 중심으로 정신화하기 이론은 학계에서 이론적 체계를 구축하는 데 중요한 역할을 한다. 어려운 점은 부모와 부모를 상대하는 전문가들이 이를 다루는 데에서 생겨났다. 이 때문에 저자와 동료들은 특히 소위 성찰적 부모역할(Reflective Parenting, Cooper & Redfern, 2016)을 하는 부모에게 적용되는 부모-자녀 정신화하기 모델을 개발했다. 이번 장에서는 성찰적 부모역할 모델을 제시하고 부모의 마음 상태와 부모가 자녀를 정신화할 수 있는 능력에 대한 임상적 작업의 중요성을 강조한다. 그런 다음 이 모델은 위탁양육에 적용되었으며, 초기 역경이 아동 발달에 미치는 매개 효과에 관한 이해를 넓히는 데 있어 그 연관성을 보여 주었다. 이 장에서는 끔찍한 관계 트라우마를 경험하고 타자 조망하기에 인지적 결함이 있는 아동들을 돌보는 위탁양육자들에게 이러한 접근을 적용하는 것에 대해 개관한다.

배경

유아와 아동 발달에 있어 부모의 마음 상태는 매우 광범위한 영향을 미친다. 이러한 영향은 자신의 자궁에서 자라나고 있는 아기의 사고와 감정을 신경 쓰는 어머니의 능력, 즉 유아를 정신화하는 능력 또한 함께 임신 기간 중에 시작된다. 유아기 동안 유아의 마음 상태뿐 아니라 유아에게 반영되는 자신의 마음에 대해 되돌아보는 어머니의 능력은 자기와 타인에 대해 배우는 기반을 형성한다. 이는 더 나아가 정서 조절을 가능하게 하고, 타자의 관점, 사고, 감정, 바람, 욕망을 이해하는 능력을 기르게 하고, 결과적으로 좀 더 성공적인 사회적 이해와 관계로 이르게 한다. 이에 대한 엄마의 능력에 해리 상태(dissociative states)에 이를 정도까지 결함이 있을 때, 그 영향이 유아에게 미치는 영향은 매우 광범위하다(Beebe et al., 2012). 어머니가 유아에게 호응하지 못할 뿐 아니라 유아와 매우 상충하는 마음 상태를 자주 표출하게 되면 '이질적 자기(alien self)'(Bateman & Fonagy, 2016)가 유아에게 내재화되고 유아가 자신의 마음에 대해 인지하는 법을 제대로 발달시키지 못하는 결과를 낳게 된다. 일상에서의 상호작용이 다소 극단적인 상황이 발생하는 유아들의 경우 어머니가 간헐적으로 유아의 마음 상태와 조화를 이루지 못하지만 정서 조절이 상당히 어려울 수 있는 충분한 환경이 된다. 그러나 평범한 발달을 하는 대부분의 어린이들은 내적 상태에 수반되는 두드러진 거울 반영하기의 과정을 통해 안정적인 관계의 상황에서 정신화 능력의 토대를 형성하게 된다.

부모가 자녀의 마음 상태를 이해하는 능력은 지난 20년이 넘는 시간 동안 성찰 기능(reflective functioning)이라고 불려 왔다. 이러한 개념은 부모와 자녀의 애착 패턴 간에 높은 수준의 일치가 있었음을 밝혀낸 획기적인 결과로 유명한 런던 부모-자녀 연구에서 기인했다(Fonagy et al., 1991a). Fonagy와 동료들(1991b)은 이러한 일치는 자녀를 자신만의 정신적 경험을 가진 독립적인 심리적 실체로 바라보는 부모의 능력과 관계가 있다는 가설을 세웠다. 게다가 자녀의 정신 상태에 대해 인지하는 것뿐 아니라 성찰을 한 후에 부모 자신의 행동을 통해 반응하는 부모의 능력은 애착 안정과 강하게 관련이 있다고 보았다. 이 연구 결과는 자아성찰 기능 척도(Reflective Self-Function Scale)의 개발로 이어졌고 추후에 성찰 기능 척도(Reflective Functioning Scale: RFS; Fonagy et al., 1998)가 만들어졌는데 이는 부모가 자신의 정신 상태를 이해하는 능력에 대한 중요한 평가 방법이다. RFS는 원래 성인 애착 인터뷰(AAI; George et al., 1985)에 사용되었고 성찰 기능의 증거 표시를 인식하는 데 적용됐다. 이러한 개발은 부모 정신화하기와 관련이 있다. 이러한 표시가 정신 상태와 본성을 지각하는 것과 관련될 뿐 아니라 어떻게 부모들이 AAI에서 그들의 어린 시절 경험을 인지하는지와 어떻게 그런 경험이 지금 여기에서(미래의 부모로서) 영향을 미치는지와도 관련된다. Fonagy와 동료들(1991b)은 타인뿐 아니라 자신의 정신 상태를 이해하고 성찰하는 부모들의 이러한 능력은 그들이 어렸을 때 양육자(주로 어머니)가 그들의 정신 상태에 대해 인지하고 반응해 주었던 부모-자녀의 관계에서 기인한다고 보았다. 그들은 더 나아가서 자녀의 정신 상태를 이해하는 양육자의 능력은 애착관계에서의 안정성으로 이어질 뿐 아니라 자녀가 동일 능력을 갖추도록 학습하는 데 필수적이라고 여겼다. 그러므로 '성찰적 자기'를 갖추는 능력은 자기의(양육적) 마음 상태에 대한 성찰과 이러한 성찰 능력을 자녀를 성장시키는 데 사용하는 것 사이의 긴밀한 상호작용을 말한다. 이러한 중요한 균형은 부모의 정신화 능력을 향상시키는 데 있어서 핵심인데, 이는 양육적 정신화하기가 단순하게 자녀를 성찰하는 능력뿐 아니라 부모가 자신의 정신활동을 성찰하는 능력에 관한 것이기 때문이다. 자녀의 출생 전 어머니의 유년기 정신화하기는 자녀의 애착 안정에 기여한다(Fonagy et al., 1991a).

Suchman와 동료들(2010)은 부모의 성찰 기능에 대해 두 요인 모델을 제시했고, 이 연구는 부모가 자신을 정신화하는 능력(자기 정신화하기)은 자녀를 정신화하는 능력보다 훨씬 더 양육적 보살핌의 질을 더 잘 예측하게 한다는 것을 알아냈다. 임상적과 비임상적 사례에 대한 성찰적 양육 모델을 개발함에 있어서, 정동적인 경험에 대한 자기 조절과 관련된 자신의 정신 상태를 이해하는 어머니의 능력은 어머니가 후에 자녀를 정신화하고 자녀의 정서적 욕구에 더 잘 상응하는 반응을 할 수 있게 한다는 것을 강조한다.

성찰적 양육 모델(Cooper & Redfern, 2016)은 더 나은 대처능력과 더 깊은 유대감을 형성하기 위해서 부모의 지시하에 이러한 성찰적 자기를 다루는 중요성에 대해 강조한다. 자기 정신화하기는 성찰적 양육 모델에서 핵심적인 부분으로 이 작업에서 부모가 거쳐야 할 첫 번째 단계다.

성찰적 양육 모델

성찰적 양육 모델의 목표는 다음과 같다.

1. 전문가들은 부모들이 정신화하기 태도를 취하도록 권한다. 결과적으로 이는 부모들이 자신이 이해받았다고 느끼게 됨으로써 정신화의 시작을 돕는다.
2. 양육과 관련하여 부모들의 자신에 대한 마음 자각을 향상시킨다.
3. 감정에 대한 이해가 감정과 행동을 제어하는 것과 어떻게 관련이 있는지에 대한 심리교육을 분명하게 부모들에게 제공한다.

4. 부모들이 자녀가 특정 방식으로 행동하는 이유를 알기 위해 '내면의 이야기'를 이해 하는 것이 부모와 자녀 간에 강한 유대감 형성으로 이어진다는 것을 자각하게 한다.

5. 자녀가 자신의 감정이 어떠하고 왜 그렇게 느끼는지에 대한 이해를 돕는 능력을 향 상시킨다.

성찰적 부모는 단순히 자녀의 외적 행동에만 초점을 두지 않는다. 오히려 그들은 자녀 가 자신의 사고 또는 감정과 연관된 이유 있는 행동을 한다는 것을 이해하면서 자녀를 자 신만의 정신을 가진 개인으로 보는 초점을 유지하려고 한다. 다시 말해, 내면의 이야기가 존재한다는 것이다. 이 부모들은 흔히 단순하게 행동에 반응하기보다는 사고와 감정에 대한 내면의 이야기에 응답한다.

성찰적 양육에는 세 가지 주요 요소들이 있다. ① Professional APP/전문가 APP (Attention and curiosity-주의와 호기심, Perspective taking-타자 조망하기, Providing empathy-공감하기: 지지적인 전문가의 정신화 태도), ② Parent Map/부모 지도(자신과 타인 을 정신화하는 부모의 마음 상태와 능력), ③ Parent APP/부모 APP(자녀를 정신화하는 것과 관 련된 부모의 자세). 이 접근의 한 부분을 이루는 도구 중 하나는 '정서적 온도계'라고 불리는 데, 부모와 전문가가 좀 더 성찰적이고 정신화하기에 도달하기 위해 그들의 정서적 각성 수준을 자각하는 것을 돕는 데 사용된다. 이 요소들은 이어지는 세부 항목에서 자세히 다 룰 것이다.

전문가 APP

성찰적 양육 개입에서 중심이 되는 것은 부모, 특히 부모의 마음에 대한 전문가의 태도 이다. 이 태도는 정신화하기의 핵심 원칙에 기반 한다. 이 태도를 단순화하기 위해 모델 개발자들은 세 자질인 Attention and curiosity(주의와 호기심), Perspective taking(타자 조 망하기), Providing empathy(공감하기) 앞 글자를 따서 전문가 APP라는 명칭을 붙였다. 정 신화 태도는 곧장 부모들이 정신화를 시작하도록 한다.

치료사들이 부모 또는 양육자와 연계되기 위해서는 관계 안에 인식론적 신뢰가 필수적 으로 존재해야 한다. 이는 특별한 종류의 신뢰로, 부모나 양육자가 치료사로부터 배우고 자하는 의지가 담겨 있다. 치료사를 그들의 가장 친밀한 인간관계, 즉 자녀와의 관계를 도 와줄 가치 있는 지식의 원천으로 보기 때문이다. 자연교육학(natural pedagogy)과 인식론적 신뢰 이론(Csibra & Gergely, 2009; Fonagy & Allison, 2014)은 이러한 교육학적 관점이 명시적인 의사전달 신호에 의해 촉발된다고 보았고(예를 들어, 차례대로 반응하기, 눈 맞추기) 이러한 명시적 신호들은 받는 사람으로 하여금 전달자에게 특별한 관심을 기울여야 함을 알게 한다. 인식론적 신뢰의 발전은 타인에게 심리적으로 인정받거나 이해받는다고 느낄 때 이루어진다. 이러한 경험은 치료사가 관심과 호기심을 가지고 부모의 입장에서 명확하게 이해하고 공감과 지지의 언어를 사용하며, 부모의 마음과 하나가 되는 과정을 위해 신뢰를 쌓는 과정에서 도움이 되기 때문에 해당 모델의 핵심이라고 할 수 있다.

　도움이 필요한 아동에 대해 정신화하는 위탁양육자의 능력은 아동의 문제적 행동이나 관계를 발전시키고 유지하는 것에 대한 어려움으로 인해 제대로 발휘되지 못하는 경우가 많다. 위탁양육자가 이 관계에서 극도로 도전적인 상황에 직면하게 되면 그들의 자극 수준이 높아지게 되고 제대로 정신화하기가 어렵다. 불가피하게, 이는 위탁양육자-전문가 간의 관계에 높은 수준의 자극 수준을 야기하고 이 상황에서는 전문가가 정신화하는 능력을 유지하는 것이 더욱 중요하게 된다. 전문가 APP는 이렇게 정동 수준이 높은 순간에 전문가가 자신과 위탁양육자의 자극 조절을 돕는 도구다. 이 성찰적 부모 모델과 성찰적 양육 프로그램에서(이 장의 뒷부분에서 다루어짐), 전문가의 관점에서 정신화 태도를 채택하는 것은 부모와 위탁양육자 모델에 대한 작업을 하는 데 있어서 첫 번째 단계다. 이 관점을 통해 전문가는 부모 또는 양육자에 대한 관점을 모델화하고 작업을 하며, 부모 또는 양육자와의 관계와 관련된 자신의 마음 상태에 대한 자각과 조절을 유지할 수 있다.

부모 지도

　성찰적인 양육은 부모의 마음 상태가 어떻게 자녀의 정서적 상태에 막대한 영향을 미치는지와 어떻게 부모-자녀 관계에서 이러한 정서 상태에 대한 정확한 측정이 부모-자녀 관계를 더 끈끈하게 하는지에 대해 명백하게 부모들에게 보여 준다. 종종 부모의 자기 정신화하기 능력은 부모가 자녀를 정신화하는 능력보다 훨씬 더 부모와 자식 사이의 상호작용의 질에 중요한 영향을 미친다(Suchman et al., 2012).

　부모 지도는 부모 스스로 자신들의 정신화하기가 꺼지는 상호작용 사례를 살펴보고 설명할 수 있도록 하는 전문가의 보조 수단으로 사용된다. 전문가는 무엇이 특정 양육 상황에서 부모의 사고, 감정, 반응에 영향을 미치는지를 고려하는 것을 통해 부모의 자녀와의 관계에 대한 마음 상태를 입증하고, 부드럽게 정신화하기를 촉진하는 방법으로 변화시키고, 부모가 정신화하기에서 발생하는 실수에 대한 책임을 지게 한다.

일단 부모에게 자신의 마음에 대해 생각해 볼 시간과 공간이 주어지면, 저자들은 부모가 자신의 자녀에 대해 정신화하기 할 심리적 준비 상태와 각오를 하게 된다는 것을 임상적으로 발견했다.

부모 APP

부모 APP의 목표는 부모의 마음을 자녀의 행동 뒤에 감추어진 동기, 감정, 사고, 의도와 같은 마음으로 명백하게 향할 수 있게 돕는 것이다. 부모 APP는 전문가 APP를 반영하고 그 관점 역시 같다. 부모 APP의 핵심 원리는 자녀에게 구체적이고 적극적인 관심을 보이는 것이다. 이는 아이 주도의 상호작용과 연관된 중재와 관련이 있다. 부모가 적극적인 관심을 기울이고, 자녀에 대해 궁금해하는 것은 자녀의 행동에 담긴 내면의 이야기에 대한 관심을 가지는 것의 시작점이다.

성찰적 부모 접근법은 작업에 있어서 중요한 순서가 있다는 믿음에 기반한다. 다시 말해, 초기에는 부모가 자신을 정신화 능력이 강조되어야 한다는 것이다. 부모의 자기 정신화하기 능력에 대한 초기 작업 없이 부모가 자녀를 정신화하도록 너무 성급히 독려하는 데 임상적 초점을 둔다면 이는 부모의 마음 상태를 무효화할 수 있다. 이는 또한 치료적 관계에 영향을 미칠 수 있고, 궁극적으로 자녀가 자유롭게 행동하는 것과 안전과 관련된 행동을 발달시키는 것을 지지하고 격려하는 보살핌 행위로 이어질 가능성이 적어진다. [그림 16-1]은 성찰적 부모 중재의 중요한 순서를 보여 준다.

위탁양육자와 도움이 필요한 아동의 어려움

세심한 부모의 친밀한 보살핌은 자녀에게 필수적인 조절 기능을 제공하고 뇌 기능의 발달을 촉진하여 자녀가 고통을 진정시킬 수 있는 능력을 기르게 해 준다(Schore, 1994). 도움이 필요한 아이들 대부분의 초기 경험의 특징은 그들의 정서 상태를 정확하게 반영하는 데 필수적인 친밀하고, 호응적이며, 세심한 보살핌이 부족했다는 것이다. 이 세심한 반응은 자녀가 자기 조절을 통해 스트레스를 관리할 수 있게 돕는 데 필수적이다. 만약 몇 가지의 스트레스가 진행 중이라면, 이 세심함은 두뇌의 구조적 발달에 변화를 주어 신경망과 생화학 체계에 영향을 주게 된다(Perry & Hambrick, 2008). 스트레스가 가득한 이러한 경험들은 자녀가 자극을 직면했을 때 이 극단적인 자극을 관리하고 자신의 정서를 조절하는 능력에 해로운 영향을 준다.

게다가 정신화 능력과 같이 고차 인지 능력들은 유아기에 애착 대상과의 친밀감과 상호작용을 통해 발생하는 복잡한 심리적 과정에 영향을 받는다. 초기 애착관계에서의 어려움과 방해는 발달상에서의 취약성을 내포하는데, 이는 미래의 관계를 구축하고 유지하는 능력에 영향을 미친다. 어린 시절의 미약한 정신화하기 능력은 또래수용의 감소(Slaughter et al., 2015), 낮은 학교생활 적응도와 학업성취도(Dunn, 2002)와 관련이 있고, 공격성, 낮은 공감능력, 정서 조절과 같은 넓은 범위의 정신건강 문제에 대한 취약성의 증가와도 관련된다(Fonagy et al., 2004; Gomez-Garibello & Talwar, 2015).

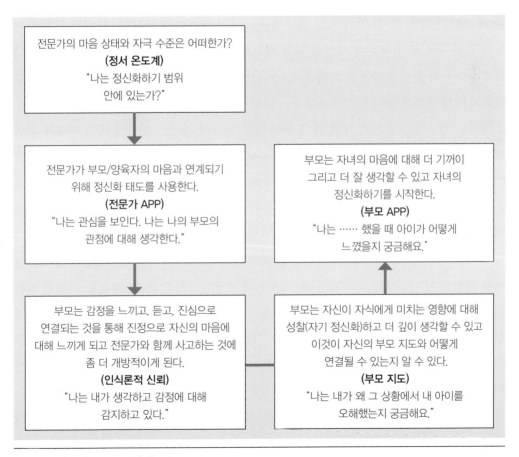

[그림 16-1] 성찰적 부모 중재의 요소

주: APP = Attention and curiosity(주의와 호기심), Perspective taking(타자 조망하기), Providing empathy(공감하기): 지지적 전문가의 정신화하기 태도 또는 자녀에 대해 지지적 부모의 정신화하기 태도); Parent Map/부모 지도 = 부모가 자신의 정신화 방법을 배우고 정신화하지 않을 때 이를 해결하고 그 이유를 알아내는 데 전문가 직접 사용하는 도구.

신경과학, 신경생물학, 발달심리학에 있어 최근의 연구 결과는 민감성에 대한 초기의 부정적인 경험이 추후의 어려움에 미치는 영향에 대해 강조한다. 예를 들어, McCrory와 동료들(2013)은 학대당한 아동들이 처리 과정의 초기 전의식 단계(즉, 고차원 시스템의 영향 이전)의 고조된 정동에 더 확연한 신경 반응을 보인다는 것을 실증했다. 이러한 연구 결과는 어떻게 학대받은 아동이 정서적으로 고조된 사회적 상호작용에 높은 수준의 부동화, 해리, 분노와 같은 위협을 기반으로 하여 다르게 반응하는지에 대한 이해를 돕는다. 좀 더 나이가 있는 아동의 경우 높아진 자극의 영향이 암시적인 자동 반사적 정신화하기를 촉발할 수 있는데, 이는 세상에 대한 이해를 돕고 반응에 영향을 미치는 절대적 본보기에 달려 있다.

학대와 공포로 가득한 가정의 자녀가 자신의 부모의 마음을 이해하는 것이 극도로 어려울 때, 자기성찰을 할 수 없게 되고 결과적으로 자기 발전이 방해된다. 학대를 경험한 아동은 트라우마 경험 때문에 자신의 애착 시스템이 정신화하기 기능을 억제하는 법을 배웠거나 정신화 능력을 갖추지 못했을 것이다(Allen & Fonagy, 2006). 감정과 경험을 언어로 표현하는 대신에 입을 다물고 불평분자나 반항아가 될 것이다.

이러한 연구의 발전을 통해 초기 경험이 아동 발달에 미치는 영향에 대한 이해가 깊어졌지만, 이 자체로 아동의 행동이 위탁양육자에게 줄 수 있는 영향을 줄이지는 못했다. 대신에 매우 도전적일 수 있는 역할을 도맡게 되는 위탁양육자에게 있어서 아동의 어려움은 지속적으로 힘든 일을 낳을 것이다. 전문가는 학대당한 아동을 돌보는 위탁양육자에게 미치는 영향을 이해하기 위해서 개인적 판단을 피하고 감정이입적인 태도를 가지고 개입 작업을 하는 것이 매우 중요하다. 종종 매우 경험이 많은 위탁양육자조차 관계 트라우마를 경험한 아이들의 도전적 행동에 직면할 때 고군분투하곤 한다. 그리고 이러한 어려움은 위탁양육자의 양육과 성찰 능력에 영향을 준다. 양육자의 정서적 건강은 아동의 성공적이고 안정적인 배치와 분명한 연관이 있는데(Furnivall, 2011), 보살핌이 필요한 아동의 인생에서 위탁양육자로서의 중심 역할과 이러한 관계가 아동의 정서적 욕구를 충족시키는 데 중요한 역할을 한다는 사실을 고려했을 때 놀라운 일이 아니다(Simmonds, 2010).

양육자가 자녀를 욕구, 감정, 사고를 가진 자율적 개인으로 반영하는 능력은 왜 자녀가 걱정스럽고 파괴적인 행동을 보이는지를 이해하는 데 매우 중요하다. 이와 관련하여, 위탁양육자들은 종종 아동의 정서·행동적 문제로부터 아동이 느끼는 정서적 영향을 감소시키기 위해서 이 문제에 대한 구체적 지원을 필요로 하는데, 그렇게 함으로써 현 상황에 더욱 잘 머물러 성찰할 수 있게 된다. 이 관계에서 중요한 또 한 가지는 양육자가 자신을 정신화하는 능력이다. 도움이 필요한 아동의 정신 상태에 주의를 기울이기 위해서 양육자는 타인으로부터 자기를 효과적이고 적극적으로 분리하는 능력이 필요하다. 이는 종종 격화된 흥분 상태에서 잠재된 정신화하기가 지배적이며, 즉각적이고 자동적인 행동 분석을 할 때, 특히 어려워진다. 따라서 위탁양육자의 정신화하기 능력은 가정에서 경험하는 높은 수준의 외현화 행동으로 인해 위태로운 상태다.

한 연구에 의하면 위탁아동의 현재 감정과 행동이 그 아동이 지금 처한 환경 때문이 아니라 과거 트라우마 경험의 결과라는 것을 이해하는 것이 위탁양육자에게 어려울 수 있다(Bunday et al., 2015). 상실감과 트라우마 경험을 인정하는 것이란 매우 고통스러운 일이고 위탁양육자들은 자신이 어릴 때 양육되었던 경험과 애로 사항을 가진 채 양육자의 역할을 맞이하게 되고, 이는 양육자로서의 역할을 극도로 어렵게 만들 수 있다. 이러한 어려움은 위탁양육자가 아동의 행동 동기에 대해 고려할 때 투사나 왜곡, 섣부른 판단을 하면서 현재의 상황을 직시하고 성찰적 태도로 사고하는 대처 능력에 지장을 준다.

위탁양육의 어려움은 아동, 위탁양육자, 그리고 그 둘의 관계에 관한 요소들과 관련이 있고, 이러한 맥락에서 종종 모든 전문가들은 도움이 필요한 아동과의 작업에 어려움이 있다. 이 요소들은 22%에서 56%에 이른다고 보고된(예: Kufeldt et al., 1995; Rubin et al., 2007) 아동의 배치 실패와 모두 연관이 있다. 연구 결과는 일단 위탁양육자가 어느 정도 지원을 받게 되면 도움이 필요한 아동들은 자신의 양육자를 안전한 기반으로 여길 수 있게 된다는 것을 의미한다. 이 연구는 학대당한 아동일지라도 위탁양육자를 향한 새로운 애착을 형성할 수 있다는 것을 보여 준다(Joseph et al., 2014). 배치안정성은 아동과 보호자의 헌신 그리고 아동이 보호자를 비롯한 가정 내의 다른 사람과 어떻게 관계를 맺는지로 뒷받침된다(Luke et al., 2014). 뿐만 아니라, 보호자의 정서적 건강은 아동의 성공과 배치안정성에 긍정적 영향을 준다(Furnivall, 2011). 배치안정성은 위탁아동의 성장에 중요하며, 위탁가정은 이 아동이 일관적인 돌봄 속에서 더 좋은 경험을 할 수 있도록 서로의 관계를 유지하기 위한 도움이 필요하다.

많은 개입들은 아동의 행동에 초점을 둔다. 문제행동에 초점을 둘 필요는 있지만 이러한 초점이 아동과 양육자 사이의 실제적 어려움을 다루지 않을 수 있고 문제행동 아래에 놓인 다른 정신 상태의 중요성을 무시할 수 있다. 정신화 기반 치료(MBT)는 원래 어린 시절 애착 관련 학대를 경험한 성인의 정신화 능력을 키우는 것을 돕는 데 적용되었고, 성찰적 양육 모델의 개발자들은 도움이 필요한 아동과 양육자와의 임상 작업에서 높은 관련이 있다고 여기는 치료 분야를 제공한다. 두 가지 주요 원인은 다음과 같다.

1. 정신화하기는 심리적 어려움 표현에 대해 완충 역할을 할 수 있는 반면에 정신화 능력을 갖추는 데 실패하는 것은 정신병리학의 발달과 관련이 있다(Bateman & Fonagy, 2016). 그러므로 아동의 정신화하기 능력을 키우는 것을 목표로 하는 접근은 회복탄력성을 높이고 추후 문제들을 예방할 수 있다.

2. 양육적 성찰 기능은 안전한 아동 애착과 관련이 있고(Fonagyet al., 2007; Sharp & Fonagy, 2008), 더 구체적으로는 위탁의 긍정적 결과와(Steele et al., 2003) 유아기 고통에 대한 양육적 인내(Rutherford et al., 2013, 2015)와 관련되고 좀 더 나은 정서 조절을 낳는다(Slade et al., 2005).

그러므로 위탁양육자의 양육적 정신화하기에 실질적으로 목표를 둔 접근은 긍정적인 결과를 낳을 가능성이 높다.

도움이 필요한 아동들이 경험하는 관계 트라우마의 흔한 발생을 고려해 볼 때, 성찰적 기능 능력은 그들과 그들의 양육자들에게 매우 중요하다. 그러므로 위탁양육자의 성찰적 기능에 직접적으로 목표를 둔 프로그램들을 제공하는 것은 발전을 바라고 기대하며, 점차적으로 양육자-아동 관계를 개선할 목적을 가진 몇몇 가족들을 중재하는 데 초점을 두었다(Slade et al., 2005; Suchman et al., 2008, 2011). 또한 정신화하기에 뿌리를 둔 몇몇 예방 프로그램들은 위탁양육자뿐 아니라(Adkins et al., 2018) 평범하게 성장한 아동들과 지역사회에 효과가 있음이 입증되어 왔다(예: Keaveny et al., 2012; Twemlow et al., 2011).

위탁양육되는 아동들을 위한 2개의 MBT 프로그램은 안나 프로이트 국립아동가족센터 직원들에 의해 발전되어 왔다. 첫 번째는 Herts와 마음 연구(Midgley et al., 2017)로, 가족을 위한 정신화 기반 치료 작업과 핵심 MBT 모델에 관한 것이다(MBT-F와 제8장 참고). 이 모델은 정신건강 종사자들을 훈련시키기 위한 타당성 검사를 받고 있는 중이다. 이 작업 단계 이후에는 보살핌이 필요한 아동들과 그 가족들을 위한 치료 개입으로써 모델의 수용 가능성에 대한 검토가 있을 것이다. 마지막으로, 이 집단 기반의 심리교육 중재가 위탁양육자의 자신감은 높이고 스트레스는 줄이고, 위탁 배치의 안정성을 높이고, 그들 간의 관계를 향상시키는지에 관해서 가족들이 수용할 수 있는지에 대한 대규모의 평가가 있을 것이다.

보호가 필요한 아동들과 그들의 위탁가족을 대상으로 테스트 될 두 번째 프로그램은 성찰적 양육 프로그램이다(RFP). 이것은 도움이 필요한 아동과 그들의 위탁양육자들을 위해 더 효과적인 개입 개발을 원하는 NSPPC(영국의 가장 큰 어린이 자선단체)의 요구에 대한 응답으로 개발되었다. RFP는 정동적 각성을 다루는 상황 속에서 자기 초점적 정신화하기와 부모-자녀 정신화하기를 하는 성찰적 양육 모델(Cooper & Redfern, 2016)을 기본 바탕으로 한다. 또한 경계선 성격장애를 위한 MBT 성인 모델의 중심 이론체계와 MBT-F의 사고와 활동의 일부를 이용하였다(Bateman & Fonagy, 2016).

RFP는 심리교육을 정신화에 기반한 집단 개입과 결합하여 위탁양육자를 지원하기 위해 매뉴얼된 10회기 집단 개입의 형태로 테스트된다. 이는 위탁가족의 관계의 질 개선을 촉진하고, 효과적이고 섬세한 양육을 돕고, 관계에 도움이 되지 않는 패턴을 깨는 것을 목표로 하는 매우 협력적인 접근을 제공한다. 이 프로그램은 위탁양육자들이 자신과 위탁아동을 이해하는 것에 대한 능력과 자신감을 높이는 방법의 하나로 개발되는데, 궁극적인 목표는 위탁아동과 양육자 사이의 관계를 향상시켜 결과적으로 도움이 필요한 아동의 안정적인 배치와 성과를 촉진하는 것이다.

지금까지 이 모델은 아동이 참여하지 않고 위탁양육자들만을 집단으로 구성하여 시험하였다. 또한 개별 가족을 대상으로 하는 사회복지 치료사들과 정신건강 전문가들이 사용하기 위해 고안되었다. 그러나 이 모델은 다른 위탁양육자들과 함께 프로그램을 완수함으로써 위탁양육자의 자신감과 인식론적 신뢰가 매우 향상될 것이라는 전제에 강한 기반을 두고 있다. 집단에 아동을 포함하지 않는 근거에는 여러 가지 이유가 있지만 가장 큰 이유는 그 프로그램이 위탁양육자를 변화의 주요 주체로 보았고, 아동을 정신건강 문제를 가진 존재로 여기지 않고 지속적이고 믿을 수 있는 보살핌이 필요한 대상으로 보아 양육자의 정신화하기 능력을 키우는 것에 더 초점을 두었기 때문이다.

위탁양육자들은 정신화하기의 증가, 스트레스 반응성의 감소, 그리고 양육 기술에 대한 자신감의 획득에 초점들 두고 회기 중간 중간에 집에서 다양한 기술을 연습하도록 권유받는다. 이러한 기술들은 양육자로서 자신의 자세와 지금 자신이 양육자가 되는 데 영향을 준 모든 것들을 표시하는 양육자 지도(Carer Map, 위탁양육자에게는 부모 지도와 같은 것임)를 구축하는 데 사고와 시간을 쏟는 것을 포함한다. 집단 기반 활동은 성찰적 양육 기술을 연습하고 집단 회기 동안 집에서 발생하는 사고들을 경험해 보는 것을 강조한다.

작업에서의 도전과제

위탁양육자들이 도움이 필요한 아동과의 관계에 대해 성찰적이거나 정신화 태도를 받아들이고 유지하는 데에는 몇 가지 어려움이 따른다.

아동 요소

아동의 가족력과 나이는 아동이 관계를 맺으며 신뢰를 쌓을 수 있는 능력에 실질적인 변화가 생길 때까지 상당한 영향을 끼친다. 위탁양육자의 자기 조절력을 비롯해 아동이 신뢰를 쌓는 데에 필요한 적절한 단서를 제공하는 역량은 일정하지 않기 때문에, 지원 시스템 없이는 아무리 숙련된 위탁양육자라고 해도 입양되기 전 오랜 불신과 트라우마를 가진 심각한 조절장애가 있는 아동을 마주한다면 그의 정신화하기 능력과 자기 조절력은 급격히 소진될 수 있다. 부모조차 버거운 아이를 헌신적으로 돌본다는 것은 매우 어려운 일이다. 그러나 헌신적임을 직접적으로 표현하는 것은 아동에게 중요한 경험이고, 이러한 표현은 아동의 정서 조절 능력을 발달시키는 데 매우 중요하다고 할 수 있는 아동의 자존감을 높여 줄 뿐만 아니라 보호자와 더 많은 정서적 교류와 상호작용을 할 수 있도록 한다.

그러나 아동이 ① 높은 수준의 외현화 행동을 보이거나, ② 폐쇄 행동 또는 보호자를 '필요'로 한다는 명확한 표현을 하지 않을 때 즐겁고 유쾌하게 긍정적인 상호작용을 늘리기란 쉽지 않다. 이렇게 어려운 상황에도 불구하고 보호자로 하여금 아동에 대한 헌신을 표현하는 중요성에 대해 이해시키는 것은 아동이 양육을 원하지 않거나 보호자가 본래 양육자의 성향을 타고나지 않았더라도 보호자가 적절한 방법으로 양육할 수 있도록 이끌 수 있어 중요하다.

지금까지 수집된 RFP 결과에 따르면, 위탁양육자가 먼저 정신화하기를 시도하고, 즉 자신의 현재 사고와 감정에 대해 인지하고 이를 아동에게 설명하는 과정을 통해 자신의 흥분도를 낮추고 나서 아동과 교감할 수 있었다. RFP의 핵심은 위탁 보호자가 그들의 마음을 위탁아동에게 쏟을 수 있도록 돕는 것이다. 근거에 따르면 돌봄을 받는 아동의 경우, 그들의 외로움이 불행과 합쳐지면 트라우마가 된다. 즉, 안정적이고 정상적인 상황의 아동들은 무섭고 감당하기 힘든 상황들을 처리할 수 있도록 타인을 통한 사회적 참조를 배우게 된다(Jacobsen et al., 2015).

위탁양육자와의 작업

위탁양육자와 작업할 때 겪는 첫 번째 도전과제는 작업을 그들에게 소개하는 것이다.

저자는 양육적 정신화하기 향상을 목표로 하는 모든 치료적 작업이 심리교육 요소를 지녀야 함을 권장한다. 이는 MBT를 성인에게 적용하는 것(Bateman & Fonagy, 2016)과 심리교육 자체가 위탁양육자의 성찰적 기능을 향상시켜 그들의 정신화하기 능력에 긍정적인 영향을 미쳤다는 것을 보고한 최근의 연구와 일맥상통한다(Bammens et al., 2015).

위탁양육자에게 위탁양육에 관련된 정신화하기 이론 및 적용에 관한 설명을 해 주는 것은 도움이 될 수 있다.

- 공용어 만들기(Shared language)
- 명확한 이론 중심의 진술 및 작업에 대한 공통 접근 가능하게 하기
- 이론적 틀 내에서 분명한 치료 목표 세우기(예를 들어, 어려운 상황이 닥칠 때 흥분 조절하기, 아동의 감정 이름 붙이기 돕기)
- 명료하고 집중하도록 만드는 '지지' 제공하기

이러한 이점들에도 불구하고 성찰적 양육과 정신화하기 모델을 설명하는 것은 어려울 수 있는데, 특히 위탁양육 영역에서의 태도의 중요성이 그러하다. 흔한 저항들 중 하나는 심리교육과 좀 더 경험적 접근 사이의 균형을 유지하는 것이다. 순전히 학문적인 접근은 짧은 강연을 듣는 것처럼 여겨져서 몇몇 사람들은 무리 없이 접근할 수도 있겠으나 모든 양육자들이 그러하지는 않다. 반면에 전적으로 경험적 방법은 명확성과 구체성이 떨어져 보일 수 있다. 비록 RFP 개발자들이 이와 관련해 구체적인 자료는 갖고 있지 않더라도 정신화하기의 개념은 그 접근의 유용성과 어떻게 그것이 아동과 위탁양육자 모두를 도울 수 있는지에 대한 정보를 결합해 제공함으로써 시간이 지나면서 가장 잘 설명될 수 있다는 것을 알아냈다. 정신화하기와 관련된 구체적 활동들에 대해 명명하고 라벨을 붙이고 이러한 활동을 정신화하기에 주는 이득과 연관시킬 수 있는 것은 매우 중요한 능력이다.

RFP 집단에 있는 위탁양육자가 자신의 언어를 찾도록 돕는 것은 극도로 중요하다. 한 집단 퍼실리테이터는 정신화하기의 개념을, ① 한쪽 면에는 양육자가 자신의 얼굴을 들여다보고 아동에게도 자신의 얼굴을 보여 주는 거울과 ② 다른 한쪽 면에는 양육자와 아동의 마음을 들여다 볼 수 있는 확대경을 도구로 가지는 것과 같다고 설명한다.

RFP 개발자들은 이 모델에 대한 임상적 경험과 전문가들을 교육시킨 경험을 통해 이 작업에서 발생하는 두 가지의 구체적인 어려움을 규명했다. ① 높은 수준의 각성 상태인 위탁양육자와의 작업, ② 위탁 아동과 자신의 사고와 감정에 대해 성찰하는 것으로부터 정

서적으로 차단된 것처럼 보이고 덜 각성된 위탁양육자와의 작업. 이 두 가지 다 비효율적인 정신화하기 자세이며 이러한 상황에 놓인 위탁양육자와 작업하는 전문가는 위탁양육자 자신과 아동 모두에 대한 정신화 태도를 자극하기 위해 전문가 APP를 사용하기를 권장된다.

위탁양육자와 치료사 모두 특히 작업의 첫 번째 단계에서는 양육자의 마음 상태에 초점을 두는 것에 대해 말을 아낀다. 이러한 염려는 위탁양육자들이 위탁아동의 문제에 대한 '책임'이 어느 정도 자신에게 있다는 비난을 느끼는 것과 관련이 있다. 그러나 성찰적 부모/성찰적 양육 모델은 아동의 문제행동이나 조절이나 이해하기 어려운 정서에 대해 부모를 비난하는 일이 거의 없다. 오히려 이 작업 단계는 위탁양육자의 양육 경험과 진심으로 연계되고 그들의 관점에서 위탁양육의 어려움과 즐거움, 무엇이 양육에 영향을 미치는지를 이해하는 기회를 제공한다. 또한 이 단계를 정상화하는 것은 매우 중요하고 아동의 인생에서 위탁양육자 역할의 중요성에 대해 말로 표현하는 것은 도움이 된다. 예를 들어, "우리가 함께 작업하는 동안, 저는 당신의 역할이 Jessica의 인생에서 얼마나 중요한지에 대해 전달하고 싶어요. 그저 이를 강조하기 위해서 저는 항상 당신과 작업을 시작할 때 당신이 위탁양육자로서 경험하는 것이 무엇인지, 어떨 때 당신이 원하는 방향으로 흘러가는지, 그리고 무엇이 그렇게 되게 돕는지에 대해 생각해요. 당신의 생각과 감정 역시 이 작업에서 매우 중요합니다."

위탁양육자에 대한 평가는 그들의 가족력과 관계 패턴에 대해 정례적으로 숙고하는 것이다. 그러나 이는 종종 그들의 애착이나 정신화하기 기술에 대한 정식적인 평가를 포함하지 않는다. 불안정하고 미해결된 애착을 경험한 양육자들은 정신화하기에 있어서 어려움을 겪을 것이고 그들의 위탁 아동의 애착 욕구와 행동에 의해 부정적인 촉발이 일어날 가능성이 크다(Howe, 2005). 이러한 촉발은 결과적으로 아동의 불안, 트라우마, 방어를 재활성화 시킨다. 불행하게도 이것은 양육자들이 위탁아동의 성공적인 적응을 막고 민감성을 갖지 못하게 한다. 양육자가 어떻게 자신의 경험이 그들의 주요 역할에 기여하는지를 인식할 수 있도록 지원하는 것은 이 작업에서 매우 중요하다. 그러나 몇몇 위탁양육자들은 이 접근의 측면을 어렵게 여긴다. 저자의 경험에 의하면 연구에 대한 설명을 하는 대신에 위탁양육자들이 상황에 대해 성찰하는 것을 돕고 과거 양육경험에 대해 묻기 위해 양육자 지도를 이용하는 것이 더 효과적이었다. 과거의 경험이 어떻게 양육에 긍정적이고 부정적인 영향을 미치는지에 대한 간단한 사례들을 모으는 것 또한 이 과정을 정상화하는 데 도움이 된다.

　임상에서 종종 위탁양육자나 치료사는 아동의 행동을 변화시키거나 멈출 수 있는 해결책을 급하게 찾고자 한다. 성찰적 양육은 특정 상황에 대한 마음의 상태를 관계적 관점에서 생각해 보는 과정으로 종종 그와 연관된 대안들이 수반되기 때문에 치료사는 빨리 해결 방법을 찾고자 하는 마음을 견디고 이느 정도의 훈련을 받아야 한다.

　위탁양육자는 해결책을 지속적으로 요구할 수 있는데, 이에 대응하는 데 유용한 기술은 양육자의 주장 아래에 깔린 사고와 감정을 이해하려고 노력하고 위탁양육자들이 자신을 정신화하도록 돕는 것이다. "여기서 잠깐 멈추고 어떤 것에 대해서 같이 생각해 봐도 될까요? 저는 당신이 그때 어떠했을지 상상하려고 노력 중입니다. 저는 당신이 많은 아이들을 돌보았던 매우 경험이 풍부한 양육자라는 것을 압니다. 그리고 당신이 지금 Billy의 행동을 멈출 수 있는 것이 없어 보이는 상황에서 그를 돌보는 것이 어떠한지 궁금합니다. 당신은 지금 어떠한가요?" 종종 양육자는 좌절과 의기소침을 경험하기 시작하고 이 감정들이 더 긍정적이고 유대관계를 형성하는 데 해롭기 때문에 이에 대한 토론과 이해는 중요하다.

사례

　Carol은 15년이 넘는 시간 동안 광범위한 연령대와 배경을 가진 아이들에 대한 보호 경험을 가진 위탁모이다. 그녀가 손주들(딸의 두 자녀)의 연계 보호자가 되었을 때 두 손주, Alfie와 Sylvie의 계속되는 저항적이고 공격적인 행동뿐 아니라 자신의 자녀들에게 지속적이고 신뢰할 수 있는 보살핌을 제공하지 못하는 무능력한 딸로 인해 어려움을 경험했다. Alfie는 특히 Carol에게 반항적이었고, 학교에서 교우관계에 어려움을 겪고 있었다. Carol은 그의 공격적인 행동에 대해서 항상 그를 방에 들여보내고 그만 말썽 피우라고 말을 할 뿐이었다. 그러면 Alfie는 Carol을 때리는 것으로 응수했고 해결되지 않은 수치심을 가지고 방에 홀로 남겨져서 방을 엉망으로 만들었다.

　RFP 접근을 통해 Carol은 양육자가 자신의 정서 자극의 수준을 모니터 할 수 있는 '정서 온도계'라는 도구를 사용했다. 또한 양육자 지도를 사용하여 Alfie가 그녀를 공격할 때 그녀가 높은 수준의 정서 자극 상태에 있다는 것을 확인하였는데, 이는 그녀가 자신의 딸이 Alfie의 요구를 무시하는 것과 딸에게 부모기술을 학습하게 하는 데 실패한 것에 대한 죄책감을 느꼈기 때문이다. 그녀의 흥분이 좀 가라앉았을 때 그녀는 Alfie가 자신을 비난하는 것이 그가 자신의 감정을 표현할 수 있는 정서 언어를 갖고 있지 못하고 그의 할머니가 자신에게 가혹하고 자신을 비난한다고 느끼는 상황에서 그 상황이 제어되길 바라는 그의 욕구라는 것을 알 수 있었다(Alfie는 종종 Carol이 스트레스를 받았을 때의 얼굴을 자신에 대한 위협으로 오해했다). Carol은 Alfie가 친구도 몇 없는 학교에서 돌아왔을 때 그의 마음 구조에 대해 궁금해지고 주의를 기울이기 시작했으며 Alfie에게 자신이 Alfie, 그리고 Alfie와 보내는 시간에 흥미를 갖고 있다는 것을 보여 주기 위해 방과 후에 그에게 관심을 표현했다. 다음번에 그가 그녀에게 화를 냈을 때, 방으로 보내는 대신에 차분해지도록 노력할 수 있는지를 물었고 그가 안정되었을 때 저녁식사를 함께 준비할 것을 제안했다. Alfie는 그렇게 했고 자신이 이해받았다고 느꼈으며, 저녁식사 시간 내내 평온함을 느꼈다.

양육팀 지지하기

위탁보호 사회복지사들에 대한 지속적 슈퍼비전이나 그들의 정신화하기 상태에 대한 규칙적인 지원과 관심이 없다면 위탁양육자들의 정신화하기는 쉽게 작동하지 않을 것이다. 매우 숙련된 위탁양육자들에게조차도 특히 엄청난 스트레스를 받고 있을 때는 성찰적이고, 정신화하기 상태를 유지하는 것이 힘든 일이 될 수 있다. 위탁양육자, 사회복지사, 그리고 아동을 둘러싼 더 광범위한 팀이 상담 또는 슈퍼비전을 지원하여 지속적인 접근을 할 수 있기를 권장한다. 성찰적 양육 모델은 위탁양육자들이 그 모델과 관련 용어에 대한 이해를 넓혀 가면서 서로를 지속적으로 지원하기 위해 고안되었다. 더 나아가 이 양육자들 중 몇몇이 성찰적 양육 프로그램에서 집단 퍼실리테이터가 되기를 바란다.

 참고문헌

Adkins TE, Fonagy P, Luyten P: Development and preliminary evaluation of Family Minds: a mentalization-based psychoeducation program for foster parents. J Child Fam Stud 27(8):2519-2532, 2018

Allen JG, Fonagy P: Handbook of Mentalization-Based Treatment. New York, Wiley, 2006

Bammens AS, Adkins T, Badger J: Psycho-educational intervention increases reflective functioning in foster and adoptive parents. Adopt Foster 39:38-50, 2015

Bateman A, Fonagy P: Mentalization-Based Treatment for Personality Disorders: A Practical Guide. Oxford, UK, Oxford University Press, 2016

Beebe B, Lachmann F, Markese S, et al: On the origins of disorganized attachment and internal working models: Paper II. An empirical microanalysis of 4-month mother-infant interaction.

Psychoanal Dialogues 22(3):352-374, 2012 23066334

Bunday L, Dallos R, Morgan K, et al: Foster carers' reflective understandings of parenting looked after children: an exploratory study. Adopt Foster 39:145-158, 2015

Cooper A, Redfern S: Reflective Parenting: A Guide to Understanding What's Going on in Your Child's Mind. Oxford, UK, Routledge, 2016

Csibra G, Gergely G: Natural pedagogy. Trends Cogn Sci 13(4):148-153, 2009 19285912

Dunn J: The adjustment of children in stepfamilies: lessons from community studies. Child Adolesc Ment Health 7:154-161, 2002

Fonagy P, Allison E: The role of mentalizing and epistemic trust in the therapeutic relationship. Psychotherapy (Chic) 51(3):372-380, 2014 24773092

Fonagy P, Steele H, Steele M: Maternal representations of attachment during pregnancy predict the organization of infant-mother attachment at one year of age. Child Dev 62(5):891-905, 1991a 1756665

Fonagy P, Steele M, Steele H, et al: The capacity for understanding mental states: the reflective self in parent and child and its significance for security of attachment. Infant Ment Health J 12:201-218, 1991b

Fonagy P, Target M, Steele H, et al: Reflective-Functioning Manual, version 5.0, for Application to Adult Attachment Interviews. London, University College London, 1998

Fonagy P, Matthews R, Pilling S: The Mental Health Outcomes Measurement Initiative: Report from the Chair of the Outcomes Reference Group. London, National Collaborating Centre for Mental Health, 2004

Fonagy P, Gergely G, Target M: The parent-infant dyad and the construction of the subjective self. J Child Psychol Psychiatry 48(3-4):288-328, 2007 17355400

Furnivall J: Attachment-Informed Practice With Looked After Children and Young People. Glasgow, Scotland, Institute for Research and Innovation in Social Services, 2011

George C, Kaplan N, Main M: The Adult Attachment Interview. Department of Psychology, University of California at Berkeley, 1985

Gomez-Garibello C, Talwar V: Can you read my mind? Age as a moderator in the relationship between theory of mind and relational aggression. Int J Behav Dev 39:552-559, 2015

Howe D: Child Abuse and Neglect: Attachment, Development, and Intervention. Basingstoke, UK, Palgrave, 2005

Jacobsen MN, Ha C, Sharp C: A mentalization-based treatment approach to caring for youth in foster care. J Infant Child Adolesc Psychother 14:440-454, 2015

Joseph MA, O'Connor TG, Briskman JA, et al: The formation of secure new attachments by children who were maltreated: an observational study of adolescents in foster care. Dev Psychopathol 26(1):67–80, 2014 24169078

Keaveny E, Midgley N, Asen E, et al: Minding the family mind: the development and initial evaluation of mentalization–based treatment for families, in Minding the Child: Mentalization-Based Interventions with Children, Young People, and Their Families. Edited by Midgley N, Vrouva I. London, Routledge, 2012, pp 98–112

Kufeldt K, Armstrong J, Dorosh M: How children in care view their own and foster families: A research study. Child Welfare 74:695–715, 1995

Luke N, Sinclair I, Woolgar M, Sebba J: What Works in Preventing and Treating Poor Mental Health in Looked After Children? London, NSPCC, August 2014. Available at: http://reescentre.education.ox.ac.uk/wordpress/wp-content/uploads/2014/09/onlinePoorMental Healthfullreport.pdf. Accessed June 9, 2018.

McCrory EJ, De Brito SA, Kelly PA, et al: Amygdala activation in maltreated children during pre-attentive emotional processing. Br J Psychiatry 202(4):269–276, 2013 23470285

Midgley N, Besser SJ, Dye H, et al: The Herts and Minds study: evaluating the effectiveness of mentalization–based treatment (MBT) as an intervention for children in foster care with emotional and/or behavioural problems: a phase II, feasibility, randomised controlled trial. Pilot Feasibility Stud 3:12, 2017 28250962

Perry BD, Hambrick EP: The neurosequential model of therapeutics. Reclaiming Child Youth 17:38–43, 2008

Rubin DM, O'Reilly AL, Luan X, et al: The impact of placement stability on behavioral wellbeing for children in foster care. Pediatrics 119(2):336–344, 2007 17272624

Rutherford HJ, Goldberg B, Luyten P, et al: Parental reflective functioning is associated with tolerance of infant distress but not general distress: evidence for a specific relationship using a simulated baby paradigm. Infant Behav Dev 36(4):635–641, 2013 23906942

Rutherford HJ, Booth CR, Luyten P, et al: Investigating the association between parental reflective functioning and distress tolerance in motherhood. Infant Behav Dev 40:54–63, 2015 26025253

Schore A: Affect Regulation and the Origin of the Self: The Neurobiology of Emotional Development. Hillsdale, NJ, Lawrence Erlbaum, 1994

Sharp C, Fonagy P: The parent's capacity to treat the child as a psychological agent: constructs, measures and implications for developmental psychopathology. Soc Dev 17:737–754, 2008

Simmonds J: The making and breaking of relationships: organizational and clinical questions in providing services for looked after children? Clin Child Psychol Psychiatry 15(4):601–612,

2010 20923906

Slade A, Grienenberger J, Bernbach E, et al: Maternal reflective functioning, attachment, and the transmission gap: a preliminary study. Attach Hum Dev 7(3):283-298, 2005 16210240

Slaughter V, Imuta K, Peterson CC, et al: Meta-analysis of theory of mind and peer popularity in the preschool and early school years. Child Dev 86:1159-1174, 2015 25874384

Steele M, Hodges J, Kaniuk J, et al: Attachment representations and adoption: associations between maternal states of mind and emotion narratives in previously maltreated children. J Child Psychother 29:187-205, 2003

Suchman N, DeCoste C, Castiglioni N, et al: The Mothers and Toddlers Program: preliminary findings from an attachment-based parenting intervention for substance-abusing mothers. Psychoanal Psychol 25(3):499-517, 2008 20057923

Suchman NE, DeCoste C, Leigh D, et al: Reflective functioning in mothers with drug use disorders: implications for dyadic interactions with infants and toddlers. Attach Hum Dev 12(6):567-585, 2010 20931415

Suchman NE, DeCoste C, McMahon TJ, et al: The Mothers and Toddlers Program, an attachment-based parenting intervention for substance-using women: results at 6-week followup in a randomized clinical pilot. Infant Ment Health J 32(4):427-449, 2011 22685361

Suchman NE, DeCoste C, Rosenberger P, et al: Attachment-based intervention for substanceusing mothers: a preliminary test of the proposed mechanisms of change. Infant Ment Health J 33(4):360-371, 2012 23024442

Twemlow SW, Fonagy P, Sacco FC, et al: Reducing violence and prejudice in a Jamaican all age school using attachment and mentalization theory. Psychoanal Psychol 28:497-511, 2011

제17장

청소년기 경계선 성격병리

Carla Sharp, Ph.D.

Trudie Rossouw, M.B.Ch.B., FFPsych, MRCPsych, M.D. (Res)

이 책의 이전 판(Bleiberg et al., 2012, pp. 467-468)에서는 청소년기의 경계선 성격병리학(Borderline Personality Pathology: 이하 BPP)을 이해하고 치료하기 위한 구조 틀로 정신화와 관련하여 다음과 같은 8가지 핵심 주장이 제기되었다.

1. 경계선 성격장애(Borderline Personality Disorder: 이하 BPD)의 증상은 소아·청소년기에 뿌리를 두고 있으며, 경계선 성격장애(BPD)를 가진 청소년에서 안정적으로 평가할 수 있다는 관점을 뒷받침하는 증거가 증가함에 따라 다른 장애를 가진 청소년과 차별화된다.

2. 유병률 연구는 적응성 파괴와 정신질환에 대한 취약성이 광범위하게 증가하는 상황에서 청소년기에 경계선 성격장애(BPD)가 훨씬 더 흔해진다는 것을 지적한다.

3. 신경과학적 연구는 청소년기 동안 증가된 취약성과 신경 발달 변화의 연관성을 시사하며, 이는 정신화의 여러 측면을 손상시켜 인지적·명시적·통제적·내적으로 집중된 정신화와 정서적·암시적·자동적·외적으로 집중된 정신화의 낮은 통합을 초래한다(제1장 참고).

4. 여러 연구 분야에서 증가하는 증거는 경계선 성격장애(BPD) 발달에 대한 정신화 기반 접근법을 뒷받침한다. 이 접근법은 청소년기 정신화의 단계별 손상이 애착 시스템의 매우 강렬하고 빠른 활성화와 그에 상응하는 조절된 정신화의 비활성화를 포함하는 기존의 장애로 인해 경계선 성격장애(BPD) 발달에 취약한 개인에게 영향을

미친다는 것을 시사한다. 이 일련의 핵심 장애는 자신과 타인을 구별하는 데 어려움을 초래하고 애착과 정서적 맥락에서 조절장애에 영향을 미치며, 청소년기에 경계선 성격장애(BPD) 발현과 관련이 있는 것으로 보인다.

5. 청소년기는 일반적으로 심각한 정신과적 문제와 적응장애의 유병률이 증가하고 있으며, 특히 이 발달 단계에서 경계선 성격장애(BPD) 증상이 증가하기 때문에 방지 및 치료 개입의 중요한 시점으로 보인다. 청소년기의 혼란은 사회, 또래, 학교 환경, 가족 기능, 그리고 궁극적으로 청소년의 발달과업 수행에 영향을 미치기 때문에, 그것은 생애 전반을 형성하여 정신장애의 지속성으로 이어진다.

6. 자연적인 보호 및 적응 촉진 과정을 발견하면 혼란에 빠진 젊은이와 가족을 보다 효과적으로 지원할 수 있는 방지 및 치료 개입을 조직할 수 있는 체계가 구조화된다. 이와 관련하여 한편으로는 청소년기에 극심한 정서적 혼란과 부적응으로 영향을 받았던 성인들의 양호한 적응 혹은 예외적 적응과 다른 한편으로는 애착과 스트레스의 맥락에서 정신화 기술을 동원할 수 있는 능력 사이의 연관성은 매우 중요하다. 이러한 기술은 주체, 성찰 및 관계에 참여하는 능력을 포함한다.

7. 성인기에 경계선 성격장애(BPD)의 유병률 감소를 설명하기 위해 경계선 성격장애(BPD) 기준을 충족하는 임상 증상이 있는 청소년의 정신화 기술과 성인 경계선 성격장애(BPD)로부터의 방지 사이의 연관성을 확립한 경험적 연구는 없다. 그러나 정신화하기 기술의 적용은 위험에 처한 청소년들이 회복력 있게 '숲에서 나올 수 있는' 길을 열어 주고 지속적인 불행과 부적응을 피할 수 있다는 가설은 설득력이 있다 (Hauser et al., 2006).

8. 앞의 가설은 경계선 성격장애(BPD)에 대한 정신화 기반 접근법과 성인에 대한 치료에 대한 개념적 건전성과 경험적 지지와 함께 청소년을 위한 정신화 기반 치료 모델(MBT-A)을 시험할 힘을 제공한다. 이 모델은 일반적으로 경계선 성격장애(BPD) 및 적응장애를 가진 청소년이 직면한 특정 발달 문제를 해결하기 위해 고안되었다.

이 장에서는 이러한 8가지 핵심 주장을 뒷받침하는 새로운 경험적 증거를 제공한다. 이 책의 이전 판 이후 청소년의 현저한 정신화 장애를 보여 주는 데이터가 등장했으며, 정신화 기반 치료 모델(MBT-A)은 개방적 및 무작위적인 통제된 실험의 맥락에서 경험주의적으로 평가되었다. 이러한 데이터는 청소년 경계선 성격장애(BPD)를 이해하기 위한 정신화 기반 접근법이 유용하며 치료의 주요 양식 또는 기존 개입에 대한 추가 기능으로 청소년 정신건강 서비스에서 치료 구조를 안내하는 데 설득력 있는 증거를 제공한다.

청소년 경계선 성격병리학의 최근 연구 결과

경계선 성격장애(BPD)는 최근 새로운 공중 보건 우선순위로 확인되었으며(Channen et al., 2017), 『정신질환 진단 및 통계 편람(Diagnostic and Statistical Manual of Mental Disorders: DSM)』과 질병 및 관련 건강 문제의 국제 통계 분류(International Statistical Classification of Diseases and Related Health Problems: ICD) 시스템, 그리고 영국과 호주의 국가 치료 지침에서 인정받았다.

그러나 2000년대 초·중반까지만 해도 청소년의 성격장애에 대한 평가와 진단, 치료에 대한 논란이 큰 것으로 평가되었다.

청소년의 성격장애의 임상적 관리에 반대하는 주장에는, ① 정신의학 명칭이 청소년의 성격장애 진단을 허용하지 않는다. ② 성격장애의 전형적인 특징(예: 충동성, 정서적 불안정, 정체성 장애)은 표준적인 범위이며, 성격장애의 징후가 특별히 없다. ③ 성격장애의 증상은 장애를 내면화하고 외현화함으로써 더 잘 설명된다. ④ 청소년의 성격은 여전히 발달하고 있어서 성격장애 진단을 정당화하기에는 너무 불안정하다. 그리고 ⑤ 성격장애는 오래 지속되고 치료에 내성이 있고 평판이 좋지 않기 때문에 청소년에게 성격장애 진단이라는 꼬리표를 붙이는 것은 오명이 될 것이라는 믿음들이 포함되어 있다(Sharp, 2017; Sharp et al., 2018c).

이러한 초기 우려에도 불구하고 청소년의 경계선 성격병리학(BPP) 구축을 지원하는 경험적 연구가 크게 확산되어 경계선 성격장애(BPD) 및 역치 이하 경계선 성격병리학(BPP)에 대한 조기 진단 및 치료('조기 개입')를 확립하기 위한 확고한 근거를 제공했다(Channen et al., 2008). 특히, 연구에 따르면 청소년기에 경계선 성격병리(BPP)는 성인 경계선 성격병리(BPP)와 매우 유사한 기능과 형태로 작동하는데 현상학(Sharp & Romero, 2007; Sharp et al., 2012b), 유전적 근거(Distel et al., 2008), 유병률(Bradley et al., 2005; Zanarini et al., 2011), 안정성(Bornovalova et al., 2009), 위험 요인(Gratz et al., 2009; Rogosch & Cicchetti, 2005), 공존 장애(Ha et al., 2014), 장애와 생산성 손실(Chanen et al., 2007), 자해 행동 비율을 포함한다(Gratz et al., 2012).

이러한 연구와 다른 많은 연구의 세부 사항은 여러 선행 연구에 요약되어 있다(예:

Chanen & Kaess, 2012; Sharp & Fonagy, 2015). 여기서, 우리는 청소년기를 경계선 성격병리 (BPP)의 발달에 민감한 시기로 지적하는 몇 가지 핵심 연구 결과를 뒷받침하는 증거를 강조하고 싶다. 다음 섹션에서 우리는 정신화가 경계선 성격병리(BPP)의 발현을 어떻게 방지하는지(또는 반대로 촉진하는지) 보여 줄 것이다.

청소년기가 성격장애 발달에 민감한 시기라는 주장과 관련된 첫 번째 발견은 CIC(Children in the Community) 연구에서 입증되었는데, 이 연구는 경계선 성격병리(BPP)가 초기 청소년기에 발현되고, 중반에 정점을 찍고, 이후에 초기 성인기에 감소한다는 것을 보여 주었다(Cohen et al., 2005). 그러나 CIC 연구에 따르면 청소년의 약 21%가 성인기에 성격장애가 증가하는 것으로 나타났다.

이 연구 결과는 청소년들이 청소년기에 접어들면서 성격장애의 일반적인 감소와 적응적 성격 특성의 증가의 표준적 패턴을 제시하였으며, 일부 청소년은 성격장애가 악화되거나 지속되면서 표준에서 벗어났다. 지역사회 기반 최근 연구에서 이러한 초기 발견을 확인했다(de Clerq et al., 2009; Wright et al., 2011).

이와 함께, 청소년의 경계선 성격병리(BPP) 평가를 위해 검증된 도구를 사용하기 시작한 연구가 증가하고 있으며(검토를 위해 Sharp & Fonagy, 2015 참고) 임상 증상이 성인과 유사한 경계선 성격장애(BPD)에 대한 전체 기준을 충족하는 청소년 그룹을 안정적으로 식별할 수 있음을 입증했다. 이 그룹은 청소년 외래 환자(Chanen et al., 2004)의 11%와 입원 중인 청소년의 1/3에서 절반을 구성하는 것으로 보인다(Ha et al., 2014; Levy et al., 1999). 일반 인구에서 청소년의 약 3%가 경계선 성격병리(BPP)에 대한 전체 기준을 충족하는 것으로 보이며, 성인 검체의 유병률을 반영한다(Johnson et al., 2008; Zanarini et al., 2011).

경계선 성격병리(BPP)의 발달에 민감한 시기로서 청소년기를 뒷받침하는 두 번째 발견은 청소년기 성격장애가 성인기와 같이 적당히 안정적이거나 적어도 안정적으로 나타난다는 사실이다. CIC 연구는 0.4~0.7 범위의 모든 청소년 성격병리(BPP 포함)에 대한 순위 안정성 계수를 보여 주었으며, 이는 성인과 어린이 모두에서 정상적인 성격 특성에 대해 보고된 범위와 유사하다.

이러한 안정성 계수는 다른 공동체(Bornovalova et al., 2009) 및 임상(Channen et al., 2004) 연구에 의해 제시되었으며, 청소년기와 관련된 장애를 내재화하거나 외현화하는 것보다 더 안정적인 것으로 보인다(de Clercq et al., 2009).

세 번째 발견은 내재화와 외현화 장애가 성격장애에 선행하는 것처럼 보이지만 그 반대는 아니라는 것이다. Step 등(2016)은 BPP의 선행 사례를 체계적으로 검토하여 BPD의 위험 요인을 고려한 39개 연구를 식별했다.

이들 연구 중 19건은 내재화 및 외현화 정신장애를 BPD의 예측인자로 검토하였으며, 16건은 내재화 또는 외현화 장애를 유의미한 예측인자로 보고하였다. 그러나 경계 특성은 내재화 및 외현화 장애 앞에 선행하는 것으로 보이지 않는다(Bornovalova et al., 2013).

네 번째 발견은 분명히 청소년 BPP의 선행 사례이지만, 내재화 및 외현화 정신장애는 BPP와 구별되는 것으로 보인다는 것이다. 성인과 청소년의 다른 임상 증후군(Chanen et al., 2007; Ha et al., 2014)과 BPP의 높은 동반 이환율은 때때로 BPP 구성의 타당성에 의문을 제기하기 위해 사용되었다. 그러나 성인(Eaton et al., 2011; James & Taylor, 2008)과 청소년(Sharp et al., 2018b)을 대상으로 한 연구는 BPP가 내재화 및 외현화 정신장애에 완벽히 포괄되지 않는다는 것을 입증했다.

더욱이 청소년 BPP는 내재화 및 외현화 장애를 통제할 때 자기-타자 기능 측면과 독특하게 관련되어 있는 것으로 보인다(Wright et al., 2016). 이 발견은 성격장애가 대인관계 영역에서 기능적 결과를 이해하고 예측하는 데 특히 중요하다는 것을 시사한다.

또한, 청소년 BPP는 내재화 및 외현화 장애 이상으로 일반적인 정신과적 심각도(Channen et al., 2007)와 자살 결과(Sharp et al., 2012a)에 대해 점진적인 예측력을 제공하는 것으로 밝혀졌으며, 이는 청소년의 예후를 완전히 특성화하는 데 BPP의 평가가 중요함을 시사한다.

요약하자면, BPP는 청소년기에 발현된다. 일부 청소년들은 성인 초기까지 성격장애의 정상적인 감소를 보이지만, 청소년의 증상 중 일부는 증가하거나 정체되며, 이러한 청소년들 중 더 적은 비율은 BPD로 정의된 DSM 기준을 충족하는 증상을 가지고 있을 가능성이 있다.

BPP는 적당히 안정적이며, BPP의 선행 사항(결과는 아님)인 내재화 및 외현화 장애보다 더 안정적이다. 내재화 및 외현화 장애는 BPP와 동반되지만, BPP는 기능장애(특히, 대인관계 기능의 영역) 및 정신과적 심각성과 독특하게 연관되어 있는 것으로 보인다.

이러한 증거들을 종합하면, 청소년기는 성격장애의 발현을 위한 독특한 발달 기간을 나타내는 것 같다.

그렇다면 왜 이것이 해당되어야 하는지에 대한 의문이 제기된다. 특히, 청소년기의 성격장애에 취약성을 야기하는 것은 무엇인가? 그리고 정신화가 청소년들을 이러한 취약성으로부터 완충시키는 역할을 할 수 있을까?

청소년기: 일관성 있고 통합된 '나의 아이디어'의 출현

이 절에서는 청소년기가 BPP의 발달에 민감한 시기라는 명제를 제시하는데, 이는 청소년기에 주체적이고 자기 결정적이기 때문이다(McAdams & Olson, 2010).

청소년기는 심리적 혼란, 충동성, 극적이고 급변하는 기분, 적응장애에 대한 고조된 취약성이 특징인 발달기라는 것은 오래전부터 알려져 왔다.

이러한 설명과 일관되게, 경험적 연구는 청소년기 동안 위험 감수, 참신함 추구, 자극에 대한 갈망이 증가하고 또래 지향적인 사회적 상호작용에 대한 관심이 증가하고 부모와의 갈등이 커진다는 것을 보여 준다.

예를 들어, 청소년의 47%가 성교 경험이 있다고 보고했으며, 34%가 지난 3개월 동안 성교 경험이 있다고 보고했다(Centers for Disease Control and Prevention: CDC, 2016). 12세에서 20세 사이의 청소년들은 미국에서 소비되는 모든 알코올의 11%를 마시며, 이 알코올의 90% 이상은 또래와 함께 소비된다(Kann et al., 2014). 마찬가지로, 청소년의 35.8%가 평생 약물을 사용했다고 보고했으며, 지난 1년간 28.4%, 그리고 지난 30일간 17.3%가 약물을 사용했다고 보고했다(Johnston et al., 2013).

이것은 증가된 충동성, 위험 감수 및 동료 중심 상호작용은 적응 적합성을 촉진하는 역할을 하기 때문에 고도로 보존되었을 수 있다고 제안되었다. 이러한 촉진은 보호자에게 의존하는 부양 아동에서 신체적 및 성적 성숙을 포함하는 데 필요한 자아의 근본적인 재구성에 참여할 수 있는 개별 독립 성인으로의 전환을 촉진하고 탐구를 위한 추진력을 포함한다. 성교와 양육의 성별에 따른 비근친상간 애착 역할의 획득, 그리고 추상적인 개념으로 사건을 표현하는 능력이 눈에 띄게 증가했다(Spear, 2007; Tucker & Moller, 2007).

필연적으로, 이러한 전환은 타자 조망하기 기술의 향상과 자기 주체에 대한 더 큰 감각과 관련이 있지만(Harter, 2012; Sharp et al., 2018c), 자기-타자 관련 장애에 대한 취약성을 유발한다. 청소년기 초기의 확장된 인지 기술은 특히 또래 관계의 맥락에서 타인의 평가에 대한 자의식과 걱정을 촉진한다. 이 두 가지 발전의 결과는 청소년의 개인적인 목표가 가까운 타인의 목표와 통합되도록 또래들과 공유된 성찰이다. 더 나아가, 청소년들은 다른 사람들이 청소년들처럼 자신의 행동에 몰두한다는 인식을 언급하면서 '상상의 청중'을 발달시킨다.

상상의 청중 현상은 청소년이 부모와의 관계를 재협상할 때 '상상 청중'을 구성하는 것이 또래 사이의 친밀감과 중요성을 유발하는 청소년의 분리-개성화 과정의 함수라고 제안되었으며, 이는 가족 시스템을 넘어 또래와 잠재적인 로맨틱 파트너로 친밀한 관계가 확장되는 것을 반영한다.

또래와 부모의 관점의 균형을 맞추면서 청소년은 사춘기 이전의 다른 맥락에서 다른 자아를 통합하고 종종 서로 모순되는 것처럼 보이는 자아상을 비교하고 대조하는 과정을 시작하는 임무를 맡고 있다.

청소년기 후반에는 인과적 일관성을 위한 능력이 개발되고, 이를 통해 청소년들은 자신의 삶에서 일어나는 시간적 사건들이 어떻게 연관되어 있는지, 즉 상상된 미래와 자전적 과거의 통합을 설명하는 내러티브를 개발할 수 있다.

또한, 청소년기 중후반까지 각각의 청소년들은 그들의 삶에서 다른 사건들을 통합하는 중요한 주제, 가치 또는 원칙들을 식별할 수 있다—이는 주제적 일관성(thematic coherence)이라고 한다. 인과적 일관성과 주제적 일관성은 청소년이 새롭게 획득한 고차 추상화 능력에 기인하며, 이는 이전에 자기 표현에서 모순이었던 것을 의미 있게 통합하여 정체성을 통합하는 데 사용된다. 또한, 청소년기 후반이 되면 개인은 자기 표현의 잠재적 모순을 정상화하기 시작하며, 이는 내적 갈등을 줄이는 역할을 한다. 청소년들이 젊은 성인기로 접어들면서 미래의 자신이 되기 위한 단계를 밟으면서 더 큰 소속감을 얻게 된다. 전술의 설명된 발달 과제는 주로 청소년기를 통한 인지 발달의 결과이지만, 더 높은 수준의 습득은 더 큰 사회적 발판을 필요로 한다. 따라서 다른 사람들(예: 부모)은 모순된 자아상을 통합하고 잠재적 모순을 정상화하기 위해 청소년들이 새로운 기술을 육성하도록 돕는다.

자기-타자 관련성(개성)에서 이러한 변화의 발달로 인한 피해는 일부 젊은이들과 그들의 가족에게 큰 부담을 주는 것으로 보인다.

대부분의 청소년이 규범적인 대인관계 및 개인 내의 갈등, 혼란, 고통, 자기 표현의 불안정성에서 벗어나 성장하는 반면, 다른 청소년들은 그렇지 않다. 우리는 정신화할 수 있는 능력이 일관된 '나에 대한 생각'의 출현과 통합을 위한 중심 요소는 아닐지라도 중심적인 구성 요소를 형성할 것을 제안한다. 자아를 성찰하고, '의미를 만들거나' 자아를 해석하는 메타인지 능력이 없다면, 일관성 있고, 주체적이며, 자기 결정하는 자아의 저자가 나올 수 없다.

따라서 Hauser 등(2006)은 150명의 청소년을 대상으로 성인기까지 표본을 조사했는데, 그중 절반은 청소년기 초기에 정신과 병원에 입원한 적이 있었다. 저자들은 이러한 개인들 중 일부는 성인으로서 자신들의 삶을 좋아하고, 활기차고 유창하게 공개적으로 그들에 대해 이야기한다고 보고했다는 것을 발견했다. 그들은 지속적이고 만족스러운 관계를 가졌고 그들이 의미 있다고 생각하는 일이나 교육에 참여했다. 그들은 심리적 경험에 관심이 있었고 자신과 타인의 경험에 대해 생각했고, 미래에 대해 희망적이고 낙관적인 느낌을 받았다.

간단히 말해서, 이 '놀라운' 회복력을 가진 젊은이들은 효과적인 정신화의 지표를 보여주었다. 구체적으로 성찰, 즉 그들 자신의 생각, 감정, 동기를 인식하고, 경험하고, 성찰하는 능력과 의지, 주체, 즉 그들의 행동에 대해 효과적이고 책임감 있는 자신의 감각, 그리고 관련성, 즉 다른 사람의 관점에 개방적인 형태를 취하고 다른 사람들과 관계를 맺으려는 노력의 형태를 취하는 관계의 가치관이다.

반대로, 약화된 정신화하기 능력은 BPP의 핵심으로 식별되며, 방임이나 비타당화 또는 매우 민감한 아이를 양육하는 데 관련된 엄청난 어려움의 결과로서, 체질적 취약성(개인 간 민감도)과 애착 불안정 사이의 상호작용으로 발전하는 것으로 이론화된다.

애착의 맥락에서 정신화하는 능력이 약화된 청소년기에 도달한 아동은 청소년기의 발달 문제를 견디기 어렵다(Bleiberg et al., 2012). 즉, 그들은 크게 변화된 신체를 통합하고, 증가된 성적 · 감정적 강도를 관리하고, 재구성된 자아의 감각으로 추상화와 상징화를 위한 더 큰 능력을 다루는 동시에 자율성과 분리에 대한 성취의 심리사회적 요구, 뚜렷한 성인 역할의 가정, 그리고 또래 지향 규범과 상호작용에 대한 증가된 집중의 압박감을 충족시킬 수 없다.

이 모든 것은 가지치기를 겪고 있는(따라서 영향과 각성을 조절할 수 없는) 정신화 뇌 회로의 신경 발달 맥락과 새로움과 자극에 대한 갈망을 생성하는 변연계에서 일어난다.

우리는 청소년기에 발생하는 이 생물심리 사회적 폭풍이 수렴되어 청소년 BPP로 식별하는 적응성 붕괴를 촉진한다고 제안했다.

경험적 증거와 과잉정신화하기의 역할

BPD를 가진 성인과 청소년의 정신화하기 실패를 보여 주는 많은 문헌이 존재한다(예: Fonagy & Luyten, 2016; Sharp & Vanwoerden, 2015 참고). 정신화하기 실패는 작업 요구가 높은 실험 작업(예: 양식 간 정보 통합이 필요한 멀티모드 작업)과 감정적으로 충전된 자극을 사용하는 연구에서 가장 안정적으로 나타난다. 이는 명확한 BPP 관련 적자가 나타나는 데 작업의 복잡성 또는 생태 유효성이 특정 역치를 필요로 할 수 있다는 것을 시사한다. 또한, 우리의 연구는 BPP를 가진 청소년들이 극단적인 정신 상태를 '미지각화'하거나 저중심화하는 것보다 다른 사람들에게 과도하게 귀속시킬 가능성이 더 높다는 것을 보여 주었다(Sharp et al., 2011). 따라서 비정신화하기, 과소정신화하기, 과잉정신화하기(hypermentalizing) 및 정확한 정신화하기라는 상호 배타적 대응 옵션을 제시할 때 경계 특성은 정신화하기의 결함(또는 부족)과 관련되지 않으며, 오히려 정신화하기의 변경된 스타일, 즉 과잉정신화하기의 형태와 관련이 있다(Sharp et al., 2011, 2013). 과도한 마음 이론(Dziobek et al., 2006)이라고도 하는 과잉정신화하기는 다른 사람들이 자신이 정당화되는 방법을 보기 위해 고군분투할 수 있는 관찰 가능한 데이터를 훨씬 넘어서는 다른 사람들의 정신 상태에 대한 가정을 포함하는 사회적 인식 프로세스로 정의된다(Sharp et al., 2013).

마찬가지로, Fonagy 등(2015)은 정신 상태에 대한 근거 없는 추론을 하는 것으로 과잉정신화하기를 설명했다. 다른 곳에서는 과잉정신화하기의 풍부한 임상 사례를 제공했으며(Bo et al., 2017b), 여기서는 청소년의 과잉정신화하기를 입증하기 위한 회기의 짧은 발췌를 제공한다.

사례

17세 소녀인 Gina는 BPD, 주의력 결핍 과잉행동장애(ADHD), 그리고 중간 정도의 우울증 진단을 받았다. 그녀는 시설에서 살았고 가족들과 이따금씩만 만났다. 열한 살 때, 그녀는 그녀를 돌보는 능력이 없는 가족으로부터 버림받았다. 치료를 시작하기 전에 지나는 네 번의 심각한 자살 시도를 했고, 매번 오랜 기간 동안 병원에 입원했다. 그녀는 2년 동안 정기적으로 자해를 했고, 보건사와 친구들 모두와 관련하여 감정을 조절하는 데 어려움을 겪었다. Gina는 자신의 미래에 대한 명확한 목표를 밝혔는데, 여기에는 취약한 청소년들과 함께 일하는 직업이 포함되어 있었고, 치료 당시 그녀는 고등학교 수준의 과정에 등록되어 있었다. Gina는 최근에 남자친구와 헤어졌고 헤어짐에서 회복하기 위해 고군분투하고 있었다.

치료사: 그러니까 전 남자친구를 만났을 때 힘들었던 상황을 말해 보세요……. 제가 보기엔 당신이 그 남

자를 만난 게 좀 답답했던 것 같은데요. 그렇게 표현하는 게 맞나요?

Gina: 그는 내가 여전히 고통받고 있다는 것을 보기 위해 나를 만났어요.

치료사: 그를 만난 건 어땠어요?

Gina: 끔찍해요…… 제 말은…… 전 지옥에서 2시간을 보냈어요……. 그는 계속해서 저에게 그의 삶에 대해 말했고, 그는 잘 놀러 다니고 많은 새로운 친구들을 가지고 있대요. 정말 짜증 나요……. 저는 그가 싫고 그는 나를 존중하지 않고 단지 나를 괴롭히고 싶을 뿐이에요.

치료사: 좋지 않은 것 같네요……. 그 상황에서 특별히 느낀 것이 있었나요?

Gina: 제가 그를 싫어한다고 말했잖아요……. 선생님이 이해하지 못하는 게 뭐예요? [매우 크게 소리를 지르며, 동요하는 것처럼 보인다.]

치료사: 저런…… 제가 보기엔 당신에게 일어난 일에 대해 매우 화가 난 것 같네요……. 미안해요, 당신을 짜증나게 할 의도는 아니었어요…….

Gina: 당신들 모두 미안하다고 말하지만, 그건 거짓말이야! [매우 크고 빠르게 이야기한다.]…… John[전 남자친구]은 우리가 함께 지내지 못해서 미안하다고 말했어요. 허튼소리를 지껄인 거지요……. 그는 아무것도 후회하지 않아요……. Lisa[Gina 사는 시설의 담당자]는 저를 돕고 싶고, 항상 저를 이해하려고 노력한다고 말해요. 하지만 그녀는 아무것도 이해하려고 하지 않고 누구도 도우려고 하지 않아요……. 잔머리 좀 그만 굴려요…….

치료사: 잠깐만, 잠깐만 Gina. 너무 빨리 말해서 다 이해가 안 돼요……. 잠깐만 멈춰서 여기서 무슨 일이 있었는지 좀 봐야 할 것 같네요…….

Gina: 전 아무것도 멈추고 싶지 않아요. 전 선생님이 뭘 하고 있는지 알아요. 선생님은 절 비난하고 싶어 하고, 제 잘못이라고 말하고 싶어 하는 걸요. 제가 나 자신과 함께해야 하고, "저희가 함께 그것을 보려고 노력해야 한다"는 것을요. [얼굴을 찌푸리며] 말도 안 돼요. 선생님은 분명히 저를 돕고 싶지 않을 거예요. 그건 분명해요. 선생님은 그저 대화를 원할 뿐이고, 전 행동이 필요해요. Lisa는 저를 좋아하지 않아요. 그게 사실이에요. 그리고 Carl[기관장]은 일부러 저를 무시해요. [Gina가 울기 시작한다.]

이 발췌문에서 증명되었듯이, 회기가 진행됨에 따라 과잉정신화하기(hypermentalizing) 와 감정적인 무질서한 규제 사이의 악순환이 증가한다. 이러한 임상 관찰을 뒷받침하기 위해, 우리는 과잉정신화하기가 정서조절장애의 증가와 관련이 있다는 것을 보여 주었고, 이는 다시 높은 수준의 BPP 가능성과 관련이 있다(Sharp et al., 2011).

또한, 과잉정신화하기 경향은 애착안정성과 경계선 증상, 정서조절장애와의 관계를 매개하는 것으로 보이며, 정서조절장애보다는 과잉정신화하기가 애착안정성과 경계선 증상을 연결하는 핵심 요인이다(Sharp et al., 2016).

입원 환자 환경에서 한 연구에서 입원에서 퇴원까지의 과잉정신화하기(정신화의 다른 형태는 아님)의 감소는 입원에서 퇴원까지의 청소년 경계선 증상 감소와 관련이 있는 것으로 나타났다(Sharp et al., 2013).

또한 자기 보고에 근거하여 과잉정신화하기의 존재는 BPP를 가진 청소년, 기타 정신질환을 가진 청소년 및 건강한 대조군 청소년을 구별할 수 있다(Sharp et al., 2018a).

마지막으로, (경험적 회피 조치를 통해 운영화된) 자아의 정신화는 지역사회에서 모집된 881명의 청소년을 대상으로 1년의 추적 기간 동안 경계 증상의 증가를 예측하는 것으로 밝혀졌다(Sharp et al., 2015).

과잉정신화하기가 치료에 대한 정신화 기반 환경 접근법을 통해 감소될 수 있다는 것(Sharp et al., 2009)은 덴마크에서 BPP가 정신화 기반 그룹 치료에 참여하는 청소년의 경계 증상 감소를 보여 준 최근 연구 결과와 일치한다(Bo et al., 2017a).

청소년 BPP의 정신화 기반 모델뿐만 아니라 정신화 기반 치료 접근법의 효과를 뒷받침하는 가장 설득력 있는 증거는 Rossouw와 Fonagy(2012)가 수행한 무작위 임상시험에서 도출되었다. 본 연구에서는 자해 및 동반 우울증이 있는 정신건강 서비스에 연속적으로 제시된 80명의 청소년(85% 여성)을 MBT-A 또는 평소와 같은 치료(TAU)에 무작위로 할당하였다.

청소년은 12개월까지 3개월 간격으로 기준치 및 3개월 간격으로 자해, 위험 감수 및 기분에 대해 평가되었다. 이들의 애착 유형, 정신화하기 능력, BPP도 기준치 및 12개월 치료 종료 시점에 평가되었다. 결과는 MBT-A가 TAU보다 자해와 우울증을 줄이는 데 더 효과적이라는 것을 보여 주었다. 이러한 우수성은 정신화하기 개선과 애착 회피 감소로 설명되었으며, 창발적 BPD 증상과 특성의 개선을 반영하였다. 우리는 다음 섹션에서 MBT-A에 대한 세부 사항을 제시한다.

청소년을 위한 정신화 기반 치료

MBT-A 프로그램은 발달 요인과 가족 맥락의 중요성을 기반으로 수정된 성인 MBT 모델에서 파생되었다. MBT-A는 주간 개별 MBT-A 회기와 가족을 위한 월간 정신화 기반 치료(MBT-F, 제8장 참고)를 포함하는 1년간의 프로그램([그림 17-1])이다. 최근에는 개별 치료보다는 청소년을 대상으로 하는 MBT 집단치료 연구가 진행되고 있으며, 이러한 접근법은 제7장에서 논의된다.

MBT-A 개별 회기는 50분 길이로 매주 같은 시간과 장소에서 열린다.

MBT-F 회기는 일정이 일관되게 예정된 다른 시간대에 진행되는 경향이 있으며, 참석을 보장하기 위해 가족들에게 날짜를 미리 알려 준다.

치료사의 훈련은 모델의 중요한 출발점이지만, 프로그램의 초석은 매주 진행되는 그룹 슈퍼바이저다([그림 17-1] 참고). 집단 슈퍼비전은 지속적인 학습을 위한 플랫폼을 제공한다. 이 플랫폼은 환자에 대한 억제와 이해를 위한 포럼을 만들고 환자 위험 관리를 지원하는 구조를 만든다. MBT-A 슈퍼비전은 집단별, 주간 단위로 이루어지는 반면 MBT-F 슈퍼비전은 한 달에 한 번씩 이루어진다. 슈퍼비전은 정신화 틀에서 수행된다.

슈퍼비전 회기에서는 집단 구성원들이 임상 자료를 들으면서 자신의 감정적 경험을 성찰하고, 회기에서 일어난 일을 정신적으로 파악하고자 한다. 슈퍼비전에서 이러한 정신화 입장은 모델에 대한 경험으로부터 지속적인 학습을 강화할 뿐만 아니라 모든 집단 구성원의 작업에서 정신화 향상을 훨씬 더 촉진하는 비간섭적인 슈퍼비전 맥락을 만든다. 자료의 정신화하기를 촉진하기 위한 회기와 역할극의 비디오 또는 오디오 클립이 슈퍼비전에 사용된다.

다음 하위 섹션에 자세히 설명된 바와 같이 MBT-A 치료는 몇 회기 동안 지속되는 평가 단계로 시작된다. 이 회기는 환자에게 서면으로 제공되며 치료 계획과 위기 계획을 포

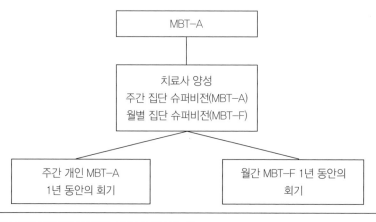

[그림 17-1] 청소년을 위한 정신화 기반 치료 구조(MBT-A)

* MBT-A = 정신화 기반 가족치료

함하는 공식의 개발로 마무리된다. 개념화는 환자의 부모와 논의되지 않지만, 부모는 치료 계획의 사본을 받는다. 가족치료 회기는 초기에 평가 단계가 있으며, 피드백과 교육적 입력이 뒤따른다. 평가 단계는 초기 치료 단계로 이어지며, 이 단계에서는 치료적 동맹의 확립에 큰 중점을 둔다. 개인적인 일과 가족적인 일 모두에서 치료적 동맹을 구축하는 초석은 환자와 공감적으로 조화를 이루고 정신화하기 입장을 유지하는 치료사의 능력이다. 친밀감이 형성되면 다음 단계는 작업(중간) 단계이고, 그다음 단계는 치료가 종료되기 전의 통합(최종) 단계다.

평가 단계

평가 단계([Box 17-1])는 청소년과 그들이 직면한 어려움을 이해하는 데 사용된다. 이 단계에서 치료사는 또한 청소년의 어려움 관리 스타일, 청소년의 정신화 능력, 그리고 이 능력이 실패하는 특정 상황에 대한 아이디어를 얻기를 희망한다. 이 평가는 보통 2~3개의 회기가 소요된다. 치료에 들어가기 전에 시행된 청소년의 심리 측정 테스트 결과는 결과를 추적하고 정신화 기반 공식을 알려 주는 귀중한 방법이다(이와 관련된 정신화 기반 평가 배터리에 대한 자세한 설명은 Sharp et al., 2019 참고). MBT-F에서 치료사는 첫 번째 회기에서 가족, 다른 가족 구성원, 그리고 그들의 정신화하기 능력에 대해 알아가려고 노력한다.

Box 17-1 MBT-A: 평가 단계

알아가는 것	개념화
• 환자	• 배경
• 환자의 병력	• 성격 스타일
• 환자의 관계에 대한 전후 사정	• 치료 참여
• 위탁 이유의 의미	• 상황에 따른 자해
• 환자의 대처 전략	• 정신화하기
• 환자의 정신화하기 능력	• 치료 계획
	• 위기 계획

개념화

평가가 완료되면 치료사는 청소년에게 치료사와 함께 읽고 토론할 수 있는 공식을 제공한다. 청소년을 위한 간단한 위기 계획의 예는 [Box 17-2]에, 부모를 위한 위기 계획은 [Box 17-3]에 요약되어 있다. 환자에게 제공된 공식의 예는 다음에 설명되어 있다.

Box 17-2 청소년 환자를 위한 서면 위기 계획 예제

당신과 제가 확인한 촉발 요인은 당신이 거절당하거나, 굴욕감을 느끼거나, 자기 자신에 대해 나쁜 감정을 느낄 때입니다. 우리가 논의한 바와 같이, 이러한 감정들은 단지 갑자기 발생하는 것이 아니라 가까운 관계에서 촉발되었을 가능성이 높습니다. 그런 감정들이 있을 때, 당신은 그 감정들을 빼앗기 위해 행동을 서두르는 경향이 있습니다.

당신이 다시 그런 기분이 들 때, 나는 당신이 COPING SKILLS APP을 사용했으면 좋겠어요.

잠시 멈추세요.
호흡이나 감각 중 하나에 집중해 보세요.
그럼 반영해 보세요. 무슨 감정일까요?
그 감정을 받기 전에 무슨 일이 있었나요?
당신과 다른 사람 사이에 무슨 일이 있었나요?
다른 사람의 감정과 생각에 대해 추측하기 전에 잠시 멈추도록 노력할 수 있나요?
우리는 다른 사람의 마음을 들여다볼 수 없고, 그 사람이 느끼는 것에 대해 우리가 가정을 할 때 실수를 할 수 있다는 것을 기억하세요.
때때로 우리는 우리 자신의 감정에 너무 압도되어, 다른 사람들도 그것을 느낀다고 생각합니다.

서명: _____

환자 : _____

부모: _____

치료 전문가, 치료사: _____

사례개념화 예시

- **배경 정보**: 당신이 이 서비스를 추천받았을 때 2년 동안 우울한 감정과 자해를 했었다고 보고했습니다. 때때로 당신은 너무 우울해서 삶이 살 가치가 없다고 느껴 왔습니

다. 당신은 3년 전 부모님의 이혼, 그에 따른 어머니의 우울증, 아버지의 음주와 최근 여자친구와의 폭력적인 관계 등이 모두 당신을 우울하게 만드는 역할을 했다고 생각했습니다. 당신은 죄책감을 느끼는 것에 대해 마치 당신의 잘못인 것처럼 말했어요. 당신이 우리에게 도움을 청하기 전에, 당신은 누군가가 당신을 벌을 받는 것처럼 무례한 태도로 대하도록 허락하는 관계에 들어갔습니다. 이 모든 것이 당신 스스로에 대해 끔찍하게 느끼게 했어요.

- **성격 스타일**: 당신은 인생에서 많은 것을 이겨낸 매우 용감한 젊은이입니다. 또한 자신의 감정과 자신의 삶에서 일어난 일들에 대해 나에게 말할 수 있는 매우 용감했습니다. 당신은 다른 사람들에게 친절하고 배려심이 많고, 친구들에게 매우 믿음직한 친구였습니다. 당신이 어떻게 자기 자신의 아름다운 자질을 볼 수 없는지, 그리고 어떻게 사람들이 당신을 싫어할 것이라고 끊임없이 기대하는지를 알아차리는 것은 슬픈 일입니다. 이것은 사회적인 상황에서 당신을 너무 불안하게 만들어 스스로를 물러나게 할 수 있지만, 이러한 대처 방식의 문제는 다른 사람들이 당신과 가까이 있는 것을 허락하지 않는다는 것이고, 그런 식으로 그들이 자신을 좋아하지 않는다는 당신의 견해를 강화시켜 준다는 것입니다. 당신은 또한 당신의 관계에서 때때로 일이 오르락내리락할 수 있다고 나에게 말했습니다. 당신은 사람들과 친해지고 싶은 욕구가 있다고 설명했지만, 그들과 친해지는 순간, 당신은 그들이 자신을 실망시키거나 거부할 것이라는 불안감에 의해 갈기갈기 찢어진 기분이 들었습니다. 이것은 당신이 감정적으로 롤러코스터를 탄 것처럼 느낄 정도로 당신을 불안하게 만들 수 있다고 당신은 말했습니다. 우리의 논의를 통해, 저는 때때로 자신의 내면에 강한 감정을 가지고 있을 때, 당신은 스스로를 자르거나 당신이 공허함을 느낄 때까지 자신의 감정을 끄면서 그것들에 대처한다는 인상을 받았습니다. 그게 당신에게 일어나는 일인가요?

우리가 당신이 감정을 끄는 것에 대해 이야기했을 때, 저는 나중에 그것에 대해 생각했고, 저는 이 대처 방식이 그 당시에 당신에게 도움이 되는 것처럼 느껴지지만, 그것이 또한 당신이나 다른 사람들이 느끼는 것과 단절감을 느끼게 하는 것인지, 그리고 무슨 일이 일어나고 있는지 이해하는 것이 어려운 것인지 궁금했습니다.

저는 이런 때에 당신이 할 수 있는 유일한 것이 행동이라고 느낄 수 있는지, 그리고 이때가 자신에게 해를 끼치는 경향이 있는지 궁금했습니다. 그것에 대해 어떻게 생각하세요?

Box 17-3   **부모를 위한 위기 계획**

우리가 논의했듯이, X의 자해는 종종 그녀가 관리하기 어려운 매우 강한 감정의 맥락에 있습니다. 다음은 위험이 발생할 때 도움이 될 수 있는 세 가지 해야 할 것과 말아야 할 것입니다.

해야 할 행동
- 귀 기울이기
- 이해하기
- 정신화하는 것을 도와주기

하지 말아야 할 행동
- 당황하기
- 탓하기
- 벌주기

그녀를 탓하지 말고 자신을 탓하지 마세요. 그녀가 자신을 해치고 싶어 하기 전에 그녀가 무엇을 느꼈는지 이해하려고 노력하고, ① 감정과 ② 감정으로 이어지는 사건들에 대해 그녀가 말할 수 있도록 도와주세요. 만약 그 사건들이 여러분과 관련이 있다면, 듣고 방어적이 되지 않고 그녀의 관점을 이해하려고 노력하세요. 같은 관점을 가질 필요는 없지만, 그녀의 관점을 검증하는 것이 중요합니다. 당신들 사이에 당신이 기여한 오해가 있었다면, 그것을 인정하세요. 당신은 전투에서 이기기 위해 온 것이 아니라 당신들 사이의 관계를 회복하기 위해 온 것입니다. 만약 그녀가 매우 흥분했다면, 너무 많이 말하는 것은 도움이 되지 않습니다. 그저 친절하고 힘이 되어 주고 다음과 같은 말을 하세요. "저는 당신에게 화가 난 것이 아니라, 당신을 돕고 안전하게 하기 위해 여기에 있습니다. 뭔가가 당신을 너무 화나게 했어요. 저는 그게 뭔지도 모르고 내가 한 일이라면 미안해요. 저는 정말 이해하고 싶습니다. 준비가 되면 얘기를 해도 되는데 그때까지는 제가 당신의 안전을 위해 함께 있을 것입니다."

만약 그녀가 자신을 다치게 하고 싶다면, 여러분은 이렇게 말할 수 있습니다. "저는 정말로 당신이 스스로를 다치게 하고 싶지 않아요. 당신은 더 많은 것을 받을 자격이 있어요. 대안 중 하나를 시도해 봅시다. 제가 도와줄게요. 얼음 한 그릇 가져올까요?"

만약 그녀가 자살을 하고 싶어 한다면, 당신은 이렇게 말할 수 있습니다. "자살은 선택 사항이 아닙니다. 저는 당신을 사랑하기 때문에 당신이 스스로 목숨을 끊는 것을 원하지 않습니다. 당신은 혼자가 아닙니다. 우리는 함께 이겨 낼 것입니다. 저는 당신의 안전을 지속하기 위해 당신과 함께 이곳에 머무르고 있을 것입니다. 지금 당장 도움이 될 만한 것을 생각해 봅시다. 주의를 산만하게 하는 것이 도움이 될까요?

산책을 가거나 TV를 보는 것은 어떨까요?"

만약 다른 모든 것이 실패한다면, 병원에 전화하거나, 근무 시간 이후라면, 그녀를 응급실로 데려가야 할 수도 있습니다.

당신이 자신에 대해 말하는 방식을 들으면서, 저는 당신이 자신을 바라보는 부정적인 방식에 대해 매우 슬퍼하는 제 자신을 느꼈습니다. 저는 또한 당신이 다른 사람들과 자기 희생적인 방식으로 관계를 맺는 것처럼 보이고 때때로 그들이 당신을 이용하도록 허용하는 것에 놀랐습니다. 아마도 치료에서 우리는 이러한 모든 측면을 연구할 수 있고 당신이 자기 자신을 돌보고 다른 사람들이 당신을 해치는 것보다 보살피도록 하는 욕구를 키울 수 있도록 도울 수 있을 것입니다. 당신은 사랑스러운 사람이고, 현재 가지고 있는 것보다 더 많은 것을 가질 자격이 있습니다.

- **민감한 정신화하기**: 당신은 친구들이 느끼는 것이나 어머니가 느끼는 것에 대한 인식과 같이 다른 사람들의 마음을 이해하는 능력을 보여 주고, 그들을 기쁘게 해 주려고 노력합니다. 당신은 또한 자기 자신의 생각과 감정을 이해하려고 노력하고, 때로는 그것을 할 수 있지만, 다른 때에는 자기 자신을 비판하는 익숙한 패턴에 빠지지 않는 것이 더 어렵다는 것을 느낍니다.
- **정신화하기의 문제**: 당신은 혐오스러운 생각의 패턴에 빠지고, 끔찍한 감정들을 자신에게 남기고, 그것들을 행동으로 바꾸면서 관리합니다(예: 자해). 이것은 감정이 물리적인 세계에서 실제적인 것이 된다는 것을 의미합니다. 그 감정은 피로 변환되고, 그러고 나서 당신이나 다른 누군가가 그것을 돌보기 위해 신체적인 관리를 제공합니다. 이것은 감정이 어떻게 행동으로 끝났는지를 보여 주는 예이지만, 실제 감정과 그것을 야기시켰을 수 있는 것은 이해되지 않습니다. 우리는 그 감정이 무엇인지 알아내야 합니다.
- **치료 계획**: 일주일에 한 번씩 개인치료와 한 달에 한두 번씩 커뮤니티 팀에서 제공하는 가족치료를 병행하는 치료를 제안합니다.

치료 초기 단계

초기 단계는 평가 단계 이후에 설명되지만, 실제로 초기 단계의 많은 측면은 평가에서 시작한다. 초기 단계의 주요 초점은 치료적 동맹의 확립과 치료에 대한 청소년의 참여([Box 17-4])이기 때문이다. 청소년들이 치료적 관계, 특히 장기적으로 지속되는 관계에 관여하는 데 어려움을 겪는 것은 꽤 흔하다. 우리는 일반적으로 치료 배정과 치료 시작 사이의 시간에 중도 탈락 가장 가능성이 높다는 것을 발견한다. MBT가 시작되면 탈락률은 매우 낮다(TAU의 경우보다 훨씬 낮다). 비판단적이고 호기심적이며 '모른다'는 자세(태도)를 취하는 치료사의 정신화 자세는 내내 강조된다. 특히, 처음에 강조된다.

Box 17-4 **MBT-A: 초기 단계**

- 개념화와 심리교육을 제공합니다.
- 공감, 공감, 공감을 사용하세요!
- 감정적 접촉을 확립합니다.
- 긍정적인 협력관계를 맺으세요.

성인을 위한 MBT 모델(제6장에서 설명)에서는 평가가 완료되면 치료사가 환자와 진단에 대해 논의하고, 이어서 심리교육을 실시한다. 청소년기 BPP의 타당성에 대한 최근 데이터를 고려할 때, 우리는 청소년기에도 이 접근법을 사용하는 것에 대해 편안함을 느낀다.

긍정적인 치료 동맹이 마련되면, 초기 단계의 나머지가 뒤따른다. 이것은 어린아이들의 감정 범위, 취약성, 대처 방법, 그리고 배치된 특정 비정신화하기 메커니즘을 천천히 알아가는 것을 포함한다. 청소년의 관계적 맥락에 대한 이해를 얻고 정신화하기 능력이 실패할 때와 실패를 초래한 특정 감정, 그리고 그 순간 이전의 사건과 감정에 대한 이해를 기르도록 돕는 것이 중요하다.

사례

다음은 매우 불안한 14세 청소년이 자살 시도 후 영국 국민건강 서비스 내에서 운영하는 정신건강에 어려움을 겪는 아동 · 청소년을 위한 서비스를 선보인 첫 회기의 예다. 그녀는 불안, 공황, 끊임없는 공허감이 지배하는 고통스러운 내면세계에서 벗어나기 위해 과량의 약물을 복용했었다. 이 사례는 환자와 관계를 맺고 환자와 감정적으로 접촉하려는 치료사의 노력을 보여 준다. 또한 불편한 침묵을 허용하지 않음으로써 환자의 불안감을 개선하려는 치료사의 노력을 보여 준다.

치료사: 환영해요. 당신이 와 줘서 기뻐요. 당신의 어머니께서 전화로 한 말을 들어 보니 당신이 오기가 힘든 것 같았던데. 그래서 당신이 올 수 있었던 것은 꽤 용감했을 거라는 것을 말해 주는 거예요.

환자: [침묵, 내려다본다.]

치료사: 여기 있어도 괜찮아요?

환자: 사람들과 대화하는 것은 어색해요.

치료사: 특히 지금은 내가 아직 당신에게 낯선 사람이기 때문에 그것을 이해해요. 어느 단계에서든 내가 이해하지 못하는 말을 한다고 생각한다면 말해 주세요. 무슨 일이 있었는지, 어떻게 여기 오게 됐는지 알려 주시겠어요?

환자: 학교에서 문제가 있었어요. [침묵]

치료사: 유감스럽지만 무슨 일이 있었던 거죠?

환자: 저는 몇몇 아이들에게 괴롭힘을 당했고, 시험이 걱정돼요. 저는 사람들이 저를 어떻게 생각하는지 무서워요.

치료사: 더 말씀해 주실 수 있을까요?

환자: 저는 시험을 잘 못 보고 선생님이 화를 낼까 봐 걱정돼요.

치료사: 끔찍한 선생님이 있나요?

환자: 그녀는 가끔 제가 더 열심히 일하도록 제 기분을 상하게 하기 위해 점수를 깎아요.

치료사: 세상에, 기분이 어때요?

환자: 그것은 저를 속상하게 하고, 그러고 나서 저는 화가 납니다. 그리고 저는 제가 충분히 열심히 일하지 않았다고 생각하게 돼요.

치료사: 선생님이 그럴 때 당신은 자신에게 화가 나는 것처럼 들립니다. 하지만 잘못이라면 당신이 아니라 선생님인데, 왜 당신은 자신에게 화가 나야 하나요?

환자: 저는 항상 제 자신에게 화가 나요.

치료사: 그냥 기분이 언짢다고 생각하세요, 아니면 다른 것들도 느낀다고 생각하세요?

환자: 슬픔을 느끼는 것 같아요.

치료사: 무엇이 당신을 슬프게 한다고 생각하나요?

환자: 전 열심히 하려고 해요.

치료사: 네, 이해합니다. 그리고 그녀가 그렇게 점수를 깎을 때, 당신은 그녀가 당신이 얼마나 노력하는지 알아채지 못하는 것처럼 느끼나요?

환자: 네. [운다.]

치료사: 저는 그것이 당신에게 꽤 잔인하게 느껴지는지 궁금하네요.

환자: 네.

치료사: 그녀는 그냥 끔찍하고 잔인한 여자인가요? 왜 그런다고 생각하세요?

환자: 그녀는 제가 더 열심히 일하도록 동기를 부여하기 위해 그렇게 한다고 말해요.

치료사: 하지만 그게 당신을 그렇게 느끼게 하는 건 아니잖아요, 그렇죠? 내가 듣기에 당신은 자신이 하는 어떤 것도 충분하지 않다고 느끼는 것 같아요.

환자: 네.

치료사: 네가 어떻게 고통받는지 그녀가 알 것 같아요?

환자: 아니요, 내 생각에 그녀는 그것이 장난이라고 생각하는 것 같아요.

치료사: 만약 사람들이 제 감정을 가지고 장난을 친다면, 저는 가끔 화가 나요.

환자: 저는 화가 많이 나요.

치료사: 그게 무슨 말이죠?

환자: 저는 제가 모든 것을 망쳤다고 화가 날 때 걱정이 돼요.

치료사: 가족들과 함께라면 그렇게 느끼나요?

환자: 네, 아빠랑 같이 있으면 그래요.

치료사: 좀 더 말해 주세요…….

치료 중간 단계

중간 단계는 가장 긴 치료 단계이며 작업의 대부분을 포함한다([Box 17-5]에 요약).

Box 17-5 **MBT-A: 중간 단계**

대부분의 작업에 참여합니다.
- 비정신화하기 문제를 해결합니다.
- 감정적으로 흥분된 상태에 있는 환자들과 함께, 잠시 멈추고, 돌아가서, 감정과 유발 요인들을 탐색합니다.

- 감정적인 폭풍 속에 있는 환자들과 함께, 침착함을 유지하고, 복잡하거나 전이적인 해석을 피하고, 단순하고 위협적이지 않은 해석을 하고, 감정적으로 조화를 유지하고, 침묵을 피합니다.
- 해석 오류를 해결합니다.
- 다른 가능성을 탐색합니다.
- 감정을 열어 내면의 더 미묘한 감정을 탐색합니다.
- 환자들이 다른 사람들을 정신화하도록 돕습니다.

이제 정신화하기의 결함과 그들의 특정한 감정적 맥락이 이해되었기 때문에, 이 단계는 환자의 정신화하기 능력을 향상시키는 것을 목표로 한다. 초기 치료 단계에서 강조된 것은 동맹과 환자의 정신화(즉, 감정과 반응, 특히 관계적 맥락에서의 반응을 개방하고 탐색하는 것)에 있었다. 중간 단계는 다음의 사례에서 설명된 것처럼 최적화되지 않은 정신화하기의 다른 형태에 도전하는 데 초점을 맞춘다. 사례를 통해, 우리는 등장하는 다양한 종류의 비정신화하기 양식을 강조하고 이름을 짓는다(가장 모드, 목적론적인 모드 및 심리적 동일시 모드, 이러한 모드에 대한 설명은 제1장 참고). 이 발췌문은 또한 치료사가 환자를 정신화시키고 환자의 정신화를 자극하려는 시도를 보여 준다.

사례

15세 소년인 Peter는 자해, 과다복용, 학교에서 관계 관리에 큰 어려움을 겪은 이력으로 우리의 봉사에 넘겨졌다. 또한 Peter는 강한 폭력적인 폭발과 충동적인 행동의 이력이 있었고, 한번은 다른 소년을 공격했다는 이유로 경찰로부터 질책을 받은 적이 있었다. 그는 그의 어머니와 다른 아버지들의 두 이복형제들과 함께 자랐다. 그의 어머니는 약물 남용 전력이 있다. Peter는 성장기에 불안정한 관계와 일관성 없는 경계에 둘러싸여 예측할 수 없는 삶을 경험했고, 이로 인해 자신의 감정을 관리할 수 있는 능력이 거의 없었기 때문에 종종 자신의 안전과 감정을 관리하는 구체적인 방법을 찾으려 노력했다.

Peter: 저는 Michelle과 헤어졌어요. 제가 지난 금요일에 그녀를 보고 싶어 했고, 그녀가 바쁘다고 한 것을 기억하죠? 저는 그녀가 한 시간 동안만 바쁘다는 것을 알았고, 나중에 그녀를 볼 수 있었어요. 그래서 토요일에, 저는 이것을 참을 수 없다고 생각했어요. 저는 그녀를 기다리느니 차라리 그녀와 끝내는 것이 나아요. [목적론적인]

치료사: 금요일에 당신은 무엇을 느꼈나요?

Peter: 저는 토요일에 그녀에게 문자를 보냈고, "만약 네가 5시까지 나에게 전화하지 않는다면, 그것은 끝이야."라고 말했어요. 저는 그녀가 전화가 고장 나서 받지 않는다고 생각하곤 했는데, 재미있게도, 제가 문자를 보낸 직후에, 그녀는 "미안하지만, 나는 행복한 사람이고, 너는 항상 불평하고 있고, 그것은 나를 우울하게 한다."라고 바로 답장을 보냈어요. 그래서 생각했어요, 좋아요, 아무거나, 그냥 내버려뒀어요. [가장]

치료사: 세상에, 당신은 매우 상처받았겠네요.

Peter: 아니요, 저는 아무것도 느끼지 않는다고 스스로를 설득하려고 노력했어요. 저는 이해를 못 해요. 그녀와 함께 있을 때 항상 행복했었는데, 저는 그녀가 어떻게 제가 항상 불평하고 있다고 말할 수 있었는지 모르겠어요. 제가 유일하게 불평한 것은 그녀가 전화를 받지 않았다는 것이었어요. 남자친구라면 누구나 그걸 원하겠죠? [심리적 동일시]

치료사: 그래서, 그녀가 전화를 받지 않았을 때, 그것은 어떤 느낌이었나요?

Peter: 그녀는 신경 쓰지 않는 것 같았어요. Jenny[다른 전 여자친구]는 항상 전화를 받았고, 그래서 그녀가 신경 쓴다는 것을 알았거든요. [목적론적인]

치료사: 그리고 그녀가 신경 쓰지 않는다고 느꼈을 때, 당신은 어떤 기분을 느꼈나요?

Peter: 불안했고, 그러고 나서 저는 그녀에게 쉬지 않고 전화를 하고, 문자를 보내고 메시지를 남겼어. [목적론적인] 이렇게 나를 무시하는 것은 옳지 않아요. [심리적 동일시]

치료사: 그래서, 그녀가 대답하지 않을수록, 당신은 더 불안해졌겠네요.

Peter: 가끔 저는 그녀에게 20번이나 전화를 걸었는데 [목적론적인], 그녀는 저를 무시했어요. 저는 이유를 알아요. [심리적 동일시]

치료사: 그리고 불안할 때, 어떤 생각을 하고, 어떤 것을 불안하게 생각했나요?

Peter: 저는 그녀가 다른 사람을 만났다고 생각해요 [심리적 동일시]. 그리고 저는 그것이 다가오는 것을 봤어요. 그래서 금요일 저녁, 제가 춤을 추러 갔을 때, 사람들과 시시덕거렸습니다. [목적론적인]. 그러고 나서 새로운 소녀를 만났습니다. 사실 그녀는 새로 만난 여자가 아니라 원래 아는 사이였어요. 그래서 저는 그녀와 데이트하고 싶다는 생각이 들어 술에 취한 척하다가 그녀와 데이트하고 싶다고 말했어요. 만약 제가 취한 척을 했는데 그녀가 아니라고 하면, 저는 그저 다음날 내가 취했고 아무것도 기억나지 않는다고 말할 것이라고 생각했어요. 그러면 저는 당황할 필요가 없을 거예요. 그래서 그녀는 그렇게 하지 않고 저랑 데이트하고 싶다고 말했어요. 토요일에 Michelle을 차버렸을 때, 이미 다른 한 명은 줄을 서 있었고, 그래서 저는 더 이상 Michelle에 대해 별로 신경 쓰지 않았어요. [가장]. 이제 생활은 나아졌고 [가장], 이번 주말에 처음으로 그녀와 데이트를 할 거예요. 그리고 이번 주에 저는 정말 행복했어요. [가장]. 이 소녀는 정말 특별해요. 우리는 공통점이 많아요. 그녀는 예뻐

요……. [가장]

치료사: 따라잡기 위해 좀 천천히 해도 될까요?

Peter: 그래요, 좀 빨랐지요? 저는 항상 그렇게 해요. 항상 하나는 예비로 두고 있어요. 문제가 생길 것을 보는 순간, 저는 한 명을 더 확보해요.

치료사: 제가 보기에 그녀에게 여러 번 전화를 하고 다른 여자아이를 예비로 두는 것에 대한 이 모든 행동들은 당신이 당신 안에서 끔찍하게 불안한 감정을 관리하려고 노력하는 방법들인 것 같아요.

Peter: 맞아요, 하지만 지금은 그 새로운 소녀가 항상 전화를 받기 때문에 그것을 느끼지 못해요. 그래서 저는 그녀가 저를 좋아한다는 것을 알아요. [목적론적인]

치료사: Michelle이 전화를 안받으면 불안해진다고 하셨잖아요 그게 당신이 느낀 전부인가요, 아니면 다른 감정도 있었나요?

Peter: 저는 그녀가 다른 남자를 만나는 것이 불안했고 그래서 계속해서 전화했어요. [목적론적인]

치료사: 제가 좋아하는 사람이 다른 사람을 만난다고 생각하면 화가 날 거 같아요.

Peter: 그래요, 저는 제 휴대전화를 부숴 버릴 수 있을 것 같았어요. 나는 그녀의 문을 부수고 싶었어요.

치료사: 그래서, 그녀에게 너무 많은 전화를 한 부분도 화가 났군요.

Peter: 네, 제 생각에 그건 좀 숨이 막힐 것 같아요. 아마도 그것이 그녀가 내가 불평하고 있다고 말한 이유일 거예요. 하지만 무시당하면 누구든 화를 낼 거예요. [심리적 동일시]

청소년의 비정신화하기 중단 및 복구는 Bateman과 Fonagy(2016)가 설명한 것과 동일한 단계를 따른다. 우리는 여기서 이것들을 반복하지 않을 것이지만, 독자들에게 청소년들과 일하는 가장 중요한 목표가 흥분된 정신 상태를 억제하는 서비스에서 감정적으로 연락을 유지하는 것이라는 것을 상기시킬 것이다. 이는 청소년들이 그들과 가까운 사람들의 정신 상태를 성찰하도록 돕는 것 외에도, 청소년들이 정신화할 수 있는 능력의 회복을 촉진한다. 이것은 느린 과정이며, 치료사는 청소년이 정신화하기 개입에 즉시 반응하기를 기대해서는 안 된다. 집을 지을 때처럼 벽돌 하나하나 반복이 필요하다. MBT-F 고유의 기법에 대해서는 제8장을 참고한다.

치료의 최종 단계

마지막 단계는 치료의 마지막 두 달 동안 진행한다. 독립성과 책임감을 높이고(Bateman & Fonagy, 2016), 사회 안정성을 높이고, 현안인 분리를 통해 작업하며, 치료 중 얻은 이익을 통합하는 것이 목표다([Box 17-6]). 어떤 경우에는 1년 후에 한 달에 두 번, 그다음에 한 달에 한 번씩 하는 것과 같이 감소된 회기를 제공함으로써 치료를 줄이는 것이 가장 좋을 수 있다. 치료가 끝날 때, 그 젊은이는 개념화 결과를 받는다. 이 단계의 작업은 MBT-F의 마지막 두 달 동안 발생하는 작업과 유사하다.

Box 17-6 **MBT-A: 최종 단계**

- 독립성과 책임감을 높인다.
- 사회 안정성을 높인다.
- 보류 중인 분리를 통해 작업한다.
- 이익을 통합한다.
- 필요할 때 더 긴 시간에 걸쳐 치료를 줄여 나간다.
- 결과 공식을 개발한다.

 참고문헌

Bateman A, Fonagy P: Mentalization-Based Treatment for Personality Disorders: A Practical Guide. Oxford, UK, Oxford University Press, 2016

Bleiberg E, Rossouw T, Fonagy P: Adolescent breakdown and emerging borderline personality disorder, in Handbook of Mentalizing in Mental Health Practice. Edited by Bateman A, Fonagy P. Arlington, VA, American Psychiatric Publishing, 2012, pp 463-510

Bo S, Sharp C, Beck E, et al: First empirical evaluation of outcomes for mentalization-based group therapy for adolescents with BPD. Pers Disord 8(4):396-401, 2017a 27845526

Bo S, Sharp C, Fonagy P, et al: Hypermentalizing, attachment, and epistemic trust in adolescent BPD: clinical illustrations. Pers Disord 8(2):172-182, 2017b 26691672

Bornovalova MA, Hicks BM, Iacono WG, et al: Stability, change, and heritability of borderline personality disorder traits from adolescence to adulthood: a longitudinal twin study. Dev Psychopathol 21(4):1335-1353, 2009 19825271

Bornovalova MA, Hicks BM, Iacono WG, et al: Longitudinal twin study of borderline personality disorder traits and substance use in adolescence: developmental change, reciprocal effects, and genetic and environmental influences. Pers Disord 4(1):23-32, 2013 22642461

Bradley R, Zittel Conklin C, Westen D: The borderline personality diagnosis in adolescents: gender differences and subtypes. J Child Psychol Psychiatry 46(9):1006-1019, 2005 16109003

Centers for Disease Control and Prevention: Sexual Risk Behaviors: HIV, STD, and Teen Pregnancy Prevention. 2016. Available at: http://www.cdc.gov/healthyyouth/ sexualbehaviors. Accessed June 10, 2018

Chanen A, Sharp C, Hoffman P; Global Alliance for Prevention and Early Intervention for Borderline Personality Disorder: Prevention and early intervention for borderline personality disorder: a novel public health priority. World Psychiatry 16(2):215-216, 2017 28498598

Chanen AM, Kaess M: Developmental pathways to borderline personality disorder. Curr Psychiatry Rep 14(1):45-53, 2012 22009682

Chanen AM, Jackson HJ, McGorry PD, et al: Two-year stability of personality disorder in older adolescent outpatients. J Pers Disord 18(6):526-541, 2004 15615665

Chanen AM, Jovev M, Jackson HJ: Adaptive functioning and psychiatric symptoms in adolescents with borderline personality disorder. J Clin Psychiatry 68(2):297-306, 2007 17335330

Chanen AM, Jackson HJ, McCutcheon LK, et al: Early intervention for adolescents with borderline personality disorder using cognitive analytic therapy: randomised controlled trial. Br J Psychiatry 193(6):477-484, 2008 19043151

Cohen P, Crawford TN, Johnson JG, et al: The Children in the Community study of developmental course of personality disorder. J Pers Disord 19(5):466-486, 2005 16274277

de Clercq B, van Leeuwen K, van den Noortgate W, et al: Childhood personality pathology: dimensional stability and change. Dev Psychopathol 21(3):853-869, 2009 19583887

Distel MA, Trull TJ, Derom CA, et al: Heritability of borderline personality disorder features is similar across three countries. Psychol Med 38(9):1219-1229, 2008 17988414

Dziobek I, Fleck S, Kalbe E, et al: Introducing MASC: a movie for the assessment of social cognition. J Autism Dev Disord 36(5):623-636, 2006 16755332

Eaton NR, Krueger RF, Keyes KM, et al: Borderline personality disorder co-morbidity: relationship to the internalizing-externalizing structure of common mental disorders. Psychol Med 41(5):1041-1050, 2011 20836905

Fonagy P, Luyten P: A multilevel perspective on the development of borderline personality disorder, in Developmental Psychopathology Vol 3: Maladaptation and Psychopathology, 3rd Edition. Edited by Cicchetti D. New York, Wiley, 2016, pp 726-792

Fonagy P, Luyten P, Bateman A: Translation: mentalizing as treatment target in borderline personality disorder. Pers Disord 6(4):380-392, 2015 26436581

Gratz KL, Tull MT, Reynolds EK, et al: Extending extant models of the pathogenesis of borderline personality disorder to childhood borderline personality symptoms: the roles of affective dysfunction, disinhibition, and self- and emotion-regulation deficits. Dev Psychopathol

21(4):1263-1291, 2009 19825268

Gratz KL, Latzman RD, Young J, et al: Deliberate self-harm among underserved adolescents: the moderating roles of gender, race, and school-level and association with borderline personality features. Pers Disord 3(1):39-54, 2012 22448860

Ha C, Balderas JC, Zanarini MC, et al: Psychiatric comorbidity in hospitalized adolescents with borderline personality disorder. J Clin Psychiatry 75(5):e457-e464, 2014 24922498

Harter S: Emerging self-processes during childhood and adolescence, in Handbook of Self and Identity, 2nd Edition. Edited by Leary MR, Price Tangney J. New York, Guilford, 2012, pp 680-716

Hauser ST, Allen JP, Golden E: Out of the Woods: Tales of Resilient Teens. Cambridge, MA, Harvard University Press, 2006

James LM, Taylor J: Associations between symptoms of borderline personality disorder, externalizing disorders, and suicide-related behaviors. J Psychopathol Behav Assess 30:1-9, 2008

Johnson JG, Cohen P, Kasen S, et al: Cumulative prevalence of personality disorders between adolescence and adulthood. Acta Psychiatr Scand 118(5):410-413, 2008 18644003

Johnston LD, O'Malley PM, Miech RA, et al: Monitoring the Future National Results on Drug Use: 2013 Overview of Key Findings on Adolescent Drug Use. Ann Arbor, MI, Institute of Social Research, University of Michigan, 2013

Kann L, Kinchen S, Shanklin SL, et al; Centers for Disease Control and Prevention (CDC): Youth risk behavior surveillance-United States, 2013. MMWR Suppl 63(4):1-168, 2014 24918634

Levy KN, Becker DF, Grilo CM, et al: Concurrent and predictive validity of the personality disorder diagnosis in adolescent inpatients. Am J Psychiatry 156(10):1522-1528, 1999 10518161

McAdams DP, Olson BD: Personality development: continuity and change over the life course. Annu Rev Psychol 61:517-542, 2010 19534589

Rogosch FA, Cicchetti D: Child maltreatment, attention networks, and potential precursors to borderline personality disorder. Dev Psychopathol 17(4):1071-1089, 2005 16613431

Rossouw TI, Fonagy P: Mentalization-based treatment for self-harm in adolescents: a randomized controlled trial. J Am Acad Child Adolesc Psychiatry 51(12):1304.e3-1313.e3, 2012 23200287

Sharp C: Bridging the gap: the assessment and treatment of adolescent personality disorder in routine clinical care. Arch Dis Child 102(1):103-108, 2017 27507846

Sharp C, Fonagy P: Practitioner Review: Borderline personality disorder in adolescence—recent conceptualization, intervention, and implications for clinical practice. J Child Psychol Psychiatry 56(12):1266-1288, 2015 26251037

Sharp C, Romero C: Borderline personality disorder: a comparison between children and adults. Bull Menninger Clin 71(2):85-114, 2007 17666001

Sharp C, Vanwoerden S: Hypermentalizing in borderline personality disorder: a model and data. J Infant Child Adolesc Psychother 14:33-45, 2015

Sharp C, Williams LL, Ha C, et al: The development of a mentalization-based outcomes and research protocol for an adolescent inpatient unit. Bull Menninger Clin 73(4):311-338, 2009 20025427

Sharp C, Pane H, Ha C, et al: Theory of mind and emotion regulation difficulties in adolescents with borderline traits. J Am Acad Child Adolesc Psychiatry 50(6):563-573.e561, 2011 21621140

Sharp C, Green KL, Yaroslavsky I, et al: The incremental validity of borderline personality disorder relative to major depressive disorder for suicidal ideation and deliberate self-harm in adolescents. J Pers Disord 26(6):927-938, 2012a 23281677

Sharp C, Ha C, Michonski J, et al: Borderline personality disorder in adolescents: evidence in support of the Childhood Interview for DSM-IV Borderline Personality Disorder in a sample of adolescent inpatients. Compr Psychiatry 53(6):765-774, 2012b 22300904

Sharp C, Ha C, Carbone C, et al: Hypermentalizing in adolescent inpatients: treatment effects and association with borderline traits. J Pers Disord 27(1):3-18, 2013 23342954

Sharp C, Kalpakci A, Mellick W, et al: First evidence of a prospective relation between avoidance of internal states and borderline personality disorder features in adolescents. Eur Child Adolesc Psychiatry 24(3):283-290, 2015 24958159

Sharp C, Venta A, Vanwoerden S, et al: First empirical evaluation of the link between attachment, social cognition and borderline features in adolescents. Compr Psychiatry 64:4-11, 2016 26298843

Sharp C, Barr C, Vanwoerden S: Hypermentalizing: the development and validation of a selfreport measure, 2018a [Unpublished manuscript]

Sharp C, Elhai JD, Kalpakci A, et al: Criterion validity of borderline personality disorder within the internalizing-externalizing spectrum in adolescents, 2018b [Unpublished manuscript]

Sharp C, Vanwoerden S, Wall K: Adolescence as a sensitive period for the development of personality pathology. Psychiatr Clin North Am 41(4):669-683, 2018c 30447731

Spear L: The developing brain and adolescent-typical behavior patterns, in Adolescent Psychopathology and the Developing Brain. Edited by Romer D, Walker EF. New York, Oxford University Press, 2007, pp 9-30

Stepp SD, Lazarus SA, Byrd AL: A systematic review of risk factors prospectively associated with borderline personality disorder: taking stock and moving forward. Pers Disord 7(4):316–323, 2016 27709988

Tucker DM, Moller L: The metamorphosis: individuation of the adolescent brain, in Adolescent Psychopathology and the Developing Brain. Edited by Romer D, Walker EF. New York, Oxford University Press, 2007, pp 85–102

Wright AG, Pincus AL, Lenzenweger MF: Development of personality and the remission and onset of personality pathology. J Pers Soc Psychol 101(6):1351–1358, 2011 21967009

Wright AG, Zalewski M, Hallquist MN, et al: Developmental trajectories of borderline personality disorder symptoms and psychosocial functioning in adolescence. J Pers Disord 30(3):351–372, 2016 26067158

Zanarini MC, Horwood J, Wolke D, et al: Prevalence of DSM-IV borderline personality disorder in two community samples: 6,330 English 11-year-olds and 34,653 American adults. J Pers Disord 25(5):607–619, 2011 22023298

제**18**장

품행장애

Svenja Taubner, Prof. Dr. Phil.
Thorsten-Christian Gablonski, Dipl.-Psych.
Peter Fonagy, Ph.D., FBA, FMedSci, FAcSS

선진국에서 조기 사망과 낮은 삶의 질에 대한 주요 위험 중 하나는 정신장애와 같은 비전염성 질병으로 고통받는 것이다. 이러한 위험은 특히 청소년기에 사망할 위험이 비범죄 청소년에 비해 10배 높은 청소년 범죄자와 같은 소수자에게 영향을 미치는 경향이 있다(Patton et al., 2016).

청소년기의 반사회적 행동은 흔하지만, 소수의 청소년들은 만성적인 범죄를 보인다. 청소년 범죄자들 사이에서 품행장애(CD)는 가장 보편적인 정신건강 장애다(예: 장기 소년원에 있는 청소년의 44.5~66.1% 사이에서 보고되었다; Baglivio et al., 2017).

이 장에서 우리는 정신화 기반 접근법이 품행장애로의 발달 경로와 치료 옵션에 대한 이해를 모두 개발하는 데 가치가 있을 수 있다고 제안한다. 우리는 또한 청소년기의 품행장애에 대한 정신화 기반 치료(MBT)의 수정을 제시한다. 청소년기의 정신화와 특히 경계선 성격장애와의 관계에 대한 추가적인 논의는 제17장에서 찾을 수 있다.

품행장애의 정의와 특징

품행장애 환자의 본질적인 특징은 기본권이나 주요 연령에 맞는 사회적 규범이나 규칙을 위반하는 반복적인 행동 패턴이다.

DSM-5(American Psychiatric Association, 2013)에 따르면 품행장애 진단을 위해서는 지

난 12개월 동안 4개 영역([Box 18-1] 참고)에 걸쳐 15개 기준 중 최소 3개 기준을 충족해야 한다. 품행장애의 아동기 발병 유형(10세 이전에 첫 증상)은 청소년기 발병 유형(10세 이전에 증상 없음)과 구별된다. 게다가 DSM-5는 제한된 친사회적 감정을 특징으로 하는 품행장애에 대한 새로운 하위 유형 분류를 포함한다.

Box 18-1 **품행장애에 대한 4가지 행동 영역**

• 인간과 동물에 대한 공격성(예: 신체적 싸움의 시작, 동물에 대한 신체적 잔인성)
• 재물의 파괴(예: 고의로 타인의 재물을 멸실)
• 사기 또는 절도(예: 강도, 도둑질)
• 심각한 규칙 위반(예: 무단결석)

역학 연구에 따르면 품행장애의 유병률은 약 2~10%로, 유년기보다 청소년기에 더 높고, 여학생에 비해 남학생이 6배 더 높다(Ravens-Sieberer et al., 2007; Wagner et al., 2017). 이러한 유병률은 전 세계적으로 비교적 일관적이다(Erskine et al., 2013). 적대적 반항장애는 품행장애(CD)의 가벼운 변종 또는 전조로 간주된다(Loeber et al., 2002). 반면 품행장애(CD)는 반사회적 인격장애의 발병 위험인자(Ridenour et al., 2002)이다(제20장 참고). 또한 품행장애는 불안장애, 우울증, 약물 남용, 조울증을 유발할 수 있다(Kim-Cohen et al., 2003). 품행장애와 정서결여(CU) 기질을 가진 청소년(이 장의 뒷부분에서 논의)은 더 부정적이고 종종 더 지속적인 발달 과정을 갖는다(Frick et al., 2003).

품행 문제의 원인

생물학적·환경적 요인의 축적과 상호작용은 품행장애의 위험을 증가시킨다고 가정한다(Maughan & Rutter, 2001). 동시에, 더 높은 지능이나 좋은 사회적 지원과 같은 보호 요소는 기능장애 발생을 예방하는 데 도움이 될 수 있다(Lösel & Bender, 2003). 품행장애의 병인론은 현재에도 여전히 인과관계와 유지 요인에 대한 일관된 이론을 구성하지 않는 교류생검심리사회적 모델 내에서 가장 잘 이해될 수 있다(Dodge & Pettit, 2003). 생물학적 요인으로는 산전 및 주산기 문제, 비정상적인 신경전달물질 활동(예: 낮은 세로토닌), 정상보다 낮은 갈바닉 피부 반응, 경악 반응 및 심박수(Ortiz & Raine, 2004), 전전두피질(PFC) 및 편도체의 저활동(Fairchild et al., 2011) 등이 있다.

품행장애의 사회적 위험 요인은 낮은 사회경제적 지위, 소수 민족에 속함, 그리고 낮은 부모 통제(McCabe et al., 2001)이며, 유지 요인은 청소년기에 일탈적 또래 집단에 속함, 11세 이전의 양육자 변경(Moffit & Caspi, 2001), 그리고 광범위한 소셜 미디어/컴퓨터 게임 사용(Galica et al., 2017)이다. 품행장애의 가장 강력한 사회적 예측 변수는 부모의 이혼, 부모의 상실, 신체적 또는 성적 학대와 같은 중요한 삶의 사건들이다(Loeber et al., 2002; Moffitt et al., 2002). 아동학대의 경험은 특히 아동기 또는 청소년기의 공격적 행동 수준의 증가와 관련이 있다. Jaffee 등(2005)은 조기 학대가 질병에 대한 높은 유전적 위험을 가진 아이들의 품행장애 진단 확률의 24% 증가와 관련이 있음을 시사한다. 초기 학대와 나중의 폭력적 행동을 연결하는 메커니즘에 대한 완전한 이해가 여전히 필요하지만, 최근의 연구는 정신화가 중요한 보호 요인이 될 수 있음을 시사했다(Taubner et al., 2013, 2016).

품행장애의 정신화 모델

품행장애를 초래할 수 있는 일련의 요인들의 복잡성을 고려할 때, 확고한 이론적 틀을 마련하기가 특히 어려운 장애다. 여기서 우리는 품행장애의 정신화 기반 발달 모델([그림 18-1] 참고)을 설정하고, 이 모델이 품행장애(CD) 치료에 대한 정신화 기반 접근법을 어떻게 형성했는지 보여 주려고 시도한다.

연구 결과는 기본적인 외부 기반 정신화하기의 편향(즉, 얼굴 표정의 사회적 신호에 대한 민감성)에서 보다 복잡한 내부 기반 사회 인식의 문제 및 공격성의 '학습되지 않은' 장애와의 관계에 이르기까지 다양한 차원의 정신화 장애를 포함했다(Lahey et al., 2000; Tremblay et al., 2004).

우리는 품행장애의 출현에서 다른 경로가 다른 사람의 사회적 행동을 정확하고 비례적으로 해석하고 이에 대한 개인의 행동 반응을 조절하는 개인의 능력을 손상시키는 일시적 또는 지속적인 정신화 장애를 포함한다고 제안한다(Sharp et al., 2008).

이러한 정신화하기 과정에 대해 더 논의하기 전에 정서결여(CU) 특성의 유무에서 품행장애를 구별할 필요가 있다. 품행장애를 가진 어린이와 청소년의 하위 그룹(15~45%; Rowe et al., 2010)이 높은 정서결여(CU) 특성을 가지고 있다는 좋은 증거가 있다(Frick & Ellis, 1999). 이러한 개인들은 낮은 공감, 낮은 대인관계 감정, 타인에 대한 냉담한 행동을 보여 주는 경향이 있다(Frick et al., 1994).

품행장애의 높은 정서결여(CU) 특성이 뚜렷한 정서적·인지적·기질적·생물학적·사회적 위험 요인(Frick et al., 2014)과 함께 더 심각하고 안정적이며 점점 더 공격적인 장애 과정과 관련이 있는 것으로 간주되지만, 병인학적 모델은 높은 정서결여(CU) 특성을 가진 모든 개인이 품행장애를 가지고 있는 것은 아니라는 점을 고려할 필요가 있다(Kumsta et al., 2012).

심각한 품행 문제와 높은 정서결여(CU) 특성을 가진 청소년들은 품행장애를 가진 다른 청소년들과 비교하여 뚜렷한 인지적·정서적 특성을 보인다.

품행장애와 정서결여(CU)를 가진 개인은 처벌 단서에 상대적으로 둔감하고(Blair et al., 2001), 처벌될 가능성을 과소평가하며(Pardini et al., 2003), '공격은 정당하다'와 같은 가치를 지지하고, 사회적 갈등에서 지배와 복수를 적절히 보는 것으로 밝혀졌다(Chabrol et al., 2011).

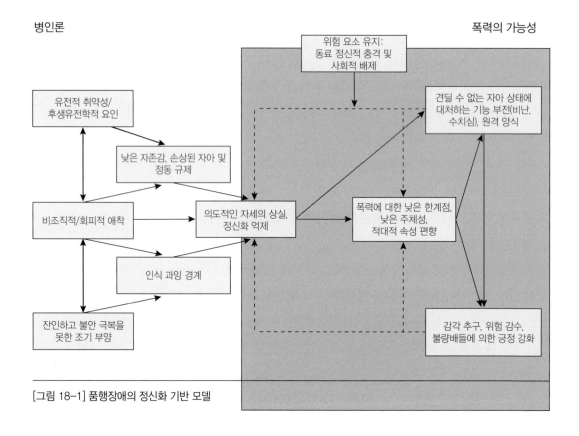

[그림 18-1] 품행장애의 정신화 기반 모델

애착

품행 문제가 있는 청소년들의 애착장애는 광범위하게 기록되어 왔다.

메타분석에 따르면 불안정한 애착(특히, 체계화되지 않은 애착)은 외현화 문제(Fearon et al., 2010), 품행장애(CD) 및 적대적 반항장애(Theule et al., 2016), 신체적으로 공격적이고 폭력적인 행동(Savage, 2014)의 발전과 전향적으로 관련이 있다.

한 쌍의 종단적 연구는 안정 애착이 아이들의 분노 성향을 완화시킬 수 있고, 반대로, 특히 권위적인 양육의 맥락에서 불안정한 애착이 냉담함을 포함한 다양한 품행 관련 문제의 위험을 증가시킨다는 것을 보여 주었다(Kochanska & Kim, 2012).

또한, 청소년기 초기의 부모-자녀 의사소통의 문제뿐만 아니라, 부모의 잘못된 모니터링, 일관성 없는 규율, 신체적 처벌(Pardini et al., 2007)과 같은 부정적인 부모 양육 방식은 품행장애(CD) 및 정신병적 특징의 발달과 잠재적으로 관련이 있다(Pardini & Loeber, 2008).

국립아동보건인간개발연구소의 조기 보육 및 청소년 발달 연구(Buck, 2015)를 재분석한 결과, 안전한 애착이 모성 감수성과 억제 통제 사이의 상호작용을 매개했지만, 여성 참가자에 대해서만 매개하는 것으로 나타났다.

세심한 육아(54개월부터 15세까지 평가)는 억제 조절이 낮은 54개월 여성에서 15세에 안정적 애착을 예측했다. 남성들 사이에서, 엄마들이 발달에 걸쳐 세심할 경우 정서결여(CU) 특성이 감소했다.

마지막으로, 그리고 중요한 것은 애착관계가 보람이 없고, 사람들이 위협적인 것으로 간주될 때, 더 가까운 관계를 가치 있게 여기는 것에 기반을 둔 사회 문화적 가치, 습관, 규칙에 대한 개인의 헌신이 훼손될 수 있다는 것은 아마도 놀랍지 않을 것이다(Pedersen, 2004). 이것은 품행장애(CD)를 가진 청소년들이 보상 시스템을 자극할 수 있는 대안적인 방법을 찾는 이유를 설명할 수 있다(예: 약물을 복용하거나 위험한 성적 활동이나 공격성에 관여함으로써)(Foulkes et al., 2014).

정신화하기

앞에 요약된 연구 결과는 양육자에 의한 긍정적 감정 지향이 정서결여(CU) 특성 예방에 도움이 될 수 있음을 광범위하게 시사한다. 사회화를 저해하는 정서결여(CU) 특성과 관련된 일련의 프로세스는 상세하기보다는 가정되는 경향이 있다.

우리는 보호자가 유아의 마음 상태에 관심을 기울이는 것이 사회화 과정이 손상될 수 있는 사회적 학습에 대한 개방성을 확립하는 데 핵심이라고 제안한다(Fonagy et al., 2015). 보다 구체적으로, 우리는 아동이 대리인으로 인정받지 못한다고 느끼는 경우, 그 또는 그녀를 가르치려는 성인과 관련하여 제한된 인식론적 신뢰(Sperber et al., 2010; Wilson & Sperber, 2012)를 경험할 것을 제안한다. 이 발달장애는 상대적으로 뚜렷한 두 병인학적 경로의 종점으로 나타날 수 있다. 높은 정서결여(CU) 특성은 일반적으로 위험에 처한 개인의 정서결여(CU) 특성의 발달을 방해할 수 있는 양육자와 유아 사이의 일관적이지 않은 감정 반영의 한계로 인한 손상된 학습의 결과일 수 있다(Center on the Developing Child, 2012).

정서결여(CU) 특성에 대한 강한 유전적 성향을 가진 아이들은 처음에 상대적으로 스트레스가 없는 환경의 징후에 과민할 가능성이 있으며 정서적 교류의 맥락에서 자신의 자기 주체 표현에 대한 긍정적인 반응의 명확한 징후를 찾는다.

만약 그들이 그러한 초기 신호를 경험하지 못한다면, 발달적인 '스위치'가 켜지고(Koós & Gergely, 2001), 그들은 가혹한 세상에 대한 낮은 반응과 (방어적인) 자기 보호로 예상되는 환경에 적응한다. 정서결여(CU) 특성을 가진 품행장애(CD)를 가진 청소년들은 다른 사람들의 정신 상태에 과민 반응하는 대신 공격성의 미학습을 막는 특정 형태의 마음에 대한 무지가 생길 수 있다. 그들은 의도적으로 반사회적이고 공격적인 행동의 부적절함을 나타내는 의사소통 단서에 반응하지 않는다. 자기 주체에 대한 극단적인 수준의 집중만이 이를 뒤집을 수 있는 기회를 제공할 것이다. 그러나 이러한 청소년들과 관계를 맺는 과정은 어떤 사회적 의사소통과 관련된 의미에 대한 방어적으로 낮은 기대에 의해 손상된다.

대조적으로, 충동적이고, 반응적이고, 반대적인 공격 패턴을 가진 사람들은 그들이 상호작용하는 사람들의 정신 상태를 상상할 수 있는 관련이 있지만 훨씬 더 제한된 능력의 손실에 기초하여 사회화의 더 선택적인 장애를 보일 수 있다. 그들의 정신화하기 실패는 일시적이고 높은 각성과 관련이 있을 수 있으며, 이러한 정신화의 상실과 관련된 영향 인식의 부족은 반사회적이고 공격적인 행동을 허용한다(Fonagy, 2003, 2004). 이러한 개인들의 정신화 취약성에 대한 경로는 육아 경험에 뿌리를 두고 있을 수 있으며, 이는 아이의 행동으로 인해 그들 스스로가 훼손되었을 수 있다. 이는 일반적으로 균형 잡힌 정신화하기 발달을 보장하는 사회화 경험이 아동의 문제행동에 의해 약화되고, 일반적으로 마음에 대한 이해의 발달을 촉진하는 가족 외의 사회적 맥락(주로 아동의 학교)의 이점을 더욱 손상시키는 악순환 현상을 만든다(Fonagy et al., 2009; Twemlow et al., 2008).

이러한 추측은 신체적으로 공격적인 행동이 인생의 2년 차와 3년 차(Tremblay, 2010)에서 가장 뚜렷하게 나타나고, 그 후 나이가 들수록 감소한다는 증거와 일치하며(Lahey et al., 2000; Tremblay et al., 2004), 비학습 과정을 제안한다. 그러나 품행장애(CD)가 사회적 인식, 특히 정신화 능력의 장애로 인한 충동성과 공격성의 학습에 대한 문제를 반영한다면 애착을 넘어서는 광범위한 환경적 요인이 적어도 그만큼 중요할 가능성이 높다. 사실, 정신화하기와 사회적 학습의 발달을 방해하는 모든 맥락은 개인의 행동이 다른 사람들에게 미치는 영향에 대한 고려를 억제하기 때문에 문제행동의 발달에 도움이 될 가능성이 있다(Matthys et al., 2013). 또한, 생존을 위해 비정신화하기와 심지어 폭력이 필요한 상황에서 정신화하기는 덜 확고하게 정착되고 정서적 고통이나 높은 각성 상태에서 더 쉽게 포기될 것이다. 이것은 감정적인 문제와 행동적인 문제, 특히 유전적인 성향을 가진 아이들 모두에서 나타날 가능성이 있으며, 이는 내재화 문제와 외현화 문제 사이의 높은 공존성을 설명할 수 있다.

유전적으로 취약한 개인이 행동 문제에서 안정성을 보일 수 있는 이유를 설명할 수도 있다. 유전적 취약성이 낮은 어린이의 경우, 발달 후기의 환경 입력은 동료, 교사, 미디어와의 상호작용을 통해 상당한 영향을 미칠 수 있다(예: Viding & McCrory, 2012).

중요한 것은 정서결여(CU) 특성을 가진 청소년은 인지적 정신화하기, 즉 타인의 신념과 의도에 대해 정신화하는 데 장애를 보이지 않지만 감정적 정신화의 특정 유형(즉, 타인의 감정을 공감하는 능력)에는 현저한 장애를 보인다(Jones et al., 2010).

정서결여(CU) 특성을 가진 청소년들은 타인의 분노와 혐오를 인식할 수 있지만, 메타분석적 검토는 이러한 청소년들이 타인의 고통 신호(고통, 두려움, 슬픔)와 행복한 표현을 인식하는 것을 어려워한다는 것을 시사한다(Blair, 2013; Blair et al., 2014). 정서결여(CU) 특성을 가진 청소년의 정서적 반응성은 특히 부정적 반응성 측면에서 조절된다(예: Willoughby et al., 2011). 안면 근전 검사 연구에 따르면 정서결여(CU)가 높은 사람들은 공격적인 사회적 상호작용을 관찰하는 동안 더 반응적이었지만, 이러한 반응은 동정적인 분노보다는 즐거움을 반영할 가능성이 높았다(de Wied et al., 2012). 시각적(예: Silvers et al., 2011) 또는 음성(예: Stevens et al., 2001) 단서에 대한 반응으로 감정 인식이 감소한 것은 매우 자주 보고되었지만 가상 감정 인식 과제(Woodworth & Washchbusch, 2008)에서는 보고되지 않았다.

후자의 발견은 감정의 '대화'를 암시한다(Dadds et al., 2009)는 감정 처리 네트워크의 출력에 따라 행동을 구성하는 것보다 쉽다. 반사회적이고 공격적인 행동의 정신화 모델 내에서 이러한 인지 기능은 가장 모드(즉, 물리적 현실의 표현과 분리됨; 제1장 참고)에서 발생하는 것으로 간주된다.

여기서 높은 기능의 '섬들'은 일반적으로 뇌 기능의 다른 우선순위에 의해 부과된 제약이 희생되기 때문에 정확하게 관찰되며, 이러한 과정은 서번트 증후군(Treffert, 2014)이나, 역설적 기능 촉진(Kapur, 1996)이라고 한다.

만일 특정 유형의 신경 인지에 대한 뇌 용량이 희생된 경우(아마도 편도체, 기저 신경절, 복강 내 PFC 등과 같은 감정적 타자 조망하기를 뒷받침하는 시스템), 그렇다면 아마도 휴면 용량 때문에 인지적 타자 조망하기를 취하기 위해 일반적으로 모집된 시스템(예를 들어, 내측 PFC, 내측 측두엽 및 내측 전방 청진 피질)에서 어느 정도 회로의 재배선이 발생할 수 있다. 신경생물학에 대한 보다 심층적인 논의는 제2장을 참고하라.

사회적 의사소통

우리는 폭력에 의존하는 경향이 가족의 정서적 · 사회적 환경을 통해 아이에게 직간접적으로 전달되는 사회적 지식의 결과라고 가정한다. 애착 행동은 대부분의 포유류가 공통점으로 가지고 있는 고대 진화 본능인 반면, 유아와 어린이가 점점 더 복잡하고 불투명한 사회적 지식을 습득할 수 있도록 하는 인간 사회적 의사소통은 최근에 발전했다 (Wilson et al., 2014).

지식의 세대 간 전달 메커니즘(제1장과 제4장 그리고 Csibra & Gergely, 2011에서 논의된 것처럼), 더 정확하게 말하자면 이 사회적 학습과정의 기능장애는 품행장애(CD)를 이해하는 데 매우 관련이 있을 수 있다.

품행장애(CD)를 가진 개인의 사회적 참조의 부족에 관한 발견은 여기서 특히 관련이 있을 수 있다. 정서결여(CU)가 높은 어린이는 보호자가 의사소통과 관련된 무언가를 가지고 있음을 나타내는 신호에 덜 수용적일 수 있다. 이 현상에 대한 실험적인 입증은 설득력이 있다(예: Egyed et al., 2013).

아이들은 아이콘택트와 사회적 미소가 선행될 때 사회적으로 소통되는 정보를 일반화한다(Deligianni et al., 2011). 품행장애(CD)를 가진 아이들에게 어려울 수 있는 시선 추적은 효과적인 표면적 단서가 선행될 때만 8개월 된 아이들에게서 발생한다(Senju & Csibra, 2008). 시선 혐오는 유아에게서 감정적 또는 정신적 상태 신호를 빼앗을 뿐만 아니라 시선 추적을 방해한다. 시선 추적과 공동주의는 Tomasello(2008)에 의해 인간 진화의 중요한 구성 요소라고 주장되었다.

품행장애(CD)를 가진 청소년은 의사를 전달하는 사람의 눈 영역에 대한 초점이 감소한 것에서도 알 수 있듯이, 특히 타인의 고통 징후와 관련하여 표면적 단서에 덜 민감할 수 있다(Blair et al., 2014; Dadds et al., 2014).

이 모델은 사회적 학습에 특정한 의사소통의 조기 중단을 제안한다(그런 신호에 대한 의도적인 회피의 결과든, 또는 그러한 신호에 대한 체질적 불감증의 결과든). 과시적 신호에 대한 민감도 감소는 학습에 대한 장벽을 유지하고 사회화 과정이 중단된다.

이와 관련하여, 품행장애(CD), 애착 트라우마 및 위험한 환경 간의 연관성에 관한 연구 결과는 정신화뿐만 아니라 인식론적 신뢰를 위한 능력을 방해하므로, 사회적 경험과 공격성의 발달적 비학습(Latimer et al., 201)에서 더 일반적으로 상당히 중요한 역할을 한다(Latimer et al., 2012; Murray & Farrington, 2010).

이러한 가정과 일관되게, 안정 애착 경험이 인식론적 신뢰를 촉진하고 인식론적 초경계성에 대한 자연스러운 경향을 무시한다는 연구 결과가 나왔다(Correveau et al., 2009). 대조적으로, 무시되고 부모의 따뜻함이 부족한 이력(Kochanska et al., 2013)은 인식론적 초경계성 또는 인식론적 석화를 유발할 수 있으며, 다른 사람들은 세상에 대한 지식의 원천으로 지속적으로 신뢰받지 못한다. 이는 사회적 의사소통의 실패로 인한 사회적 학습 과정의 장기적 장애로 이어질 것이다.

높은 정서결여(CU) 특성을 가진 사회적 의사소통과 품행장애(CD) 사이의 밀접한 연관성에 대한 가장 강력한 증거는 장애의 출현에 관련된 사회적 영향의 범위다. 어린이들이 증가보다 정서결여(CU) 특성의 발달적 감소를 보이는 것이 더 흔하다는 사실은 정서결여(CU) 특성이 사회화 영향을 받을 수 있다는 추가적인 증거다(Fontain et al., 2011).

요약하면, 품행장애(CD)가 발달 정신병리학의 관점에서 평등성의 좋은 예이지만(Cicetti & Rogosch, 1996), 즉 동일한 결과에 도달하는 여러 경로의 경우, 구조로서의 정신화하기는 반사회적 행동을 이해하는 데 도움이 되는 독특한 설명력을 가지고 있다.

그 이유는 유전적 결정 요인이 문제를 수행하는 데 중요하지만 정서결여(CU) 특성이 높은 청소년과 정서결여(CU) 특성이 낮은 반사회적이고 공격적인 행동을 하는 청소년 모두에서 차선의 조기 애착 패턴이 행동 문제를 일으키는 역할을 한다는 증거가 압도적이기 때문이다.

여기서 인과관계의 의미는 없지만[즉, 품행장애(CD)의 초기 발현은 관계의 상호성을 방해할 수 있다), 애착의 상호 의존성과 정신화의 발달을 고려할 때, 우리는 정신 상태 측면에서 자신과 다른 사람들을 이해하는 데 있어 감정적이고 인지적인 어려움이 충동적인 공격성과 매우 선택적인 영향 인식에 기여할 가능성이 있다는 것을 쉽게 알 수 있다.

게다가 우리는 품행장애(CD)를 가진 청소년들의 정신화의 근본적인 부적절함을 가정하는 것이 이 집단의 사회적 행동의 이상을 이해하는 데 어느 정도 도움이 된다는 것을 보았다. 정신화 문제와 관련된 다른 장애와 마찬가지로, 효과적인 개입을 위한 핵심 초점이 될 수 있는 것은 수정에 대한 지속성과 접근 불가능성이다.

품행장애를 가진 청소년을 위한 정신화 기반 치료

품행장애(CD)를 가진 12세에서 18세 사이의 청소년을 대상으로 개발된 품행장애 청소년을 위한 정신화 기반 치료(MBT-CD)는 경계선 및 반사회적 성격장애(Bateman & Fonagy, 2016)에 MBT를 적용한 것이다.

MBT-CD의 주요 목표는 청소년과 가족의 정신화하기를 촉진하고 증상, 특히 공격적이고 반사회적인 행동을 감소시키며 만성적인 범죄와 반사회적 성격장애로 가는 부정적인 경로를 방해하는 사회적 학습을 확립하는 것이다.

MBT-CD의 구조

치료 프로그램은 12개월간 지속되며, 2개의 정신교육 워크숍, 30개의 개별 회기, 10개의 가족 회기로 구성된다([그림 18-2]). 환자와 그 가족은 핵심 개념과 방법을 설명하는 정신교육 그룹([Box 18-2] 참고)과 함께 치료를 시작한다. 왜냐하면 개별 회기는 청소년의 정신화하기 능력을 평가하는 것으로 시작하고, 가족 회기는 '문제'에 대한 모든 가족 구성원의 다른 관점을 평가하고 공동의 위기 계획을 개발하는 것으로 시작하기 때문이다.

중요한 것은 개별 회기에서 청소년과 함께 하는 초기 작업은 동정적이고 '모른다'는 자세를 사용하여 동기를 탐구하고 치료에 대한 자기성찰을 자극하는 것이다.

문제가 되는 행동들은 효과적이지 않은 정신화와 그에 따른 억제의 상실에서 비롯되는 것으로 간주된다. 이것은 합동 치료 목표와 초기 치료 초점을 공식화하기 위한 기초 작업을 시작한다.

초기 단계는 문제 행동이 정신화하기와 어떻게 관련이 있는지 요약하고 맥락화하는 개별화된 사례 공식으로 끝난다. 환자는 공식에서 자신을 볼 수 있어야 하며, 치료사가 환자와 자신의 개인적인 이야기를 인식하고 있는지 확인할 수 있어야 한다.

이것은 동맹을 강화하고 인식론적 신뢰를 자극하는 데 도움이 될 것이다(제4장 참고). 초기 단계 이후, 치료사는 환자와 가족을 정신화하고 강압적인 '루프'를 부수는 데 참여시키는 초기 목표를 가지고 개별적인 과정을 따른다(제8장 참고). 겉보기에 통제할 수 없고 이해할 수 없는 행동에 직면한 가족 구성원들 사이에는 피할 수 없는 비정신화하기 루프가 있다. 치료사는 공감적 타당화 및 관계의 정신화하기와 같은 고전적인 '모른다는 자세'와 개입 기법을 사용한다(Bateman & Fonagy, 2016). 가족 회기는 MBT-F 형식을 따른다(제8장 참고). 치료 종료 후에는 치료 성공을 안정화하기 위해 3번의 부스터 회기가 준비된다.

치료 과정

치료사는 내담자의 낮은 동기, 환자의 낮은 정신적 처리 능력, 회피적 애착, 트라우마 및 숨겨진 반사회적 행동, 낮은 신뢰, 정서결여(CU) 특성의 유무와 같은 품행장애(CD) 특정 역학을 고려할 필요가 있다.

품행장애(CD)를 가진 청소년들은 그룹이 아닌 개별적으로 치료를 받는다. 그룹에서, 그들은 다른 집단 구성원들의 비정상적인 행동과 태도를 동일시하고 정상화할 수 있다. 환자들은 치료사의 특별한 참여와 학교 또는 청소년 사법 지원 시스템과 같은 다른 서비스의 외부 지원이 필요하다. 서비스 통합은 환자가 다른 기관과 관련될 때 MBT의 핵심 부분이다(제13장, 제20장, 제22장 참고).

품행장애(CD)를 가진 대부분의 청소년들은 애착 욕구에 대처하기 위한 비활성화 전략을 개발했고, 따라서 치료를 제공하는 것은 세 가지 문제를 제시한다. 첫째, 성숙과 자율성에 대한 그들의 열망에 반하는 것으로 인식된다. 둘째, 그들은 친밀한 관계를 두려워한다. 셋째, 그들은 만약 그들의 동료들이 그들이 치료 중이라는 것을 안다면 '거리에서의 신뢰성'을 상실할까 두려워한다.

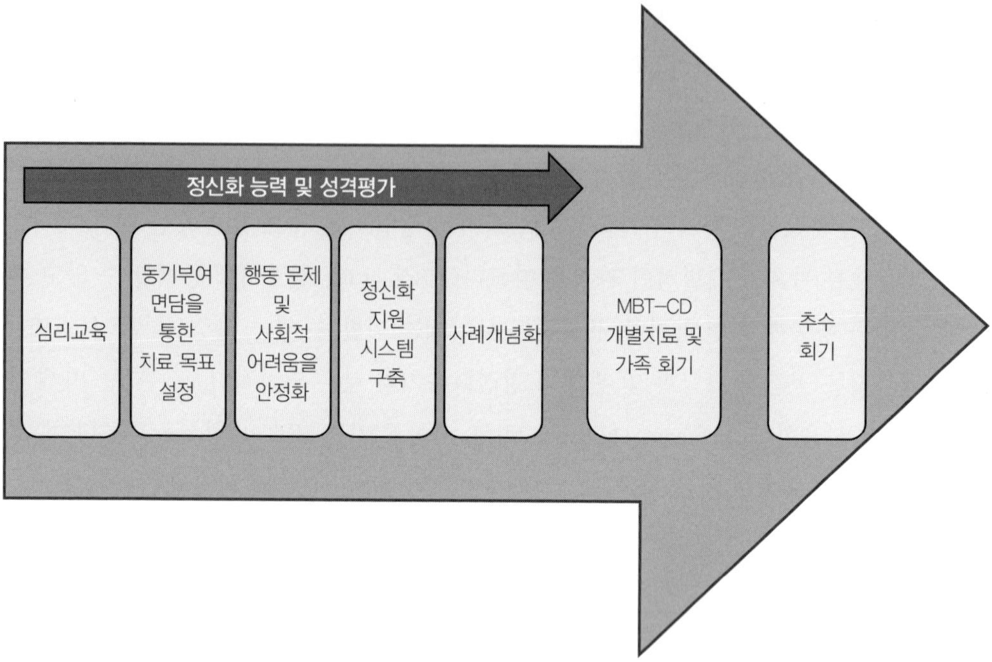

[그림 18-2] 품행장애 청소년의 정신화 기반 치료 과정

Box 18-2 **MBT-CD 정신교육 집단 개요**

소개: 정신화하기는 무엇인가?	• 일반 집단 조건, 그룹 규칙	
	• 정신화하기의 정의	
	• 정신화하기의 중요성	
	• 정신화하기 실패의 특징과 결과	
	• 스트레스하에서 정신화(스위치 모델, 제3장 참고)	
감정에 대해 배우기	Panksep의 7가지 기본 감정(Panksep, 1998)	
	• 감정을 인식하는 것	
	• 정신화하기와 감정을 조절	
독자성 및 애착	청소년:	부모:
	• 청소년기의 애착과 변화	• 청소년기의 애착과 변화
	• 독자성	• 아이와의 관계
	• 소셜 네트워크 분석	• 육아 기술
	• 감정 네트워크 분석	• 정신화하기 자세(태도, 입장)
	• 위험 행동	

충돌 및 경계	충돌 해결
	경계
	과거를 살펴보기
	비상 계획
	미래를 살펴보기

　MBT에서 동기부여는 치료사가 개인이 아닌 가족 전체의 과제로 문제를 파악하고, 그들의 관점에 대해 진정으로 관심을 갖고 호기심을 가질 수 있고, 그들의 경험에 대해 적극적이고 공감적으로 검증할 수 있다면 발생한다. 그러나 품행장애(CD)를 가진 청소년들은 회피책을 사용할 가능성이 높기 때문에 치료가 어렵다. 그들은 관심이 없는 것처럼 보이고, 문제를 부인하며, 말을 잘 못하는 것처럼 보일 수도 있고, 심지어 자극적으로 반대하는 것처럼 보일 수도 있다.

　이것은 특히 환자가 치료에 칼을 가져오는 것과 같은 행동의 감정적 결과에 관심이 없는 경우 치료사에게 불안이나 조바심으로 이어질 수 있다. 이는 치료사에 대한 짜증과 공감 부족의 악순환으로 이어질 수 있는데, 치료사는 자신이 훼손되고 거부당했다고 느끼고 수치심을 주는 개입을 사용하여 환자의 회피를 증가시킬 위험이 있다. 이것은 궁극적으로 치료 중단으로 이어진다.

　따라서 치료사는 정신화하기, 비판단적 입장을 유지하고 성공적인 치료를 위해 중요한 자신의 정신화하기를 인식하기 위해 열심히 노력한다.

　치료사는 적절하게 지원을 받는 것이 중요하다. MBT의 핵심 구성 요소인 감독은 치료사가 환자의 문제가 있는 대응에 직면하여 평정을 유지하려면 가능할 때 사용되는 회기의 비디오 녹화를 통해 품행장애(CD)를 치료할 때 필수적이다. 치료 외 문제행동의 위험이 높고 치료사와 환자 모두를 중심으로 정신화 시스템을 구축해야 하기 때문에 다른 서비스 및 가족과의 긴밀한 협력이 필요하다(Bevington et al., 2017; 제13장 참고).

　품행장애(CD)를 가진 사람들에게 때때로 매우 나쁜 정신화 능력을 압도하지 않기 위해서, 적어도 각 회기의 시작과 아마도 회기 내내, 치료사는 청소년이 열정적인 것에 관여하고, 가능하다면 그들이 확립하기 위한 장난적인 요소들을 포함하는 것이 권장된다(예: 그리기). 이들 환자는 각성을 숨기는 법을 자주 배웠기 때문에 치료 관계의 불안 수준에 주의 깊게 적응하면서 핵심 문제 행동 외부 영역에서 청소년의 정신 상태에 대한 호기심을 재정립하는 것이 목적이다. 게다가 청소년과 그들의 가족들의 불안 수준은 때때로 치료사들이 예상하고 환자들이 보여 주는 것보다 더 높다.

임상 사례: 사회공포증이 있는 마약상 Luke

Luke는 청소년 평가 서비스에서 추천되어 어머니와 함께 첫 번째 회기에 왔다.

그는 열입곱 살이었고, 키가 크고, 금발이며, 잘생긴 청년이었고, 치아 보호대와 야구모자를 쓰고 있었다. 그의 어머니는 35세의 작은 여성이었고, 금발에 잘생긴 그녀의 아들과 매우 많이 닮았다. 즉시, 그녀는 집에서 공격적이고, 학교에 가지 않고, 마약(대마초)을 복용하고, 샤워기를 파괴한 아들을 비난하기 시작했다.

그녀의 비난하는 태도가 너무 집요해서 치료사는 그녀를 말렸고 그녀의 말을 들은 Luke의 경험을 공감적 타당화를 하려고 했다. 그는 치료사를 힐끗 쳐다보며 그녀와 단둘이 이야기하는 것이 가능한지 물었다. 그녀는 어머니에게 허락을 구한 후 승낙했다. 우리가 보기에, 이것들은 환자가 치료사를 신뢰할 수 있는지 알아보기 위해 시험하는 작고 중요한 순간들이다. 품행장애(CD)를 가진 청소년과 관계를 맺으려면 치료 초기에 이러한 순간들을 인식하는 것이 중요하다.

Luke는 치료사와 단둘이 있을 때 자신의 생각과 감정을 표현할 수 있었고, 이후 치료를 시작하는 것에 동의했다. 그는 열한 살 때부터 시작된 특징적인 품행장애(CD)와 함께 학교에 적극적으로 참여하지 못하는 심각한 사회공포증을 함께 보였다. 그는 대마초를 남용하기 시작했고, 컴퓨터 게임에 집착하게 되었고, 교사와 학생들의 부정적인 발언 이후 학교에 다니는 것을 그만두었다. 15세에 대마초를 다루기 시작했고 학교에서 성적이 좋지 않았으며 정기적으로 무단결석을 하고 시험을 치르지 않았다. 학교 측은 그의 결석에 대해 아무런 반응을 보이지 않고 그를 없애기 위해 기본 시험권을 주었다.

Luke의 어머니는 그를 통제할 수 없는 무력감을 느꼈고, 이것은 집에서 영구적인 긴장과 논쟁으로 이어졌다. 때때로 그의 분노는 가족 재산에 대한 폭력적인 폭발이나 또래들과의 신체적인 싸움으로 이어지기도 했다.

그는 학교에서 사회적으로 소외감을 느꼈고, 어머니를 비롯한 가족들로부터 깊은 오해를 받았고, 유명 래퍼(물론 사회공포증 때문에 힘들 것이다)가 되어 큰돈을 버는 꿈꿨다.

그의 친아버지는 어머니가 Luke보다 한 살 어린 여동생을 임신했을 때 가족을 떠났다. 아버지는 어떤 식으로든 가족을 부양하지 않았고 나쁜 사람이자 마약 중독자로 여겨졌다. 어머니는 정원사로 일했고, Luke의 조부모의 지원이 없었다면 재정적인 관리는 매우 어려웠을 것이다. 그러나 어머니는 작은 아파트에 자신의 방이 없어 거실에서 잠을 잤으며, 이로 인해 어머니와 Luke는 서로의 공간을 배려하지 않는 것에 대해 정기적으로 다투게 되었다.

Luke는 대마초를 피우고 위대한 미래를 꿈꾸며 견딜 수 없는 자신의 현실에서 벗어나려고 했다. 밤에, 그가 약에 취해 있을 때, 그는 규칙적으로 어머니의 침대로 몰래 들어가 어머니를 껴안고 사랑한다고 말했다.

회기 동안, 그는 끊임없이 손톱을 깨물고 입원한 어린아이처럼 온몸을 일그러뜨렸다. 동시에 그는 매우 말이 많았고 치료사에게 그의 세계관을 설득하려고 열심히 노력했다. 예를 들어, 그의 어머니는 파시스트적인 태도를 가지고 있었고 관대함이 가장 중요한 성격 특성이라는 것이다. 그는 자신의 생각에 대해 확신을 가졌고, 그 자신의 다른 생각이나 의문을 제기하는 것을 좋아하지 않았다. 둘 다 심리적 동일시를 시사한다. 그의 생각과 행동, 그리고 자신과 다른 사람들을 이해하는 그의 방식 사이의 현저한 차이는 가짜 정신화로 간주되었고, 그의 감정이 증가할 때 목적론적인 모드의 증거가 있었다.

치료사는 젊고, 불안하고, 불충분한 지원을 받는 어머니에 의해(감정적이고 또는 신체적인 무시로) 끊임없이 욕구가 충족되지 않는 어린아이의 인상을 받았다.

마약 거래에 대한 '모른다'는 자세

Luke는 자신은 괜찮았고 다른 사람들(특히, 그의 어머니)은 변해야 한다는 생각을 가지고 있었다. 첫 번째 가족 모임에서 모든 가족 구성원들의 다른 견해를 모은 후, 그는 여동생이 자신에게 문제가 있다는 어머니의 견해를 공유한 것에 충격을 받았고 약간 화가 났다. 어머니와 여동생 모두 마리화나의 남용을 주요 행동 문제 중 하나로 꼽았다. 그러므로 Luke는 이 마약을 복용하는 것의 장점과 단점을 고려하기로 동의했다.

치료사는 자신과 개인적 동기에 대한 정신화를 촉발하는 것을 목표로 하는 동기부여 인터뷰의 기법을 사용하여 자신의 행동을 변화시키거나 유지하려는 동기를 평가하고 투쟁에 힘을 주고 확인했다. '모른다'는 자세는 비판단적이고 탐색적이며, 타당화가 가능한 한 탐색적인 태도를 유지한다.

Luke와의 인터뷰는 약물 복용에 대한 관심과 그것이 그에게 어떤 즐거움을 주는지, 그리고 그것에 문제가 없는지에 대한 질문으로 시작되었다.

약물을 계속하고 싶은 소망과 자신의 결정에 대한 자신감을 묻는 질문에 0~10의 척도를 사용하여 대답을 평가했을 때 그는 약물 사용을 바꾸고 줄이려는 동기의 정도를 표현하기 위해 5를 선택했고, 그렇게 하는 것에 대한 자신감을 표현하기 위해 4를 선택했다.

치료사는 변화 동기에 대한 높은 수치에 대해 놀라움을 표시했고, 의사결정 매트릭스에 대한 변화와 지속의 장단점을 수집하기 시작했다(〈표 18-1〉 참고).

(이 활동의 목표는 자기성찰을 자극하고 정신화된 자아를 구축하는 것입니다. "나는 변화하기를 원하는가? 그러면 나는 어떤 경험을 하게 될까? 이것이 좋은 영향을 미칠까 나쁜 영향을 미칠까?")

〈표 18-1〉 환자와의 동기부여 면담 회기의 의사결정 매트릭스

	장점	단점
마약 판매를 중단	더 나아진 기분 더 많은 현실	그럼 난 더 이상 아무것도 없어 / 난 더 이상 아무것도 아니야 다른 사람들의 존경을 받지 않는다. 음식, 음료, 담배 및 가족에 대한 '수입' 없음 어른이 되는 것에 대한 두려움
마약 판매	사람들을 알아간다. 나는 다른 사람들(남자아이들과 '나쁜' 여자아이들)에게 흥미롭다. (환자가 거주하는 관할구역에서) 소비가 합법적이다. 기분 좋음, 떠 있음(사용 시) 나를 행복하게 하는 직업 일상생활에 걱정이 없다. 나는 심각하게 받아들여졌다. 자유로움을 느낀다.	일부 사람(예: '착한' 소녀)에서 제외 마약 소지 + 마약 판매 → 추적 불가능 가족과의 문제 비밀이어야 한다. 돈 빚, 딜러와의 문제 중독의 위험 "넌 망할 수 있어"(위험해) 낮은 이익률 다른 일을 할 시간이 없다.

인터뷰를 하는 동안, Luke에게 대마초를 사용하는 것뿐만 아니라 판매하는 것이 가장 중요하다는 것이 밝혀졌다. 그는 딜러가 되고, 처음으로 존경을 받고, 다른 사람들에게 관대할 수 있다는 것에서 자존감을 얻었다. 반면에, 그는 마약을 거래하는 것은 노력, 위험, 불확실한 금전적 이득, 그리고 그의 가족으로부터의 분노를 포함한다는 것을 깨달았다.

가족의 개입

품행장애(CD)로 누군가를 치료할 때 가족의 개입을 설명하기 위해 Luke와 그의 어머니와의 MBT-F 회기의 짧은 녹취록이 뒤따른다. 앞서 1차 평가에서 언급한 것처럼 Luke의 어머니는 감정적이었고 Luke가 자신의 말을 듣지 않는 것에 대해 그를 비난했다. 두 번째 회기에서 그녀는 여전히 화가 나 있으며 Luke가 회기에 오고 싶어 하지 않는다고 비난한다.

엄마(M): 그리고 오늘 약속은 정확히 똑같았어요! 저는 그에게 말했습니다. 처음에는 마약을 복용했고, Luke의 건강과 정신 상태는 어떤가요? 이것이 바로 제가 그가 다른 사람들을 비난한다고 말할 때 의미한 것이에요. 왜냐하면 그는 이 모든 것이 제 생각이라고 주장했기 때문이에요.

치료사(T): 치료를 하기 위해서요?

엄마(M): 바로 그거예요!

Luke: 아뇨, 언제? 내가 정말로 그때 그렇게 말했어?

엄마(M): 그래, 네가 말한 게 바로 이거야.

Luke: 음?! [매우 공격적]

엄마(M): Luke!

Luke: 대체 무슨 말을 하는 거야?!

엄마(M) [치료사에게]: 보여요?

Luke: 날 화나게 하지 마, 난 아무 말도 안 했어.

엄마(M): 그랬지.

Luke: 아니, 더 이상 이것에 대해 논의하지 않을 거야. [거의 의자에서 뛰어내릴 뻔했지만 야구 모자를 얼굴 위로 밀어 넣어 제어한다.]

엄마(M): 이런 일은 항상 일어나요.

치료사(T): 아들과 둘 사이에 이런 일이 자주 일어나나요?

가족 의사소통에서 어느 쪽도 상대방을 고려하지 않는 역기능적인 상호작용을 알아차린다.

엄마(M): 네. 네.

치료사(T): 알겠어요.

엄마(M): 아주 자주 일어나는 일이에요.

치료사(T): 그래요, 어떻게요…….

엄마(M): 부정적인 면 때문에요…….

치료사(T): 하루에 얼마나 자주 일어나나요?

엄마(M): 보통 매일요.

치료사(T): 하루에 한 번이요?

엄마(M): 아침에. 제가 그를 학교에 보내려고 깨웠을 때 그것은 시작되었어요. "나를 화나게 하지 마" 등등 의 즉각적인 것들이에요. 때때로 그는 나중에 학교에 갈 것이라고 말하지만, 제가 퇴근하고 돌아왔 을 때 그는 전혀 학교에 있지 않았다는 것을 알게 돼요. 그것은 다른 것들도 마찬가지예요. 제가 불 을 끄거나 문을 닫거나 그런 것을 하라고 하면, 아들은 "엄마는 나에게 5천 번을 말하는 거야."라고 말해요. 근데, 제가 일을 마치고 돌아왔을 때 문이 활짝 열려 있고 사방에 불이 켜져 있을 때, 제가 똑 같은 말을 반복해야 하잖아요. 왜냐하면 저는 그가 그것을 이해하지 못했거나 듣지 못했다는 의견이 기 때문이에요.

치료사(T): 조금 전까지만 해도 두 분 사이에 긴장감이 꽤 있었다고 생각했어요. 저는 단지 이것을 조금 더 이해하고 싶을 뿐이에요. 저는 그것이 강렬했기 때문에 잠깐 쉬어야 해요. 휴, 그래서 무슨 일이 일어 난 거예요?

상호작용적 긴장에 대한 공감적 타당화와 치료사는 순간을 정신화할 수 있도록 가족 내 에서 시작하면서 스스로 정신화하기를 되찾으려고 노력한다.

치료사는 내용보다는 상호작용의 질에 초점을 맞춘다.

[Luke는 야구 모자 뒤에서 다시 나타나 미소를 짓는다.]

Luke: 아무 일도 없었는데 열받네. 나는 그런 말은 하지 않았어[치료를 받으러 오는 것과 예약을 받는 것 이 누구의 생각인지에 대한 진술을 언급하며].

엄마(M): Luke, 네가 말했잖아. 넌 여기 오지 말고 다른 곳으로 가고 싶다고.

Luke: 아니, 지금 약속 장소에 가고 싶지 않다고 말했어. 벤과 약속이 있어서 6시에 가도 되냐고 물어봤지.

그들은 치료사가 정신을 다시 차리는 데 집중하기 위해 '일시정지' 중재를 할 때까지 논쟁을 계속한다.

치료사(T) addresses L: 좋아요. 여기서 잠시 쉬죠. 지금 뭐 때문에 그렇게 화가 났는지 말해 줄래요?

Luke에게 그 순간을 정신화해 보라고 한다.

Luke: 비난! 저는 엄마를 탓하지 않았어요. 엄마는 항상 저를 비난해요. 엄마와의 관계가 끝난 모든 것, 그
모든 것은 제 탓이에요.

엄마(M): Luke, 한 발짝만……

Luke: 그리고 제 친구에 대해서, 제 친구들에게, 만약 엄마가 거절한다면, 저는 받아들일 수 있지만, 엄마
는 "너의 빌어먹을 작은 친구들은 올 수 없어."라고 말해요. 엄마는 모든 것에 대해 그들을 비난해요.
아니, 전 이걸 원하지 않아요. 저는 혼자 살고 싶고, 제 재산과 제 집을 갖고 싶어요. 그리고 저는 제
가 원하는 모든 것을 할 수 있어요.

치료사(T): 그래서 당신과 당신의 어머니는 그 문제에 대해 서로 또는 다른 누군가를 비난했군요.

Luke: 네.

치료사(T): 당신과 당신의 어머니가 공유하는 것의 목록에 그것을 추가해도 될까요? 왜냐하면 이것 또한
여러분이 가지고 있는 공통점이기 때문이에요.

가짜 정신화하기를 방해하기 위한 낮은 수준의 도전-Luke는 그의 어머니와 구별된
다고 느끼지만, 그는 또한 그녀와 비슷한 점이 있다. 그 도전은 그가 자신이 믿는 것과
완전히 다르며 그가 그의 어머니와 어떤 특징들을 공유하고 있다는 생각을 불러일으키
려는 시도이다.

엄마(M): 그것에 대해 얘기 좀 해도 될까요? 학교에 가지 않은 것은 아들의 책임이기 때문에 아들에게 책
임이 있어요. 아들은 졸업하지 않았어요. 아들은 상위 학위를 받고 싶을 때만 하위 중등 학위를 받았
고요. 저는 아들을 비난해요. 아들은 반년 동안 학교에 가지 않았어요. 아들이 저의 문제에 책임이 있
다고 말하는 것이 아니에요. 저는 몰라요. 아들은 오직 자신의 삶에 책임이 있어요. 그것이 제 말이
에요. 만약 아들이 학교에 가지 않는다면 아들은 아무것도 배울 수 없거나 도제 자격을 얻을 수 없을
것이에요.

치료사(T): 방금 뭐가 그렇게 짜증났는지 설명해 줄래요? 왜 그가 약속 장소에 오지 않으려 한다고 말씀하

섰는지 궁금했어요.

Luke와의 지속적인 상호작용과 관련하여 '모른다'는 자세.

엄마(M): 아들은 오지 않을 거라고 말하지 않았어요. 단지 아들이 약속이 있다는 것을 알고 있었고, 바로 전에 그의 친구와 무언가를 하기로 동의하고 나서 어디든 갈 거라고 했고. 원래는 4시 바로 전에 출발하려고 했는데, 4시 25분에 출발했고, 운전하기가 좀…….

Luke: 그래도 제시간에 도착했잖아.

엄마(M): 그리고 저는 아들에게 천 번이나 전화를 해야 했어요!

치료사(T): 왜! 저는 그것이 당신이 제시간에 당신들 모두를 여기에 도착시킬지에 대해 걱정하게 만드는 것을 이해할 수 있어요. 하지만 당신은 당신이 늦을 것이라는 걱정에 대해 아들을 비난하면서 바로 거기서 그에게 반격했네요.

엄마(M): 글쎄요, 그랬던 거 같아요.

치료사(T): Luke가 친구를 만난 것에 대해 뭐가 중요했는지 말할 수 있지 않을까요?

Luke: 전 친구가 좋아요. 친구는 재미있고 우리는 서로를 이해해요.

이 사례는 품행장애(CD)를 가진 청소년들과의 가족 회기에서 전형적인 역동성을 보여 준다. 각성 수준이 매우 높다. 부모들은 종종 그 영향을 인식하지 못한 채 아이들을 부끄럽게 한다. 수치심은 종종 청소년들에게 영향에 대한 잘못된 규제로 이어지며, 부모들은 그들의 아이와 대화할 수 없는 것에 거부감을 느끼고 확인된다.

치료 과제는 자극을 관리하고, 가족이 영향을 조절하는 것을 돕고, 가족 구성원들이 서로의 관점을 고려할 수 있도록 하는 것이다. 이 사례에서 Luke와 그의 어머니는 사물이 어떻게 되어 있는지에 대한 그들 자신의 이해에 고정되어 있고 서로의 관점을 고려할 수 없다.

치료사는 마지막 중재에서 Luke의 관점을 탐구하려고 하고 인터뷰의 다음 부분에서 그것에 초점을 맞추려고 한다. 인터뷰의 다음 부분에서는 엄마가 친구에게 이해받는 것에 대한 Luke의 기쁨을 인식하는지 여부를 탐구한다. 이것은 어머니에 대한 대안적인 이해를 유발하기 위한 자기-타자 탐색이다.

만약 이것이 성공적이라면, 치료사는 상황을 뒤집고 Luke에게 그의 어머니 입장에서 생각해 보는 것을 요청한다.

사례개념화

몇 번의 회기 후에, 치료사는 Luke와 논의할 개념화를 만들 수 있었다. 이것은 그의 정신화하기 프로파일, 회피적 애착 전략의 사용, 그리고 회기의 즉각적인 초점의 식별과 관련된 징후를 포함한다.

개념화

당신은 당신의 어머니와 여동생과 함께 당신의 삶이 어떻게 돌아가는지 이야기하기 위해 저를 보러 왔습니다. 당신은 당신의 엄마와 여동생이 여러분 사이에 변화가 필요한 것에 대해 매우 다른 생각을 가지고 있다는 것을 깨달았습니다. 당신은 그들이 당신을 매우 나쁘게 생각하고 있고, 그들은 당신이 변하길 원한다고 저에게 말했습니다.

그들은 당신이 범죄자가 될까 봐 걱정하고 있습니다. 그들은 당신을 비난하고 당신이 '정신을 차려야' 한다고 생각합니다. 당신은 당신 자신을 보호해야 합니다. 서로 의사소통하거나 말을 들을 수 없습니다. 이것은 논쟁에서 돌고 돕니다(비정신화 루프).

당신은 그들이 당신에게 매우 중요하지만, 당신은 그들이 당신을 이해하고 사랑한다고 느끼지 않을 때가 많다고 나에게 말했습니다. 당신은 그들에게 화를 내며 반응하고 나서 당신이 좋지 않다고 걱정합니다. 그들을 이해하고 그들이 당신의 안부를 알게 하는 것이 우리의 회의에서 초점이 될 것입니다.

심지어 학교에서조차 당신은 편안함을 느끼지 못합니다. 당신은 선생님들에게 거절당했고 다른 사람들에게 말하는 것을 좋아하지 않았습니다. 열세 살 때부터 마약을 피우고 컴퓨터 게임을 하기 시작했고, 당신과 다른 사람들에게 당신이 똑똑하다는 것이 분명하지만 교육을 소홀히 했습니다. 학교 친구들을 피하는 것이 더 편했고, 당신은 그들이 당신을 오해했다고 생각합니다. 당신이 사람들을 피하고 당신의 가족과 단절하게 만드는 것은 우리에게 또 다른 초점입니다.

당신은 대마초를 파는 사람들을 만났고 사람들이 당신을 존경하고 중요한 사람으로 본다는 것을 처음으로 느꼈습니다. 하지만 그것이 당신을 곤경에 빠뜨렸습니다. 당신은 마약 거래로 많은 돈을 벌고 싶었지만, 이것은 당신을 가족과 '정상적인' 삶과 더 멀어지게 합니다.

당신은 여자친구를 원하지만, 많은 여자들이 당신의 생활방식을 거부합니다. 믿음직스럽고 너그럽다는 등 자신이 다른 사람과 어떤 관계를 맺고 싶은지에 대해 높은 기준을 세웠는데, 이는 누구에게도 너그러운 경험을 해 본 적이 없다는 점에서 놀라운 일입니다. 당신은 당신의 친구들에 대한 어머니의 거절을 이해하지 못하고, 당신을 거절하는 것으로 이것을 경험하게 됩니다.

만약 당신의 어머니가 당신에게 무언가를 해달라고 부탁하고 당신이 그녀로부터 가치를 느끼지 못한다면, 당신은 매우 화가 나고 시무룩해질 수 있고, 물러설 수 있습니다. 당신의 어머니는 때때로 당신에게 어떻게 말해야 할지 무력해 보입니다. 당신을 당신의 껍데기에서 벗어나게 하려고 하지만, 이것은 당신을 위협하거나 수치스럽게 합니다.

그런 다음 당신은 구석으로 밀려들어가는 것을 느낄 수 있는 지점에 도달하고 당신의 얼굴 위로 야구 모자를 잡아당깁니다. 눈에 보이지 않고, 마음에서 멀어집니다. 하지만 이것은 당신이 원하는 것과 정확히 반대이기 때문에 당신은 절망할 수 있습니다. 당신은 비난받지 않고 이해 받기를 원합니다. 무시당하지 않고 생각하기를 원한다. 성가신 사람이 아닌 사람.

치료에서, 우리는 당신의 고민, 다른 사람들에게 그것들에 대해 알리는 방법, 그리고 당신의 가족이 그것에 동의하지 않더라도 당신의 입장에서 생각해 볼 수 있는지를 알아낼 수 있습니다. 우리는 또한 당신이 그들의 관점을 이해할 수 있는지 볼 수 있습니다. 하지만 당신의 자신감 또한 어떤가요? 이건 당신 마약 거래에서 나온 거예요. 그러나 이것은 당신에 관한 것이지 당신이 하는 일이 아닙니다.

이것을 당신의 행동에 기초하기보다는 당신을 사람으로 생각하는 것은 어떨까요?

이러한 서면상의 이해는 Luke와 공유되었고, 그는 그의 어머니가 끊임없이 그를 비난했던 자신의 경험에 대해 이야기하기로 동의했다.

결론

품행장애(CD)는 청소년기에 발병률이 높은 심각하고 복잡한 정신질환이다.

몇몇 연구들은 품행장애(CD)를 가진 청소년들이 정신을 가다듬는 데에 결함이 있다는 것을 보여 주었다. 따라서 MBT는 청소년 품행장애(CD) 치료를 위한 유망한 방법이 될 수 있다.

MBT-CD는 여러 개인 및 가족과 함께 사용되었으며, 현재 독일과 오스트리아의 3개 도시(하이델베르크, 인스부르크, 클라겐푸르트)에 걸쳐 다중 사이트 무작위 제어 시험에서 효과를 테스트하고 있다.

 ## 참고문헌

American Psychiatric Association: Diagnostic and Statistical Manual of Mental Disorders, 5th Edition. Arlington, VA, American Psychiatric Association, 2013

Baglivio MT, Wolff KT, Piquero AR, et al: Racial/ethnic disproportionality in psychiatric diagnoses and treatment in a sample of serious juvenile offenders. J Youth Adolesc 46(7):1424–1451, 2017 27665279

Bateman A, Fonagy P: Mentalization-Based Treatment for Personality Disorders: A Practical Guide. Oxford, UK, Oxford University Press, 2016

Bevington D, Fuggle P, Cracknell L, et al: Adaptive Mentalization-Based Integrative Treatment: A Guide for Teams to Develop Systems of Care. Oxford, UK, Oxford University Press, 2017

Blair RJ: The neurobiology of psychopathic traits in youths. Nat Rev Neurosci 14(11):786–799, 2013 24105343

Blair RJ, Colledge E, Murray L, et al: A selective impairment in the processing of sad and fearful expressions in children with psychopathic tendencies. J Abnorm Child Psychol 29(6):491–498, 2001 11761283

Blair RJ, White SF, Meffert H, et al: Disruptive behavior disorders: taking an RDoC(ish) approach. Curr Top Behav Neurosci 16:319–336, 2014 24048954

Buck KA: Understanding adolescent psychopathic traits from early risk and protective factors: relations among inhibitory control, maternal sensitivity, and attachment representation. J Adolesc 44:97–105, 2015 26255247

Center on the Developing Child: The science of neglect: the persistent absence of responsive care disrupts the developing brain. Working Paper No. 12. Cambridge, MA, Center on the Developing Child, Harvard University, 2012

Chabrol H, van Leeuwen N, Rodgers RF, et al: Relations between self-serving cognitive distortions, psychopathic traits, and antisocial behavior in a non-clinical sample of adolescents. Pers Individ Dif 51:887–892, 2011 Cicchetti D, Rogosch FA: Equifinality and multifinality in developmental psychopathology. Dev Psychopathol 8:597–600, 1996

Corriveau KH, Harris PL, Meins E, et al: Young children's trust in their mother's claims: longitudinal links with attachment security in infancy. Child Dev 80(3):750-761, 2009 19489901

Csibra G, Gergely G: Natural pedagogy as evolutionary adaptation. Philos Trans R Soc Lond B Biol Sci 366(1567):1149-1157, 2011 21357237

Dadds MR, Hawes DJ, Frost AD, et al: Learning to 'talk the talk': the relationship of psychopathic traits to deficits in empathy across childhood. J Child Psychol Psychiatry 50(5):599-606, 2009 19445007

Dadds MR, Allen JL, McGregor K, et al: Callous-unemotional traits in children and mechanisms of impaired eye contact during expressions of love: a treatment target? J Child Psychol Psychiatry 55(7):771-780, 2014 24117894

de Wied M, van Boxtel A, Matthys W, et al: Verbal, facial and autonomic responses to empathyeliciting film clips by disruptive male adolescents with high versus low callous-unemotional traits. J Abnorm Child Psychol 40(2):211-223, 2012 21870040

Deligianni F, Senju A, Gergely G, et al: Automated gaze-contingent objects elicit orientation following in 8-month-old infants. Dev Psychol 47(6):1499-1503, 2011 21942669

Dodge KA, Pettit GS: A biopsychosocial model of the development of chronic conduct problems in adolescence. Dev Psychol 39(2):349-371, 2003 12661890

Edens JF, Skopp NA, Cahill MA: Psychopathic features moderate the relationship between
harsh and inconsistent parental discipline and adolescent antisocial behavior. J Clin Child Adolesc Psychol 37(2):472-476, 2008 18470783

Egyed K, Kiraly I, Gergely G: Communicating shared knowledge in infancy. Psychol Sci 24(7):1348-1353, 2013 23719664

Erskine HE, Ferrari AJ, Nelson P, et al: Epidemiological modelling of attention-deficit/hyperactivity disorder and conduct disorder for the Global Burden of Disease Study 2010. J Child Psychol Psychiatry 54(12):1263-1274, 2013 24117530

Fairchild G, Passamonti L, Hurford G, et al: Brain structure abnormalities in early onset and adolescent-onset conduct disorder. Am J Psychiatry 168(6):624-633, 2011 21454920

Fearon RP, Bakermans-Kranenburg MJ, van Ijzendoorn MH, et al: The significance of insecure attachment and disorganization in the development of children's externalizing behavior: a meta-analytic study. Child Dev 81(2):435-456, 2010 20438450

Fonagy P: Towards a developmental understanding of violence. Br J Psychiatry 183:190-192, 2003 12948988

Fonagy P: Early life trauma and the psychogenesis and prevention of violence. Ann N Y Acad Sci

1036:181-200, 2004 15817738

Fonagy P, Twemlow SW, Vernberg EM, et al: A cluster randomized controlled trial of childfocused psychiatric consultation and a school systems-focused intervention to reduce aggression. J Child Psychol Psychiatry 50(5):607-616, 2009 19207633

Fonagy P, Luyten P, Allison E: Epistemic petrification and the restoration of epistemic trust: a new conceptualization of borderline personality disorder and its psychosocial treatment. J Pers Disord 29(5):575-609, 2015 26393477

Fontaine NM, McCrory EJ, Boivin M, et al: Predictors and outcomes of joint trajectories of callous-unemotional traits and conduct problems in childhood. J Abnorm Psychol 120(3):730-742, 2011 21341879

Foulkes L, McCrory EJ, Neumann CS, et al: Inverted social reward: associations between psychopathic traits and self-report and experimental measures of social reward. PLoS One 9(8):e106000, 2014 25162519

Frick PJ, Ellis M: Callous-unemotional traits and subtypes of conduct disorder. Clin Child Fam Psychol Rev 2(3):149-168, 1999 11227072

Frick PJ, O'Brien BS, Wootton JM, et al: Psychopathy and conduct problems in children. J Abnorm Psychol 103(4):700-707, 1994 7822571

Frick PJ, Cornell AH, Barry CT, et al: Callous-unemotional traits and conduct problems in the prediction of conduct problem severity, aggression, and self-report of delinquency. J Abnorm Child Psychol 31(4):457-470, 2003 12831233

Frick PJ, Ray JV, Thornton LC, et al: Annual research review: a developmental psychopathology approach to understanding callous-unemotional traits in children and adolescents with serious conduct problems. J Child Psychol Psychiatry 55(6):532-548, 2014 24117854

Galica VL, Vannucci A, Flannery KM, et al: Social media use and conduct problems in emerging adults. Cyberpsychol Behav Soc Netw 20(7):448-452, 2017 28715261

Jaffee SR, Caspi A, Moffitt TE, et al: Nature X nurture: genetic vulnerabilities interact with physical maltreatment to promote conduct problems. Dev Psychopathol 17(1):67-84, 2005 15971760

Jones AP, Happe FG, Gilbert F, et al: Feeling, caring, knowing: different types of empathy deficit in boys with psychopathic tendencies and autism spectrum disorder. J Child Psychol Psychiatry 51(11):1188-1197, 2010 20633070

Kapur N: Paradoxical functional facilitation in brain-behaviour research. A critical review. Brain 119(Pt 5):1775-1790, 1996 8931597

Kim-Cohen J, Caspi A, Moffitt TE, et al: Prior juvenile diagnoses in adults with mental disorder: developmental follow-back of a prospective-longitudinal cohort. Arch Gen Psychiatry

60(7):709-717, 2003 12860775

Kochanska G, Kim S: Toward a new understanding of legacy of early attachments for future antisocial trajectories: evidence from two longitudinal studies. Dev Psychopathol 24(3):783-806, 2012 22781855

Kochanska G, Aksan N, Prisco TR, et al: Mother-child and father-child mutually responsive orientation in the first 2 years and children's outcomes at preschool age: mechanisms of influence. Child Dev 79(1):30-44, 2008 18269507

Kochanska G, Kim S, Boldt LJ, et al: Children's callous-unemotional traits moderate links between their positive relationships with parents at preschool age and externalizing behavior problems at early school age. J Child Psychol Psychiatry 54(11):1251-1260, 2013 23639120

Kochanska G, Boldt LJ, Kim S, et al: Developmental interplay between children's biobehavioral risk and the parenting environment from toddler to early school age: prediction of socialization outcomes in preadolescence. Dev Psychopathol 27(3):775-790, 2015 25154427

Koós O, Gergely G: A contingency-based approach to the etiology of 'disorganized' attachment: the 'flickering switch' hypothesis. Bull Menninger Clin 65(3):397-410, 2001 11531135

Kroneman LM, Hipwell AE, Loeber R, et al: Contextual risk factors as predictors of disruptive behavior disorder trajectories in girls: the moderating effect of callous-unemotional features. J Child Psychol Psychiatry 52(2):167-175, 2011 20735513

Kumsta R, Sonuga-Barke E, Rutter M: Adolescent callous-unemotional traits and conduct disorder in adoptees exposed to severe early deprivation. Br J Psychiatry 200(3):197-201, 2012 22116980

Lahey BB, McBurnett K, Loeber R: Are attention-deficit/hyperactivity disorder and oppositional defiant disorder developmental precursors to conduct disorder? in Handbook of Developmental Psychopathology. Edited by Sameroff A, Lewis M, Miller SM. New York, Plenum, 2000, pp 431-446

Latimer K, Wilson P, Kemp J, et al: Disruptive behaviour disorders: a systematic review of environmental antenatal and early years risk factors. Child Care Health Dev 38(5):611-628, 2012 22372737

Loeber R, Burke JD, Lahey BB: What are adolescent antecedents to antisocial personality disorder? Crim Behav Ment Health 12(1):24-36, 2002 12357255

Lösel F, Bender D: Resilience and protective factors, in Cambridge Studies in Criminology Early Prevention of Adult Antisocial Behaviour. Edited by Farrington DP, Coid J. Cambridge, UK, Cambridge University Press, 2003, pp 130-204

Marsh AA, Finger EC, Schechter JC, et al: Adolescents with psychopathic traits report reductions in physiological responses to fear. J Child Psychol Psychiatry 52(8):834-841, 2011 21155775

Matthys W, Vanderschuren LJ, Schutter DJ: The neurobiology of oppositional defiant disorder and conduct disorder: altered functioning in three mental domains. Dev Psychopathol 25(1):193-207, 2013 22800761

Maughan B, Rutter M: Antisocial children grown up, in Conduct Disorders in Childhood and Adolescence. Edited by Hill J, Maughan B. Cambridge, UK, Cambridge University Press, 2001, pp 507-552

McCabe KM, Hough R, Wood PA, et al: Childhood and adolescent onset conduct disorder: a test of the developmental taxonomy. J Abnorm Child Psychol 29(4):305-316, 2001 11523836

Moffitt TE, Caspi A: Childhood predictors differentiate life-course persistent and adolescencelimited antisocial pathways among males and females. Dev Psychopathol 13(2):355-375, 2001 11393651

Moffitt TE, Caspi A, Harrington H, et al: Males on the life-course-persistent and adolescencelimited antisocial pathways: follow-up at age 26 years. Dev Psychopathol 14(1):179-207, 2002 11893092

Murray J, Farrington DP: Risk factors for conduct disorder and delinquency: key findings from longitudinal studies. Can J Psychiatry 55(10):633-642, 2010 20964942

Ortiz J, Raine A: Heart rate level and antisocial behavior in children and adolescents: a metaanalysis. J Am Acad Child Adolesc Psychiatry 43(2):154-162, 2004 14726721

Panksepp J: Affective Neuroscience: The Foundations of Human and Animal Emotions. Oxford, UK, Oxford University Press, 1998

Pardini DA, Loeber R: Interpersonal callousness trajectories across adolescence: Early social influences and adult outcomes. Crim Justice Behav 35(2):173-196, 2008 21394215

Pardini DA, Lochman JE, Frick PJ: Callous/unemotional traits and social-cognitive processes in adjudicated youths. J Am Acad Child Adolesc Psychiatry 42(3):364-371, 2003 12595791

Pardini DA, Lochman JE, Powell N: The development of callous-unemotional traits and antisocial behavior in children: are there shared and/or unique predictors? J Clin Child Adolesc Psychol 36(3):319-333, 2007 17658977

Pasalich DS, Dadds MR, Hawes DJ, et al: Attachment and callous-unemotional traits in children with early onset conduct problems. J Child Psychol Psychiatry 53(8):838-845, 2012 22394435

Patton GC, Sawyer SM, Santelli JS, et al: Our future: a Lancet commission on adolescent health and wellbeing. Lancet 387:2423-2478, 2016 27174304

Pedersen CA: Biological aspects of social bonding and the roots of human violence. Ann N Y Acad Sci 1036:106-127, 2004 15817733

Ravens-Sieberer U, Wille N, Bettge S, et al: Psychische Gesundheit von Kindern und Jugendlichen in Deutschland. Ergebnisse aus der BELLA-Studie im Kinder-und Jugendgesundheitssurvey (KiGGS) [Mental health of children and adolescents in Germany. Results from the BELLA study within the German Health Interview and Examination Survey for Children and Adolescents (KiGGS)] [in German]. Bundesgesundheitsblatt Gesundheitsforschung Gesundheitsschutz 50(5-6):871-878, 2007 17514473

Ridenour TA, Cottler LB, Robins LN, et al: Test of the plausibility of adolescent substance use playing a causal role in developing adulthood antisocial behavior. J Abnorm Psychol 111(1):144-155, 2002 11866167

Rowe R, Maughan B, Moran P, et al: The role of callous and unemotional traits in the diagnosis of conduct disorder. J Child Psychol Psychiatry 51(6):688-695, 2010 20039995

Savage J: The association between attachment, parental bonds and physically aggressive and violent behavior: a comprehensive review. Aggress Violent Behav 19:164-178, 2014

Senju A, Csibra G: Gaze following in human infants depends on communicative signals. Curr Biol 18(9):668-671, 2008 18439827

Sharp C, Fonagy P, Goodyer I: Social Cognition and Developmental Psychopathology. Oxford, Oxford University Press, 2008

Sperber D, Clement F, Heintz C, et al: Epistemic vigilance. Mind Lang 25:359-393, 2010

Staebler K, Renneberg B, Stopsack M, et al: Facial emotional expression in reaction to social exclusion in borderline personality disorder. Psychol Med 41(9):1929-1938, 2011 21306661

Stevens D, Charman T, Blair RJ: Recognition of emotion in facial expressions and vocal tones in children with psychopathic tendencies. J Genet Psychol 162(2):201-211, 2001 11432605

Sylvers PD, Brennan PA, Lilienfeld SO: Psychopathic traits and preattentive threat processing in children: a novel test of the fearlessness hypothesis. Psychol Sci 22(10):1280-1287, 2011 21881061

Taubner S, White LO, Zimmermann J, et al: Attachment-related mentalization moderates the relationship between psychopathic traits and proactive aggression in adolescence. J Abnorm Child Psychol 41(6):929-938, 2013 23512713

Taubner S, Zimmermann L, Ramberg A, et al: Mentalization mediates the relationship between early maltreatment and potential for violence in adolescence. Psychopathology 49(4):236-246, 2016 27548462

Theule J, Germain SM, Cheung K, et al: Conduct disorder/oppositional defiant disorder and attachment: a meta-analysis. J Dev Life Course Criminol 2:232-255, 2016

Tomasello M: Origins of Human Communication. Cambridge, MA, MIT Press, 2008

Treffert DA: Savant syndrome: realities, myths and misconceptions. J Autism Dev Disord 44(3):564-571, 2014 23918440

Tremblay RE: Developmental origins of disruptive behaviour problems: the 'original sin' hypothesis, epigenetics and their consequences for prevention. J Child Psychol Psychiatry 51(4):341-367, 2010 20146751

Tremblay RE, Nagin DS, Seguin JR, et al: Physical aggression during early childhood: trajectories and predictors. Pediatrics 114(1):e43-e50, 2004 15231972

Twemlow SW, Fonagy P, Sacco FC, et al: Assessing adolescents who threaten homicide in schools. Clin Soc Work J 36:131-142, 2008

Viding E, McCrory EJ: Genetic and neurocognitive contributions to the development of psychopathy. Dev Psychopathol 24(3):969-983, 2012 22781866

Viding E, Price TS, Jaffee SR, et al: Genetics of callous-unemotional behavior in children. PLoS One 8(7):e65789, 2013 23874384

Wagner G, Zeiler M, Waldherr K, et al: Mental health problems in Austrian adolescents: a nationwide, two-stage epidemiological study applying DSM-5 criteria. Eur Child Adolesc Psychiatry 26(12):1483-1499, 2017 28540609

Waller R, Shaw DS, Neiderhiser JM, et al: Toward an understanding of the role of the environment in the development of early callous behavior. J Pers 85(1):90-103, 2017 26291075

Willoughby MT, Waschbusch DA, Moore GA, Propper CB: Using the ASEBA to screen for callous unemotional traits in early childhood: Factor structure, temporal stability, and utility. J Psychopathol Behav Assess 33(1):19-30, 2011 21483647

Wilson D, Sperber D: Meaning and Relevance. Cambridge, UK, Cambridge University Press, 2012

Wilson DS, Hayes SC, Biglan A, et al: Evolving the future: toward a science of intentional change. Behav Brain Sci 37(4):395-416, 2014 24826907

Woodworth M, Waschbusch D: Emotional processing in children with conduct problems and callous/unemotional traits. Child Care Health Dev 34(2):234-244, 2008 18028474

Anthony Bateman, MA, FRCPsych
Peter Fonagy, Ph.D., FBA, FMedSci, FAcSS
Chloe Campbell, Ph.D.

제**19**장

경계선 성격장애

경계선 성격장애(BPD)는 정신화하기 이론과 정신화 기반 치료(MBT) 접근법이 처음에 정교화했던 임상장애다(Bateman, 1995; Fonagy, 1991). MBT가 확장됨에 따라 이 책의 다른 장에서 설명한 것처럼 다양한 정신장애를 치료하도록 조정되었다. 그러나 BPD와 관련된 정신화 프로파일은 정신병리와 관련된 사회-인지 왜곡 및 대인관계 고통을 매우 급격하게 나타내기 때문에 정신화하기 이론을 공식화하는 데 있어 풍부하고 근본적인 관심을 계속 유지해 왔다.

BPD는 최대 6%로 추정된 평생 유병률을 갖는 심각한 상태다(Grant et al., 2008). 동반 질환은 BPD의 매우 흔한 특징이다. 이 장애는 종종 기분장애, 불안장애, 양극성장애, 분열형 및 자기애적 성격장애와 함께 진단된다. BPD는 외래 환자 및 법의학 정신과 인구에서 특히 일반적일 수 있으며, 여기서 개인의 1/4에서 1/3이 진단 기준을 충족할 것으로 예상할 수 있다.

『정신질환 진단 및 통계 편람(DSM-5)』(American Psychiatric Association, 2013)의 다섯 번째 판에는 BPD에 대한 9가지 기준이 나열되어 있으며, 그중 5가지 이상이 있어야 장애가 진단된다. 이것들은 다음과 같이 요약될 수 있다. 불안정하고 강렬한 관계의 패턴, 부적절하고 격렬한 분노, 버림을 피하기 위한 광적인 노력, 정동적 불안정성, 충동적이고 잠재적인 자해 행위, 반복적인 자해 행동 및 자살 충동, 만성적인 공허감, 일시적인 스트레스 관련 편집증적 생각 또는 심각한 해리 증상 및 정체성 장애(American Psychiatric Association, 2013). BPD 진단을 위한 DSM-5 기준에 의해 포착되는 환자의 그룹은 광범위하고, BPD

를 진단하는 DSM-5 범주적 접근의 강도에 대해 약간의 논쟁이 있었고, 성격장애 진단을 위한 대체 모델이 같은 버전의 매뉴얼(American Psychiatric Association, 2013) 섹션 III에 나와 있다. 이 모델에 따르면 성격장애의 진단 기준은 세 가지 구성 요소로 구성된다. 첫 번째 구성 요소는 성격 기능의 수준이다. 손상의 심각도는 개인의 표현이 성격장애에 대한 일반적인 기준을 충족하는지 예측하고, 더 심각한 손상은 개인이 하나 이상의 성격장애로 진단될 수 있는지 또는 더 일반적으로 심각한 것 중 하나로 진단될 수 있는지 예측한다. 성격장애의 형태, 성격 기능의 네 가지 요소는 **정체성과 자기 지시**(self-direction)(자기와 관련된 기능 범주에 속함), **공감과 친밀감**(대인관계 기능 범주에 속함)이다. 두 번째 구성 요소는 특정 성격장애 진단으로 구성되며, 그중 섹션 III 모델에는 6개가 있다(기존 모델의 10개와 반대). 반사회적 성격장애, 회피성 성격장애, 경계성 성격장애, 자기애적 성격장애, 강박 성격장애, 분열형 성격장애. 마지막 구성 요소는 부정적인 정동, 분리, 적대, 탈억제 및 정신병의 5가지 영역으로 구성된 병리학적 성격 특성 시스템으로 구성된다.

성격장애의 개념화에 대한 최근 담론의 중심에는 다음과 같은 세 갈래의 미해결 질문이 있다. ① 어느 정도까지 단일 차원 연속체로 이해될 수 있는지, 또는 ② 이것이 개별적이지만 중복되는 진단 범주로 구성되는 것으로 이해되어야 하는지 아닌지, 또는 ③ 차원 및 범주 접근법을 결합한 혼합형 모델이 가장 적합한지 아닌지. 그러나 BPD가 정서조절장애, 충동성 및 사회적 기능장애(social dysfunction)의 세 가지 관련 핵심 기능으로 구성된다는 합의가 증가하고 있다. 우리는 정신화 체계의 관점에서 이러한 각각의 기능을 고려할 것이다.

BPD의 핵심 특징

BPD의 핵심 특징을 설명하기 전에 BPD와 함께 생활하는 현실은 이러한 특징이 임상 및 이론적 관점에서 도움이 되지만 종종 명확하게 기술되지 않는다는 점을 강조하고 싶다. 그것들은 상호 연관되어 있으며 한 특징이 다른 특징을 촉발할 수 있다. 이것의 한 예는 정서조절장애가 역기능적인 사회적 관계의 원인이자 결과가 될 수 있는 방식이다. 격렬한 감정은 거의 예외 없이 사회적 기능장애를 일으킨다. BPD를 가진 개인이 감정적으로 조절되지 않는 방식으로 행동하면 사회적(특히, 친밀한) 관계를 심각하게 방해할 가능성이 있다. BPD를 가진 사람과 함께 있는 사람은 누구든지 그 사람의 감정적 반응을 더 많이 일으키는 방식으로 행동할 가능성이 매우 크며 조절장애의 악순환이 따를 수 있다. 또는, 정서조절장애를 제어하려는 사람의 시도는 자해와 같은 충동적인 행동을 수반할 수 있다.

정서조절장애

정서조절장애는 종종 강렬하고 부적절한 분노로 나타난다. 정동적 불안정성과 정동의 강도는 BPD의 주요 특징인 유기를 피하기 위한 광적인 노력의 기초가 될 수 있지만, BPD의 다른 많은 증상(예: 충동 행동)을 유발할 수도 있다. 예를 들어, 실험 연구에 따르면 BPD 진단을 받은 환자는 목표 지향적 행동을 추구하기 위해 고통을 덜 기꺼이 경험하고(Gratz et al., 2006; Salsman & Linehan, 2012), 상당히 연장되는 분노 반응을 가지며(Jacob et al., 2008), 부정적인 정서적 자극에 대한 반응을 덜 억제하고(Domes et al., 2006; Gratz et al., 2010), 불쾌한 정서적 자극을 처리하는 데 이상을 보인다(Baer et al., 2012; Hazlett et al., 2007). BPD 기능이 없는 사람들에 비해 부정적인 기분에 있을 때 충동적으로 행동할 가능성이 더 높다(Chapman et al., 2008). 특정 기간 동안 그들은 기분 상태의 극적인 변화(Reich et al., 2012; Santangelo et al., 2014)와 대사 활동과 관련이 없는 심박수 증가를 경험할 수 있다(Reisch et al., 2008; Trull et al., 2008). 건강한 대조군과 비교하여, BPD를 가진 사람들은 긍정적인 기분 상태에서 갑작스럽고 큰 감정 저하를 경험한다(Ebner-Priemer et al., 2007; Houben et al., 2016). 일상적인 정서 역동 연구에 따르면 BPD 경험이 있는 사람들이 긍정적인 기분과 부정적인 기분 사이를 전환하는 빈도는 BPD 특성이 없는 개인이 그러한 변화를 경험하는 빈도와 다르지 않지만 정서 강도의 변화는 대조군보다 BPD 환자에서 더 크다.

BPD가 있는 사람들은 또한 BPD가 낮은 개인보다 더 복잡한 정서를 보고하고 더 높은 수준의 고통과 관련된 특정 정서를 식별하는 데 더 큰 문제를 경험하는데(Bornovalova et al., 2011; Ebner-Priemer et al., 2008; Preißler et al., 2010), 비록 이것이 정서적 과민 반응의 원인이라기보다는 효과일 수 있지만 그러하다(Domes et al., 2009).

정서조절장애는 잘 알려진 BPD의 핵심 기능이다. 그러나 임상적 관점에서 볼 때 우리는 정신화하기 관점에서 정서조절장애를 설명할 필요가 있다. 우리는 압도적인 정서적 각성이 정신화 불균형을 초래한다고 주장한다. 정신화하기 차원의 관점에서(제1장 참고), 이것은 인지-정동적 차원의 정동적 극성(affective polarity)으로 일시적으로 제한되는 것을 포함하며 사고는 또한 자동적이고 비성찰적인 형태의 정신화하기를 특징으로 한다(자동-조절적 차원에 관하여). 누군가가 스트레스 상태에 있을 때, 자동 정신화하기가 지배하는 것은 당연하다. 어느 정도까지는 스트레스에 대한 정상적인 투쟁/도피 반응으로, 자신의 행동에 대해 생각할 필요 없이 신체적 위험에 즉시 대응할 수 있다는 장점이 있다. 그러나 사회적 대인관계 스트레스 상황에서는 더욱 인지적이고 성찰하는 방식으로 기능할 수 있는 것이 분명히 중요하며, 보다 통제되고 의식적인 정신화하기 기술을 사용할 수 없으면 실제 어려움을 초래할 수 있다. 예를 들어, 누군가 소리 지르거나 소리 지르고 싶은 욕구에 따라 행동하기 전에, 그 사람은 그것이 함께 있는 아이를 얼마나 놀라게 할 수 있는지 생각하고 아이의 정신 상태를 고려하면 진정하고 조절하는 효과가 있다. 당사자가 맥락을 평가하여 고양된 정동을 조절하는 데 도움이 될 수 있는 관점에 접근하기 어려운 경우, 그것은 또한, 대인관계 스트레스를 높이고 사회적 어려움과 기능장애를 악화시키는 반응을 생성하는 방식으로 행동하도록 만들 수 있다. 앞의 예로 돌아가서 소리 지르거나 소리 지르는 것은 아이의 조절을 방해하고 결국 그 성인의 조절을 더 방해할 수 있다.

　정서조절장애와 가장 밀접하게 관련될 수 있는 비정신화하기 모드는 **심리적 동일시**다. 제1장에서 설명한 바와 같이 이 모드에서는 감정이 지나치게 현실적으로 느껴지며, 충분히 강렬할 경우, 의심의 여지가 없다. 이 모드는 내부 사건(생각과 감정)의 경험을 물리적 사건과 동일한 무게와 중요성을 갖는 것처럼 주관적이기보다는 구체적으로 보이게 한다. 이것이 정서적 각성의 영향을 압도적으로 만드는 이유일 수 있다. 아침에 가장 먼저 피곤하고 매력적이지 않다고 느끼는 것과 그 감정을 자신이 추하고 바람직하지 않다는 증거로 간주하는 것은 별개다. 세상을 경험하는 이러한 정서적 방식이 인지로 확장될 때, 즉 생각과 감정이 모두 '너무 현실적'이 될 때, 그것은 대안적 관점을 허용하지 않는 마음의 상태로 이끈다. 그것은 정서 자체를 매우 즉각적이고 완전히 의심할 여지없이 느끼게 한다. 이 경험은 강력하고 압도적일 수 있다. 치료에서 그러한 점이 발생할 때 치료사에게 가장 좋은 전략은 비정신화 담론에 빠지지 않도록 하는 것이다. 우리는 조절되지 않은 정서적 사고가 심리적 동일시 모드의 구체성을 촉발하는 것으로 본다. 이는 개인이 경험의 강도를 맥락화하고 하향 조절하는 데 도움이 될 수 있는 대안적 관점을 받아들이는 것을 어렵게 만든다.

충동성

충동성(가장 불안한 측면이 자살 충동)은 BPD의 두 번째 핵심 특징이다. BPD 환자의 4분의 3이 적어도 한 번은 자살을 시도한다(Black et al., 2004). 정동적 불안정, 특히 부정적인 기분의 진폭과 부정적인 기분의 강도(Links et al., 2008)는 충동성의 가능성 증가와 관련이 있다(Gratz et al., 2010). 주요우울장애, 물질사용장애 또는 외상 후 스트레스 장애의 진단; 반복적 자해; 성인기에 성폭행을 당함; 양육자가 자살로 사망한 경우; 정동적 불안정성; 그리고 더 심각한 해리는 각각 자살 행동을 증가시키는 것으로 나타났다(Wedig et al., 2012, 2013). 자살 위험은 열악한 사회적 적응 및 지지하는 가족, 직장 및 사회적 관계의 부재와 관련이 있다(Soloff & Fabio, 2008; Soloff et al., 2008; Wedig et al., 2013).

충동성은 정신화 차원 간의 불균형이라는 측면에서 이해한다. 충동성은 자동과 조절 차원의 자동적인 극단(pole)을 크게 강조하는 것과 관련이 있다. 충동적인 행동은 개인의 행동이 다른 사람이나 자신에게 미치는 영향에 대해 충분히 성찰하지 못한다면 나타날 것이다. 성찰이 있다고 하여도, 이는 현실과 단절될 가능성이 가장 크다. 즉, 과잉정신화하기 또는 **유사 정신화하기**일 가능성이 높다(제1장 및 제17장 참고). 이 모드에서 BPD를 가진 개인이 설명할 수 없는 일을 했다면, 대개 자신의 '의도' 및 '신념' 및 또는 주변 사람들의 의도와 신념과 관련하여 이유를 나중에 만들어 내게 된다. 예를 들어, 파트너가 그녀가 보낸 문자 메시지에 즉시 응답하지 않았기 때문에 그녀가 무시 받았다고 생각하는 맥락이라면, 그녀의 말에는 무슨 일이 있었는지에 대한 과장된 가정들로 가득할 것이다. 치료에서 이 사건에 대해 논의한다면, 그녀는 확장된 분석에서 자신과 치료사를 얽히게 만들지만 그녀의 주장에 대한 설득력 있는 증거는 거의 제공하지 않을 것이다. 그녀는 급히 자신의 견해를 인정받으려 할지도 모르지만 이것이 제공되더라도 그녀가 자신의 설명을 만들어 냈다는 것을 알고 있기 때문에 의미가 없다. 따라서 그것을 확인하거나 정교화하는 것은 그녀의 공허함과 무의미함을 증가시킬 뿐이다. 그러한 상황에서 치료사는 이 비정신화 과정을 중단함으로써 가장 도움이 될 것이다. 빠르면 빠를수록 좋다. 이러한 유형의 기능은 정신화하기가 심하게 손상될 때 내면과 외면 사이에 부적절한 연결이 있는 비정신화하기(또는 예비 정신화하기)의 **가장 모드**로 발전한다. 이것은 외부 현실에 대한 측정된 근거(hold)에 의해 조절되지 않기 때문에 종종 충동적인 행동을 초래할 수 있다.

충동성은 **목적론적 입장**에서도 기인할 수 있다. 예비 정신화하기(prementalizing)의 목적론적 모드는 관찰 가능한 물리적 결과에 중점을 둔다. 목적론적 모드에서 개인은 다른 사람의 의도의 진정한 표현으로 물리적 행동 이외의 어떤 것도 받아들일 수 없다. 그러한 환자의 경우, 그의 파트너 또는 부모는 지속해서 그에게 그들의 사랑과 지원을 확신시킬 수 있지만, 그중 어느 것도 그에게 진실하게 느껴지지 않는다. 그것은 환자가 확실히 '빠지게 되는', '구멍'에 대처하지 못하기 때문이다. 특히, 고독한—무서운 공허함을 느낄 때 그렇다. 그러한 환자에게 도움이 되는 것처럼 보이는 것은 그를 실제처럼 느끼게 하는 신체적 행동이다. 예를 들어, 자신을 너무 심하게 긁는 것이다. 이 모드에서는 행동으로 입증되는 의도만 허용될 수 있으며, 물리적으로 관찰 가능한 결과를 생성하지 않는 한 의미가 없다. 이것은 개인에게 여전히 자기 주체성의 힘이 있음을 보여 주는 자해 행위 또는 유사한 이유로 다른 사람에 대한 공격 행위를 설명할 수 있다. 대인관계 애정이 육체적 행동을 동반할 때에만 실재적일 수 있다는 감정은 위험한 성행위를 분명히 설명하지만, 대인관계 애정의 모든 언어적 표현이 무의미하다는 감정을 해소하기 위해 신체적 활동을 조성해야 할 필요성을 설명하기도 한다. 목적론적 입장은 정신화하기의 내—외부 차원의 외부 극에 고도로 고정되어 있고 조절된 정신화하기의 순간적인 상실을 반영하는 비정신화하기의 상태다.

사회적 기능장애

사회적 기능장애는 일반적으로 핵심 BPD 증상군의 세 번째 요소로 간주한다. 예를 들어, BPD 환자는 다른 임상 그룹과 비교하면 더 큰 사회적 문제 해결 어려움을 경험하고 낭만적인 관계에서 높은 수준의 장애를 보고한다. 사회적 문제 해결의 어려움은 역기능적 애착 과정과 직접 연결될 가능성이 크다. BPD와 일반적으로 동반되는 상태를 통제한 BPD 환자 표본에 관한 한 연구(Fonagy et al., 1996)에서 BPD와 몰두(preoccupied) 애착 사이의 특정 연관성이 보고되었다(BPD 기준을 충족한 환자의 75%가 '트라우마에 대한 두려움에 사로잡혀 있는' 드물게 사용되는 성인 애착 하위 집단에 속함).

우리는 임상 실제 및 연구 분야에서 일하는 다른 많은 사람과 함께 BPD 환자의 두려운 애착(애착 불안 및 관계 회피), 외로움에 대한 고통과 참지 못함, 사회적 상황에 대한 현저한 과민성, 다른 사람들의 적대적인 반응과 이자적(dyadic) 상호작용에 대한 긍정적인 기억의 큰 감소 등을 강조해 왔다(예: Gunderson & Lyons-Ruth, 2008).

정신화하기는 사회적 인지의 핵심이기 때문에, 이러한 사회적 어려움은 정신화하기가 좋지 않고 성찰적 사고를 사용하여 다른 사람에 대한 자동적인 가정을 조절하기 어려운 개인에게서 많이 발생할 가능성이 더 크다는 것이 분명하다. 많은 연구에 따르면 BPD

를 가진 개인은 사회적 거부를 불안하게 기대하고 쉽게 인식하며, 격렬하게 반응하는 것으로 보인다. BPD 환자는 거부 민감도를 측정하는 설문지에서 건강한 대조군이나 불안장애(사회공포증 포함) 또는 기분장애가 있는 환자보다 더 높은 점수를 받았다(Downey & Feldman, 1996). 다른 그룹과 비교하여 그들은 거부를 더 많이 예상하고 존재하지 않을 때도 거부를 인식한다. 실험적 조건에서 확실하게 사회적 거부의 경험을 유도할 수 있는 '사이버볼' 게임도 비슷한 결과를 보인다(Staebler et al., 2011). 참가자는 다른 곳에서 게임에 접근하는 파트너들과 함께 온라인 공 던지기 게임에 참여한다. 플레이어는 공동 참가자라고 생각하지만 실제로는 특정 방식으로 플레이하도록 미리 프로그래밍이 된 가상 플레이어들이다. '포함' 조건에서는 모든 플레이어가 동일한 수의 공 토스를 받고 게임이 완전히 공정한 반면에 '배제' 조건에서는 가상 플레이어들은 참가자에게 공 던지기를 중지하고 서로에게 호의를 나타내어 참가자를 제외한다. BPD를 가진 개인은 실험 조건과 무관하게 건강한 대조군보다 거부감을 더 많이 느낀다. 즉, 배제될 때 거부감을 느끼지만 동등하게 포함될 때도 거부감을 느낀다. 사회적 거부 동안 BPD를 가진 개인은 전두변연계 영역에서 변경된 처리를 보여 준다. 특히, 내측 전전두엽 피질의 활동이 증가한다(Ruocco et al., 2010). 전반적으로, 이러한 연구의 데이터는 BPD를 가진 개인이 사회적 상황을 구별하는 데 어려움을 겪고 사회적 만남 중에 과잉정신화하는 경향이 있음을 시사한다(Domsalla et al., 2014).

　개인이 정신 상태의 지표로 외부 신호에 기반을 둔 정신화하기를 지나치게 강조한다면 사회적 기능장애는 불가피하다. 개인의 생각과 감정을 이해하고 연결하는 데 어려움이 있으므로 공허함과 무의미함을 느끼지 않도록 자신을 보호해야 하는 지속적이고 강렬한 욕구가 생길 수 있다. 이것은 BPD와 관련된 사회적 기능장애의 일반적인 측면인 다른 사람에 대한 필요와 의존으로 이어질 수 있다. 외부 신호에 초점을 맞추면 지나치게 경계하는 태도를 유발할 수 있으며, 이는 다른 사람들이 보기에는 확인에 대한 비합리적인 요구여서, 실제로 거부될 가능성을 높일 수 있다. 다른 사람에 대한 의존은 다른 사람의 기분과 말하는 내용에 대한 과민성, **카멜레온 효과**(다른 사람의 행동을 모방하려는 무의식적 경향), 그리고 그에 수반되는 자기 자신이 사라질 것이라는 두려움에 의해 유발된다. 거절은 다른 사람의 긍정과 인정이 사라질 것이라는 공포를 촉발한다. 다른 사람들이 자기감(sense of self)을 위협하는 위험은 매우 큰 일이다. 이 경험은 매우 충격적으로 느껴질 수 있다. 이 취약성을 해결하는 한 가지 방법은 다른 사람과의 상호작용에서 개인의 정체성을 억지로 인정하려는 약하고 독단적인 행동을 하는 것일 수 있다. 이러한 접근 방식은 이해될 수 있지만, 이러한 종류의 공격적이거나 지배적인 행동은 다른 사람들이 방어적으로 반응하도록 하여 종종 갈등과 강렬한 감정을 유발하여 개인의 정신화하기 능력을 더욱 손상시키는 역할을 한다.

사회적 인지의 4가지 차원을 가로지르는 BPD의 정신화하기 프로파일

우리는 BPD를 가진 전형적인 개인의 정신화하기 강점과 약점이 제1장에서 논의된 사회적 인지의 4가지 차원(자동 대 조절, 자기 대 타인, 내부 대 외부, 인지 대 정동)에서 어떻게 명백할 수 있는지 간략하게 고려할 것이다.

자동 대 조절

BPD를 가진 개인은 종종 도움이 되지 않는 자동적이거나 암시적인 형태의 정신화하기 경향이 있다. 이러한 정신화하기는 단순해 보일 수 있다. 그것은 일반적으로 자동적이고, 의문을 제기하지 않으며 무의식적이다. BPD를 가진 개인은 기본 논리가 직관적이고 비합리적이며 비언어적이기 때문에 진정으로 구두로 설명하기가 불가능하다. 그리고 그것은 성찰 없는(unreflective) 기원을 드러내는 근거 없는 확실성으로 특징지어진다. 특히, 강렬한 애착관계의 맥락에서 전형적인 것처럼, 각성이 증가할 때 BPD를 가진 사람들은 자동 정신화하기로 쉽게 전환할 수 있다. 결과적으로 그들은 종종 사회적 인지에 심각한 손상을 보인다. 예를 들어, 그들은 지나치게 불신(편집증)하거나 반대로 지나치게 신뢰(순진)할 수 있다. 그들의 생각은 충동적이다. 그들은 반영되거나 검증되지 않은 다른 사람들의 생각과 감정에 대해 빠르게 가정한다. 이러한 개인은 주변 사람들에게 미치는 영향을 고려하고 반영하는 것이 어려울 수 있으므로 대인관계 갈등에 휘말릴 수 있다. 게다가 이러한 사람은 타자 조망하기 부족으로 어느 정도의 (의도하지 않은) 잔인함이 그들의 생각과 행동에 들어갈 수 있다. 진정한 성찰 대신 유사 정신화하기가 일어날 수 있다. 또한, 그들의 정신화하기는 현실에 대한 시험에 의해 제한되지 않기 때문에 종종 과도하다. 이 현상은 **과잉정신화하기**(hypermentalizing)로 설명되었으며, 특히 성격장애가 있는 청소년의 특징일 수 있다(Sharp, 2014; 제17장 참고).

자기 대 타인

일부 경계선 특성을 가진 환자는 자신의 내부 상태에 대해 과도한 관심을 보일 수 있다 (즉, 자신과 관련하여 과도하게 정신화됨). 동시에, 자기에 대한 이러한 견해는 사회적 현실 (다른 사람들이 자신을 어떻게 인식하는지에 대한 인식)과 관련 없이 발전한다. 자기 인식과 다른 사람들이 자신을 어떻게 인식하는지에 대한 진지한 호기심의 균형을 맞추지 못하면 긍정적인 방향과 부정적인 방향 모두에서 자기 이미지가 과장될 수 있다. 균형 잡히고 적응적인 형태의 자기 정신화는 결여되고, 개인의 정체성의 현실은 과잉정신화된 환상 속에서 길을 잃는다.

내부 대 외부

BPD를 가진 사람들은 다른 사람들의 의도를 이해해야 하는 작업을 제대로 수행하지 못하는 경향이 있다. 그러나 그들은 얼굴 표정에 과민할 수 있다. 사실, 정서 상태에 대한 시각적 단서에 대한 민감도에 관한 일부 연구에서 BPD가 있는 개인은 BPD가 없는 개인보다 수행이 뛰어나다. BPD의 특징인 정서적 경험에 대한 높은 민감도는 본질적으로 정신 상태에 대한 지식의 원천으로서 자신과 타인의 외적 특징에 대한 민감도 증가와 본질적으로 관련이 있는 것으로 보이며, 아마도 BPD 환자가 정서 경험에 과도하게 영향을 받는 경향과 관련이 있는 것으로 보인다. 외부에 지나치게 집중하면 다른 사람들이 느끼거나 생각하는 것에 대해 지나치게 경계하지만, 표면적 판단 외에는 정확한 평가를 하지 못할 수 있다.

이러한 유형의 정신화하기 장애는 다른 사람의 정신 상태를 확립하는 데 사용되는 내부 및 외부 신호의 균형을 평가할 때만 명백해질 수 있다. 예를 들어, 개인의 치료사가 얼마나 헌신적인가에 대한 정확한 묘사는 상대적으로 낮은 재정적 보상을 받고 거의 명시적으로 감사를 표하지 않는 경우에, 치료사가 정기적으로 참석하는 데 일반적으로 요구되는 동기 수준을 인식해야만 얻을 수 있다. 그러나 내부 상태에 대한 그러한 평가가 개인에게 접근할 수 없는 경우, 태도의 외부 지표가 결정적으로 중요하게 느껴진다. 진료 시간에 늦게 도착하는 치료사와 같이 헌신의 부족을 나타내는 지표는 배신의 치명적인 증거로 볼 수 있다. MBT에서 정신화하기 개입은 증거를 검토하려는 유혹에 굴복하기보다는 환자의 주관적인 경험을 받아들이는 것으로 시작해야 하며, 이는 종종 압도적일 수 있다. 균형 잡힌 상황에서는, 다른 사람의 내부 상태가 높은 정서적 각성의 상태에 있는 환자가 진실이라고 주장하는 것과 다른 것임을 증거로 받아들일 수 있다.

인지 대 정동

경계선 특성을 가진 환자는 종종 자동적이고 감정 중심적인 정신화하기에 압도되며 이러한 정동적 정신화하기와 더욱 성찰적이고 인지적인 기능 모드와의 균형을 맞추는 능력이 부족하다. 이것은 임상적으로 인지 때문에 부적절하게 균형이 잡혀 있고(또는 전혀 균형이 맞지 않는) 압도적으로 조절되지 않는 정서로 간주하며, 이러한 정서가 행동을 지배하게 되어 파국을 초래한다.

본질적으로, 인지는 형성될 때 의심을 내재하고 있다. 생각이 생각일 뿐이라는 사실을 아는 사람은 자신이 생각하는 것과 실제라고 알고 있는 것을 구별할 수 있다. 대조적으로 정서는 항상 실제처럼 느껴진다. 누군가가 고통을 겪고 있다면 이 감각이 상상의 산물이라고 설득하기 어렵다. 인지는 일반적으로 의심과 함께 오지만, 감정에는 신체적 또는 물리적 현실이 내재되어 있으며 일반적으로 인지와 정동은 별개가 아니라 패키지로 제공된다. 이것은 사람들이 감정 상태의 즉각적이고 강력한 질(quality)을 인지 때문에 주어진 관점과 균형 맞출 수 있도록 한다. 그러나 BPD를 가진 개인의 경우 인지-정동적 차원의 불균형이 발생하면 인지가 자기 내에서 확고하게 자리 잡은 것처럼 경험하게 되고 BPD를 가진 개인의 정서는 인지의 조절 없이 지속된다. 예를 들어, 누군가가 자신을 이류 또는 열등한 사람으로 보고 있음을 감지('느끼는')하고 그것에 대해 숙고하지 않고 단순히 이러한 생각을 경험한다면 그 생각은 육체적 고통에 대한 내적 확신의 일부를 수반할 것이다. 그것은 그 사람이 논쟁할 수 없는 것이 될 것이다.

이 문제를 악화시키는 것은 강렬한 정서가 일반적으로 그것을 조절하는 데 도움이 되는 과정, 즉 인지 평가를 방해할 수 있다는 것이다. 앞의 예로 돌아가서, 친구에 의해 이류로 여겨지는 개인의 감각이 강렬한 정서적 반응을 일으킨다면, 그 개인은 더 이상 친구에 대해 알고 있는 다른 모든 것과 서로에 대한 과거 경험에 대해 자신의 가정을 테스트할 수 없다. 인지의 결핍은 또한 한 사람의 강렬한 정서적 경험이 다른 사람의 정서적 반응을 촉발할 때 정서적 신호에 대한 과민성으로 이어질 수 있으며, 사회적 맥락에서 정서적 전염의 압도적인 경험으로 이어질 수 있고, 이는 차례로 조절하기 어려울 수 있다. 따라서 그 사람은 친구의 상상 속 경멸에 대해 경멸적으로(또는 노골적으로 모욕함으로써) 반응할 수 있다.

이런 상황에서, 사람은 자기 자신에 대한 경계 능력을 잃을 수 있고 자신의 정신 상태를 다른 사람에게 더 쉽게 귀속시킬 수 있다. 그 개인은 친구의 반응을 자신의 취약한 자기 감각의 명백한 표시로 보고, 자신을 보호하려는 겸손한 시도도 마찬가지로 자신의 불신과 신뢰할 수 없다는 표시로 간주한다. 그 개인은 결국 그에게 실망감을 느끼고 완전히 버림받고 고립된 감정을 받는다. 따라서 BPD를 가진 사람들이 다른 사람들과 관련하여 보이는 명백한 정서에도 불구하고 정서적 폭풍은 진정한 공감 능력에 심각한 제한을 초래할 수 있으며, 정서적 폭풍은 다른 사람의 슬픔이나 고통에 직면할 때, 진정한 타자 중심의 공감 대신에 자기중심적 고통을 보일 수 있다.

차원적 틀의 임상 적용

정신화하기의 차원적 틀은 치료사가 BPD를 가진 사람에게 문제를 일으키는 정신화하기의 특정 실패를 공식화하고 초점을 맞추는 데 도움이 된다. 합리적인 의뢰서에는 환자의 정신화 취약성에 대한 지표가 포함되어야 하며, 따라서 치료사는 환자를 평가하는 동안 이러한 영역을 보다 구체적으로 탐색할 것이다(정신화하기의 평가에 대한 논의는 제3장 참고).

의뢰서 예시

Sally의 경우, 많은 요소들이 그녀의 자기 정신화하기 문제를 암시한다. 그녀는 대부분의 시간 동안 혼자 있는 것이 어렵다고 생각하며, 사랑받고 있다는 확신을 계속해서 요구하고, 이전 여자 친구와 끊임없이 자신을 비교하고, 시시덕거리는 사람들을 만나기 위해 외출해야 한다. 가끔 위험한 성행위에 관여하기도 한다. 과거에 그녀는 그녀에게 지시를 내리고 강압적이고 폭력적인 다른 남자에 의해 통제되었다.

이 모든 정보는 치료사가 신뢰할 수 있는 내부 자기 상태에 접근하는 Sally의 능력을 평가할 필요가 있음을 시사한다. Sally는 다른 사람의 마음 상태에 지나치게 의존하여 착취에 취약하다. 긍정적으로, 그녀는 아들과 함께 있을 때 어머니로서 더 확고한 자신을 느낀다. 이 기능 영역을 조사한 결과 그와의 관계가 상당 부분 '기계적'인 것으로 나타났다. 아들의 신체적 욕구는 채워졌지만, 그의 정서적 욕구는 충족되지 않았다. 정동적으로 그녀는 인지 처리 때문에 균형이 맞지 않고 주로 외부 세계의 변화를 통해 해결되는 기분 변동을 묘사한다. 그녀는 자신을 '좋아하는' 남성과 성적 상호작용에 참여할 남성을 찾는다. 목적론적으로 이것은 그녀에게 자신이 사랑스럽다는 감정을 더 강하게 느끼게 한다.

마지막으로, 그녀의 관계는 그녀가 애착 불안과 관계 회피, 외로움에 대한 고통스러운 편협을 특징으로 하는 두려움-회피 애착 형태를 보임을 시사한다. 이것은 치료 초기에 활성화될 가능성이 있다. 이미 의뢰인이 Sally를 호감이 가는 사람으로 언급했다. 더 중요한 것은, 그녀는 치료를 받는 동안 빠르게 불안을 경험할 수 있으며, 치료사가 자신을 좋아하는지 걱정할 수 있다. 그녀는 회기에서 그녀가 '올바른 일을 하고 있다'라는 확신과 확인을 요청할 수 있다. 회기에서 그녀의 지원과 치료사의 도움 경험은 단기간일 수 있으므로 그녀는 회기 사이에 접촉을 늘릴 수 있다. 정신화하기 취약성을 기반으로 하는 이러한 모든 행동은 평가에 대한 차원 접근 방식을 사용하여 예측할 수 있으므로 치료를 시작하기 전에 Sally와 논의할 수 있다.

결론

다른 곳에서, 우리는 BPD와 관련된 특징이 그 장애의 특성인 높은 수준의 동반이환과 함께, BPD가 심리적 회복탄력성의 일반적인 부족을 나타낼 수 있고 일반적인 정신병리 요인에 대한 핵심 지표가 될 수 있음을 시사한다는 아이디어를 탐구했다(제4장 '정신화하기, 회복탄력성, 인식론적 신뢰' 및 Fonagy et al., 2017a, 2017b 참고). 우리는 또한 일반적인 정신병리와 관련하여 BPD를 매우 전형적으로 만드는 BPD와 관련된 취약성이 인식론적 신뢰의 손상 및 결과적으로 자신의 사회적 환경으로부터 혜택을 받는 개인의 능력 손상과 관련이 있다고 제안했다(제1장과 제4장 및 Fonagy et al., 2015 참고). 치료사가 전통적으로 BPD 환자에게 부여한 경직성 또는 '접근하기 어려운' 특성은 인식적 불신에서 발생하는 사회적 의사소통 어려움에서 나오는 것 중 하나다. 환자는 사회적 접촉에 대한 명백한 필요성과 자신의 감정을 논의하려는 의지에도 불구하고 지속 가능한 방식으로 건설적인 사회적 관계에서 이익을 얻고 건설적인 사회적 관계를 구축하기 위해 고군분투할 수 있다. 왜냐하면 이것이 요구하는 사회적 학습에 접근할 수 없기 때문이다. 이것은 제10장에서 더 자세히 논의되는 임상 실제 측면에서 중요한 의미를 갖는다. 여기서 우리는 균형 잡힌 정신화하기가 사회적 학습과 사회적 의사소통의 이점을 위한 기본 도구라는 점을 강조하고자 한다. 사회적 세상에 대한 새로운 학습과 그 안에서 작동하는 방법은 사회 환경이 정확하게 해석되어야만 달성할 수 있다. 다른 사람의 행동과 반응의 정신 상태를 이해할 수 있는 것, 즉 적절한 정신화하기 상태를 이해하는 것이 중요하다. 더욱이 관계 개선, 정서 조절, 좋은 행동 통제를 지속해서 유지해야만 건설적인 사회적 경험의 이점을 얻을 수 있다. 다시 한번 향상된 정신화하기는 이것들을 위해 필수적이다. BPD는 종종 강렬한 대인 관계의 고통과 사회적 고립감을 특징으로 하는 상태다. 개인이 더욱 균형 잡힌 정신화하기를 계발하도록 돕는 것은 더 넓은 사회 환경에서 사람들과 더욱 친절하고 협력적인 관계를 구축할 수 있도록 하는 근본적인 사회적 관계 망(social building blocks)을 제공한다.

📖 참고문헌

American Psychiatric Association: Diagnostic and Statistical Manual of Mental Disorders, 5th Edition. Arlington, VA, American Psychiatric Association, 2013

Baer RA, Peters JR, Eisenlohr-Moul TA, et al: Emotion-related cognitive processes in borderline personality disorder: a review of the empirical literature. Clin Psychol Rev 32(5):359-369, 2012 22561966

Bateman AW: The treatment of borderline patients in a day hospital setting. Psychoanal Psychother 9:3-16, 1995

Black DW, Blum N, Pfohl B, et al: Suicidal behavior in borderline personality disorder: prevalence, risk factors, prediction, and prevention. J Pers Disord 18(3):226-239, 2004 15237043

Bornovalova MA, Matusiewicz A, Rojas E: Distress tolerance moderates the relationship between negative affect intensity with borderline personality disorder levels. Compr Psychiatry 52(6):744-753, 2011 21257162

Chapman AL, Leung DW, Lynch TR: Impulsivity and emotion dysregulation in borderline personality disorder. J Pers Disord 22(2):148-164, 2008 18419235

Domes G, Schulze L, Herpertz SC: Emotion recognition in borderline personality disorder—a review of the literature. J Pers Disord 23(1):6-19, 2009 19267658

Domes G, Winter B, Schnell K, et al: The influence of emotions on inhibitory functioning in borderline personality disorder. Psychol Med 36(8):1163-1172, 2006 16700964

Domsalla M, Koppe G, Niedtfeld I, et al: Cerebral processing of social rejection in patients with borderline personality disorder. Soc Cogn Affect Neurosci 9(11):1789-1797, 2014 24273076

Downey G, Feldman SI: Implications of rejection sensitivity for intimate relationships. J Pers Soc

Psychol 70(6):1327-1343, 1996 8667172

Ebner-Priemer UW, Kuo J, Kleindienst N, et al: State affective instability in borderline personality disorder assessed by ambulatory monitoring. Psychol Med 37(7):961-970, 2007 17202005

Ebner-Priemer UW, Kuo J, Schlotz W, et al: Distress and affective dysregulation in patients with borderline personality disorder: a psychophysiological ambulatory monitoring study. J Nerv Ment Dis 196(4):314-320, 2008 18414126

Fonagy P: Thinking about thinking: some clinical and theoretical considerations in the treatment of a borderline patient. Int J Psychoanal 72(Pt 4):639-656, 1991 1797718

Fonagy P, Leigh T, Steele M, et al: The relation of attachment status, psychiatric classification, and response to psychotherapy. J Consult Clin Psychol 64(1):22-31, 1996 8907081

Fonagy P, Luyten P, Allison E: Epistemic petrification and the restoration of epistemic trust: a new conceptualization of borderline personality disorder and its psychosocial treatment. J Pers Disord 29(5):575-609, 2015 26393477

Fonagy P, Luyten P, Allison E, et al: What we have changed our minds about: Part 1. Borderline personality disorder as a limitation of resilience. Borderline Personal Disorder Emotion Dysregul 4:11, 2017a 28413687

Fonagy P, Luyten P, Allison E, et al: What we have changed our minds about: Part 2. Borderline personality disorder, epistemic trust and the developmental significance of social communication. Borderline Personal Disorder Emotion Dysregul 4:9, 2017b 28405338

Grant BF, Chou SP, Goldstein RB, et al: Prevalence, correlates, disability, and comorbidity of DSM-IV borderline personality disorder: results from the Wave 2 National Epidemiologic Survey on Alcohol and Related Conditions. J Clin Psychiatry 69(4):533-545, 2008 18426259

Gratz KL, Rosenthal MZ, Tull MT, et al: An experimental investigation of emotion dysregulation in borderline personality disorder. J Abnorm Psychol 115(4):850-855, 2006 17100543

Gratz KL, Breetz A, Tull MT: The moderating role of borderline personality in the relationships between deliberate self-harm and emotion-related factors. Pers Ment Health 4:96-107, 2010

Gunderson JG, Lyons-Ruth K: BPD's interpersonal hypersensitivity phenotype: a gene-environmentdevelopmental model. J Pers Disord 22(1):22-41, 2008 18312121

Hazlett EA, Speiser LJ, Goodman M, et al: Exaggerated affect-modulated startle during unpleasant stimuli in borderline personality disorder. Biol Psychiatry 62(3):250-255, 2007 17258691

Houben M, Vansteelandt K, Claes L, et al: Emotional switching in borderline personality disorder: a daily life study. Pers Disord 7(1):50-60, 2016 26098377

Jacob GA, Guenzler C, Zimmermann S, et al: Time course of anger and other emotions in women with borderline personality disorder: a preliminary study. J Behav Ther Exp Psychiatry

39(3):391-402, 2008 18171575

Links PS, Eynan R, Heisel MJ, et al: Elements of affective instability associated with suicidal behaviour in patients with borderline personality disorder. Can J Psychiatry 53(2):112-116, 2008 18357929

Prei β ler S, Dziobek I, Ritter K, et al: Social cognition in borderline personality disorder: evidence for disturbed recognition of the emotions, thoughts, and intentions of others. Front Behav Neurosci 4:182, 2010 21151817

Reich DB, Zanarini MC, Fitzmaurice G: Affective lability in bipolar disorder and borderline personality disorder. Compr Psychiatry 53(3):230-237, 2012 21632042

Reisch T, Ebner-Priemer UW, Tschacher W, et al: Sequences of emotions in patients with borderline personality disorder. Acta Psychiatr Scand 118(1):42-48, 2008 18582346

Ruocco AC, Medaglia JD, Tinker JR, et al: Medial prefrontal cortex hyperactivation during social exclusion in borderline personality disorder. Psychiatry Res 181(3):233-236, 2010 20153143

Salsman NL, Linehan MM: An investigation of the relationships among negative affect, difficulties in emotion regulation, and features of borderline personality disorder. J Psychopathol Behav Assess 34:260-267, 2012

Santangelo P, Bohus M, Ebner-Priemer UW: Ecological momentary assessment in borderline personality disorder: a review of recent findings and methodological challenges. J Pers Disord 28(4):555-576, 2014 22984853

Sharp C: The social-cognitive basis of BPD: a theory of hypermentalizing, in Handbook of Borderline Personality Disorder in Children and Adolescents. Edited by Sharp C, Tackett JL. New York, Springer, 2014, pp 211-226

Soloff PH, Fabio A: Prospective predictors of suicide attempts in borderline personality disorder at one, two, and two-to-five year follow-up. J Pers Disord 22(2):123-134, 2008 18419233

Soloff PH, Feske U, Fabio A: Mediators of the relationship between childhood sexual abuse and suicidal behavior in borderline personality disorder. J Pers Disord 22(3):221-232, 2008 18540795

Staebler K, Renneberg B, Stopsack M, et al: Facial emotional expression in reaction to social exclusion in borderline personality disorder. Psychol Med 41(9):1929-1938, 2011 21306661

Trull TJ, Solhan MB, Tragesser SL, et al: Affective instability: measuring a core feature of borderline personality disorder with ecological momentary assessment. J Abnorm Psychol 117(3):647-661, 2008 18729616

Wedig MM, Silverman MH, Frankenburg FR, et al: Predictors of suicide attempts in patients with borderline personality disorder over 16 years of prospective follow-up. Psychol Med

42(11):2395-2404, 2012 22436619

Wedig MM, Frankenburg FR, Bradford Reich D, et al: Predictors of suicide threats in patients with borderline personality disorder over 16 years of prospective follow-up. Psychiatry Res 208(3):252-256, 2013 23747235

제20장

지역사회와 교도소 환경에서의
반사회적 성격장애

Anthony Bateman, M.A., FRCPsych
Anna Motz, B.A., C.Foren.Psychol., DipClinPsych
Jessica Yakeley, M.B. B.Chir., MRCP, FRCPsych

이 장에서, 우리는 반사회적 성격장애(ASPD)에 대한 정신화적 이해를 개략적으로 설명하고, 정신화 기반 치료(MBT-ASPD)를 요약하며, 치료가 타인에 대한 반응적 공격성을 감소시킨다면 지역사회와 교도소 상황 모두에서 이 임상적 개입을 시행하는 것이 개인과 사회 모두에게 이익이 될 것이라고 주장한다. MBT-ASPD는 현재 남성 내담자를 대상으로 하는데 이는 사회 및 교도소 인구에서 남성의 ASPD 유병률이 높기 때문이다.

ASPD와 지역사회 환경: 치료를 위한 일반적인 고려 사항

일반 인구에서 ASPD를 가진 남성의 유병률은 1~6%로 추정된다(Coid et al., 2006; Torgersen et al., 2001). 이 장애는 정신건강 서비스, 사법 제도 및 교도소 환경에서 더 흔하다. ASPD는 상당한 동반장애, 특히 물질 의존(Compton et al., 2005), 불안 및 우울장애(Lenzenweger et al., 2007) 및 신체 건강 상태(Byrne et al., 2013)와 관련이 있다. 더욱이 ASPD를 가진 사람들은 주로 무모한 행동을 하고 자신을 위험에 빠뜨릴 뿐만 아니라 더 높은 자살률로 인해 조기 사망의 위험을 증가시킨다(Black et al., 1996; Martin et al., 1985).

지역사회 내에서 ASPD의 발생이 상대적으로 높고, 동반된 정신건강 및 신체질환으로 인한 서비스의 부담이 크지만, 영국의 보건 및 형사 사법 시스템 내 지역에서 ASPD 치료는 여전히 제한적이다. 이는 지난 10년간 경계선 성격장애(BPD) 환자를 위한 치료 서비스가 증가한 것과 뚜렷한 대조를 이룬다. ASPD 사람들이 치료를 회피하는 경향이 있기도 하지만, 대개는 불안, 우울증 또는 신체 건강에 대한 불만으로 일차 진료 의사를 방문하거나 이차 정신건강 서비스를 찾는다. 그러나 이들의 폭력 및 반사회적 행동 이력이 밝혀지면서 전문가들이 치료를 거부하는 경우가 많다. 이는 아마도 ASPD의 경우, 위험이 증가되고, 물질 오용에 취약하며, 치료에 순응하지 않아 치료가 불가능할 것이라는 상담자의 지속적인 믿음과 관련되어 있기 때문이다. 또한 ASPD 사람들에게는 심리적 어려움이 나약함과 동일시되어 수치심과 굴욕감을 느끼게 하므로 스스로 정신장애를 가지고 있다고 생각하기를 꺼리는 경향이 있고, 이는 곧 성격장애의 가능성을 의미하기도 하기 때문이다. 더 나아가 ASPD 사람들이 수치심 등으로 다른 사람에게 심리적 어려움을 알리지 않는 것과 전문가들이 타인에 대한 위협에 초점을 맞추느라 ASPD에게 정작 초점을 두지 못한다는 점에서 그들의 자살 가능성이 감지되지 못하기도 한다.

ASPD의 정신화하기 프로파일

어떤 의미에서 ASPD가 정신화하기를 어렵게 하고 정신화 능력을 순간적으로 억제함으로써 폭력이 발생하도록 한다는 것은 자명하다. 그러나 ASPD를 가진 개인이 명백한 정신화하기의 결함을 가지고 있다고 주장하는 것은 너무 단순하다. 예를 들어, 역설적이게도 더 나은 정신화하기 능력을 가지고 있음에도 특정 정신장애의 폭력을 발생시킬 수 있다는 증거가 있다. 예를 들어, 폭력적인 조현병 환자는 복잡한 마음 이론 작업에서 비폭력적인 상대를 능가하는 경향이 있다. BPD와 마찬가지로 ASPD에 개입할 때 '정신화하기'를 단일 개체로 생각하기보다는 프로파일과 주관적 상태 측면에서 생각하는 것이 중요하다. ASPD를 위한 정신화 기반 치료 프로그램을 개발하는 관점에서, 그들의 정신화하기 결손의 본질을 파악할 필요가 있다. 우리의 전반적인 견해를 요약하자면, 반사회적 특성은 정신화되지 않은 사고방식을 사용하여 대인관계를 '경직화하기' 함으로써 안정된 정신화하기에 이르기도 한다. ASPD를 가진 사람들은 정신화하기의 불균형을 보여 주며, 내적인 것보다는 외적인 것, 정서적인 것보다는 인지적인 것, 그리고 성찰적인 (조절된) 형태보다는 충동적인 직관적인 (자동적인) 정신화하기에서 정상인보다 더 나은 모습을 보이기도 한다.

자동 대 조절: 자동 정신화하기 실패

조절된 혹은 명시적인 정신화하기는, 특히 그것이 더 높은 단계에 있을 때 심리치료의 명백한 요소가 될 수 있다. 이것은 ASPD 치료에서도 중요한 것으로, 자신과 다른 사람들 모두에 대해 명시적인 정신화하기를 수행하도록 요청받을 수 있다. ASPD는 이해에 정서적 중요성을 부여하지 않는다. 결과적으로, 그들은 빠르고 반사적인 자동 정신화하기를 남용한다. 즉, 다른 사람들과 공감할 수 있는 능력이 제한되어 있고, 다른 사람들이 생각하고 느끼는 것에 대해 관심이 부족한 이유로 조절된 정신화하기를 사용하는 데 실패한다. 이는 그들의 가정이 의문의 여지가 없이 경직되어 있고, 미묘한 차이를 구분하지 않기 때문에 자동 정신화하기가 실패함을 의미한다.

인지적 대 정동적: 정동적 정신화하기 실패

ASPD는 정신 상태에 대한 상당한 수준의 인지적 이해가 가능하지만 경험의 정동적 핵심과는 접촉하지 않는다. 인지는 그들의 '비현실적인' 성격 때문에 대부분 자기 이익을 위한 방식으로 쉽게 왜곡될 수 있고, 결국 그들의 현실은 광범위하게 왜곡된다. 정동적 정신화하기의 실패는 결국 자신에 대한 진정한 연민이나 타인에 대한 공감을 어렵게 만들고, 더 나아가 타인의 고통에 반응하거나 즐기는 것에 흥분을 느끼는 결과를 초래한다(Decety et al., 2009).

임상적 사례

집단에서 한 내담자는 분명히 화가 나 있고 그가 해결해 온 문제에 대해 더 이상 이야기하고 싶지 않다고 말했다. 상담자는 이에 공감하며 집단을 다른 주제로 이동시켰다. 그러나 또 다른 내담자는 상담자에게 '집단이 어려운 것들에 대해 서로 이야기하는 장'임을 확인함으로써 주제를 변화시키는 것에 대한 불편한 심기를 드러냈다. 상담자는 이에 동의해야 했고, 두 번째 내담자는 계속해서 첫 번째 내담자를 심문하여 점점 더 화가 나도록 했다. 두 번째 내담자는 첫 번째 내담자를 불편하게 만드는 것에서 즐거움을 얻은 것이 분명했다.

자기 대 타인: 타인 안에서 자기를 못 보는 실패

앞의 예에서 내담자는 이기적인 방식으로 다른 사람의 인지 및 정서 상태를 이해하는 자신의 능력을 오용하고 있다. ASPD는 인지적인 관점에서 다른 사람들의 내면을 읽는 데는 상당한 전문가이지만, 이러한 상태에 공감하고 동정할 수 없다. 이러한 비대칭성은 다른 사람들의 권리를 쉽게 무시하도록 한다. 반사회적 행동을 허용하는 데 결정적인 것은 상대방의 마음에 대한 부분적인 인식이다. 다른 사람이 독립된 마음을 가지고 있다는 인식은 폭력을 억제할 수 있도록 한다. 정신화하기의 실패는 개인이 자신의 필요를 충족시키기 위해 다른 사람을 이용하거나 신체적으로 공격하는 것을 가능하게 한다. 왜냐하면 그 사람은 단지 몸뿐이거나 위협적인 존재가 되기 때문이다. 이러한 기제는 어린아이들을 포함하여 매우 취약한 대상에 대한 공격으로 나타날 수 있다. 대상은 오로지 대상으로 간주되거나 '화나게 하는' 악의적인 생물로 간주되기 때문이다. 두 설명 모두 마음을 가진 또 다른 주관적 존재에 대한 감각이 거의 없음을 의미한다.

다른 사람들과 공명할 수 있는 능력이 제한되어 있기 때문에, ASPD는 다른 사람들에 대한 명시적 생각이 아무리 정확해도 그것에 의미를 두지 않으므로 그 생각은 행동을 규제하는 데 도움이 되지 않는다. 상대방의 반응과 감정에 대한 경험은 그들을 구속하지 않는다. 간단히 말해서, ASPD는 다른 사람들을 신경 쓰지 않는다. 그는 단지 자신의 목표를 만족시키기 위해 다른 사람들과 관계 맺기를 원한다. 지나친 자기 혹은 상대방에 대한 집중은 사회적 상호작용에서 일방적인 관계와 왜곡을 초래한다. 필연적으로, 이것은 개인이 치료에서 보이거나 상담자와 상호작용하는 방법에 반영될 것이며, 다른 사람을 '통해' 그리고 다른 사람과 '함께' 치료를 문제 있는 것으로 만든다. ASPD는 문맥에 따라 자기-타자 차원의 한 극에 '고정'하는 경향이 있다.

내부 대 외부: 외부에서 내부를 보지 못하는 실패

내적 정신화하기는 개인 자신이나 타인의 내적 상태, 즉 생각, 감정, 욕망에 초점을 맞추는 것이다. 외적 정신화하기는 얼굴 표정과 행동과 같은 외부 특징에 의존한다. ASPD는 자신과 자신의 내부 상태에 집중하고 다른 사람들이 그들의 요구를 충족시키기 위해 무언가를 하도록 하는 전문가가 될 수 있다. 그러나 일반적으로 그들은 자신의 내부 상태를 성찰하지 않기 때문에 그들에게 현재의 경험을 탐색하도록 요구하기 어렵다.

외적 정신화하기와 관련하여, ASPD는 표현된 얼굴 또는 외부적으로 묘사된 감정에 제한적으로 반응하는 것으로 나타났다. 이것은 정신 상태에 대한 정보를 빠르고 쉽게 획득하는 기제가 크게 손상되어 아마도 자동 정신화하기가 증가될 수 있음을 의미한다. ASPD는 감정을 전달하는 얼굴 표정을 읽을 수 없는 특별한 능력을 보인다. 어떤 사람이 다른 사람을 정신화하기 하여 다른 사람이 느끼는 것을 '느낄 수' 있다면, 그 사람은 다른 사람의 감정에 의해 제약을 받기 때문에 다른 사람을 다치게 하기가 어려워진다. 정신화하기가 (일시적으로) 억제되거나 분리되면 공격적인 행동이 가능하다.

ASPD와 예비 정신화하기 모드(prementalizing modes)

ASPD의 정신화하기 프로파일의 중요한 특징으로 예비 정신화하기 운영 방식으로의 전환을 들 수 있다. 우리는 일부 개인(아마도 심각한 부모 학대 또는 가정 폭력과 같은 애착 관련 트라우마를 경험한 사람)의 경우 애착 시스템의 활성화가 정신화하기를 억제한다고 가정한다.

심리적 동일시의 관점에서 모든 것은 '실제'다. 구체적인 사고는 과도하게 외부적인 단서에 기초하는 것으로, 암묵적이고 비성찰적인 정신화하기의 결과다. 단지 겉모습만을 보고 동기를 추정하는 경향이 있다. 이것은 진정한 사회 문제를 야기한다. 성찰적 과정 없이 심리 내적 상태를 외부 지표로 판단하고자 하는 경향은 다른 사람들의 의도를 매우 불안한 것으로 인식하게 한다.

가장 모드(pretend mode)는 마치 범죄로 인한 심리적 피해가 없는 것처럼, 또는 피해자의 마음이 가해자의 마음과 이질적으로 달라서 둘 사이에 어떤 연속성도 성립할 수 없는 것처럼 단절된 방식으로 폭력을 저지를 수 있게 한다. 자아를 정신화하는 것과 상대를 정신화하는 것 사이에 적절한 균형이 없다면, 생각과 감정은 거의 무의미한 정도로 분리될 수 있다. 죄책감, 타인에 대한 사랑, 결과에 대한 두려움과 같은 정서적 능력은 일반적으로 폭력적인 행동을 억제하는 데 도움이 되지만, 그러한 감정을 완전히 경험하고 공감할 수 있는 정신화하기의 상실은 폭력 억제 메커니즘이 작동하는 것을 방해한다.

목적론적인 모드는 ASPD의 행동 동기를 지배하는 경향이 있다. 이 모드에서 경험은 그 결과가 눈에 보이고 만져질 수 있을 때만 유효하다고 느껴진다. 성공한 반사회적 개인을 화려한 장신구나 값비싼 시계를 차고, 고급 자동차를 운전하고, 적에 대한 폭력적인 공격을 통해 충성을 입증하는(그리고 유사한 방식으로 다른 사람들이 그에게 충성을 입증하도록 요구하는) 모습으로 묘사하는 것은 실제 반사회적 개인이 외모와 '얼굴'에 막대한 가치를 부여하고 있다는 인식을 기반으로 한다(Gilligan, 2000). 보복은 물리적이고 관찰 가능해야 한다. 사법 제도는 대체로 동일한 목적론적 입장을 채택했다. '행함으로 보여지는 정의'의 논리는 수감자와 교도관이 동등하게 수용할 수 있다. 이러한 단순한 원칙에서 벗어나 심리적 사고방식을 시스템에 도입하려는 시도는 모두를 당황하게 하고 종종 피하도록 한다. 우리는 이 장의 뒷부분에서 교도소에서 보다 정신적인 환경을 조성하려는 시도에 대해 논의하고자 한다.

ASPD와 이질적 자기(alien self)

ASPD는 조직 폭력배와 같은 그룹 내에서든 더 개인적인 맥락에서든 관계가 필요하다. 이러한 관계는 위계적이고 엄격하게 조직되는 경향이 있다. 그러나 통제되고 제한되는 관계 내 상호작용의 특성으로 인해 관계의 강도와 중요성을 과소평가해서는 안 된다. 관계는 종종 다른 사람에 대한 강한 충성심과 동일시로 특징지어지고, 다음의 두 가지 이유로 자기감을 안정시키기 때문에 ASPD에게 매우 중요할 수 있다. 첫째, 그들은 개인의 상태를 확인하고 검증할 수 있다. 둘째, 사회적 관계는 이질적 자기가 외부화될 수 있는 장소로서 기능한다(제1장 참고). 이질적 자기를 외부화하는 것은 치료를 위한 도전을 야기한다. 관계가 개념화되는 경직성은 상담자가 도전해야 하지만 지각된 관계의 변화가 폭력적 주장의 필요성을 유발하기 때문에 폭력과 공격성을 불러일으킬 수 있으므로 주의를 기울여야 한다. 비록 자동 응답으로 제어할 수는 없지만 기회를 창출하는 것은 분명하다. 예를 들어, MBT-ASPD 프로그램은 다른 사람들에 대한 개인의 충성심을 활용하고 비슷한 태도를 가진 ASPD와의 동일시를 통해 형성된 유대감을 탐구하기 위해 집단을 구성한다.

MBT-ASPD: 집단치료

ASPD가 사회적인, 그리고 친밀한 삶에서의 무질서한 행동을 해결하려면 집단 작업이 중요하다. ASPD는 거의 억제되지 않은 폭력과 암묵적인 위협의 문화 안에서 살고 있다.

이와 관련하여 지역사회에서 생존하는 데 필요한 타인의 동기에 대한 정신적 경계와 사회문화적 맥락을 이해하지 못할 것으로 보이는 상담자보다 동료 집단의 영향을 받을 가능성이 더 크다. ASPD에게는 타인과 삶을 공유하고 자율성을 추구하며 더 건설적인 관계를 갈망함에 있어 혼자가 아니라는 인식이 도움이 된다.

집단은 다음의 측면에서 유익하다. 첫째, ASPD는 위계적 관계를 추구하는 경향이 있다. 집단 작업은 집단 내에서 위계적 과정을 자극하며, 이는 집단상담자가 위계 및 권위에 대한 참가자의 민감성과 이에 대한 정신적 왜곡을 탐색할 수 있도록 한다. 둘째로, 참가자들은 집단 구성원들과 관계를 맺으면서 상호작용의 회피나 양가감정 등 잘 구조화된 애착관계 내에서 자신의 감정에 대한 과도한 통제를 보여 줄 가능성이 더 높다. 그리고 이는 점차 집단에서 명백해진다. 셋째, 타인에 대한 죄책감과 사랑, 자아에 대한 두려움과 같은 감정 능력은 폭력적으로 행동하는 것을 억제할 수 있지만, ASPD의 정신화하기 상실 및 약화는 억제 메커니즘이 동원되는 것을 방해한다. 일반적으로 타인에 대한 행동을 구조화하는 이러한 사회적 감정의 부재는 집단에서 다루어져야 한다. 마지막으로, 타인의 감정을 인식하는 능력의 저하가 두려움과 슬픔에 국한되기보다 더 만연하게 된다면, 자신과 타인의 감정을 인식하는 치료에 집중하는 것이 필수적이다. 표현되는 감정의 미묘한 차이를 인식하고 변화를 만들어 내는 것이 필요하다. ASPD의 높은 유병률을 가진 특정 하위 문화권(예: 보호 관찰 호스텔)에서는 감정이 경험되더라도 취약성, 상실 또는 슬픔과 관련이 있을 때 침묵하거나 거부하는 반면, 분노, 자부심, 복수에 대한 갈망은 사회적으로 받아들여진다. 일반적으로 두 명의 상담자가 제공하는 집단치료는 다른 문헌에 자세히 설명되어 있고(예: Bateman & Fonagy, 2016; Bateman et al., 2013). 여기에는 간략하게 요약된 내용이 제공된다(정신화하기 및 집단치료에 대한 일반적인 논의는 제7장 참고).

관여

ASPD 사람들은 그들의 배경과 경험으로 미루어 볼 때 자연스럽게 경계하고 불신한다. 그들은 처음에 타인이 선한 동기를 가지고 있을 수 있음을 받아들이지 않는다. 이러한 관점에서 상담자는 먼저 치료 계획을 세울 필요가 있다. MBT-ASPD에서 상담자는 다음과 같은 개인적인 주제에 대해 질문함으로써 내담자의 가치를 먼저 탐색한다.

1. "다른 사람들은 당신에게 무엇이 중요하다고 하나요? 혹은 당신도 그렇게 생각하나요? 폭

력성을 줄이는 것, 사랑하는 관계, 취업 등 당신에게 중요한 것은 무엇인가요?" 내담자는 자신에게 의미 있는 치료의 초점을 고려해야 한다. 만약 치료의 초점이 그들이 아닌 사회에 있다고 느낀다면, ASPD 사람들은 치료에 참여하지 않을 것이다.

2. "아무도 알지 못하고 아무도 당신을 판단하지 않는다 해도 그것은 여전히 당신에게 중요한가요?" 이것은 한 사람이 외부의 압력이 아닌 달라지고자 하는 소망에 의해 동기 부여 된다는 것을 보장한다.

3. "당신의 현재 삶에서 중요한 것은 무엇인가요?"

이러한 질문에 대한 탐색을 통해 상담자와 내담자는 개인적으로 중요한 문제를 해결하고 장기적인 목표를 생성할 수 있다. 결국, 상담자와 내담자는 내담자가 어떤 사람인지보다는 어떤 사람이 되고 싶어 하는지를 고려한다. 점차적으로, 그들은 치료를 위한 초점을 형성하고 공동으로 목표를 세운다. 이러한 목표는 공격이나 폭력을 예방하는 것보다 더 광범위한 초점을 가져야 하며, 이는 치료 작업의 문제라기보다는 최종 산물로 간주된다. 때때로 ASPD는 '화가 난 남자'로 보여지고 분노 관리 수업에 보내지는 일들이 자신으로 하여금 고정관념과 오해를 느끼게 할 뿐이라고 불평한다.

집단치료의 초점

MBT-ASPD에서는 덜 발달된 정신화하기 능력을 높이고 과잉 발달된 정신화하기 능력을 줄이는 데 동등하게 주의를 기울인다. 초점은, ① 자신과 타인에 대한 정동적 이해와 ② 관계 패턴의 식별, 그리고 ③ 그들의 바람직한 결과와 바람직하지 않은 결과에 대한 탐구를 포함한다. 대인관계 과정에 초점을 맞춘 집단에 들어가기 전에 집단원들은 정서적·관계적 어려움에 대한 개인적 성찰을 위한 목적으로 정신화하기와 ASPD에 대한 심리교육을 제공하는 입문 프로그램을 수강한다. 이 프로그램은 정신화하기에 대한 소개를 제공하고, 내담자가 애착과 관계 패턴을 연결할 수 있도록 도와주며, 치료에서 예상되는 문제가 무엇인지 알려 준다.

자신과 타인에 대한 정서적 이해 증가

집단에서 상담자는 감정을 표현하는 내담자의 손상된 능력과 감정을 완벽하게 피하는 (내담자의) 능력 모두에 민감하다. ASPD는 자신의 정동 상태를 인식하지 않기 때문에 이러한 경향에 대응하기 위해 상담자는 내담자에게 현재 주관적인 경험을 설명하도록 지속적으로 요청한다. 이 접근 방식은 내담자에게 어떻게 느끼는지 묻는 것과는 다르다. 대부분의 내담자는 그들이 어떻게 느끼는지 말할 수 없지만 현재 경험에 대해서는 이야기할 수 있다. 예를 들어, 그들이 집단에서 편안하거나 불편하거나, 멀리 떨어져 있거나 참여하고 있는지 여부다. 경험을 타당화하는 것은 원인에 대한 탐구와 함께 중요한 부분이다.

다른 사람들이 어떻게 느끼는지를 확인하고 그것에 대해 동정심을 가질 수 있는 능력, 즉 공감할 수 있는 능력은 정신화하기의 중요한 부분이다. ASPD는 다른 사람들이 어떻게 느끼는지 '조율'하는 데 문제가 있기 때문에 내담자에게 다른 참가자가 느끼는 것을 직접 물어보고 어떻게 그러한 결론에 도달했는지 질문할 필요가 있다. 그런 다음 해당되는 사람에게 "그가 당신의 기분에 대해 이야기했는데 맞습니까?"라고 확인한다. 누군가가 어떻게 느끼는지에 대한 다른 집단 참가자의 이해도 탐색할 수 있다. 활동의 목표는 정확하고 기능적인 자신과 다른 사람의 정동 상태를 지속적으로 표현하여 상호작용과 대인 간 자비의 응집력을 높이는 것이다.

관계 패턴의 자각: 건설적인 상호작용의 증가와 파괴적인 상호작용의 감소

MBT-ASPD에 참여하는 각 내담자는 치료 초기 단계에서 애착 패턴을 인식하고 이러한 패턴이 관계에서 어떻게 나타나는지 자각할 수 있도록 도움을 받는다. 특히, 회피적·과잉관여적·통제적·위계적 패턴이 고려되어 왔다. 이는 내담자와 공동으로 구성한 공식에 기록된다. 집단에 들어갈 때 내담자는 공식화의 일부인 '관계 여권'을 소지하고 있으며 (제6장 참고), 희망적이게도 평가 단계에서부터 논의되었던 이 패턴에 대한 개인 정신 표상 측정 도구를 개발했다. 집단 첫 회기에서 그는 상담자의 도움을 받아 자신의 문제와 관계 스타일을 나타내도록 요청받는다. 집단원이 당혹감과 수치심을 느끼지 않도록 상담자의 민감성이 요구된다. 일반적으로 상담자 중 한 명이 집단원들에게 자신의 관계 패턴에 대한 설명과 함께 집단 참여 이유를 설명하도록 요청한다. 목표는 참가자들이 다른 사람들과 어떻게 관련되어 있는지 스스로 숙고하도록 하고 상담자가 내담자의 관계 패턴 측면에서 상호작용에 주의를 기울이도록 하는 것이다.

상담자는 문제가 있는 상호작용만큼 건설적인 상호작용을 식별하기 위해 집단의 관계

적 상호작용에 적극적으로 관심을 기울인다. 일반적으로, 이질적 자기는 파괴적인 상호
작용 안에서 경직되고 고정된 상호작용과 타인에 대한 도식적인 특성화로 인해 분명하게
드러난다. 하지만 ASPD는 예를 들어 경찰이나 형사 사법 제도에 의해 희생되었다는 이야
기를 통해 서로를 매우 지지할 수 있다. 이러한 지지 과정은 이질적 자기의 활성화(외부 조
직이나 시스템에 대한 비난)를 통해 영향을 받기 때문에 친밀감 맥락에서 이질적 자기가 활
성화되는 것과 구별될 필요가 있다. 사회 시스템과 사회로 문제를 돌리면 역경을 공유하
게 되고, 이는 집단의 응집력을 증가시킨다. 공유된 경험을 활용하여 기능적 집단을 만들
기 때문에 이것은 중요하다. 따라서 먼저 상담자는 집단 응집력을 유지하기 위한 시스템
의 관점에서 내담자의 고통에 대한 감각을 공감적으로 타당화한다. 그러나 '다른 것'에 대
한 경직된 외부화하기는 자기와 타인에 대한 성찰을 부족하게 하고 가장 모드는 견고해지
므로 결국 도전이 필요하다. 따라서 집단원들은 어려움에 대한 자신의 기여를 탐구하고
자기-타자 정신화하기에 어느 정도 균형을 되찾도록 요청받는다.

더 중요한 것은 상담자가 집단 내 참가자 간의 정동적 상호작용이 중요하다는 집단 내
이해를 향해 나아가야 한다는 것이다. 치료 초기에 확인된 각 내담자의 애착 전략이 활성
화되고 집단 내 대인관계 탐구가 활발해지면서 내담자의 삶에서 만족스러운 친밀한 관계
생성을 방해하는 과정을 이해하도록 한다.

성격장애 치료에 대한 연구는 특별히 그들의 삶이 손상된 채로 남아 있다는 것을 발견
했다(Bateman & Fonagy, 2008). ASPD의 삶에서 흔히 볼 수 있는 열악한 사회적 상황의 맥
락에서 일상적인 스트레스 요인과 사회적 환경은 치료에서 긍정적인 변화의 생성을 쉽게
무효화할 수 있다. 약물 남용 문제가 있는 개인을 위한 MBT(제24장 참고)에서 이 문제는
사회복지사가 전문가의 일원으로 치료의 통합된 부분으로 사회적 초점을 두어 해결된다.

법의학 지역사회에서의 MBT

지역사회 보호 관찰 서비스 내에서 개인에게 MBT 프로그램을 제공하는 것은 특별한
어려움을 수반한다. ASPD는 종종 사회적으로 고립되어 충동에 따라 행동하는 것에 대한
두려움 때문에 집을 떠나는 것을 꺼린다. 이는 치료에 내담자를 참여시키고 유지하기 위
해 사전 개입의 필요성을 강조한다. 예를 들어, 회기를 놓친 내담자에게 전화를 걸거나 지
역 보호 관찰 사무소와 같이 이동하기 쉬운 환경에서 내담자를 평가한다. 혼잡한 장소에

있거나 대중교통을 이용하여 여행하는 것과 관련된 불안은 나중에 치료를 통해 해결할 수 있다. 또한 내담자가 다른 의료 전문가를 자주 방문하여 신체적 불만에 대한 치료를 받기 때문에 치료가 중단될 수 있다. 이러한 호소가 심인성일 것으로 생각될 수 있지만 치료에서 진지하게 받아들여야 하고 증상이 확인되어야 하며, 실제 심인성인 경우 정신적인 대표성을 부여받을 필요가 있다. 동시에 내담자의 전반적인 치료 계획 및 과정과 MBT가 통합되어야 하므로 내담자의 일반 의료 종사자 및 기타 관련된 의료 서비스와의 연계가 필요하다.

위험 문제와 관련하여 다른 전문가, 특히 형사 사법 시스템의 전문가와의 연계도 필수적이다. 앞서 언급한 바와 같이, 이러한 문제는 자신 또는 다른 사람에 대한 위험으로 구성될 수 있다. 개인 비밀보장을 유지하고 신뢰를 유지하며 긍정적인 치료 동맹을 맺는 것과 인식된 위험에 대한 공개 간 균형, 그리고 그 사람이 치료를 중단할 가능성을 신중하게 고려해야 한다. 공개의 범위는 건강 및 형사 사법 분야에 따라 다르다. 이러한 문제는 관련된 다른 전문가들과 치료를 시작할 때 명확히 설명하고 내담자 혹은 범죄자들과 논의하여 비밀보장이 침해될 수 있는 조건을 그들이 이해하도록 한다. 전문가와 내담자 사이의 이러한 명확성과 개방성은 '방 안의 코끼리', 즉 이야기하기 어려운 크고 무거운 주제와 정서 초점의 주제를 다루는 한 예다. MBT는 투명성과 개방성이라는 치료적 입장을 촉진한다. ASPD는 종종 다른 사람들의 불투명성에 특히 민감하며, 박해를 받기 쉬우므로 상담자가 의사소통에 솔직해야 하고 치료 시작 시 치료의 경계가 합의되는 것이 중요하다. 만약 개인이 조직폭력배 구성원 자격을 포함한 범죄 하위 문화에 계속 관여한다면, 경계를 협상하는 것이 특히 까다로울 수 있고, 이는 특히 젊은 범죄자들에게 점점 더 흔하게 일어나고 있다. 집단치료의 내담자 또는 범죄자는 과거 또는 현재 범죄 조직 또는 이전 교도소와의 접촉을 통해 집단의 다른 사람들을 알 수 있으며, 보복에 대한 두려움으로 치료에 참여하고 범죄에 대한 세부 사항을 밝히지 못할 가능성이 있다.

치료의 긍정적인 결과를 예측하는 중요한 요소는 치료에 참여하는 사람의 동기다. 동기가 부족하면 치료 효과가 없을 가능성이 더 크다. 이것은 치료에 대한 빈번한 반감을 고려할 때 ASPD와 함께 일하는 데 있어 문제를 제기한다. 법원을 통해 또는 보호 관찰 면허의 조건으로 의무적 치료를 선택하도록 하는 것을 고려해야 한다. 강제적인 치료는 대인 관계 내에서 생각의 유연성과 상호 존중을 촉진하는 MBT의 정신과 상충되는 것처럼 보일 수 있다. 그러나 개방형 교도소 및 보호관찰과 같은 지역사회에 있는 프로그램을 포함하여 형사 사법 제도 내 범죄자를 위한 거의 모든 기존의 치료 프로그램은 의무적이다. 이는 일부 개인에게는 치료적으로 비생산적일 수 있지만, 똑같이 의심스럽고 치료를 거부하는 다른 사람들에게는 MBT와 같은 덜 구조화되고 더 유연한 치료법에 대한 노출이 예기치 않게 새로운 과정에 대한 관심과 신뢰를 불러일으킬 수 있다. 다른 사람들이 치료에 참여하는 경우 치료에 대한 참여도 향상될 수 있다. 보호관찰관 등 관리인은 정신화하기 모델에 대해 어느 정도 이해하고, 이것이 다른 보다 구조화되고 범죄에 초점을 맞춘 치료 프로그램과 어떻게 다른지 이해하고 있다.

교도소에서의 MBT

ASPD에 대한 치료는 이상적으로는 교도소 내에서 시작해야 하며 지역사회로 풀려날 때까지 지연되어서는 안 된다. 이 때문에 MBT-ASPD는 현재 교도소 내에서 제공되고 있으며, 석방 시 치료를 지속할 목적으로 제공되고 있다. 수감자에게 MBT-ASPD를 적용하는 것은 내담자를 치료에 참여시킬 수 있는 고유한 기회를 제공하고 장기 형을 선고받는 고위험 남성도 어떻게 그리고 왜 그들이 견고하고 파괴적인 타인과의 관계 방식을 개발했는지 이해할 수 있는 기회를 제공한다. 즉, 석방 시 재범의 위험을 줄이고 조기 석방의 기회를 높여 구금 판결 가능성을 줄이는 효과적인 심리적 개입을 제공한다.

실행을 위한 실질적 고려 사항

상담자가 교도소 내 MBT 집단을 운영할지 여부를 고려할 때 교도소 내 고위 관리자의 집단 프로그램에 대한 지원 여부, 직원에 대한 교육 및 감독 여부 등 실질적인 문제를 고려할 필요가 있다. 수감자의 평균 체류 기간, 상담자가 집단을 운영하는 데 필요한 교육, 슈퍼비전 및 시간을 지원하려면 고위 관리 지원이 필수적이며 이러한 지원은 교도관들이 수감자가 집단에 참석하도록 보장한다는 의미이기도 하다. 교도소 직원과 상급 관리자들이 집단의 취지를 이해하고 집단 출석에 필요한 경계를 존중하고 유지할 수 있도록 하기 위해서는 집단의 취지가 명확해야 한다. 교도소 서비스 내의 다른 하위 시스템이 함께 작동하지 않는 경우, 교도소에서의 집단 출석은 집단 시간과 상충되는 대체 활동으로 인해 방해를 받는 경우가 너무 많다.

기타 고려 사항으로는 감독 또는 연구 목적으로 회기를 촬영 또는 녹음하는 데 필요한 윤리적 합의 확보, 비밀유지의 한계 설정, 범죄자를 타인으로부터 위해의 위험에 처하게 할 수 있는 민감한 정보의 공개를 위한 기본 규칙 설정(예: 성범죄의 공개), 구금 등이 있다. 게다가, MBT는 인지적인 수준뿐만 아니라 정서적인 수준으로 끌어들이기 위해 고안되었고 참가자들이 어린 시절 불안한 경험에 의한 정서적으로 동요될 수 있기 때문에 그로 인한 정서적인 피해는 인정되어야 한다. 집단 참가자가 집단 이후에 추가적인 지원과 모니터링이 필요하다고 생각되는 경우 교도소 직원에게 알릴 필요가 있다.

공동체 기반 환경과 교도소의 한 가지 근본적인 차이는 범죄자들이 서로 매우 가까이 산다는 것이다. 교도소 내에 함께 수용된 수감자들 간에 혼란 혹은 갈등이 발생할 경우 교도소 내 긴장감이 조성될 수 있으므로 이에 대한 고려가 필요하다. 따라서 MBT 집단의 갈등을 해결하는 것이 우선순위가 될 것이다. 대부분의 경우 숙련된 상담자는 집단 내 갈등을 해결할 수 있으며, 집단 구성원들이 집단 외부의 문제를 해결해야 한다고 느끼지 않도록 할 수 있을 것이다. 그러나 어떤 경우에는 교도소 직원들이 수감자들 간에 진행 중인 분쟁의 위험에 대해 경각심을 가질 수 있도록 비밀보장 원칙을 깨야 할 것이다. 비밀보장의 한계는 처음부터 집단 내에서 명확하게 설명될 필요가 있다. 또한 상담자는 특히 8~12주밖에 지속되지 않는 짧은 MBT-입문(introductory) 집단에서 모든 집단 구성원이 안정적으로 참석해야 한다는 점을 명확히 해야 한다.

치료 전달을 위한 팁

MBT-ASPD의 일반적인 원칙은 교도소 내에서도 적용되지만, 여기서는 특별한 주의가 필요할 수 있는 점을 강조한다.

상담자 MBT 교육의 보장과 슈퍼비전 구조를 마련하기

교도소에서 치료를 제공하는 상담자에게는 특별한 어려움이 있다. 상담자는 최소한 MBT에 대한 기본 교육을 받아야 하며 MBT 기법을 사용해야 한다. 집단을 운영하기에 적합한 상담자를 식별하는 것이 핵심이다. 집단은 일관되고 신뢰할 수 있어야 하며 동일한 두 명의 상담자가 매주 참여할 수 있어야 한다. 또한, 상담자는 함께 작업하고 집단 중에 서로 호출할 수 있는 명확한 시스템을 구축해야 한다. ① 집단 구성원의 각성 수준을 모니터링하고 ② 주제, 과정 및 요점을 확인하고 집단의 혼란, 열린 대화를 모델링하고 혼란스러운 영역 또는 상담자 자신이 정신화하기 할 수 없는 순간을 인정하는 능력이 필요하다. 상담자의 정기적인 슈퍼비전은 집단이 MBT-ASPD 모델을 준수하는지 확인하는 데 필수적이다.

'모른다'는 자세를 유지하고 참여를 강조하기

수감자들이 가지고 올 무섭거나 충격적인 이야기들 앞에서 계속적으로 '모른다'는 자세, 즉 공감적 관심과 태도를 유지하기 어려울 수 있지만 이 자세를 유지하는 것이 필수적이다. 수감자들은 종종 상담자의 삶에서 익숙하지 않은 상황을 설명하고 그들이 암호화한 가치 체계를 암시할 뿐만 아니라 비범죄자에게는 생소한 기계적인 행동을 암시할 것이다. 상담자는 이러한 신념과 감정이 어떻게 발생하는지 궁금해해야 한다. 상담자는 수감자의 감정을 알고 있다고 가정하기보다는 수감자가 자신의 마음에 대해 생각하기 시작할 때 호기심, 관심 및 공감을 유지하면서 그들이 탐색하도록 도와야 한다. 이 장의 앞부분에서 설명한 것처럼 관여(engagement)는 ASPD가 있는 집단에 필수적이지만 매우 어렵다.

비정신화하기보다는 다시 정신화하기 함으로써 제 궤도를 유지하기

한 가지 위험은 상담자들이 비정신화하기를 탐색하거나 도전할 때 집단에서 불가피하게 발생하는 비정신화하기에의 동참이다. 대신에, 그들은 비효율적인 정신화하기를 멈추고 그가 정신화되지 못하고 흥분하기 전에 무슨 일이 있었는지에 대해 다른 범죄자들과 함께 성찰적으로 탐색하려고 노력할 필요가 있다. 이 작업은 비정신화하기 스피치나 설명(Bateman & Fonagy, 2016)의 '멈추고 되감기'와 '마이크로슬라이스(microslicing)'와 같은 기술을 필요로 할 수 있다. 이러한 기술들은 범죄자들의 생각과 감정을 반영하고, 연결할 수 있는 낮은 수준의 각성으로 되돌리며, 그럼으로써 그 자신의 마음과 정서적인 내용을 완전히 이해할 수 있도록 한다.

비정신화하기 내용에 논쟁하기보다는 비정신화하기 과정을 추적하기

상담자의 주요 과제 중 하나는 다른 집단(예: 여성, 교도소 직원, 다른 문화권 사람들, 성범죄자)에 대한 일부 수감자의 경멸적인 용어를 사용한 격렬한 묘사를 관리해야 한다는 것이다. 이러한 유형의 말과 태도는 앞에서 설명한 것처럼 이질적 자아가 활성화된 결과다. 그것을 관리하는 것은 종종 상담자에게 정서적인 도전이며, 종종 반대되는 편에 서는 것처럼 보이는 것을 걱정할 수 있다. 불쾌하고 두려운 견해와 신념을 지지하는 집단원에 대한 자신의 역전이 감정으로 어려움을 겪을 수 있다. 이러한 정서적 맹공에 직면하여 상담자는 '인종차별', '성차별' 또는 '잘못'에 대해 수감자와 논쟁하는 데 휘말리기보다는 비정신화하기 과정을 추적하는 것을 기억해야 한다. 상담자는 비정신화하기 내용에 대한 논쟁에 휘말리는 것에 저항해야 한다. 그러한 주장은 범죄자를 적대시하고 '잃어버릴' 뿐만 아니라 실제로 비정신화하기 내용을 증가시키기 때문이다. 대신, 상담자들은 일단 비정신화하기적 '폭언'이 중단되면 근본적인 감정에 대한 관심, 호기심, 공감을 표현해야 한다. 공감적이고 탐구적인 접근법을 사용하여 이러한 믿음과 수반되는 감정을 이해하고, 해체하고, 도전하는 것은 치료에 필수적이다. 오직 이 접근법만이 범죄자들 스스로가 그들 자신의 일반화에 도전하고 그들을 이끈 근본적인 감정을 식별할 수 있는 지점에 도달할 수 있게 할 것이다.

자아를 정신화하기 하는 것부터 시작하기

이 팁은 상담자, 특히 범죄 관련 치료 모델에 익숙한 상담자가 생소할 수 있는 일반적인 원칙과 관련이 있다. 예를 들어, 다른 사람에 대한 분노에서 그들과 공감하는 것으로 점프하는 것은 단순히 불가능하다. 비정신화하기의 정동적 요소에 대한 완전한 규명 및 정교화 없이 인지적 도전을 통해 공감을 확립한다는 순진한 견해는 많은 범죄 관련 치료 프로그램에 내재되어 있다. MBT 상담자는 이에 대해 신중해야 하며, 타인의 정신 상태에 대한 이해를 탐구하기 전에 자신을 정신화하기 하는 데 더 집중하도록 조언받는다.

인간미, 유머, 사과할 수 있는 능력 유지하기

범죄 내담자와 관련하여 명확한 권한을 갖는 데 익숙한 상담자는 사과하거나 '잘못된 일'을 인정하는 것을 싫어할 수 있으며, 심지어 무의식적으로 이러한 유형의 정직성을 '통제력 상실'과 동일시할 수도 있다. 그러나 MBT에는 그러한 진정성이 필요하다. 이 접근 방식은 수감자들이 상담자를 존중하고 모든 사람이 다른 사람의 정신 상태를 오해하거나 다른 사람의 분노, 당혹감 또는 두려움을 부주의하게 유발할 수 있음을 인식할 수 있도록 하는 데 매우 중요하다. 자신의 오해와 그것이 수감자에게 미치는 의도하지 않은 영향을 인정할 수 있는 상담자는 내담자를 보다 더 참여하도록 할 것이다. 항상 권위를 유지하려는 사람보다 겸손함을 유지하고 상담자 자신의 정신적 실수를 인정할 수 있는 것은 권위자를 불신하는 ASPD와 작업할 때 훨씬 더 효과적일 것이다.

임상적 사례

아일랜드 교도소는 2018년부터 교도소 서비스 전반에 걸쳐 MBT 프로그램을 시행할 목적으로 2개 장소에서 MBT를 심리학자에게 교육하기 시작했으며, 2016년부터 런던의 안나 프로이트 국립아동가족센터(Anna Freud National Center for Children and Families: AFNCCF)에서 전문 교육 및 감독을 제공했다. 이 프로젝트에서 상담자들은 수감자들이 프로젝트에 높은 수준으로 참여하고, 기존의 범죄 관련 작업에서 이전에 다루지 않은 영역을 탐색하며, 남성 집단원들에 대한 판결이 줄어드는 걸 경험하였다. 상담자들은 전통적인 정신분석이나 엄격한 인지행동적 접근을 사용하지 않는 새로운 치료 모델을 사용하는 경험을 즐길 수 있었다. 두 접근 방식은 애착 기반 모델에 통합된다. 파일럿 프로그램에서는 다음과 같은 문제가 분명히 드러났다.

- 첫째, 범죄자들이 함께 생활하기 때문에 집단 밖에서 나타나는 집단 구성원의 근접성의 영향을 고려할 필요가 있다. 집단 구성원이 MBT 집단의 비밀보장 조건을 존중하고 서로에 대해 수집한 정보를 집단 밖으로 가져가지 않는 데 동의하는 것이 중요했다.
- 둘째, 남성들은 상담자의 슈퍼비전 목적으로 촬영되었다. 이는 집단상담자에 대한 그들의 신뢰가 완전히 발달되어야 함을 의미했으며, 카메라에 의해 방해받지 않는 것이 필수적이었다. 이를 위해 상담자는 윤리적 동의를 얻고 기록을 사용하고 저장하는 방법에 대한 명확한 지침을 작성해야 했다.
- 셋째, 상담자의 시간이 제한되어 있다는 것은 집단이 더 장기적이고 강도가 높은 MBT 집단이기보다는 MBT-I 집단이어야 함을 의미했다. 개별 회기를 제공하는 것도 불가능했기 때문에 수감자들은 가장 시급한 문제를 집단에 가져와야 했다.

이러한 한계에도 불구하고, 집단의 참여도와 질은 높았다. 상담자들은 이제 AFNCCF의 슈퍼비전하에 아일랜드에서 MBT-ASPD 우수 센터를 개발하고 결과를 입증하기 위한 연구 계획을 수립 프로젝트에 모두 참여하고 있다.

결론

 MBT-ASPD는 무작위 대조 시험(작성 당시 진행 중)에서 그 효과성이 검증되고 있으며 다양한 장면에서 구현되고 있는 혁신적인 치료법이다. 치료는 정신화하기 틀을 사용하여 ASPD를 이해하고 중재에 집중한다. ASPD는 위계적으로 구조화된 개입보다 동료 과정에 반응할 가능성이 더 높으므로 MBT-ASPD는 집단으로 구성된다. 효과적인 구현은 ASPD 환자 주변 사회적 · 법적 체계가 개입을 지원하는 경우에만 가능하다. 따라서 상담자가 형사 사법 시스템 및 교도소 시스템과 협력하는 것이 필수적이다. 구금 환경에서 교도관 은 정신화하기 기술을 훈련받는다. 보호 관찰 서비스에서 보호 관찰관은 스스로 그룹에 참여할 수 있다. 내담자 참여는 MBT 치료에 참여한 '경험이 있는 전문가'에 의해 지지된 다. ASPD는 정신화하기 모델에 따라 자신의 관점과 경험을 공유하는 사람이 자신의 어려 움과 해결책을 제시할 때 이해받고 있다는 느낌을 받을 가능성이 더 크다.

 참고문헌

Bateman A, Fonagy P: 8-year follow-up of patients treated for borderline personality disorder: mentalization-based treatment versus treatment as usual. Am J Psychiatry 165(5):631-638, 2008 18347003

Bateman A, Fonagy P: Mentalization-Based Treatment for Personality Disorders: A Practical Guide. Oxford, UK, Oxford University Press, 2016

Bateman A, Bolton R, Fonagy P: Antisocial personality disorder: a mentalizing framework. Focus 11:178-186, 2013

Black DW, Baumgard CH, Bell SE, et al: Death rates in 71 men with antisocial personality disorder. A comparison with general population mortality. Psychosomatics 37(2):131-136, 1996 8742541

Byrne SA, Cherniack MG, Petry NM: Antisocial personality disorder is associated with receipt of physical disability benefits in substance abuse treatment patients. Drug Alcohol Depend 132(1-2):373-377, 2013 23394688

Coid J, Yang M, Tyrer P, et al: Prevalence and correlates of personality disorder in Great Britain. Br J Psychiatry 188:423-431, 2006 16648528

Compton WM, Conway KP, Stinson FS, et al: Prevalence, correlates, and comorbidity of DSM-IV antisocial personality syndromes and alcohol and specific drug use disorders in the United States: results from the national epidemiologic survey on alcohol and related conditions. J Clin Psychiatry 66(6):677-685, 2005 15960559

Decety J, Michalska KJ, Akitsuki Y, et al: Atypical empathic responses in adolescents with aggressive conduct disorder: a functional MRI investigation. Biol Psychol 80(2):203-211, 2009 18940230

Gilligan J: Violence: Reflections on Our Deadliest Epidemic. London, Jessica Kingsley, 2000

Lenzenweger MF, Lane MC, Loranger AW, et al: DSM-IV personality disorders in the National Comorbidity Survey Replication. Biol Psychiatry 62(6):553-564, 2007 17217923

Martin RL, Cloninger CR, Guze SB, et al: Mortality in a follow-up of 500 psychiatric outpatients. I. Total mortality. Arch Gen Psychiatry 42(1):47-54, 1985 3966852

Torgersen S, Kringlen E, Cramer V: The prevalence of personality disorders in a community sample. Arch Gen Psychiatry 58(6):590-596, 2001 11386989

제21장

회피성 및 자기애적 성격장애

Sebastian Simonsen, Ph.D.
Sebastian Euler, M.D.

회피성 성격장애(AvPD)와 자기애적 성격장애(NPD)는 모두 불안하고 주로 회피적인 애착 스타일을 특징으로 하며, 이는 정신화하기 능력을 심각하게 손상하고 결과적으로 이러한 장애가 있는 환자가 만족스러운 사회생활을 유지하기 어렵게 만든다. 두 장애 중 하나를 가진 개인은 또한 자존감이 불안정하고 다른 사람들이 자신을 어떻게 생각하는지에 따라 크게 영향을 받는다는 점에서 공통적인 취약성을 가지고 있다. 자기애는 종종 과대하고 취약한 특징 모두로 구성된 것으로 개념화된다(Ronningstam, 2005). 과대한 특징은 AvPD에서 흔하지 않지만 취약한 자기애와 AvPD는 많은 특성, 특히 회피, 수치심 경향 및 환상의 남용을 공유한다(Dickinson & Pincus, 2003). 이 장에서 우리는 정신화하기 관점에서 두 장애의 증상을 살펴보고 정신화 기반 치료 자세를 취하는 것과 관련하여 몇 가지 지침을 제공한다.

회피성 성격장애

핵심 병리학

AvPD는 외래 환자 환경(Zimmerman et al., 2005)과 성격장애 치료를 전문으로 하는 치료(Karterud & Wilberg, 2007; Simonsen et al., 2017)에서 일반적이다. 일반적인 표현에도 불

구하고 AvPD는 경계선 성격장애(BPD) 및 사회공포증과 같은 더 두드러진 장애의 그늘에서 조용히 존재했다. AvPD의 정신병리 및 치료에 관한 연구의 불만족스러운 상태는 최근 연구 및 논평에서 지적되었다(Eikenaes et al., 2013; Lampe, 2016). 또한, 수행된 소수의 무작위 대조 시험에서 환자는 AvPD 스펙트럼의 더 제대로 기능하지 않는 한쪽 끝을 대표하지 않는 것으로 보인다(최근 검토는 Bateman et al., 2015 참고). 정신화하기는 치료사가 AvPD 환자와 함께 사용할 수 있는 임상적으로 유용한 구조를 제공할 수 있다.

AvPD를 가진 개인은 상황에서 불러일으키는 모든 정서로부터 자신을 거리를 두는 방법으로 생각과 성찰을 사용하는 **과잉정신화하기**를 가장 혼히 특징으로 한다(Bateman & Fonagy, 2012). 따라서 AvPD는 종종 억제 장애로 간주하고 BPD의 반대인 것으로 간주한다(Dimaggio et al., 2007a). 과잉정신화하기는 정신화하기와 유사할 수 있지만 진정한 정동이 결여된 지나치게 분석적이고 인지적인 스타일로 나타나는 경향이 있다(과잉정신화하기에 대한 추가 논의는 제1장 참고). 또한, 과잉정신화할 때 사람들은 매우 특정한, 종종 이기적인 관점에만 초점을 맞추는 경향이 있는데, 이는 예를 들어 자신에서 다른 사람으로 또는 인지에서 정동으로 관점을 전환하는 능력을 방해한다(Bateman & Fonagy, 2015). 이러한 개방성의 결여는 일반적으로 발달, 특히 치료 진행에 있어 중요한 장애물이 되는 경우가 많다.

애착과 회피

AvPD 환자는 종종 두려운 애착 스타일과 일치하는 높은 수준의 애착 불안과 회피를 보인다(Eikenaes et al., 2016; Riggs et al., 2007). 따라서 자신에 대한 관점과 타인에 대한 관점 모두 상당히 일관되게 부정적으로 편향되어 있다. 따라서 모든 사람이 때때로 '타인은 지옥이다'라고 느낄 수 있지만, AvPD를 가진 많은 환자의 내면세계는 훨씬 더 고통스럽고 당혹스러워하며 환자는 종종 과잉정신화하기와 정서 회피 사이를 오간다고 보고하며, 이는 **과소정신화하기**(hypomentalizing)로 분류될 수 있다. Millon(1981)은 AvPD를 가진 사람들의 전형적인 대상 표상을 두 세계의 최악에 갇힌 것으로 설명했는데, 이는 AvPD를 가진 환자가 자신 안에서 안식을 찾을 수도 없고 다른 사람에게서 안식처와 위안을 찾을 수도 없다는 것을 의미한다. 이러한 관점에서 볼 때, 이 환자들은 다른 사람들에 대해 어떻게 느끼는지에 대하여 더 몰두하고, 필요로 하며, 노골적인 환자보다 어떤 면에서 접근하기가 더 어려워 보인다. 인식적(epistemic) 신뢰의 (재) 확립을 강조하는 정신화하기 이론의 최근 발전에 기초하여(제4장 및 제10장 참고) AvPD는 BPD와 마찬가지로 성격장애 치료의 핵심적인 특징으로서 의사소통 단절(communication breakdown)로 이해될 수 있다. 불안과 두려운 애착은 가족적 맥락에서 사회적 신호의 결과이며, 다음 섹션에서 설명할 특정 정신화 기제를 사용하여 만들어진 것이다. AvPD에 대한 특정 환경적 원인이 있는 이러한 모델은 사회불안장애와 AvPD(Torvik et al., 2016) 및 정신병리의 발달 모델(Nolte et al., 2011) 간의 질적 차이를 지원하는 쌍둥이 연구에 따른다.

처음부터 BPD에 관한 정신화하기 문헌은, 특히 애착과 소속(affiliation)에 초점을 맞추었다(Fonagy & Target, 1997). 그러나 AvPD 환자의 정신병리는 사회적 지위 시스템에 대한 더 큰 인식을 필요로 한다(Dimaggio et al., 2015; Liotti & Gilbert, 2011). AvPD 환자는 분리를 두려워할 수 있지만 많은 경우 NPD와 마찬가지로 자율성과 관계적 권력 역동 문제에 초점을 맞출 수도 있다.

손상된 정신화하기

AvPD 환자의 정신화하기에 관한 연구는 거의 없으며 존재하는 결과는 일관되지 않는다. 아마도 측정, 표본 및 맥락 문제 때문일 것이다. 예를 들어, Arntz 등(2009)은 C군 환자가 명시적 마음 이론(theory of mind)의 고급 측정에서 비임상 표본과 BPD 환자를 능가했다고 보고했다. 메타인지 이론 내에서 AvPD 환자의 중요한 마음 읽기 특성이 기술되어 왔는데, 그들은 정신 상태를 모니터링하는 기본 능력에 심각한 문제가 있다(Semerari et al., 2014). BPD 환자는 상황에 따른 정신화하기의 상당한 정동적 불안정성과 다양성이 특징인 반면, AvPD의 모니터링 기능의 기본 실패는 대부분의 대인관계 영역, 상황 및 관계에 영향을 미치는 보다 안정적이지만 지속적인 문제를 초래한다. 정신화 프로파일([그림 21-1])은 네 가지 정신화하기 차원을 사용하여 설명할 수 있다(제1장 및 제3장). 한 차원에서의 정신화하기 기능은 종종 다른 차원의 정신화하기에 영향을 미치므로 차원을 완전히 분리할 수 없다. 그러나 차원은 AvPD와 NPD를 포함한 정신병리를 전형적인 정신화하기 패턴의 관점에서 이해하는 데 유용한 구조를 제공한다.

암묵적-명시적 차원

Moroni 등(2016)은, 특히 AvPD 환자가 정신 상태를 모니터링하는 데 어려움을 겪는다는 것을 발견했다. 이 환자들은 종종 자신의 감정이나 무언가에 대한 생각에 대해 매우 불확실하거나 혼란스러워한다. 명시적 모드로 전환하는 것은 어려운 일이다. 왜냐하면 이러한 환자 중 많은 수가 충분한 뉘앙스 없이 매우 부정적인 자아상과 마주하기 때문이다. 예를 들어, '나는 무가치하다' 또는 '나는 내가 누구인지에 대해 수치심만 느낀다.' 이러한 관점에서, 주장하건대, 거의 확실하게 필요한 것이긴 하지만 환자가 명시적 정신화하기 초점을 피하는 것을 완전히 이해할 수 있다. AvPD로 작업하는 치료사는 이러한 자기 영속적인(self-perpetuating) 주기를 인식하고 명시적 정신화하기가 너무 고통스러운 시기와 이유에 대해 환자와 함께 정신화하려고 노력해야 한다.

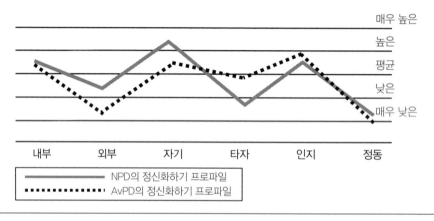

[그림 21-1] 자기애적 성격장애(NPD) 및 회피성 성격장애(AvPD)에 대한 정신화하기 프로파일

자기-타자 차원

AvPD 환자는 종종 두려운 애착 스타일을 가지고 있다. 따라서 정신적으로 좋은 대상 표상은 깨지기 쉽고 불충분하게 발달한다. 그들은 행동적으로나 정신적으로 다른 사람을 피한다. AvPD를 가진 개인의 기본 정신화하기 위치는 다른 사람보다 자기 자신이다 (Dimaggio et al., 2007a, 2008a). 이것은 AvPD가 종종 사회공포증(40~45%; Bögels et al., 2010; Friborg et al., 2013)과 동반이환되기 때문에 다소 혼란스럽다. 그러나 AvPD 환자는 감정표현 불능증(alexithymia)과 탈중심화 능력, 즉 다른 사람들이 자신과 다른 관점을 가지고 있다는 사실을 다루는 능력 모두에서 더 심각한 메타인지적 어려움을 겪고 있다 (Moroni et al., 2016; Nicolò et al., 2011). 대인관계의 관점에서 볼 때 사회공포증과 AvPD는 아마도 질적으로 다르지 않을 것이다. 두 입장 모두 사회적 회피와 자기주장을 하지 않는 뚜렷한 경향으로 정의되기 때문이다(Eikenaes et al., 2013; Wright et al., 2009). 질적 차이가 있다면, 이는 자기 또는 개인이 정신적·행동적으로 이 대인관계 도전을 처리하고 규제하는 방법에서 더 많이 발견될 수 있다(Marques et al., 2012).

인지-정동 차원

AvPD 환자는 정신화하기 자세에서 정동적이기보다 인지적인 경향이 있다. 일차적 정서와 관련하여 그들은 놀이와 호기심의 감정에 접근하는 데 어려움을 겪었다(Karterud et al., 2016). 불안과 수치심이 지배적인 경우가 많지만, 이러한 정서는 내부적으로도 과소정신화하기 혹은 과잉정신화하기(예: 지성화 및 반추)를 통해, 외부적으로는 사회적 철수를 통해 회피한다. 가장 심한 경우에는 정신화된 정동이 다소 결여되어 있다. 이를 뒷받침하기 위해 Johansen 등(2013)은 AvPD 환자는 BPD 환자보다 전반적 정동 의식과 개념적 표현력 수준이 유의하게 낮음을 발견했다. AvPD 환자를 건강한 대조군과 비교한 기능적 자기공명영상(fMRI) 연구에서 명시적인 정서 조절 작업을 예측하는 중에 편도체의 과민반응이 발견되었다(Denny et al., 2015). 따라서 특히 사회적 참여 이전의 일반적인 순서는 편도체 반응을 높이는 과잉정신화하기가 나타나고, 회피 및 과소정신화하기로 이어진다. AvPD를 가진 사람들은 자신의 감정을 다른 사람들과 공유하는 데 큰 어려움을 겪으며, 가까운 친척조차도 이러한 개인이 경험하는 고통을 완전히 인식하지 못하는 경우가 많다(Carlson et al., 2013). 정신화하기 용어로, 이것은 정동적 반영과 정서 표시의 일치와 더불어 심한 의사소통 문제로 볼 수 있다.

내부-외부 차원

fMRI 연구에 따르면 부정적인 의미가 있는 사진(예: 자동차 사고 또는 공격적인 개를 보여 주는)을 반복적으로 보는 동안 AvPD 환자는 건강한 피험자와 BPD 환자 모두보다 섬-복부 전방 대상(insula-ventral anterior cingulate) 기능 연결성이 덜 나타난다(Koenigsberg et al., 2014). 이러한 연결성의 차이는 특히 내부 신체 감각과 관련 외부 자극(내수용성 인식) 사이를 연결하는 과정에서 암묵적 습관화 문제로 해석된다. 유사한 기능장애가 일반 사회불안장애에서 발견되었다(Klumpp et al., 2012). 외부 정신화하기의 관점에서 Rosenthal 등(2011)은 AvPD가 없는 대조군과 비교하여 AvPD를 가진 환자가 완전히 표현된 두려움을 인식할 때, 오분류할 가능성이 훨씬 더 높다는 것을 발견했다(변형된 사진을 볼 때). 다른 정서를 인식하는 속도나 분류에서는 다른 유의한 차이가 발견되지 않았다. 이 연구에서 정서 조절은 평가되지 않았지만, 그 발견은 AvPD 환자가 불편함의 근원으로부터 주의를 다른 곳으로 돌림으로써, 즉 회피를 통해서 각성을 조절하는 암시적 주의 전략으로 설명될 수 있다. 외부 정신화하기의 경우 주요 문제는 인식이 아니라 표현 또는 전시(display)에 있을 수 있다. 정서가 구두로, 특히 비언어적으로 표현되지 않으면 다른 사람들이 그 사람을 정신화하는 것이 더 어렵다는 것을 알게 될 것이다. 이것은 사회적 상호작용(치료 포함)을 덜 유용하게 만들 수 있다. 또한, 거울 반영과 모방은 학습과 소속 모두에 관여하므로(Kavanagh & Winkielman, 2016), 특히 집단 환경에서 표현이 둔한 경우 영향을 받을 수 있다(Kongerslev et al., 2015).

비정신화 모드 및 정신화 기반 치료

전반적으로 AvPD의 기본 설정(default setting)은 내부 정신화하기다. 정동, 타인 및 외부 정보가 충분히 처리되지 않는다. 주요 모드는 과잉정신화하기다. 환자는 종종 매우 구체적인 측면에 초점을 맞추는데 그런 다음에, 이는 너무 많은 방식으로 해석되고 고려되어 본질을 상실하게 되어 다른 사람들은 환자의 생각을 따를 수 없으며 환자는 지치게 된다. 많은 경우에 그러한 패턴의 동기는 아마도 다른 사람들로부터 예상되는 비판을 피하고 안전감을 얻기 위함일 것이다. 정죄에 대한 두려움이 너무 강할 때, 호기심과 정신화하기 능력을 유지하는 것은 거의 불가능하다. 자신이 누구인지에 대해 진정으로(authentically) 인정받고 있다고 느끼지 않을 때 거부 또는 무관심으로 반응하는 대부분의 비회피적인 사람들과 대조적으로 많은 AvPD 환자는 호감을 받는 것에 사실상 집착한다. AvPD 환자에 대한 치료에서는 정반대되는 것(the exact opposite)이 목표가 되어야 하며, 안전과 호기심의 균형을 맞추는 것은 환자가 호감이나 비호감을 받는 것에 대하여 환자가 갇혀 있는 내부적, 두려운, 과잉정신화된 입장에서 멀어지도록 지속적으로 관심을 두어야 할 초점이다.

다양한 치료 모델에서 AvPD 환자에 대한 일반적인 역전이 반응은 부모의 입장과 지지적인 입장이다(Betan et al., 2005). 이것은 치료사가 환자의 마음을 탐색하면, 불편한 상태가 생기는데, 이를 직접 다루는 대신에 안심시키며, 조언을 제공하는 개입으로 이어지는 기본적인 정동 중심 치료(affect focus)로 볼 수 있다. 일반적으로 환자와 치료사 모두에서 회피에 대처하는 데 유용한 도구 중 하나는 명시적 정신화하기를 유발하는 미리 정의된 과업과 연습을 도입하는 것이다. 강력한 사례는 David Clark(2001)가 사회공포증을 위해 개발한 비디오 작업이다. 이 작업에서 환자는 집단에서 3분 동안 연설을 하는 동안 촬영되고 이후에 그 비디오를 볼 때 자신이 보게 될 것이라고 믿는 것에 대해 인터뷰한다. 이 연습은 자신에 대한 자신의 인식이 다른 사람들의 견해와 어떻게 그리고 왜 다른지에 대한 생각과 함께 환자의 부정적인 자동 생각을 명시적으로 만드는 강력한 방법이다.

BPD를 가진 개인과 마찬가지로 많은 AvPD 환자는 버림받는 것을 두려워하지만 (Pedersen et al., 2015), 종종 그들 내부에서 일어나고 있는 일을 명시적으로 정신화할 수 없는 상태에서 통제되고, 비판받고, 조롱당한다는 느낌을 받는다. 때때로 이 정서적 주제는 수동-공격적 행동으로 나타날 수 있지만, 대부분은 치료사 내에서 환자와 '동일한 파장에 있지 않은 상태'라는 감정으로 나타난다. 치료사는 환자로부터의 그러한 반응이 반드시 소속감(affiliation)에 대한 불편함 때문이 아니라 환자의 자율성이 위협받고 있다는 감정 때문에 유발될 수 있음을 인식할 필요가 있다.

정서적 자각이 어느 정도 있더라도 AvPD 환자는 감정을 드러내고 표현하지 않을 것이므로 다른 사람들로부터 관련된 정신화하기에 의해 담아지거나(contained) 이동되지 않을 것이다. 이 자세는 종종 모호하게만 표현되는 정서를 식별하고 표시해야 하는 치료사에게 도전이 된다. Dimaggio 등(2015)은 이러한 환자와 일하는 치료사가 유발된 정서의 비언어적 단서를 특히 인식할 필요가 있으며, 그러한 표현이 강화되고 풍부해져야 한다고 지적한다. 이 기술은 물론 쉽게 과용되거나 환자가 너무 직접적이거나 심지어 대립적인 것으로 인식하여 치료사가 대응하려고 하는 철수(withdrawal)의 패턴을 정확히 촉발할 수 있다.

정신화하기 관점에서 AvPD 환자를 치료하는 치료사는 개방적이고 호기심이 많으며 놀이할(playful) 수 있는 능력에서 특히 도전을 받는다. AvPD 환자가 가져온 정신 자료는 일반 표준과 비교하여 작업할 자료가 거의 없으므로 이것은 매우 어려울 수 있다. 이들과 협력하는 치료사가 환자에 대해 논의하고 환자의 회피와 공모하거나 지루한 감정을 겉으로 표현하지 않도록 정기적인 슈퍼비전을 받는 것이 중요하다. 무엇보다도 치료사는 정서적으로 살아 있기 위해 도움이 필요하다.

자기애적 성격장애

핵심 병리

NPD는 감탄에 대한 압도적인 욕구와 결합된 자기 자신에 대한 심리적 관심의 집중으로 정의되며(Moore & Fine, 1968; Wink, 1991), 주로 대인관계의 어려움을 특징으로 한다 (American Psychiatric Association, 2013). 환자는 일반적으로 사회적 의미에 대해 또는 대인관계에서 보상적 만족이 떨어졌을 때 심리치료적 도움을 구한다. 많은 환자는 기저에 있는 구조적 정신병리로 인해 실제로 고통받지 않는다(Ronningstam, 2005). 동반이환 우울증, 중독 및 자살 위기가 흔하다(Euler et al., 2015; Ronningstam, 2010). 발달적 관점에서 NPD를 가진 사람의 자기는 방치 또는 애착 대상의 만성적인 지원 부족의 결과로 열등감, 부족함, 수치심, 분노 및 시기의 감정이 두드러지게 나타난다(Bennett, 2006; Lorenzini & Fonagy, 2013). 조절하는 2차 표상(regulating second-order representation)은 이러한 부정적인 자기 상태를 다루기 위해 잘 통합되지 않는다. 왜냐하면 유아의 성격 발달 동안 돌보는 사람의 대인관계적 매칭(matching)이 반복적으로 비우발적이고 모순적이기 때문이다(Blatt & Levy, 2003; Fonagy et al., 2008; Kernberg, 1985; Otway & Vignoles, 2006).

앞에서 언급한 특성은 높은 중도 탈락률과 빈번한 혐오 역전이 반응을 포함하여 NPD 환자의 심리치료에 특별한 어려움을 초래한다(Ellison et al., 2013; Ronningstam, 2017; Tanzilli et al., 2017). 정서조절장애와 대인관계 기능장애는 BPD와 NPD의 주요 특징이기 때문에 장애는 현상적으로 매우 분명하지만, 두 장애가 동시에 발생할 때 특히 어렵고(동반 이환이 빈번하며 최대 40%의 유병률을 보인다; Stinson et al., 2008) 특정한 정신화하기 결핍이 누적된다(Diamond et al., 2014).

기존의 심리학적 및 진단적 설명이 자기애의 거대한(grandiose) 측면을 과도하게 강조하는 경향이 있지만(Olssøn et al., 2016; Pincus & Lukowitsky, 2010; Skodol et al., 2014), 자기애의 취약(vulnerable)하고 거대한 특징에 대한 표현형(phenotypic) 설명이 오늘날 널리 받아들여지고 있다(Cain et al., 2008; Gore & Widiger, 2016;, Levy, 2012; Miller & Campbell, 2008). 현재 문헌에서 '취약한' 대 '거대한'이라는 용어는 '얇은(thin-skinned)' 대 '두꺼운(thick-skinned)'(Rosenfeld, 1987) 또는 '내현적(covered)' 대 '외현적(uncovered)'(Wink, 1991)이라고 이전에 사용된 용어들을 대부분 대체하였다. 하지만 그 용어가 반드시 동의어인 것은 아니다. 자기애에 대한 차원적 이해는 거대하거나 취약한 자기애적 환자가 정신병리적으로, 치료 활용(treatment utilization) 및 역전이 반응 측면에서 다르므로 광범위한 임상적 의미를 갖다(Ellison et al., 2013; Euler et al., 2018; Rosenfeld, 1987). 동일한 심리치료 회기 내에서도 자기애 환자에서 두 측면의 개인 내 변동이 빈번하다(Bateman, 1998; Gore & Widiger, 2016).

애착과 자기애

다른 장애와 마찬가지로 NPD의 손상된 정신화하기는 애착 이론을 중심으로 개념화된다. 어린 시절에 양육자에 대한 개인의 의존성이 안전한 것으로 경험되지 않았기 때문에 성인기에 대인관계 의존성을 견딜 수 없게 되었다. 결과적으로, 많은 자기애적 환자들은 다른 사람들로부터 거리를 둠으로써 과소활성화된(hypoactive) 애착 체계를 유지한다(Britton, 2004; Dimaggio et al., 2008b). 자기애적 병리, 특히 과대 자기애에서 애착 행동은 회피적, 즉 무시하는 것이다(Diamond et al., 2014). 인식되지 않은 애착 욕구는 강박적인 자기 의존(self-reliance)과 환경 위험에 대한 거부를 동반한다(Bowlby 1969; Dickinson & Pincus, 2003; Lorenzini & Fonagy, 2013). 부정적인 자아상 때문에 취약한 자기애에 대한 애착은 회피적이고 불안할 수 있다. 거절에 대한 일차적 두려움과 비판에 대한 과민 반응은 이차적 회피 애착 행동으로 이어진다(Otway & Vignoles, 2006; Smolewska & Dion, 2005). 그리고 나서 취약한 나르시시스트는 동의를 구하고, 마음 사이에 존재하는 대인관계 차이를 거부한다(Bateman, 1998). 그러나 증거는 부분적으로 모순되어, 과대 자기애에서 안정적인 애착이 나타나고 일반적으로 자기애에서는 불안하지만 회피하지 않는 애착이 발견된다(Dickinson & Pincus, 2003; Kealy et al., 2015). 이러한 모순은 자기애의 두 측면이 환자들에서 함께 진행되고, 따라서 활성화된 애착 패턴이 회피 요소와 불안 요소 모두로 구성될 수 있다는 위에서 언급한 점을 뒷받침한다. 어쨌든 대부분 증거는 NPD의 애착 패턴이 불안정하며 취약한 자기애에서 주로 불안한 애착을 갖고 과대 자기애에서 주로 회피적인 애착을 나타낸다. 불안정한 애착은 환자가 치료사와 안정적인 유대를 형성하지 못하기 때문에 치료를 중단하는 높은 비율로 이끈다. 치료사의 관계적 접근은 자기애 환자에게 위협으로 인식되며, 특히 그들이 완전히 이해받지 못한다고 느끼거나 치료사의 불일치 또는 도전적인 대인 과정에 직면할 때뿐만 아니라, 때로는 압도적인 '치료적' 동정에 노출될 때도 그렇다. 환자는 의존 및 필요를 포함하여 대인관계를 피하려고 한다(Lorenzini & Fonagy, 2013). 그들의 거리를 두는, 경멸하고, 불신하는 행동은 예를 들어 환자의 경계와 협조적인 필요(corroborative need)를 거부하게 함으로써 치료사의 혐오 반응으로 이어질 수도 있다(Bennett, 2006; Luchner et al., 2008).

NPD의 손상된 정신화하기

암묵적-명시적 차원

NPD를 가진 개인은 대인관계 통제력의 잠재적 상실과 관련하여 쉽게 위협을 느낀다. 자기 행위에 대한 이러한 위협을 인지할수록 왜곡된 애착 시스템이 더욱 활성화될 것이다. 결과적으로 정신화하기는 자동적 모드로 전환된다. 정신화하기는 고정관념적 패턴으로 표시된다. 즉, 덜 역동적이고 유연해진다(Luyten & Fonagy, 2015; Ronningstam, 2010).

자기-타자와 인지-정동 차원

정신화하기의 틀에 따르면, 자기애적 개인은 일반적으로 주로 자신의 정신 상태에 집중하는 것으로 특징지어진다([그림 21-1] 참고). 그들은 내면의 정신적 이익을 달성하기 위해 다른 사람들이 자신을 위해 하는 일을 통제하지만, 다른 사람의 마음 상태에 공감하는 것이 어렵다는 것을 알게 된다(Bateman et al., 2013). 결핍은 인지적 공감이 아닌 정동적 공감에서 발견되었다(Ritter et al., 2011). 이 발견은 섬(insula)의 회백질 감소와 일치한다(Schulze et al., 2013). 또한 공감하는 동안 섬의 낮아진 비활성화는 자기애와 관련이 있다(Fan et al., 2011). NPD 환자는 자신의 관점에서 다른 사람의 생각과 정서를 설명할 수 있지만 다른 사람의 정신 상태가 자신과 다를 때 어려움을 겪는다. 그들은 또한 정동의 다양한 측면과 근본적인 대인관계 상황을 설명하고 다른 사람들과 공감하는 데 어려움을 갖는다(Dimaggio et al., 2008b). 발달되지 않은 자기-타자 구분은 NPD 환자가 다른 사람의 마음 상태를 정신화해야 할 때 정서적 스트레스를 유발한다. 게다가 자기중심적이기 때문에 다른 사람들이 자신들을 공감할 때 인지하기 어렵다. 다른 사람에 대한 손상된 기능적 인식과 더불어 자기-타자 구분적(distinctive) 정신화하기의 신경생물학적 토대는 이전에 설명되었다(Mitchell et al., 2006; Mizen, 2014).

내부-외부 차원

자기애 환자는 주로 자기 가치(self-worth) 감각의 내부 조절에 중점을 둔다. 그들은 또한 자신의 의도와 관련하여 다른 사람의 행동을 통제하기 위해 다른 사람의 내부 상태에 집중할 수 있다.

비정신화 모드 및 정신화 기반 치료

정신화 기반 치료(MBT)에서 과대하고 무시하는 행동은 관계성으로 투사되는 심리내적 (intrapsychological) 병리로 이해되지 않는다. 대신, 안전한 애착에 대한 관계 기반의 필요성을 반영하는 것으로 간주한다. 이를 위해서는 치료사의 최적 반응이 필요하다(Bateman & Fonagy, 2016; Bennett, 2006). 안전한 기반은 아동기 동안 양육자가 환자의 욕구에 조율하지 못했던 결과에 관련한 정신 상태(예: 심리치료에서 발생한)를 탐색하기 위한 전제 조건으로 간주된다. 중립성이나 전이 해석을 통해 환자를 멀리하는 것은 애착이 불안정하다고 경험할 때 의원성 기본 장애(iatrogenic default)로 간주된다. 우리는 이러한 종류의 개입을 특히 불안정한 환자−치료사 상호작용 중에 이익이 아니라 해를 입히는 것으로 간주한다. 이러한 접근법은, 예를 들어 환자의 생경한(alien) 자기의 투사로부터 자신을 보호하기 위해 환자로부터 분리하려는 치료사의 의도와 같이 역전이 반응의 실연(enactment)으로 해석될 수 있다(제1장 참고).

MBT에서 치료사는 자신의 관계적 접근을 통해 자기애 환자의 불안정한 애착 시스템을 활성화하는 데 진심으로 이바지한다고 생각함으로써 나타나는 각성(예: 부정적인 정동의 범람)을 버티어 주고(holding) 담아 줄(containing) 책임이 있다(Bateman & Fonagy, 2016; Bennett, 2006). 그렇지 않으면, 치료사는 환자가 자기중심적 태도(가장 모드)로 분리되거나 치료사를 평가절하하거나 심지어 무시하는 것(심리적 동일시 모드)을 유발할 수 있다. 자기애적 환자가 자신과 다른 사람의 마음 상태에 대한 성찰을 촉진하려면 인식론적 신뢰를 조성하기 위해 환자가 이해되고 있다고 느끼게(그리고 '느껴지게') 해야 한다(Fonagy & Allison, 2014; Fonagy et al., 2015). 이것은 예를 들어 구체적으로 나타나는(ostensive) 단서를 사용하여 수행된다(제10장 참고). 정신화하기 치료사는 환자의 애착 이력과 다른 강한 정서적 및 상호작용 경험을 생성하기 위해 환자의 정동적 요구에 잘 조율해야 한다.

자기와 타인 정신화하기

치료적 개입에 대한 몇 가지 문제는 NPD 환자의 손상된 자기−타자 차원의 정신화하기에서 발생한다. 개인이 자기 주의(self-attention)를 기울이는 방식으로 자신을 정신화하기 전에, 타인에 대한 정신화를 조장하는 것이 너무 위협적으로 보일 수 있다는 주장이 제기되어 왔다. 따라서 치료 작업은 처음에 자기성찰(self-reflection)에 초점을 맞추어야 한다(Dimaggio et al., 2008b). 다른 한편으로, 그러한 접근은 자기애적 자기중심성을 지지할 수 있다(Dimaggio et al., 2007b). 더욱이 다른 사람을 성공적으로 정신화하면 공동의 상호 의존(mutual interdependence)을 통해 자기에 대한 정신화하기가 향상될 수 있다. "만약 그녀가 상처받았다고 느낀다면, 아마도 내가 어떤 미묘한 적대감을 표현해서 화나게 했을 것이다." 그러나 이러한 정신화하기는 자기 지식을 사용하여 다른 사람들에게 더 강한 통제력을 적용하는 경우 비생산적이다. 이러한 점에서 자기에 대한 정동적 정신화하기는 사회적 행동의 전제 조건이다(Bateman et al., 2013). 결과적으로, MBT에서는 치료사가 환자의 정신화하기에서 자기−타자 역동을 지속적으로 모니터링하고 반대 움직임(제6장 참고)을 통해 주의 깊게 개입하여 더욱 통합되고 균형 잡힌 관점을 갖도록 권장한다. 그러나 이것은 환자의 자기중심성이 환자−치료사 상호작용에도 반영되기 때문에 어려운 시도다. 자기애 환자는 심리치료 회기에서 종종 자기중심적이고 정신화하지 않은 '이야기(stories)'를 꺼내며, 일반적으로 치료사가 없는 것처럼(가장 모드), 길고 장황한 이야기를 한다. 또는 자신의 이야기에 비판적 거리를 두지 않는다(심리적 동일시 모드). 더욱이 NPD 환자는 자신의 가정에 도전하거나 자신의 관점과 다르게 기억하는 것으로 위협을 느낄 때마다, 자신의 지식이 옳지 않다고 가정하더라도 자신의 지식을 방어하는 경향이 있다(심리적 동일시 모드)(Fonagy & Allison, 2014). 치료사는 자기애 환자가 다른 사람의 생각이나 의견에 '알레르기 반응'을 나타낼 수 있음을 명심해야 한다(Britton, 2004). 그들은 자신의 진실성(integrity)에 대한 공격을 감지하면 자신의 정신 상태가 제거되고 있다고 느낄 수 있다.

지지 및 공감 타당화

지나치게 자기 고양적인(self-elevating) 내러티브와 행동은 불안정한 애착 상황에서 정신화하는 능력이 감소하였음을 나타낸다. 따라서 자기애 환자의 만족에 대한 요구는, 특히 치료 초기 단계에서 지지적이고 공감적인 타당화가 필수적이다(예시를 위해 이 장의 뒷부분에 나오는 입원 인터뷰의 임상 예를 참고). 동시에 치료사는 자신의 역전이로 인한 부족함과 평가절하를 용인할 필요가 있다. 공감적 타당화는 치료사가 내러티브에서 타당화할 무언가를 찾기를 요구한다. 예를 들어, 환자가 다른 사람들을 지지하기 위한 노력을 잘 했다는 것 등이다. 두드러진 거울 반영하기(marked mirroring)를 달성하기 위해 부드럽고 때로는 약간 질문하는 듯한, 냉소적이지 않은 어조로 타당화하는 것이 도움이 된다. 이것은 환자가 자신과 타인 사이에 선을 긋는 데 도움이 된다. 환자가 충분히 안전하다고 느끼지 않을 때 생경한 자기(alien self)의 투사적 동일시는 도전받지 않으나, **협력적인 태도**(collaborative stance)의 일부로 유지되고 담아질 것이다.

'모른다'는 자세

치료사는 동정적이고, 존중하며, 정직하고, 편견이 없는 자세를 취함으로써 환자의 안정감을 증진한다. 그 또는 그녀는 과정을 주도하는 대신 '모른다는(not-knowing)' 입장을 채택하고 대화를 따라갈 준비가 되어 있어야 한다. 치료사는 또한 때때로 겸손을 보여야 한다. 일부 환자는 '모른다'는 자세를 자신의 특별한 의미를 충분히 인식하지 못하거나 제대로 이해하지 못하는 것으로 오해하면서 나쁘게 인식할 수 있으므로, 모든 중재는 매우 민감하게 반응하고 미세하게 조정되어야 한다. 즉, **수반적**(contingent)이어야 한다. 이와 관련하여 치료사의 중재가 실패하여 파열이 발생하면 치료사가 이에 대한 책임을 진다.

환자에게 도전할 때, 치료사는 주관적 인식에서 비롯된 불확실한 가능성으로 환자의 관점을 설명해야 하며 대안적 관점에 대한 개방성을 유지해야 한다.

정동 중심 치료

정동 중심 치료(affect focus) 동안, 치료사는 환자의 **정신화된 정동 성향**(affectivity)의 진정성을 지속적으로 확인함으로써 환자가 유사 정신화(psuedomentalizing)하는 위험을 특히 인식해야 한다. 그렇지 않으면, 이기적인(즉, 자기 및 인지 중심적) 관점에서 유사 정신화하기 또는 과잉정신화하기(hypermentalizing)의 존재는 가장 모드에서 확장된 치료 담론(discourse)의 위험을 일으킨다. 정신화의 네 가지 차원에 따르면 치료사는 정동적 또는 자기 극(self pole)이 과소 표현될 때 **반대 행동**(contrary move)을 시도한다. 그렇게 함으로써 치료사는 환자가 가능할 때마다 완전한 정신화하기에 참여하도록 돕는다. 정동을 기술하고 사고와 행동이 정동 정교화와 정동 중심 치료를 통해 정서에 영구적으로 영향을 받는다는 것을 받아들이는 것이 MBT의 특징이다. 자기애 환자가 치료 중, 불충분한 감정, 수치심, 두려움 또는 불안을 받아들이는 경우, 환자가 치료 상황에서 정신화할 수 있는 충분한 능력이 있는지를 관찰하는 것이 중요하다. 이러한 감정은 심리적 동일시 모드에서 인식되어 정신화하기가 갑자기 붕괴할 수 있다. 치료사는 환자가 치료사가 불러일으키는 정동을 극복하도록 돕는 공동 책임을 일관되게 받아들인다. 자기애적 환자는 심리적 동일시 모드에서 부정적인 정동 상태를 다루는 데 필요한 2차 표상을 점차적으로만 사용하게 된다.

관계를 정신화하기

결국, 자기애적 환자는 치료사와의 관계를 정신화할 수 있지만, 정동 정교화와 정동 중심 치료를 통해 자신을 충분히 정신화한 후에만 가능하다. 다른 차원을 발전시키기 위해 환자는 특정한 정신화하기 능력을 갖추고 있어야 한다. 관계 정신화하기에 대한 시기상조의 초점은 치료사의 마음과 관계적 차원을 무시하는 인지적 자기 성찰과 함께 환자를 가장 모드에 빠질 위험에 놓이게 한다. 따라서 치료는 MBT가 개입하는 위계와 궤적에 따라 잘 구조화되어야 한다(제6장에서 논의됨).

임상 예: 성격장애 주간 병동의 다중 구성 요인에 대한 입원 인터뷰

환자는 NPD와 동반 질환 대마초 및 심한 인터넷 중독이 있는 24세 남성이다. 외래 진료실에서 내과 전문의와의 면담에 앞서 평가 면담, 진단, 치료 계획 제공을 시행하였다. 직원에게 접수된 후 환자는 휴게실로 보내져 오전 회진 중에 치료사가 다녀갈 것이라고 전달되었다.

참석: 환자(P), 간호사(N), 치료사(T)

환자를 환영하고 모두가 자리에 앉았다.

P(큰 소리로): 치료사가 제시간에 오지 않는 것이 정상적인 절차입니까? 늦은 것에 대해 그녀가 사과해야 하는 것 아닙니까?

T: R 씨, 기다리게 해서 죄송합니다. 이제 막 면접 시간이 생겼다는 연락을 받았습니다. 그래서 서둘러 다른 병동에서 바로 여기로 왔습니다.

P: 믿을 수 없어요. 나는 오늘 아침에 여기에 왔고 그 이후로 아무도 절차에 대해 말해 주지 않았습니다. 아무도 신경 쓰지 않았어요. 나는 방에서 기다리고 있었어요. 몇 시간 후에 누군가가 와서 면담을 위해 아래층으로 가라고 말했습니다. 아무도 거기에 없었어요……. 그래서 더 기다렸습니다. 너무나 엉망이네요. 마침내 치료사가 도착했지만, 그녀는 사과조차 할 의향이 없군요.

N: 정말 죄송합니다. 당신이 맞습니다. 안타깝게도, 계획이 좋지 않습니다. 다시 한번 사과드립니다.

P: 예, 뭐든지.

N: 치료 계획을 진행해도 될까요?

P: 음.

N: 치료 계획을 소리 내어 읽고 각 사항을 자세히 설명한다. 이때 P가 격렬하게 N을 방해한다.

P: 이미 다 알고 있어요. 외래 병동에서 이미 나에게 말했습니다. 건너뛸 수 없습니까?

N: 알겠습니다. 간략하게 말씀드리도록 할게요.

N은 규정(일반 병원 규칙, 약물과 개인 컴퓨터 사용에 대한 동의)을 계속 전달한다.

P: 온라인 접근 동의에 서명해야 하는 이유는 무엇입니까? 나는 컴퓨터 게이머도 아닙니다!

T: 외래 환자 병동의 심리사가 그것과 관련하여 문제가 있을 수 있다고 알려 주었습니다.

P: 뭐라고요? 사실이 아닙니다. 대마초와 병원 규칙은 알겠습니다. 하지만 온라인 접근?
　나는 그녀에게 내가 10살에서 15살 사이에 컴퓨터 게임을 한 적이 있다고 말했어요. 그런 다음 나는 그
　만두었습니다. 완전히 흥미를 잃었어요. 나는 처음부터 그 여자가 무능하다는 것을 알고 있었습니다.

T: 네, 두고 봅시다.

P: 서명할 수 있어요. 그게 문제가 아닙니다.

T: 이 특정 동의가 필요한지 아닌지를 다시 확인하고 가능한 한 빨리 알려드리는 것이 좋겠습니다…….

P: 무엇이든!

한편, 수석 레지던트(CR)가 문을 연다.

CR: 안녕하세요, 여러분. 제 소개를 해도 될까요?

T(고개를 저으며): 죄송합니다. 지금은 아닙니다. 무언가를 논의하는 중이라서요.

CR이 방을 나간다. 모든 참석자는 계약서에 서명한다. N은 방을 나간다.

P(분노하면서): 좀 더 고개를 저었으면(자신의 고개를 세게 흔든다) 안 되었을까요? 그는 어떻게 생각했을
　까요? 왜 그냥 나가라고 하지 않았어요?

T: 유감입니다. 그러면 당신을 당황하게 만들 수 있습니다.

P(경멸을 표현하면서): 당황하지 않아요! 이곳이 웃기네요. 정말 다른 곳[그가 몇 개월 전에 있었던 정신병
　원]과 똑같아요. 6시간 만에 떠났어요. 이건 말도 안 돼요!

T: 음, 알겠어요. 문제는 당신이 왜 다른 병원을 떠났는지 모르겠어요. 그 이유를 설명해 주시겠어요?

P: 치료가 여기에서와 같이 비전문적이었어요. 고립된 느낌이 들었고 실망했었습니다. 도움을 청하러 그곳에
　갔지만 아무도 나를 도와주지 않았어요. 나는 내 방에서 전적으로 혼자였어요. 우울증에 걸린 사람을 그

렇게 방에 혼자 둘 수 없지요. 여기도 마찬가지예요. 아무도 신경 써 주지 않아요.

T: 네, 이해가 됩니다. 이제 당신이 왜 그렇게 화가 났는지 더 잘 이해할 수 있어요. 당신 자신과 인생에서 당신이 고군분투하는 것에 대해 더 말씀해 주시겠습니까?

P: 지난 6년 동안 우울증을 겪었어요. 그래서 치료를 받으러 갔어요. 게다가 수면장애로 고생하고 있습니다. 이런 일을 겪으면서 나는 더 짜증을 내고 덜 관대해지고 사람들을 피하려고 해요. 또한, 나는 형과 문제가 있는 것처럼 다른 사람들과도 문제가 있습니다. 나는 형에게 뭔가 말하고 싶지만, 그는 그것을 이해하지 못해요. 그러더니 자신을 가만 놔 두라고 하고 가 버렸습니다. 이해가 안 돼요.

T: 왜 그런지 아세요?

P: 모르겠어요. 사람들은 나를 이해하지 못합니다.

T: 알겠어요. 그런 걸 듣고 나면 저도 화가 날 거 같아요.

P: 네, 맞아요.

T: 이 문제가 당신이 여기 있는 이유 중 하나인가요?

P: 흠. 사실 내가 왜 여기 있는지 모르겠어요.

T: 이 문제로 정말 고생하고 계시는 것 같은데, 시작이 좋지 못해서 죄송합니다. 당신의 짐을 저와 함께 나누어 주셔서 감사해요. 이에 관해 이야기하는 시간을 갖도록 하겠습니다. 이제 어떻게 앞으로 진행될지 말해도 될까요? 그다음에, 수석 레지던트가 당신을 만나기 위해 올 것입니다. 괜찮을까요?

P는 동의하고 더 침착해지면서 덜 동요하는 것처럼 보인다.

불안정한 경계 설정은 직원들을 향한 분노와 무시하는 행동을 하도록 이어진, 환자의 불안한 애착 패턴을 촉발한다. 처음에 환자는 정신화하기 능력이 전혀 없었다. 그는 목적론적 모드에 있다(늦는 것은 완전히 비전문적이고 우스꽝스러운 것을 의미한다. 온라인 게임 동의서를 준비하는 것은 외래 환자 병동 심리사의 무능함을 확인하는 것이다. 치료사가 고개를 짓는 것은 수석 레지던트에게 환자에 대한 '무언가'에 관한 신호를 준다). 치료사의 순응적이고 열린 마음의 자세는 환자의 애착 체계를 '진정'시키는 데 도움이 되며, 심지어 환자가 자신의 개인 역사의 특정 측면을 가리키며, 이전에 인식한 일부 정동을 언급할 수 있게 하였다. 이 설명에서 취약한 자기애적 특징이 분명해진다. 치료사는 환자가 가장 모드('모르겠다')로 대답할 때 불안정한 애착 상황으로 인해 이러한 문제에 너무 깊이 들어가지 않기로 결정한다. 이 시점에서 환자의 제한된 정신화하기 능력 때문에, 치료사는 환자가 진정되고 더 편안해진 후에 단순히 공감적 타당화를 보여 준다. 그런 다음에 그녀는 다음 치료 계획의 구조화를 향해 반대 방향으로 움직인다. 치료사의 관점에서 볼 때 입원 인터뷰의 주요 주제는 인식론적 신뢰와 안전의 분위기를 조성하고 다가오는 심리치료 과정에서 환자가 정신화할 수 있는 능력을 육성하는 것이다.

결론

이 장의 목적은 왜 정신화 체계(framework)와 결과적으로 MBT가 AvPD와 NPD의 치료에 유망할 수 있는지에 대하여 몇 가지 설득력 있는 이유를 제공하는 것이다. 그러나 이 글을 쓰는 시점에서 AvPD 또는 NPD에 대해 잘 통제된 MBT 치료 연구는 수행되지 않았다. MBT의 효능에 대해 더 확신을 갖고 사용되기 위해서는 그러한 시도와 신경생물학 및 사회적 인지에 관한 추가 연구를 포함하여 많은 작업이 필요하다. 두 장애에 관한 연구는 이전에 주로 정신병리적이며 횡단적(cross-sectional)인 성격을 띠었기 때문에, 시간이 지남에 따른 역동적인, 발달적인, 그리고 치료적인 과정에 대해 알려진 바가 거의 없다. 다중 시점 측정을 사용한 연구는, 특히 정신화하기 및 정동 의식의 변화를 포함하여 가장 중요한 맥락적 요인 및 변화 메커니즘을 식별하는 데 큰 가치가 있을 것이다. 그러나 우리의 관점에서 이러한 작업이 완료될 때까지 AvPD 및 NPD 환자의 치료에서 MBT를 실행하는 것은 유망한(auspicious) 접근 방식임을 주장한다.

📖 참고문헌

American Psychiatric Association: Diagnostic and Statistical Manual of Mental Disorders, 5th Edition. Arlington, VA, American Psychiatric Association, 2013

Arntz A, Bernstein D, Oorschot M, et al: Theory of mind in borderline and cluster-C personality disorder. J Nerv Ment Dis 197(11):801-807, 2009 19996717

Bateman A, Fonagy P: Borderline personality disorder and mood disorders: mentalizing as a framework for integrated treatment. J Clin Psychol 71(8):792-804, 2015 26190067

Bateman A, Fonagy P: Mentalization-Based Treatment for Personality Disorders: A Practical Guide. Oxford, UK, Oxford University Press, 2016

Bateman A, Bolton R, Fonagy P: Antisocial personality disorder: a mentalizing framework. Focus 11:178-186, 2013

Bateman AW: Thick- and thin-skinned organisations and enactment in borderline and narcissistic disorders. Int J Psychoanal 79(Pt 1):13–25, 1998 9587805

Bateman AW, Fonagy P: Handbook of Mentalizing in Mental Health Practice. Washington, DC, American Psychiatric Publishing, 2012

Bateman AW, Gunderson J, Mulder R: Treatment of personality disorder. Lancet 385(9969):735–743, 2015 25706219

Bennett CS: Attachment theory and research applied to the conceptualization and treatment of pathological narcissism. Clin Soc Work J 34:45–60, 2006

Betan E, Heim AK, Zittel Conklin C, et al: Countertransference phenomena and personality pathology in clinical practice: an empirical investigation. Am J Psychiatry 162(5):890–898, 2005 15863790

Blatt SJ, Levy KN: Attachment theory, psychoanalysis, personality development, and psychopathology. Psychoanalytic Inquiry 23:102–150, 2003

Bogels SM, Alden L, Beidel DC, et al: Social anxiety disorder: questions and answers for the DSM-V. Depress Anxiety 27(2):168–189, 2010 20143427

Bowlby J: Attachment and Loss, Vol 1: Attachment. London, Hogarth Press and Institute of Psycho-Analysis, 1969

Britton R: Narcissistic disorders in clinical practice. J Anal Psychol 49(4):477–490; discussion 491–473, 2004 15317528

Cain NM, Pincus AL, Ansell EB: Narcissism at the crossroads: phenotypic description of pathological narcissism across clinical theory, social/personality psychology, and psychiatric diagnosis. Clin Psychol Rev 28(4):638–656, 2008 18029072

Carlson EN, Vazire S, Oltmanns TF: Self-other knowledge asymmetries in personality pathology. J Pers 81(2):155–170, 2013 22583054

Clark DM: A cognitive perspective on social phobia, in International Handbook of Social Anxiety: Concepts, Research and Interventions Relating to the Self and Shyness. Edited by Crozier WR, Alden LE. Chichester, UK, Wiley, 2001, pp 405–430

Denny BT, Fan J, Liu X, et al: Elevated amygdala activity during reappraisal anticipation predicts anxiety in avoidant personality disorder. J Affect Disord 172:1–7, 2015 25451388

Diamond D, Levy KN, Clarkin JF, et al: Attachment and mentalization in female patients with comorbid narcissistic and borderline personality disorder. Pers Disord 5(4):428–433, 2014 25314231

Dickinson KA, Pincus AL: Interpersonal analysis of grandiose and vulnerable narcissism. J Pers Disord 17(3):188–207, 2003 12839099

Dimaggio G, Procacci M, Nicolo G, et al: Poor metacognition in narcissistic and avoidant personality disorders: four psychotherapy patients analysed using the Metacognition Assessment Scale. Clin Psychol Psychother 14:386-401, 2007a

Dimaggio G, Semerari A, Carcione A, et al: Psychotherapy of Personality Disorders: Metacognition, States of Mind and Interpersonal Cycles. Hove, UK, Routledge, 2007b

Dimaggio G, Lysaker PH, Carcione A, et al: Know yourself and you shall know the other... to a certain extent: multiple paths of influence of self-reflection on mindreading. Conscious Cogn 17(3):778-789, 2008a 18394921

Dimaggio G, Nicolo G, Fiore D, et al: States of minds in narcissistic personality disorder: three psychotherapies analyzed using the grid of problematic states. Psychother Res 18(4):466-480, 2008b 18815998

Dimaggio G, Montano A, Popolo R, et al: Metacognitive Interpersonal Therapy for Personality Disorders: A Treatment Manual. Hove, UK, Routledge, 2015

Eikenaes I, Hummelen B, Abrahamsen G, et al: Personality functioning in patients with avoidant personality disorder and social phobia. J Pers Disord 27(6):746-763, 2013 23786266

Eikenaes I, Pedersen G, Wilberg T: Attachment styles in patients with avoidant personality disorder compared with social phobia. Psychol Psychother 89(3):245-260, 2016 26332087

Ellison WD, Levy KN, Cain NM, et al: The impact of pathological narcissism on psychotherapy utilization, initial symptom severity, and early treatment symptom change: a naturalistic investigation. J Pers Assess 95(3):291-300, 2013 23186259

Euler S, Sollberger D, Bader K, et al: Personlichkeitsstorungen und Sucht: Systematische Literaturubersicht zu Epidemiologie, Verlauf und Behandlung [A Systematic Review of Personality Disorders and Addiction: Epidemiology, Course and Treatment] [In German]. Fortschr Neurol Psychiatr 83(10):544-554, 2015 26588717

Euler S, Stobi D, Sowislo J, et al: Grandiose and vulnerable narcissism in borderline personality disorder. Psychopathology 51(2):110-121, 2018 29466803

Fan Y, Wonneberger C, Enzi B, et al: The narcissistic self and its psychological and neural correlates: an exploratory fMRI study. Psychol Med 41(8):1641-1650, 2011 21144117

Fonagy P, Allison E: The role of mentalizing and epistemic trust in the therapeutic relationship. Psychotherapy (Chic) 51(3):372-380, 2014 24773092

Fonagy P, Target M: Attachment and reflective function: their role in self-organization. Dev Psychopathol 9(4):679-700, 1997 9449001

Fonagy P, Gergely G, Target M: Psychoanalytic constructs and attachment theory and research, in Handbook of Attachment: Theory, Research, and Clinical Applications, 2nd Edition. Edited by Cassidy J, Shaver PR. New York, Guilford, 2008, pp 783-810

Fonagy P, Luyten P, Allison E: Epistemic petrification and the restoration of epistemic trust: a new conceptualization of borderline personality disorder and its psychosocial treatment. J Pers Disord 29(5):575-609, 2015 26393477

Friborg O, Martinussen M, Kaiser S, et al: Comorbidity of personality disorders in anxiety disorders: a meta-analysis of 30 years of research. J Affect Disord 145(2):143-155, 2013 22999891

Gore WL, Widiger TA: Fluctuation between grandiose and vulnerable narcissism. Pers Disord 7(4):363-371, 2016 26986960

Johansen MS, Normann-Eide E, Normann-Eide T, et al: Emotional dysfunction in avoidant compared to borderline personality disorder: a study of affect consciousness. Scand J Psychol 54(6):515-521, 2013 24107113

Karterud S, Wilberg T: From general day hospital treatment to specialized treatment programmes. Int Rev Psychiatry 19(1):39-49, 2007 17365157

Karterud S, Pedersen G, Johansen M, et al: Primary emotional traits in patients with personality disorders. Pers Ment Health 10(4):261-273, 2016 27257161

Kavanagh LC, Winkielman P: The functionality of spontaneous mimicry and its influences on affiliation: an implicit socialization account. Front Psychol 7:458, 2016 27064398

Kealy D, Ogrodniczuk JS, Joyce AS, et al: Narcissism and relational representations among psychiatric outpatients. J Pers Disord 29(3):393-407, 2015 23398104

Kernberg OF: Borderline Conditions and Pathological Narcissism. New York, Jason Aronson, 1985

Klumpp H, Angstadt M, Phan KL: Insula reactivity and connectivity to anterior cingulate cortex when processing threat in generalized social anxiety disorder. Biol Psychol 89(1):273-276, 2012 22027088

Koenigsberg HW, Denny BT, Fan J, et al: The neural correlates of anomalous habituation to negative emotional pictures in borderline and avoidant personality disorder patients. Am J Psychiatry 171(1):82-90, 2014 24275960

Kongerslev M, Simonsen S, Bo S: The quest for tailored treatments: a meta-discussion of six social cognitive therapies. J Clin Psychol 71(2):188-198, 2015 25557904

Lampe L: Avoidant personality disorder as a social anxiety phenotype: risk factors, associations and treatment. Curr Opin Psychiatry 29(1):64-69, 2016 26651009

Levy KN: Subtypes, dimensions, levels, and mental states in narcissism and narcissistic personality disorder. J Clin Psychol 68(8):886-897, 2012 22740389

Liotti G, Gilbert P: Mentalizing, motivation, and social mentalities: theoretical considerations and implications for psychotherapy. Psychol Psychother 84(1):9-25, discussion 98-110, 2011 22903828

Lorenzini N, Fonagy P: Attachment and personality disorders: a short review. Focus 11:155-166, 2013

Luchner AF, Mirsalimi H, Moser CJ, et al: Maintaining boundaries in psychotherapy: covert narcissistic personality characteristics and psychotherapists. Psychotherapy (Chic) 45(1):1-14, 2008 22122361

Luyten P, Fonagy P: The neurobiology of mentalizing. Pers Disord 6(4):366-379, 2015 26436580

Marques L, Porter E, Keshaviah A, et al: Avoidant personality disorder in individuals with generalized social anxiety disorder: what does it add? J Anxiety Disord 26(6):665-672, 2012 22705954

Miller JD, Campbell WK: Comparing clinical and social-personality conceptualizations of narcissism. J Pers 76(3):449-476, 2008 18399956

Millon T: Disorders of Personality: DSM-III, Axis II. New York, Wiley, 1981

Mitchell JP, Mason MF, Macrae CN, et al: Thinking about others: the neural substrates of social cognition, in Social Neuroscience: People Thinking About Thinking People. Edited by Cacioppo JT, Visser PS, Pickett CL. Cambridge, MA, MIT Press, 2006, pp 63-82

Mizen R: On the capacity to suffer one's self. J Anal Psychol 59(3):314-332, 2014 24919626

Moore BE, Fine BD: A Glossary of Psychoanalytic Terms and Concepts, 2nd Edition. New York, American Psychoanalytic Association, 1968

Moroni F, Procacci M, Pellecchia G, et al: Mindreading dysfunction in avoidant personality disorder compared with other personality disorders. J Nerv Ment Dis 204(10):752-757, 2016 27227557

Nicolò G, Semerari A, Lysaker PH, et al: Alexithymia in personality disorders: correlations with symptoms and interpersonal functioning. Psychiatry Res 190(1):37-42, 2011 20800288

Nolte T, Guiney J, Fonagy P, et al: Interpersonal stress regulation and the development of anxiety disorders: an attachment-based developmental framework. Front Behav Neurosci 5:55, 2011 21960962

Olssøn I, Svindseth MF, Dahl AA: Is there an association between the level of grandiose narcissism severity of psychopathology? Nord J Psychiatry 70(2):121-127, 2016 26212624

Otway LJ, Vignoles VL: Narcissism and childhood recollections: a quantitative test of psychoanalytic predictions. Pers Soc Psychol Bull 32(1):104-116, 2006 16317192

Pedersen G, Eikenæs I, Urnes Ø, et al: Experiences in Close Relationships —Psychometric properties among patients with personality disorders. Pers Ment Health 9(3):208-219, 2015 26033784

Pincus AL, Lukowitsky MR: Pathological narcissism and narcissistic personality disorder. Annu Rev Clin Psychol 6:421-446, 2010 20001728

Riggs SA, Paulson A, Tunnell E, et al: Attachment, personality, and psychopathology among adult inpatients: self-reported romantic attachment style versus Adult Attachment Interview states of mind. Dev Psychopathol 19(1):263-291, 2007 17241494

Ritter K, Dziobek I, Preissler S, et al: Lack of empathy in patients with narcissistic personality disorder. Psychiatry Res 187(1-2):241-247, 2011 21055831

Ronningstam E: Narcissistic personality disorder: a review, in Personality Disorders. Edited by Maj M, Akiskal HS, Mezzich J, Okasha A. Chichester, UK, Wiley, 2005, pp 277-327

Ronningstam E: Narcissistic personality disorder: a current review. Curr Psychiatry Rep 12(1):68-75, 2010 20425313

Ronningstam E: Intersect between self-esteem and emotion regulation in narcissistic personality disorder-implications for alliance building and treatment. Borderline Personal Disorder Emotion Dysregul 4:3, 2017 28191317

Rosenfeld H: Destructive narcissism and the death instinct, in Impasse and Interpretation. London, Tavistock Publications, 1987, pp 105-132

Rosenthal MZ, Kim K, Herr NR, et al: Speed and accuracy of facial expression classification in avoidant personality disorder: a preliminary study. Pers Disord 2(4):327-334, 2011 22448805

Schulze L, Dziobek I, Vater A, et al: Gray matter abnormalities in patients with narcissistic personality disorder. J Psychiatr Res 47(10):1363-1369, 2013 23777939

Semerari A, Colle L, Pellecchia G, et al: Metacognitive dysfunctions in personality disorders: correlations with disorder severity and personality styles. J Pers Disord 28(6):751-766, 2014 24689762

Simonsen S, Heinskou T, Sørensen P, et al: Personality disorders: patient characteristics and level of outpatient treatment service. Nord J Psychiatry 71(5):325-331, 2017 28635555

Skodol AE, Bender DS, Morey LC: Narcissistic personality disorder in DSM-5. Pers Disord 5(4):422-427, 2014 23834518

Smolewska K, Dion KL: Narcissism and adult attachment: a multivariate approach. Self Ident 4:59-68, 2005

Stinson FS, Dawson DA, Goldstein RB, et al: Prevalence, correlates, disability, and comorbidity of DSM-IV narcissistic personality disorder: results from the wave 2 national epidemiologic survey on alcohol and related conditions. J Clin Psychiatry 69(7):1033-1045, 2008 18557663

Tanzilli A, Muzi L, Ronningstam E, et al: Countertransference when working with narcissistic personality disorder: an empirical investigation. Psychotherapy (Chic) 54(2):184-194, 2017 28581327

Torvik FA, Welander-Vatn A, Ystrom E, et al: Longitudinal associations between social anxiety disorder and avoidant personality disorder: a twin study. J Abnorm Psychol 125(1):114-124, 2016 26569037

Wink P: Two faces of narcissism. J Pers Soc Psychol 61(4):590-597, 1991 1960651

Wright AG, Pincus AL, Conroy DE, et al: Integrating methods to optimize circumplex description and comparison of groups. J Pers Assess 91(4):311-322, 2009 20017060

Zimmerman M, Rothschild L, Chelminski I: The prevalence of DSM-IV personality disorders in psychiatric outpatients. Am J Psychiatry 162(10):1911-1918, 2005 16199838

제22장

섭식장애

Paul Robinson, M.D., FRCP, FRCPsych

Finn Skårderud, M.D., Ph.D.

섭식장애, 특히 신경성 식욕부진증보다 치료사에게 더 강한 반응을 일으키는 증상은 거의 없으며, 인내심과 자기 의문을 더 많이 요구하는 증상도 거의 없다. 섭식장애는 임상적 및 인지적 측면 모두에서 정신건강 치료사에게 도전적이다. 심각한 섭식장애는 수십년 동안 지속될 수 있으며, 환자들이 정상적인 사회 및 가족 활동에서 철수하게 하고, 가족을 파괴하고 해체한다. 신경성 식욕부진증은 모든 정신질환 중에서 표준화된 사망률이 가장 높다. 섭식장애는 대부분 청소년기에 시작되는데, 이는 많은 사람들에게 중요한 단계이며, 이 기간 동안 신체와 정체성에 변화가 일어난다. 게다가 청소년기는 뇌가 아직 미성숙한 시기다. 손상된 신체건강의 심리적 결과는 더 많은 증상을 초래한다. 이 장에서 우리는 정신화 모델이 섭식장애에 대한 이해와 상담 실제의 심화와 관련이 매우 깊다고 제안한다. 특히, 우리는 환자의 심각한 정신화 장애가 치료사의 정신화를 손상시키는 경향이 있으며, 이로 인해 실연(enactment), 비효율적인 치료, 또는 의원성(iatrogenic) 효과가 발생할 위험이 있다고 주장한다.

예시로 시작해 보자. 원하는 모든 것을 가진 것처럼 보이는 젊은 사람이 굶어 죽을 지경이다. 얼마나 위험한 상황인지 얘기해도 음식을 거부해서 억지로 먹여야 하는데도, 영양섭취보다 죽기를 바라는 것처럼 보인다. 대부분의 사람들은 이 행동을 이해하기 매우 어렵다. 치료사의 임무는 환자의 사고와 동기를 이해하기 위해 노력하는 것이다. 이것은 쉬운 일이 아니며, 일부 치료사들은 환자의 생각을 이해하지 못한 채 그럭저럭 받아들일 수밖에 없다. 그 정도면 치료사가 환자와 함께 작업할 수 있다. 이러한 수용이 없다면, 섭식장애를 가진 환자들과 일하는 사람들은 환자들에 대해 매우 파괴적인 감정을 가질 수 있고, 이로 인해 환자를 비난하고 거부할 수 있다. 이러한 강한 감정은 또한 자해 행동이나 약물 남용 관련 환자들에게서도 발생하는데, 그들은 병원 응급실에 갈 때마다 자신들이 치료를 받을 가치가 없는 '시간 낭비'로 평가절하되는 것을 겪게 된다. 따라서 섭식장애에서 정신화 모델을 구현하는 것은 관계자들이 환자에 대해 가지고 있는 생각과 감정뿐만 아니라 환자가 자신과 다른 사람들에 대해 어떻게 생각하고 느끼는지를 포함한다.

모든 정신장애는 다양한 정신화하기 손상과 관련된다. 치료 혁신은 정신병리를 뒷받침하는 과정에 대한 이해를 바탕으로 이루어진다. 그리고 이 치료 혁신은 경험적 연구의 대상이 될 수 있다. 즉, 장애 맞춤 치료가 이루어져야 한다(Fonagy & Bateman, 2006; Kazdin, 2004). 임상 접근의 기초로, 우리는 먼저 정신화 모델의 언어를 사용하여 심각한 섭식장애의 정신병리를 설명할 것이다. 우리는 이러한 장애를 근본적인 자기 장애(self-disorder)의 발현으로 이해한다. 이 근본적인 장애는 심리치료의 핵심 초점이 되어야 한다. 정신화 기반 섭식장애 치료(Mentalization-based treatment for eating disorders: MBT-ED)는 물론 증상을 줄이는 것을 목표로 하지만, 자신과 타인의 마음을 이해하는 데 관여하는 심리적·사회적 역량을 높이는 것도 목표로 한다. MBT의 본질은 그러한 이해를 달성하기 위한 체계적인 주의집중과 이를 통해 개선된 정동 조절이다.

정신화에 대한 문제를 명시적으로 가르치고 해결하는 치료법인 MBT-ED의 역할은 확립되지 않았다. 명확한 근거 기반이 없는 상황에서 MBT-ED는 섭식장애 전문가 지원 임상관리(specialist supportive clinical management for eating disorders: SSCM-ED; Robinson et al., 2014, 2016)나 섭식장애를 위한 확장된 인지행동치료(extended cognitive-behavioral therapy for eating disorders: CBT-E)와 같은 덜 정교한 치료법으로 개입하였으나, 효과가 없었던 환자에 대한 중재로 생각하는 것이 타당하다. 초기 치료에 적절하게 반응하지 않는 섭식장애와 경계선 성격장애(BPD) 복합 환자의 경우, MBT-ED가 합리적인 선택으로 간주될 수 있다. 이 환자군은 무작위 대조군 실험의 대상이었다(Robinson et al., 2016). 결과는 확정적이지 않았고, 탈락률이 높았으나, MBT-ED가 대조군 치료보다 우수하다는 증거가 있었다. 우리는 MBT-ED를 아직 증거가 뒷받침되지 않은 섭식장애 치료로 간주한다. 우리는 여기에서 섭식장애 분야에서 MBT의 적용과 관련된 이론과 실제를 제시할 것이다.

자기 장애로서의 섭식장애

　이 절에서는 섭식장애에서 정신화가 방해된다는 제안에 대한 이론적 근거를 설명한다. 이를 통해 정신화를 향상시키는 구체적인 목표를 가진 치료 모델, 즉 MBT-ED 적용의 타당성에 대한 근거를 제시할 것이다.

　관찰 결과, 섭식장애를 정서적 · 신체적 조절장애로 분류하는 것을 뒷받침하는 좋은 증거들이 있다(예: Guarda, 2008; Skårderud & Fonagy, 2012). 이러한 분류는 의학과 심리학에서 서로 다른 설명 및 설명 모델을 통합할 수 있는 가능성을 열어 준다. 신경생리학과 발달심리학의 발전, 정동 이론, 유아 발달에 대한 연구, 외상 연구, 성격 발달에 대한 새로운 개념, 그리고 정신분석학의 최근 개념들은 모두 새롭고 뚜렷한 개념적 실체, 즉 일반적인 **자기 조절과 특정 정동 조절**에 관한 추측에 기여했다. 특히, 정신화에 관한 전통은 이러한 일반적인 지적 경향의 중요한 예이며, 불안정 애착이 어떻게 조절의 손상에 기여할 수 있는지를 강조한다[성인 애착 면담(Adult Attachment Interview: AAI)을 통해 수행한 섭식장애와 애착에 대한 연구들은 Zachrisson과 Skårderud, 2010에서 확인할 수 있다]. 일반적으로 안정 애착 유형의 비율은 모든 진단 하위 그룹에서 낮게 나타난다.

　섭식장애가 있는 사람들은 광적인 자기 자극 활동을 통해 그들의 괴로운 감정을 없애려고 시도할 수 있다. 이러한 활동은 굶기, 폭식, 구토, 과잉행동과 같은 행동의 공통분모로 보일 수 있다. 증상은 감정과 다른 내적 상태를 보다 의미 있게 조직하려는 잘못된 시도로 볼 수 있다. 신뢰할 수 있는 내적 자기 조절의 부재로 섭식장애 환자는 부적절하고, 비효율적이며, 통제 불능이라고 느낄 수 있다.

　정신과 의사이자 정신분석가인 Hilde Bruch(1904~1984)는 섭식장애의 정신병리를 이해하고 개념화하기 위한 새로운 관점을 개발했다(Bruch, 1970, 1973, 1988; Skårderud, 2009). Bruch는 원발성 거식증의 정신병리를 개념 발달, 신체 이미지와 인식, 개인화의 광범위한 결함을 포함하는 **자기 감각의 결핍**으로 간주했다(Taylor et al., 1997). Bruch(1962)는 거식증 환자들이 배고픔과 포만감과 같은 신체에서 발생하는 자극과 피로와 허약함과 같은 영양실조의 생리적 징후를 정확하게 인지하거나 해석하는 것이 어렵다고 제안했다. 그녀는 거식증 환자들이 그들의 감정을 당황스러운 방식으로 경험한다는 것을 확인했다. 또한 어떻게 환자들이 감정의 생리적 · 주관적인 감정 요소와 언어 사이의 단절로 인해 자신의 감정을 설명할 수 없는지 설명했다. 따라서 Bruch에게 거식증이 있는 사람은 **구별하**

는 법을 배우지 못한 사람이기 때문에 알지 못하는 사람이다. 경험과 범주 간의 관계가 유효한 방식으로 설정되지 않은 것이다. 신체적 경험은 '잘못 분류'되게 된다. 환자들이 자신이 무엇을 느끼고 필요로 하는지 모르는 것은 자신의 현실을 상실하는 경험에 가깝다. 신경성 식욕부진증은 현실과 정체성을 위한 투쟁이 된다.

요약하자면, 섭식장애에 대한 Bruch의 임상적 · 이론적 설명은 그러한 손상된 능력이 개인의 정신 상태(자신의 마음을 신경 쓰는 것)와 개인의 신체 감각(자신의 몸을 신경 쓰는 것) 모두에 어떻게 영향을 미치는지를 강조함으로써 이후의 손상된 정신화 모델을 예측했다.

체화된 정신화하기(embodied mentalizing)라는 용어는(제2장 참고) 현재 정신화 과정의 신체적 측면을 강조하기 위해 사용된다. 섭식장애는 개인의 신체 감각에 대한 인식장애와 결합하여 외부에 지나치게 부정적인 초점이 있다. 이러한 **체화**는 심각한 섭식장애와 함께 하는 임상 작업에서 가장 어려운 일 중 하나다. 섭식장애가 있는 사람의 신체는 자신의 살아 있는 신체를 느끼는 것보다 체중계를 통해 감정적 · 인지적으로 더 많이 경험된다(Merleau-Ponty, 1962). Pollatos와 동료들(2008)은 신경성 식욕부진증으로 신체 신호에 대한 인식이 감소하여 섭식장애를 겪는 사람이 몸을 너무 현실적이고 너무 비현실적인 것으로 동시에 경험할 수 있다고 설명한다.

섭식장애와 현실에 대한 정신 모드

현실에 대한 예비 정신화 모드(Prementalistic modes)는 제1장 '서론'에서 더 상세히 설명하였다.

심리적 동일시와 가장 모드

구성 요인으로서의 심리적 동일시는 내부 세계를 외부 세계와 동일시하는 것을 의미한다(Fonagy et al., 2002). 섭식장애는 대부분 청소년기에 시작된다. 많은 젊은이들에게 청소년기는 생리적 변화와 정체성의 변화를 특징으로 하는 중요한 단계다. 예를 들어, 식욕을 조절하여 신체를 바꾸려는 시도는 내적 통제와 응집력을 유지하려는 노력을 나타낼 수 있다. 체형의 경험과 그 구체적인 변수 사이에는 심리적 동일시가 있다. 마른 것이 더 우월하다고 느껴지고 따라서 더 우월한 것이다. 사고나 감정으로 표현할 수 없는 정신 상태는 신체 영역에서 표현된다.

> 체중과 같은 신체적 속성은 청소년기에 이런 현상이 일어나는 정상적인 경향을 훨씬 뛰어넘어 내적 안녕, 통제, 자기 가치감 등의 상태를 반영하게 된다(Fonagy et al., 2002, p. 405).

Skårderud(2007a)는 신경성 식욕부진증 성인과 함께 한 연구 면담과 치료 회기 기록을 바탕으로 심리적 동일시의 수많은 예를 제시했다. 감각 운동 경험과 배고픔, 신체 사이즈, 몸무게, 체형과 같은 신체적 특성과 감각은 비물리적 현상에 대한 은유의 원천으로 기능하는 물리적 실체다. 심리적 동일시에서 신체적 은유는 주로 경험을 담고 있는 **표상**으로 기능하는 것이 아니라, 지금 여기에서 구체적인 사실로 경험되어 타협하기 어려운 **표현**으로 기능한다. 이 모드에서는 '마치'가 '사실'로 바뀐다. 심리적 동일시는 **지금 여기에서 너무나 현실이다**. 환자에게 정신적 고통은 지금 여기에서 이 가혹한 육체성에 갇혀 자신의 몸이 정서적 삶의 은유적 원천으로 어떻게 기능하는지 만족스럽게 정신화하지 못하고, 그 반대의 경우도 마찬가지라는 것이다.

감정표현불능증 환자는 자신의 내적 삶을 위한 언어가 부족할 수 있지만, 가장 모드의 환자는 언어를 가지고 있으나, '아직 그들의 것은 아니다.' 환자가 다른 사람의 욕구를 해석하고 충족시키려고 노력하는 외부 지향성(Bull, 2002; Skårderud, 2007b)은 또한 생각과 감정에 대한 과장되지만 감정적으로 무의미한 관심인 **과잉정신화하기**를 초래할 수 있다. 가짜 정신화하기와 과잉정신화하기의 조합은 치료 관계의 혼란을 야기할 수 있다.

목적론적 모드

이 모드에서는 정신적 결과가 아닌 신체적 결과 측면에서 행동을 이해하는 데 초점이 맞춰진다. "나는 보지 않으면 믿지 않는다." 섭식장애보다 이 개념을 더 잘 설명하는 임상 조건은 거의 없다. 정신장애의 세계에서 섭식장애는 치료사가 환자의 병력에서 변화에 대한 초기의 적극적인 의지를 확인할 수 있다는 점에서 특별한 사례에 해당한다. 그들은 자존감과 사회적 수용의 관점에서 스스로를 변화시키고 싶어 하며, 그들의 몸을 달라지게 하여 이러한 변화를 신체적으로 성취하려고 한다. 환자들의 해결책은 체중을 줄이는 것이다. 왜냐하면 개인적인 정신세계(그리고 과소평가되어서는 안 되는 정도의 문화적 맥락에서)에서 체중을 줄이는 것은 목적론적으로 완전한 자기 통제를 나타내기 때문이다. 일반적인 불신감은 특정한 것(예: 체중계 또는 음식의 칼로리 또는 중량)에 대한 불신으로 표현된다. 섭식장애가 있는 환자는 또한 신체적 고통으로 내적 고통이 구체화되고 조절되는 자해적 행동을 하는 사람일 수 있다. 섭식장애가 있는 사람이 겪는 불신감은 의료 종사자들과 도와주는 사람들을 포함하는 타인에 대한 불신으로도 표현될 수 있다. 심리적 통제 상태에 있지 못하는 것에 대한 환자의 두려움은 치료사에 대한 확인, 이중 확인, 행동 통제와 같은 통제 행동으로 이어질 수 있다. 집단치료에서 환자들은 체중과 체형 또는 식단, 제한, 폭식, 제거, 신체 활동 등에 대한 정보로 서로를 정의할 수 있다. 불안정한 정체성은 환자의 구체적인 성취와 신체적 특성 측면에서 자신을 다른 사람들과 비교하려는 경향을 유발한다.

섭식장애의 손상된 정신화하기를 보여 주는 연구

마음의 정서 이론

마음 이론(Theory of mind: ToM)은 개인이 다른 사람의 생각을 인식할 수 있는 방식을 이른다. 예를 들어, 어떤 사람이 버스에서 운전사로부터 표를 받아 주머니에 넣는 것을 본다면, 나중에 검사관이 표를 보자고 할 때 주머니를 들여다볼 것이라는 것을 알 것이다. 관찰자는 표의 행방에 대해 그 사람의 마음속에 무엇이 있는지 추측할 수 있기 때문에 이를 할 수 있다. 정서적 마음 이론(emotional theory of mind: eToM)은 이러한 능력을 정서로 확장한다. 예를 들어, 검사관이 표를 요구하는데 그 사람이 표를 찾을 수 없다면, 관찰자는 그 사람이 당황하고 불안해할 가능성이 높다는 것을 이해할 것이다. 섭식장애가 있는 일부 환자에서 eToM이 부족하다는 증거가 있다. Oldershaw와 동료들(2010)은 정서적 자각 수준 척도를 사용하여 현재 신경성 식욕부진증으로 인해 체중미달인 환자는 대조군 피험자나 신경성 식욕부진증에서 회복된 환자보다 eToM이 좋지 않다는 것을 발견했다. 회복된 환자들은 일부 eToM 과제에서 저조한 성과를 보였는데, 이는 섭식장애가 시작되기 전에 문제가 있었거나 그 어려움이 그 상태의 결과('흉터')였음을 시사한다.

성찰적 기능

　　성찰적 기능(Reflective functioning: RF)은 자신과 다른 사람의 정신 상태에 대해 생각할 수 있는 능력을 측정하려는 시도를 뜻한다. Fonagy와 동료들(1996)은 소수의 섭식장애 입원환자 집단에서 AAI 기록에 대한 성찰적 자기 기능 척도(Reflective Self-Function Scale)의 유의하게 낮은 점수를 보고했고, Pedersen과 동료들(2015)은 AAI를 사용하여 신경성 폭식증 환자의 RF가 대조군 피험자의 RF와 통계적으로 다르지 않다는 것을 발견했다. 그러나 점수 분포는 일부 높은 값과 일부 낮은 값으로 차이가 있어 비정상적인 값을 가진 비전형적인 환자가 있을 수 있음을 시사했다. Müller 등(2006)은 24명의 입원 환자(섭식장애 16명, 나머지는 우울증)에게 수정한 AAI를 사용하여, 전체 환자 집단에서 '의심스러운, 또는 낮은' RF를 발견했다. Rothschild-Yakar와 동료들(2010)은 성찰적 기능 척도(Reflective Functioning Scale)를 사용하여 폭식-제거 신경성 식욕부진증을 가진 34명의 청소년 집단에서 RF 점수가 유의하게 낮은 것을 발견했다. 마지막으로, 우리가 가진 자료(〈표 22-1〉)

〈표 22-1〉 건강한 대조군 피험자(healthy control: HC)와 비교한 경계선 성격장애의 특징을 가진 신경성 폭식증(bulimia nervosa: BN) 환자의 다양한 정신화 측정 미발표 자료 분석 결과

집단	척도	M	SD	n	P	효과크기[a]
BN	ORI 어머니	5.55	1.08	53	<0.001	0.42 (M)
HC	ORI 어머니	6.19	0.82	87		
BN	ORI 아버지	5.9	0.91	53	<0.001	0.45 (M)
HC	ORI 아버지	6.31	0.91	87		
BN	ORI 자기	5.38	1.04	53	<0.001	1.08 (L)
HC	ORI 자기	6.44	0.92	87		
BN	RFQ-c	2.56	2.53	53	<0.001	1.46 (L)
HC	RFQ-c	7.9	4.76	51		
BN	RFQ-u	8.9	4.47	53	<0.001	1.90 (L)
HC	RFQ-u	1.9	2.88	51		
BN	RMET	26.09	3.88	53	<0.01	0.62 (M)
HC	RMET	28.27	3.19	51		

주: ORI=대상관계 척도(Object Relations Inventory); RFQ-c=성찰적 기능 질문지-확실성 척도(Reflective Functioning Questionnaire-Certainty scale); RFQ-u=성찰적 기능 질문지-불확실성 척도(Reflective Function Questionnaire-Uncertainty scale); RMET=눈으로 마음 읽기 검사(Reading the Mind in the Eyes Test).
[a]L=large; M=moderate.

는 신경성 폭식증 환자 집단에서 비정상적인 점수를 보였다. 특히, 효과크기가 크게 나타났다. 이 집단은 경계선 성격장애를 가진 환자의 비율이 높았다. 그러나 이 집단에서 환자의 RF에 대한 경계선 성격장애의 영향은 아직 검증되지 않았다.

대상관계

무엇보다도 가족, 친구, 파트너, 치료사 등과 정서적으로 만족할 수 있는 관계를 형성하는 개인의 능력은 정신화 능력의 대용물로 사용될 수 있다. Blatt과 Auerbach(2003)는 피검자가 부모와 자신에 대해 묘사하도록 하는 대상관계 척도(Object Relations Inventory: ORI)를 개발했다. 훈련된 관찰자는 피검자의 묘사를 성숙도와 복잡성에 따라 평가한다. 이 도구는 신경성 식욕부진증을 가진 입원 환자 청소년을 대상으로 한 Rothschild-Yakar 등(2013)의 연구에 사용되었다. 연구는 환자들이 섭식장애가 없는 대조군 참가자들에 비해 정신화와 상징화의 수준이 현저히 낮았고 부모에 대해 악의적인 작동 모델을 더 많이 가지고 있다는 것을 발견했다. NOURISHED 연구(Robinson et al., 2016)의 미발표 결과에서, ORI는 신경성 폭식증과 경계선 성격장애 증상을 가진 성인 환자에게 사용되었다. 폭식증 환자들은 그들의 어머니, 아버지, 그리고 그들 자신을 묘사할 때 대조군 피험자들보다 유의하게 낮은 점수를 받았다. 효과크기는 중간에서 큰 정도였다(〈표 22-1〉).

정서 인식과 표현

섭식장애 환자들은 다른 사람의 표정을 읽는 것과 스스로 표정을 짓는 것 모두에 문제가 있다. Harrison 등(2010)은 신경성 식욕부진증 환자는 급성 질환과 회복된 상태 모두에서 정서 인식이 좋지 않다는 것을 발견하여, 이 결핍이 오래 지속될 수 있음을 시사했다. 이 연구의 참가자들은 화난 얼굴을 제시했을 때 반응의 지연 시간이 증가한 것으로 나타났다. Lang과 동료들(2016)은 신경성 식욕부진증 환자들의 긍정적인 정서 표현이 감소된다는 것을 발견했다. Oldershaw 등(2011)은 이 분야의 리뷰 연구에서 신경성 식욕부진증에서 감정 표현의 결손을 보고했다.

Baron-Cohen 등(2001)은 눈으로 마음 읽기 검사(Reading the Mind in the Eyes Test: RMET)[1]를 소개했다. Harrison 등(2010)은 이 검사에서 급성 신경성 식욕부진증 환자 집단의 점수가 현저히 낮다는 것을 발견했다. NOURISHED 연구에서, Robinson 등(2016)은

신경성 폭식증과 경계선 특징을 가진 환자에 대해 동일한 검사를 사용하여, 건강한 대조군 피험자에 비해 환자의 수행이 현저히 떨어지는 것을 발견했다. 효과크기는 중간 정도였다(〈표 22-1〉).

사회 인지

섭식장애에 대한 정신화하기 접근법의 관련성을 시사하는 추가 증거는 사회 인지에 대한 연구에서 나온다. 정신화하기 접근은 사람들의 사고와 감정이 타인과 자신의 행동을 뒷받침한다고 상상하여 이해한다는 개념에 기초한다. 이는 섭식장애와 관련이 있는 것으로 보이는데, 믿음, 소망, 욕구가 사회적 교류의 공통 통화이고, 이것이 모든 가족환경에 내포되어 있기 때문이다. 정신화는 언어와 마찬가지로 문화에 특정한 형태로 나타나며, 애착관계의 맥락에서 학습된다. 유전적 특성과 초기 가족환경 모두 어떤 사람의 정신화를 다른 사람들보다 덜 견고하게 만드는 역할을 한다고 가정한다. 가족과 애착관계의 혼란은 이러한 능력의 완전한 발달을 저해하여(Fonagy et al., 2002) 사회적 압력과 정서적으로 부담이 높은 사회적 상황을 다루는 데 상당한 어려움을 초래한다(Skårderud & Fonagy, 2012). 이 장의 시작 부분에서 제안했듯이, 섭식장애 증상은 사회적 (자기) 조절의 근본적인 문제에 대한 시도된 해결책으로 가장 잘 이해될 수 있다.

섭식장애가 있는 성인을 대상으로 한 대부분의 연구에서 사회 인지의 이상이 확인되었다(Oldershaw et al., 2010, 2011). 다양한 연구들이 섭식장애에서 자기 조절의 어려움을 지적해 왔다. 섭식장애가 자기 조절 문제와 관련이 있다는 징후는 개인에게 다음과 같이 나타난다. 즉, 자신의 감정을 식별하고 설명하는 것의 어려움(Beadle et al., 2013; Bydlowski et al., 2005), 타인의 정서 경험을 정신화하는 것의 장애(Harrison et al., 2009; Taube-Schiff et al., 2015), 주의력과 실행 기능 문제(Gillberg et al., 2010), 감소된 자기 주체성(Caglar-Nazali et al., 2014)이다. 이러한 어려움을 함께 고려하면 섭식장애 증상이 자기 조절의 어려움과 연관되어 있음을 가정할 수 있다. 섭식장애에 대한 현상학적 설명은 신체 영역에서 자기 훈련과 자기 조절에 대한 매우 뛰어난 능력에 대한 풍부한 증거를 제공하며, 때로는 이 능력의 극적인 실패(폭식)와 동시에 발생하기도 한다. 섭식장애의 정신화하기 모델은 섭식 행동을 통제하려는 극적인 시도가 사회적 자기의 조절에 실패한 결과일 수 있음을 시사한다.

---

1) https://www.autismresearchcentre.com/arc_tests에서 이용 가능. 'Eyes Test (Adult).' 확인.

이러한 애착과 정신화의 어려움은 섭식 문제의 결과(또는 적어도 상관관계)인가, 아니면 그것들이 진짜 원인일까? 발달 정신병리 연구는 잠재적 인과관계를 시사한다. 청년의 애착과 섭식장애의 관계에 대한 두 개의 문헌고찰 연구(Jewell et al., 2016; Zachrisson & Skårdud, 2010)는 애착불안이 아동과 청소년의 섭식장애와 관련이 있다는 14개의 연구를 확인했다. 초기 뿌리는 대인관계 역량에 기반한 청소년 관계보다 덜 중요하다. 유아기의 애착불안은 섭식병리의 약한 예측 변수로 보이는 반면, 청소년기 이전의 애착불안은 1년 후 섭식장애를 상당히 잘 예측한다. 또래에 대한 애착은 부모에 대한 애착보다 청소년기 중반의 섭식 병리를 더 잘 예측하며, 사회적 적응과 역량의 중요성을 다시 한번 강조한다. 유사하게, 청소년기의 정서 인식의 어려움은 섭식장애, 특히 신경성 식욕부진증을 예측한다. 정신화의 어려움 또한 섭식 병리와 직접적으로 관련이 있다. 정신화 문제가 회복 후에도 지속되는지 여부는 미해결 문제이지만(이 장의 뒷부분에서 논의함), 발달적으로는 섭식장애보다 앞서는 것으로 보인다.

Caglar-Nazali와 동료들(2014)이 수행한 섭식장애의 '사회적 과정을 위한 체계'의 체계적 문헌고찰 연구와 메타분석은 애착, 사회적 의사소통, 자기와 타인에 대한 지각과 이해, 섭식장애를 가진 사람들의 사회적 지배성과 같은 구성 요인을 측정한 150개 이상의 연구를 확인했다. 그들은 진단과 관련된 광범위한 사회, 인지, 관계 문제를 강조하는 다양한 효과크기를 가진 11개의 메타분석을 보고했는데, 이 결과들은 섭식장애를 가진 개인의 사회적 자기의 취약성을 보여 준다. 자녀-부모 관계 측면에서 저자들은 애착 불안과 부족한 양육을 나타내는 강력한 증거와 부모의 과잉보호에 대한 제한적인 증거를 제시했다. 섭식장애가 있는 개인의 얼굴감정인식장애에 대해 보고된 효과크기는 중간(Cohen's $d=0.40$)이었지만, 얼굴소통장애와 얼굴회피장애는 더 높았다(대략 $d=2.1, 0.52$). 메타분석에서는 자기 주체성의 상당한 감소, 부정적 자기 평가, 정신 상태에 대한 이해 부족, 감정표현불능, 그리고 사회적 지배성에 대한 민감도 증가를 확인하였다. 즉, 섭식장애와 관련된 광범위한 사회인지적 문제에 대한 강력한 증거가 있지만, 그 증거는 사회적 맥락에서 역량을 평가할 때 가장 강력하다.

이러한 한계가 사회 및 문화적 압력에 대한 발달적 취약성을 나타낼 수 있다는 것은 McAdams와 Krawczyk(2011)가 보고한 연구 결과에 의해 뒷받침된다. 이들은 거식증에서 회복된 환자도 사회적 귀인이 요구되는 과제에서 정신화 네트워크의 활성화가 감소한다는 것을 보여 주었다. 신경성 식욕부진증 진단을 받고 회복된 사람들과 신경성 폭식증 환자들은 모두 사회적 원인에 대한 판단을 요구받았을 때 측두두정골의 활성화가 감소했다(McAdams & Krawczyk, 2013). 참가자들이 세 가지 다른 조건에서 제시된 사회적 형용사를 읽고 응답하도록 요구하는 과제는 자기성찰이 더 제한적인 배측전방대상과 쐐기앞소엽의 활성화와 관련이 있음을 보여 주었다. ToM의 기질 역할을 하고, 정신화하며, 타인과 자신의 자기를 이해할 수 있게 해 주는 뇌 영역은 활동성이 떨어지는 것으로 보이며, 신경성 폭식증과 신경성 식욕부진증이 있는 참여자 모두에서 자기 주체성, 자기 지식, 자기 자각의 문제를 시사했다(McAdams & Krawczyk, 2013).

정신화하기의 향상은 단순히 타인의 정신 상태 이해와 자기 조절 사이의 밀접한 연관성 때문이 아니라, 정신화하기가 사회적 세계를 교섭하는 개인의 능력을 향상시키기 때문에 중요하다. 정신화하기는 다른 사람들과 연결을 가능하게 한다. 섭식장애, 특히 거식증을 가진 사람들이 고립감을 느끼는 정도는 종종 심각하게 과소평가된다. 그러나 끊임없이 변화하는 (내부뿐만 아니라 외부) 세계에 적응하기 위해서는 다른 사람들과 연결하는 것이 중요하다.

정신화 기반 섭식장애 치료(MBT-ED)의 임상 구조

일반 사항

MBT는 심리치료에 대한 다른 접근법과 많은 공통점을 가지고 있다. 면밀한 행동 및 인지 분석은 CBT 치료사에게 친숙할 것이고, 치료사와 환자의 관계에 대한 관심은 정신분석적 이론 기반 치료의 핵심 부분이다. MBT의 특징을 정의하는 것은 아마도 정신화하기를 향상시키려는 치료사의 마음속의 명확한 목표일 것이다. 비록 섭식장애 환자들이 정신화하기에 문제가 있다는 증거가 많아지고 있지만, 이러한 문제들이 섭식장애의 발달에 어느 정도 선행하는지(섭식장애가 아동기에 뿌리를 둔 발달장애일 수 있음을 시사함), 또는 정신화하기의 문제가 섭식장애 증상에 부차적인지는 알려지지 않았다. 약물과 알코올 남용이 정확한 정신화하기를 어렵게 만들 수 있는 것과 마찬가지로, 매우 낮은 체중을 유지할 뿐만 아니라 빈번한 폭식과 구토는 인지를 방해하고 정신화를 손상시킬 수 있다. 따라서 MBT-ED 치료사는 신체적 위험, 정신건강 위험, 섭식장애 증상을 직접 다룰 뿐만 아니라, 정신화하기의 개선을 촉진할 수 있도록 준비되어야 한다. 이것은 중요한 작업이며, 치료사 교육과 경험(이 장의 뒷부분에서 논의)은 수용 가능한 역량 기준에 도달해야 한다.

MBT-ED의 이론과 실제는 Robinson 등(2019)에서 상세히 설명되었다.

MBT-ED의 전반적인 구조는 아직 결정되지 않았다. 그러나 MBT-ED는 항상 치료 동맹을 강화하고 중도탈락을 방지하기 위한 치료 모델의 조합이다. MBT-ED는 다음의 조합으로 구성된 장기 프로그램이다.

- 개인치료
- 집단치료
- 집단 심리교육
- 서면 사례개념화의 적극적인 사용
- 의료 관리

전통적인 MBT 형식(Bateman & Fonagy, 2004, 2006, 2016) 외에도 섭식장애 환자에게는 정기적인 신체평가가 필요하다. 의사와 치료 프로그램을 운영하는 치료사가 책임 분담 방법에 대해 합의하는 것이 참여의 전제 조건이다. 때로는 가족 위기 또는 환자의 가족 또는 부부관계의 중요한 문제로 인해 프로그램에 가족 또는 부부치료 회기가 제한적으로 포함될 수 있다. 다른 형태의 위기(예: 자살 시도 또는 자해 빈도 증가)도 제한된 시간 동안 강화된 치료 접촉으로 연결될 수 있다. 모든 치료 회기는 훈련, 슈퍼비전, 모델 개발을 위해 기록되어야 한다.

개인치료

대부분의 환자들은 개인치료를 선호하는데, 이들은 집단(아래 참고)을 매우 어려운 것으로 묘사하고 개별적인 상황을 더 안전하다고 생각한다. 반대로, 어떤 환자들은 침묵, 피상적인 예의, 철수, 수동성을 사용하여 집단 내에 숨을 수 있기 때문에 집단이 (부정적인 의미에서) 더 안전한 장소라고 느낀다. 이들에게 개인치료는 방에 두 사람만 있기 때문에 더 힘든 것으로 경험된다.

개인치료 회기에서, 우리는 일반적으로 MBT 원칙(제6장에서 설명)과 섭식장애를 위해 더 구체적으로 개발된 원칙에 기반을 두고 있다. 치료 모델에서 우리는 서로 다른 치료 맥락의 정보를 개방한다. 예를 들어, 개인치료사는 집단에서 환자가 기능하는 방식에 대한 정보를 받는다. 이렇게 개인 회기는 집단을 최적으로 사용하는 방법에 대해 환자와 함께 작업할 수 있는 기회이기도 하다.

집단치료

많은 환자들은 MBT-ED 프로그램에서 집단 회기가 가장 어려운 부분이라고 생각한다. 이것은 자신과 자신의 몸에 대한 다른 사람들의 생각에 강박적으로 몰두하는 외부 지향성 등 섭식장애 환자들에게서 자주 관찰되는 심리적 특성들을 고려하면 이해할 수 있다. 따라서 집단치료 맥락은 필연적으로 자기 장애로서의 섭식장애의 핵심 병리를 활성화시킨다. 따라서 집단은 매우 유용하지만 실행하기가 어렵다. 경계선 성격장애 환자를 위한 MBT 모델(Bateman & Fonagy, 2004, 2006, 2016)에서 치료적 입장의 일부 수정은 다음에서 논의되는 심리교육 집단에서 설명할 것이다.

심리교육 집단

MBT 집단치료 입문(introductory MBT group therapy: MBT-I-ED)으로 알려진 심리교육 집단은 치료 모델로 환자를 안내하고 임상 과정에 대한 이해를 촉진한다(MBT-I에 대한 자세한 내용은 제6장 참고). 이러한 회기가 5~8개 있으며, 각 회기의 주제는 치료사가 정하고 제시한다. 심리교육 집단은 의사소통, 오해, 다른 사람을 읽는 어려움, 그리고 자신을 아는 것의 어려움을 강조하는 정신화하기에 관한 것이다. 각 회기에서 치료사는 쉬운 언어를 사용하여 주제를 간략하게 발표한 다음 참여자들에게 자신의 사례를 공유하도록 요청한다. [Box 22-1]에 제안된 주제 목록을 제시하였다.

Box 22-1 **심리교육 집단: 주제 제안**

- 정신화하기
- 치료 모델
- 집단치료의 이유와 방법
- 섭식장애의 영양과 신체적 측면
- 정서
- 애착
- 체화된 문화

우리는 이 집단에서 너무 '뜨겁거나' 정서적으로 강렬하지 않은 장난스러운 분위기를 만들고 유지하려고 노력한다. 치료사가 아이디어를 공유하고 모든 참가자를 참여시키는 데 적극적인 역할을 하는 교육적 입장(Csibra & Gergely, 2006)에 중점을 둔다. 치료사의 구체적인 과제는 이러한 집단 회기를 주간 집단치료와 충분히 다르게 만드는 것이며, 주간 집단치료에서는 개인적으로 도전적인 자료(즉, 더 뜨거운 것)를 의도적으로 더 많이 다룬다. 우리 경험에 따르면 환자들이 일반적으로 이 형식을 매우 지지한다.

NOURISHED 연구(Robinson et al., 2016)에서 MBT-I-ED의 5회 회기를 치료의 주요 부분에 앞서 12개월 동안 매주 개인과 집단으로 제공했다. 연구에서 탈락률이 높았기 때문에 결론에 도달하기는 어렵지만, 치료사들은 12개월이 되면 환자들이 MBT-ED를 '하기' 시작했다고 보고했다. 이러한 근거로, 경계선 성격장애(Bateman & Fonagy, 2009)를 위한 MBT 치료 프로그램의 지침을 따라 18개월의 MBT-ED를 제공하고, 첫 3개월은 심리교육 MBT-I-ED로 구성하는 것이 바람직할 수 있다.

MBT-ED 훈련

MBT-ED에 대한 공식화된 훈련 표준은 없지만 MBT-ED에 대한 표준은 존재한다. 우리는 MBT-ED 치료사를 위한 다음과 같은 표준을 제안한다.

1. 정신건강 배경(예: 정신건강 간호, 임상이나 상담심리, 정신의학)
2. 전문 부서에서 섭식장애 환자를 치료한 최소 6개월의 경험
3. MBT의 일반 교육 프로그램 참석
4. 최소 6개월 동안 정기적 슈퍼비전이나 치료 기록을 제공하며 집단(자격이 있는 MBT 치료사의 공동치료사로) 또는 개인 MBT 참여

슈퍼비전을 받는 MBT-ED 치료사로서의 경험이 점진적으로 치료를 개선한다는 것과 이러한 개선은 수년 동안 지속될 수 있다는 데는 의심의 여지가 없다.

팀으로 일하기

　요구가 복잡한 환자들은 일반적으로 두 명 이상의 전문가의 의견을 필요로 한다. 이것은 덜 심각한 섭식장애를 가진 사람들에게는 해당되지 않을 수 있지만, 자해, 물질 남용, 만성(5년 이상), 심각한 의학적 문제, 심각한 우울증 또는 기타 심각한 동반 질환으로 인해 복잡한 섭식장애가 있는 환자는 다양한 전문가들과 상담이 필요할 것이다. 환자와 팀을 이루어 일하는 전문가들의 전문성은 환자 개개인에 따라 다르지만, 일반적으로 의학, 간호, 심리학, 식단 전문가들이 포함되며, 그중 한 명이 MBT-ED 치료사일 수 있다. 팀원 간의 원활한 의사소통, 팀 내 모든 사람이 접근할 수 있는 공통 서면 또는 컴퓨터 기록, 위험에 대한 우려를 제기하는 시스템이 필수적이다. 대부분의 서비스에서 의사가 모든 의료 기록에 접근할 수는 없지만, 환자의 주치의(영국에서는 일반의)와의 의사소통도 정기적으로 이루어져야 한다. 영국에서는 요구 수준이 높은 일부 환자는 회의 빈도를 지정하고 환자와 보호자뿐만 아니라 각 전문가의 역할을 정의하는 관리 프로그램 접근법(Care Programme Approach)을 적용한다(National Institute for Health and Care Excellence, 2017).

사례개념화

　사례개념화에서는 환자 개인의 과거력과 현재 상황을 고려하여 환자의 현재 문제에 초점을 맞추고, 임상적 그림을 설명하는 것으로 보이는 역학 및 기타 요인을 스케치하고, 치료 과정과 결과에 대한 전술한 요인의 가능한 영향을 예측해야 한다(Ells, 2010; Perry et al., 1987). 사례개념화에 대한 추가적인 논의는 제6장, 제15장, 제17장을 참고한다. 또한 사례개념화는 환자의 정신화 프로파일과 일반적으로 활성화되는 애착 전략의 개요를 설명하고, 이러한 전략이 다양한 치료 맥락에서 어떻게 명확해질 수 있는지를 분명히 해야 한다. 목표는 사례개념화가 개인과 집단치료 모두에서 이러한 맥락을 포착하고 치료사 간의 협력이 필요함을 나타내는 것이다. 목적은 개인과 그의 문제에 대한 보다 전체론적인 그림을 그리고, 가설을 제시하고, 치료 계획을 제안하고, 특히 치료에서 예상되는 장애와 도전을 제시하는 것이다. 사례개념화의 다른 측면으로 다음과 같은 개인 특성을 포함할 수 있다.

- 자신에 대한 신념
- 타인에 대한 신념
- 신체 경험
- 관계의 어려움
- 정신화하기에서 강점

치료 사용법에 대한 지침도 제시되어야 한다.

사례개념화는 치료사가 만들고 환자가 편집하여 환자의 기록에 배치되는 공동으로 구성한 문서가 된다. 사례개념화를 실시하는 시기는 다양하지만 일반적으로 처음 몇 회기 이후에 시작된다. 사례개념화의 일반적인 개념은 환자가 제시한 문제를 압축하고 이를 해결하기 위해 치료에서 수행할 수 있는 작업을 제시하는 것이다. 과거와 현재의 환자의 정신화하기 능력과 그 능력이 어떻게 향상될 수 있는지를 설명하는 것이 중요하다. 섭식장애가 있는 사람들은 증상의 산만한 특성 때문에 정신화하기를 매우 어려워할 수 있다. 장애의 이러한 측면이 환자의 정신화하기를 방해하는 정도와 이것이 증상 자체와 대인관계에 미칠 수 있는 영향이 사례개념화에 포함되어야 한다.

사례개념화는 몇 번의 회기만 진행되었을 때에도 작성될 수 있으며, 가족과의 관계, 연애·성적 관계를 포함한 환자의 병력의 많은 측면이 치료에서 아직 언급되지 않았을 수 있다. 물론 사례개념화는 회기에서 나온 정보만 포함할 수 있다. 사례개념화를 구성하는 작업에 대한 가능한 접근법은 [Box 22-2]에 설명되어 있다.

Box 22-2 사례개념화의 필수 요인

- 현재 문제에 대한 설명
- 정신화하기의 어려움이 어떻게 증상으로 이어질 수 있는지
- 정신화하기가 과거와 현재에 얼마나 효과적이었는지
- 증상(섭식장애 증상 및 물질 남용과 같은 기타 문제 모두)이 어떻게 정신화하기에 어려움을 초래할 수 있는지
- 정신화하기가 어떻게 현재 관계의 일부를 형성하는지
- 현재와 과거의 애착 패턴, 관계의 취약성
- 치료관계에서 정신화하기와 애착
- 개인과 집단치료 중에 확인된 문제에 대한 계획된 접근 방식

조치/위기 계획

공동 조치/위기 계획은 증상과 향후 발생할 수 있는 미래 위기에 대한 환자와 치료사의 치료 선호도를 포함하는 문서다(Moran et al., 2010). 이 계획은 미래의 도전과 장애물을 '한 발 앞서'는 것을 목표로 만들어졌다.

MBT-ED에서 이 계획은 두 부분으로 구성된다.

- 체중 복귀, 과도한 운동, 영양 섭취, 폭식과 제거, 숙변제 사용 등 증상에 대한 대처 방법
- 자살 사고와 자해와 같은 심각한 위기에 대처하는 방법

건강과 생명을 모두 위협할 수 있는 문제를 해결하는 이 두 가지 목표는 정신화 맥락에서 접근한다. 건강을 위협할 수 있는 행동은 신체적 측면뿐만 아니라 동반되는 정신적 연결고리도 함께 검토된다. 즉, 이러한 행동을 결정할 수 있는 정신내적, 사회적 과정과 함께 신체적 손상, 신체 이미지, 죽음에 대한 생각을 탐색한다. 이러한 방식으로 정신화를 탐색하는 것은 섭식장애에 수반될 수 있는 잠재적으로 생명을 위협하는 행동에 대한 치료사 접근법의 중심이 된다.

임상 사례

Sarah는 스물두 살이고 간헐적인 폭식과 제거 행동을 보이는 신경성 식욕부진증을 8년간 앓았다. 그녀는 지난 2년 동안 대학에 다닐 수 없었다. 몸 상태 때문에 작년에 다섯 번 입원했다. 가족을 치료에 참여시키고 싶어 하지 않는다.

다음은 Sarah와 함께 작성한 실행 계획에서 발췌한 것이다. 치료팀의 모든 구성원들은 이 계획에 동의했다. 계획은 3개월마다 재검토되고 수정된다.

치료에서 작업할 주요 증상

폭식과 제거 에피소드가 결합된 식사 제한

Sarah가 해야 하는 것

- 폭식과 제거를 방지하기 위해 영양 계획에 따라 규칙적인 식사하기를 기억하기
- 식사 직후 시간을 위한 계획 세우기(예: 이메일이나 전화로 친구들에게 연락하기)
- 가능하면 남자친구와 함께 식사하기

Sarah와 치료사가 해야 하는 것

- 폭식과 제거 에피소드 각각에 대해 작업하고 이 에피소드들의 정서적 · 관계적 맥락 탐색하기
- 폭식과 제거, 식습관 변화 에피소드에 앞선 생각과 감정을 파악하고, 그녀의 식습관 관련 증상에 적용되는 정신화하기 이론 개발하기

체중 회복

Sarah는 신체 건강을 회복해야 하며, 여기에는 정상 체중에 이르기까지 체중 증가가 포함된다.

Sarah가 해야 하는 것

- 매일 여러 번 체중 재는 것을 중단하기. 그녀는 이것이 자신을 혼란스럽게 한다는 것을 알고 있다.
- 자신의 몸이 더 나은 영양분을 필요로 한다는 것을 받아들이도록 노력하기
- 몸무게를 재기 전에 무언가를 마신 것에 대해 솔직해지기

Sarah와 치료사가 해야 하는 것

- Sarah와 치료사들은 정상 체중에 도달할 때까지 2주마다 약 0.5kg씩 체중을 늘려야 한다는 데 동의했다.
- 위에서 작성한 정신화하기 이론과 관련된 체중의 변화(그리고 체중 변화의 부족)와 연관된 Sarah의 생각과 감정의 변화를 추적하기
- Sarah의 개인 회기에서 주별로 체중검사를 실시하여 몸무게가 너무 빨리 늘지 않는 것에 대해 더 안전하게 느끼게 하기
- Sarah의 몸무게가 더 빨리 늘면 영양 계획을 축소하기
- 급격한 체중 증가를 위의 정신화하기 이론과 관련시키기

- Sarah의 신체 이미지 왜곡과 그것이 정서적·관계적 맥락에서 어떻게 변동하는지 작업하기. 그녀가 자신의 몸이 더 편안하다고 느낄 때 자세히 설명하기
- Sarah의 신체상과 함께 자신의 몸과 삶의 다른 측면에 대한 생각과 감정의 변화를 추적하기. 정신화하기 이론을 더 발전시키기
- Sarah의 치료사(그리고 그녀의 삶의 다른 사람들)에 대한 감정과 그녀의 주변인들이 폭식과 제거 증상과 체중의 변화나 변화 없음에 어떻게 반응하는지 추적하기
- 이러한 발전을 통합하기 위해 합의된 사례개념화를 수정하기

자해 다루기

Sarah는 자해 행동을 하고 자살 사고를 가지고 있다. 자해 행동을 유발하는 요인으로 알려진 것에는 거절감, 다른 사람들과의 관계에서의 어려움, 과식으로 인한 강한 자기 경멸감이다.

Sarah가 해야 하는 것
- 다음을 시도하여 행동을 지연하려고 노력하기
  - 시끄러운 음악 연주하기, 영화 보기, 인터넷 하기
  - 남자친구나 가까운 친구들에게 문자나 전화하기
  - 생각과 감정을 다이어리에 적어 보기
  - 치료사에게 이메일 쓰기. 다른 사람이 자신의 힘든 감정을 알고 있다는 사실을 인지하는 것이 도움이 됨
- 자해의 결과에 대해 생각하기(예: 이후의 수치심과 흉터)
- Sarah가 자신을 긋기 시작하면 담당 서비스에 연락하기. 낮과 밤 시간에 연락할 수 있는 전화번호를 받았음

Sarah와 치료사가 해야 하는 것
- 자해 행동을 하려는 충동에 선행하거나 수반되는 생각과 감정을 확인하기
- 이러한 생각과 감정을 Sarah의 삶에서 중요한 다른 사람들과의 관계의 변동이나 다른 변화와 연관시키기
- 이러한 생각과 감정을 치료 관계의 변화 및 치료사에 대한 생각과 연관시키기

결론

이 장에서는 섭식장애가 자기 장애로 간주될 수 있다는 제안을 지지하는 증거를 제시했는데, 자기 장애의 뿌리는 불안정 애착과 만성적인 불안정의 결과로 뒤따르는 불안에서 벗어나려는 광적인 시도로 나타나는 증상이다. 우리는 이 섭식장애 모델이 치료에 유용한 틀이며 환자에게서 볼 수 있는 불안정 애착 패턴에 적절히 들어맞는다고 제안한다. 정신화하기 모델은 모든 치료에 사용될 수 있으며, 환자가 자신을 더 잘 이해하고, 치료사와 가족을 포함한 다른 사람과의 상호작용에서 떠오르는 생각과 감정을 더 잘 인식하도록 격려하는 치료에서 많은 성공적인 접근 방식의 일부가 된다고 생각한다. 실제로 이러한 과정이 팀원 간의 관계, 환자와 가족과의 관계에 통합되는 정신화하기 서비스는 그것이 효과적일 가능성을 높이는 것으로 보인다. 예를 들어, 환자가 팀 구성원 중 한 명에게 비밀을 털어놓지만 다른 구성원에게는 알리지 말 것을 요청하는 상황을 생각해 보자. 체계적인 접근법에서는 발생 가능한 치료의 분열과 중단을 팀 구성원이 사전에 예측할 수 있으며, 정신화하기 모델은 이에 더하여 환자, 가족, 치료사와 다른 팀 구성원의 정신 상태를 고려할 수 있고, 이는 치료 과정의 기능에 명확한 이점을 제공할 수 있다.

이 접근법은 인지행동 또는 정신역동, 입원 환자, 주간 환자(부분 입원), 외래 환자 등 치료 모델에 상관없이 도입될 수 있다. 현재 MBT-ED에 대한 증거 기반은 충분하지 않지만, 우리는 MBT-ED가 치료에 반응하지 않았거나, 심각하고 지속적인 섭식장애, 또는 섭식장애와 정서조절장애나 경계선 증상이 복합적으로 나타나는 환자에게 합리적인 치료 모델이 될 수 있다고 제안한다.

📖 **참고문헌**

Baron-Cohen S, Wheelwright S, Hill J, et al: The "Reading the Mind in the Eyes" Test revised version: a study with normal adults, and adults with Asperger syndrome or high-functioning autism. J Child Psychol Psychiatry 42(2):241–251, 2001 11280420

Bateman A, Fonagy P: Psychotherapy for Borderline Personality Disorder: Mentalization-Based Treatment. Oxford, UK, Oxford University Press, 2004

Bateman A, Fonagy P: Mentalizing and borderline personality disorder, in Handbook of Mentalization-Based Treatment. Edited by Allen JG, Fonagy P. Chichester, UK, Wiley, 2006, pp 185-200

Bateman A, Fonagy P: Randomized controlled trial of outpatient mentalization-based treat-ment versus structured clinical management for borderline personality disorder. Am J Psychiatry 166(12):1355-1364, 2009 19833787

Bateman A, Fonagy P: Mentalization-Based Treatment for Personality Disorders: A Practical Guide. Oxford, UK, Oxford University Press, 2016

Beadle JN, Paradiso S, Salerno A, et al: Alexithymia, emotional empathy, and self-regulation in anorexia nervosa. Ann Clin Psychiatry 25(2):107-120, 2013 23638441

Blatt SJ, Auerbach JS: Psychodynamic measures of therapeutic change. Psychoanal Inq 23:268-307, 2003

Bruch H: Perceptual and conceptual disturbances in anorexia nervosa. Psychosom Med 24:187-194, 1962 13873828

Bruch H: Psychotherapy in primary anorexia nervosa. J Nerv Ment Dis 150(1):51-67, 1970 5416686

Bruch H: Eating Disorders: Obesity, Anorexia Nervosa, and the Person Within. New York, Basic Books, 1973

Bruch H: Conversations With Anorexics. London, Jason Aronson, 1988

Buhl C: Eating disorders as manifestations of developmental disorders: language and the capacity for abstract thinking in psychotherapy of eating disorders. Eur Eat Disord Rev 10:138-145, 2002

Bydlowski S, Corcos M, Jeammet P, et al: Emotion-processing deficits in eating disorders. Int J Eat Disord 37(4):321-329, 2005 15856501

Caglar-Nazali HP, Corfield F, Cardi V, et al: A systematic review and meta-analysis of "Sys-tems for Social Processes" in eating disorders. Neurosci Biobehav Rev 42:55-92, 2014 24333650

Csibra G, Gergely G: Social learning and social cognition: the case for pedagogy, in Processes of Change in Brain and Cognitive Development Attention and Performance XXI. Edited by Johnson MH, Munakata Y. Oxford, UK, Oxford University Press, 2006, pp 249-274

Eells TD: Handbook of Psychotherapy Case Formulation, 2nd Edition. New York, Guilford, 2010

Fairburn CG, Cooper Z, Doll HA, et al: Transdiagnostic cognitive-behavioral therapy for pa-tients with eating disorders: a two-site trial with 60-week follow-up. Am J Psychiatry 166(3):311-319, 2009 19074978

Fonagy P, Bateman AW: Mechanisms of change in mentalization-based treatment of BPD. J Clin Psychol 62(4):411-430, 2006 16470710

Fonagy P, Leigh T, Steele M, et al: The relation of attachment status, psychiatric classification, and response to psychotherapy. J Consult Clin Psychol 64(1):22-31, 1996 8907081

Fonagy P, Gergely G, Jurist E, et al: Affect Regulation, Mentalization, and the Development of the Self. New York, Other Press, 2002

Gillberg IC, Billstedt E, Wentz E, et al: Attention, executive functions, and mentalizing in anorexia nervosa eighteen years after onset of eating disorder. J Clin Exp Neuropsychol 32(4):358-365, 2010 19856232

Guarda AS: Treatment of anorexia nervosa: insights and obstacles. Physiol Behav 94(1):113-120, 2008 18155737

Harrison A, Sullivan S, Tchanturia K, et al: Emotion recognition and regulation in anorexia nervosa. Clin Psychol Psychother 16(4):348-356, 2009 19517577

Harrison A, Tchanturia K, Treasure J: Attentional bias, emotion recognition, and emotion regulation in anorexia: state or trait? Biol Psychiatry 68(8):755-761, 2010 20591417

Jewell T, Collyer H, Gardner T, et al: Attachment and mentalization and their association with child and adolescent eating pathology: a systematic review. Int J Eat Disord 49(4):354-373, 2016 26691270

Kazdin AE: Psychotherapy for children and adolescents, in Bergin and Garfield's Handbook of Psychotherapy and Behavior Change, 5th Edition. Edited by Lambert M. New York, Wiley, 2004, pp 543-589

Lang K, Roberts M, Harrison A, et al: Central coherence in eating disorders: a synthesis of stud-ies using the Rey Osterrieth Complex Figure Test. PLoS One 11(11):e0165467, 2016 27806073

McAdams CJ, Krawczyk DC: Impaired neural processing of social attribution in anorexia nervosa. Psychiatry Res 194(1):54-63, 2011 21872451

McAdams CJ, Krawczyk DC: Neural responses during social and self-knowledge tasks in bu-limia nervosa. Front Psychiatry 4:103, 2013 24065928

Merleau-Ponty M: Phenomenology of Perception. Translated by Smith C. London, Routledge & Kegan Paul, 1962

Moran P, Borschmann R, Flach C, et al: The effectiveness of joint crisis plans for people with borderline personality disorder: protocol for an exploratory randomised controlled trial. Trials 11:18, 2010 20178572

Müller C, Kaufhold J, Overbeck G, et al: The importance of reflective functioning to the diagnosis of psychic structure. Psychol Psychother 79(Pt 4):485-494, 2006 17312866

National Institute for Health and Care Excellence: Eating Disorders: Recognition and Treatment. NICE Guideline NG69. 2017. Available at: https://www.nice.org.uk/guidance/ng69.

Accessed June 12, 2018.

Oldershaw A, Hambrook D, Tchanturia K, et al: Emotional theory of mind and emotional awareness in recovered anorexia nervosa patients. Psychosom Med 72(1):73-79, 2010 19995886

Oldershaw A, Hambrook D, Stahl D, et al: The socio-emotional processing stream in Anorexia Nervosa. Neurosci Biobehav Rev 35(3):970-988, 2011 21070808

Pedersen SH, Poulsen S, Lunn S: Eating disorders and mentalization: high reflective function-ing in patients with bulimia nervosa. J Am Psychoanal Assoc 63(4):671-694, 2015 26316406

Perry S, Cooper AM, Michel R: The psychodynamic formulation: its purpose, structure, and clinical application. Am J Psychiatry 144(5):543-550, 1987 3578562

Pollatos O, Kurz AL, Albrecht J, et al: Reduced perception of bodily signals in anorexia nervosa. Eat Behav 9(4):381-388, 2008 18928900

Robinson P, Barrett B, Bateman A, et al: Study Protocol for a randomized controlled trial of mentalization based therapy against specialist supportive clinical management in patients with both eating disorders and symptoms of borderline personality disorder. BMC Psychi-atry 14:51, 2014 24555511

Robinson P, Hellier J, Barrett B, et al: The NOURISHED randomised controlled trial comparing mentalisation-based treatment for eating disorders (MBT-ED) with specialist supportive clinical management (SSCM-ED) for patients with eating disorders and symptoms of bor-derline personality disorder. Trials 17(1):549, 2016 27855714

Robinson PH, Skårderud F, Sommerfeldt B: Hunger: Mentalization-Based Treatments for Eat-ing Disorders. Cham, Switzerland, Springer, 2019

Rothschild-Yakar L, Levy-Shiff R, Fridman-Balaban R, et al: Mentalization and relationships with parents as predictors of eating disordered behavior. J Nerv Ment Dis 198(7):501-507, 2010 20611053

Rothschild-Yakar L, Waniel A, Stein D: Mentalizing in self vs. parent representations and work-ing models of parents as risk and protective factors from distress and eating disorders. J Nerv Ment Dis 201(6):510-518, 2013 23686159

Skårderud F: Eating one's words, part I: 'Concretised metaphors' and reflective function in anorexia nervosa—an interview study. Eur Eat Disord Rev 15(3):163-174, 2007a 17676686

Skårderud F: Eating one's words: Part III. Mentalisation-based psychotherapy for anorexia nervosa—an outline for a treatment and training manual. Eur Eat Disord Rev 15(5):323-339, 2007b 17701977

Skårderud F: Bruch revisited and revised. Eur Eat Disord Rev 17(2):83-88, 2009 19241426

Skårderud F, Fonagy P: Eating disorders, in Handbook of Mentalizing in Mental Health Prac-tice. Edited by Bateman AW, Fonagy P. Washington, DC, American Psychiatric Publishing, 2012, pp 347-384

Taube-Schiff M, Van Exan J, Tanaka R, et al: Attachment style and emotional eating in bariatric surgery candidates: the mediating role of difficulties in emotion regulation. Eat Behav 18:36-40, 2015 25875114

Taylor GJ, Bagby RM, Parker JDA: Disorders of Affect Regulation. Alexithymia in Medical and Psychiatric Illness. Cambridge, UK, Cambridge University Press, 1997

Zachrisson HD, Skårderud F: Feelings of insecurity: review of attachment and eating disorders. Eur Eat Disord Rev 18(2):97-106, 2010 20148392

제23장

우울

Patrick Luyten, Ph.D.
Alessandra Lemma, M.A., M.Phil., D.Clin.Psych.
Mary Target, M.Sc., Ph.D.

우울은 전 세계적으로 가장 유행하는 정신병리다. 인구를 기반으로 한 조사에 의하면, 여성의 약 15~25%는 단일 우울증에 대한 평생 유병률을 나타낸다고 주장했다(Alonso et al., 2004; Blazer et al., 1994; Kessler et al., 2003; Thornicroft et al., 2017). 기분장애는 자살 시도와 자살의 주요한 요인이다(Bernal et al., 2017). 2013년의 Global Burden of Disease study(Global Burden of Disease Study 2013 Collaborators, 2015)에서 주요우울장애가 전 세계적으로는 생명을 빼앗아 가는 두 번째의 원인으로, 세계의 다른 지역에서는 첫 번째에서 네 번째로 생명을 빼앗아 가는 원인으로 나타났다. 게다가 2020년까지 우울은 전 세계 질병 부담과 관련하여 두 번째로 가장 심각한 정신병리로 예측된다(Murray & Lopez, 1996). 우울은 또한 심각한 경제적 비용(Donohue & Pincus, 2007)과 연관되어 있는데, 특히 대부분의 우울증 환자들이 치료를 구하지 않거나 부적절한 치료를 받기 때문이다(Thornicroft et al., 2017).

현재의 약물과 심리치료에 우울증 환자의 약 50%가 그러한 치료법에 반응하는데, 우울증의 상당한 하위 집단에서는 제한적인 영향을 미친다는 연구 결과가 보고되었다(Cuijpers et al., 2010; Luyten & Blatt, 2007; Luyten et al., 2006). 더 임상적으로 대표되는 표본의, 더 최신 연구에서는 심지어 낮은 경감률(remission rate)을 나타냈다(Driessen et al., 2013). 이 장의 뒷부분에서 좀 더 자세하게 논의할 것인데, 재발 방지는 우울에 있어 정신화 기반 접근의 주요한 목표 가운데 하나다. 이것은 심지어 성공적인 치료 이후에도 높은 재발 위험이 있는 만성적이고 치료에 저항적인 우울을 가지고 있는 치료 환자에게 있어서 특히 중요한 목표다(Fonagy et al., 2015b; Town et al., 2017). 우리는 우울에 취약한 개인의 정신화하기 역량을 증진하는 것이 그들이 역경(adversity)을 직면했을 때, 삶의 스트레스를 보다 잘 다루도록 할 수 있으며, 그 때문에 재발률이 낮아지며, 게다가 이러한 접근법은 우울의 세대 간 전이(intergenerational transmission)의 가능성 또한 감소시킬 수 있을 것이다.

이 장에서, 우리는 처음으로 우울에 있어 정신화하기의 개념을 적용하는 근본적 이유(rational)를 설명할 것이다. 그리고 우울에 있어서 정신화 기반 접근의 기본적 가정들에 대한 논의를 제시할 것이다. 다음으로, 정서와 정신화하기(mentalizing), 그리고 애착 발달사(history)에 있어서의 개인차가 특정한 정신화하기 손상(impairments)에 어떠한 역할을 하는지 그 관계를 설명할 것이다. 마지막으로, 우울의 현재 치료 기법에 있어서 정신화하기의 역할을, 역동적 대인관계적(dynamic interpersonal) 치료 기법, 명백한 정신화에 포커스를 맞추는 것을 담은, 우울을 위한 단기역동치료 기법을 포함하여 개관할 것이다.

정신화 기반 접근을 위한 사례

우울을 가진 사람에 대한 대인관계 문제는 잘 기록되어 있다(McFarquhar et al., 2018). 그렇기 때문에 정신화하기에 초점을 맞춘다는 것은 특별히 이러한 개인의 치료에 적합화될 수 있을 것이다. 좀 더 구체적으로, 우울은 소위 말하는 역기능적인 대인관계 교류 순환(transactional cycle), 개인의 대인관계 스타일은 정확하게 다른 사람들에게 있어서 그러한 행동과 반응을 이끌므로 개인의 공포와 관계적인 시도를 피하게 하고, 이것은 차례로 그 혹은 그녀의, 타인과 자신에 대한 부정적인 기대를 이끄는 것과 연관 있다(Kiesler, 1983). 그러므로 우울 정서가 관계에 부정적 영향을 미치는 것뿐만 아니라 우울에 취약한 개인이 역기능적인 대인관계 환경을 적극적으로 선택하고, 유발함으로써, 사회적 배제와 고립을 잠재적으로 이끌고, 관계에서의 모순과 많은 갈등을 야기할 수 있다(Luyten & Blatt, 2012). 우울의 대인관계 성향에 대한 이러한 관점은 더 나아가 대인관계 요소가 우울의 현재의 증거 기반 치료의 결과를 설명하는 데 중요한 역할을 한다는 결과에 의해 강조된다(Blatt et al., 2010; McFarquhar et al., 2018).

우울에 있어서 대인관계의 어려움이 주요한 역할을 한다는 것과 일관되게, 연구들은 단극성과 양극성 장애를 가진 환자들에 있어서 다양한 광범위한 영역(tasks)에 기반을 둔 정신화하기의 손상을 상당히 지속적으로 보고해 오고 있다(Billeke et al., 2013; Bistricky et al., 2011; Weightman et al., 2014). 중요하게, 이러한 손실은 주요우울장애에 있어 재발을 예측하고, 심지어 기본적인 인지 역기능과 우울 정서가 연관된 것이 통제된 것으로 보이는 안정기 환자들에게서 증명되었다. 이러한 결과는 명백히 정신화하기 손상이 우울 삽화 외에도 지속적으로 나타나고, 그러므로 기분장애의 재발과 시작(outset)과 연관이 있을 수 있다.

우울 환자의 정신화하기는 물론 상황 의존적일 수 있다. 예를 들면, 이것은 특별히 상실, 분리, 혹은 실패의 경험들과 연관이 두드러질 수 있는데, 사회 인지에서의 일반적인 손상을 반영한다기보다는 특히 심각한 우울 환자들 혹은 긍정적 혹은 부정적인 사건에 강한 정서 반응을 나타내는 환자들이 현재의 정서에 심각하게 영향을 받을 수 있다. 그러므로 우울 환자들은 종종 과소정신화하기(hypomentalizing) 경향을 가지기 때문에, 그들은 정신 상태에 극도의 예민함을 나타낼 수 있고, 타인의 정신 상태에 매우 적응적일 수 있다(Montag et al., 2010). 유사하게, 우울 환자들은 과잉정신화하기(hypermentalizing) 경향을 나타낼 수 있는데(즉, 자신과 혹은 타인에 대한 정신 상황에 대한 과다한 의견/추측인), 이 부분에 대해서는 이 장의 후반부에서 보다 자세하게 논의할 것이다(Luyten & Blatt, 2012 참고).

왜 정신화 접근이 우울의 사례개념화와 치료에 적절한 최종적이고 중요한 이유인지는 우울이 대인관계 문제와 자기 병리, 아마도 가장 뚜렷하게는 경계선 성격장애와 같은 정신화 손상 성향을 나타내는 다른 정신병리와 높은 공병률을 나타내기 때문이다. 그러므로 경계선 성향을 가지고 있는 많은 우울 환자들, 혹은 우울 성향을 가진 많은 경계선 성격장애를 가진 환자들의 치료에 중요한 함의점을 가지고 있다(Luyten & Fonagy, 2014).

우울과 정신화하기: 이론적인 관점

정신화하기 접근의 기본 가정

우울에 대한 정신화하기 접근의 기본 가정은 우울 증상이 애착관계에 대한 위협의 반응을 반영하고, 그러므로 자신에 대한 위협인데, 그것은 (임박한) 분리, 거부, 혹은 상실, (임박한) 실패 경험, 혹은 두 가지의 조합이기 때문이다. 나아가 이러한 반응들이 손상되거나 혹은 개인 자신과 다른 사람들의 동기와 욕구(Lemma et al., 2011a) 양쪽과 연관된 왜곡된 정신화하기로 기인한다고 가정된다.

　게다가 우울 기분은, 정신화하기에 있어서 그 이상의 왜곡과 손상에 기인하는, 나아가 스트레스 수준과 각성을 증가시키는 것을 야기하며, 스트레스를 직면하는 데 있어서 회복탄력성의 손실을 이끌고, 우울 기분을 증가시키는 악순환의 차례로 나타난다([그림 23-1]). 다음 항목에서, 우리는 이러한 가정의 증거를 살펴본다.

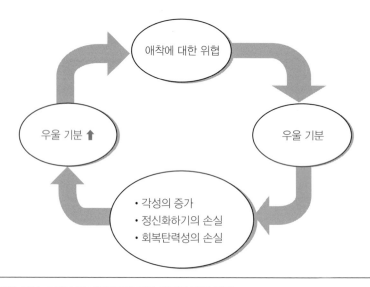

[그림 23-1] 애착, 정서, 그리고 정신화하기에 대한 위협들 간의 관계

애착, 정서 조절, 보상, 그리고 우울

　불안정 애착은 어린이들, 청소년들, 그리고 성인들에게 있어서 우울 취약성과 관련이 있어 왔다(Grunebaum et al., 2010; Lee & Hankin, 2009). 또한 우울증 환자 기능의 세 가지 주요한 영역을 설명하는 중요한 역할을 해 오고 있다. ① 스트레스 문제와 정서 조절, ② 감소된 보상에 대한 예민성과 관련한 즐거움(enjoyment)의 감소된 역량(capacity), 그리고 ③ 정신화하기 문제(Luyten & Fonagy, 2018).

　우울의 원인에 있어서 애착 경험의 주요한 역할을 발달 스트레스, 보상과 정신화 시스템(Luyten & Fonagy, 2018)과 더불어 우울의 병인학에서 살펴보자면, 초기 역경과 파괴적인 애착 경험(특히, 학대와 방임)이 중요한 역할을 한다는 결과에 의해 강조된다. 불안정 애착은 손상된 정서 조절, 스트레스 대처 방안, 그리고 사회 문제해결 방법(Bifulco et al., 2006; Styron & Janoff-Bulman, 1997)을 통해 초기 역경과 노년(in later life)의 우울 취약성과의 관계를 매개한다는 것을 보여 준다.

여러 연구들은 애착 경험, 스트레스 조절, 보상에 대한 민감성, 그리고 우울의 정신화하기 사이에는 밀접한 연결이 있다는 주장을 강하게 지지한다. 이 영역에서 연구는 애착 시스템이 보상 친화적인 행동, 스트레스 조절이 있는 뇌 시스템과 상당히 연관되어 있는 진화론적으로 발달된 시스템이고, 그리고 그것은 대인관계에서 스트레스 조절을 강화하고, 타인에 대한 신뢰를 증가시키고, 메타인지와 정신화하기를 위한 역량을 강화하는 스트레스 감소의 특징을 가진다(Luyten & Fonagy, 2018).

이러한 가정들에 대한 추가적인 지지는 연구에서 나타나는데, 심지어 상당한 스트레스 하에 있어서도, 정신화를 지속적으로 할 수 있는 능력은 확장 및 구축(broaden-and build), 안정 애착의 감정, 개인적인 기관(personal agency), 감정 조절(build)을 강화함으로써 애착 안전 사이클을 이끄는데, 개인이 보다 적응적인 환경(broaden)에 녹아들도록 한다 (Mikulincer & Shaver, 2007). 실제로, 회복탄력성에 대한 연구들은 긍정적인 애착 경험들이 관계 강화(relationship recruiting)—, 즉 회복탄력성이 있는 개인이 돌보는 사람에게 애착이 형성되는(attached)—를 통해 나타나는 부분에서 회복탄력성과 연관이 있다(Hauser et al., 2006). 그러므로 스트레스를 직면했을 때 높은 수준의 정신화하기와 안전 기반된 애착 전략의 사용과 관련은 스트레스 상황에서 관계 강화의 효과를 설명할 수 있다.

대조적으로, 불안정 애착 전략(이 장의 뒷부분에서 자세히 논의될)은 스트레스를 직면했을 때 '확장 및 구축(broaden and build)' 능력의 제한을 보여 준다. 게다가 불안정 애착 전략은 예를 들면, 탐색, 관계, 그리고 돌봄(Insel & Young, 2001; Mikulince & Shaver, 2007; Neumann, 2008)과 같이 회복탄력성과 연관이 있는, 다른 행동 시스템을 억제하는 것으로 보인다. 이러한 결과는 대인관계의 스트레스와 우울에서의 문제들과 또한 높은 수준의 우울의 세대 간 전이에 있어서 중요한 역할을 설명할 수 있다.

손상되고 왜곡된 정신화하기

임상경험과 축적(증가)되는 연구는 왜곡된 기분이 개인의 정신화 능력에 손상을 준다고 주장한다(Billeke et al., 2013; Bistrikcy et al., 2011; Luyten & Fonagy, 2018; Weightman et al., 2014). 게다가 우울한 개인들이 정신화를 시도했을 때, 정신화는 왜곡되고, 전체 정신화에 앞서는 사고의 형태로 재현됨으로써 일시적 혹은 더욱 만성적으로 표현될 가능성이 높다 (Lemma et al., 2001a).

우울 정서로 인한 정신화하기의 손상과 왜곡은 심각한 우울장애 환자들에 있어서 직면될 가능성이 높다. 정신화하기 관점으로부터, 이러한 우울장애 환자들과 작업을 할 때, 통찰력에 대한 능력으로 추정되는 병인학적인(etiolgical) 이슈들(예: 트라우마, 역기능적인 태도들)에 대한 논의는 이러한 초기 치료 단계에 있어서 금기를 나타낸다. 이러한 논의들은 역효과를 나타낼 가능성이 있는데, 왜냐하면 그것들은 우울한 환자들이 효과적으로 이러한 이슈들에 대해 정신화를 하기 위한 능력을 넘어설(exceed) 가능성이 있기 때문이다. 이러한 이슈들에 대한 초기 설명은 자기 비난, 반추, 무력감, 그리고 치료사들을 무력하고 불필요하다고 느끼게 만드는 경향이 있는 자살 사고를 증가시키는 악순환을 만들 수 있다.

정신화하기 치료는 일반적으로 보통, 그리고 심각하게 우울한 환자들에게 있어 사용 가능한 첫 번째의 치료 작업이다. 치료사의 정신화하기 자세(stance)와 기본적인 정신화 기법의 사용(제6장 참고)은 이러한 점에서 꽤 효과적일 수 있다. 상반되는 움직임(moves)의 활용, 그리고 일반적인 호기심, '모른다'는 자세(stance)는 치료사가 일반적으로 비정신화하기 상태의 마인드를 위한 중요한 평형추(counterweight)로 제공되는 환자의 주관적인 정신 상태를 타당화하고 명료화하기 위한 시도의 지지적이고, 감정이입적인 태도의 일부분에 기인한다. 감정이입적인 도전과 지금 여기(here and now)에서의 정서에 초점을 맞추는 것은 특별히 환자가 우울한 정서와 관련된 것들에 대해 정서 상태를 종종 잘 인지하지 못하고 있을 때 이러한 치료 국면에서 도움이 될 만한 다른 정신화하기 기법이다. 예를 들면, 환자가 모든 것이 의미 없고, 그 혹은 그녀가 아주 우울하다고 주장함에도 불구하고, 그 날 아침에 어떤 일이 있었는지를 얘기할 때 그 혹은 그녀의 얼굴에 미소가 있을 수 있다. '행복의 섬'과 같은 흔적은 심리적 동일시(equivalence)와 목적론적인 사고를 촉진하는 데 중요한 역할을 할 수 있을 것이다. 유사하게, 정서에 초점을 맞추는 것은 가장 모드(pretend mode)에서의 환자의 공허감과 무의미한 감정의 평형추가 될 것이다.

이러한 기술들은 또한 정신화하기에서 우울한 무드의 두 번째 부정적인 영향의 대응일 수 있는데, 우울한 무드는 정신화하기의 감소와 연관되어 있을 뿐만 아니라 정신화하기의 왜곡된 모드의 재등장과 연관되어 있을 수 있기 때문이다. 무엇보다도, 우울에 있어서의 이러한 비정신화 모드는 내부와 외부 실재가 동일시되는 심리적 동일시 모드(psychic equivalence mode)다. 때때로 우울증 환자들에 있어서의 극도의 내적 고통, 황폐, 만성적 피곤, 그리고 육체의 고통은, 내적 상태가 육체적 상황(conditions)으로 경험될 수 있는, 심리적 동일시 모드와 연결되어 있다. 과잉구현화(hyperembodiment)의 상태는 주관적인 경험이 매우 실제적으로 경험된다는 것으로 나타난다. 거부감에 대한 감각은 격렬한 정신

우울과 정신화하기: 이론적인 관점　　525

과 신체적 고통을 야기할 수 있다.

　우울 증상은 애착관계에 대한 위협, 자신에 대한 위협이 되어 반추와 자기 비난은 종종 대인관계 기능에서 관심을 요청할 뿐만 아니라 다른 사람들이 존재할 때에 내적 정신화 상태를 조절하기 위한 시도를 위한 반응을 반영한다는 우리의 견해와 일치한다. 이러한 대인관계 기능, 특히 애착 대상과의 관계적 상황에서 각성과 스트레스를 함께 조절하는 시도들은 환자들이 대인관계적 커뮤니케이션에 대해 개방적이지만, 그 시간에 이루어지는 커뮤니케이션은 왜곡적일 수 있다는 것을 의미하기 때문에 정신화하기를 목표를 하는 개입에서 주요한 목표가 될 수 있다.

　이러한 점에서, 우울적인 실제주의(depressive realism)는 상대적으로 기분 문제를 가진 개인들에 있어서 잘 기록되어 있는데, 자신과 타인들에 대한 지각을 포함하는 그들의 지각은 때때로 우울 증상이 없는 개인들에 비해서 보다 정확할 수 있다는 것을 나타낸다 (Moore & Fresco, 2007; Yeh & Liu, 2007). 그러므로 정신화하기의 결점은 구체적으로 상황 혹은 관계일 수 있기 때문에 우울한 개인은 상실, 분리, 혹은 실패, 구체적인 애착 대상의 관점에서(예: 엄마 혹은 파트너), 혹은 각성이 증가하는 수준 혹은 스트레스와 관련된 주제에 대해서 기본적인 정신화하기의 손상을 나타낼 수 있다. 이러한 가정과 궤를 같이하여, 우울한 환자들은 그들의 애착 발달사에 대해 설명한다는 것을 보여 준 연구들은 필수적으로 왜곡된 것은 아니지만, 그들이 성장하는 데 있어 역경의(adverse) 환경을 반영한다는 것을 다소 나타낸다(Hardt & Rutter, 2004). 하지만 이러한 우울적인 실제주의는 적응적인 감각에 있어서 반드시 '사실적인(realistic)' 것은 아닐 수 있는데, 왜냐하면 심리적 동일시에 의해 동반되기 때문이다. 우울한/엄격한(grim) 현실은 의심의 여지가 없거나 혹은 심지어 '그것은 단지 [항상] 있는 그대로'에 대한 주장, 그리고 대안(alternatives)이 제거된 가능성을 종종 동반하기 때문이다.

　과소정신화하기(Hypomentalizing)는 종종 놀랍게도 극단적인 가장 모드(extreme pretend mode) 혹은 과잉정신화하기(hypermentalizing)에 의한, 관계에 대한 실제가 분리된 설명과 함께한다. 치료사들은 적당하게 우울한 환자들이 평가 중에 제공하는, 자신과 타인들에 연관된 정교하고, 차별화되고, 그리고 대부분은 정확한 이야기들에 의해 길을 잃게 될 수 있다. 이러한 보고는 아마도 첫인상에 의해 진실된(genuine) 정신화하기에 기반한 것처럼 보인다. 하지만, 좀 더 귀를 기울이면, 가장(pretend) 모드 설명은 진실되게 높은 수준의 정신화하기로부터 여러 모습들에 구분될 수 있는데, 그것은 ① 그들은 종종 죄책감과 수치심과 같은 우울 관련 주제들에 의해 과도하게 구체적이고, 길고, 반복적이고, 스며든다,

② 그들은 종종 자기 섬김(serving) 기능(예: 주의, 동정, 혹은 다른 사람들에 대한 죄책감, 숨겨진 강요)을 가진다, ③ 그들은 과도하게 인지적이고, 기저의 핵심 감정 경험("그녀는 너무 자기애적으로 깨어지기 쉬워서, 나는 그녀를 단지 무시한다")과 접촉이 없거나 혹은 감정적으로 압도된다("나는 모르겠다, 나는 ~에 대해 생각하기에는 혐오스럽다"), ④ 자기 가치, 자기 선호, 그리고 지각된 통제(과도한 우울증적인 실제주의)에 관한 감정의 전반적인 부재; 그리고 ⑤ 관점을 변화시키는 것에 대한 불가능함(예: 구체적인 상황에서 자신에 대한 초점으로부터 무엇이 다른 사람들을 동기부여하게 만든 것인지에 대한 "나는 전혀 아이디어가 없다. 아마도 그녀가 나를 미워한다")을 포함한다. 진실된 정신화하기는 과잉정신화하기 혹은 반추와 혼동되어서는 안 된다.

우울증을 가진 개인에서 주로 관찰되는 세 번째 비정신화하기(nonmentalizing) 모드는 욕구와 감정이 관찰된 행동 그리고 물질적인 원인과 일치하는, 목적론적인 모드(telelogicl mode) 혹은 입장이다. 많은 우울증 환자들은 단지 그들의 파트너 혹은 다른 중요한 타인으로부터, 육체적으로 그의/그녀의 사랑을 표현하는 경우에만 사랑받는다고 느낄 수 있다(예: 선물을 받는 것에 의해, 선물을 구매하거나, 다른 친구들과 밖에 나가는 것보다 환자의 집에 머무는 것). 이러한 입장은 그들이 얼마나 관심을 갖고, 좋아하고, 그리고 환자를 사랑하는 것을 보여 주기 위한, 심리치료사를 포함한, 애착 대상을 유도하기 위한 종종 제정신이 아닌(frantic) 시도를 이끌 수 있다. 그러므로 환자들은 경계선 침범을 야기할 수 있는, 더 긴 혹은 더 많은 회기들을 요구할 수도 있고, 보다 극단적인 경우에는 치료사들에 의해 포옹 혹은 애무를 받거나, 스킨십을 요구할 수 있다. 그 대신에, 많은 우울증 환자들은 절박하게 그들의 질병의 '객관적인 증거(objective proof)'를 찾고자 한다.

치료에 대한 의미/함의

일반적인 원칙

치료사의 기본적인 정신화하기 입장과 정신화하기 개입의 사용은 환자들이 정신화하기 위한 능력을 회복할 수 있도록 돕는다. 이것들은 함께, 그것들이 아무리 고통스럽거나 불안해해도 환자들이 생각과 감정이 반영될 수 있는 **정신** 상태라는 것을 깨닫게 하는 결과를 낳게 한다. 그렇지만 그러한 반영은, 특히 심각한 우울증 또는 치료에 내성이 있는 환자의 경우(Luyten et al., 2012) 및 심각한 성격장애 환자(Luyten & Fonagy, 2014)([Box 23-1] 참고)의 경우 어려움이 있을 수 있다. 이러한 환자들에게 정신화하기 시도는 특히 치료 초기에 단락될 수 있고(예: "이게 무슨 의미가 있나요, 모두 의미가 없어요."), 그리고 공격적인 충동을 행동으로 옮기는 위험이 항상 있고[예: 자기 해악(self-harm), 자살 제스처], 이질적 자기 부분(제1장 참고)이 있다.

Box 23-1 뚜렷한 성격 문제가 있는 우울증 환자를 구별하는 주요 특징

• 우울 경험에 있어서의 차이: 보다 큰 정서적인 불안정성, 보다 큰 우울 감정의 고통, 보다 큰 공허감, 유기, 자기 비난, 그리고 수치심
• 집중도와 내용 양쪽의 측면에서 보다 심오한 정신화하기의 결함
• 보다 심오한 애착 분열(말하자면, 애착 혼란)
• 심오한 인식(epistemic)의 불신/과잉 경계

이러한 환자들에게 더 정신화하기 자세를 배양하는 것은 일반적으로 상당한 끈기, 인내심, 그리고 기술을 필요로 할 수 있는데, 특히 치료사가 우울증 환자들의 정신화되지 않은 이질적 자기 상태(alien-self states)에 압도될 수 있기 때문에 무력감과 무기력감을 느끼기 시작할 수 있기 때문이다. 그 대신에, 치료사가 현재 지금-여기(here and now) 회기에서 일어나고 있는 일에 대한 반영의 필요성을 주장함으로써 환자를 재희생시키는 침입적인 가해자와 같이 느낄 수 있다. 이러한 전이 경험에서 현명한 정신화하기는 종종 이러한 경우에 필요하며, 치료사들은 환자의 경험과 그것에 대한 그들의 기여에 대한 인식을 타당화하는 것을 확실히 하는 것이 필요하다(제6장 참고). 뚜렷한 성격장애 문제가 있는 환자들은 좀 더 즉각적으로 비정신화하기 모드로 되돌아가는데, 이질적 자기 상태를 외면화하기 위한 경향성과 또한 인식론적 과잉 경계(epistemic hypervigilance)와 결합되어 있을 때 나타나는 전환은, 이러한 환자들이 반영적인 기능과 인식론적 신뢰, 그리고 치료 동맹을 형성하는 역량의 부재(absent)로 인해 단기 초점화된 치료에 적절하지 않게 만든다. 이러한 환자들에 있어서 처음이자 가장 중요한 필요는 정신화하기 **과정**(process)이다. 치료 초기의 개입은 그때 환자의 정신화하기 역량을 초과할 수 있는 개입과 같은 우울의 기저에 있는 역동에 초점을 맞추기보다 우선 환자들의 정신화하기 역량을 되돌리는 데 초점을 맞추어야 한다.

이러한 맥락에서 기본적인 것을 포함하는 개입 또한 중요하다. 단지 그곳에 있음에도

불구하고—환자와 함께 있고, 주의 깊게 듣고, 그 또는 그녀의 고통을 알아본다—우울한 경험을 충분히 담지 않을 수 있는데(contain), 이것은 적어도 유지하는 기능을 제공한다. 치료사의 환자들이 가지는 부정적이고 집중적인 감정적 상태의 수용과 그것들을 변화시키는 무능력은, 역설적으로 환자가 그 혹은 그녀의 대개 참을 수 없는 감정들이 정신적인 것이라는 것에 능력을 부여할 수(empower) 있는데, 이러한 감정들은 확실한 실제라기보다는 주관적이고, (치료사가 하는 것처럼) 환자가 분리시킨 어떤 것이라기보다는, 정신적으로 관여할 수 있는 것으로 육체적인 상태에 대항하기 위한 것이다.

이런 맥락에서 우울한 사람들을 치료하는 데 있어 특별한 임상적 문제는 이러한 환자들에 의해 경험되는 자살 사고의 높은 유행(high prevalnce)이다. 많은 가설들은 무력감(helplessness)과 절망감(hopelessness)으로부터 보다 복잡해진, 자기를 향한 분노, 자기의 증오하는 부분을 죽이는 환상, 그리고 잃어버린 사랑하는 사람들과의 재결합에 대한 전지전능한 환상에 이르기까지 이러한 사고를 설명하는 데 많은 발전이 있어 왔다. 정신화하기의 수준에서 일어나는 것처럼 보이는 것은 기저의 감정들과 '너무 실제적'으로 경험되고, 구체적으로 고통을 주는 환상들이다. 이 괴로운 경험은 환자들이 내적인 고통을 잠재우기 위한, 동시에 원인—종종 다른 사람들의 생각에 대한 이미지, 또한 지나치게 실제적이어서 폭력을 통해서만 제거할 수 있는 것(Fonangy & Target, 1995)—으로 느끼는 것을 없애려는 마지막 시도로 자살 행동 혹은 이미지로 이끈다. 그것은 특히 심리적 동일시(psychic equivalence)와 목적론적인 모드에서 자기와 다른 내부 상태의 비정상적인 경험인데, 또한 자살 사고와 자살 시도의 위험을 증가시키는 가장 모드(pretend-mode)와 분리와 이어진다. 예를 들면, 우울을 증가시키는 일반적인 정서 경험과 같은 수치심은, 문자그대로 심리적 동일시(psychic equivalence)를 경험했을 때 자살 충동(self-annihilating)을 느낀다.

과정과 내용 초점

우울에 대한 정신화하기 접근이 주로 정신화하기 자체에 초점이 맞추어져 있는 반면, 내용이 없는 과정은 없는데, 정신적 상태(감정들, 소망들, 욕망들, 그리고 태도들)는 일반적으로 자신과 타인에 관계하기 위한 일반적인 유형에 의해 조직된다. 내용에서의 초점(그리고 특히 다음에서 논의된 것처럼 우울증과 연관된 애착 유형이 일반적으로 반복되는)은 상대적으로 확실한 반영 능력을 요구한다. 따라서 치료가 진행됨에 따라, 일반적으로 과정에서 내용으로 점차적인 변화가 나타난다. 우울의 치료에서 이러한 이중 초점(dual focus)은 치료사가 치료를 맞춤화하고, 환자의 정신화 수준에 맞게 적정화(titrate)하는 것을 가능하게 한다. 각성이 증가할 때, 자신과 타인의 관계에서의 반복적인 관계 패턴에 대한 논의의 맥락에서 특징적으로 나타날 수 있는데, 정신화하기는 단기적으로 상실 혹은 손상된다. 이 시나리오에서, 정신화하기 과정에서의 초점이 나타난다(indicated). 그러한 초점은 심지어 높은 각성의 맥락에서 정신화하기를 위한 역량을 증진시키는 것을 또한 도울 수 있는데, 환자가 자신과 타인에 대해 관계하는 일반적인 패턴을 보다 즉각적으로 변화를 위한 필수적인 상황인 치료 밖 상황에서 인식하는 것을 차례로(in turn) 도울 수 있다.

과정과 내용에서의 이중 초점은 우울한 환자들의 정신화하기에 있어서 종종 전반적인 손상으로 나타나며(Lemma et al., 2011a), 역동적인 **대인관계적 치료**(dynamic interpersonal therapy)의 주요한 특징이기도 한데, 이 치료는 지지적이고, 표현적인, 정신화하기에서 초점을 외현화하는 지시적인 기법을 촉진하는 통합적인 정신역동치료이다. 정신화하기의 관점에서 우리는 모든 효과적인 치료에는 과정과 내용 관련 개입을 포함시킨다고 믿는다(Luyten et al., 2013a).

치료를 맞춤화하기: 애착 비활성화와 과활성화 전략

정신화하기의 관계에 있어서 우울 기분(mood)의 개시(onset)와 영구화와 연관된 역학의 내용 초점은 주어진 우울의 이질적인 특성(nature)으로 인해 특히 중요하다. 우울의 치료에 대한 '모든 것에 맞는(one size fits all)' 접근법은 효과적이지 않을 것이다. 치료사가 특정한 환자에 대한 그들의 개입을 맞추도록 돕기 위해서는, 우울에 있어서 정신화하기와 관련해서 애착 발달사에서의 차이 역할에 초점을 맞추는 것은 특히 도움이 될 것이다(〈표 23-1〉, [그림 23-2] 및 [그림 23-3]).

지적했듯이 우울증에 대한 취약성은 ① 애착 불안과 애착 회피, ② 애착 비활성화와 과잉활성화 전략이 각각 연관성이 있다는 것을 보여 주는 실질적인 증거가 있다(Mikulincer & Shaver, 2007).

〈표 23-1〉 우울에서 애착 과잉활성화와 비활성화

	애착 과잉활성화	애착 비활성화
연관된 성격 차원들	의존성/사회적 전리품(sociotropy)	자기 비판/자율성
경험적인 모드	감정적 · 비유적 · 시각적	논리적: 명백한 행동, 명확한 인과관계에 초점
인지 양식(style)	동시적 처리, 분리된 요소들의 종합을 전체 응집력이 있는 상태로	분석적이고 구체적인 형식을 나타낸다.
대인관계 관련성	연결성과 조화, 융합을 추구하며; 더 많은 분야의 의존	사회 환경보다는 내부의 영향을 받는다; 더 많은 분야에서 독립
스트레스 조절 전략 (방어적 스타일)	타인으로부터 지지를 구함	고립, 비대인관계적 조절
전형적인 정신화하기 프로파일(profile)	타인의 정신 상태에 대한 민감성; 정동에 이끌리는(affect-driven) 과잉정신화하기를 사랑, 거부, 애착 대상과의 밀착으로 설명	인지적 과잉정신화하기; 정서와의 단절; 종종 이와같이 정신 생활(mental life)의 저하

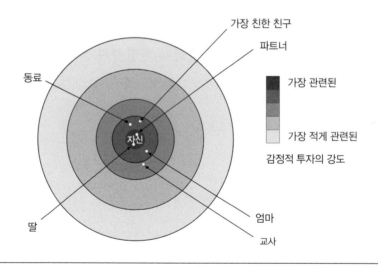

[그림 23-2] 의존적/사회적으로 우울한 개인에 있어서 높은 애착 불안과 연관된 관계의 계층

일반적으로 애착불안 유형의 개인들(즉, 몰두형 애착유형을 가진)에 의해 주로 사용되는 애착의 과잉활성화 전략은 지지와 안심을 찾고, 보호를 유지하고, 얻기 위한 미친 듯한 노력을 목표로 하기 때문에 종종 요구에 있어서 매달리는 행동으로 표현된다. 일반적으로 애착 회피 유형[즉, 두려운-회피, 그리고 특히 거부적(dismissive) 애착 유형]에서 관찰되는 애

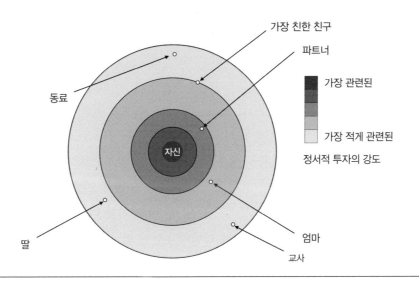

[그림 23-3] 자기 비판적/자발적으로 우울한 개인에 있어서 애착 회피와 연관된 관계의 계층

착 비활성화 전략은 애착 필요의 거부와 독립의 주장, 스트레스를 감소하거나 피하는 시도로서의 힘과 연관되어 있다.

애착의 비활성화 전략

애착관계에 대한 위협 반응에서 애착 비활성화 전략을 주로 사용하는 우울한 개인은 생각과 감정을 연결시키는 정신화를 방어적으로 억제하는 경향이 있는데, 인지적 과잉정신화하기, 과잉활동의 패턴, 혹은 이 둘 다를 사용함으로써 활동이나 업무는 우울한 개인이 너무 고통스럽거나 위협이 되는 그 혹은 그녀의 과거 혹은 현재의 삶에서 성찰(반성)하는 것을 피하는 것을 가능하게 한다. 이러한 개인들에서 정신화하기는 방어적으로 억제되는데 왜냐하면 발달상에 애착 경험들과 연결되어 있는 기저의 슬픔, 공허함, 혹은 분노 때문이다. 또한, 비활성화 전략은 때때로 그 혹은 그녀가 "좋다" 혹은 "삶에서 중요한 것을 성취했다"라고 개인에게 활동을 증명함으로써, 실패 또는 무가치감의 감정을 밀어낸다.

이러한 개인들은 그들의 신체와 정서로부터 단절된 것처럼 보이며, 이는 애착 회피가 주관적 · 신체적 스트레스 사이에서 분리되어 있다는 발견과 일치하는 관찰이다. 이러한 결과는 이러한 개인들에서 무감정언어증(alexithymic-like)의 양상과 연결되어 있고, 이러한 환자들에서 기능적인 신체의 불편감과 기분장애(mood disturbance) 사이의 높은 동반율(comorbidity)과 연결되어 있다(Luyten et al., 2013b). 애착 비활성화 전략은 행동의 합리화와 '객관적' 지식의 우선순위화로 이끄는 목적론적 모드의 우세와 같은 종종 정신생활 (mental life)의 저하와 연결되어 있다. 이러한 환자들은 타인의 내부 상태와 때때로 또한 그들 자신의 정신 상태에 대해 대부분 마음에 대한 무지(mind-blindness) 상태를 나타낼 수 있다. 예를 들어, 그들은 타인이 그들을 좋아하지 않다는 사실을 혹은 그 대신에, 타인에 의해 과장적으로 비호감이라는 사실을 잘 인식하지 못할 수 있다.

그러나 이런 일부 환자들에서, 이런 마음에 대한 무지(mind-blindness)는 그들이 그들의 상황에 대해 얘기하도록 특히 매우 구체적이고, 일반적으로 자기중심적인 구조에서 탄탄하게 짜여지고, 현실로부터 실제적으로 분리된, 그들의 고정된 '객관성'과 결합된 설명은 가장 모드(pretend-mode) 기능에서 유사 정신화하기를 나타낼 수 있다. 게다가 스트레스가 증가하는 경우에 정신화하기는 일반적으로 붕괴되는데, 의존, 무력감, 그리고 절망감(hopelessness), 때때로 분노 혹은 패닉과 같은 강한 감정의 재현(reemergence)으로 이끈다. 정신화하기의 실패와 같은 것은 식별하기 훨씬 쉽다는 것은 일부의 회피적인 개인들이 거의 완전히 그들의 행동과 관계의 문제적 성향을 거부하는 매우 경멸적인 설명/경우 (account)을 나타내는데, 예를 들면, 약하거나 멍청하다고 모든 사람들을 모욕하거나 일부 환자들은 그들의 애착 발달사(history) 혹은 현재의 관계에서 어떤 구체적인 예시를 제공하지 않거나 혹은 정말 그럴듯하지 않은 주장을 하면서, 긍정적인 부분을 과장하거나 고통스러운 경험을 최소화하며 매우 이상화하는 경우도 있다. 예를 들면, 저는 네 살 때부터 기숙학교를 가는 것이 좋았고, 마침내 우리 아이들이 아마도 매우 늦은 여덟 살 때, 학교로 보내도록 아내를 억눌렀습니다. 그들이 울었을 때 그녀를 화나게 했지만, 그것은 단지 반사(reflex)일 뿐입니다.

이러한 환자들과 작업을 할 때 첫 번째 임무는 기저의 심리적 이슈를 다루기 전에 정신화하기를 증진(foster)시키는 것이고, 따라서 그들을 위해 아주 상세히 말하기보다 두드러진 정신화하기를 위한 기저의 주어진 역동 자료와 발달사와 함께, 과정과 역량인 정신화하기에 초점을 맞춘다.

애착 과잉활성화 전략

애착관계에 대한 위협 반응에서 애착 과잉활성화 전략을 주로 사용하는 개인은 종종 타인의 정신 상태에 대해 과민성의 역설적인 패턴을 보여 주지만, 동시에 정신화하기의 방어적 억제를 하는데, 왜냐하면 그들은 현재와 과거에서 애착 위협(예: 학대와 방임의 기억과 연관된)과 연관되는 정서에 쉽게 압도당하기 때문이다. 그들은 그들 자신의 공격성과 분노에 대한 공포심과 거부감과 유기(버림받음)에 대한 공포에 쉽게 압도당한다. 그러므로 애착 비활성화 전략을 주로 사용하는 사람들과 대조적으로, 이러한 개인들은 즉각적으로 정신화하기를 분리하고, 이어서 일반적으로 정신화하기를 다시 시작하는 것은 천천히 한다. 특별히 급성 스트레스를 받을 때, 혹은 심각하게 우울할 때, 그들은 성찰하는 역량의 완전한 억제로 이끄는 부정적인 정서에 의해 완전히 압도될 수 있다. 게다가 진정한 정신화하기의 시도는 또한 종종 누전(short-circuit)될 수 있는데, 왜냐하면 치료사(Blatt, 2004)를 포함한 타인의 정신 상태에 대한 과민성 때문이다. 그러므로 치료 초기에 이러한 환자들은 종종 치료사를 기쁘게 하기 위해 매우 많은 노력을 할 것이고, 실제로는 그들이 점점 압도되는 경우에 그들을 듣고 싶어 하지 않는다는 사실에도 불구하고 '치료사가 듣고 싶어 하는 것'을 말할 것이다. 그들은 정서적 전염병에 취약하며, 타인과 자신들의 정신 상태에 혼란스러울 수 있다. 이것은 특히 경계선 성향을 동반하는 환자들에게 일어나기 쉽다(Fonagy & Luyten, 2009).

애착관계에 대한 인식된 위협과 부정적 정서에의 몰입은 거부, 분리, 그리고 상실에 대한 과민성뿐만 아니라 거절의 관점에서 타인의 행동을 해석하는 데에 있어 편견을 가지는 것으로 표현될 수 있다. 예를 들면, 치료사가 미래의 휴가 날짜를 알려 줄 때, 환자는 완전히 거부당한다고 느끼고, 치료사가 그 혹은 그녀를 제거하고 싶어 한다고 생각할 수 있는데, 이것은 실제의 휴가보다는 아마도 그 혹은 그녀로부터만 휴가를 가지는 것으로 생각하기 때문이다. 이러한 편견은 수정하기가 매우 어렵다.

행동은 말하지만 말로는 신뢰하지 않는 목적론적인 입장은 또한 확인받고, 좋고, 돌봄받고자 하는 부분에 대한 강한 필요로 표현되는데, 치료사를 포함한 애착 대상의 지속적인 가용성에 대한(휴가가 전혀 없고, 초과 회기 시간이 존재하고, 필요시 이에 이메일 혹은 전화 연락이 가능한) 요구로 이끌 수 있다. 이러한 패턴은 구체적이고, 반복적이거나 혹은 혼란스러운 설명과 완벽한 사항 혹은 거부된 사랑에 대한 판타지, 혹은 자기 타자 혼란에, 더 나아가 악화될 수 있는 애착 대상(예: 엄마, 아빠, 파트너와 그리고 점차적으로 치료사)과 지속적인 밀착(enmeshment)을 드러내는 애착 이야기에 의해 표현됨으로 과잉정신화하기를 동반할 수 있다. 특히 보다 고기능(higher-functioning) 환자들(예: 연극적 혹은 히스테리 성향을 가진)에게 있어서, 그러한 설명은 꽤 정교하고, 과거, 현재, 혹은 미래 관계에 있어서, 자신은 일반적으로 타인의 나쁜 의도 혹은 무관심의 희생자인, 끝없는 가능한 시나리오에 의해 지배될 수 있다.

실제 상황에서 정신화하기

특히, 치료의 초기 단계에서는 치료사들이 필연적으로 치료에서 그들을 참여시키기 위해 환자의 애착 구조를 활성화시키는데, 특히 개입이 증상과 대인관계 갈등과 양립 (ambivalence) 사이에서 명확한 연관성을 목표로 한다면, 정신화하기(이전에 설명한 것처럼, 비활성화 전략을 우세하게 사용하는 환자들에게)를 분리하는 지속적인 위험이 있다. 저기능 환자들에서, 그러한 개입은 정신화하기의 급속한 분리를 야기할 수 있고, 따라서 치료 동맹에 대한 위협이 될 수 있을 것이다. 고기능 환자들에서, 이러한 개입은 때때로 치료의 중단과 "먹이는 손을 물어뜯는다"고 위협하고 정신화를 분리하며, 분노, 부인(denial)으로 이끌 수 있다.

MBT에서 관계를 정신화하기(제6장 참고)로 불리는 것은 환자가 그 혹은 그녀의 감정과 의사소통하는 '온라인'과 실제 경험에서 나타난 것처럼 이해될 수 있지만, 동시에, 대인관계와 개인 내의 고비용과 함께 나타나므로(Lemma et al., 2011a), 이러한 경향에 역효과를 낼 수 있다.

환자의 대인관계 기능에 대한 대응

우울증 환자는 반드시 공개적이고 유연한 방식으로 그들의 (변화하는) 사회 환경에서 반응하는 데 문제를 초래하는, 그들의 관계에 대해 어려움과 스트레스를 나타낸다. 이것은 또한 **인식론적 화석**(epistemic petrification)으로 묘사된다. 환자들은 그들 자신, 타인과 대인관계에 대한 신뢰할 만한 지식의 원천으로 타인을(혹은 자신들을) 신뢰하지 않는다 (Fonagy et al., 2015a). 오히려, 그들은 다른 관계 맥락에서 잘 다듬어진 일련의 기대를 강요하고, 그들은 그러한 기대를 수정할 수 있는 어떤 새로운 사회적 정보에도 반응하지 않는다. 다른 말로 표현한다면 그의 혹은 그녀의 현재 기대에 상관없이 환자들은 너무 경직되고 실제의 대인관계 상황에 잘 맞지 않고, 그의 혹은 그녀의 기존의 어려움에 추가로 기여하여 관계적 긴장을 불러일으키는, 사회적 스키마(도식)를 적용한다. 예를 들면, 구체적인 사회적 상호작용의 패턴은 개인이 형성할 수 있는 관계를 지속적으로 폄하하도록 만들어진다. 반응(reaction)은 비판, 실망, 배신, 혹은 거절을 타인에게서 불러일으킬 수 있다. 이것들은 기존의 기대들을 수정할 수 있는 좀 더 나은 사회적 상호작용의 기회를 감소함으로써, 차례로 타인에게서 신뢰를, 자신에 대한 자신감의 상실을 불러일으킨다. 제4장에서 설명된 대로와 제10장 치료사의 측면에서 지속적인 정신화하기 입장은 일반적으로 타낭화 받는 감정의 경험, 즉 행위자로서의 인간으로 인식되는, 환자에게 있어 인식론적 신뢰를 위한 역량을 재활성화할 수 있다.

결론

정신화하기 관점에서 볼 때, 우울증의 증상은 대인관계의 어려움에 대한 반응 혹은 애착과 또한 자신에게 대한 위협으로 인식되는 것으로 다시 나타날 수 있다. 이러한 인식된 위협들은 정신화하기에서 어려움의 결과로 나타날 수도, 정신화하기의 어려움을 유발할 수도 있다. 즉, 명확하고 실제적으로 생각하는 것은 외부 세계뿐만 아니라 개인 자신의 생각, 감정, 타인과의 경험의 내부 세계에 대한 것일 수도 있다. 치료사들은 환자의 우울 증상을 환자가 이해할 수 없거나 혹은 가능성이 없거나 혹은 그 자신 혹은 그녀 자신 혹은 타인에게 도움이 되지 않는 부적응적 방식으로 이해하는 관계의 불편함의 표시로 재구성할 수 있다. 변화는 정신화하기에 대한 증가된 역량에 의해 촉진되는 과정으로, 개인이 점차 제한되고 규정된 기대를 버릴 수 있다고 생각될 때 일어난다. 이것은 차례로 대인관계의 긴장을 감소시키고, 대처와 회복능력을 호전시키는 개인의 역량 회복을 촉진하는 역할을 한다.

주요우울장애(Bressi et al., 2017; Jakobsen et al., 2014; Lemma & Fonagy, 2013; Lemma et al., 2011b), 그리고 경계선 성격장애(Bateman & Fonagy, 2008; Rossouw & Fonagy, 2012)에서 우울증과 관련 상태를 치료하는 데 있어 정신화하기 접근법의 효과성에 대한 증거가 쌓여 가고 있다. 우울에 있어서 정신화하기 접근법의 효용성과 알려진 변화의 메커니즘을 탐색하는 더 많은 연구가 점차 필요하다. 하지만 그동안에, 우울에 대한 정신화하기 접근은 확립된 치료 접근에 대한 환영할 만한 부가물(addition)로 보인다.

📖 참고문헌

Alonso J, Angermeyer MC, Bernert S, et al; ESEMeD/MHEDEA 2000 Investigators, European Study of the Epidemiology of Mental Disorders (ESEMeD) Project: Prevalence of mental disorders in Europe: results from the European Study of the Epidemiology of Mental Disorders (ESEMeD) project. Acta Psychiatr Scand Suppl 109(420):21-27, 2004 15128384

Bateman A, Fonagy P: 8-year follow-up of patients treated for borderline personality disorder: mentalization-based treatment versus treatment as usual. Am J Psychiatry 165(5):631-638, 2008 18347003

Bernal M, Haro JM, Bernert S, et al; ESEMED/MHEDEA Investigators: Risk factors for suicidality in Europe: results from the ESEMED study. J Affect Disord 101(1-3):27-34, 2007 17074395

Bifulco A, Kwon J, Jacobs C, et al: Adult attachment style as mediator between childhood neglect/abuse and adult depression and anxiety. Soc Psychiatry Psychiatr Epidemiol 41(10):796-805, 2006 16871369

Billeke P, Boardman S, Doraiswamy PM: Social cognition in major depressive disorder: a new paradigm? Transl Neurosci 4:437-447, 2013

Bistricky SL, Ingram RE, Atchley RA: Facial affect processing and depression susceptibility: cognitive biases and cognitive neuroscience. Psychol Bull 137(6):998-1028, 2011 21895353

Blatt SJ: Experiences of Depression: Theoretical, Clinical and Research Perspectives. Washington, DC, American Psychological Association, 2004

Blatt SJ, Zuroff DC, Hawley LL, et al: Predictors of sustained therapeutic change. Psychother Res 20(1):37-54, 2010 19757328

Blazer DG, Kessler RC, McGonagle KA, et al: The prevalence and distribution of major depression in a national community sample: the National Comorbidity Survey. Am J Psychiatry 151(7):979-986, 1994 8010383

Bressi C, Fronza S, Minacapelli E, et al: Short-term psychodynamic psychotherapy with mentalization-based techniques in major depressive disorder patients: relationship among alexithymia, reflective functioning, and outcome variables—a pilot study. Psychol Psychother 90(3):299-313, 2017 27801544

Cuijpers P, van Straten A, Bohlmeijer E, et al: The effects of psychotherapy for adult depression are overestimated: a meta-analysis of study quality and effect size. Psychol Med 40(2):211-223, 2010 19490745

Donohue JM, Pincus HA: Reducing the societal burden of depression: a review of economic costs, quality of care and effects of treatment. Pharmacoeconomics 25(1):7-24, 2007 17192115

Driessen E, Van HL, Don FJ, et al: The efficacy of cognitive-behavioral therapy and psychodynamic therapy in the outpatient treatment of major depression: a randomized clinical trial. Am J Psychiatry 170(9):1041-1050, 2013 24030613

Fonagy P, Luyten P: A developmental, mentalization-based approach to the understanding and treatment of borderline personality disorder. Dev Psychopathol 21(4):1355-1381, 2009 19825272

Fonagy P, Target M: Understanding the violent patient: the use of the body and the role of the father. Int J Psychoanal 76(Pt 3):487–501, 1995 7558608

Fonagy P, Luyten P, Allison E: Epistemic petrification and the restoration of epistemic trust: a new conceptualization of borderline personality disorder and its psychosocial treatment. J Pers Disord 29(5):575–609, 2015a 26393477

Fonagy P, Rost F, Carlyle JA, et al: Pragmatic randomized controlled trial of long-term psychoanalytic psychotherapy for treatment-resistant depression: the Tavistock Adult Depression Study (TADS). World Psychiatry 14(3):312–321, 2015b 26407787

Fredrickson BL: The role of positive emotions in positive psychology. The broaden-and-build theory of positive emotions. Am Psychol 56(3):218–226, 2001 11315248

Global Burden of Disease Study 2013 Collaborators: Global, regional, and national incidence, prevalence, and years lived with disability for 301 acute and chronic diseases and injuries in 188 countries, 1990–2013: a systematic analysis for the Global Burden of Disease Study 2013. Lancet 386(9995):743–800, 2015 26063472

Grunebaum MF, Galfalvy HC, Mortenson LY, et al: Attachment and social adjustment: relationships to suicide attempt and major depressive episode in a prospective study. J Affect Disord 123(1–3):123–130, 2010 19819021

Hardt J, Rutter M: Validity of adult retrospective reports of adverse childhood experiences: review of the evidence. J Child Psychol Psychiatry 45(2):260–273, 2004 14982240

Hauser ST, Allen JP, Golden E: Out of the Woods: Tales of Resilient Teens. Cambridge, MA, Harvard University Press, 2006

Insel TR, Young LJ: The neurobiology of attachment. Nat Rev Neurosci 2(2):129–136, 2001 11252992

Jakobsen JC, Gluud C, Kongerslev M, et al: Third-wave cognitive therapy versus mentalisation-based treatment for major depressive disorder: a randomised clinical trial. BMJ Open 4(8):e004903, 2014 25138802

Kessler RC, Berglund P, Demler O, et al; National Comorbidity Survey Replication: The epidemiology of major depressive disorder: results from the National Comorbidity Survey Replication (NCS-R). JAMA 289(23):3095–3105, 2003 12813115

Kiesler DJ: The 1982 interpersonal circle: a taxonomy for complementarity in human transactions. Psychol Rev 90:185–214, 1983

Lee A, Hankin BL: Insecure attachment, dysfunctional attitudes, and low self-esteem predicting prospective symptoms of depression and anxiety during adolescence. J Clin Child Adolesc Psychol 38(2):219–231, 2009 19283600

Lemma A, Fonagy P: Feasibility study of a psychodynamic online group intervention for depression. Psychoanal Psychol 30:367–380, 2013

Lemma A, Target M, Fonagy P: Brief Dynamic Interpersonal Therapy: A Clinician's Guide. Oxford, Oxford University Press, 2011a

Lemma A, Target M, Fonagy P: The development of a brief psychodynamic intervention (dynamic interpersonal therapy) and its application to depression: a pilot study. Psychiatry 74(1):41–48, 2011b 21463169

Luyten P, Blatt SJ: Looking back towards the future: is it time to change the DSM approach to psychiatric disorders? The case of depression. Psychiatry 70(2):85–99, 2007 17661536

Luyten P, Blatt SJ: Psychodynamic treatment of depression. Psychiatr Clin North Am 35(1):111–129, 2012 22370494

Luyten P, Fonagy P: Psychodynamic treatment for borderline personality disorder and mood disorders: a mentalizing perspective, in Borderline Personality Disorder and Mood Disorders: Controversies and Consensus. Edited by Choi-Kain L, Gunderson J. New York, Springer, 2014, pp 223–251

Luyten P, Fonagy P: The stress-reward-mentalizing model of depression: an integrative developmental cascade approach to child and adolescent depressive disorder based on the research domain criteria (RDoC) approach. Clin Psychol Rev 64:87–98, 2018 29107398

Luyten P, Blatt SJ, Van Houdenhove B, et al: Depression research and treatment: are we skating to where the puck is going to be? Clin Psychol Rev 26(8):985–999, 2006 16473443

Luyten P, Fonagy P, Lemma A, et al: Depression, in Handbook of Mentalizing in Mental Health Practice. Edited by Bateman A, Fonagy P. Washington, DC, American Psychiatric Association, 2012, pp 385–417

Luyten P, Blatt SJ, Fonagy P: Impairments in self structures in depression and suicide in psychodynamic and cognitive behavioral approaches: implications for clinical practice and research. Int J Cogn Ther 6:265–279, 2013a

Luyten P, Van Houdenhove B, Lemma A, et al: Vulnerability for functional somatic disorders: a contemporary psychodynamic approach. J Psychother Integration 23:250–262, 2013b

McFarquhar T, Luyten P, Fonagy P: Changes in interpersonal problems in the psychotherapeutic treatment of depression as measured by the Inventory of Interpersonal Problems: a systematic review and meta-analysis. J Affect Disord 226:108–123, 2018 28968563

Mikulincer M, Shaver PR: Attachment in Adulthood: Structure, Dynamics, and Change. New York, Guilford, 2007

Montag C, Ehrlich A, Neuhaus K, et al: Theory of mind impairments in euthymic bipolar patients.

J Affect Disord 123(1-3):264-269, 2010 19748680

Moore MT, Fresco DM: Depressive realism and attributional style: implications for individuals at risk for depression. Behav Ther 38(2):144-154, 2007 17499081

Murray CJL, Lopez AD: The Global Burden of Disease: A Comprehensive Assessment of Mortality and Disability From Diseases, Injuries, and Risk Factors in 1990 and Projected to 2020. Cambridge, MA, Harvard University Press, 1996

Neumann ID: Brain oxytocin: a key regulator of emotional and social behaviours in both females and males. J Neuroendocrinol 20(6):858-865, 2008 18601710

Rossouw TI, Fonagy P: Mentalization-based treatment for self-harm in adolescents: a randomized controlled trial. J Am Acad Child Adolesc Psychiatry 51(12):1304.e3-1313.e3, 2012 23200287

Styron T, Janoff-Bulman R: Childhood attachment and abuse: long-term effects on adult attachment, depression, and conflict resolution. Child Abuse Negl 21(10):1015-1023, 1997 9330802

Thornicroft G, Chatterji S, Evans-Lacko S, et al: Undertreatment of people with major depressive disorder in 21 countries. Br J Psychiatry 210(2):119-124, 2017 27908899

Town JM, Abbass A, Stride C, et al: A randomised controlled trial of Intensive Short-Term Dynamic Psychotherapy for treatment resistant depression: the Halifax Depression Study. J Affect Disord 214:15-25, 2017 28266318

Weightman MJ, Air TM, Baune BT: A review of the role of social cognition in major depressive disorder. Front Psychiatry 5:179, 2014 25566100

Yeh ZT, Liu SI: Depressive realism: evidence from false interpersonal perception. Psychiatry Clin Neurosci 61(2):135-141, 2007 17362430

제24장

동반 물질사용장애와 성격장애

Nina Arefjord, Cand.Psychol.
Katharina Morken, Cand.Psychol., Ph.D.
Kari Lossius, Cand.Psychol.

물질사용장애(SUD)의 현대적 치료에서, 물질사용장애(SUD) 및 심각한 성격장애 환자(PDs)에게 효과적인 외래치료를 제공하는 것은 여전히 과제로 남아 있다.

외래 환자 프로그램은 포괄적이고 집중적이어야 하며, 치료는 위기 입원(inpatient crisis admittance)을 줄이는 측면에서 효과적이어야 한다. 동반 물질사용장애(SUD)와 성격장애(PD) 환자들은 종종 정기적인 외래치료 출석에 문제를 나타낸다.

이러한 어려움들은 물질사용장애(SUD)와 성격장애(PD) 환자들의 다양한 동기와 인내심 부족 탓만이 아니라, 또한 그들의 대인관계 문제와 그들의 감정 조절에 기인한다. 물질사용장애(SUD) 치료사들은 이러한 환자들에게 좋은 구조, 이론적 일관성 및 연속성을 가진 치료 프로그램과 효과적인 외래치료를 제공할 수 있는 유용한 도구를 제공하는 것을 필요로 한다. 이 장에서는 물질사용장애에 대한 정신화 기반 치료(MBT-SUD)가 물질사용장애(SUD)에 어떻게 사용될 수 있으며, 왜 이 모델과 그 이론적인 근거가 합리적이고, 어떻게 물질사용장애(SUD) 환자들과 심각한 성격장애(PDs) 환자들에 대한 우리의 이해를 넓히는지 설명할 것이다(Morken et al., 2014, 2017a, 2017b).

동반장애: 성격장애와 물질사용장애

많은 연구들이 성격장애(PD)와 물질사용장애(SUD) 사이의 빈번한 동반을 입증했다

(Fenton et al., 2012; Hasin & Kilcoyne, 2012; Trull et al., 2010; Verheul, 2001). 한 논문(review)에서는 물질사용장애(SUD) 환자들과 성격장애(PD) 환자들의 동반 발병률이 25%에서 75% 사이에 있다는 것을 발견했다(Cacciola et al., 2001). 임상 물질사용장애(SUD) 인구에서 가장 널리 퍼진 성격장애(PDs)는 23~28%에 이르는 반사회적 성격장애(PD)이고, 경계선 성격장애(BPD)는 7~18%에 이른다(Fridell & Hesse, 2005; Verheul, 2001).

B군 성격장애(즉, 반사회적, 경계선, 연극성, 그리고 자기애성)는 물질사용장애(SUD)로 발현 및 물질사용장애(SUD)를 유지하는 양쪽에 기여하는 독립적인 위험 요소인 것으로 밝혀졌다(Cohen et al., 2007; Fenton et al., 2012; Walter et al., 2009). 그러나 10년간의 연구 과정에서, 경계선 성격장애(BPD) 환자에서 물질사용장애(SUD)의 완화 또한 일반적이었다(Zanarini et al., 2011).

치료 중단(attrition)의 위험은 물질사용장애(SUD) 단독보다는, 성격장애(PD) 및 물질사용장애(SUD)를 가진 환자들 사이에서 환자에서 더 높고, 동반성은 물질사용장애(SUD) 환자들의 결과에 부정적인 영향을 미치는 것으로 밝혀졌다(Ball et al., 2006; Brorson et al., 2013; Vaglum, 2005). B군 성격장애의 특성은 물질사용장애(SUD) 환자와 치료 동맹을 형성하는 데 장애가 되는 것으로 밝혀졌고, 도움을 주는 이들에게 왜 역전이 과정(이 장의 뒷부분에서 설명되는)이 치료에 있어서 부정적인 영향을 줄 수 있는지에 설명을 주는 거리감을 더 많이 가지게 한다(Oleesk et al., 2016; Thylstrup & Hesse, 2008).

손상된 정신화하기와 정서 조절의 어려움

"정신화하기가 없이는 강한 자기감(sense of self)이나 건설적인 사회적 상호작용이 있을 수 없고 인간관계에서 상호성이 없고, 그리고 개인적인 안전감도 없다(Bateman & Fonagy, 2016, p. 3)." 이 문장은 경계선 성격장애(BPD)와 동반 물질사용장애(SUD)를 가진 많은 환자들의 핵심 문제를 특징짓는다. 불안정한 자기감과 나쁜 자기-타자 정신화하기, 특별히, 그들 자신의 내부 상태를 정신화하고, 인식할 수 없다는 것이다. 정서 조절의 어려움(emotional dysregulation)은 명확하게 생각하는 능력을 약화시키는 강한 감정에 의해 특징지어진다. 정신화하기의 실패는 적절한 방식으로 표현될 수 없는 것이 그 특징이다. 물질 사용은 성격 문제로 어려움을 겪는 환자들에 의해 사용되는 다양한 자기 위안(self-soothing) 전략의 하나로 간주된다(Phillips et al., 2012). 한 환자가 이것을 표현했는데 "나는 나의 집중적이고/강렬한 기분을 견딜 수 있게 하기 위한 그 순간의 유일한 대처방법으로 나 자신을 중독시킨다."

　　정서 조절의 어려움(dysregulation)은 부분적으로 타인에 대한 불신과 타인이 도움이 될 수 없다는 믿음에 의해 특징지어지는 불안정한 애착 패턴에 의해 발생된다(Bateman & Fonagy, 2016; Fonagy & Bateman, 2016). 불신은 치료의 협력과 헌신을 위태롭게 할 수 있다. 물질 사용은 정신화하기 역량을 방해하며, 더 나아가 환자들의 상태를 악화시킨다.

애착, 물질 사용, 그리고 신경생물학

　　물질 의존과 애착은 공통의 신경생물학을 공유한다(Insel, 2003; Phillips et al., 2012). 많은 경계선 성격장애(BPD)와 물질사용장애(SUD) 환자들은 집중의 어려움, 사고장애, 그리고 플래시백(flashbacks) 비활성화 등의 문제를 가진다. 물질 사용을 하는 228명의 여성 환자 중 50%가 정서적 학대, 42%가 신체적 학대, 42%가 성적 학대를 보고했다(Haller & Miles, 2004). 다종류의 약물을 복용한 물질사용장애(SUD) 환자들은 성격장애(PD)의 유병률이 가장 높았다. 성적인 학대에 노출된 여성들은 학대는 반사회적 성격장애(ASPD)의 위험을 두 배로 높였다. 정서적 학대와 신체적 학대는 경계선 성격장애(BPD)의 위험을 증가시키는 것과 연관이 있다. 고통스러운 애착 경험은 부정적인 정서를 증가시킨다. 부정적인 정서와 충동성은 물질사용장애(SUD)와 경계선 성격장애(BPD) 사이의 동반성(comorbity)을 설명하는 것으로 간주되는 기본적인 성격 특성 중에 있다(James & Taylor, 2007; Karterud et al., 2017).

　　다음은 MBT-물질사용장애(SUD) 프로그램의 임상 사례다. 이 환자는 그녀가 관계에서 얼마나 취약한지 부정적인 정서에 얼마나 타협했는지를 보여 주며, 이는 차례로 충동적인 정서를 극복하기 위한 충동적 음주로 이어진다.

　　　어린 시절 그녀 부모님의 쓰라린 갈등의 중간에 있었던, 충격적이고 긴 어린 시절의 경험을 가진 환자는 그녀의 선생님의 행동 뒤에 어떤 것이 있을 수 있는지 탐색하고 있었다. 그녀는 선생님과의 어려운 만남 이후에 술을 많이 마시고 있었다. 환자는 다른 정서를 명명하고 있었다. 그녀의 선생님이 그녀보다 다른 학생들을 좋아한다는 고정된 관점과 함께 소외감과 질투심 등 환자는 심리적 동일시(equivalence)와 과잉정신화하기 모드 둘 다가지고 있었다. 그녀는 그녀가 어떻게 그녀 선생님의 행동을 이해했는지 통합되지 않은/파편화된(fragmented) 설명을 했지만, 실재에 있어서 근거나 맥락도 없었다. 그녀는 그녀 자신에 대한 이해를 다음과 같이 요약했다. "나는 그러한 감정을 가진 괴물임에 틀림이 없다."

물질사용장애의 신경생물학

모든 물질은 뇌에 약간 다른 영향을 미치지만 알코올, 아편, 코카인을 포함한 모든 중독성 있는 약물은 뇌의 기저 신경절(basal ganglia) 부분의 도파민 신경전달물질의 만족을 줄 만한(pleasurable) 급증을 만들어 낸다. 이 영역은 보상 구조의 일부이고, 보상을 기반으로 학습 능력을 통제한다. 일부 약물(즉, 코카인과 모르핀)은 측핵(nucleus accumbens)에 직접적으로 영향을 주고, 개인이 사회적 상호작용 대신에 물질을 선호한다는 결과와 함께 보상 시스템을 방해하고 빼앗는다(hijack). 이러한 동일한 회로는 음식, 성, 사회적 상호작용과 같은 기본적인 보상으로부터 만족을 얻는 능력을 제어하고, 그것들이 물질 사용에 의해 방해될 때, 남은 일생은 그 혹은 그녀가 물질을 사용하지 않을 때 사용자들에게 점점 더 적은 만족감을 느끼게 할 수 있다. 이러한 경로들과 기저의 유전자들은 약물 사용이 아니라 남녀 관계, 아기에 대한 엄마의 애착, 그리고, 추정하건대, 엄마에 대한 영아 애착을 포함한 사회적 상호작용의 동기부여적인 측면을 매개하기 위해 진화했다(Insel, 2003; Phillips et al., 2012).

건강한 성인들은 필요시에 그들의 충동을 통제할 수 있는데 왜냐하면 이러한 충동들은 전전두엽 피질(prefrontal cortex)의 의사결정 회로와 판단에 의해 균형 잡혀졌기 때문이다. 이러한 전전두엽 회로들은 물질사용장애(SUD)와 성격장애(PD)에서 붕괴된다(disrupted). 이것은 왜 물질사용장애(SUD)가 자기 통제와 타협하는지 이유를 설명한다. 이것은 완전한 자율성의 상실은 아니다. 물질 의존된 개인은 여전히 그들의 행동에 책임이 있지만, 그들은 알코올 혹은 물질에 의해 나타나는 금단 증상으로부터 편안해지는 것을 찾기 위한 강력한 추진력을 무시할 수 없다(U.S. Department of Health and Human Services office of the Surgeon General, 2016). 물질사용장애(SUD)와 성격장애(PD) 모두에서 발견되는 두 가지 요소, 즉 사회적 상호작용으로부터 보상 혹은 만족을 얻고자 하는 능력의 감소, 그리고 손상된(compromised) 자기 통제는 왜 물질사용장애(SUD)가 성격장애자들(PDs)의 치료과정을 복잡하게 하는지, 그리고 왜, 언제 복합 성격장애(PD)가 두 장애가 치료되지 않은, 물질사용장애(SUD)를 주로 나타내는 사람들에게 나타나는지를 설명한다.

동반 물질사용장애와 성격장애를 위한 이중 트랙 치료

동반 물질사용장애와 성격장애에 대한 심리치료에 관한 문헌은 10개의 BPD/SUD 환자를 대상으로 한 통제된 연구에서 발견된다(Lee et al., 2015). 저자들은 동시에 발생하는 경계선 성격장애(BPD)와 물질사용장애(SUD)의 증거 기반 치료에 대해 좀 더 많은 연구로 확장될 필요가 있음에도 불구하고, 변증법적 치료와 역동적 파괴적 심리치료(dynamic deconstructive psyhotherapy)로부터 이득을 얻는다는 몇 가지 예비적인(preliminary) 증거가 있다. 많은 연구들이 이 환자 집단을 위한 표적 치료의 필요성에 대해서 주장해 왔다(Ravndal et al., 2005; van den Bosch & Verheul, 2007). MBT 임상 시험은 경계선 성격장애(BPD) 환자들에게 성공적인 결과를 나타냈음을 보고했지만, MBT는 물질사용장애(SUD)가 주(main) 장애인 환자들을 대상으로 시도되지는 않았다. Morken 등(2017a)은 다양한 무작위 대조 실험과 MBT가 BPD로 유망한 결과를 보여 준 자연적 코호트 연구를 요약했다. 그리고 MBT의 강점(strength)은 심각한 성격장애(PD)를 고려했을 때 입증되었다(Bales et al., 2012, 2015; Bateman & Fonagy, 2001, 2009; Jørgensen et al., 2014; Kvarstein et al., 2015; Rossouw & Fonagy, 2012).

The 베르겐 MBT-SUD 모델: 임상 경험

노르웨이의 베르겐 클리닉의 MBT-SUD 프로그램은 Bateman과 Fonagy(2004, 2012, 2016)에 의해 서술된 MBT 모델을 고수하지만 MBT 팀의 일부로서 사회복지사를 포함하고 최장 3년까지 치료 기간을 연장한다. MBT-SUD는 듀얼(이중) 트랙 치료로 중독과 성격 문제 양쪽 다 동시에 집중하고, 물질 사용 기저에 있는 심리적 기능 주변에서 환자의 정신화하기 과정에 초점을 맞추는 것을 목표로 한다. 우리는 환자의 물질과 알코올 사용은 종종 그들의 심리적 필요와 연관이 있고, 그들의 필요에 대처하기 위한 좀 더 유익한(beneficial) 전략의 부재와 연관이 있다는 사실을 우리의 임상 경험에서 발견했다.

한 환자가 그녀의 과도한 벤조디아핀제 복용에 대해 이야기하고 있다. 그녀가 그녀의 마지막 복용에 대해 자세히 설명할 때, 심리적 패턴이 나타난다. 그녀는 그녀가 부과하는 고립감과 씨름하고 있고, 그녀의 대처 메커니즘은 벤조디아핀제를 사용하는 것이다.

MBT-SUD의 중독 특화된 전략은 환자에게 의미 있는 방식으로 근본적인 심리적 패턴을 탐색하고 인식하는 반면 회기 내에서 환자의 대처를 다루는 것을 포함한다.

MBT-SUD에서 물질 남용은 직접적으로는 금욕을 위해 노력함으로써 해결되며, 간접적으로는 정서 조절의 어려움과 충동성 및 자기 조절을 증가시킴으로써 해결된다. 이 환자들을 위한 핵심 정신화하기 문제는 그들의 불안정한 자기감(sense of self), 그리고 중요한 치료 과제는 그들의 자기 상태를 인식하고 알고 조절하는 능력을 안정화하고 증가시키는 것이다. 그러나 약물 사용의 감소나 중단은 개인이 부정적인 정서를 더 많이 인식하고 기능적인 진정(functional soothing) 전략 없이 정서를 조절하는 데 던져지는 것을 의미한다. 치료의 목적은 정서가 궁극적으로 생각, 정동(affects), 그리고 대인관계 접촉에 대한 성찰(reflection)에 의해 숙달되는(mastered) 것이다. 이 변화는 요구되는 과정이고 동기부여는 필수적이다. 동기부여 면접은 일반적으로 초기 단계에서 치료 동맹과 동기부여를 증가시키기 위해 권장된다(Bateman & Fonagy, 2004). 더 나아가 초점은 정신화하기 실패가 물질 사용으로 이어지는 대인관계 상호작용에 있다. 위험한 물질 사용은 환자가 MBT 복합 치료로부터 충분히 이익을 볼 수 있기 전에 안정화되어야 한다. 만약 물질에 대한 갈망이 너무 강하다면, 환자는 처음에 안정화하기 치료를 받아야 한다. 지속적인 재발로 인한 수치심과 패배감은 과다 사용과 같은 위험한 행동을 야기한다. 물질 사용은 지속적으로 해결되어야 함에 틀림이 없는데, 특별히 치료 초기 단계부터다([Box 24-1]).

Box 24-1 **MBT-SUD에서의 구체적인 전략**

1. 알코올과 약물의 사용을 환자의 정신 상태를 측정하는 일종의 '온도계'로 간주한다.
2. ① 물질 사용에 대한 인식 및 ② 치료 초기부터 물질 사용이 해결되는 것을 모니터링한다.
3. 환자가 이전에 SUD 치료를 받은 적이 없다면 치료 초기부터 동기부여 면접 기법을 사용한다.
4. SUD의 감소가 섭식장애 행동의 증가로 대체되는지 여부를 모니터링한다.
5. '정신화하기 과정 궤적(trajectory)'의 개입을 사용하여 SUD의 정신적 기능을 탐색한다(Bateman & Fonagy, 2016); 이것은 MBT-SUD의 중심 구성 요소다.

6. 수치심을 느끼고 행동으로 옮길 가능성이 있다는 것을 인식한다. '지금-여기'에 초점을 맞추는 것이 중요하다.

7. MBT 팀에 사회복지사를 포함시켜 사회문제를 돕는다.

8. 집단 참석은 동기부여 개입법을 통해 동기부여를 유지하기 위한 해결책이다. 집단 결석 이후에 환자에게 전화 연락하는 것은 환자에게 일반적으로 중요하게 여겨진다.

9. 불출석을 이해하는 방법에 대해 (환자와 치료사 모두에서) 성찰을 증가시킨다. '모른다는(not-knowing)'는 자세를 탐색한다. 불출석의 원인이 약물 사용이라는 것을 자동적으로 가정하지 않는다.

  베르겐 클리닉 재단(BCF)은 MBT와 성격장애에 대한 이론에서 영감을 받아서 여성 환자들을 위한 시범 프로젝트를 시행하기로 결정했다. BCF는 위치, 직원, 프로그램 개발을 포함한 프로그램 설계 및 내용, 자료(Morken et al., 2014, 2017a, 2017b)를 포함하여 모든 프로그램 설계와 제공에 있어서 여성의 필요를 고려하는 성별 대응 프로그램 정책을 가지고 있다. 프로젝트는 병원 내에 광고가 났지만, '치료하기 까다로운' 그리고, 잠정적으로 BPD와 SUD를 진단받은 참가자들을 요청할 뿐만 아니라 정신건강 클리닉에서도 추천을 또한 받았다. 18명의 환자들이 이 프로젝트에 참여했다. 4명의 환자들이 치료를 떠났다. 포함 기준은 여성이었고 DSM-IV Axis II 성격장애(SCID-II; First et al., 1997)를 위한 구조화된 면담을 통해 임상적으로 유의한 성격장애 및 경계선 성격장애 성향과 SUD의 진단을 함께 받았다. 프로젝트의 환자들은 표준화된 일련의 면접(standardized battery interviews)에 의해 평가되었고, 그리고 전반적인 기능, 증상들, 대인관계 기능, 그리고 물질 사용이 주의 깊게 시간 경과에 따라 모니터링되었다. BPD의 완전 진단은 치료에 포함되기 위해서 필요한 것은 아니었다. 배제 기준은 조현병의 진단과 아편계 대체 약물 사용이었다(Morken et al., 2017a). 모든 환자는 그들이 프로젝트에 포함되었을 때, 의존성 SUD를 가지고 있었는데, 가장 일반적으로 사용된 물질은 알코올, 대마초, 암페타민, 헤로인, γ-히드록시뷰티르산(GHB), 부프레노핀(Subutex), 그리고 벤조디아제핀이었다. 주요한 결과는 SUD와 PD의 감소였다. 환자 13명이 치료가 완전히 끝난 이후에 2년 뒤 추적조사로 면담을 했다. 2명의 환자가 의존성 SUD를 받았고, 11명은 완전히 회복되었다.

  환자들의 핵심 성격 문제들은 불안정한 자기감과 정서 조절의 어려움, 손상된 자기와 타인 정신화하기에 의해 특별히 특징지어진, 정신화하기 실패를 이끄는 그들의 내면 상태를 아는 것이다. 이러한 문제들의 결과는 빈번한 대인관계의 오해, 상호작용 문제, 약물로의 도피다. 이러한 결과들을 근거로, 이차적인 치료 결과는 사회적 기능, 증상 및 대인관계 기능이었다. 환자들은 MBT(Bateman & Fonagy, 2004; 2006; Karterud & Bateman, 2010, 2011; Morken et al., 2017a)의 지침 및 설명서에 따라 진행한 MBT-SUD 시술에서 평균 21개월 후에 모든 측정(measures)에서 긍정적인 변화를 보였다.

모든 치료사는 광범위한 MBT 훈련을 받았다. 그 팀은 한 달에 한 번 외부 슈퍼바이저 외에 주간 내부 슈퍼비전을 가졌다. 모든 회기들은 비디오 녹화되었다. 슈퍼비전은 MBT-SUD 집단치료를 관리하고 파괴적인 집단 프로세스를 피하기 위해 필수적이라고 간주되었다. 환자들이 개인치료와 비교해서 집단치료에 헌신하는 데는 시간이 더 걸렸다. 일반적으로, 대부분의 환자들은 집단에 연결되었지만, 그러나 PD/SUD 환자들의 출석은 모니터링하고 지속적으로 집단치료를 위한 동기부여를 하도록 다루어져야 했다([Box 24-1] 참고). MBT-SUD에서 사용되는 주요 동기부여 개입은 치료사가 반사율을 나타내는(therapist models reflectivity) 동안 환자들의 마음을 탐색하는 것 이외에 지원, 안심, 그리고 공감을 입증하는 것이다(Bateman & Fonagy, 2016).

MBT에 정통한 사회복지사는 팀의 필수적인 부분이다([Box 24-1]). 사회복지사는 일상생활의 주요한 이슈들, 재정, 주택, 사회복지 권리, 사법제도, 그리고 아동 보호 기관들과 협상하는 데 있어서 환자들을 지원한다. 사회복지사의 역할은 필요시 가정방문과 실제적인 지원을 제공하고, 환자와 치료 프로그램의 동맹을 강화한다. 사회복지사는 환자가 심리치료를 받고, 그들의 삶에서 많은 중요한 이슈들이 해결되지 않았거나 엉망일 때 그들의 약물 사용을 통제하고 심리치료를 시도하기 위한 동기부여를 하는 데 기여한다. 그 혹은 그녀의 일은 치료사들이 그들의 몫에 집중할 수 있게 해 준다. 즉, 치료사들이 MBT의 가이드라인에 따라 심리치료적 일을 하는 것이다. 이 마지막 요점(point)의 중요성은 충분히 강조될 수 없다. Bateman과 Fonagy(2016)가 지적했다.

MBT는 치료 초기에 환자의 사회적 맥락을 안정화할 것을 권면한다. 주택, 재정, 고용, 보호관찰, 그리고 다른 스트레스 요인이 지배적이라면 변화는 불가능할 것이다(p. 34).

저자들은 치료사가 이러한 문제에 적극적으로 초점을 맞출 것을 권장하고 있으며, 우리는 우리의 환자들에 의해 경험되는 사회적 문제의 범위는 사회복지사에 의해 가장 잘 지원된다는 것을 발견했다.

치료 중단의 위험 요인

MBT는 만약에 치료 중에 적절히 다루어지지 않는다면 치료에서 두 가지 중요한 위험 요소, 즉 환자에게 있어서 유사 정신화하기의 정신 상태와 치료사에서의 역전이에 대한 인식의 필요성을 강조한다. MBT-SUD 치료사들은 지속적으로 환자의 정신화하기 역량을 과대평가하지 않도록 하기 위해서 스스로를 모니터하는 것이 필요하다. 정신화하기 이론은 인간 발달 이론의 견지에서 경직되고 왜곡된 생각의 패턴을 이해하는 데 기여했다. 제1장에서 좀 더 자세히 설명한 바와 같이, 가장 모드(pretend mode), 심리적 동일시, 그리고 목적론적인 사고는 4~5세 이전에 아이들의 정신세계를 이해하는 것을 설명한다. 이러한 앞선 유심론적(pre-mentalistic) 사고방식은 성인들에게 또한 영향을 줄 수 있다. 종종 임상적 상호작용에서 유사 정신화하기로 종종 보이는 가장 모드(pretend mode)는 정서와 사고가 연결이 된 것이 아닌, 고립되고, 파편화된(fragmented) 경험으로 특징지어진다. 환자들은 그 혹은 그녀 자신의 정서를 '소유(own)'하지 않고, 언어를 통한 의미 있는 표현을 그들에게 부여하거나 유지할 수 없다(Bateman & Fonagy, 2004, 2016).

유사 정신화하기 정신 상태는 SUD 치료에서 자주 발생한다. 하지만 그것은 특히 치료사가 상담 장면(회기)에서 그들을 인식하기 어려울 수 있는데, 특히 그것들을 '듣고(listening)' 있지 않다면. 이것은 MBT-SUD의 수많은 녹화 회기의 등급(rating)을 통해 중요한 임상 현상으로 지적되어 왔다. 환자들은 아마도 회기 내에서 감정에 압도되고, 만약 진정한 정신화하기가 회기에서 없다면, 위험한 약물 사용은 환자가 고통스러운 감정을 대처할 수 있도록 하는 결과일 수 있다. 치료사가 환자의 유사 정신화하기에 의해 '속았을' 수도 있고, 환자가 (조절 어려움보다는) 정서와 연결되어 있다고 믿을 수 있는데 왜냐하면 환자가 그 혹은 그녀의 감정을 묘사하고 있었기 때문이다. 그러나 유사 정신화하기에서 이러한 설명은 정신 표상(mental representation)에 명확한 연결과 함께 실제에 뿌리를 내리고 있지 않다. 그것들은 표상의 표현(representational tether) 없이 '떠다니는' 것이고, 그래서 제한되지 않고, 맥락이 부족하다. 이것은 갑작스러운 통제되지 않은 감정의 조절로 이어질 수 있다.

SUD 치료에서 알코올과 약물의 사용은 환자의 정서적 기분(emotional mood)을 나타내는 지표다.

이것이 왜 물질의 섭취와 물질 남용과 연관되어 있는 정신적 기능을 모니터링하고 집중하고 지속적으로 인식하는 이유인데, 이것은 MBT-SUD의 핵심 구성 요소다.

처음부터 물질 사용을 다루지 않고 피하는 것은 '방 안의 코끼리를 피하는 것'이다. 즉, 중요한 주제가 간과되고 있는 것이다. 예를 들면, 치료사는 SUD의 감소가 증가된, BPD/SUD 환자에 대한 치료의 부작용으로 인식되지는 않지만 흔한([Box 24-1] 참고), 섭식장애에 의해 대체되는지를 모니터할 필요가 있다. 다음의 임상 사례에서 환자는 섭식장애에 대한 치료를 받았지만, 알코올 사용과 폭식으로 대체되었다.

> 환자는 그녀의 어머니와의 마지막 만남을 탐색했다. 그 환자는 빠르게 말을 했고, 슬프고, 절망적이고, 불행한 기분을 느끼는 것으로 설명했다. 치료사는 그 환자가 회기 동안 감정을 정신화할 수 있다고 믿었지만, 나중에 환자는 과도하게 알코올을 섭취했고, 위험한 상황에 노출되었다. 다음 회기에 그녀의 행동을 탐색하고, 감정을 정신화하는 것을 목표로 할 때, 환자는 지난 회기 이후에 '공허함'을 느꼈고, 자신을 진정시킬(self-soothing) 다른 가용한 전략이 없으므로, 알코올로 가득 채우는 것만 가능했다고 설명했다. 그러나 환자는 음주를 함으로써 행동화하는 위험에 처한다.

환자: 목요일에 보드카 반 병을 마셨어요. 나는 절망적이었고, 마실 수밖에 없었어요.
치료사: 그 순간에 자신을 진정시킬 다른 선택지가 없는 것처럼 느꼈다는 것처럼 들리네요. 하지만 나는 당신이 그렇게 많이 취했다는 것에 여전히 놀라고 있습니다. 무엇이 그렇게 만들었나요?
환자: 하고 싶지 않았던 섹스를 한 이후에, 황폐함을 느꼈고, 마시고, 취하는 것 외에는 무엇을 해야 할지 몰랐어요. 어느 누구하고도 이것에 대해 얘기할 수 없었어요.

목표는 환자가 이전에 통제를 하고 있었고, 억눌렀던 정서(emotion)를 위한 언어를 점차로 표현해 가는 것이다(Bateman & Fonagy, 2004, 2012, 2016).

물질사용장애와 수치심

집단에 정기적으로 참석하는 것은 환자가 그 혹은 그녀의 물질 사용을 통제할 수 없을 때 도전이 된다. 환자가 그 혹은 그녀의 물질 사용의 정도를 부인한다면, 이것은 해결해야 할 중요한 문제이다. 환자들은 일반적으로 그들이 집단에서 그것을 정신화할 수 있을 때

'숨겨진' 물질 사용으로부터 오는 그들의 수치심에서 벗어나는 것을 느낀다. 그렇지만 수치심과 죄책감이 '부정적'이거나 불편한 감정들이라는 것을 치료사가 인식하는 것이 중요하다. 죄책감은 사회적이고 도덕적인 기준에 관하여 전체 자아에 대한 부정적인 평가와 연관된다. 죄책감은 그러한 기준들과 불일치하는 (자신이 아닌) 구체적인 행동들에 초점을 맞춘다. 수치심과 죄책감은 다른 '행동 성향(action tendencies)'으로 이어진다(Lindsay-Hartz, 2016). 죄책감은 보상에 동기를 부여하는 경향이 있는 반면, 수치심은 동기부여하는 노력을 사라지게(nonattendance) 하거나 혹은 공격하는 경향이 있고, 치료사는 환자의 정신 상태를 가까이서 모니터링하는 동안 죄책감을 충분히 다루는 기술이 필요하다. MBT는 정신화하기 과정과 상담 장면 내 혹은 밖 양쪽 다에서 정신화하기의 손실을 집중적으로 다루고 초점을 두도록 맞춤화되었다. MBT에서 치료사는 환자의 정서적 활성화를 모니터링할 책임이 있으며, 정신화하기 능력은 회기 내에서 변동할 수 있다는 것에 대해서 상기시킨다. 치료사의 자기 반영과 회기 내에서 그 혹은 그녀 자신의 정신화하기 능력을 유지하는 능력은 모델에 의해 강조되는데 이것은 MBT-SUD 치료의 안전성을 강화한다.

역전이: 치료사의 감정

물질 사용은 치료 및 SUD 환자를 위한 주요 치료 방법으로 직면(confrontation)을 사용하는 것은 계속되는 치료 시스템에서 도덕적 감정(moral feeling)을 불러일으키는 경향이 있다.

이 접근법은 BPD/SUD 환자들에게 위험할 수 있는데 왜냐하면 그들의 신경생물학적 취약성과 심리적 스트레스를 받을 때 정서 조절의 어려움 때문이다. 동반 BPD 및 SUD 환자의 치료는 어려운 것으로 설명되어 왔는데 이는 높은 중단율과 치료 동맹을 형성하는 것이 도전이 되는 관계적인 문제 때문이다(Karterud et al., 2009; Vaglum, 2005). 치료사가 BPD와 SUD를 가진 환자들과 함께 일할 때 직면하는 정서적인 도전들을 고려할 때, 집단 슈퍼비전은 필수적이다. 치료사는 걱정, 두려움, 분노, 거부, 그리고 불안과 같은 많은 종류의 감정에 취약하다. 우리는 MBT-SUD 팀이 그들의 역전이 이슈를 논의하기 위한 안전한 환경을 제공하는 것이 중요하다고 생각한다. 우리의 임상 경험은 Bateman과 Fonagy(2016, p. 192)의 말에 의해 아마도 가장 잘 설명될 수 있다.

그러나 어떤 정의를 사용하든, 말하자면, '역전이'가 치료사의 감정을 가리키고, 그/그녀의 자각(self-awareness)과 연결되는데 이는 차례로 그/그녀의 정신화하기에 대한 감정적인 부분(pole)에 의존한다. 치료사로서, 우리는 우리의 정신 상태가 환자의 정신 상태를 지나치게 왜곡해서 이해하고 적절한 근거 없이 환자의 이러한 부분을 동일시하는 경향이 있다는 것을 염두에 둘 필요가 있다. 치료사는 그/그녀의 감정을 '격리'해야 한다. 이러한 감정들은 치료사가 회기 중에 가졌었던, 치료 자체에서 혹은 그/그녀가 환자의 문제에 적절한 정신 과정의 이해를 추후에 돕기 위한 것, 정동(affect)과 인지(cognitive) 양쪽 모두의 경험으로 간주된다.

우리 치료사들은 치료사가 가지고 있는, 그리고 매주 집단 슈퍼비전에서의 MBT에서의 감정의 이해가, 감정에 의해 행동하지 않고 자각하는 것, 예를 들면 환자를 과도하게 보호하거나 거절하는 것을 상기시키는 가장 중요한 것임을 발견했다. '모른다'는 자세(not-knowing stance)는 우리의 임상적인 실제(practice)를 다른 관점에서 바라보고, 함께 팀의 일원이 되기 위해, 일관적인 모델과 이론은 환자의 중단과 치료사의 소진을 막기 위해 중요한 것으로 경험된다.

> 환자: 당신은 치료에서 내의 다른 치료에서 보다 다른 방식으로 환자들에게 말하고 있어요. 나는 불안정하고 치료사가 주로 끄덕이고, 흠…… 단지 계속 말하고, 말하고. 여기 나는 거의 당신이 우리의 대화에 대해서 생각하는 것을 항상 알고 있고, 나는 그것으로부터 배웠어요.

정신건강교육, 위기 계획, 그리고 정신화하기 사례개념화를 통해 동맹을 형성하기

MBT는 협업적인 스타일이다. 협업은 정신건강교육, 위기 계획에서 정신화하기, 정신화하기 사례개념화, 개인 및 집단치료의 조합, 그리고 비디오를 기반으로 한 팀 슈퍼비전과 같은 구체적인 전략과 태도를 통해 성취된다. 이러한 개입과 전략들은 BPD/SUD 환자를 대상으로 한 일관적인 치료와 치료로부터 중단을 막는 데 도움이 되어 이상적이다. MBT-SUD의 시범 프로젝트에서, 정신건강교육 회기는 치료를 위해 환자를 준비시키고, 지식을 증가하고, 환자와 치료사 간에 환자가 실제로 정신 문제들을 어떻게 이해할 수 있는지에 대해 공통된 이해에 기여하는 중요한 구성 요소로 경험된다.

> **환자:** '정신화하기': 나는 그것의 의미를 몰랐다. 정신건강 교육이 많은 기여를 했다.

나는 내 문제들 사이의 통일된 주제를 더 잘 볼 수 있었다.

정신건강 교육 집단은 중간에 휴식을 취하면서 1.5시간 동안 지속된다. SUD가 각각의 다루어져야 하는 주요한 이슈들과 연결되었다. 환자들은 정신건강과 정신화하기에 연결되어진 과도한 물질 사용을 다른 방식으로 이해하는 데에 생각하도록(reflect) 요청받는다. 그들은 어려운 정서들을 조절하기 위해 물질을 사용할 때 그들 자신의 삶에서 예시를 소개하도록 격려받는다.

> **환자:** 전남편이 전화해서 아이들을 데려갈 수 없다고 했어요. 그는 아이들을 여행에 데려가고 있어요. 나는 그를 믿을 수 없었어요. 어떻게 그가 이것을 그냥 결정할 수 있었을까? 나는 생각할 수가 없었어요, 그냥 정신을 잃고 기절할 때까지 술을 마셨어요.

위기 계획은 위기 동안에 행동화하기 환자를 위한 중요한 예방 개입이다.

환자와 함께 위기 계획을 작성하는 치료사의 과정은 그 혹은 그녀에게 위기를 촉발하는 정신 과정에 대해 환자가 성찰하도록 한다.

> Liv의 위기 계획을 짜는 과정에서, 약물을 분리하고 사용하는 Liv의 가장 중요한 전조는 그녀가 벤조디아제핀을 이전에 사용했다는 그녀의 정신 상태의 탐색을 통해서 발견되었다. 처음에 Liv는 전혀 알지 못했다. "그건 그냥 일어났어요." 사실, 그녀는 매우 불안한 관계여서 그녀의 아버지와 연락하는 것을 원하지만, 아버지는 계속해서 그녀에게 전화를 한다. 전화가 울릴 때 Liv는 움직이지 않고 분리 상태에 빠져들고, 그리고 나서 그녀 자신을 벤조디아제핀으로 마비시킨다.

Liv의 위기 계획

유용한 것: 음악을 틀고 내 딸의 사진을 보는 것

유용하지 않은 것: 탈출하기 위해 약을 먹는 것

유용한 시스템: 내가 Linda를 [사회복지사]라고 부르면, 그녀는 그냥 들어야 한다. 그녀

가 시간이 안 된다면, 여성 병동(unit) 주변의 치료사에게 이야기할 수 있다.

유용하지 않은 시스템: 나의 아버지에 대해 신경 쓰지 말아야 한다고 말하는 것

　　가장 중요한 것은 환자가 그의 발전(development) 혹은 그녀의 위기 계획에 관여한다는 것이고, 치료사가 환자가 위기의 정신적 전조에 대해 성찰하도록 돕는다는 것이다 (Bateman & Fonagy, 2004).

　　치료 초기의 또 다른 중요한 부분은 문제가 있는 상호 주관적인 자기 조절에 초점을 맞추는 정신화하기 사례개념화의 개발(development)이다. 우리의 경험은 치료사들이 이러한 정신적 연결을 공식화하고 그것들을 환자가 이해하고 관계를 맺을 수 있는 언어로 요약하기 위한 훈련이 필요하다는 것이다. 많은 SUD 환자들은 전문적인 언어의 사용에 민감하고, 이것을 치료사가 우월감을 느끼는 것으로 해석할 수 있다. 이 현상은 대부분 집단치료에서 나타난다. "치료사들은 내가 이해하지 못하는 언어를 사용함으로써 집단에 있는 이 새로운 환자가 그는 학자이고, 우리보다 우월하다는 것을 과시하고 그들의 영리함을 보여 주기 원한다."

　　치료사가 공식화에 성공한다면 그 또는 그녀는 보상을 받는다. "당신으로부터 받은 공식화는 환상적이었어요. 이것은 마치 내가 직접 쓴 것 같았어요. 나는 이것을 여러 차례 읽었어요. 당신은 그것이 무엇에 관한 것인지를 실제로 이해했어요. 이것은 내가 생각하는 것과 저술에서 내가 좋아하는 것을 포함하고 있어요." 이 경우에 환자는 치료 밖에서 잘 하고 있었다. 하지만 그러한 긍정적인 반응이 주어진다면, 치료사는 환자가 아마도 예를 들면, 단순히 갈등을 피하거나 치료사의 호의를 얻기 위해서, 그리고 이것은 유사 정신화하기에 기반을 둔 동의가 되는, 단순히 동의한 것일 수도 있다는 것을 인식해야 한다. 만약에 그런 경우라면, 형식화는 환자의 동기부여를 증가시키거나 치료사와 그 혹은 그녀의 인식론적 신뢰를 심어 주지는 않을 것이다. 환자의 유사 정신화하기 사용은 환자의 공식화된 치료 목표가 호전과 실제로 연관되었는지를 충분히 모니터링함으로써 명백해질 것이다. 중독에 특화된 전략은 [Box 24-1]에 요약되어 있다.

　　치료 후 2년간의 추적 연구에서 MBT 환자는 SUD 파일럿 프로젝트는 많은 경우에, 무엇이 치료 동안에 나타난 주요한 정신적 변화인지 설명했다(Morken et al., 2017b). 환자들이 처음으로 그들의 상호작용에 영향을 증가시키고 주체적인 자기 개념(an agentive self)을 가져다준 자기조절 능력을 성취했다. 충동성이 감소했고, 그 순간에 증가된 정신 상태를 통해 생각할 수 있는 능력을 증가시킨 것은 부정적인 감정을 견디고 물질 사용과 다른

자기 파괴적인 행동을 통제하고 저항하는 환자의 능력을 증가시켰다. 자기조절 능력은 환자들이 할 수 있었고, '외부로부터 자신들을 보기 위한 것'이라고 설명한, 상호 정신화하기를 증가시켰다. 정신화하기 역량은 자기감(sense of self)에 보다 안정적인 영향을 미쳤다. 약물 혹은 알코올은 이전에 참을 수 없는 정신적 고통을 야기시켰던 내부 상태의 빈번한 붕괴를 안정화하기 위해 더 이상 필요하지 않았다. 핵심적인 성격 문제, 즉 지속적으로 불안정한 자아 상태, 타인의 의도에 대한 불신, 타인을 이해하는 어려움, 그리고 감정적 조절 어려움이 모두 개선되었다. 보다 안정적인 자기 상태는 환자의 행위자적인 주체와 다른 사람을 이해하는 데에 영향을 미쳤다. 자기 주도성(self-agency)은 그들 자신의 생각을 이 새로운 모드로 경험한 결과이고, 물질 사용의 중단 혹은 감소를 위한 그들의 능력에 중요했다(Morken et al., 2017b).

결론

이 장에서 우리는 MBT가 BPD 및 동반 SUD를 가진 환자의 치료를 하기 위해 어떻게 필요하고 유용한 이론, 지식 및 역량을 추가했는지 강조했다. 여성 환자를 대상으로 한 시범 프로젝트가 완료된 후 BCF는 현재 제공되고 있고, 중증 PD 및 SUD 환자, 남성 및 여성 모두에게 MBT 프로그램을 제공한다.

그 MBT 모델을 준수하는 치료 프로그램(Bateman & Fonagy, 2004, 2012, 2016)이지만 중독에 특화된 전략과 적응을 포함한다. 남성 MBT 그룹 BPD/SUD 환자들도 이제 또한 MBT-SUD 프로그램의 일부이다. 우리의 임상 경험은 모델이 남성 환자와 마찬가지로 여성에게도 적합하다. 그러나 공식적인 질적 혹은 양적 연구가 지금까지 진행된 적은 없다. 때때로, 집단은 BPD뿐만 아니라 ASPD 환자도 포함한다. 지금까지 우리의 경험은 진단 자체는 환자가 그룹에 적응하는지, 집단 역동이 복합적인 PDs(성격장애) 환자를 예측하지 못한다는 것이다. 우리는 ASPD/SUD 환자들과 BPD/SUD 환자들을 위한 별도의 집단을 갖는 것을 선호하지만, 지금까지 치료를 참여할 만큼 동기부여가 된 ASPD/SUD를 가진 환자들의 인구가 ASPD/SUD 전용의 집단을 실행할 만큼 충분히 크지 않았다. 우리는 MBT 모델이 없이는 치료사들이 환자들의 자기성찰과 약물 사용과 연관되어 있는 그들의 정서적인 문제들과 대인관계 문제에 집중할 수 기회가 적었을 거라고 제안한다. 왜 그럴까요? 그 BPD/SUD 환자의 치료에서의 취약성은 이미 설명되었다. 환자와 치료사의 필요는 협업 스타일을 통해 충족되고, 치료사는 슈퍼비전을 참석하기 위한 필수조건을 고려할 때 혼자가 아니다.

MBT는 치료과정 동안에 발생할 수 있는 치료적 도전을 다루기 위한 구조로써 역할을 하기 위한 임상 모델과 대인관계 문제들을 이해하기 위한 이론적 모델 다 제공하는 체계적인 치료법이다.

MBT에는 환자의 애착과 정서적인 문제들, 동기부여의 어려움, 그리고 치료에서 그들이 나타내는 갈등을 탐색하고, 이해하고 대처하기 위한 치료사의 능력을 향상시키는 매뉴얼 기반 개입이다. 치료 과정의 초기에, 목표는 환자가 치료에 적극적인 참여를 할 수 있도록 자극하는 것이다. 외래 사회복지사의 집단 프로그램에서 정신화하기 위기 계획, 정신화하기 사례개념화, 그리고 정신건강교육의 포함은 그로 인한 목표가 충족되기 위한 것이다. 잘 짜여진 주간 비디오 슈퍼비전과 개인과 집단치료 사이의 협력은 개인과 집단치료에서 그들이 나타나는 것처럼 동기부여의 어려움과 대인관계 갈등이 좀 더 잘 다루어지고 이해되는 것을 가능하게 한다. 빈번한 슈퍼비전과 녹화 회기를 토대로, 우리는 BCF에서 수행된 MBT-SUD가 MBT 모델을 고수하고, 환자들의 정신화하기 역량을 치료 결과에 따라 향상시킨다고 믿는다.

치료 완료 후 측정된 정량적 결과와 2년간의 추적 조사에서 환자 자신의 보고 양쪽 모두에서 새로운 방식의 정서(emotion) 인식, 정신 상태에 대한 사고, 그리고, 대인관계 상호작용에서의 자기 성찰과 연관이 있다는 것과 대인관계 상호작용에서 타인의 의도를 탐색하기 위한 그들의 능력의 변화가 있다고 제안한다(Morken et al., 2017a, 2017b). 이러한 일반적인 목표는 증가된 약물 사용 통제/회복과 좀 더 나은 사회적 기능의 주요한 목표를 성취하기 위한 수단이 되었다. 물론 우리는 이러한 변화가 장기적으로 지속될 것인지를 모른다. 환자들은 심각한 심리적, 물질 사용 문제를 가지고 있고, 그들의 정신건강과 그들의 SUD를 위한 수많은 입원 치료 경험을 가지고 있다.

자해, 자살시도, 그리고 약물 과다복용, 폭력적인 에피소드, 그리고 심각한 어린 시절의 트라우마가 환자들의 과거로 특징지어진다.

MBT와 중독이 특화된 전략의 결합인 MBT-SUD의 이중 트랙 치료는 치료사가 환자의 애착 불안정과 환자-치료사 관계가 애착 관계임을 인식하게 하고, 이미 형성된 환자의 대인관계 취약성을 좀 더 충족시킬 수 있도록 도와준다. 관계는 정신화될 필요가 있고, 환자-치료사 상호작용과 연관된 정동(affect)은 조심스럽게 규명되고, 약물 사용과 상호작용 측면에서 치료사에 의해 확인될 필요가 있다. 우리는 치료가 끝난 뒤에 환자의 보고가 정신화하기의 개념과 맞춤화된 개입이 그들의 그러한 오해를 야기하는 정신 상태의 회복에 의해, 오해를 이해하도록 돕는다는 것으로 해석할 수 있다(Batean & Fonagy, 2016). 이것은 또한 치료사들에게 유용한 지식이다.

MBT 팀을 구성하고, 월별 슈퍼비전 동안 다른 부서(unit)로부터 온 직원을 포함하는 것은, BCF 직원들의 성격장애(PDs)와 복합치료를 제공할 때 환자와 치료사의 취약성에 대한 지식을 증가시켰다. 이것은 BCF의 많은 고객들의 이익만을 위한 것일 수 있다.

> 환자: 마약중독자가 된 이후 정상적인 삶으로 돌아오려면 얼마나 많은 노력이 필요한지 알고 있나요? 저는 제 인생의 많은 세월을 잃었고, 아직도 가끔 매우 길을 잃은 것 같아요. 나 자신을 포함해서 인간은 너무 복잡하다고 생각해요. 나는 생각하고 많은 것을 느끼는데, 이것은 때때로 나를 어지럽게 하고, 나 자신, 집단, 그리고 내 가족을 정신화하기 위해 노력하게 하는데, 이것은 나에게 벅차다고?……[미소와 함께]

참고문헌

Bales D, van Beek N, Smits M, et al: Treatment outcome of 18-month, day hospital mentalization-based treatment (MBT) in patients with severe borderline personality disorder in the Netherlands. J Pers Disord 26(4):568-582, 2012 22867507

Bales DL, Timman R, Andrea H, et al: Effectiveness of day hospital mentalization-based treatment for patients with severe borderline personality disorder: a matched control study. Clin Psychol Psychother 22(5):409-417, 2015 25060747

Ball SA, Carroll KM, Canning-Ball M, et al: Reasons for dropout from drug abuse treatment: symptoms, personality, and motivation. Addict Behav 31(2):320-330, 2006 15964152

Bateman A, Fonagy P: Treatment of borderline personality disorder with psychoanalytically oriented partial hospitalization: an 18-month follow-up. Am J Psychiatry 158(1):36-42, 2001 11136631

Bateman A, Fonagy P: Psychotherapy for Borderline Personality Disorder: Mentalization-Based Treatment. Oxford, UK, Oxford University Press, 2004

Bateman A, Fonagy P: Mentalization-Based Treatment for Borderline Personality Disorder: A Practical Guide. Oxford, UK, Oxford University Press, 2006

Bateman A, Fonagy P: Randomized controlled trial of outpatient mentalization-based treatment versus structured clinical management for borderline personality disorder. Am J Psychiatry

166(12):1355-1364, 2009 19833787

Bateman A, Fonagy P: Mentalization-Based Treatment for Personality Disorders: A Practical Guide. Oxford, UK, Oxford University Press, 2016

Bateman AW, Fonagy P: Handbook of Mentalizing in Mental Health Practice. Washington, DC, American Psychiatric Publishing, 2012

Brorson HH, Ajo Arnevik E, Rand-Hendriksen K, et al: Drop-out from addiction treatment: a systematic review of risk factors. Clin Psychol Rev 33(8):1010-1024, 2013 24029221

Cacciola JS, Alterman AI, McKay JR, et al: Psychiatric comorbidity in patients with substance use disorders: do not forget Axis II disorders. Psychiatr Ann 31:321-331, 2001

Cohen P, Chen H, Crawford TN, et al: Personality disorders in early adolescence and the development of later substance use disorders in the general population. Drug Alcohol Depend 88(Suppl 1):S71-S84, 2007 17227697

Fenton MC, Keyes K, Geier T, et al: Psychiatric comorbidity and the persistence of drug use disorders in the United States. Addiction 107(3):599-609, 2012 21883607

First MB, Gibbon M, Spitzer RL, et al: User's Guide for the Structured Clinical Interview for DSM-IV Axis II Personality Disorders: SCID-II. Washington, DC, American Psychiatric Press, 1997

Fonagy P, Bateman AW: Adversity, attachment, and mentalizing. Compr Psychiatry 64:59-66, 2016 26654293

Fridell M, Hesse M: Personality Disorders in Substance Abusers (NAD Publ No 47). Helsinki, Sweden, Nordic Council for Alcohol and Drug Research, 2005

Haller DL, Miles DR: Personality disturbances in drug-dependent women: relationship to childhood abuse. Am J Drug Alcohol Abuse 30(2):269-286, 2004 15230076

Hasin D, Kilcoyne B: Comorbidity of psychiatric and substance use disorders in the United States: current issues and findings from the NESARC. Curr Opin Psychiatry 25(3):165-171, 2012 22449770

Insel TR: Is social attachment an addictive disorder? Physiol Behav 79(3):351-357, 2003 12954430

James LM, Taylor J: Impulsivity and negative emotionality associated with substance use problems and Cluster B personality in college students. Addict Behav 32(4):714-727, 2007 16842928

Jørgensen CR, Bøye R, Andersen D, et al: Eighteen months post-treatment naturalistic followup study of mentalization-based therapy and supportive group treatment of borderline personality disorder: clinical outcomes and functioning. Nordic Psychol 66:254-273, 2014

Karterud S, Arefjord N, Andresen NE, et al: Substance use disorders among personality disordered patients admitted for day hospital treatment. Implications for service developments. Nord J Psychiatry 63(1):57-63, 2009 19172500

Karterud S, Bateman A: Manual for Mentaliseringsbasert Terapi (MBT) og MBT Vurderingsskala: Versjon Individualterapi [Manual for Mentalization-Based Therapy (MBT) and MBT Rating Scale: Individual Therapy Version]. Oslo, Norway, Gyldendal Akademisk, 2010

Karterud S, Bateman A: Manual for Mentaliseringsbasert Psykoedukativ Gruppeterapi (MBT-I) [Manual for Mentalization-Based Psychoedicational Group Therapy (MBT-I)]. Oslo, Norway, Gyldendal Akademisk, 2011

Karterud S, Wilberg T, Urnes Ø: Personlighetspsykiatri, 2nd Edition. Oslo, Gyldendal Akademisk, 2017

Kvarstein EH, Pedersen G, Urnes Ø, et al: Changing from a traditional psychodynamic treatment programme to mentalization-based treatment for patients with borderline personality disorder-does it make a difference? Psychol Psychother 88(1):71-86, 2015 25045028

Lee NK, Cameron J, Jenner L: A systematic review of interventions for co-occurring substance use and borderline personality disorders. Drug Alcohol Rev 34(6):663-672, 2015 25919396

Lindsay-Hartz J: Contrasting experiences of shame and guilt. Am Behav Sci 27:689-704, 2016

Morken K, Karterud S, Arefjord N: Transforming disorganized attachment through mentalization-based treatment. J Contemp Psychother 44:117-126, 2014

Morken KTE, Binder P-E, Molde H, et al: Mentalization-based treatment for female patients with comorbid personality disorder and substance use disorder: a pilot study. Scandinavian Psychologist 4:e16, 2017a

Morken KTE, Binder P-E, Arefjord N, et al: Juggling thoughts and feelings: how do female patients with borderline symptomology and substance use disorder experience change in mentalization-based treatment? Psychother Res 17:1-16, 2017b

Olesek KL, Outcalt J, Dimaggio G, et al: Cluster B personality disorder traits as a predictor of therapeutic alliance over time in residential treatment for substance use disorders. J Nerv Ment Dis 204(10):736-740, 2016 27356120

Phillips B, Kahn U, Bateman A: Drug addiction, in Handbook of Mentalizing in Mental Health Practice. Edited by Bateman A, Fonagy P. Washington, DC, American Psychiatric Publishing, 2012

Ravndal E, Vaglum P, Lauritzen G: Completion of long-term inpatient treatment of drug abusers: a prospective study from 13 different units. Eur Addict Res 11(4):180-185, 2005 16110224

Rossouw TI, Fonagy P: Mentalization-based treatment for self-harm in adolescents: a randomized controlled trial. J Am Acad Child Adolesc Psychiatry 51(12):1304.e3-1313.e3, 2012 23200287

Thylstrup B, Hesse M: Substance abusers' personality disorders and staff members' emotional reactions. BMC Psychiatry 8:21, 2008 18402658

Trull TJ, Jahng S, Tomko RL, et al: Revised NESARC personality disorder diagnoses: gender, prevalence, and comorbidity with substance dependence disorders. J Pers Disord 24(4):412–426, 2010 20695803

U.S. Department of Health and Human Services Office of the Surgeon General: Facing Addiction in America: The Surgeon General's Report on Alcohol, Drugs, and Health. Washington, DC, U.S. Department of Health and Human Services, 2016

Vaglum P: Personality disorders and the course and outcome of substance abuse: a selective review of the 1984 to 2004 literature, in Personality Disorders: Current Research and Treatments. Edited by Reich J. New York, Routledge, 2005, pp 105–126

van den Bosch LM, Verheul R: Patients with addiction and personality disorder: treatment outcomes and clinical implications. Curr Opin Psychiatry 20(1):67–71, 2007 17143086

Verheul R: Co-morbidity of personality disorders in individuals with substance use disorders. Eur Psychiatry 16(5):274–282, 2001 11514129

Walter M, Gunderson JG, Zanarini MC, et al: New onsets of substance use disorders in borderline personality disorder over 7 years of follow-ups: findings from the Collaborative Longitudinal Personality Disorders Study. Addiction 104(1):97–103, 2009 19133893

Zanarini MC, Frankenburg FR, Weingeroff JL, et al: The course of substance use disorders in patients with borderline personality disorder and Axis II comparison subjects: a 10-year follow-up study. Addiction 106(2):342–348, 2011 21083831

제25장

정신증

Martin Debbané, Ph.D.

Anthony Bateman, M.A., FRCPsych

조현증 및 다른 정신증 장애(DSM-5; American Psychiatric Association, 2013)는 치료가 가장 어려운 대표적인 정신건강 질환이다. 정신증은 세상에서 주체적 자아가 되는 개인의 경험을 크게 변화시키기 때문에 진단 이후의 삶을 진단 이전으로 완전히 회복하기란 거의 어렵다. 정신증에 대한 이러한 비관적인 묘사는, 영향을 받은 개인이 정신증의 긍정적 · 부정적, 무질서한 증상의 효과에 대처하기 위해 지난 세기 동안 이루어진 중요한 진보를 훼손하려는 의도가 아니다. 정신증 치료는 환각, 망상, 부정적 증상 및 인지 상태를 효과적으로 개선시키며, 자아 조절에 대해 크게 기여하였다. 또한, 내담자의 가족과 함께 광범위한 사회적 맥락을 다루며 양질의 심리치료 및 심리사회적 치료에 대한 연구는 효과적인 정신증 치료로 이어졌으며, 일부 심리치료 개입 모델도 효과를 보였다(de Jong et al., 2016; Garrett, 2016). 그러나 정신증 치료에 있어 삶의 질, 대인관계에 대한 만족도 및 자율성의 관점에서 볼 때 모든 개입의 통합적인 치료 효과는 기능 상실 및 심리적 고통과 비교할 때 미미한 편이다(Carbon & Correll, 2014). 대부분의 정신건강 종사자들에게, 그 경험은 '열'을 효과적으로 치료하는 것이지만, 질병의 핵심에 도달하는 데는 무력한 상태로 남아 있다.

환각 및 망상적 신념과 같은 정신증의 증상은 통제할 수 있지만, 자신감, 타인에 대한 신뢰, 대인관계 등의 사회적 인지 상태는 건설적이지도 않고, 일관적 방식도 아닌 여전히 혼란스러운 상태로 남아 있는 경우가 많다. 지난 30년 동안, 이 분야의 전문가들은 새로운 질병에 대한 추가적인 정보를 얻기 위해 질병의 전조 및 초기 단계를 더 면밀히 연구하였다(McGlashan et al., 2010; McGorry, 2000). 이 연구에서 얻은 결과는 새로운 정신증의 병리

생리학적 및 임상적 과정에 대한 엄청난 통찰력을 제공한다. 가장 중요한 것은 정신증에 대한 현대적 접근법이 발전했다는 것이다. 이 접근법은 유전적 위험, 거시적 위험, 미시적 위험 및 유지/재발 요인을 구별한다(Debbané, 2015).

유전학이 자폐스펙트럼장애 다음으로 유전성의 정도가 높은 정신증 발생에 역할을 한다는 것은 잘 알려져 있다(Hilker et al., 2018). 대부분의 전문가들은 유아기, 아동기, 청소년기 및 초기 성인기의 후성유전학적 상호작용과 사회적 학습이 질병의 발현에 영향을 미치는 다중요인 다유전자 역치 모델(Multifactorial polygenic threshold model)(Lenzenweger, 2010)을 가정한다(Debbané & Barrantes-Vidal, 2015). 유전자 프로그래밍은 초기 신경세포 발달에 영향을 미치며 청소년의 뇌 성숙에도 영향을 미칠 수 있다(Lamblin et al., 2017). 질병이 발병하기 몇 년 전, 태아기 및 산모 스트레스 요인과 애착 외상을 포함한 거시적 위험 요인은 노년의 정신병리 위험을 강화하는 강력하지만 비특이적 요인의 집합을 구성한다(Brent & Fonagy, 2014). 청소년기 동안 사회적 인지, 특히 정신화하기에 전념하는 대뇌 피질 영역의 비정형적 성숙은 임상적으로 정신증 위험이 높은 사람들의 발병을 예측하는 것으로 보인다(Cannon et al., 2015). 마지막으로, 가족 구성원, 연인 및 동료와의 애착관계 내에서 대인관계 스트레스의 미시적 위험 요인은 종종 첫 번째 병리적 분열의 시작점이 된다(Day et al., 1987; Tessner et al., 2011).

선행 연구에 따르면, 애착과 정신화는 정신증의 연구와 관련이 있으며, 잠재적으로 정신증의 치료와 관련이 있는 것으로 확인된다(Brent, 2009). 그러나 애착과 정신화하기가 정신증의 발생에 있어서 병리적이고 인과적인 필요한 요소들을 나타내지 않을 수 있다는 증거가 있다. 그럼에도 불구하고, 또 다른 연구 결과에서(Debbané et al., 2016b) 애착과 정신화하기는, ① 위험이 증가한 내담자의 새로운 정신증의 임상 과정을 약화시키고, ② 영향을 받은 개인의 회복을 지속할 수 있는 핵심 보호 요인을 나타낼 수 있다. 즉, 정신화 기반 정신병리 접근법은 질병의 초기 부분에서 보호 메커니즘을 강화하고, 영향을 받은 개인의 성격(Bion, 1957)에서 '비정신병적' 부분을 강화하여 부분적 또는 완전한 회복을 촉진하는 것이다.

이 장의 첫 번째 파트에서, 우리는 애착과 정신화하기를 그 표현의 연속체를 따라 정신증의 궤적과 연결시키는 증거에 대해 논의한다. 두 번째 파트에서는 정신병리학과 관련된 경로를 가리키는 신경과학적 연구를 설명한다. 이러한 경로가 애착 외상에도 밀접하기 때문에 유전적 및 환경적 취약성이 정신증 위험에 영향을 미치는 신경생물학적 근거를 토대로 설명된다는 것이다. 이 장에서는 위험 요소적 발달 상호작용이 정신화하기, 특히 자아를 정신화하는 데 전념하는 과정의 발달을 어떻게 방해하는지 강조할 것이다. 이 장의 세 번째 파트에서는 정신화 정보 접근법을 심리치료에 사용하기 위한 임상적 근거를 제시하고, 네 번째 파트에서는 개인에 대한 예방 치료에 대해 논의한다.

정신증 연속체에 따른 애착

정신적 기능은 초기 애착관계의 맥락에서 촉진되지만, 유전적 요인이 정신 상태 이해의 심리적 과정에 중간 정도의 영향을 미치는 것으로 알려져 있다(Warrier et al., 2018). 발달 중 여러 상호작용 경로는 정신증 위험의 맥락에서 정신화하기 손상을 초래할 수 있다.

애착장애는 정신증 내담자의 발달사에서 매우 흔하다. 애착장애, 정신화하기, 정신병리 간의 연관성에 대한 증거는 정신증에 대한 심각성의 연속성을 따라 세 가지 연구에서 나온다. 가장 심각한 형태의 장애를 시작으로, 연구들은 만성 정신증 내담자들(Mickelson et al., 1997)과 유사한 첫 번째 증상 정신증(FEP; MacBeth et al., 2011)을 가진 사람들이 불안정한 애착의 매우 높은 비율을 보고한다는 것을 발견했다. 이러한 그룹에서 불안정한 애착, 특히 회피적 애착은 긍정적 증상과 부정적 증상의 심각성과 관련이 있다(Gumley et al., 2014). 다른 연구에서는 긍정적인 증상과 애착 불안/몰두 사이에 상당한 연관성이 있다고 보고했다(Berry et al., 2007b; Gumley et al., 2014). 이러한 결과는 어린 시절에 습득한 행동 패턴이 성인기에 나타나는 병리의 본질을 이해하는 데 중요한 역할을 할 가능성이 낮다는 한계점이 있다(Fisher et al., 2011).

애착이 정신증과 임상적으로 연결되어 있지는 않지만, 치료에 대한 반응에서 중요한 역할을 하는 것으로 볼 수 있다. 회피적 애착은 도움을 구하는 행동을 줄이고, 치료 동맹을 약화시키며, 서비스 이탈을 증가시키는 것으로 알려져 있다(Debbané et al., 2016b). 반대로, 안정 애착은 조현증이 있는 개인들 사이에서 더 강력한 치료 동맹뿐만 아니라 도움을 구하는 행동과 치료 참여를 선호하기 때문에 보호 요인으로 작용한다(Berry et al., 2007b).

추가적인 증거는 정신병의 임상 전 단계, 전조 증후군으로 진단된 개인들 사이, 그리고 심지어 개인들의 비임상 표본에서 발견될 수 있다. 충동성과 반사회적 장애 사이의 관계와 유사한 방식으로 정신병적 장애의 발달에 대한 취약성 증가에 대한 성격적 근거를 제공하는 성격 특성인 분열형의 평균 이상의 발현을 보고한다(Debbané et al., 2015; Lenzenweger, 2010). 현대 임상 고위험 기준(CHR; Schultze-Lutter et al., 2015)과 일치하는 역치 미만 정신증 증상을 보고하는 개인 중, 고위험군 젊은 성인의 80%가 불안정한 애착을 보인다(Gajwani et al., 2013). 이러한 젊은 사람들에 대한 임상 결과는 기저선에서 두려움과 무시/회피 부착 스타일의 수준과 관련이 있는 것으로 보인다(Quijada et al., 2015). 이에 대한 연구에서는 애착 회피와 조현증(망상 및 환각과 유사한 증상) 사이에 상당한 관계가 있다고 보고했다. 게다가 회피 애착과 불안 애착은 조현증과 관련이 있다. 즉, 사회적 위축, 단조로운 감정, 사회적 불안 특성의 개인 간 차이다(Berry et al., 2007a; Sheinbaum et al., 2013, 2014).

애착이 발달 전체에 걸쳐 정신증과 관련되어 있다는 사실은 애착장애가 미칠 수 있는 심각한 영향을 증명한다. 이러한 영향에 대한 경험적 및 임상적 설명(Berry et al., 2007b; Liotti, 2004) 외에도 현대 신경과학 연구는 애착장애가 정신증 발병의 근거를 촉진할 수 있는 신경생물학적 경로를 밝히기 시작했다.

정신증 연속체를 따라 새로운 정신증에 기여하는 신경생물학적 경로

애착장애가 정신증 발병의 근거를 촉진할 수 있는 신경생물학적 경로는 적어도 5개의 주요 신경 시스템[즉, 시상하부-뇌하수체-부신 스트레스 반응 시스템(Hypothalamic-pituitary-adrenal stress-response system), 도파민 시스템(Dopaminergic system), 옥시토신 시스템(Oxytocin system), 신경염증 및 산화 스트레스(Inflammation and Oxidative stress)]의 존재를 뒷받침하며, 이를 통해 애착은 정신증 경향에 대한 회복탄력성 증가와 동시에 정신화하기 기능의 발달에 역할을 할 수 있다(Debbané et al., 2016b). 이 다섯 가지 시스템과 애착 및 정신화하기와의 연결은 다음과 같다.

시상하부-뇌하수체-부신 축 스트레스 반응 시스템

동물에 대한 연구는 시상하부-뇌하수체-부신(HPA) 축 스트레스 반응 시스템이 애착 신경생물학에 핵심적으로 기여하는 것을 확인했다. 조기 치료 환경의 장애는 장기 시상하부-뇌하수체-부신 축 장애와 만성적으로 증가하는 코르티코스테론(corticosterone) 수치와 관련이 있다(Sullivan, 2012). 종단적 연구는 임상적 정신증 위험에 처한 개인들 사이에서 코르티솔 수준이 증가하는 것을 발견했다(Walker et al., 2010). 조현증 내담자의 표본에서 글루코코르티코이드(glucocorticoid) 수치의 증가는 또한 초기 삶의 스트레스와 정신증 사이의 가능한 연관성을 나타낸다(Mondelli et al., 2010). 초기 생애 스트레스로 인한 대뇌 기능 및 구조의 비정형성은 정신병리와 관련된 인지 과정, 즉 고차원의 사회적 인지 과정에 중대한 영향을 미친다(Arnsten & Rubia, 2012). Brent와 Fonagy(2014)는 뇌에서 코르티코스테론의 만성 상승을 유발하는 불리한 병리적 환경이 근본적으로 무결성에 영향을 미칠 수 있으며, 보다 정확하게는 조기에 획득된 자신에 대한 정보처리 능력(Self-referential processing)을 취약하게 만들 수 있다고 주장한다. 중기 아동기 동안 이러한 취약성은 자기 단서와 타인 단서를 구별하는 능력의 미묘한 변화와 같은 병리적 어려움이 이를 뒷받침한다(Brent et al., 2014b). 게다가 외상과 불안정한 애착에 의해 지속되는 시상하부-뇌하수체-부신 기능 장애는 정신증 경향이 있는 개인을 임상적 값에 더 가깝게 만드는 반면, 산모의 돌봄과 관련된 지지적인 초기 사회적 경험은 시상하부-뇌하수체-부신 축의 조절을 촉진하는 것으로 나타났다. 따라서 새로운 스트레스 유발 사회적 상황에 직면하여 유연성과 회복탄력성을 기른다(Gunnar & Quevedo, 2007). 따라서 시상하부-뇌하수체-부신 축 기능은 정신증을 증가시키는 생물학적 경로 중 하나를 나타낸다. 중요한 것은 이 시스템이 정신증으로 이어지는 다른 생물학적 경로와 상호작용한다는 것이다.

도파민 및 옥시토신 시스템

생물학적, 신경 영상 및 유전적 방법론을 포괄하는 40년의 연구는 정신증의 발달 및 유지에서 도파민 시스템의 역할에 대한 증거를 제공했다(Howes & Kapur, 2009). 조현증의 유전자 중 일부는 도파민 작용 경로와 직접적인 연관이 있을 수 있다. 동물 연구에서 관찰된 바와 같이, 돌봄 환경 내의 초기 삶의 역경은 급성 스트레스에 반응하여 도파민 합성 및 방출 속도를 증가시킴으로써 도파민 작동 시스템에 만성적으로 영향을 미친다(Strathearn, 2011). 게다가 스트레스에 만성적으로 노출되면 도파민 수치 조절을 담당하는 중뇌의 활동이 감소하는 것으로 나타났다(Phillips et al., 2006). 따라서 도파민 시스템은 유전적 취약성과 단독으로 연결되지 않고, 오히려 애착관계에서 대인관계 스트레스와 유의미한 연관이 있다.

시상하부-뇌하수체-부신 축은 스트레스 반응과 거부 반응을 조절하여 개인이 다른 사람과 건설적으로 관계를 맺을 수 있도록 한다. 실제로, 다수의 비임상 연구(Debbané 2018)에서 역설적이게도 옥시토신 투여가 때때로 사회적 인지 및 사회적 행동을 조절한다고 보고했다(Shamay-Tsoory & Abu-Akel, 2016). 옥시토신 시스템은 도파민 조절과도 연결된다. 옥시토신과 아르기닌 바소프레신(Arginine vasopressin)은 주로 시상하부의 뇌실주위핵과 시신경상핵에서 합성되고 뇌하수체에 저장되는 신경펩티드 호르몬/신경전달물질이다. 이러한 시스템은 사회적 인지의 발달적 획득에 중요한 사회적 행동에 영향을 미친다. 초기 애착관계에서의 부정적 경험은 옥시토신 시스템의 발달과 기능에 장기간 영향을 미칠 수 있다(Feldman et al., 2016).

초기 엄마-자녀 관계와 관련하여 불안정 애착은 옥시토신 수치의 감소와 관련이 있기 때문에 도파민 기능에 영향을 미칠 수 있다고 주장되었다(Brent et al., 2014a). 그러나 선조체 도파민의 조절장애(Dysregulation of striatal dopamine)는 이용 가능한 옥시토신의 고갈 및 조기 치료 환경과 관련된 시상하부-뇌하수체-부신 축 시스템의 과도한 활성화에 의해 부가적인 영향을 받을 수 있다. 예를 들어, 옥시토신은 정신 자극제를 받는 설치류에서 중변연계 도파민에 조절 효과가 있는 것으로 나타났으며, 이는 옥시토신의 본질적인 항정신병 특성을 평가하는 많은 연구로 이어진다(Rich & Caldwell, 2015). 또한, 시상하부-뇌하수체-부신 축의 과활성화는 증가된 도파민 합성 및 선조체 도파민 수용체의 변경과 관련이 있다(Walker & Diforio, 1997). 이러한 연구들을 통해, 애착 시스템의 초기 신경생물학적 변화가 선조체 도파민 이상 조절에 대한 전조 민감성을 강화할 수 있으며, 따라서 후기 청소년/초기 성인 발달 중 정신증적 위험을 증가시킬 수 있음을 알 수 있다.

신경염증, 산화 스트레스, 정신증

뇌의 만성 염증(신경염증)은 감염이나 부상을 방어하는 면역 체계의 쇠약 징후로 발생한다. 신경염증은 증가된 미세아교세포 활성화(Microglial activation) 및 염증성 사이토카인(Inflammatory cytokine) 방출을 통해 혈액-뇌 장벽의 파괴를 일으켜 뇌 기능에 변화를 일으킨다(Kirkpatrick & Miller, 2013). 많은 연구들이 염증의 증거를 보고하였고, 정신증이 발생할 위험이 높은 청소년과 일반 청소년의 표본에서, 결국 임상적 정신증으로 전환한 피험자는 혈장 내 전염증성 사이토카인 수치가 더 높게 나타났다(Cannon et al., 2015). 중요한 것은 전염증 사이토카인의 혈장 수준이 전전두피질에서 비정상적으로 증가한 회백질 감소를 확실히 예측했다는 것이다. 정신증 내담자에게 신경염증 이상은 무관하게 관찰될 수 있다(Martínez-Gras et al., 2012). 또한, 임상 상태는 혈액 내 더 높은 사이토카인 농도와 이어진다(Miller et al., 2011). 발달적 관점에서 조산, 산모 당뇨병, 자간전증과 같은 조현증의 거시적 위험 요인뿐만 아니라 종종 불안정한 애착과 관련이 있는 산모의 우울증 및 불안(Kirkpatrick & Miller, 2013)은 신경 염증 반응을 통해 매개될 수 있다. Buka 등 (2001)에 따르면, 임신 중 산모의 사이토카인 농도는 자녀의 정신증 위험을 증가시킨다는 것을 알 수 있다.

비정상적인 환원-산화(산화 환원) 제어로 인한 산화 스트레스(Bitanihirwe & Woo, 2011)는 초기 스트레스가 정신증적 성향을 증가시킬 수 있는 또 다른 경로를 나타낸다(Do et al., 2015). Do 등(2009)은 신경 발달의 중요한 시기에 산화 방지제 조절[즉, 글루타치온 (glutathione) 감소]의 유전적 기반 장애가 산화 촉진 환경 위험 요인(유아 및 청소년 애착 외상 및 스트레스 포함)과 상호작용한다는 것을 보여 주었다. 이러한 상호작용은 특히 자기 참고 및 사회인지 처리와 관련된 전두엽 영역과 관련하여 신경 연결 및 동기화 과정을 방해할 수 있다(Brent et al., 2014a). 이러한 연구에서 Aydin 등(2015)은 양육자 애착 유형이 조현증 내담자의 산화 스트레스에 대한 감정 표현을 분석했다. 그 결과 조현병 내담자의 글루타치온(글루타치온과 이황화글루타치온), 혈장 지질 과산화(Plasma lipid peroxidation), 소변 말론디알데히드(Urine malondialdehyde) 수치가 건강한 대조 집단에서 측정된 수치보다 높게 나타났다. 정신증과 관련된 다른 신경생물학적 경로와 마찬가지로, 현대 신경과학 연구는 정신병리 현상학의 중심인 신경생물학적 성숙, 대인관계, 자아 및 타인과의 관계에서 잠재적 자아 간 복잡한 연관성을 밝히고 있다.

앞에서 검토한 다섯 가지 신경생물학적 경로(시상하부-뇌하수체-부신 스트레스 반응 시스템, 도파민 시스템, 옥시토신 시스템, 신경염증 및 산화 스트레스)는 정신증에만 국한되지 않는다. 실제로 유사한 경로가 다른 정신병리학적 결과로 이어질 수 있다(Tiwari & Gonzalez, 2018). 구체적으로 조현증 연구 분야에서 감각처리 기능(예를 들어, 들어오는 자극에 대한 습관화 반응)이 있는 정보처리 기능의 유전적 기반을 특성으로 개념화된 특성 이상과 관련하여 위험이 어떻게 발생하는지 알아내는 것은 중요하다. 중요한 것은, 다음 파트에서 설명한 것처럼, 감각처리는 더 높은 사회 인지 발달의 근원에 있기 때문에 정신화하기의 핵심이다(제2장 참고).

정신증 연속체에 따른 정신화 정보 접근법

철학자, 불교도들 사이에 뇌영상 기법이 각광받던 21세기 초에도 신경학과 주관적 경험의 간극을 메우기는 쉽지 않았다. 다음의 논의는 이 점을 증명할 것이지만, 이 파트의 목적은 신경과학과 정신증 치료 모두가 취할 수 있는 방향에 주의를 기울이도록 하는 것이다.

뇌는 자신의 신체의 일부로 '느낄' 수 없기 때문에 다소 다른 신체의 일부로 생각되는 경우가 많다. 그러나 신체적 감각은 우리가 '실재'로 경험하는 것의 구성 요소이며, 감각 경험에 대한 이러한 확신은 특히 자기 연속성을 유지하기 위해 뇌에 의해 부여된다. 현상학적으로, 정신증은 환각 증상이 아니라 주로 자아 감각의 장애로 정의되며, 이는 비정상적인 자기 경험 검사 도구(Parnas et al., 2005) 및 독일의 접근법과 같은 기본 증상에 규정된 여러 가지 다른 형태의 정신병리적 주관성으로 표현될 수 있다(Schultze-Lutter et al., 2016). 감각 경험과 현실 감각에 대한 논의에 중요한 것은 신체적 단서의 편재성과 일관성이며, 이는 공간에서 개인의 위치에 대한 신호를 끊임없이 제공하고(Rudrauf et al., 2017) 단일적이고 지속적인 존재로서의 기본적인 연속성을 기반으로 한다. 또한, 최소한의 자아를 확립하기 위해 자기 주도성 및 더 중요한 유아기 동안 양육자와의 참여에서 확립된 자기 조절 능력(신체 신호에 대한 통제 및 조절 능력을 점진적으로 촉진하는 여러 개시 및 상호작용을 통해)이 필수적이다(Fotopoulou & Tsakiris, 2017). 자폐스펙트럼장애 또는 기타 신경발달 상태와 같이 초기 발달 과정에서 이러한 과정이 잘못되면 대인관계의 자아 발달에 상당한 영향을 미친다(Hobson, 1990). 자동 자극 및 반복적인 고정관념 행동과 같은 증상은 자기 연속성 유지에 대한 신체 신호에 대한 통제력을 회복해야 할 필요성에서 비롯될 가능성이 있다. 따라서 감각 및 자기성찰 기능장애는 자기 무결성의 기초를 위협하는 취약한 상태에 주의하고 관리해야 한다. 이에 따라, 조현증 연구의 영역에서 감각 및 자기성찰 장애는 정신병리 증상으로 이어지는 과정으로 개념화되어 왔으며, 자아와 관련된 장애를 관리하는 방법으로 인식되어 왔다.

이 파트 내에서 정신화 기반 접근법은 정신병리의 중심 문제인 자아의 변화를 다루기 위한 출발점을 제공한다. 정신화하기의 구성은 낮은 수준의 구체화된 경험을 유지하는 시스템과 상상력을 유지하는 시스템 간의 대화형 통합을 가정하며, 이는 개인의 자아, 타인과의 자기 관계 및 타인과의 관계에 대한 이해를 촉진하기 위해 상호작용할 필요가 있다. Debbané 등(2016b)이 제안한 바와 같이, 많은 유형의 조절장애는 감각 및 인지 시스템 간의 대화형 통합 또는 한 시스템이 다른 시스템에 영향을 미치지 못하는 것에서 발생할 수 있다. 이러한 장애에서 발생하는 정신 상태는 비정상적인 구현 정신화하기로 해석될 수 있으며, 이는 이전의 믿음(피해망상과 같이) 또는 감각-감정적 증거(환각 현상과 같이)에 너무 적게 또는 너무 많은 가중치가 주어지고, 다른 것과 공유된 현실과 분리된 엄격한 확실성 상태로 이어진다(제2장 참고).

이러한 맥락에서, 정신병리 치료에서 정신화하기에 초점을 맞추면, 내담자가 치료 과정에서 신체적 단서를 유연하게 사용하여 자신의 감정을 이해하고, 타인의 감정을 이해할 수 있게 된다. 이러한 능력을 구체화된 정신화하기라고 한다. 정신병리 치료를 통해 정신화하기가 어떻게 형성되고 일반화될 수 있는지는 아직 연구가 더 필요하지만, 정신화하기 기능을 회복탄력성의 메커니즘으로 활용하는 것은 이 접근 방식의 이론적 근거다. 스페인, 미국, 스위스 등에서 정신병리 치료를 위한 정신화 기반 치료(MBT) 연구가 진행 중이며, 네덜란드에서도 임상 시험이 수행되었다(Debbané et al., 2016a; Lana et al., 2015; Weijers et al., 2016, 2018). 정신병리를 위한 정신화 기반 치료(MBT)의 형식은 개인치료, 가족치료, 집단치료를 결합한 접근 방식으로, 구체화된 정신화하기를 회복하고 유지하는 데 도움이 된다. 그러나 임상 경험을 통해 MBT의 구체적인 개입 방법에 대한 개선이 필요하다는 점이 밝혀졌다.

정신병리에 취약한 내담자들은 정서 표현을 억누르는 경향이 있다. 따라서 MBT 집단 회기에서는 집단원들 간의 상호작용이 제한적으로 보일 수 있다. 그러나 이는 집단원들이 스트레스를 받지 않는다는 것을 의미하지 않는다. 오히려 연구에 따르면 정신병리에 취약한 내담자는 일반인보다 스트레스에 더 민감하게 반응하면서도 정동을 억누르고 둔감한 모습을 보인다고 한다(Cohen et al., 2015). 따라서 치료사는 내담자의 스트레스 수준을 판단하기가 매우 어려울 수 있다. 치료사는 애착, 정신화하기, 사회적 상호작용 관계의 기본적인 원칙을 명심할 필요가 있다. 내담자들은 집단에서 만나는 과정에서 애착 과정이 활성화되고, 이는 정신화하기의 어려움을 증가시킬 것이다. 이로 인해 사회적 상호작용을 효과적으로 관리하는 데 어려움을 겪고, 자연스럽게 금단과 애착 회피 반응을 보이게 된다. 특히 신규 내담자는 개별 회기에서 준비가 필요하다. 따라서 집단 회기에서의 고요함은 내담자들이 자아감의 안정성에 대한 내적 위협을 관리하려고 하기 때문일 수 있다. 이와 관련하여, 사회적 평가는 불안을 증가시키고 잠재적으로 정신병리적 인식과 인식을 자극하는 주요 대인관계 특징이다. 또한, 연구에 따르면 정신병리 내담자는 불확실성을 다루는 방식이 다양하다. 구체적인 방식(concreteness)으로 대처하는 경우부터 지나치게 반사적(hyperreflexivity)으로 대처하는 경우까지 다양하다(Freeman et al., 2002; Jones & Fernyhough, 2007).

이러한 심리학적 맥락에서, 정신병리 내담자들은 대인관계에서 어려움을 겪기 때문에 타인에게 마음을 열기 어렵다. 이들은 대인 갈등을 피하고, 자신의 감정을 드러내지 않으며, 불안이나 위협을 느끼면 타인에게 자신의 상태를 알리지 않는다. 따라서 치료사는 내담자의 말의 속도, 일관성, 눈의 깜빡임과 같은 미묘한 신체 표현을 통해 내담자의 감정적 장애를 파악해야 한다.

애착 회피는 치료사나 집단에 대한 유대가 쉽게 형성되지 않고, 쉽게 무너질 수 있는 특성을 가진다. 따라서 내담자는 몇 달 동안 집단치료를 받았더라도 다른 집단 구성원들과 치료사들에 대한 애착이 약해져 치료를 그만두기 쉽다. 내담자가 치료를 계속하려면, 치료사와 다른 내담자들이 자신을 잊지 않고 있다는 것을 느낄 수 있어야 한다. 이를 위해서는 스마트폰 앱(Firth & Torous, 2015), 정기적인 전화 통화, 회기 부재 후 방문과 같은 도구를 활용할 수 있다.

치료사는 내담자와의 관계를 이해하는 데 어려움을 겪는 경우가 있다. 이는 MBT에서 흔히 나타나는 현상이지만(제6장 참고), 회피적인 내담자의 경우 특히 그렇다. 치료사가 관계에 초점을 맞추면 내담자는 스트레스를 느끼고 방어적이 될 수 있기 때문이다. 따라서 관계를 정신화하기 과정은 신중하게 이루어지며, 상담사는 종종 관계를 시각적으로 표현할 수 있는 자료를 사용하여 3인칭 관점에서 이를 다룬다. 관계를 정신화하기는 정신병적 증상을 가진 사람들의 사회적 상호작용 능력을 향상시키기 위한 치료의 필수적인 부분이다.

치료를 중단하기 직전, 정신병리 증상이 악화될 수 있다. 이로 인해 집단 내에서 부적절한 행동을 하게 되고, 이는 내담자가 집단을 떠나게 되는 자기 보호적인 결과를 초래한다. 또한, 이러한 행동에 대한 부끄러움으로 인해 내담자는 더욱 위축될 수 있다. 집단치료에 복귀하는 것은 내담자에게 수치심과 불안을 유발할 수 있다. 따라서 증상과 관련된 정신화하기를 교육하는 것은 내담자가 파열-복구 과정을 경험할 준비를 하는 데 도움이 될 수 있다. 경계선 성격장애를 가진 개인의 자해 행위와 마찬가지로 급성 정신병리 증상은 치료를 중단하고 치료에 장애가 될 수 있다. 따라서 이러한 상황에서는 내담자가 집단치료에 복귀하기 전에 정신 안정화를 위한 개별 회기가 필요할 수 있다.

예방 및 보호

MBT는 정신질환뿐만 아니라 이러한 장애의 발달 단계에서도 관련이 있을 수 있다. 앞에서 언급한 바와 같이 조현증과 같은 정신질환의 초기 단계에도 도움이 될 수 있다. 정신화하기는 조현증의 위험 요소가 아니며, 정신화하기 기술은 정신질환의 진행을 예방하는 데 도움이 될 수 있다(Debbané et al., 2016b). 최근의 일부 경험적 증거는 정신병리의 발달 연속체를 따라 정신화하기의 보호적 역할을 한다. 실제로 청각 언어 환각(AVHs.)을 보고하는 비임상 청소년을 대상으로 한 종단 연구에 따르면, 정신화하기 기술이 우수한 청소년은 청각 언어 환각과 관련된 2차 망상이 발생할 가능성이 낮다는 결과가 나타났다(Bartels-Velthuis et al., 2011). 또한 조현증 내담자를 대상으로 한 최근 연구에 따르면, 마음이론 기술이 사회적 기능에 대한 지속적인 망상의 부정적인 영향을 완화할 수 있음이 밝혀졌다(Phalen et al., 2017). 정신화하기의 다른 차원보다는 자기 지향적 메커니즘에 더 초점을 맞춘 성인을 대상으로 한 연구는 정신이상자가 아닌 음성 청취자, 정신병적 증상을 가진 성인, 환각을 경험하지 않는 건강한 성인과 심리적 기능의 차이를 비교했다(Peters et al., 2016). 연구는 다양한 특성(기분, 불안, 만족, 웰빙, 스트레스, 도식, 마음챙김)에 대한 인터뷰와 자기보고 척도를 사용했다. 흥미롭게도, 정신이상자가 아닌 음성청취자들은 다른 두 집단보다 마음챙김 점수가 더 높았다. 이 결과는 개념적으로 자신에 대한 정신화하기와 중첩되는 마음챙김이 청각 언어 환각의 정신병적 영향을 완화하는 보호 요인일 수 있음을 시사한다.

여기에 제시된 증거는 개념적으로 '유사한' 정신화하기의 개념, 즉 마음챙김과 마음 이론에 사용하는 연구에서 비롯된다. 이러한 개념과 정신병리 사이의 관계를 보다 잘 이해하기 위해서는 정신화하기 측정과 함께 다른 측정을 사용하는 연구가 필요하다. 그럼에도 불구하고, 현재의 증거는 정신병리적 연속체를 따라 정신화하기가 보호 효과를 가진다는 것을 시사하며, 정신병리에 대한 정신화 기반 접근 방식을 기반으로 한 예방 치료에 대한 혁신을 촉진한다.

참고문헌

Adams RA, Stephan KE, Brown HR, et al: The computational anatomy of psychosis. Front Psychiatry 4:47, 2013 23750138

American Psychiatric Association: Diagnostic and Statistical Manual of Mental Disorders, 5th Edition. Arlington, VA, American Psychiatric Association, 2013

Arnsten AF, Rubia K: Neurobiological circuits regulating attention, cognitive control, motivation, and emotion: disruptions in neurodevelopmental psychiatric disorders. J Am Acad Child Adolesc Psychiatry 51(4):356-367, 2012 22449642

Aydin M, Kuscu MK, Eker B, et al: Effect of caregivers' expressed emotion and attachment patterns on the oxidative stress level in schizophrenic patients. Bull Clin Psychopharmacol 25:S177, 2015

Bartels-Velthuis AA, Blijd-Hoogewys EM, van Os J: Better theory-of-mind skills in children hearing voices mitigate the risk of secondary delusion formation. Acta Psychiatr Scand 124(3):193-197, 2011 21426312

Berry K, Band R, Corcoran R, et al: Attachment styles, earlier interpersonal relationships and schizotypy in a non-clinical sample. Psychol Psychother 80(Pt 4):563-576, 2007a 17535544

Berry K, Barrowclough C, Wearden A: A review of the role of adult attachment style in psychosis: unexplored issues and questions for further research. Clin Psychol Rev 27(4):458-475, 2007b 17258365

Bion WR: Differentiation of the psychotic from the non-psychotic personalities. Int J Psychoanal 38(3-4):266-275, 1957 13438602

Bitanihirwe BK, Woo TU: Oxidative stress in schizophrenia: an integrated approach. Neurosci Biobehav Rev 35(3):878-893, 2011 20974172

Brent B: Mentalization-based psychodynamic psychotherapy for psychosis. J Clin Psychol 65(8):803-814, 2009 19572277

Brent B, Fonagy P: A mentalization-based treatment approach to disturbances of social understanding in schizophrenia, in Social Cognition and Metacognition in Schizophrenia. Edited by Lysaker PH, Dimaggio G, Brune M. London, Academic Press, 2014, pp 245-257

Brent BK, Holt DJ, Keshavan MS, et al: Mentalization-based treatment for psychosis: linking an attachment-based model to the psychotherapy for impaired mental state understanding in people with psychotic disorders. Isr J Psychiatry Relat Sci 51(1):17-24, 2014a 24858631

Brent BK, Seidman LJ, Thermenos HW, et al: Self-disturbances as a possible premorbid indicator of schizophrenia risk: a neurodevelopmental perspective. Schizophr Res 152(1):73-80,

2014b 23932148

Buka SL, Tsuang MT, Torrey EF, et al: Maternal cytokine levels during pregnancy and adult psychosis. Brain Behav Immun 15(4):411-420, 2001 11782107

Cannon TD, Chung Y, He G, et al; North American Prodrome Longitudinal Study Consortium: Progressive reduction in cortical thickness as psychosis develops: a multisite longitudinal neuroimaging study of youth at elevated clinical risk. Biol Psychiatry 77(2):147-157, 2015 25034946

Carbon M, Correll CU: Clinical predictors of therapeutic response to antipsychotics in schizophrenia. Dialogues Clin Neurosci 16(4):505-524, 2014 25733955

Cohen AS, Mohr C, Ettinger U, et al: Schizotypy as an organizing framework for social and affective sciences. Schizophr Bull 41(Suppl 2):S427-S435, 2015 25810057

Day R, Nielsen JA, Korten A, et al: Stressful life events preceding the acute onset of schizophrenia: a cross-national study from the World Health Organization. Cult Med Psychiatry 11(2):123-205, 1987 3595169

de Jong S, van Donkersgoed R, Pijnenborg GH, et al: Metacognitive Reflection and Insight Therapy (MERIT) with a patient with severe symptoms of disorganization. J Clin Psychol 72(2):164-174, 2016 26636663

Debbané M: Schizotypy: a developmental perspective, in Schizotypy: New Dimensions. Edited by Mason O, Claridge G. Hove, UK, Routledge, 2015, pp 83-98

Debbané M: Treating borderline personality disorder with oxytocin: an enthusiastic note of caution. Commentary to Servan et al. The effect of oxytocin in borderline personality disorder. Encephale 44(1):83-84, 2018 29402386

Debbané M, Barrantes-Vidal N: Schizotypy from a developmental perspective. Schizophr Bull 41(Suppl 2):S386-S395, 2015 25548385

Debbané M, Eliez S, Badoud D, et al: Developing psychosis and its risk states through the lens of schizotypy. Schizophr Bull 41(Suppl 2):S396-S407, 2015 25548386

Debbané M, Benmiloud J, Salaminios G, et al: Mentalization-based treatment in clinical highrisk for psychosis: a rationale and clinical illustration. J Contemp Psychother 46:217-225, 2016a

Debbané M, Salaminios G, Luyten P, et al: Attachment, neurobiology, and mentalizing along the psychosis continuum. Front Hum Neurosci 10:406, 2016b 27597820

Do KQ, Cabungcal JH, Frank A, et al: Redox dysregulation, neurodevelopment, and schizophrenia. Curr Opin Neurobiol 19(2):220-230, 2009 19481443

Do KQ, Cuenod M, Hensch TK: Targeting oxidative stress and aberrant critical period plasticity in the developmental trajectory to schizophrenia. Schizophr Bull 41(4):835-846, 2015 26032508

Feldman R, Monakhov M, Pratt M, et al: Oxytocin pathway genes: evolutionary ancient system impacting on human affiliation, sociality, and psychopathology. Biol Psychiatry 79(3):174-184, 2016 26392129

Firth J, Torous J: Smartphone apps for schizophrenia: a systematic review. JMIR Mhealth Uhealth 3(4):e102, 2015 26546039

Fisher HL, Craig TK, Fearon P, et al: Reliability and comparability of psychosis patients' retrospective reports of childhood abuse. Schizophr Bull 37(3):546-553, 2011 19776204

Fotopoulou A, Tsakiris M: Mentalizing homeostasis: the social origins of interoceptive inference. Neuro-psychoanalysis 19:3-28, 2017

Freeman D, Garety PA, Kuipers E, et al: A cognitive model of persecutory delusions. Br J Clin Psychol 41(Pt 4):331-347, 2002 12437789

Gajwani R, Patterson P, Birchwood M: Attachment: developmental pathways to affective dysregulation in young people at ultra-high risk of developing psychosis. Br J Clin Psychol 52(4):424-437, 2013 24117914

Garrett M: Introduction: Psychotherapy for Psychosis. Am J Psychother 70(1):1-4, 2016 27052603

Gumley AI, Taylor HE, Schwannauer M, et al: A systematic review of attachment and psychosis: measurement, construct validity and outcomes. Acta Psychiatr Scand 129(4):257-274, 2014 23834647

Gunnar M, Quevedo K: The neurobiology of stress and development. Annu Rev Psychol 58:145-173, 2007 16903808

Hilker R, Helenius D, Fagerlund B, et al: Heritability of schizophrenia and schizophrenia spectrum based on the nationwide Danish Twin Register. Biol Psychiatry 83(6):492-498, 2018 28987712

Hobson RP: On the origins of self and the case of autism. Dev Psychopathol 2:163-181, 1990

Howes OD, Kapur S: The dopamine hypothesis of schizophrenia: version III-the final common pathway. Schizophr Bull 35(3):549-562, 2009 19325164

Jones SR, Fernyhough C: A new look at the neural diathesis-stress model of schizophrenia: the primacy of social-evaluative and uncontrollable situations. Schizophr Bull 33(5):1171-1177, 2007 17105966

Kirkpatrick B, Miller BJ: Inflammation and schizophrenia. Schizophr Bull 39(6):1174-1179, 2013 24072812

Lamblin M, Murawski C, Whittle S, et al: Social connectedness, mental health and the adolescent brain. Neurosci Biobehav Rev 80:57-68, 2017 28506925

Lana F, Marcos S, Molla L, et al: Mentalization based group psychotherapy for psychosis: a pilot study to assess safety, acceptance and subjective efficacy. International Journal of Psychology and Psychoanalysis 1(2):007, 2015

Lenzenweger MF: Schizotypy and Schizophrenia: The View from Experimental Psychology. New York, Guilford, 2010

Liotti G: Trauma, dissociation, and disorganized attachment: three strands of a single braid. Psychotherapy 41:472-486, 2004

MacBeth A, Gumley A, Schwannauer M, et al: Attachment states of mind, mentalization, and their correlates in a first-episode psychosis sample. Psychol Psychother 84(1):42-57, discussion 98-110, 2011 22903830

Martínez-Gras I, García-Sánchez F, Guaza C, et al: Altered immune function in unaffected firstdegree biological relatives of schizophrenia patients. Psychiatry Res 200(2-3):1022-1025, 2012 22766011

McGlashan TH, Walsh BC, Woods SW: The Psychosis-Risk Prodrome: Handbook for Diagnosis and Follow-Up. New York, Oxford University Press, 2010

McGorry PD: The nature of schizophrenia: signposts to prevention. Aust N Z J Psychiatry 34(Suppl):S14-S21, 2000 11129299

Mickelson KD, Kessler RC, Shaver PR: Adult attachment in a nationally representative sample. J Pers Soc Psychol 73(5):1092-1106, 1997 9364763

Miller BJ, Buckley P, Seabolt W, et al: Meta-analysis of cytokine alterations in schizophrenia: clinical status and antipsychotic effects. Biol Psychiatry 70(7):663-671, 2011 21641581

Mondelli V, Dazzan P, Hepgul N, et al: Abnormal cortisol levels during the day and cortisol awakening response in first-episode psychosis: the role of stress and of antipsychotic treatment. Schizophr Res 116(2-3):234-242, 2010 19751968

Parnas J, Møller P, Kircher T, et al: EASE: Examination of Anomalous Self-Experience. Psychopathology 38(5):236-258, 2005 16179811

Peters E, Ward T, Jackson M, et al: Clinical, socio-demographic and psychological characteristics in individuals with persistent psychotic experiences with and without a "need for care." World Psychiatry 15(1):41-52, 2016 26833608

Phalen PL, Dimaggio G, Popolo R, et al: Aspects of Theory of Mind that attenuate the relationship between persecutory delusions and social functioning in schizophrenia spectrum disorders. J Behav Ther Exp Psychiatry 56:65-70, 2017 27432819

Phillips LJ, McGorry PD, Garner B, et al: Stress, the hippocampus and the hypothalamicpituitary-adrenal axis: implications for the development of psychotic disorders. Aust N Z J Psychiatry 40(9):725-741, 2006 16911747

Quijada Y, Kwapil TR, Tizón J, et al: Impact of attachment style on the 1-year outcome of persons with an at-risk mental state for psychosis. Psychiatry Res 228(3):849-856, 2015 26032461

Rich ME, Caldwell HK: A role for oxytocin in the etiology and treatment of schizophrenia. Front Endocrinol (Lausanne) 6:90, 2015 26089815

Rudrauf D, Bennequin D, Granic I, et al: A mathematical model of embodied consciousness. J Theor Biol 428:106-131, 2017 28554611

Schultze-Lutter F, Michel C, Schmidt SJ, et al: EPA guidance on the early detection of clinical high risk states of psychoses. Eur Psychiatry 30(3):405-416, 2015 25735810

Schultze-Lutter F, Debbané M, Theodoridou A, et al: Revisiting the basic symptom concept: toward translating risk symptoms for psychosis into neurobiological targets. Front Psychiatry 7:9, 2016 26858660

Shamay-Tsoory SG, Abu-Akel A: The social salience hypothesis of oxytocin. Biol Psychiatry 79(3):194-202, 2016 26321019

Sheinbaum T, Bedoya E, Ros-Morente A, et al: Association between attachment prototypes and schizotypy dimensions in two independent non-clinical samples of Spanish and American young adults. Psychiatry Res 210(2):408-413, 2013 24011849

Sheinbaum T, Kwapil TR, Barrantes-Vidal N: Fearful attachment mediates the association of childhood trauma with schizotypy and psychotic-like experiences. Psychiatry Res 220(1-2):691-693, 2014 25095756

Strathearn L: Maternal neglect: oxytocin, dopamine and the neurobiology of attachment. J Neuroendocrinol 23(11):1054-1065, 2011 21951160

Sullivan RM: The neurobiology of attachment to nurturing and abusive caregivers. Hastings Law J 63(6):1553-1570, 2012 24049190

Tessner KD, Mittal V, Walker EF: Longitudinal study of stressful life events and daily stressors among adolescents at high risk for psychotic disorders. Schizophr Bull 37(2):432-441, 2011 19734244

Tiwari A, Gonzalez A: Biological alterations affecting risk of adult psychopathology following childhood trauma: A review of sex differences. Clin Psychol Rev 66:69-79, 2018 29433843

Walker EF, Diforio D: Schizophrenia: a neural diathesis-stress model. Psychol Rev 104(4):667-685, 1997 9337628

Walker EF, Brennan PA, Esterberg M, et al: Longitudinal changes in cortisol secretion and conversion to psychosis in at-risk youth. J Abnorm Psychol 119(2):401-408, 2010 20455612

Warrier V, Grasby KL, Uzefovsky F, et al: Genome-wide meta-analysis of cognitive empathy: heritability, and correlates with sex, neuropsychiatric conditions and cognition. Mol

Psychiatry 23(6):1402-1409, 2018 28584286

Weijers J, Ten Kate C, Eurelings-Bontekoe E, et al: Mentalization-based treatment for psychotic disorder: protocol of a randomized controlled trial. BMC Psychiatry 16:191, 2016 27278250

Weijers J, Fonagy P, Eurelings-Bontekoe E, et al: Mentalizing impairment as a mediator between reported childhood abuse and outcome in nonaffective psychotic disorder. Psychiatry Res 259:463-469, 2018 29145104

찾아
보기

인명

내용

도움을 준 사람들

Elizabeth Allison, D.Phil.
University College London 대학교 임상, 교육 및 건강심리학 연구학부

Nina Arefjord, Cand. Psychol.
노르웨이 베르겐 클리닉 재단, 임상심리 전문가

Eia Asen, M.D.
런던 Anna Freud National Center for Children and Families 컨설턴트 정신과 의사

Dawn Bales, Ph.D.
Viersprong 성격장애 연구소, MBT Specialism Lead

Anthony Bateman, M.A., FRCPsych
University College London 대학교 객원교수; 코펜하겐 대학교 심리치료학과 겸임교수;
런던 Anna Freud National Center for Children and Families 컨설턴트

Dickon Bevington, M.A., M.B.B.S., MRCPsych, PGCert
런던 Anna Freud National Center for Children and Families 의료 책임자;
Cambridgeshire and Peterborough NHS Foundation Trust, 아동 및 청소년 정신과 컨설턴트

Efrain Bleiberg, M.D.
텍사스 휴스턴, Baylor College Menninger 정신과 및 행동과학과 교수

Chloe Campbell, Ph.D.
University College London 대학교 임상, 교육 및 건강심리학 연구학부

Martin Debbané, Ph.D.
제네바 대학교 심리학 및 교육과학부 부교수; 스위스 제네바 의과대학 정신과;
University College London 대학교 임상, 교육 및 건강심리학과 연구과

Karin Ensink, Ph.D., M.A. [Clin Psych]
캐나다 퀘벡 대학교, 라발 대학교 심리학과 교수

Sebastian Euler, M.D.
상담, 연락 및 응급 정신과 및 수석 부서장,
스위스 취리히 대학병원 연구원

Peter Fonagy, Ph.D., FBA, FMedSci, FAcSS
University College London 대학교 현대 정신분석 및 발달 과학 교수;
런던 Anna Freud National Center for Children and Families 소장

Peter Fuggle, Ph.D.
런던 Anna Freud National Center for Children and Families 임상 책임자

Thorsten-Christian Gablonski, Dipl.-Psych.
독일 하이델베르크 대학교 심리사회적 예방 연구소,
오스트리아 Alpen-Adria-Universität Klagenfurt 연구소 연구 조교

Sune Bo Hansen, Cand.Psych.Aut., Ph.D.
덴마크 Slagelse 질랜드 구역, 정신과 연구단

Dominik Havsteen-Franklin, Ph.D.
영국 브루넬 대학교 예술 및 인문학과 교수

Mickey Kongerslev, M.Sc., Ph.D.
덴마크 성격장애에 대한 탁월성 센터장, 정신과 연구과,
구역 뉴질랜드; 남부 덴마크 대학교 심리학과 겸임 부교수

Alessandra Lemma, M.A., M.Phil., D.Clin.Psych.
런던 Anna Freud National Center for Children and Families 교수;
University College London 대학교 객원교수

Karin Lindqvist, M.Sc.
스웨덴 스톡홀름 The Erica Foundation 임상심리학자

Kari Lossius, Cand.Psychol.
노르웨이 The Bergen Clinics Foundation 임상심리학 전문가

Patrick Luyten, Ph.D.

KU Leuven 심리학 및 교육과학부;

University College London 대학교 임상, 교육 및 건강심리학 연구학부 교수

Norka Malberg, Psy.D., LPC, Ed.M., M.S.

코네티컷주 뉴헤이븐 소재 예일 아동 연구센터 임상 조교수

Saskia Malcorps, M.Sc.

벨기에 KU Leuven, 심리학 및 교육과학 학부 강사

Nick Midgley, Ph.D.

아동 애착 및 심리치료 연구 부서(ChAPTRe) 공동 책임자,

런던 Anna Freud National Center for Children and Families/University College London

Katharina Morken, Cand. Psychol., Ph.D.

노르웨이 베르겐 클리닉 재단, 임상심리학 전문가

Anna Motz, B.A., C.Foren.Psychol., DipClinPsych

영국 옥스퍼드 소재 가족평가 및 보호 서비스 컨설턴트 임상 및 법의학 심리학자

Nicole Muller, M.Sc.

네덜란드 헤이그, CAMHS De Jutters 아동 및 청소년 심리치료사 및 가족치료사

Tobias Nolte, M.D., M.Sc.

런던 The Wellcome Center for Human Neuroimaging, University College London,

런던 Anna Freud National Center for Children and Families 임상 연구원

Sheila Redfern, Ph.D.

컨철턴트 임상심리학자 및 전문 임상 서비스 책임자: 외상 및 학대(STAMS),

런던 Anna Freud National Center for Children and Families

Paul Robinson, M.D., FRCP, FRCPsych

University College London 대학교 의학부 수석교수

Trudie Rossouw, M.B.Ch.B., F.F.Psych., MRCPsych, M.D.(Res)

영국 런던 The Priory Hospital North 아동 및 청소년 컨설턴트 정신과 의사

Ellen Safier, M.S.W., LCSW
텍사스 휴스턴 베일러 의과대학 Menninger 정신의학 및 행동학과 임상 조교수

Carla Sharp, Ph.D.
미국 텍사스 휴스턴 대학교 심리학과 교수 및 임상 훈련 책임자

Sebastian Simonsen, Ph.D.
덴마크 Psykoterapeutisk Center Stolpegård 선임 연구원 및 임상심리학자

Finn Skårderud, M.D., Ph.D.
노르웨이 오슬로 소재 Institutt for Mentalisering 정신과 의사

Mary Target, M.Sc., Ph.D.
런던 대학교 임상, 교육 및 건강심리학과 연구과 교수

Svenja Taubner, Prof. Dr. Phil.
독일 하이델베르크 대학교 심리사회적 예방연구소 소장

Brandon Unruh, M.D.
매사추세츠주 벨몬트 하버드 의과대학 매클레인 병원 정신과 강사

Jessica Yakeley, M.B. B.Chir., MRCP, FRCPsych
런던 법의학 심리치료 컨설턴트 정신과 의사; 포트만 클리닉 원장,
Tavistock & Portman NHS 재단 신탁 의학 교육 이사

이익 공개

이 책에 대한 다음에 나오는 기여자들은 다음에 열거된 바와 같이 상업적 후원자, 상업적 제품 제조 업체 및 또는 금전적 이해관계 또는 기타 제휴관계를 표시했다.

Anthony Bateman, M.A., FRCPsych는 MBT 교육 및 멘탈라이징에 관한 책을 포함한 책으로부터 인세를 받는다.

Dickon Bevington, M.A., M.B.B.S., MRCPsych, PGCert는 AMBIT(Adaptive Mentalization-Based Integrative Treatment: A Guide for Teams to Develop Systems of Care, by Bevington D,

Fuggle P, Cracknell L, and Fonagy P, Oxford University Press, 2017) 그리고 Anna Freud National Center for Children and Families에 고용되어 있으며, 이 센터에서 자선단체 AMBIT 교육이 제공되지만, 급여를 받는 저자에게 직접적인 금전적 혜택은 제공되지 않는다.

Peter Fonagy, Ph.D., FBA, FMedSci, FAcSS는 영국 런던 소재 Anna Freud National Center for Children and Families의 최고 경영자이며, 다양한 정신화 기반 치료와 관련하여 제공하는 단기 과정 및 교육 프로그램의 혜택을 받는다. 그는 대학에 연구 수입을 가져오는 University College London에서 정신화 관련 연구에 대한 연구 보조금을 보유하고 있다.

Patrick Luyten Ph.D.는 정신화 기반 치료의 개발, 평가, 교육 및 보급에 참여해 왔다.

Brandon Unruh, M.D.는 Springer Publishing으로부터 경계선 성격장애에 관한 책에 대한 로열티를 받는다.

다음 기여자들은 원고 제출 전년도에 경쟁적 이해관계가 없다고 밝혔다.
Elizabeth Allison, D.Phil.; Nina Arefjord, Cand.Psychol.; Eia Asen, M.D.; Dawn Bales, Ph.D.; Efrain Bleiberg, M.D.; Chloe Campbell, Ph.D.; Martin Debbané, Ph.D.; Karin Ensink, Ph.D., M.A. [Clin Psych]; Sebastian Euler, M.D.; Peter Fuggle, Ph.D.; Thorsten-Christian Gablonski, Dipl.-Psych.; Sune Bo Hansen, Cand.Psych.Aut., Ph.D.; Dominik Havsteen-Franklin, Ph.D.; Mickey Kongerslev, M.Sc., Ph.D.; Alessandra Lemma, M.A., M.Phil., D.Clin.Psych.; Karin Lindqvist, M.Sc.; Kari Lossius, Cand.Psychol.; Norka Malberg, Psy.D., LPC, Ed.M., M.S.; Saskia Malcorps, M.Sc.; Nick Midgley, Ph.D.; Katharina Morken, Cand.Psychol., Ph.D.; Anna Motz, B.A., C.Foren. Psychol., DipClinPsych; Nicole Muller, M.Sc.; Tobias Nolte, M.D., M.Sc.; Sheila Redfern, Ph.D.; Paul Robinson, M.D., FRCP, FRCPsych; Trudie Rossouw, M.B.Ch.B., F.F.Psych., MRCPsych, M.D. (Res); Ellen Safier, M.S.W., LCSW; Carla Sharp, Ph.D.; Sebastian Simonsen, Ph.D.; Finn Skarderud, M.D., Ph.D.; Mary Target, M.Sc., Ph.D.; Svenja Taubner, Prof. Dr. Phil.; Jessica Yakeley, M.B. B.Chir., MRCP, FRCPsych

역자 소개

이성직(Lee, Seongjik)
미국 켄터키 대학교 상담심리학 박사(Ph.D.)
한국심리치료상담학회 학회장
연세대학교 심리학과 겸임교수
서울상담심리대학원대학교 교수
현 한울심리상담센터 대표
   한국 ADHD 협회 회장

김미례(Kim, Mirye)
전남대학교 상담심리 박사
한국학교상담학회 학회장
현 호남대학교 상담심리학과 교수/학생상담센터장
   전국대학상담학과협의회 회장, 한국교류분석상담학회장
   한국심리치료상담학회 대외협력위원장

김은영(Kim, Eun Young)
미국 Biola 대학교 임상심리학 박사(Ph.D.)
현 경일대학교 상담심리학과 교수

김종수(Kim, Jong Soo)
한국체육대학교 스포츠심리학 박사
한국심리치료상담학회 교육연수위원장, 총무이사
현 한국심리치료상담학회 홍보위원장, 총무이사
   계명대학교 태권도학과 조교수

박승민(Park, Seung Min)
서울대학교 교육상담전공 박사(Ph.D.)
현 숭실대학교 기독교학과 상담심리 전공 교수
   숭실대학교 상담 · 인권센터장 및 부부가족상담연구소 소장
   한국심리치료상담학회 학회장

신선임(Shin, Sun Im)

서울대학교 교육상담 박사(Ph.D.)

현 숭실대학교 기독학과 상담 전공 부교수

  한국상담학회 심리치료상담학회 사례관리위원장

  한국상담학회 대한상담학회 교육연수위원장

안윤경(An, Rachel)

횃불트리니티신학대학원대학교 기독교상담학 박사

횃불트리니티신학대학원대학교 기독교상담학과 초빙교수

웨스트민스터신학대학원대학교 재활상담학과 강사

한국심리치료상담학회 국제교류위원장, 자격관리위원장

현 미국 덴버신학교 기독교상담학과 교수

  세인심리상담연구소 부소장

이자명(Yi, Jamyoung)

서울대학교 교육상담 박사

현 한국방송통신대학교 교육학과 교수

정대겸(Jung, Dae Gyeom)

경북대학교 상담심리학 박사

현 계명대학교 심리학과 교수

조난숙(Cho, Nhansook)

미국 위스콘신 대학교 수학과 박사(Ph.D.)

횃불트리니티대학원대학교 기독교상담학 박사

현 한성대학교 교수

  한국심리치료상담학회 교육연수위원장

조화진(Cho, Hwa Jin)

연세대학교 상담교육전공 박사

현　한남대학교 상담심리학과 부교수

　　한국상담학회 교육연수위원장

최바올(Choi, Baole)

연세대학교 상담교육 박사

현　한국기술교육대학교 교양학부 부교수

　　심리치료상담학회 윤리위원장

　　상담학연구: 사례 및 실제 편집위원

홍상희(Hong, Sanghee)

미국 켄터키 대학교 상담심리학 박사(Ph.D.)

현　이화여자대학교 특임교수

　　심리치료상담학회 국제교류위원장

　　한국여성심리학회 학회발전위원장

임상 실무에서의
정신화하기 핸드북
Handbook of Mentalizing in Mental Health Practice
(Second Edition)

2024년 3월 20일 1판 1쇄 인쇄
2024년 3월 28일 1판 1쇄 발행

편저자 • Anthony W. Bateman, MA, FRCPsych
　　　　Peter Fonagy, PhD, FBA, FMedSci, FAcSS 外
옮긴이 • 이성직 · 김미례 · 김은영 · 김종수 · 박승민 · 신선임 · 안윤경
　　　　이자명 · 정대겸 · 조난숙 · 조화진 · 최바올 · 홍상희
펴낸이 • 김진환
펴낸곳 • ㈜**학지사**
　　　　04031 서울특별시 마포구 양화로 15길 20 마인드월드빌딩
대표전화 • 02-330-5114　팩스 • 02-324-2345
등록번호 • 제313-2006-000265호

홈페이지 • http://www.hakjisa.co.kr
인스타그램 • https://www.instagram.com/hakjisabook

ISBN 978-89-997-3049-8　93180

정가 33,000원

출판미디어기업 **학지사**
간호보건의학출판 **학지사메디컬** www.hakjisamd.co.kr
심리검사연구소 **인싸이트** www.inpsyt.co.kr
학술논문서비스 **뉴논문** www.newnonmun.com
교육연수원 **카운피아** www.counpia.com
대학교재전자책플랫폼 **캠퍼스북** www.campusbook.co.kr